에듀윌과 함께 시작하면,
당신도 합격할 수 있습니다!

대학 졸업을 앞두고 바쁜 시간을 쪼개가며
자격증을 준비하는 20대

하고 싶은 일을 다시 찾기 위해
새로운 도전을 시작하는 30대

재취업을 위해, 모두가 잠든 시간에
책을 펴는 40대

누구나 합격할 수 있습니다.
이루겠다는 '목표' 하나면 충분합니다.

마지막 페이지를 덮으면,

에듀윌과 함께
합격의 길이 시작됩니다.

eduwill

에듀윌 전산세무회계 합격스토리

NO 베이스! 에듀윌 전산회계 1급 교재로 3주 만에 합격!

회계 직무로 취업을 준비하기 위해 자격증을 알아보던 중 지인의 추천으로 에듀윌 교재로 시작했습니다. 실무 점수의 비중이 크지만, 시험에 합격하기 위해서는 탄탄한 이론 공부가 뒷받침되어야 합니다. 10초 암기 포인트를 활용하여 파트별 핵심 내용을 정리하였고, 출제 빈도를 확인하면서 중요한 개념을 집중적으로 공부했습니다. 또 에듀윌에서 제공하는 무료강의를 활용하여 이해가 부족한 개념을 보완하고, 이를 통해 실무 문제의 오답률을 줄이며 고득점으로, 단기간에 합격할 수 있었습니다. 에듀윌과 함께 전산세무 2급도 준비할 예정이에요~ 여러분도 에듀윌과 함께 합격의 길로!

노베이스 비전공자 전산회계 1급, 전산세무 2급 동시 합격!

취업을 위해 전산세무회계 자격증을 알아보다가 에듀윌 전산세무회계를 알게 되었습니다. 외국어 전공으로 세무회계 분야는 기본 용어조차 모르는 노베이스였고, 두 개의 자격증을 한번에 준비하다 보니 공부량이 많았는데 무료강의를 통해 핵심이론을 익힌 후 단계별로 수록된 문제를 풀며 저의 부족한 부분을 확인할 수 있었습니다. 자연스럽게 회독을 한 덕분에 회계 1급, 세무 2급 모두 90점대의 높은 성적으로 합격할 수 있었습니다. 제공되는 여러 무료강의도 완성도가 높아서 놀랐고 합격 이후에 AT 핵심기출특강까지 활용한 덕분에 FAT 1급, TAT 2급까지 취득하여 단기간 동안 4개의 자격증을 취득할 수 있었습니다.

전산세무 2급 프리패스, 에듀윌!

회계팀 취업을 위해 에듀윌로 전산세무 2급 자격증 취득을 준비했어요. 한 번의 실패를 경험하고, 에듀윌을 만나서 2개월 동안의 공부 끝에 세무 2급 자격증 취득했어요! (처음부터 에듀윌과 함께 공부했으면 참 좋았을 걸 하는 생각이 드네요) 교재의 내용은 말할 것도 없이 깔끔하고 좋았고, 특히 부록의 활용도가 매우 컸어요! 세법 잡는 O/X 노트는 빈출 지문 위주, 그리고 O/X 정답뿐만 아니라 자세한 해설까지 수록되어 있어서 시험 직전에 빠르게 암기하기 너무 좋았어요. 덕분에 가장 걱정하던 세법 문제들을 실전에서는 막힘없이 풀 수 있었어요. 에듀윌과 자격증 취득부터 취업까지 함께한 탄탄대로, 여러분도 함께하세요!

다음 합격의 주인공은 당신입니다!

더 많은
합격 스토리

합격생이 직접 제보한 적중 내역
시험 유형, 문제까지 출제 적중

끊임없는 기출 연구가
가장 빠른 합격을 결정합니다.

에듀윌 전산회계 2급 이론편 p.86

23 상품매출에 대한 계약금을 거래처로부터 현금으로 받고 대변에 "상품매출"계정으로 분개하였다. 이로 인해 재무상태표와 손익계산서에 미치는 영향으로 옳은 것은?

① 자산이 과소계상되고, 수익이 과소계상된다.
② 자산이 과대계상되고, 수익이 과소계상된다.
③ 부채가 과소계상되고, 수익이 과대계상된다.
④ 부채가 과대계상되고, 수익이 과대계상된다.

▶

97회 전산회계 2급 이론 기출문제 13번

13 상품매출에 대한 계약금을 거래처로부터 현금으로 받고 대변에 "상품매출"계정으로 분개하였다. 이로 인해 재무상태표와 손익계산서에 미치는 영향으로 옳은 것은?

① 자산이 과소계상되고, 수익이 과소계상된다.
② 자산이 과대계상되고, 수익이 과소계상된다.
③ 부채가 과소계상되고, 수익이 과대계상된다.
④ 부채가 과대계상되고, 수익이 과대계상된다.

적중

에듀윌 전산회계 2급 이론편 p.34

04 다음 중 자산, 부채, 자본의 개념에 대한 설명으로 틀린 것은?

① 자산은 미래의 경제적 효익으로 미래 현금흐름 창출에 기여하는 잠재력을 말한다.
② 자본은 자산 총액에서 부채 총액을 차감한 잔여액 또는 순자산으로서 자산에 대한 소유주의 잔여청구권이다.
③ 부채는 과거의 거래나 사건의 결과로 미래에 자원의 유입이 예상되는 의무이다.
④ 복식부기를 적용 시 대차평균의 원리가 사용된다.

▶

97회 전산회계 2급 이론 기출문제 14번

14 다음 중 자산, 부채, 자본의 개념에 대한 설명으로 틀린 것은?

① 자산은 미래의 경제적 효익으로 미래 현금흐름 창출에 기여하는 잠재력을 말한다.
② 자본은 자산 총액에서 부채 총액을 차감한 잔여액 또는 순자산으로서 자산에 대한 소유주의 잔여청구권이다.
③ 부채는 과거의 거래나 사건의 결과로 미래에 자원의 유입이 예상되는 의무이다.
④ 복식부기를 적용 시 대차평균의 원리가 사용된다.

* 에듀윌 전산세무회계 97회 합격생 제보 내용 기준

2025 에듀윌 전산회계 1급

3주 플래너

※ 회계를 처음 공부하는 사람, 차대변을 구분할 수 없는 노베이스에게는 뒷장의 플래너 추천!

이론과 실무를 같이 공부한다면? [이론&실무 동시 학습용]

일 자	차 례	페이지	공부한 날
1일	[실무편 & 최신기출] **PART 01 실무시험** CHAPTER 01 기초정보관리	**실무편 & 최신기출** p.10	___ 월 ___ 일
2일	[이론편] **PART 01 재무회계** CHAPTER 01 재무제표	**이론편** p.18	___ 월 ___ 일
3일	CHAPTER 02 당좌자산	**이론편** p.43	___ 월 ___ 일
	CHAPTER 03 재고자산	**이론편** p.59	___ 월 ___ 일
4일	CHAPTER 04 유형자산	**이론편** p.75	___ 월 ___ 일
	CHAPTER 05 무형자산	**이론편** p.98	___ 월 ___ 일
5일	CHAPTER 06 투자자산	**이론편** p.107	___ 월 ___ 일
	CHAPTER 07 부채	**이론편** p.118	___ 월 ___ 일
6일	CHAPTER 08 자본	**이론편** p.128	___ 월 ___ 일
	CHAPTER 09 수익 · 비용	**이론편** p.141	___ 월 ___ 일
7일 8일	[실무편 & 최신기출] **PART 01 실무시험** CHAPTER 02 일반전표입력	**실무편 & 최신기출** p.39	___ 월 ___ 일
9일	[이론편] **PART 02 원가회계** CHAPTER 01 원가의 개념과 분류	**이론편** p.158	___ 월 ___ 일
	CHAPTER 02 원가의 흐름	**이론편** p.174	___ 월 ___ 일
10일	CHAPTER 03 원가배분	**이론편** p.189	___ 월 ___ 일
	CHAPTER 04 개별원가계산	**이론편** p.204	___ 월 ___ 일
11일	CHAPTER 05 종합원가계산	**이론편** p.215	___ 월 ___ 일
12일	[이론편] **PART 03 부가가치세** CHAPTER 01 부가가치세 기본개념	**이론편** p.232	___ 월 ___ 일
	CHAPTER 02 과세거래	**이론편** p.246	___ 월 ___ 일
	CHAPTER 03 공급시기(거래시기)	**이론편** p.256	___ 월 ___ 일
13일	CHAPTER 04 영세율과 면세	**이론편** p.262	___ 월 ___ 일
	CHAPTER 05 과세표준 및 매출세액	**이론편** p.271	___ 월 ___ 일
14일 15일	[실무편 & 최신기출] **PART 01 실무시험** CHAPTER 03 매입매출전표입력	**실무편 & 최신기출** p.76	___ 월 ___ 일
16일	CHAPTER 06 매입세액과 차감납부세액	**이론편** p.283	___ 월 ___ 일
	CHAPTER 07 세금계산서	**이론편** p.294	___ 월 ___ 일
	CHAPTER 08 신고 · 납부 및 간이과세자	**이론편** p.305	___ 월 ___ 일
17일	[실무편 & 최신기출] **PART 01 실무시험** CHAPTER 04 오류수정	**실무편 & 최신기출** p.110	___ 월 ___ 일
	CHAPTER 05 고정자산 및 감가상각	**실무편 & 최신기출** p.117	___ 월 ___ 일
18일	CHAPTER 06 결산자료입력	**실무편 & 최신기출** p.121	___ 월 ___ 일
	CHAPTER 07 장부조회	**실무편 & 최신기출** p.137	___ 월 ___ 일
19일	[실무편 & 최신기출] **PART 02 최신기출문제** 116회 기출문제	**실무편 & 최신기출** p.150	___ 월 ___ 일
	115회 기출문제	**실무편 & 최신기출** p.159	___ 월 ___ 일
20일	114회 기출문제	**실무편 & 최신기출** p.168	___ 월 ___ 일
	113회 기출문제	**실무편 & 최신기출** p.178	___ 월 ___ 일
21일	112회 기출문제	**실무편 & 최신기출** p.187	___ 월 ___ 일
	111회 기출문제	**실무편 & 최신기출** p.195	___ 월 ___ 일

2025 에듀윌 전산회계 1급

3주 플래너

이론 공부 후 실무를 공부한다면? [이론→실무 순차 학습용]

일 자	차 례	페이지	공부한 날
1일	[이론편] PART 01 재무회계 CHAPTER 01 재무제표	이론편 p.18	___ 월 ___ 일
2일	CHAPTER 02 당좌자산	이론편 p.43	___ 월 ___ 일
	CHAPTER 03 재고자산	이론편 p.59	___ 월 ___ 일
3일	CHAPTER 04 유형자산	이론편 p.75	___ 월 ___ 일
	CHAPTER 05 무형자산	이론편 p.98	___ 월 ___ 일
4일	CHAPTER 06 투자자산	이론편 p.107	___ 월 ___ 일
	CHAPTER 07 부채	이론편 p.118	___ 월 ___ 일
5일	CHAPTER 08 자본	이론편 p.128	___ 월 ___ 일
	CHAPTER 09 수익 · 비용	이론편 p.141	___ 월 ___ 일
6일	[이론편] PART 02 원가회계 CHAPTER 01 원가의 개념과 분류	이론편 p.158	___ 월 ___ 일
	CHAPTER 02 원가의 흐름	이론편 p.174	___ 월 ___ 일
7일	CHAPTER 03 원가배분	이론편 p.189	___ 월 ___ 일
	CHAPTER 04 개별원가계산	이론편 p.204	___ 월 ___ 일
8일	CHAPTER 05 종합원가계산	이론편 p.215	___ 월 ___ 일
9일	[이론편] PART 03 부가가치세 CHAPTER 01 부가가치세 기본개념	이론편 p.232	___ 월 ___ 일
	CHAPTER 02 과세거래	이론편 p.246	___ 월 ___ 일
	CHAPTER 03 공급시기(거래시기)	이론편 p.256	___ 월 ___ 일
10일	CHAPTER 04 영세율과 면세	이론편 p.262	___ 월 ___ 일
	CHAPTER 05 과세표준 및 매출세액	이론편 p.271	___ 월 ___ 일
11일	CHAPTER 06 매입세액과 차감납부세액	이론편 p.283	___ 월 ___ 일
	CHAPTER 07 세금계산서	이론편 p.294	___ 월 ___ 일
	CHAPTER 08 신고 · 납부 및 간이과세자	이론편 p.305	___ 월 ___ 일
12일	[실무편 & 최신기출] PART 01 실무시험 CHAPTER 01 기초정보관리	실무편 & 최신기출 p.10	___ 월 ___ 일
13일 14일	CHAPTER 02 일반전표입력	실무편 & 최신기출 p.39	___ 월 ___ 일
15일 16일	CHAPTER 03 매입매출전표입력	실무편 & 최신기출 p.76	___ 월 ___ 일
17일	CHAPTER 04 오류수정	실무편 & 최신기출 p.110	___ 월 ___ 일
	CHAPTER 05 고정자산 및 감가상각	실무편 & 최신기출 p.117	___ 월 ___ 일
18일	CHAPTER 06 결산자료입력	실무편 & 최신기출 p.121	___ 월 ___ 일
	CHAPTER 07 장부조회	실무편 & 최신기출 p.137	___ 월 ___ 일
19일	[실무편 & 최신기출] PART 02 최신기출문제 116회 기출문제	실무편 & 최신기출 p.150	___ 월 ___ 일
	115회 기출문제	실무편 & 최신기출 p.159	___ 월 ___ 일
20일	114회 기출문제	실무편 & 최신기출 p.168	___ 월 ___ 일
	113회 기출문제	실무편 & 최신기출 p.178	___ 월 ___ 일
21일	112회 기출문제	실무편 & 최신기출 p.187	___ 월 ___ 일
	111회 기출문제	실무편 & 최신기출 p.195	___ 월 ___ 일

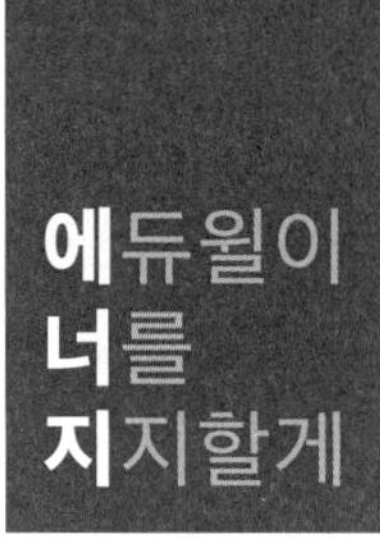

ENERGY

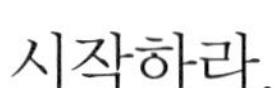

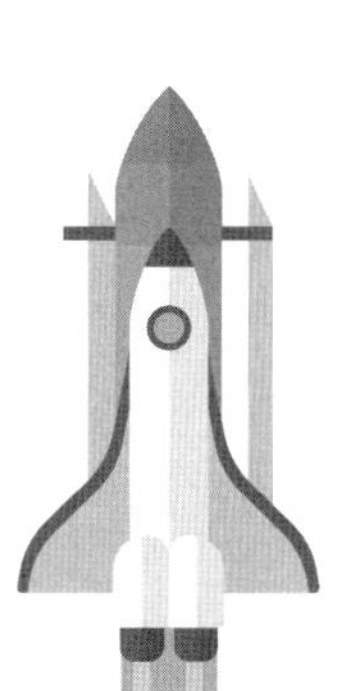

그 자체가 천재성이고,
힘이며, 마력이다.

– 요한 볼프강 폰 괴테(Johann Wolfgang von Goethe)

에듀윌 전산회계 1급

이론편

INTRO

머리말

"회계 · 실무의 시작,
전산회계 1급으로 START"

요즘처럼 취업하기 힘든 시기에는 신입사원의 선발기준이 학력 위주에서 실력 위주로 전환되고 있습니다. 따라서 '자격증'의 가치가 어느 때보다 더욱 높이 평가되고 있습니다. 그래서 본서는 한국세무사회에서 주관하는 전산회계 1급 자격시험에 출제되는 재무회계 및 원가회계, 부가가치세법에 대비한 이론과 KcLep 프로그램 활용 능력을 키우는 데 목적을 두었고, 수년간의 전산세무회계 강의 경력과 세무사로서 회계 및 세무 실무를 담당해 온 노하우를 최대한 반영하여 출간하였습니다.

1 한 권으로 전산회계 1급을 대비한다.

본 교재는 한국세무사회에서 주관하는 전산회계 1급 자격시험 대비 목적으로 출간하였으며, 이론편과 실무편+최신기출로 구성하여 한 권으로 전산회계 1급을 대비할 수 있도록 하였습니다.

2 이론에 자신감을 붙인다.

최신기출문제를 철저히 분석하여 출제된 횟수를 표시하였으며, 중요 표시를 통해 처음 공부하더라도 중요도를 파악할 수 있도록 하였습니다. 또한, 각 CHAPTER별 이론을 학습한 후 관련 문제를 풀어봄으로써 이론에 자신감을 가질 수 있도록 하였습니다.

3 시험에 나오는 유형을 반복 연습한다.

실기는 실제 시험문제 순서로 CHAPTER를 구성하였습니다. 우선 연습문제로 문제 유형을 익히고, 실제 기출에서 발췌한 실전문제를 통해 유형별로 정리할 수 있도록 하였습니다.

수험생들이 실무에 대비해서 자격시험에 합격할 수 있도록 최대한 정성을 담아 집필하였습니다. 변화하는 출제경향과 수험생 니즈에 귀 기울여 더욱 좋은 교재를 집필할 수 있도록 계속 연구하고 노력할 것입니다. 끝으로 이 책으로 학습하는 모든 수험생이 합격하기를 바라며, 함께 고생하신 에듀윌 출판사업본부에 감사드립니다.

저자 김성수 세무사

■ **약력**

에듀윌 전산세무회계 교수
EBS 회계학 강사
공단기 공무원 회계학 교수
FTA관세무역연구원 회계학 교수
한국경제TV 회계학 강사
한국직업방송 회계학 교수
우덕세무법인 성동지점 대표

■ **주요저서**

분개로 익히는 기초회계원리_에듀윌
전산세무회계 시리즈_에듀윌
논리 공무원 회계학 시리즈_에스티유니타스
관세사 회계학 시리즈_더나은

전산세무회계 시험이란?

1. 시험개요

전산세무회계의 실무처리능력을 보유한 전문 인력을 양성할 수 있도록 조세 최고 전문가인 1만여 명의 세무사로 구성된 한국세무사회가 엄격하고 공정하게 자격시험을 실시하여 그 능력을 등급으로 부여함으로써, 학교의 세무회계 교육방향을 제시하여 인재를 양성시키도록 하고, 기업체에는 실무능력을 갖춘 인재를 공급하여 취업의 기회를 부여하며, 평생교육을 통한 우수한 전문 인력 양성으로 국가발전에 기여하고자 함에 목적이 있다.

2. 시험정보

- **시험구분**: 국가공인 민간자격
- **시험주관**: 한국세무사회 http://license.kacpta.or.kr
- **합격기준**: 100점 만점에 70점 이상
- **응시자격**: 제한 없음
  (다만, 부정행위자는 해당 시험을 중지 또는 무효로 하며 이후 2년간 응시 불가능)

3. 시험방법

- **시험구성**: 이론시험 30%(객관식 4지선다형) + 실무시험 70%(KcLep 이용)
- **시험시간**

전산회계 2급	전산회계 1급	전산세무 2급	전산세무 1급
12:30 ~ 13:30(60분)	15:00 ~ 16:00(60분)	12:30 ~ 14:00(90분)	15:00 ~ 16:30(90분)

※ 시험시간은 변동될 수 있으므로 시험 전에 반드시 한국세무사회 홈페이지에서 확인

4. 시험장소

서울, 부산, 대구, 광주, 대전, 인천, 울산, 강릉, 춘천, 원주, 안양, 안산, 수원, 평택, 성남, 고양, 의정부, 청주, 충주, 제천, 천안, 당진, 포항, 경주, 구미, 안동, 창원, 김해, 진주, 전주, 익산, 순천, 목포, 제주

※ 상기지역은 상설시험장이 설치된 지역이나 응시인원이 일정 인원에 미달할 때는 인근지역을 통합하여 실시함

※ 상기지역 내에서의 시험장 위치는 응시원서 접수결과에 따라 시험시행일 일주일 전부터 한국세무사회 홈페이지에 공고함

5. 2025 시험일정

회차	원서접수	장소공고	시험일자	발표일자
제118회	01.02. ~ 01.08.	02.03. ~ 02.09.	02.09.(일)	02.27.(목)
제119회	03.06. ~ 03.12.	03.31. ~ 04.05.	04.05.(토)	04.24.(목)
제120회	05.02. ~ 05.08.	06.02. ~ 06.07.	06.07.(토)	06.26.(목)
제121회	07.03. ~ 07.09.	07.28. ~ 08.02.	08.02.(토)	08.21.(목)
제122회	08.28. ~ 09.03.	09.22. ~ 09.28.	09.28.(일)	10.23.(목)
제123회	10.30. ~ 11.05.	12.01. ~ 12.06.	12.06.(토)	12.24.(수)

※ 원서접수 마지막 날 마감시간 18:00

※ 시험일정은 변동될 수 있으므로 시험 전에 반드시 한국세무사회 홈페이지에서 확인

6. 응시원서 접수방법

- **접수방법**: 각 회차별 접수기간 중 한국세무사회 홈페이지(http://license.kacpta.or.kr)로 접속하여 단체 및 개인별 접수(회원가입 및 사진등록)
- **응시료**: 종목당 30,000원
- **환불규정**

구분	원서접수기간 중	원서접수기간 마감 후		시험 당일
		1일 ~ 5일	5일 경과 시	
환불액	100% 환불	50% 환불	환불 없음(취소 불가)	

7. 보수교육

- **보수교육이란?**
  - 국가공인 전산세무회계 자격증의 유효기간은 합격일로부터 5년이며 매 5년 단위로 갱신하여야 한다.
  - 보수교육을 이수하고 자격증이 갱신등록되면 유효기간 5년이 연장된다.
  - 자격증을 갱신하기 위하여 유효기간 만료일 3개월 전부터 만료일까지 보수교육을 받고 자격증을 갱신하여야 한다.

  ※ 보수교육을 이수하지 아니한 자에 한하여 그 자격이 일시정지되고, 자격증 발급이 제한됨

  ※ 교육기간 내에 자격증을 갱신하지 못한 자격취득자도 언제든지 보수교육을 이수하면 자격갱신이 가능함
- **보수교육절차**

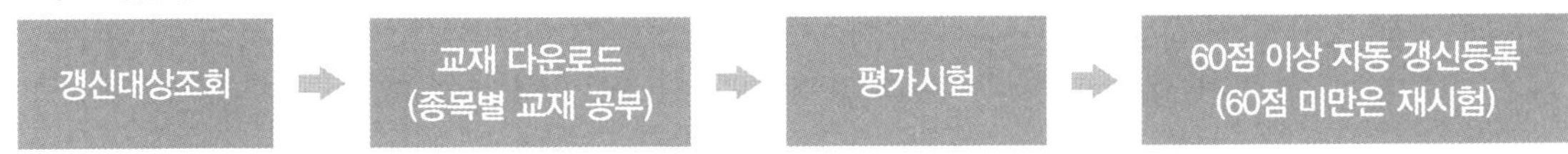

시험 흐름 알아보기

시험장 가기 전

- 수험표, 신분증, 계산기, 필기구를 준비한다.
  - ※ 유효신분증
    - – 주민등록증(분실 시 발급확인서), 운전면허증, 여권, 장애인복지카드, 청소년증(분실 시 임시발급확인서)
    - – (사진이 부착된) 생활기록부 사본(학교 직인이 있어야 함)
    - – (사진이 부착된) 본인 확인이 가능한 중고등학생의 학생증
    - – (사진이 부착된) 중고등학생의 재학증명서(생년월일과 직인이 명시되어야 함)
  - ※ 단순기능(사칙연산)의 계산기만 사용 가능(공학용/재무용 계산기, 전자수첩, 휴대전화 사용 불가)

▼

시험장 도착

- 시험 시작 20분 전까지 고사장에 입실한다.
- 지정된 자리에 착석해 키보드, 마우스 등의 장비를 점검한다.

▼

USB 수령

- 감독관으로부터 응시종목별 기초백데이터 설치용 USB를 지급받는다.
- USB 꼬리표가 본인 응시종목인지 확인하고, 수험정보를 정확히 기재한다.

▼

시험지 수령

- 시험지가 본인의 응시종목(급수)인지의 여부와 문제유형(A 또는 B), 총 페이지 수를 확인한다.
  - ※ 급수와 페이지 수를 확인하지 않은 것에 대한 책임은 수험자에게 있음

▼

USB 설치

- USB를 컴퓨터에 정확히 꽂은 후, 인식된 해당 USB 드라이브로 이동한다.
- USB 드라이브에서 기초백데이터 설치 프로그램 'Tax.exe' 파일을 실행시킨다.
- 설치시작 화면에서 [설치] 버튼을, 설치가 완료되면 [확인] 버튼을 클릭한다.
  - 〈주의〉 USB는 처음 설치 이후, 시험 중 수험자 임의로 절대 재설치(초기화)하지 말 것

수험정보입력

- 시험정보(8자리)–성명–문제유형을 정확히 입력한다.
  - 〈주의〉 처음 입력한 수험정보는 이후 절대 수정이 불가하니 정확히 입력할 것
- [감독관 확인번호]란에서 시험 시작시간까지 입력 대기한다.

시험시작

- 감독관이 불러주는 '감독관 확인번호'를 정확히 입력하고, 시험에 응시한다.

[시험을 마치면] USB 저장

- 이론문제의 답은 메인화면에서 [STEP1 이론문제 답안작성]을 클릭하여 입력한다.
- 실무문제의 답은 문항별 요구사항을 수험자가 파악하여 각 메뉴에 입력한다.
- 이론과 실무문제의 답을 모두 입력한 후 [STEP2 답안저장(USB로 저장)]을 클릭하여 저장한다.
  - 〈주의〉 USB로 저장한 이후, 답안을 수정한 경우에는 최종 시점에 다시 저장해야 한다.
- 저장완료 메시지를 확인한다.

USB 제출

- 답안이 수록된 USB 메모리를 빼서, 감독관에게 제출한 후 조용히 퇴실한다.

전산세무회계 자주 묻는 Q&A

시험 전

중복접수가 가능한가요?

시험시간이 중복되지 않는다면 중복접수가 가능합니다.
2개 이상의 종목을 접수한 경우, 각각 따로 접수했더라도 동일한 시험장소에서 응시할 수 있도록 배정됩니다.

시험장 선택은 어떻게 하나요?

각 시험장마다 보유 중인 PC 수량에 한계가 있어, 총 확보 좌석 중 일정 비율의 좌석을 선착순으로 수험생이 직접 선택할 수 있도록 운영하고 있습니다. 각 시험장별 일정분의 지정좌석은 대개(수도권 등 일부 지역의 경우) 접수 첫날 많은 접수자로 인하여 모두 소진됩니다. 지정좌석 소진 후 수험자들은 자동배정을 선택해야 하며 마감 이후 무작위로 좌석이 배정됩니다.
수도권 등 일부 광역지역의 경우는 이동거리가 먼(2시간 이상 소요) 시험장으로도 배정될 수 있음을 유의하시고 신중히 접수하시기 바랍니다.

실무 프로그램 설치 및 운영을 위한 PC 사양이 있나요?

[KcLep(케이렙)의 설치 및 운영을 위한 PC 사양]

구분	권장사양
프로세서	듀얼코어 이상
하드디스크	여유공간 2GB 이상
메모리	2GB
운영체제	Windows XP 이상
해상도	1280×1024 이상

시험 후

확정답안 발표 및 점수확인은 언제 할 수 있나요?

시험 당일 오후 8시경에 1차적으로 (가)답안을 공개하며, 발표한 (가)답안은 최종 확정답안 발표 시까지만 확인이 가능합니다. 최종 확정답안은 (가)답안 발표일로부터 3일간 답안이의신청을 접수받은 후, 출제위원회에서 면밀히 검토 및 심사를 거쳐 통상 2~3주 후에 최종 발표하고 [기출문제] 메뉴란에 게시합니다.

부분점수가 있나요?

전산세무회계 실무처리능력을 검증하는 자격시험의 특성상 부분점수는 원칙적으로 없으나 하위급수 채점 시 출제의도, 풀이과정, 배점 및 난이도 등을 감안하여 [확정답안] 범위 내에서 소폭의 부분점수(감점처리)를 부여하고 있습니다. 그러나 이와 같은 부분점수도 단계적으로 축소 또는 폐지를 추진 중입니다.

STRUCTURE

구성과 특징

이론편 – 시험에 최적화된 탄탄한 구성

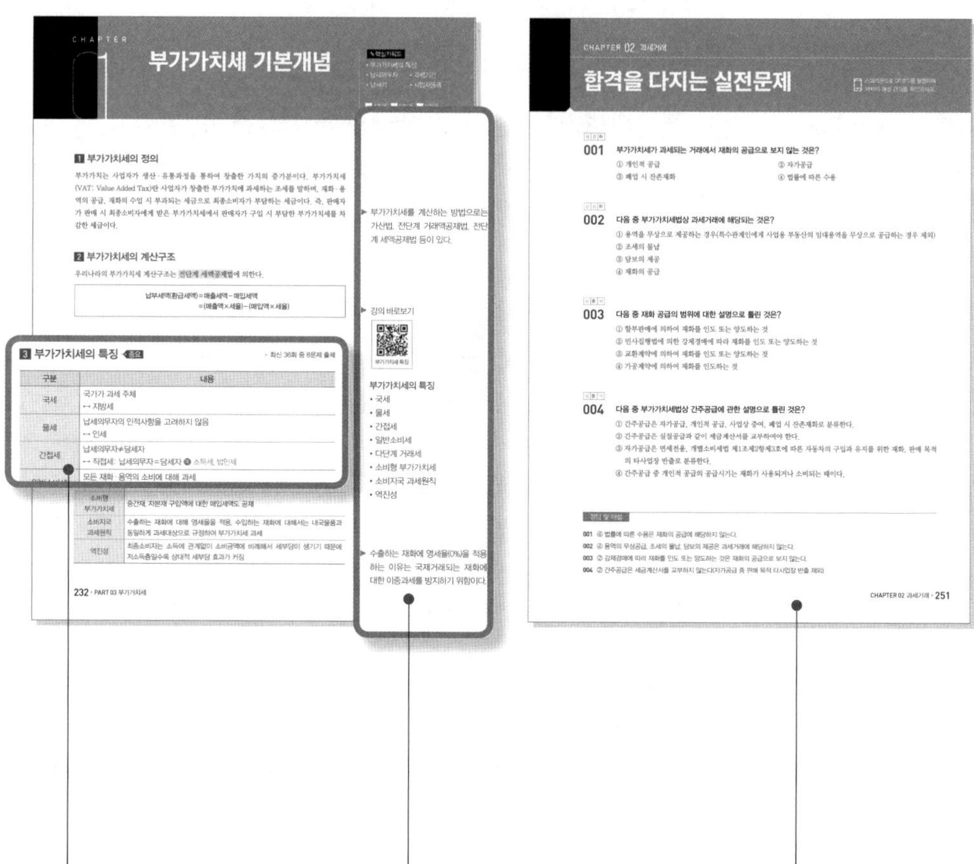

출제횟수 & 중요 표시

최근 36회의 기출을 철저히 분석하여 출제된 횟수를 표시하였다.

암기 포인트 & 강의 바로보기

이론의 핵심을 한 번 더 간결하게 정리했으며, QR코드로 해당 키워드의 강의를 바로 볼 수 있게 하였다.

합격을 다지는 실전문제

각 CHAPTER별로 시험과 유사한 문제를 유형별로 구성했으며 난이도를 함께 표시하였다.

철저한 기출분석을 통해 시험에 꼭 필요한 내용으로 구성하였고, 출제된 횟수, 중요도, 형광펜 표시를 통해 출제 가능성이 높은 부분을 파악할 수 있도록 하였다. 또한 이론편에는 QR코드를 삽입하여 '빈출유형 특강' 중 해당 이론의 강의를 바로 볼 수 있도록 구성하였다.

실무편+최신기출 – 따라만 해도 합격할 수 있는 구성

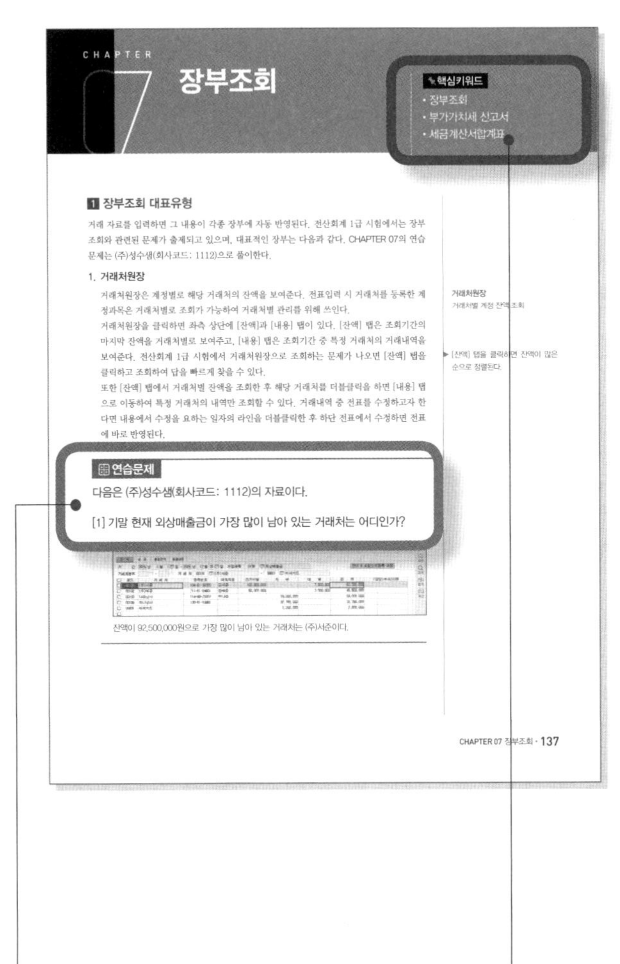

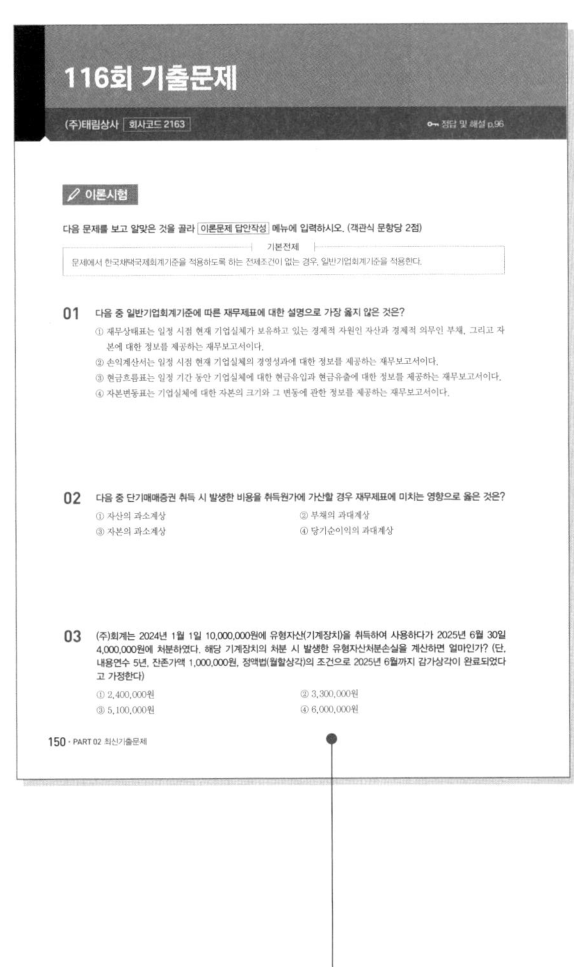

연습문제

이론과 관련된 문제를 수록하여 연습을 통해 내용 및 프로그램 사용법을 익힐 수 있다.

핵심키워드

CHAPTER가 시작할 때 핵심키워드를 제시하여 학습 방향을 잡을 수 있도록 하였다.

최신기출문제

6회분의 최신기출문제와 자세한 설명을 제시해 실전감각을 키울 수 있다.

저자의 실무경험에서 나온 노하우를 담은 실무편+최신기출에서는 KcLep 프로그램을 능숙하게 사용할 수 있도록 사용방법을 상세하게 제시하였고, 실제 시험장에서 응용할 수 있는 Skill을 더하였다. 또한 많은 양의 문제로 시험유형을 익힐 수 있도록 구성하였다.

전산세무회계 왜 공부할까?

2022년 24만 명 접수! 출처: 민간자격정보서비스
인사담당자에게 가장 인지도 있는 회계자격증!

1. 높은 합격률

단기간 준비로 합격이 가능하다.

* 전산세무회계 급수별 합격률

회차	시험일자	전산세무		전산회계		평균
		1급	2급	1급	2급	
115회	2024.08.03.	10.08%	28.44%	48.81%	64.91%	43.50%
114회	2024.06.01.	21.62%	55.92%	37.78%	53.07%	45.50%

2. 취업 시 자격증 소지자 우대

경리, 출납, 결산, 회계, 재무, 세무 분야에서 전산세무회계 자격증 취득자 우대로 자격증 취득 시 취업의 문이 넓어진다.

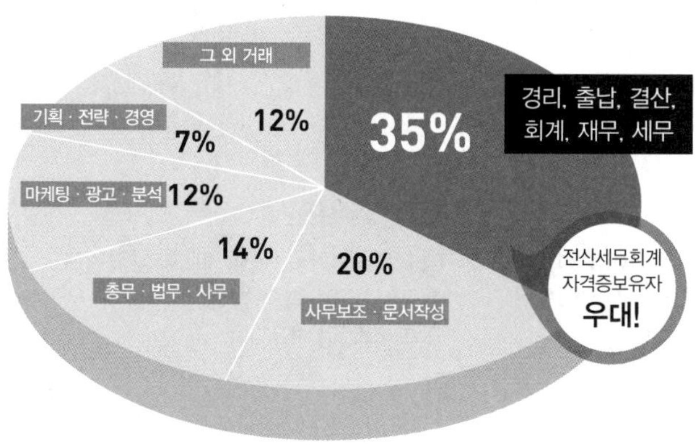

채용인원 5배 차이

3. 학점은행제 학점 인정

- 국가공인 전산세무 1급: 16학점(2009년 3월 1일 이전 취득자는 24학점)
- 국가공인 전산세무 2급: 10학점(2009년 3월 1일 이전 취득자는 12학점)
- 국가공인 전산회계 1급: 4학점(2011년 이전 취득자는 해당 없음)

⊕ 그 외 진급 시 인사평가 반영, 자격수당 지급 등의 우대사항

전산세무회계 어떻게 공부할까?

각 종목의 출제범위는 전 단계의 범위를 포함! 전산회계 2급부터 단계별로 학습하면 전문가 수준인 전산세무 1급까지 취득 가능!

1. 수험단계

2. 출제기준

구분	이론시험 범위	실무시험 범위
전산회계 2급	• **회계원리**: 당좌 · 재고 · 유형자산, 부채, 자본금, 수익과 비용	• **기초정보의 등록, 수정**: 회사등록, 거래처등록, 계정과목 및 적요등록 • **거래자료의 입력**: 일반전표입력, 입력자료의 수정, 삭제, 결산자료입력(상기업에 한함) • **입력자료 및 제장부 조회**
전산회계 1급	• **회계원리**: 당좌 · 재고자산, 유 · 무형자산, 유가증권, 부채, 자본금, 잉여금, 수익과 비용 • **원가회계**: 원가의 개념, 요소별 · 부문별 원가계산, 개별 · 종합(단일, 공정별)원가계산 • **세무회계**: 부가가치세법(과세표준과 세액)	• **기초정보의 등록 · 수정**: 초기이월, 거래처등록, 계정과목의 운용 • **거래자료의 입력**: 일반전표입력, 결산자료입력(제조업 포함) • **부가가치세**: 매입 · 매출거래자료입력, 부가가치세 신고서의 조회 • **입력자료 및 제장부 조회**
전산세무 2급	• **재무회계**: 당좌, 재고자산, 유 · 무형자산, 유가증권과 투자유가증권, 부채, 자본금, 잉여금, 수익과 비용 • **원가회계**: 원가의 개념, 요소별 · 부문별 원가계산, 개별 · 종합(단일, 공정별, 조별, 등급별)원가계산 • **세무회계**: 부가가치세법, 소득세법(종합소득세액의 계산 및 원천징수부분에 한함)	• **재무회계, 원가회계**: 초기이월, 거래자료입력, 결산자료입력 • **부가가치세**: 매입 · 매출거래자료입력, 부가가치세 신고서의 작성 및 전자신고 • **원천제세**: 원천징수와 연말정산 기초 및 전자신고
전산세무 1급	• **재무회계**: 당좌 · 재고자산, 유 · 무형자산, 유가증권과 투자유가증권, 외화환산, 부채, 자본금, 잉여금, 자본조정, 수익과 비용, 회계변경 • **원가회계**: 원가의 개념, 요소별 · 부문별 원가계산, 개별 · 종합(단일, 공정별, 조별, 등급별)원가계산, 표준 원가계산 • **세무회계**: 법인세법, 부가가치세법, 소득세법(종합소득세액의 계산 및 원천징수부분에 한함), 조세특례제한법(상기 관련 세법에 한함)	• **재무회계, 원가회계**: 거래자료입력, 결산자료입력 • **부가가치세**: 매입 · 매출거래자료입력, 부가가치세 신고서의 작성 및 전자신고 • **원천제세**: 원천제세 전반 및 전자신고 • **법인세무조정**: 법인세무조정 전반

CONTENTS

차례

전산회계 1급 이론편

PART 01 | 재무회계

PART 02 | 원가회계

PART 03 | 부가가치세

전산회계 1급 실무편+최신 기출

PART 01 | 실무시험

PART 02 | 최신기출문제

PART 01

재무회계

NCS 능력단위 요소

회계상 거래 인식하기_0203020101_20v4.1
결산준비하기_0203020104_20v4.1

학습전략

분개의 구조와 각 계정과목의 정의, 거래 내용을 파악한다. 세부 내용을 모두 암기하기보다는 기본개념과 전체적인 흐름을 이해하는 데 초점을 두고 학습한다. 이해되지 않는 내용은 '합격을 다지는 실전문제'를 통해 문제 유형을 익히며 함께 학습할 수 있다.

CHAPTER 01

재무제표

핵심키워드
- 당기순손익
- 시산표
- 재무제표
- 질적 특성
- 재무제표의 기본가정

1회독 2회독 3회독

1 회계의 의의

회계는 정보이용자가 합리적인 판단이나 의사결정을 할 수 있도록 유용한 경제적 정보를 식별, 측정, 전달하는 과정이다.

회계의 목적
유용한 정보 제공

2 회계의 구분

구분	재무회계	관리회계
목적	외부 정보이용자의 경제적 의사결정에 유용한 정보를 제공	내부 정보이용자의 관리적 의사결정에 유용한 정보를 제공
정보이용자	외부 이용자(주주, 채권자)	내부 이용자(경영자)
보고수단	재무제표	특정 보고서
작성원칙	일반적으로 인정된 회계원칙에 따라 작성	특별한 기준이나 원칙에 구애받지 않고 작성
시간적 관점	과거지향적	미래지향적
회계기준	준수 ○	준수 ×

재무회계 vs. 관리회계
- 재무회계: 외부공시
- 관리회계: 내부통제

3 회계연도

회사의 경영활동은 영업 개시부터 폐업까지 계속 이루어진다. 이해관계자에게 일정 기간의 경영성과 보고 등을 이유로 인위적으로 구분, 설정한 기간을 회계연도 또는 회계기간이라 한다.

+ 회계연도(회계기간)가 1월 1일~12월 31일인 경우

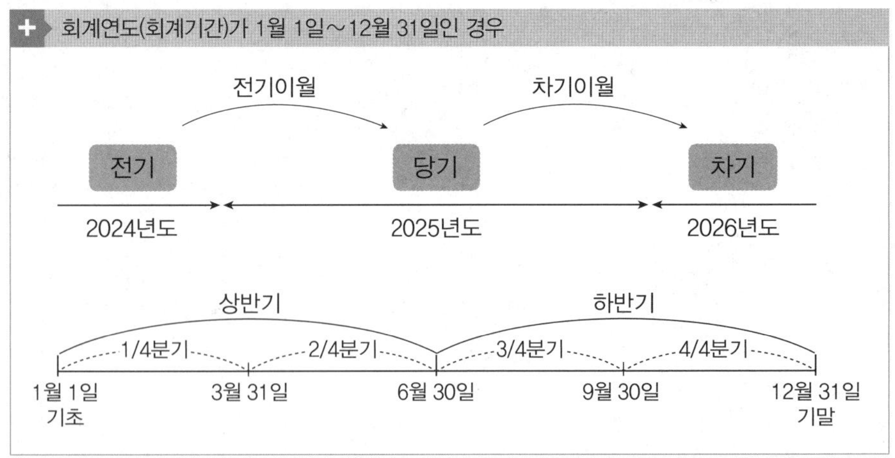

4 당기순손익의 계산

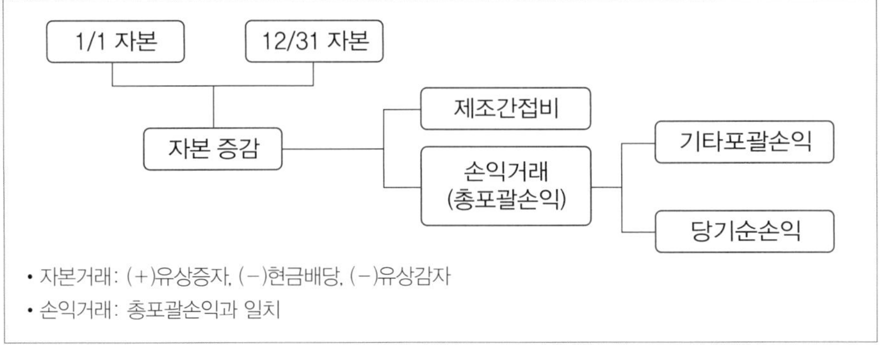

• 자본거래: (+)유상증자, (−)현금배당, (−)유상감자
• 손익거래: 총포괄손익과 일치

자본 증감
=기말자본−기초자본
=유상증자−유상감자−현금배당
±당기순손익

5 회계순환과정

회계순환과정이란 기업이 유용한 재무정보를 정보이용자에게 제공하기 위해 해당 기업이 행한 경제활동에서 회계정보를 식별하고 이를 분류, 정리, 요약하여 재무제표를 작성하고 공시하는 절차를 말한다.

+ 회계순환과정

거래 발생 → 분개장 → 전기 → 수정전시산표 → 기말수정분개 → 수정후시산표 → 장부 마감 → 재무제표 작성

6 거래

1. 거래(회계상의 거래)

회계에서 말하는 거래(Transaction)란 기업의 자산, 부채, 자본의 변동(증감)에 영향을 미치는 경제적인 사건(Event)이다.

회계상의 거래
• Yes: 장부기록 ○
• No: 장부기록 ×

2. 회계상의 거래와 일반적인 거래

회계상의 거래		
화재, 도난, 분실, 대손, 감가, 파손 등에 의한 자산 감소 등	현금의 수입과 지출, 상품매매, 채권·채무의 증가와 감소, 비용의 지급, 수익의 수입 등	임대차계약, 상품의 주문, 종업원의 채용, 약속, 담보 제공 등
	일반적인 거래	

7 복식부기의 특징

1. 거래의 이중성

모든 거래는 차변 요소와 대변 요소의 결합으로 이루어지고, 차변의 금액과 대변의 금액은 항상 일치한다.

2. 대차평균의 원리

회계상의 거래가 일어나면 계정의 차변과 대변에 똑같은 영향을 주기 때문에 차변의 금액과 대변의 금액은 항상 같다. 따라서 아무리 많은 거래가 발생하더라도 차변 금액의 합계액과 대변 금액의 합계액은 같다.

3. 자기검증기능

대차평균의 원리에 따르면 차변 금액의 합계와 대변 금액의 합계는 항상 같다. 따라서 차변 금액의 합계와 대변 금액의 합계가 일치하지 않으면 오류임을 알 수 있다.

복식부기의 특징
- 거래의 이중성
- 대차평균의 원리
- 자기검증기능

8 분개의 구조

▸ 최신 36회 중 13문제 출제

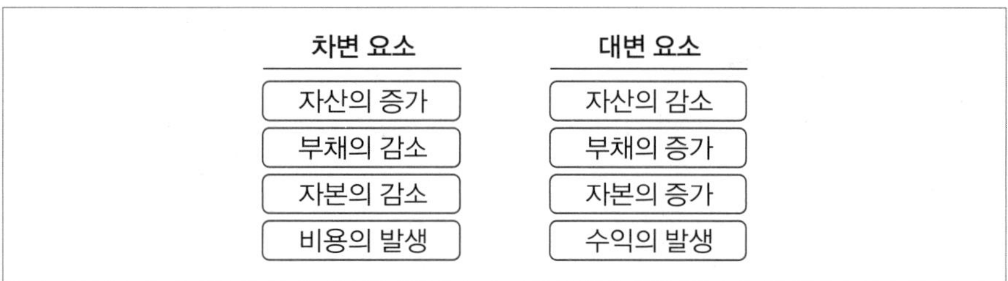

분개의 구조

차변	대변
자산(+)	자산(−)
부채(−)	부채(+)
자본(−)	자본(+)
비용(+)	수익(+)

9 계정

(차변) 자산	(대변)
(+)	(−)

(차변) 부채	(대변)
(−)	(+)

(차변) 자본	(대변)
(−)	(+)

(차변) 수익	(대변)
(−)	(+)

(차변) 비용	(대변)
(+)	(−)

10 시산표

시산표는 차변 합계와 대변 합계의 차이로 오류를 발견할 수 있다.

1. 시산표의 의의

시산표는 총계정원장에 기록된 계정과목이 정확하게 작성되었는지 확인하기 위해 작성하는 표로, 대차평균의 원리에 의해 계산 결과를 집계한다. 시산표의 종류로는 합계시산표, 잔액시산표, 합계잔액시산표가 있으며 이 중 합계잔액시산표가 실무에 주로 사용된다.

시산표

(차)	(대)
자산	부채
	자본
비용	수익

2. 시산표에서의 오류

(1) 발견할 수 있는 오류

시산표에서는 차변 금액의 합계와 대변 금액의 합계 일치 여부로 오류를 판단하므로 두 금액에 차이가 발생하는 오류만 발견할 수 있다.

(2) 발견할 수 없는 오류

① 거래 전체의 분개가 누락되거나 전기가 누락된 경우
② 분개는 틀렸으나 대차의 금액은 일치하는 경우
③ 어떤 거래의 분개가 이중으로 분개된 경우
④ 분개장에서 원장에 대차를 반대로 전기한 경우
⑤ 다른 계정과목으로 잘못 전기한 경우
⑥ 오류에 의하여 전기된 금액이 우연히 일치하여 서로 상계된 경우

11 재무제표 중요

▶ 강의 바로보기

재무제표

1. 재무제표의 의의

재무제표는 외부 정보이용자(주주, 투자자 등)에게 기업에 관한 회계정보를 전달하기 위하여 작성하는 회계보고서이다.

2. 재무제표의 구성

일반기업회계기준에 따른 재무제표는 재무상태표, 손익계산서, 현금흐름표, 자본변동표, 주석으로 구성된다. 반면, 한국채택국제회계기준에 따른 재무제표는 재무상태표, 포괄손익계산서, 현금흐름표, 자본변동표 및 주석으로 구성된다.

재무제표의 구성
재무상태표, 손익계산서, 현금흐름표, 자본변동표, 주석

▶ 주기와 이익잉여금처분계산서는 재무제표에 포함되지 않는다.

3. 재무제표 작성과 표시의 일반원칙

재무제표 작성과 표시의 일반원칙
- 계속기업의 가정
- 재무제표의 작성 책임과 공정한 표시
- 재무제표 항목의 구분과 통합 표시
- 비교재무제표의 작성
- 재무제표 항목의 표시와 분류의 계속성
- 재무제표의 양식

(1) 계속기업의 가정

경영진은 재무제표를 작성할 때 계속기업으로 존속할 가능성을 평가해야 한다. 경영진이 기업을 청산하거나 경영활동을 중단할 의도를 가지고 있는 경우 또는 청산이나 경영활동의 중단 외에 다른 현실적 대안이 없는 경우가 아니면 계속기업을 전제로 재무제표를 작성한다.

(2) 재무제표의 작성 책임과 공정한 표시

재무제표의 작성과 표시에 대한 책임은 경영진에게 있다. 재무제표는 경제적 사실과 거래의 실질을 반영하여 기업의 재무상태, 경영성과, 현금흐름 및 자본변동을 공정하게 표시해야 하며, 일반기업회계기준에 따라 적절하게 작성된 재무제표는 공정하게 표시된 재무제표로 본다.

(3) 재무제표 항목의 구분과 통합 표시

중요한 항목은 재무제표의 본문이나 주석에 그 내용을 가장 잘 나타낼 수 있도록 구분하여 표시하며, 중요하지 않은 항목은 성격이나 기능이 유사한 항목과 통합하여 표시할 수 있다.

(4) 비교재무제표의 작성

재무제표의 기간별 비교가능성을 제고하기 위하여 전기 재무제표의 모든 계량정보를 당기와 비교하는 형식으로 표시한다. 또한 전기 재무제표의 비계량정보가 당기 재무제표를 이해하는 데 필요한 경우에는 이를 당기의 정보와 비교하여 주석에 기재한다.

(5) 재무제표 항목의 표시와 분류의 계속성

재무제표의 기간별 비교가능성을 제고하기 위하여 원칙적으로 재무제표 항목의 표시와 분류는 매기 동일하여야 한다.

(6) 재무제표의 양식

재무제표는 재무상태표, 손익계산서, 현금흐름표, 자본변동표 및 주석으로 구분하여 작성한다.

4. 재무제표 정보의 특성과 한계

재무제표로 제공되는 정보는 다음과 같은 특성과 한계를 갖는다.

① 재무제표는 주로 화폐단위로 측정된 정보를 제공한다.

② 재무제표는 대부분 과거에 발생한 거래나 사건에 대한 정보를 나타낸다.

③ 재무제표는 추정에 의한 측정치를 포함하고 있다.

④ 재무제표는 특정 기업실체에 관한 정보를 제공하며, 산업 또는 경제 전반에 관한 정보를 제공하지는 않는다.

12 재무상태표 중요

▸ 최신 36회 중 11문제 출제

1. 재무상태표의 목적

재무상태표는 일정 시점 현재 기업이 보유하고 있는 경제적 자원인 자산과 경제적 의무인 부채, 그리고 자본에 대한 정보를 제공하는 재무보고서로서, 정보이용자들이 기업의 유동성, 재무적 탄력성, 수익성과 위험 등을 평가하는 데 유용한 정보를 제공한다.

재무상태표
일정 시점의 재무상태를 나타내는 표

2. 재무상태표의 기본구조

재무상태표의 구성요소인 자산, 부채, 자본은 각각 다음과 같이 구분한다.

재무상태표

(주)에듀윌 2025.12.31. 현재 단위: 원

유동자산	당좌자산	유동부채	매입채무, 미지급금 등
	재고자산	비유동부채	사채, 장기차입금 등
비유동자산	투자자산	자본	자본금
	유형자산		자본잉여금
	무형자산		자본조정
	기타 비유동자산		기타포괄손익누계액
			이익잉여금

* 자산과 부채는 유동성이 큰 항목부터 배열하는 것을 원칙으로 한다.

재무상태표의 기본구조

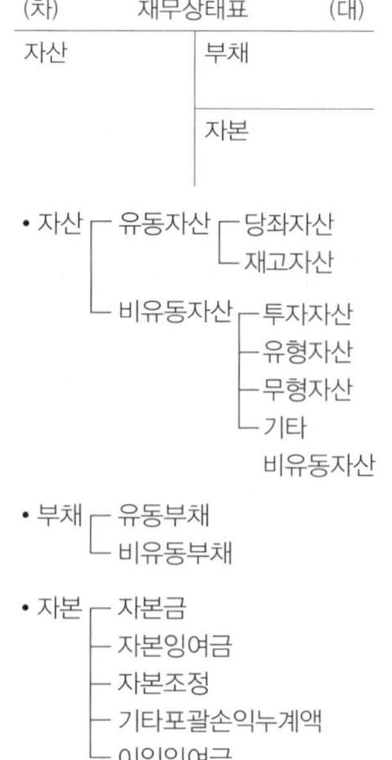

(1) 자산

① 의미: 자산은 기업이 소유하고 있는 재화나 채권으로, 미래 경제적 효익을 가져올 수 있는 것을 말한다.

② **구분**: 자산은 유동자산과 비유동자산으로 구분한다. 유동자산은 당좌자산과 재고자산으로 구분하고, 비유동자산은 투자자산, 유형자산, 무형자산, 기타 비유동자산으로 구분한다.

> **+ 유동성자산**
>
> - 사용의 제한이 없는 현금 및 현금성자산
> - 기업의 정상적인 영업주기 내에 실현될 것으로 예상되거나 판매 목적 또는 소비 목적으로 보유하고 있는 자산
> - 단기매매 목적으로 보유하는 자산
> - 이 외에 보고기간 종료일부터 1년 이내에 현금화 또는 실현될 것으로 예상되는 자산

(2) 부채

① **의미**: 미래에 타인에게 지급해야 할 채무로, 미래 경제적 효익을 낮출 수 있는 것을 말하며, 타인자본이라고도 한다.

② **구분**: 유동부채와 비유동부채로 구분한다.

(3) 자본

① **의미**: 자산 총액에서 부채 총액을 차감한 잔액으로, 기업의 순수한 지분을 의미하며, 자기자본 또는 순자산이라고도 한다.

② **구분**: 자본금, 자본잉여금, 자본조정, 기타포괄손익누계액, 이익잉여금(또는 결손금)으로 구분한다.

3. 재무상태표의 작성기준

(1) 재무상태표 항목의 구분과 통합 표시

자산, 부채, 자본 중 중요한 항목은 재무상태표 본문에 별도 항목으로 구분하여 표시한다. 중요하지 않은 항목은 성격 또는 기능이 유사한 항목에 통합하여 표시할 수 있으며, 통합할 적절한 항목이 없는 경우에는 기타 항목으로 하고 세부 내용은 주석으로 기재한다.

(2) 자산과 부채의 총액 표시

자산과 부채는 원칙적으로 상계하여 표시하지 않는다. 다만, 예외적으로 상계할 수 있는 경우도 있다.

(3) 1년 또는 정상영업주기

자산과 부채는 '보고기간 종료일부터 1년'을 기준으로 유동과 비유동을 구분한다. 단, 보고기간 종료일부터 1년을 초과하더라도 '정상적인 1영업주기' 이내인 경우 유동으로 분류한다. 정상적인 영업주기를 명확하게 식별할 수 없는 경우에는 이를 1년으로 추정한다.

(4) 유동성 배열법

자산과 부채는 유동성이 높은, 즉 현금화하기 쉬운 계정부터 배열한다.

(5) 잉여금의 구분 표시

자본거래에서 발생한 자본잉여금과 손익거래에서 발생한 이익잉여금은 혼동하여 표시해서는 안 된다.

(6) 미결산 항목의 표시 금지

가지급금, 가수금 등의 미결산 항목은 그 내용을 나타내는 적절한 과목으로 표시하고, 비망계정은 재무상태표의 자산 또는 부채 항목으로 표시해서는 안 된다.

재무상태표의 작성기준
- 재무상태표 항목의 구분과 통합 표시
- 자산과 부채의 총액 표시
- 1년 또는 정상영업주기
- 유동성 배열법
- 잉여금의 구분 표시
- 미결산 항목의 표시 금지

비망계정
어떤 거래의 발생을 잠정적으로 기록하는 계정
예 우발채무 등

13 손익계산서 중요

1. 손익계산서의 목적

손익계산서는 일정 기간 동안 기업의 경영성과에 대한 정보를 제공하는 재무보고서이다. 손익계산서는 당해 회계기간의 경영성과를 나타낼 뿐만 아니라, 기업의 미래 현금흐름과 수익창출능력 등의 예측에 유용한 정보를 제공한다.

손익계산서
일정 기간 동안 경영성과를 나타내는 표

2. 손익계산서의 기본구조

손익계산서

(주)에듀윌 제2기 2025.1.1.부터 2025.12.31.까지 단위: 원

일반적인 경우	중단사업손익이 있는 경우
Ⅰ. 매출액	Ⅰ. 매출액
Ⅱ. (매출원가)	Ⅱ. (매출원가)
Ⅲ. 매출총이익	Ⅲ. 매출총이익
Ⅳ. (판매비와 관리비)	Ⅳ. (판매비와 관리비)
Ⅴ. 영업이익	Ⅴ. 영업이익
Ⅵ. 영업외수익	Ⅵ. 영업외수익
Ⅶ. (영업외비용)	Ⅶ. (영업외비용)
Ⅷ. 법인세차감전순이익	Ⅷ. 법인세차감전계속사업손익
Ⅸ. (법인세비용)	Ⅸ. (계속사업손익 법인세비용)
Ⅹ. 당기순이익	Ⅹ. 계속사업손익
	Ⅺ. 중단사업손익(법인세 효과 차감 후)
	Ⅻ. 당기순이익

손익계산서의 기본구조
Ⅰ. 매출액
Ⅱ. (매출원가)
Ⅲ. 매출총이익
Ⅳ. (판매비와 관리비)
Ⅴ. 영업이익
Ⅵ. 영업외수익
Ⅶ. (영업외비용)
Ⅷ. 법인세차감전순이익
Ⅸ. (법인세비용)
Ⅹ. 당기순이익

(1) 수익

수익은 기업이 경영활동의 결과로 획득한 금액을 의미한다.

(2) 비용

비용은 기업이 수익을 얻기 위해 경영활동 과정에서 사용한 금액을 의미한다.

3. 손익계산서의 작성기준

(1) 발생주의

발생주의란 현금의 수취 및 지출 그 자체보다는 근원적으로 현금의 유입과 유출을 일어나게 하는 경제적 사건이 발생하였을 때 발생 사실에 따라 수익과 비용을 인식하는 방법이다. 반면 현금주의는 현금을 수취한 시점에 그 금액을 수익으로 인식하고, 현금을 지출한 시점에 그 금액을 비용으로 인식하는 방법으로, 경영자가 현금의 수취시점과 지출시점을 의도적으로 조정하여 경영성과를 왜곡시킬 수 있다는 단점이 있다. 따라서 기업회계기준에서는 발생주의에 따라 수익과 비용을 인식하도록 한다.

손익계산서의 작성기준
- 발생주의
- 실현주의
- 수익·비용 대응의 원칙
- 총액 표시
- 구분 표시

(2) 실현주의

발생주의에 따라 수익과 비용을 인식하는 것이 기업회계의 대전제가 되기는 하지만, 구체적으로 수익을 인식함에 있어서는 실현주의를 채택하고 있다. 실현주의란 수익창출 활동이 완료되거나 실질적으로 거의 완료되고 수익획득과정으로 인한 현금수입을 큰 오차 없이 합리적으로 측정할 수 있을 때 수익을 인식하는 것이다.

(3) 수익 · 비용 대응의 원칙

수익 · 비용 대응의 원칙이란 성과와 노력 간의 인과관계를 연결시키고자 수익을 창출하기 위하여 발생한 비용을 관련 수익이 인식되는 기간에 인식하는 것이다. 즉, 비용 인식의 원칙이다.

(4) 총액 표시

수익 · 비용은 총액 보고를 원칙으로 하며, 미실현손익은 원칙적으로 계상하지 않는다. 따라서 수익과 비용 항목을 상계하여 그 전부 또는 일부를 손익계산서에서 제외하면 안 된다. 다만, 예외적으로 상계할 수 있는 경우도 있다.

(5) 구분 표시

매출총손익, 영업손익, 법인세비용차감전순손익, 당기순손익으로 구분하여 표시한다. 다만, 제조업, 판매업, 건설업 이외의 기업에 있어서는 매출총손익의 구분 표시를 생략할 수 있다.

4. 판매비와 관리비/영업외비용의 구분 중요

▸ 최신 36회 중 9문제 출제

(1) 판매비와 관리비(영업비용)

급여, 퇴직급여, 복리후생비, 기업업무추진비, 감가상각비, 무형자산상각비, 임차료, 연구비, 세금과공과, 광고선전비, 경상개발비, 대손상각비(매출채권) 등 영업과 관련된 비용이다.

판매비와 관리비 vs. 영업외비용
- 판매비와 관리비: 영업 관련 비용
- 영업외비용: 영업 무관 비용

(2) 영업외비용

이자비용, 기부금, 기타의 대손상각비(기타 채권), 단기매매증권평가손실, 손상차손, 유형자산처분손실, 외화환산손실, 사채상환손실, 재고자산감모손실(비정상감모) 등 영업과 무관한 비용이다.

영업외비용
~손실, ~차손, 이자비용, 기부금, 기타의 대손상각비

14 재무제표의 흐름도 중요

▶ 재무상태표상 '기초자본'과 손익계산서상 '당기순이익'의 합은 재무상태표상 '기말자본'과 같다.

재무상태표

2025.12.31.현재

자산		부채	
Ⅰ. 유동자산	×××	Ⅰ. 유동부채	×××
1. 당좌자산	×××	Ⅱ. 비유동부채	×××
(1) 현금 및 …	×××	:	
(2) 당좌예금	×××	부채 총계	×××
:			
2. 재고자산	×××	자본	
(1) 상품	×××	Ⅰ. 자본금	×××
(2) 제품	×××	Ⅱ. 자본잉여금	×××
(3) 반제품	×××	Ⅲ. 이익잉여금	×××
(4) 재공품	×××	1. 이익준비금	×××
(5) 원재료	×××	2. 기타 법정…	×××
(6) 저장품	×××	3. 임의적립금	×××
:		**4. 미처분이익잉여금**	×××
Ⅱ. 비유동자산	×××	**(당기순이익 ×××)**	
1. 투자자산	×××	Ⅳ. 자본조정	×××
2. 유형자산	×××	Ⅴ. 기타포괄손익누계액	×××
3. 무형자산	×××	:	
4. 기타 비유동자산	×××	자본 총계	×××
자산 총계	×××	부채와 자본의 총계	×××

손익계산서

2025.1.1.부터 2025.12.31.까지

Ⅰ. 매출액		×××
Ⅱ. 매출원가		×××
1. 상품매출원가	×××	
(1) 기초상품재고액	×××	
(2) 당기상품매입액	×××	
(3) 기말상품재고액	×××	
2. 제품매출원가	×××	
(1) 기초제품재고액	×××	
(2) 당기제품제조원가	×××	
(3) 기말제품재고액	×××	
Ⅲ. 매출총이익(손실)		×××
Ⅳ. 판매비와 관리비		×××
1. 급여	×××	
:		
Ⅴ. 영업이익(손실)		×××
Ⅵ. 영업외수익		×××
Ⅶ. 영업외비용		×××
Ⅷ. 법인세차감전순이익(손실)		×××
Ⅸ. 법인세 등		×××
Ⅹ. 당기순이익(손실)		×××

제조원가명세서

2025.1.1.부터 2025.12.31.까지

Ⅰ. 원재료비		×××
1. 기초원재료재고액	×××	
2. 당기원재료매입액	×××	
3. 기말원재료재고액	×××	
Ⅱ. 노무비		×××
1. 임금	×××	
:		
Ⅲ. 경비		×××
1. 복리후생비	×××	
:		
Ⅳ. 당기총제조비용		×××
Ⅴ. 기초재공품원가		×××
Ⅵ. 합계		×××
Ⅶ. 기말재공품원가		×××
Ⅷ. 타계정(유형자산)대체액		×××
Ⅸ. 당기제품제조원가		×××

이익잉여금처분계산서

(결의일 2026.3.31.)

Ⅰ. 미처분이익잉여금		×××
1. 전기이월이익잉여금	×××	
2. 당기순이익(손실)	×××	
Ⅱ. 임의적립금 등의 이입액		×××
합계		
Ⅲ. 이익잉여금처분액		×××
1. 이익준비금	×××	
2. 기타 법정적립금	×××	
3. 주식할인발행차금상각액	×××	
4. 배당금	×××	
(1) 현금배당	×××	
(2) 주식배당	×××	
Ⅳ. 차기이월이익잉여금		×××

15 현금흐름표와 자본변동표

1. 현금흐름표

현금흐름표는 일정 기간 동안 현금의 유입과 유출에 관한 정보를 제공하는 재무보고서이다. 이해관계자가 현금흐름표와 다른 재무제표를 함께 분석하면 현금흐름의 크기와 시기를 조절하는 기업의 능력, 순자산의 변화 및 재무구조를 평가하는 데 유용한 정보를 얻을 수 있다. 특히 현금흐름 정보는 현금창출능력과 미래현금흐름 등 기업의 가치를 평가하기 위한 기초자료로 활용되며, 현금흐름표는 기업의 활동을 영업활동, 투자활동, 재무활동으로 나누어 보고한다.

2. 자본변동표

자본변동표는 자본의 크기와 그 변동에 관한 정보를 제공하는 재무보고서로서 자본을 구성하고 있는 자본금, 자본잉여금, 자본조정, 기타포괄손익누계액, 이익잉여금(또는 결손금)의 변동에 대한 포괄적인 정보를 제공한다. 자본변동표는 소유주의 투자와 소유주에 대한 분배, 그리고 포괄이익에 대한 정보를 포함한다.

16 회계정보의 질적 특성 중요

▸ 최신 36회 중 11문제 출제

회계의 목적이 달성되기 위해서는 외부 정보이용자에게 재무제표에 의한 유용한 정보를 제공하여 정보이용자들이 의사결정을 하는 데에 활용되어야 한다. 회계정보의 질적 특성이란 회계정보가 유용하기 위해 갖추어야 할 주요 속성을 말한다. 회계정보가 갖추어야 할 가장 중요한 질적 특성은 목적적합성과 신뢰성이다. 또한 회계정보의 질적 특성은 비용과 효익, 그리고 중요성의 제약요인하에서 고려되어야 한다.

▶ 특정 거래를 회계처리할 때 대체적인 회계처리방법이 허용되는 경우, 목적적합성과 신뢰성이 더 높은 회계처리방법을 선택해야 회계정보의 유용성이 증대된다.

▶ 목적적합성과 신뢰성 중 어느 하나가 완전히 상실된 경우 그 정보는 유용한 정보가 될 수 없다.

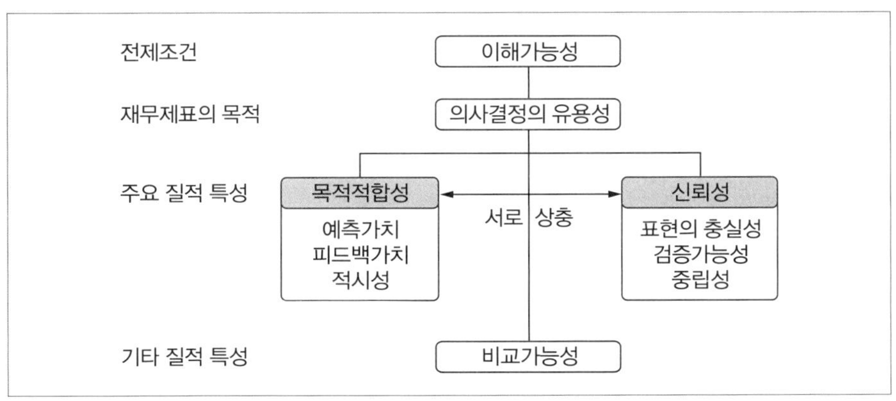

1. 목적적합성

회계정보가 정보이용자의 의사결정에 유용하게 활용되기 위해서는 의사결정의 목적과 관련이 있어야 한다. 목적적합성의 하부 속성으로는 예측가치, 피드백가치, 적시성이 있다.

목적적합성의 하부 속성
- 예측가치
- 피드백가치
- 적시성

(1) 예측가치

정보이용자가 기업실체의 미래 재무상태, 경영성과, 순현금흐름 등을 예측하는 데 그 정보가 활용될 수 있는 능력을 의미한다.

(2) 피드백가치

회계정보가 기업실체의 재무상태, 경영성과, 순현금흐름, 자본변동 등에 대한 정보이용자의 당초 기대치(예측치)를 확인 또는 수정하게 함으로써 의사결정에 영향을 미칠 수 있는 능력을 말한다.

(3) 적시성

회계정보가 정보이용자에게 유용하게 활용되기 위해서는 그 정보가 의사결정에 반영될 수 있도록 적시에 제공되어야 한다.

2. 신뢰성

회계정보가 정보이용자의 의사결정에 유용하게 활용되기 위해서는 신뢰할 수 있는 정보여야 한다. 신뢰성의 하부 속성으로는 표현의 충실성, 검증가능성, 중립성이 있다.

신뢰성의 하부 속성
- 표현의 충실성
- 검증가능성
- 중립성

(1) 표현의 충실성

재무제표상의 회계수치가 회계기간 말 현재 기업실체가 보유하는 자산과 부채의 크기와 자본의 변동을 충실히 나타내고 있어야 함을 의미한다.

(2) 검증가능성

동일한 경제적 사건이나 거래에 대하여 동일한 측정방법을 적용할 때 다수의 독립적인 측정인이 유사한 결론에 도달할 수 있어야 함을 의미한다.

(3) 중립성

회계정보가 신뢰성을 갖기 위해서는 편의 없이 중립적이어야 한다. 의도한 결과를 유도할 목적으로 회계기준을 제정하거나 재무제표에 특정 정보를 표시함으로써 정보이용자의 의사결정이나 판단에 영향을 미칠 경우 그 회계정보는 중립적이라고 할 수 없다.

3. 질적 특성 간의 상충관계

(1) 회계정보의 질적 특성 간 상충관계의 예

질적 특성 간의 상충관계는 목적적합성과 신뢰성 사이에서 발생할 수 있으며, 주요 질적 특성의 하부 속성 간에도 발생할 수 있다.

① 유형자산을 역사적 원가로 평가하면 일반적으로 검증가능성이 높아지므로 측정의 신뢰성은 제고되나 목적적합성은 저하될 수 있으며, 시장성 없는 유가증권에 대해 역사적 원가를 적용하면 자산가액 측정치의 검증가능성은 높아지나 유가증권의 실제 가치를 나타내지 못하여 표현의 충실성과 목적적합성이 저하될 수 있다.

② 정보를 적시에 제공하기 위해 거래나 사건의 모든 내용이 확정되기 전에 보고하는 경우, 목적적합성은 향상되나 신뢰성은 저하될 수 있다.

목적적합성 vs. 신뢰성

구분	목적적합성	신뢰성
자산평가	공정가치법	원가법
손익인식	발생주의	현금주의
재무보고	중간재무제표	결산재무제표
용역의 수익인식	진행기준	완성기준

(2) 질적 특성 간의 선택

상충하는 질적 특성 간의 선택은 재무보고의 목적을 최대한 달성할 수 있는 방향으로 이루어져야 하며, 질적 특성 간의 상대적 중요성은 상황에 따라 판단해야 한다. 예를 들어, 기업실체의 재무상태에 중요한 영향을 미칠 것으로 예상되는 '진행 중인 손해배상 소송'에 대한 정보는 목적적합성이 있는 정보일 수 있다. 그러나 소송 결과를 확실히 예측할 수 없는 상황에서 손해배상청구액을 재무제표에 인식하는 것은 신뢰성을 저해할 수 있다.

4. 비교가능성

기업실체의 재무상태, 경영성과, 현금흐름 및 자본변동의 추세 분석과 기업실체 간의 상대적 평가를 위하여 회계정보는 기간별, 기업실체 간 비교가 가능해야 한다. 일반적으로 인정되는 회계원칙에 따라 재무제표를 작성하면 회계정보의 기업실체 간 비교가능성이 높아진다. 또한 당해 연도와 과거 연도를 비교하는 방식으로 재무제표를 작성하면 해당 기간의 회계정보를 비교할 수 있다. 비교가능성은 단순한 통일성을 의미하는 것이 아니며, 발전된 회계기준의 도입에 장애가 되지 않아야 한다. 또한 목적적합성과 신뢰성을 제고할 수 있는 회계정책의 선택에 장애가 되어서도 안 된다.

비교가능성
- 기간별
- 기업별

▶ 비교가능성은 목적적합성과 신뢰성만큼 중요한 질적 특성은 아니지만 목적적합성과 신뢰성을 갖춘 정보가 비교가능할 경우 회계정보의 유용성이 제고될 수 있다.

5. 회계정보의 제약요인

회계정보가 정보이용자에게 유용하기 위해서는 목적적합성과 신뢰성을 가져야 한다. 그러나 질적 특성을 갖춘 정보라 하더라도 정보 제공 및 이용에 소요될 사회적 비용이 정보 제공 및 이용에 따른 사회적 효익을 초과한다면 그 정보 제공은 정당화될 수 없다. 따라서 회계기준제정기구는 회계기준의 제·개정에 대한 포괄적인 제약으로 비용과 효익의 문제를 고려하여야 한다.

목적적합성과 신뢰성이 있는 정보는 재무제표를 통해 정보이용자에게 제공되어야 한다. 그러나 재무제표에 표시되는 항목에는 중요성이 고려되어야 하므로 목적적합성과 신뢰성을 갖춘 모든 항목이 반드시 재무제표에 표시되는 것은 아니다. 즉, 중요성은 회계 항목이 정보로 제공되기 위한 최소한의 요건이다.

회계정보의 제약요인
- 비용과 효익
- 중요성

17 재무제표(재무보고)의 기본가정

재무제표는 일정한 가정하에 작성되며, 기본가정은 기본전제, 회계공준이라고도 한다. 재무제표의 기본가정에는 기업실체의 가정, 계속기업의 가정, 기간별 보고의 가정이 있다.

재무제표의 기본가정
- 기업실체의 가정
- 계속기업의 가정
- 기간별 보고의 가정

1. 기업실체의 가정

기업실체를 중심으로 하여 기업실체의 경제적 현상을 재무제표에 보고해야 한다는 가정이다. 즉, 기업은 그 자체가 인격을 가진 하나의 실체로서 존재하며, 기업의 구성원(경영자, 주주, 종업원)과 분리된 독립적인 조직일 뿐만 아니라 다른 기업과도 별개의 관계에 있다고 가정하는 것이다. 그 예로 회사의 자산과 소유주의 자산은 분리해서 인식해야 한다는 것을 들 수 있으며 회계의 범위를 정해주는 가정이라 할 수 있다.

2. 계속기업의 가정

기업실체는 기업이 계속적으로 존재하지 않을 것이라는 반증이 없는 한 실체의 본래 목적을 달성하기 위하여 계속하여 존재한다는 가정이다. 계속기업의 가정은 기업의 자산을 역사적 원가로 평가하는 근거와 유형자산의 감가상각이라는 회계절차의 근거를 제공하며, 자산이나 부채의 분류표시를 유동성 순위에 따라 유동자산, 비유동자산, 유동부채, 비유동부채로 분류하는 근거를 제공한다.

3. 기간별 보고의 가정

기업실체의 지속적인 경제적 활동을 인위적으로 일정 기간 단위로 분할하여 각 기간마다 경영자의 수탁책임을 보고해야 한다는 가정이다. 기간별 보고의 가정은 발생주의 회계를 채택하는 근거가 된다.

▶ 회계기간은 1년을 초과할 수 없다.

합격을 다지는 실전문제

스마트폰으로 QR코드를 촬영하여
저자의 해설 강의를 확인하세요.

상 중 하

001 회계분야 중 재무회계에 대한 설명으로 적절한 것은?

① 관리자에게 경영활동에 필요한 재무정보를 제공한다.
② 국세청 등의 과세관청을 대상으로 회계정보를 작성한다.
③ 법인세, 소득세, 부가가치세 등의 세무 보고서 작성을 목적으로 한다.
④ 일반적으로 인정된 회계원칙에 따라 작성하며 주주, 투자자 등이 주된 정보이용자이다.

상 중 하

002 회계상 거래가 발생하면 재무제표의 차변과 대변 양편에 동시에 영향을 미치게 되는데, 이를 나타내는 회계의 특성은 무엇인가?

① 중요성 ② 중립성
③ 거래의 이중성 ④ 신뢰성

상 중 하

003 다음 중 재무제표를 작성할 때 발생기준에 따라 기록되는 계정과목이 아닌 것은?

① 선급비용 ② 자본금
③ 감가상각누계액 ④ 대손충당금

정답 및 해설

001 ④ 재무회계는 주주, 투자자, 채권자 등과 같은 외부 정보이용자의 경제적 의사결정에 유용한 정보를 제공하기 위함을 목적으로 한다.
① 원가관리회계의 목적이다.
② 세무회계의 정보이용자에 해당한다.
③ 세무회계의 목적이다.

002 ③ 회계상 거래는 반드시 그 원인과 결과를 동시에 가지고 있는데, 이를 거래의 이중성이라고 한다. 따라서 분개 시 항상 차변과 대변 양편으로 복식부기에 따라 기록한다.

003 ② 자본금은 주주가 출자한 금액을 기록한 계정과목으로, 발생기준에 따라서 기록된 것이 아니다.

상 중 하

004 다음 중 재무제표에 해당하지 않는 것은?

① 기업의 계정별 합계와 잔액을 나타내는 시산표
② 일정 시점 현재 기업의 재무상태(자산, 부채, 자본)을 나타내는 보고서
③ 기업의 자본에 관하여 일정 기간 동안의 변동 흐름을 파악하기 위해 작성하는 보고서
④ 재무제표의 과목이나 금액에 기호를 붙여 해당 항목에 대한 추가 정보를 나타내는 별지

상 중 하

005 다음 중 일반기업회계기준에 따른 재무제표에 대한 설명으로 가장 옳지 않은 것은?

① 재무상태표는 일정 시점 현재 기업실체가 보유하고 있는 경제적 자원인 자산과 경제적 의무인 부채, 그리고 자본에 대한 정보를 제공하는 재무보고서이다.
② 손익계산서는 일정 시점 현재 기업실체의 경영성과에 대한 정보를 제공하는 재무보고서이다.
③ 현금흐름표는 일정 기간 동안 기업실체에 대한 현금유입과 현금유출에 대한 정보를 제공하는 재무보고서이다.
④ 자본변동표는 기업실체에 대한 자본의 크기와 그 변동에 관한 정보를 제공하는 재무보고서이다.

상 중 하

006 다음 중 회계상 거래가 아닌 것은?

① 사업을 위하여 10,000,000원을 추가로 출자하다.
② 지급기일이 도래한 약속어음 10,000,000원을 보통예금에서 이체하여 변제하다.
③ 성수기 재고 확보를 위하여 상품 30,000,000원을 추가 주문하기로 하다.
④ 화재가 발생하여 창고에 있던 재고자산 20,000,000원이 멸실되다.

상 중 하

007 다음 중 재무상태표가 제공할 수 있는 재무정보로 올바르지 않은 것은?

① 타인자본에 대한 정보 ② 자기자본에 대한 정보
③ 자산총액에 대한 정보 ④ 경영성과에 관한 정보

정답 및 해설

004 ① 합계잔액시산표에 관한 설명으로, 합계잔액시산표는 재무제표에 해당하지 않는다. 재무제표는 재무상태표, 손익계산서, 현금흐름표 및 자본변동표와 주석으로 구성된다. 합계잔액시산표는 결산 시 대차평균원리에 따라 원장기록의 정·부를 자동 검증한다.
②는 재무상태표, ③은 자본변동표, ④는 주석에 대한 설명이다.

005 ② 손익계산서는 일정 시점이 아닌, 일정 기간 동안 기업실체의 경영성과에 대한 정보를 제공하는 재무보고서이다.

006 ③ 주문은 순자산 변동이 없으므로 회계상 거래가 아니다.

007 ④ 일정 기간 동안 기업의 경영성과에 대한 정보를 제공하는 보고서는 손익계산서이다. 손익계산서는 당해 회계기간의 경영성과를 나타낼 뿐만 아니라 기업의 미래현금흐름과 수익창출능력 등의 예측에 유용한 정보를 제공한다.

상 중 하

008 다음 중 거래의 결합관계가 나머지와 다른 회계상의 거래는?

① 사무실 청소비 5만원을 현금 지급하였다.
② 직원 결혼 축의금 10만원을 계좌이체하였다.
③ 토지 5억원을 현물출자 받았다.
④ 관리비 30만원을 현금 지급하였다.

상 중 하

009 다음 중 발생주의에 따라 작성하지 않는 재무제표는?

① 재무상태표　② 현금흐름표
③ 자본변동표　④ 손익계산서

상 중 하

010 다음 중 재무제표를 통해 제공되는 정보에 대한 설명으로 틀린 것은?

① 재무제표는 추정에 의한 측정치를 포함하지 않는다.
② 재무제표는 특정 기업실체에 관한 정보를 제공한다.
③ 재무제표는 화폐단위로 측정된 정보를 주로 제공한다.
④ 재무제표는 산업 또는 경제 전반에 관한 정보를 제공하지 않는다.

상 중 하

011 다음 중 재무상태표의 명칭과 함께 기재해야 하는 사항이 아닌 것은?

① 기업명　② 보고기간 종료일
③ 금액단위　④ 회계기간

정답 및 해설

008 ③ 차변에 자산 증가, 대변에 자본 증가의 거래이다.
①, ②, ④ 차변에 비용 발생, 대변에 자산 감소 거래이다.

009 ② 현금흐름표는 발생주의가 아닌 현금주의에 따라 작성한다.

010 ① 어떤 항목이 신뢰성 있게 측정되기 위해서 그 측정속성의 금액이 반드시 확정되어 있다는 것을 의미하지는 않으며, 추정에 의한 측정치도 합리적인 근거가 있을 경우 당해 항목의 인식에 이용될 수 있다. 예를 들어, 제품의 보증수리에 소요될 비용을 과거의 보증수리 실적을 토대로 추정하는 것은 합리적 추정치가 될 수 있다.

011 ④ 재무제표는 재무상태표, 손익계산서, 현금흐름표, 자본변동표 및 주석으로 구분하여 작성하며, 기업명, 보고기간 종료일 또는 회계기간, 보고통화 및 금액단위를 각 재무제표의 명칭과 함께 기재한다. 여기서 재무상태표에는 보고기간 종료일을, 손익계산서에는 회계기간을 기재해야 한다.

상 중 하

012 **다음 중 재무상태표에 대한 설명으로 적절한 것은?**

① 기업의 자산, 부채, 자본을 보여주며 유동성이 큰 항목부터 배열한다.
② 자산과 부채는 유동성과 비유동성을 구분하지 않는다.
③ 자산과 부채는 상계하여 처리하는 것을 원칙으로 한다.
④ 일정 기간 동안의 기업에 대한 경영성과를 나타내는 보고서이다.

상 중 하

013 **다음 중 재무상태표에 관련 자산, 부채에서 차감하는 형식으로 표시되는 항목이 아닌 것은?**

① 퇴직급여충당부채
② 퇴직연금운용자산
③ 감가상각누계액
④ 대손충당금

상 중 하

014 **다음 중 재무상태표상 자산, 부채 계정의 분류가 잘못 연결된 것은?**

① 미수수익 – 당좌자산
② 퇴직급여충당부채 – 유동부채
③ 임차보증금 – 기타 비유동자산
④ 장기차입금 – 비유동부채

상 중 하

015 **일반기업회계기준에 따라 작성된 재무제표의 특성과 한계에 대한 설명으로 틀린 것은?**

① 재무제표는 화폐단위로 측정된 정보를 주로 제공한다.
② 재무제표는 미래에 발생할 거래나 사건에 대한 정보도 포함한다.
③ 재무제표는 추정에 의한 측정치를 포함하고 있다.
④ 재무제표는 특정 기업실체에 관한 정보를 제공한다.

정답 및 해설

012 ① 재무상태표란 기업의 재무상태를 보여주는 보고서로 기업이 보유하고 있는 자산, 부채, 자본을 보여주며 자산과 부채는 유동성이 큰 항목부터 배열하는 것을 원칙으로 한다.
② 자산과 부채는 유동성과 비유동성을 구분한다.
③ 자산과 부채는 상계하여 표시하지 않는 것이 원칙이다.
④ 손익계산서에 대한 설명이다.

013 ① 퇴직급여충당부채는 부채 계정에 해당하므로 자산 또는 부채의 차감 항목이 아니다. 퇴직연금운용자산은 부채인 퇴직급여충당부채에서 차감, 감가상각누계액은 유형자산에서 차감, 대손충당금은 자산인 채권에서 차감하는 형식으로 표시한다.

014 ② 퇴직급여충당부채는 비유동부채에 해당한다.

015 ② 재무제표는 과거에 발생한 거래나 사건에 대한 정보를 나타낸다.

상 중 하

016 다음 자료의 빈 칸 (A)에 들어갈 금액으로 적당한 것은?

기초상품 재고액	매입액	기말상품 재고액	매출원가	매출액	매출총이익	판매비와 관리비	당기순손익
219,000원	350,000원	110,000원		290,000원		191,000원	(A)

① 당기순손실 360,000원
② 당기순손실 169,000원
③ 당기순이익 290,000원
④ 당기순이익 459,000원

상 중 하

017 (주)수암골의 재무상태가 다음과 같다고 가정할 때, 기말자본은 얼마인가?

기초		기말		당기 중 추가출자	이익 배당액	총수익	총비용
자산	부채	부채	자본				
900,000원	500,000원	750,000원	(?)	100,000원	50,000원	1,100,000원	900,000원

① 500,000원　② 550,000원　③ 600,000원　④ 650,000원

상 중 하

018 다음 중 아래의 자료에서 설명하고 있는 재무정보의 질적 특성에 해당하지 않는 것은?

> 재무정보가 정보이용자의 의사결정에 유용하게 활용되기 위해서는 그 정보가 의사결정의 목적과 관련이 있어야 한다.

① 예측가치　② 피드백가치　③ 적시성　④ 중립성

정답 및 해설

016 ① • 매출원가: 기초상품재고액 219,000원 + 매입액 350,000원 − 기말상품재고액 110,000원 = 459,000원
• 매출총이익: 매출액 290,000원 − 매출원가 459,000원 = −169,000원
• 당기순이익: 매출총이익 −169,000원 − 판매비와 관리비 191,000원 = −360,000원
∴ 순익이 마이너스이므로 당기순손실 360,000원이다.

017 ④ • 기초자산 900,000원 − 기초부채 500,000원 = 기초자본 400,000원
• 총수익 1,100,000원 − 총비용 900,000원 = 당기순이익 200,000원
• 기초자본 400,000원 + 추가출자 100,000원 − 이익배당액 50,000원 + 당기순이익 200,000원 = 기말자본 650,000원

018 ④ 회계정보의 질적 특성 중 목적적합성에 관련된 설명이며, 예측가치, 피드백가치, 적시성이 이에 해당한다. 중립성은 표현의 충실성, 검증가능성과 함께 신뢰성에 해당하는 질적 특성이다.

상 중 하

019 다음 중 시산표에서 발견할 수 있는 오류는?

① 동일한 금액을 차변과 대변에 반대로 전기한 경우
② 차변과 대변의 전기를 동시에 누락한 경우
③ 차변과 대변에 틀린 금액을 똑같이 전기한 경우
④ 차변에만 이중으로 전기한 경우

상 중 하

020 다음 약식 손익계산서에 대한 설명으로 옳은 것은?

손익계산서

Ⅰ. 매출액	×××
Ⅱ. 매출원가	×××
Ⅲ. (가)	×××
Ⅳ. 판매비와 관리비	×××
Ⅴ. (나)	×××
Ⅵ. 영업외수익	×××
Ⅶ. 영업외비용	×××
Ⅷ. (다)	×××

① 매입품 환출액이 발생하면 (가)는 감소한다.
② 신제품 광고선전비가 증가하면 (나)는 증가한다.
③ 거래처에 대한 대여금의 이자율을 높이면 (나)는 증가한다.
④ 종교단체에 불우이웃돕기 성금을 기탁하면 (다)는 감소한다.

정답 및 해설

019 ④ 시산표에서는 차변 합계와 대변 합계의 일치 여부로 오류를 발견한다. 차변에만 이중으로 전기한 경우, 차변 금액의 합계가 대변 금액의 합계보다 커지므로 오류를 발견할 수 있다.

020 ④ (가)는 매출총손익, (나)는 영업손익, (다)는 법인세비용차감전순손익이다. (다)는 영업이익에 영업외수익을 가산하고, 영업외비용을 차감하여 계산한다. 종교단체에 기탁한 불우이웃돕기 성금은 기부금으로 영업외비용에 해당하며 이 금액이 증가하면 (다)는 감소한다.
① 매입환출이 발생하면 매입액에서 차감하며, 매출원가가 감소하여 매출총이익이 증가한다.
② 광고선전비가 증가하면 판매비와 관리비가 증가하여 영업이익이 감소한다.
③ 대여금의 이자율을 높이면 이자수익(영업외수익)이 증가하며 영업손익에는 영향이 없다.

상 중 하

021 다음 자료는 2025년 12월 31일 현재 재무상태표의 각 계정 잔액이다. 외상매입금은 얼마인가?

• 보통예금: 300,000원	• 자본금: 300,000원
• 미지급금: 150,000원	• 외상매입금: (　?　)
• 외상매출금: 700,000원	• 이익잉여금: 100,000원

① 450,000원　② 550,000원
③ 750,000원　④ 850,000원

상 중 하

022 기부금을 영업외비용이 아닌 판매비와 관리비로 회계처리한 경우 나타나는 현상으로 틀린 것은?

① 매출총이익은 불변이다.
② 영업이익은 불변이다.
③ 법인세비용차감전순이익은 불변이다.
④ 매출원가는 불변이다.

상 중 하

023 다음 중 재무제표의 작성 책임과 공정한 표시에 관한 내용으로 틀린 것은?

① 재무제표의 작성과 표시에 대한 책임은 회계 담당자에게 있다.
② 재무제표는 경제적 사실과 거래의 실질을 반영하여 기업의 재무상태, 경영성과, 현금흐름 및 자본변동을 공정하게 표시하여야 한다.
③ 일반기업회계기준에 따라 적절하게 작성된 재무제표는 공정하게 표시된 재무제표로 본다.
④ 재무제표가 일반기업회계기준에 따라 작성된 경우에는 그러한 사실을 주석으로 기재하여야 한다.

정답 및 해설

021 ① • 자산 합계: 보통예금 300,000원 + 외상매출금 700,000원 = 1,000,000원
• 부채 합계: 자산 합계 1,000,000원 – 자본금 300,000원 – 이익잉여금 100,000원 = 600,000원
• 외상매입금: 부채 합계 600,000원 – 미지급금 150,000원 = 450,000원

022 ② 영업외비용인 기부금을 판매비와 관리비로 처리하면 영업이익(= 매출총이익 – 판매비와 관리비)이 과소계상된다. 하지만 매출총이익(= 매출액 – 매출원가), 법인세비용차감전순이익, 매출원가에는 영향을 미치지 않는다.

023 ① 재무제표의 작성과 표시에 대한 책임은 경영진에게 있다.

상 중 하

024 다음 재무상태표 작성기준 중 그 내용이 가장 적절한 항목은?

① 자산과 부채는 유동성이 작은 항목부터 배열한다.
② 자산, 부채, 자본은 총액으로 표기하지 않고 순액으로 기재한다.
③ 자산과 부채는 결산일 기준 1년 또는 정상영업주기를 기준으로 구분 표시한다.
④ 자본 항목 중 잉여금은 주주와의 거래인 이익잉여금과 영업활동의 결과인 자본잉여금으로 구분하여 표시한다.

상 중 하

025 다음 중 시산표와 관련된 설명 중 잘못된 것은?

① 시산표 등식은 '기말자산+총비용=기말부채+기초자본+총수익'이다.
② 잔액이 차변에 남는 계정은 자산과 비용 계정이다.
③ 분개는 거래의 이중성에 입각하여 차변 요소와 대변 요소로 결합되어야 한다.
④ 시산표상에서 발견할 수 있는 오류는 계정과목의 오기 등이다.

상 중 하

026 다음 중 거래내용에 대한 거래요소의 결합관계를 바르게 표시한 것은?

거래요소의 결합관계	거래내용
① 자산의 증가 – 자산의 증가	외상매출금 4,650,000원을 보통예금으로 수령하다.
② 자산의 증가 – 부채의 증가	기계장치를 27,500,000원에 구입하고 구입대금은 미지급하다.
③ 비용의 발생 – 자산의 증가	보유 중인 건물을 임대하여 임대료 1,650,000원을 보통예금으로 수령하다.
④ 부채의 감소 – 자산의 감소	장기차입금에 대한 이자 3,000,000원을 보통예금에서 이체하는 방식으로 지급하다.

정답 및 해설

024 ③ ① 자산과 부채는 유동성이 큰 항목부터 배열한다.
② 자산, 부채, 자본은 총액으로 표기한다.
④ 자본 항목 중 잉여금은 주주와의 거래인 자본잉여금과 영업활동의 결과인 이익잉여금으로 구분하여 표시한다.

025 ④ 시산표는 차변과 대변의 합계액이 다른 경우에만 오류를 발견할 수 있다. 따라서 이중기입, 계정과목의 오기 등과 같은 오류는 발견할 수 없다.

026 ②

②	(차) 기계장치	27,500,000원(자산의 증가)	(대) 미지급금	27,500,000원(부채의 증가)
①	(차) 보통예금	4,650,000(자산의 증가)	(대) 외상매출금	4,650,000(자산의 감소)
③	(차) 보통예금	1,650,000(자산의 증가)	(대) 임대료	1,650,000(수익의 발생)
④	(차) 이자비용	3,000,000(비용의 발생)	(대) 보통예금	3,000,000(자산의 감소)

상 중 하

027 다음의 회계처리로 인하여 재무제표에 미치는 영향을 바르게 설명한 것은?

비품 7,000,000원을 소모품비로 회계처리하였다.

① 수익이 7,000,000원 과대계상된다.
② 자산이 7,000,000원 과소계상된다.
③ 비용이 7,000,000원 과소계상된다.
④ 순이익이 7,000,000원 과대계상된다.

상 중 하

028 다음 중 회계순환과정에 있어 기말결산정리의 근거가 되는 가정으로 적절한 것은?

① 기업실체의 가정
② 기간별 보고의 가정
③ 화폐단위의 가정
④ 계속기업의 가정

상 중 하

029 다음 중 일반기업회계기준에 따른 재무상태표의 표시에 관한 설명으로 가장 적절하지 않은 것은?

① 비유동자산은 당좌자산, 유형자산, 무형자산으로 구분된다.
② 단기차입금은 유동부채로 분류된다.
③ 자산과 부채는 유동성 배열법에 따라 작성된다.
④ 재고자산은 유동자산에 포함된다.

정답 및 해설

027 ② 자산(비품)을 비용(소모품비)으로 잘못 처리한 경우 자산 과소계상, 비용 과대계상, 순이익 과소계상을 초래하지만 수익에는 영향을 미치지 않는다.

028 ② 기간별 보고의 가정은 기말결산정리의 근거가 되는 가정이다.

029 ① 당좌자산은 유동성이 높기 때문에 유동자산으로 구분된다.

상 중 하

030 다음 항목을 일반기업회계기준에 따라 유동성 배열법으로 나열할 때, 배열 순서로 옳은 것은?

- 건설 중인 자산
- 상품
- 투자부동산
- 외상매출금

① 상품, 외상매출금, 건설 중인 자산, 투자부동산
② 상품, 외상매출금, 투자부동산, 건설 중인 자산
③ 외상매출금, 상품, 건설 중인 자산, 투자부동산
④ 외상매출금, 상품, 투자부동산, 건설 중인 자산

상 중 하

031 다음 중 회계정보의 질적특성과 관련된 설명으로 잘못된 것은?

① 유형자산을 역사적 원가로 평가하면 측정의 신뢰성은 저하되나 목적적합성은 제고된다.
② 회계정보는 기간별 비교가 가능해야 하고, 기업실체간 비교가능성도 있어야 한다.
③ 회계정보의 질적특성은 회계정보의 유용성을 판단하는 기준이 된다.
④ 회계정보가 갖추어야 할 가장 중요한 질적특성은 목적적합성과 신뢰성이다.

상 중 하

032 결산 과정에서 시산표를 작성하였는데, 차변의 합계는 491,200원이고 대변의 합계는 588,200원이었다. 다음과 같은 오류만 있다고 가정한다면 시산표의 올바른 합계 금액은 얼마인가?

- 당기 중 소모품비로 지급한 45,500원을 복리후생비로 기입하였다.
- 미수금 23,500원을 대변에 잘못 기록하였다.
- 상품재고 50,000원이 누락되었다.

① 588,200원
② 564,700원
③ 541,200원
④ 538,200원

정답 및 해설

030 ④ 유동성 배열법에 따라 '외상매출금(당좌자산), 상품(재고자산), 투자부동산(투자자산), 건설 중인 자산(유형자산)'의 순서로 나열한다.

031 ① 유형자산을 역사적 원가로 평가하면 일반적으로 검증가능성이 높으므로 측정의 신뢰성은 제고되나 목적적합성은 저하될 수 있다.

032 ②

(차변)		(대변)	
수정 전	491,200원	수정 전	588,200원
미수금	23,500원	미수금	−23,500원
상품	50,000원		
수정 후	564,700원	수정 후	564,700원

상 중 하

033 다음 중 회계의 기본가정과 특징이 아닌 것은?

① 기업의 관점에서 경제활동에 대한 정보를 측정 · 보고한다.
② 기업이 예상 가능한 기간동안 영업을 계속할 것이라 가정한다.
③ 기업은 수익과 비용을 인식하는 시점을 현금이 유입 · 유출될 때로 본다.
④ 기업의 존속기간을 일정한 기간 단위로 분할하여 각 기간 단위별로 정보를 측정 · 보고한다.

상 중 하

034 다음 중 회계정보의 질적 특성에 대한 설명으로 잘못된 것은?

① 회계정보의 질적 특성이란 회계정보가 유용하기 위해 갖추어야 할 주요 속성을 말한다.
② 회계정보의 질적 특성은 회계정보의 유용성의 판단기준이 된다.
③ 회계정보가 갖추어야 할 가장 중요한 질적 특성은 목적적합성과 신뢰성이다.
④ 비교가능성은 목적적합성과 신뢰성보다 중요한 질적 특성이다.

상 중 하

035 다음 중 손익계산서에 대한 설명으로 옳지 않은 것은?

① 매출원가는 제품, 상품 등의 매출액에 대응되는 원가로, 판매된 제품이나 상품 등에 대한 제조원가 또는 매입원가이다.
② 영업외비용은 기업의 주된 영업활동이 아닌 활동으로부터 발생한 비용과 차손으로서 기부금, 잡손실 등이 이에 해당한다.
③ 손익계산서는 일정 기간의 기업의 경영성과에 대한 유용한 정보를 제공한다.
④ 수익과 비용은 각각 순액으로 보고하는 것을 원칙으로 한다.

정답 및 해설

033 ③ 회계는 발생주의를 기본적 특징으로 한다. 위 내용은 현금주의에 대한 설명이다.
①은 기업실체의 가정, ②는 계속기업의 가정, ④는 기간별 보고의 가정에 해당한다.

034 ④ 재무정보의 비교가능성은 목적적합성과 신뢰성만큼 중요한 질적 특성은 아니나, 목적적합성과 신뢰성을 갖춘 정보가 기업실체 간에 비교 가능하거나 또는 기간별 비교가 가능할 경우 재무정보의 유용성이 제고될 수 있다.

035 ④ 수익과 비용은 각각 총액으로 보고하는 것을 원칙으로 한다.

상 중 하

036 다음은 이론상 회계순환과정의 일부이다. 그 순서로 가장 옳은 것은?

① 수정후시산표 → 기말수정분개 → 수익 · 비용 계정 마감 → 집합손익 계정 마감 → 자산 · 부채 · 자본 계정 마감 → 재무제표 작성
② 수정후시산표 → 기말수정분개 → 자산 · 부채 · 자본 계정 마감 → 수익 · 비용 계정 마감 → 집합손익 계정 마감 → 재무제표 작성
③ 기말수정분개 → 수정후시산표 → 수익 · 비용 계정 마감 → 집합손익 계정 마감 → 자산 · 부채 · 자본 계정 마감 → 재무제표 작성
④ 기말수정분개 → 수정후시산표 → 자산 · 부채 · 자본 계정 마감 → 집합손익 계정 마감 → 수익 · 비용 계정 마감 → 재무제표 작성

상 중 하

037 다음의 손익계산서 자료를 이용하여 영업이익을 계산하면 얼마인가?

• 매출총이익	1,000,000원	• 영업부 직원 인건비	70,000원
• 이자비용	30,000원	• 감가상각비	40,000원
• 광고선전비	50,000원	• 기부금	30,000원

① 765,000원　　② 810,000원
③ 835,000원　　④ 840,000원

상 중 하

038 다음 거래에 대한 회계처리를 정확히 할 때, 영업외비용에 포함되는 것은?

㉠ 매출거래처로부터 받은 약속어음을 만기 전에 금융기관에 매각거래 조건으로 할인받다.
㉡ 매입거래처에 지급한 약속어음이 만기 전에 금융기관에 매각되었다고 통보받다.
㉢ 매출거래처의 파산으로 외상대금 중 일부를 회수하지 못하다.
㉣ 매입거래처의 외상대금을 조기상환하고 일정 비율을 할인받다.

① ㉠　　② ㉡
③ ㉢　　④ ㉣

정답 및 해설

036 ③ 회계순환과정은 '거래 발생 → 분개 → 전기 → 수정전시산표 → 기말수정분개 → 수정후시산표 → 수익 · 비용 계정 마감 → 집합손익 계정 마감 → 자산 · 부채 · 자본 계정 마감 → 재무제표 작성'이다.

037 ④ • 판매비와 관리비: 인건비 70,000원 + 광고선전비 50,000원 + 감가상각비 40,000원 = 160,000원
• 영업이익: 매출총이익 1,000,000원 − 판매비와 관리비 160,000원 = 840,000원
• 이자비용, 기부금은 영업외비용이다.

038 ① ㉠은 매출채권처분손실, ㉡은 거래 아님, ㉢은 대손충당금(또는 대손상각비), ㉣은 매입할인에 해당한다. 이 중 매출채권처분손실이 영업외비용에 해당한다.

상 중 하

039 다음 자료를 이용하여 아래의 (가)를 계산하면 얼마인가?

• 영업부 종업원의 급여	50,000원	• 상거래채권의 대손상각비	20,000원
• 상거래채권 외의 대손상각비	50,000원	• 이자비용	20,000원
• 기부금	40,000원		

매출총이익－(　　가　　)＝영업이익

① 70,000원　　② 90,000원
③ 130,000원　　④ 140,000원

상 중 하

040 다음 현금 계정에 대한 날짜별 거래내용의 추정으로 틀린 것은?

현금 (단위: 원)

1/7 자본금	1,000,000	1/10 원재료	200,000
1/15 임대보증금	500,000	1/20 외상매입금	300,000

① 1월 7일: 현금 1,000,000원을 출자하여 영업을 시작하였다.
② 1월 10일: 원재료 200,000원을 매입하고, 대금은 현금으로 지급하였다.
③ 1월 15일: 임대보증금 500,000원을 현금으로 지급하였다.
④ 1월 20일: 거래처 외상매입금 300,000원을 현금으로 상환하였다.

상 중 하

041 다음 중 기말결산과정에서 가장 먼저 수행해야 할 절차는?

① 재무제표의 작성　　② 수정전시산표의 작성
③ 기말수정분개　　④ 수익 · 비용 계정의 마감

정답 및 해설

039 ① (가)는 판매비와 관리비이며, 영업부 종업원의 급여 50,000원과 상거래채권의 대손상각비 20,000원이 이에 해당한다.

040 ③ 1월 15일 임대보증금 500,000원을 현금으로 받은 거래이다.
(차) 현금 500,000(자산의 증가)　　(대) 임대보증금 500,000(부채의 증가)

041 ② 기말결산을 위해 가장 먼저 수정전시산표를 작성해야 한다.

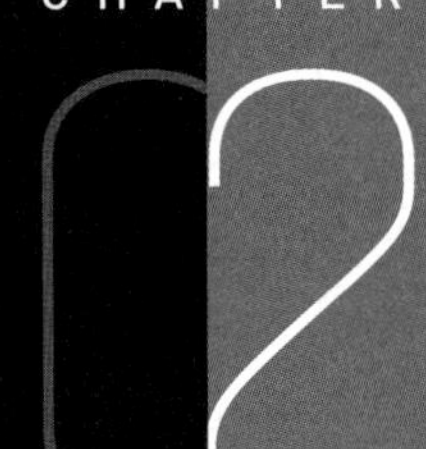

CHAPTER

당좌자산

핵심키워드
- 현금 및 현금성자산
- 현금과부족
- 단기매매증권
- 어음의 할인
- 대손 회계처리

■ 1회독 ■ 2회독 ■ 3회독

당좌자산은 유동자산(보고기간 종료일로부터 1년 이내에 현금화되는 자산) 중 판매과정을 거치지 않고 현금화되는 자산을 말한다.

▶ 강의 바로보기

현금 및 현금성자산

1 현금 및 현금성자산 중요

▸ 최신 36회 중 10문제 출제

1. 현금 및 현금성자산에 해당하는 항목

구분	계정	내용
현금	통화	지폐와 동전(외화 포함)
	통화대용증권	수표, 우편환증서, 만기가 도래된 공사채 이자표, 배당금지급통지서, 국세환급통지서, 전도금
요구불예금	당좌예금 · 보통예금	예금으로서 사용이 제한되지 않은 것
현금성자산	단기금융상품	단기금융상품 중 취득일부터 만기가 3개월 이내인 것

현금 및 현금성자산
현금, 요구불예금, 현금성자산

▶ 현금은 유동성이 가장 높은 자산이다.

2. 현금 및 현금성자산에 해당하지 않는 항목

구분	계정	내용
우표 · 수입인지	통신비, 세금과공과	우표와 수입인지는 현금이 아님
선일자수표 · 부도수표	매출채권(받을어음)	선일자수표는 수표 지급일이 수표 발행일보다 빠른 수표로 현금이 아님
당좌차월	단기차입금	당좌수표를 발행할 때 당좌예금 잔액 이상으로 수표를 발행할 때의 계정으로 현금이 아님
당좌개설보증금	장기금융상품 (특정 현금과 예금)	당좌개설 시 지급하는 보증금으로 현금이 아님
직원가불금	단기대여금	직원가불금은 현금이 아님
주식	단기매매증권, 매도가능증권	주식은 위험이 크기 때문에 현금이 아님
매출채권 · 기타채권	외상매출금, 받을어음, 대여금, 미수금	채권은 대손에 의한 위험이 있기 때문에 현금이 아님

현금 및 현금성자산에 해당하지 않는 항목
우표, 수입인지, 선일자수표, 부도수표, 당좌차월, 당좌개설보증금, 직원가불금, 주식, 외상매출금, 받을어음, 대여금, 미수금

어음
- 만기도래: 현금 ○
- 만기도래 전: 현금 ×

2 현금과부족

1. 실제 현금 잔액이 장부상 잔액보다 부족한 경우(실제 < 장부)

차변에 현금과부족, 대변에 현금을 기입하였다가 원인이 밝혀지면 해당 계정으로 대체하고, 결산일까지 원인이 밝혀지지 않으면 '잡손실' 계정으로 대체한다.

(1) 현금과부족 발생 시

(차) 현금과부족	×××	(대) 현금	×××

(2) 결산 시(원인 불분명)

(차) 잡손실	×××	(대) 현금과부족	×××

2. 실제 현금 잔액이 장부상 잔액보다 많은 경우(실제 > 장부)

차변에 현금, 대변에 현금과부족을 기입하였다가 원인이 밝혀지면 해당 계정으로 대체하고, 결산일까지 원인이 밝혀지지 않으면 '잡이익' 계정으로 대체한다.

(1) 현금과부족 발생 시

(차) 현금	×××	(대) 현금과부족	×××

(2) 결산 시(원인 불분명)

(차) 현금과부족	×××	(대) 잡이익	×××

3 단기매매증권 중요

▸ 최신 36회 중 16문제 출제

▶ 강의 바로보기

단기매매증권

1. 단기매매증권의 구분

단기매매증권이란 회사가 단기매매를 목적으로 투자하여 취득한 주식이나 채권을 말한다. 단기매매증권이 되기 위한 요건은 ① 단기적인 시세차익을 목적으로 하고, ② 시장성이 있어야 한다.

단기매매증권
=단기시세차익+시장성+주식 또는 채권

2. 단기매매증권의 회계처리

(1) 취득원가

순수한 매입금액을 취득원가로 보며, 증권거래수수료 등의 취득부대비용은 수수료비용(영업외비용)으로 처리한다.

단기매매증권의 취득원가
- 순수한 매입가
- 취득 관련 거래원가는 수수료비용으로 처리

(2) 보유할 때

① 주식: 배당금수익(수익)

② 채권: 이자수익(수익)

(3) 기말평가

단기매매증권은 보고기간 종료일에 공정가치로 평가한다. 평가한 공정가치와 장부상 금액을 비교하여 평가손익을 당기손익에 반영한다.

단기매매증권의 기말평가
공정가치로 평가(평가손익 → 당기손익)

① 공정가치 > 장부금액: 단기매매증권평가이익(단기투자자산평가익)
② 공정가치 < 장부금액: 단기매매증권평가손실(단기투자자산평가손)

(4) **처분손익**

처분손익(=처분금액－처분연도 기초장부금액)을 당기손익에 반영한다.
① 처분금액 > 처분연도 기초장부금액: 단기매매증권처분이익(수익)
② 처분금액 < 처분연도 기초장부금액: 단기매매증권처분손실(비용)

단기매매증권의 처분손익
=처분금액－기초공정가치

4 어음의 할인

어음의 할인 시 어음의 위험과 보상의 실질적 이전 여부에 따라 매각거래와 차입거래로 구분한다.

어음의 할인
- 매각거래: 어음 처분
- 차입거래: 어음 유지, 차입으로 회계처리

1. 매각거래

매각거래란 어음의 위험과 보상이 실질적으로 이전된 거래를 말하며, 매각거래는 받을어음을 팔았다고 보아 회계처리한다.

연습문제

수취한 어음 1,000,000원을 할인료 50,000원으로 은행에서 할인하고 보통예금으로 입금 받은 경우 어음의 할인시점과 만기시점의 회계처리를 하시오(단, 매각거래로 처리할 것).

| 풀이 |

• 어음의 할인시점

(차)			(대)		
(차)	보통예금	950,000	(대)	받을어음	1,000,000
	매출채권처분손실	50,000			

• 어음의 만기시점에는 분개 없음

2. 차입거래

차입거래란 어음의 위험과 보상이 실질적으로 이전되지 않은 거래를 말하며, 받을어음을 담보로 제공하고 차입한 것으로 보아 회계처리한다.

연습문제

수취한 어음 1,000,000원을 할인료 50,000원으로 은행에서 할인하고 보통예금으로 입금 받은 경우 어음의 할인시점과 만기시점의 회계처리를 하시오(단, 차입거래로 처리할 것).

| 풀이 |

• 어음의 할인시점

(차)			(대)		
(차)	보통예금	950,000	(대)	단기차입금	1,000,000
	이자비용	50,000			

• 어음의 만기시점(받을어음의 대금을 회수하였다고 가정함)

(차)			(대)		
(차)	단기차입금	1,000,000	(대)	받을어음	1,000,000

3. 할인료의 계산

할인료는 원칙적으로 월할상각하며, 경우에 따라서 일할상각할 수 있다. 할인월 수는 할인일부터 어음 만기일까지의 기간으로 한다.

$$할인료 = 어음의 만기금액 \times 할인율 \times \frac{할인월 수}{12개월}$$

5 대손회계 중요

▸ 최신 36회 중 5문제 출제

1. 충당금설정법

충당금설정법은 기말시점에 대손예상액을 충당금으로 설정한 후 실제 대손사유가 발생할 때 충당금과 상계처리하는 방법이다. 이는 기말시점에 채권을 순실현가치로 평가하며 수익 · 비용의 대응이 적절하므로 기업회계기준에서 인정하는 방법이다.

2. 회계처리

(1) 설정 시

매 보고기간 말에 채권의 대손발생에 대한 객관적인 증거가 있는지를 확인한 후, 증거가 있는 경우 대손추정금액을 결산 전 대손충당금 잔액과 비교하여 부족분을 추가로 설정한다.

(차) 대손상각비(비용)*	×××	(대) 대손충당금	×××

* 매출채권에 대한 대손상각비는 판매비와 관리비로 처리하고 대여금, 미수금 등 기타 채권에 대한 대손상각비는 영업외비용으로 처리한다.

반면, 대손추정금액을 추정한 후 결산 전 대손충당금 잔액과 비교하여 초과분이 있을 경우, 이를 환입한다(판매비와 관리비에 부의 표시).

(차) 대손충당금	×××	(대) 대손충당금 환입	×××

설정 시

대손 충당금	설정 전	설정 후
	×××	×××

차이 설정
\+ 대손상각비
− 대손충당금 환입

(2) 대손발생 시

매출채권의 회수가 불가능하다고 판단되면(대손발생 시) 대손의 금액을 대손충당금과 상계하고 대손충당금 잔액이 부족하면 대손상각비(비용)로 인식한다.

(차) 대손충당금	×××	(대) 매출채권	×××
대손상각비(비용)	×××		

(3) 대손채권 현금 회수 시(전기 대손채권)

대손된 채권을 회수하는 경우 감소시킨 대손충당금을 회복시킨다.

(차) 현금	×××	(대) 대손충당금	×××

합격을 다지는 실전문제

스마트폰으로 QR코드를 촬영하여 저자의 해설 강의를 확인하세요.

상 중 하

001 다음 9월 25일의 거래에 대한 분개로 옳은 것은?

9월 25일 금고에 있는 실제 현금 금액은 135,000원이다. 장부상 현금 및 현금성자산 계정의 잔액은 250,000원인데 그 차액의 원인을 알 수 없다.

	차변	금액	대변	금액
①	(차) 현금	115,000	(대) 현금과부족	115,000
②	(차) 잡손실	115,000	(대) 현금과부족	115,000
③	(차) 현금	115,000	(대) 잡이익	115,000
④	(차) 현금과부족	115,000	(대) 현금	115,000

상 중 하

002 다음 (주)에듀윌의 분개에 대한 거래를 추정한 내용으로 적절한 것은?

차변	금액	대변	금액
(차) 현금	1,900,000	(대) 받을어음	2,000,000
매출채권처분손실	100,000		

① 소유한 어음의 만기일에 어음대금을 회수한 경우
② 소유한 어음을 만기일 이전에 은행에서 할인한 경우
③ 할인한 어음이 만기일에 추심되었다는 통지를 받은 경우
④ 추심을 의뢰한 어음이 추심되었다는 통지를 받은 경우

정답 및 해설

001 ④ 장부상 현금 잔액과 실제 현금 금액 사이에 차이가 발생하면 현금과부족 계정을 이용하여 실제 현금 금액에 일치시키는 회계처리를 한다. 실제 현금 잔액이 장부상 잔액보다 부족하므로 차변에 현금과부족 계정을 사용한다.

002 ② 매출채권처분손실이 발생하는 경우는 어음을 만기까지 보유하지 않고 만기일 이전에 은행에서 할인한 경우이다.

상 중 하

003 다음은 (주)에듀윌의 당기 중 어음할인과 관련된 거래내역이다. 손익계산서에 비용으로 계상되는 금액은 얼마인가? (단, 매각거래로 회계처리하고 할인료는 월할 계산할 것)

- 2025.1.1. 상품을 판매하고 고객으로부터 6개월 후 만기인 무이자부 약속어음 1,000,000원을 받았다.
- 2025.3.1. 위의 어음을 금융기관으로부터 연 12% 조건으로 할인받았다.
- 2025.6.30. 금융기관으로부터 위의 어음이 결제되었다는 통지를 받았다.

① 0원　　② 40,000원
③ 60,000원　　④ 120,000원

상 중 하

004 다음 중 현금 및 현금성자산에 해당하는 항목의 총합계액은 얼마인가?

• 선일자수표	500,000원	• 배당금지급통지서	500,000원
• 타인발행수표	500,000원	• 만기 6개월 양도성예금증서	300,000원

① 1,000,000원　　② 1,300,000원
③ 1,500,000원　　④ 1,800,000원

상 중 하

005 다음의 자료를 바탕으로 2025년 12월 31일 현재 현금 및 현금성자산과 단기금융상품의 잔액을 계산한 것으로 옳은 것은?

- 현금시재액: 200,000원
- 당좌예금: 500,000원
- 정기예금: 1,500,000원(만기 2026년 12월 31일)
- 선일자수표: 150,000원
- 외상매입금: 2,000,000원

① 현금 및 현금성자산: 700,000원　　② 현금 및 현금성자산: 2,500,000원
③ 단기금융상품: 1,650,000원　　④ 단기금융상품: 2,000,000원

정답 및 해설

003 ② 할인료는 신용제공기간의 선이자 성격이며, 만기 지급금액에 연 할인율을 곱한 후 할인일부터 만기일까지의 기간(4개월)을 적용하여 계산한다.

1.1.	(차)	매출채권	1,000,000	(대)	상품매출	1,000,000
3.1.	(차)	현금	960,000	(대)	매출채권	1,000,000
		매출채권처분손실	40,000*			
6.30.	분개 없음					

* 1,000,000원×12%×4개월/12개월=40,000원

004 ① 배당금지급통지서 500,000원+타인발행수표 500,000원=1,000,000원
- 현금성자산에 해당하는 것은 배당금지급통지서, 타인발행수표이다.

005 ① • 현금 및 현금성자산: 현금시재액 200,000원+당좌예금 500,000원=700,000원
- 단기금융상품: 정기예금 1,500,000원(보고기간 종료일로부터 1년 이내에 만기가 도래)

상 중 하

006 다음 자료에 의하여 결산 시 재무상태표에 표시되는 현금 및 현금성자산 금액은 얼마인가?

- 국세환급통지서: 200,000원
- 선일자수표: 300,000원
- 우편환증서: 10,000원
- 직원가불금: 100,000원
- 자기앞수표: 30,000원
- 취득 당시 만기가 3개월 이내에 도래하는 정기적금: 500,000원

① 540,000원 ② 640,000원
③ 740,000원 ④ 1,140,000원

상 중 하

007 다음은 (주)에듀윌의 2025년 결산일 현재 기준 보유 자산의 잔액이다. 결산을 통해 재무상태표에 현금 및 현금성자산으로 표시될 금액은?

- 통화: 303,000원
- 매출채권: 22,000원
- 우편환증서: 6,000원
- 단기매매증권: 40,000원
- 단기금융상품(취득일부터 만기가 3개월 이내임): 150,000원

① 459,000원 ② 449,000원
③ 475,000원 ④ 453,000원

상 중 하

008 (주)에듀윌은 매출채권 잔액의 1%를 대손충당금으로 설정한다. 다음 자료를 이용하여 (주)에듀윌이 2025년 말 결산 시 인식할 대손충당금 추가 설정액은 얼마인가?

- 2025년 1월 1일 대손충당금 잔액: 1,000,000원
- 2025년 12월 5일 대손 발생액: 500,000원
- 2025년 12월 31일 매출채권 잔액: 200,000,000원

① 1,000,000원 ② 1,500,000원
③ 2,000,000원 ④ 3,000,000원

정답 및 해설

006 ③ 국세환급통지서 200,000원+우편환증서 10,000원+자기앞수표 30,000원+정기적금 500,000원=740,000원

007 ① 통화 303,000원+우편환증서 6,000원+단기금융상품 150,000원=459,000원

008 ② • 결산 전 기말 대손충당금 잔액: 기초 대손충당금 1,000,000원−당기 대손 발생액 500,000원=500,000원
• 추가 설정액: 기말 매출채권 잔액 200,000,000원×1%−결산 전 기말 대손충당금 잔액 500,000원=1,500,000원

상 중 하

009 회계기간 말에 매출채권 잔액 9,000,000원에 대해 1%의 대손충당금을 설정한다. 대손충당금 잔액이 50,000원 있었다고 가정할 경우 분개로 올바른 것은?

① (차) 대손상각비	40,000	(대) 대손충당금	40,000
② (차) 대손상각비	40,000	(대) 매출채권	40,000
③ (차) 대손상각비	90,000	(대) 대손충당금	90,000
④ (차) 대손상각비	90,000	(대) 매출채권	90,000

상 중 하

010 다음 중 결산 시 매출채권에 대한 대손충당금을 계산하는 경우로 틀린 것은?

	결산 전 대손충당금 잔액	기말 매출채권 잔액 (대손율 1%)	회계처리 일부
①	10,000원	100,000원	(대) 대손충당금 환입 9,000원
②	10,000원	1,000,000원	회계처리 없음
③	10,000원	1,100,000원	(차) 대손상각비 1,000원
④	10,000원	1,100,000원	(차) 기타의 대손상각비 1,000원

상 중 하

011 다음의 계정별원장을 분석하여 9월 1일 단기매매증권처분가액을 계산하면 얼마인가?

단기매매증권

차변		대변	
8/1 현금	500,000	9/1 현금	500,000

단기매매증권처분이익

차변		대변	
		9/1 현금	100,000

① 400,000원　② 500,000원
③ 600,000원　④ 1,000,000원

정답 및 해설

009 ① 매출채권 잔액 9,000,000원×1%－대손충당금 잔액 50,000원＝추가 설정액 40,000원

010 ④ (차) 대손상각비 1,000 (대) 대손충당금 1,000

011 ③ • 회계처리

8월 1일	(차) 단기매매증권	500,000	(대) 현금	500,000
9월 1일	(차) 현금	600,000	(대) 단기매매증권	500,000
			단기매매증권처분이익	100,000

• 단기매매증권처분가액: 단기매매증권 취득가액 500,000원＋단기매매증권처분이익 100,000원＝600,000원

상 중 하

012 다음 자료는 기말자산과 기말부채의 일부분이다. 기말 재무상태표상에 표시될 항목과 금액이 올바른 것은?

• 받을어음	100,000원	• 미지급금	120,000원	• 외상매출금	130,000원
• 지급어음	150,000원	• 미수금	160,000원	• 외상매입금	180,000원
• 보통예금	170,000원	• 정기예금	190,000원	• 자기앞수표	110,000원

① 현금 및 현금성자산 470,000원
② 매출채권 330,000원
③ 매입채무 230,000원
④ 유동부채 450,000원

상 중 하

013 다음 중 대손충당금에 대한 설명으로 가장 옳지 않은 것은?

① 대손충당금은 유형자산의 차감적 평가 계정이다.
② 회수가 불확실한 채권은 합리적이고 객관적인 기준에 따라 산출한 대손 추산액을 대손충당금으로 설정한다.
③ 미수금도 대손충당금을 설정할 수 있다.
④ 매출 활동과 관련되지 않은 대여금에 대한 대손상각비는 영업외비용에 속한다.

상 중 하

014 다음 거래를 모두 반영하였을 경우 나타날 결과에 대한 설명으로 옳은 것은?

• 6월 1일 시장성 있는 (주)세무의 주식(액면금액 5,000원) 100주를 단기간 보유할 목적으로 주당 5,200원에 취득하였다(단, 취득과정에서 수수료 10,000원이 발생하였음).
• 8월 1일 (주)세무에서 중간배당금으로 주당 300원씩 수취하였다.
• 9월 1일 (주)세무의 주식 100주를 주당 5,100원에 처분하였다.

① 당기순이익 10,000원 감소
② 당기순이익 20,000원 감소
③ 당기순이익 10,000원 증가
④ 당기순이익 20,000원 증가

정답 및 해설

012 ④ 유동부채: 외상매입금 180,000원+지급어음 150,000원+미지급금 120,000원=450,000원
① 현금 및 현금성자산: 보통예금 170,000원+자기앞수표 110,000원=280,000원
② 매출채권: 외상매출금 130,000원+받을어음 100,000원=230,000원
③ 매입채무: 외상매입금 180,000원+지급어음 150,000원=330,000원

013 ① 대손충당금은 채권의 차감적 평가 계정이다.

014 ③ 단기매매증권을 취득할 때 발생한 수수료(10,000원)는 비용으로 처리하며, 단기매매증권을 처분할 때 단기매매증권처분손실(10,000원*)이 발생한다. 그리고 중간배당금은 주당 300원씩 총 30,000원(수익)이 발생한다. 따라서 당기순이익 10,000원이 증가하게 된다.
* 단기매매증권처분손실: 100주×(5,100원−5,200원)=(−)10,000원

상 중 하

015 다음은 (주)에듀윌의 단기매매증권 취득, 처분, 평가에 관련된 거래내역이다. 기말 당기순손익에 미치는 영향으로 옳은 것은?

구분	취득	처분	평가(결산일)
일자	2025년 12월 1일	2025년 12월 20일	2025년 12월 31일
수량	A사 보통주 200주	A사 보통주 100주	A사 보통주 100주
금액	2,000,000원	1,200,000원	900,000원

① 당기순이익 100,000원 증가
② 당기순이익 100,000원 감소
③ 당기순이익 200,000원 증가
④ 당기순이익 200,000원 감소

상 중 하

016 다음은 (주)에듀윌이 당기에 구입하여 보유하고 있는 단기매매증권이다. 기말 단기매매증권 평가 시 올바른 손익은 얼마인가?

종류	액면가액	취득가액	공정가액
(주)금나와라뚝딱	50,000원	100,000원	80,000원
(주)은도깨비	30,000원	20,000원	35,000원

① 단기매매증권평가손익 없음
② 단기매매증권평가손실 5,000원
③ 단기매매증권평가이익 5,000원
④ 단기매매증권평가이익 35,000원

정답 및 해설

015 ① 12월 20일 처분이익 200,000원*1 − 12월 31일 평가손실 100,000원*2 = 100,000원

*1 $1,200,000원 - 2,000,000원 \times \frac{100주}{200주} = 200,000원$

*2 900,000원 − 1,000,000원 = (−)100,000원

016 ② (주)금나와라뚝딱 평가손실 (−)20,000원 + (주)은도깨비 평가이익 15,000원 = 평가손실 (−)5,000원

상 중 하

017 다음 거래를 모두 반영하였을 경우 나타날 결과에 대한 설명으로 옳지 않은 것은?

- 2월 1일 시장성 있는 (주)한국의 주식(액면금액 4,000원) 100주를 단기간 보유할 목적으로 주당 4,200원에 취득하였다. 취득과정에서 별도의 수수료 20,000원이 발생하였다.
- 7월 1일 (주)한국의 주식 100주를 주당 4,300원에 처분하였다.

① 단기매매증권처분이익이 10,000원 발생한다.
② 단기매매증권을 취득할 때 발생한 수수료는 자산처리하지 않고, 비용처리한다.
③ 당기순이익이 10,000원 증가한다.
④ 당기순이익이 10,000원 감소한다.

상 중 하

018 단기시세차익을 목적으로 상장된 (주)세무의 주식을 2024년도에 취득하여 아래와 같이 보유하고 있다. (주)회계의 2025년도 손익계산서상 인식할 영업외수익 및 영업외비용은 각각 얼마인가?

- 2024년 12월 31일 (주)세무 주식 1,000주를 보유하고 있고, 주당 공정가치는 5,000원이다.
- 2025년 10월 12일 (주)세무 주식 500주를 주당 4,900원에 처분하고 현금을 받는다.
- 2025년 12월 31일 현재 (주)세무 주식 500주를 보유하고 있고, 주당 공정가치는 5,100원이다.

	영업외비용	영업외수익		영업외비용	영업외수익
①	100,000원	100,000원	②	100,000원	50,000원
③	50,000원	100,000원	④	50,000원	50,000원

정답 및 해설

017 ③ 단기매매증권을 취득할 때 발생한 수수료(20,000원)는 비용으로 처리하며, 단기매매증권을 처분할 때 단기매매증권처분이익(10,000원*)이 발생한다. 결국 당기순이익은 10,000원 감소한다.
*[1] 100주×(4,300원－4,200원)＝10,000원

018 ④ • 2025년 10월 12일 영업외비용(단기매매증권처분손실): 처분가액 2,450,000원*[1]－장부가액 2,500,000원＝50,000원
• 2025년 12월 31일 영업외수익(단기매매증권평가이익): 기말 공정가액 2,550,000원*[2]－2024 공정가액 2,500,000원＝50,000원
*[1] 500주×4,900원＝2,450,000원
*[2] 500주×5,100원＝2,550,000원

상 중 하

019 2025년 5월 2일 단기시세차익을 목적으로 (주)에듀윌의 주식을 액면금액 5,000원에 200주를 취득하고 수수료 50,000원과 함께 현금으로 지급하였다. 이 주식을 2025년 10월 1일 1주에 4,500원으로 100주를 매각하였을 경우 매각 시점의 손익에 미치는 영향을 바르게 설명한 것은?

① 당기순이익 75,000원 증가　　② 당기순이익 75,000원 감소
③ 당기순이익 50,000원 증가　　④ 당기순이익 50,000원 감소

상 중 하

020 다음 자료의 빈칸에 들어갈 금액은 얼마인가?

대손충당금 (단위: 원)

4/30 외상매출금	×××	1/1 전기이월	50,000
12/31 차기이월	70,000	12/31 대손상각비	(　　)
	×××		×××

• 당기 중 회수가 불가능한 것으로 판명되어 대손처리된 외상매출금은 5,000원이다.

① 10,000원　　② 15,000원
③ 20,000원　　④ 25,000원

상 중 하

021 다음 중 단기매매증권 취득 시 발생한 비용을 취득원가에 가산할 경우 재무제표에 미치는 영향으로 옳은 것은?

① 자산의 과소계상　　② 부채의 과대계상
③ 자본의 과소계상　　④ 당기순이익의 과대계상

정답 및 해설

019 ④ • 회계처리

5.2.	(차)	단기매매증권	1,000,000	(대)	현금	1,050,000
		수수료비용	50,000			
10.1.	(차)	현금	450,000*[1]	(대)	단기매매증권	500,000*[2]
		단기매매증권처분손실	50,000			

*[1] 4,500원×100주=450,000원
*[2] 5,000원×100주=500,000원
• 매각 시점의 손익에 미치는 영향이므로 처분손실 금액만 고려한다.

020 ④ 대손충당금 잔액인 차변 합계 75,000원(=5,000원+70,000원)에서 전기이월 50,000원을 차감하면 12월 31일 대손상각비는 25,000원이다.

021 ④ 단기매매증권 취득 시 발생한 거래원가는 당기비용으로 처리한다. 만약 이를 자산으로 계상 시 자산의 과대계상으로 이어지고 이는 자본 및 당기순이익의 과대계상을 초래한다.

상 중 하

022 (주)에듀윌은 대손충당금을 보충법에 의해 설정하고 있으며, 매출채권 잔액의 1%로 설정하고 있다. 기말 재무상태표상 매출채권의 순장부가액은 얼마인가?

매출채권		(단위: 원)		대손충당금		(단위: 원)	
기초	50,000	회수 등	200,000	대손	8,000	기초	10,000
발생	500,000						

① 346,500원
② 347,000원
③ 347,500원
④ 348,000원

상 중 하

023 다음은 단기매매증권의 취득 · 보유 · 처분에 대한 현황이다. 일련의 회계처리 중 옳지 않은 것은?

- 제1기 기중 단기매매증권 100주를 주당 1,000원에 현금으로 취득하였다.
- 제1기 결산일 현재 단기매매증권의 1주당 시가는 1,200원이다.
- 제2기 기중 단기매매증권 50주를 주당 1,500원에 현금을 받고 처분하였다.
- 제2기 결산일 현재 단기매매증권의 1주당 시가는 1,100원이다.

① 1기 취득 시:	(차)	단기매매증권	100,000	(대)	현금	100,000
② 1기 결산일:	(차)	단기매매증권	20,000	(대)	단기매매증권평가이익	20,000
③ 2기 처분 시:	(차)	현금	75,000	(대)	단기매매증권	50,000
					단기매매증권처분이익	25,000
④ 2기 결산일:	(차)	단기매매증권평가손실	5,000	(대)	단기매매증권	5,000

정답 및 해설

022 ① • 기초 50,000원 + 발생 500,000원 − 회수 200,000원 = 기말 매출채권 잔액 350,000원
• 매출채권 350,000원 × 1% = 기말 대손충당금 잔액 3,500원
• 매출채권 350,000원 − 대손충당금 잔액 3,500원 = 기말 매출채권의 순장부가액 346,500원

023 ③ 2기 처분 시 회계처리

(차)	현금	75,000	(대)	단기매매증권	60,000*
				단기매매증권처분이익	15,000

* 50주 × 전기 말 공정가액 주당 1,200원 = 60,000원

상 중 하

024 다음 중 채권 관련 계정의 차감적 평가 항목으로 옳은 것은?

① 감가상각누계액 ② 재고자산평가충당금
③ 사채할인발행차금 ④ 대손충당금

상 중 하

025 제조업을 운영하는 A회사가 기말에 외상매출금에 대한 대손충당금을 설정할 경우, 다음 손익계산서 항목 중 변동되는 것은?

① 영업이익 ② 매출원가
③ 매출액 ④ 매출총이익

상 중 하

026 유가증권 중 단기매매증권에 대한 설명으로 옳지 않은 것은?

① 시장성이 있어야 하고, 단기시세차익을 목적으로 하여야 한다.
② 단기매매증권은 당좌자산으로 분류된다.
③ 기말평가방법은 공정가액법이다.
④ 단기매매증권은 투자자산으로 분류된다.

정답 및 해설

024 ④ 대손충당금은 자산의 채권 관련 계정의 차감적 평가 항목이다.

025 ① 외상매출금에 대하여 대손충당금을 설정할 경우, 차변에 대손상각비(판매비와 관리비)로 처리되므로 영업이익 금액이 감소한다.

026 ④ 단기매매증권은 유동자산 중 당좌자산으로 분류된다.

상 중 하

027 **다음 내용을 결산시점에 결산수정분개로 반영할 경우 당기순이익의 변동은?**

- 매출채권 잔액 5,500,000원에 대해 2%의 대손충당금을 설정하지 않았다(단, 설정 전 대손충당금 기말 잔액은 30,000원이라고 가정한다).
- 12월 15일에 가수금으로 회계처리하였던 50,000원에 대하여 기말에 가수금에 대한 원인이 파악되지 않아 결산수정분개를 해야 하는데 하지 않고 있다.

① 당기순이익이 30,000원 감소한다.
② 당기순이익이 60,000원 감소한다.
③ 당기순이익이 130,000원 감소한다.
④ 당기순이익이 160,000원 감소한다.

상 중 하

028 **(주)상록전자의 상장주식 10주를 1주당 560,000원에 취득하고, 대금은 거래수수료 56,000원을 포함하여 보통예금 계좌에서 이체하여 지급하였다. 해당 주식을 단기매매차익 목적으로 보유하는 경우 일반기업회계기준에 따라 회계처리할 때 발생하는 계정과목이 아닌 것은?**

① 단기매매증권　　② 만기보유증권
③ 수수료비용　　④ 보통예금

정답 및 해설

027 ① • 추가 설정액: 12월 31일 매출채권 잔액 5,500,000원×2%－기말 잔액 30,000원＝80,000원

(차) 대손상각비	80,000	(대) 대손충당금	80,000

• 가수금에 대한 원인이 파악되지 않았으므로 기말결산 시 분개는 다음과 같다.

(차) 가수금	50,000	(대) 잡이익	50,000

• 따라서 당기순이익은 30,000원(＝80,000원－50,000원) 감소한다.

028 ② 단기매매차익을 목적으로 취득한 주식은 단기매매증권으로 회계처리한다. 분개는 다음과 같다.

(차) 단기매매증권	5,600,000	(대) 보통예금	5,656,000
수수료비용	56,000		

상 중 하

029 다음은 (주)한국의 단기매매증권 관련 자료이다. (주)한국의 당기 손익계산서에 반영되는 영업외손익의 금액은 얼마인가?

- A사 주식의 취득원가는 500,000원이고, 기말공정가액은 700,000원이다.
- B사 주식의 취득원가는 300,000원이고, 기말공정가액은 200,000원이다.
- 당기 중 A사로부터 현금배당금 50,000원을 받았다.
- 당기 초 250,000원에 취득한 C사 주식을 당기 중 300,000원에 처분하였다.

① 200,000원
② 250,000원
③ 300,000원
④ 400,000원

정답 및 해설

029 ① • 단기매매증권평가이익: A주식 기말공정가액 700,000원 − 취득원가 500,000원 = 200,000원
• 단기매매증권평가손실: B주식 취득원가 300,000원 − 기말공정가액 200,000원 = 100,000원
• 단기매매증권처분이익: C주식 처분가액 300,000원 − 취득원가 250,000원 = 50,000원
∴ 단기매매증권평가이익 200,000원 − 단기매매증권평가손실 100,000원 + 배당금수익 50,000원 + 단기매매증권처분이익 50,000원 = 영업외수익 200,000원

CHAPTER

재고자산

핵심키워드
- 재고자산의 취득원가
- 상품 T-Box
- 단가 결정방법
- 원가흐름의 가정
- 재고자산감모손실
- 재고자산평가손실

■ 1회독 ■ 2회독 ■ 3회독

1 재고자산의 의의

상품, 제품	정상적인 영업과정에서 판매를 위하여 보유 중인 자산
재공품, 반제품	정상적인 영업과정에서 판매를 위하여 생산 중인 자산
원재료, 저장품	생산이나 용역 제공에 사용될 자산

재고자산
- 상품, 제품
- 재공품, 반제품
- 원재료, 저장품

2 재고자산의 취득원가

1. 재고자산의 취득원가

(1) 매입원가

재고자산의 매입원가는 매입금액에 매입운임, 하역료 및 보험료 등 취득과정에서 정상적으로 발생한 부대원가를 가산한 금액이다. 매입과 관련된 할인, 에누리 및 기타 유사한 항목은 매입원가에서 차감한다. 성격이 상이한 재고자산을 일괄 구입하는 경우에는 공정가치 비율에 따라 안분하여 취득원가를 결정한다.

(2) 제조원가

제품, 반제품 및 재공품 등 재고자산의 제조원가는 보고기간 말까지 제조과정에서 발생한 직접재료원가, 직접노무원가, 제조와 관련된 변동 및 고정제조간접원가의 체계적인 배부액을 포함한다.

(3) 기타원가

재고자산의 취득원가는 취득에 직접적으로 관련되어 있으며, 정상적으로 발생하는 기타 원가를 포함한다.

재고자산의 취득원가
- 매입원가 = 매입금액 + 취득부대비용 - 매입할인, 에누리 등
- 제조원가 = 직접재료원가 + 직접노무원가 + 제조간접원가
- 기타원가

▶ 상품 취득 시 발생한 운반비, 수수료, 제세금은 자산의 취득과 관련된 취득부대비용이므로 상품의 취득원가에 포함시킨다.

2. 발생기간 비용으로 인식하는 원가

재고자산의 취득원가에 포함하지 않고 발생기간 비용으로 인식하는 원가이다.

(1) 재료원가, 노무원가 및 기타의 제조원가 중 비정상적으로 낭비된 부분

(2) 보관비용(추가 생산단계에 투입하기 전에 보관이 필요한 경우 제외)

(3) 현재의 장소에 현재의 상태로 이르게 하는 데 기여하지 않은 관리간접원가

(4) 판매원가(판매운임, 판매수수료)

3 상품 T－Box 중요

▸ 최신 36회 중 8문제 출제

(차)	상품 (대)
1/1 상품	매출원가
증가 상품의 매입 (＋) 취득부대비용 (－) 매입에누리 등	12/31 상품

손익계산서

Ⅰ. 매출
Ⅱ. (매출원가)
Ⅲ. 매출총이익
Ⅳ. (판매비와 관리비)
Ⅴ. 영업이익

- 매출원가＝기초상품재고액＋당기매입액[*1]－기말상품재고액
- 매출총이익＝순매출액[*2]－매출원가

[*1] 당기매입액＝총매입액－매입에누리－매입할인－매입환출＋직접 관련 원가
[*2] 순매출액＝총매출액－매출에누리－매출할인－매출환입

상품 T－Box

	(＋)	상품 (－)
상품 판매 가능	1/1	매출원가
	매입	12/31

4 기말재고자산의 장부가액 결정방법

1. 재고자산의 수량 결정방법

재고자산 수량 결정방법
- 계속기록법
- 실지재고조사법
- 혼합법

(1) 계속기록법

기중에 상품의 입고량과 출고량을 계속 기록하여 기말에 장부를 통해 수량을 파악하는 방법이다. 장부상 재고수량은 파악이 용이하지만 실제 재고수량은 파악할 수 없다.

(2) 실지재고조사법

기말에 직접 조사하여 실제 재고수량을 파악하는 방법이다. 기초재고수량과 당기매입수량만 기록하고 당기판매수량은 기말에 실지재고조사를 하고 '기초재고＋당기매입－기말재고＝당기판매'의 계산식으로 구한다.

(3) 혼합법

계속기록법과 실지재고조사법을 같이 사용하는 방법으로 보관 중에 도난이나 파손 등으로 발생한 재고자산감모수량을 파악할 수 있다.

2. 재고자산의 단가 결정방법 중요

▸ 최신 36회 중 8문제 출제

재고자산 단가 결정방법
- 개별법
- 선입선출법
- 후입선출법
- 총평균법
- 이동평균법

(1) 개별법

개별법이란 매출 시 실제 구입원가를 기록하였다가 매출원가로 대응시키는 방법이다. 원가흐름의 가정 중 가장 정확한 방법이며, 수익 · 비용 대응의 원칙에 가장 적합하다.

(2) 선입선출법

선입선출법은 먼저 들어온 상품이 먼저 나간다(판매된다)는 가정하에 계산하는 원가계산방법이다. 선입선출법을 적용하면 기중에 여러 번 상품을 구입했을 때 기말에 남아 있는 것은 가장 나중에 구입한 상품의 단가가 적용된다.

장점	단점
먼저 들어온 상품이 먼저 팔리는 것은 실제 물량흐름과 유사하다.	• 물가가 지속적으로 상승할 때 매출원가가 과소되면서 순이익이 과대해지므로 법인세를 과다하게 납부한다. • 수익 · 비용 대응 원칙에 적절하지 않다.

(3) 후입선출법

후입선출법은 선입선출법과는 반대로 나중에 구입한 상품이 먼저 나간다(판매된다)고 가정하는 방법이다. 이 방법을 사용하면 매출시점에서 가장 가깝게 매입한 상품의 구입단가가 판매되는 상품의 단가가 되고, 그 결과 기말재고원가는 가장 오래 전에 매입한 상품의 구입단가로 이루어진다. 후입선출법을 사용하여 재고자산의 원가를 결정한 경우에는 재무상태표가액과 선입선출법 또는 평균법에 저가법을 적용하여 계산한 재고자산평가액의 차이를 주석으로 기재한다. 단, 후입선출법은 한국채택국제회계기준에서 인정하지 않는다.

장점	단점
• 수익·비용 대응이 선입선출법에 비해 잘 이루어진다. • 기초보다 기말재고의 수량이 많고, 지속적인 물가 상승 시 매출원가가 과대되어 순이익이 과소되고, 법인세 절감효과 혹은 법인세 이연효과가 있다.	• 나중에 구입한 상품이 먼저 판매되는 일은 현실과 거리가 멀다. • 후입선출법 청산효과(비자발적)가 발생할 수 있다.

(4) 총평균법

총평균법은 일정 기간 판매 가능 상품의 원가를 판매 가능 상품의 수량으로 나누어 총평균단가를 구하고, 이 평균단가로 매출원가와 기말재고를 구하는 방법이다. 기말에 단가가 나오므로 기중에는 매출원가와 기말재고금액을 알 수 없다.

$$총평균단가 = \frac{기초재고액 + 당기매입액}{기초재고수량 + 당기매입수량}$$

▶ 먼저 매입한 상품과 나중에 매입한 상품이 평균적으로 판매된다는 가정 하에 일정 기간 동안 매입액의 평균을 평균단가로 산정하는 방법을 가중평균법이라고 한다. 가중평균법에는 총평균법과 이동평균법이 있다.

(5) 이동평균법

이동평균법은 매입단가가 다른 동일한 상품이 창고에 입고될 때 해당 품목 매입가액의 평균을 구해 구입할 때마다 단가를 재계산하는 방법이다.

$$이동평균단가 = \frac{매입\ 직전\ 재고가액 + 매입가액}{매입\ 직전\ 재고수량 + 매입수량}$$

3. 재고자산의 원가 결정방법

통상적으로 상호 교환될 수 없는 재고 항목이나 특정 프로젝트별로 생산되는 제품 또는 서비스의 원가는 개별법을 사용하여 결정하고, 개별법이 적용되지 않는 재고자산의 단위원가는 선입선출법이나 가중평균법 또는 후입선출법을 사용하여 결정한다. 성격과 용도 면에서 유사한 재고자산에는 동일한 단위원가 결정방법을 적용하여야 하며, 성격이나 용도 면에서 차이가 있는 재고자산에는 서로 다른 단위원가 결정방법을 적용할 수 있다.

5 원가흐름의 가정 중요

+ 물가 상승 시, 기초≤기말

- 기말재고자산, 순이익, 법인세: 선입선출법 > 이동평균법 ≥ 총평균법 > 후입선출법
- 매출원가: 선입선출법 < 이동평균법 ≤ 총평균법 < 후입선출법

원가흐름

물가 상승 시, 기초 ≤ 기말

구분	선입선출법	후입선출법
기말재고	↑	↓
순이익	↑	↓
법인세	↑	↓
매출원가	↓	↑

6 기말재고자산에 포함되는 항목 중요

구분		내용
미착상품	선적지 인도조건	매출자: 재고자산 ×, 매입자: 재고자산 ○
	도착지(목적지) 인도조건	매출자: 재고자산 ○, 매입자: 재고자산 ×
적송품 (위탁상품)	위탁자	수탁자가 판매 전까지는 위탁자의 재고자산
	수탁자	위탁상품은 수탁자의 재고자산이 아님
시용상품		소비자가 매입의사를 표시하기 전까지는 판매자의 재고자산
저당상품		저당권이 실행되기 전까지는 담보제공자의 재고자산
반품조건상품	반품률 추정 有	인도된 재화를 수익으로 인식(재고자산 아님)
	반품률 추정 無	반품기간이 종료되기 전까지 재고자산

▶ 미착상품이란 상품 등을 주문하였으나 결산일 현재 운송 중에 있는 것을 말한다. 선적지 인도조건인 경우 선적시점에, 도착지 인도조건인 경우 도착시점에 소유권이 구매자에게 이전된다.

7 재고자산감모손실, 재고자산평가손실 중요

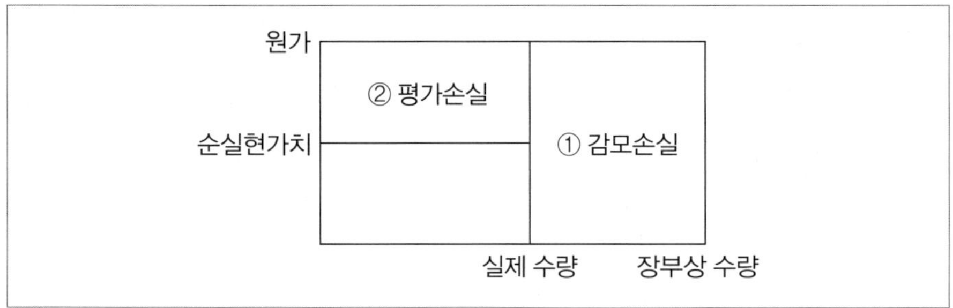

1. 재고자산감모손실

재고자산의 장부상 수량과 실제 수량의 차이에서 발생하는 감모손실의 경우 정상적으로 발생한 감모손실은 매출원가에 가산하고, 비정상적으로 발생한 감모손실은 영업외비용으로 분류한다.

(1) 정상적인 재고자산감모손실

(차) 매출원가	×××	(대) 해당 재고자산	×××

(2) 비정상적인 재고자산감모손실

(차) 재고자산감모손실 (영업외비용)	×××	(대) 해당 재고자산	×××

재고자산감모손실 · 평가손실
- 감모손실
  - 정상 감모손실: 매출원가
  - 비정상 감모손실: 영업외비용
- 평가손실: 매출원가

2. 재고자산평가손실과 평가손실환입

(1) 재고자산평가손실

재고자산의 시가가 장부금액 이하로 하락하여 발생한 평가손실은 재고자산의 차감 계정으로 표시하고 매출원가에 가산한다. 재고자산은 취득원가와 순실현가능가치 중 낮은 금액으로 측정하므로 순실현가능가치가 원가보다 낮으면 원가를 순실현가능가치로 조정하며, 그 차이가 평가손실에 해당한다. 이와 같은 회계처리방법을 저가법이라고 하며, 재고자산의 평가를 위한 저가법은 항목별로 적용한다. 그러나 경우에 따라서는 서로 유사하거나 관련 있는 항목들을 통합하여 적용하는 것이 적절할 수 있다. 저가법은 총액기준으로 적용할 수 없다.

회계처리

(차) 재고자산평가손실 ××
(매출원가)
(대) 재고자산평가충당금 ××
(자산 차감)

▶ 원재료를 투입하여 완성할 제품의 시가가 원가보다 높을 때는 원재료에 대하여 저가법을 적용하지 않는다.

구분		기말재고자산의 평가
원재료 외 재고자산		Min[원가, 순실현가능가치]
원재료	관련 제품 평가손실 ○	Min[원가, 현행대체원가]
	관련 제품 평가손실 ×	원가

(2) 재고자산평가손실환입

평가손실을 인식한 이후 매 회계연도 말마다 순실현가능가치를 확인한다. 저가법을 적용함에 따라 초래됐던 평가손실 상황이 해소되어 새로운 시가가 장부금액보다 상승한 경우에는 최초의 장부금액을 초과하지 않는 범위 내에서 평가손실을 환입한다. 재고자산평가손실의 환입은 매출원가에서 차감한다.

회계처리

(차) 재고자산평가충당금 ××
(자산 차감)
(대) 매출원가 ××

연습문제

장부상 기말제품재고액이 300,000원(수량 100개, 단가 3,000원)이다. 재고자산을 실사한 결과 감모수량이 20개가 발생하였다. 또한 기말재고자산의 순실현가치가 개당 2,500원으로 하락하였다. 재고자산감모손실과 재고자산평가손실은 얼마인가?

| 풀이 |

- 재고자산감모손실: 20개×3,000원=60,000원
- 재고자산평가손실: (100개−20개)×(3,000원−2,500원)=40,000원

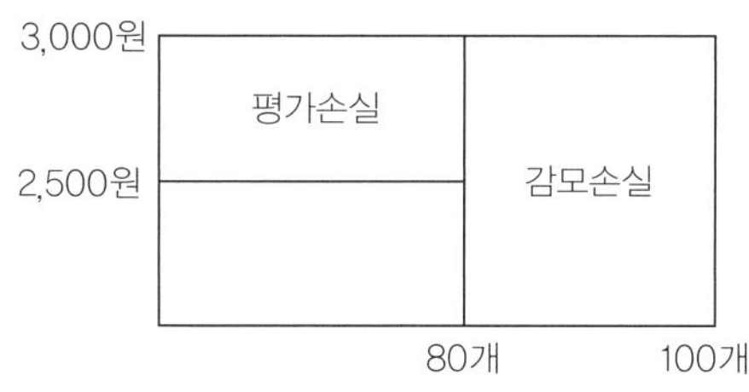

8 타계정 대체

타계정 대체란 상품이나 제품을 외부판매 이외의 목적으로 사용하는 경우를 의미한다. 회계 처리 시 상품이나 제품의 원가 감소분을 매출원가가 아닌 사용 사유에 맞는 계정과목으로 처리해야 한다.

9 매출채권 및 매입채무 계정

(차) 매출채권	(대)
기초	채권회수
외상매출	
	기말

〈매출채권(외상매출금+받을어음)〉

(차) 매입채무	(대)
채무지급	기초
	외상매입
기말	

〈매입채무(외상매입금+지급어음)〉

합격을 다지는 실전문제

스마트폰으로 QR코드를 촬영하여
저자의 해설 강의를 확인하세요.

상 중 하

001 다음 중 재고자산이 아닌 것은?

① 약국의 일반의약품 및 전문의약품
② 제조업 공장의 생산 완제품
③ 부동산매매업을 주업으로 하는 기업의 판매 목적 토지
④ 병원 사업장 소재지의 토지 및 건물

상 중 하

002 다음 중 재고자산의 원가에 대한 설명으로 옳지 않은 것은?

① 매입원가는 매입가액에 취득과정에서 정상적으로 발생한 부대비용을 가산한 금액이다.
② 제조원가는 보고기간 종료일까지 제조과정에서 발생한 직접재료비, 직접노무비, 제조와 관련된 변동제조간접비 및 고정제조간접비의 체계적인 배부액을 포함한다.
③ 매입원가에서 매입과 관련된 에누리는 차감하나 할인은 차감하지 않는다.
④ 제조원가 중 비정상적으로 낭비된 부분은 원가에 포함될 수 없다.

상 중 하

003 상품매출에 의한 매출에누리와 매출환입에 대한 올바른 회계처리방법은?

① 매출에누리와 매출환입 모두 총매출액에서 차감한다.
② 매출에누리는 수익처리하고, 매출환입은 외상매출금에서 차감한다.
③ 매출에누리는 총매출액에서 차감하고 매출환입은 수익처리한다.
④ 매출에누리와 매출환입 모두 수익처리한다.

정답 및 해설

001 ④ 나머지는 다 판매나 생산을 목적으로 하는 재고자산이지만, 병원 사업장 소재지의 토지 및 건물은 병원의 유형자산이다.

002 ③ 재고자산의 매입원가는 매입금액에 매입운임, 하역료 및 보험료 등 취득과정에서 정상적으로 발생한 부대원가를 가산한 금액이다. 매입과 관련된 할인, 에누리 및 기타 유사한 항목은 매입원가에서 차감한다.

003 ① 총매출액에서 매출환입, 매출에누리, 매출할인을 차감하면 순매출액이 된다.

상 중 하

004 다음 중 재고자산에 대한 설명으로 옳지 않은 것은?

① 기업이 생산과정에 사용하거나 판매를 목적으로 보유한 자산이다.
② 취득원가에 매입부대비용은 포함되지 않는다.
③ 기말 평가방법에 따라 기말 재고자산 금액이 다를 수 있다.
④ 수입 시 발생한 관세는 취득원가에 가산하여 재고자산에 포함된다.

상 중 하

005 실제 기말재고자산의 가액은 50,000,000원이지만 장부상 기말재고자산의 가액이 45,000,000원으로 기재된 경우, 해당 오류가 재무제표에 미치는 영향으로 다음 중 옳지 않은 것은?

① 당기순이익이 실제보다 5,000,000원 감소한다.
② 매출원가가 실제보다 5,000,000원 증가한다.
③ 자산총계가 실제보다 5,000,000원 감소한다.
④ 자본총계가 실제보다 5,000,000원 증가한다.

상 중 하

006 다음 자료에서 매출총이익을 계산하면 얼마인가?

• 총매출액	35,000,000원	• 총매입액	18,000,000원
• 복리후생비	1,000,000원	• 이자비용	200,000원
• 매입에누리와 환출	250,000원	• 매입할인	300,000원
• 매출에누리와 환입	200,000원	• 매출할인	200,000원
• 기초상품재고액	500,000원	• 기말상품재고액	450,000원

① 17,500,000원　② 17,450,000원
③ 17,100,000원　④ 17,000,000원

정답 및 해설

004 ② 매입부대비용은 취득에 직접적으로 관련되어 있으므로 취득원가에 포함된다.

005 ④ 기말재고자산을 실제보다 낮게 계상한 경우, 매출원가가 과대계상된다. 비용(매출원가)이 과대계상되면 그 결과 당기순이익과 자본은 과소계상된다.

006 ③ • 순매출액: 총매출액 35,000,000원 – 매출에누리와 환입 200,000원 – 매출할인 200,000원 = 34,600,000원
• 순매입액: 총매입액 18,000,000원 – 매입에누리와 환출 250,000원 – 매입할인 300,000원 = 17,450,000원
• 매출원가: 기초상품재고액 500,000원 + 당기상품매입액(순매입액) 17,450,000원 – 기말상품재고액 450,000원 = 17,500,000원
∴ 매출총이익: 순매출액 34,600,000원 – 매출원가 17,500,000원 = 17,100,000원

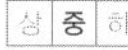

007 다음은 (주)에듀윌의 재고자산이다. 선입선출법에 의하여 평가할 경우 매출총이익은 얼마인가? (단, 다른 원가는 없다고 가정함)

일자	구분	수량	단가
10월 1일	기초재고	10개	개당 100원
10월 8일	매입	30개	개당 110원
10월 15일	매출	25개	개당 140원
10월 30일	매입	15개	개당 120원

① 850원　② 2,650원
③ 3,500원　④ 6,100원

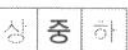

008 다음은 (주)에듀윌의 제7기(1.1.~12.31.) 재고자산 내역이다. 총평균법에 의한 기말재고자산의 단가를 계산하면 얼마인가?

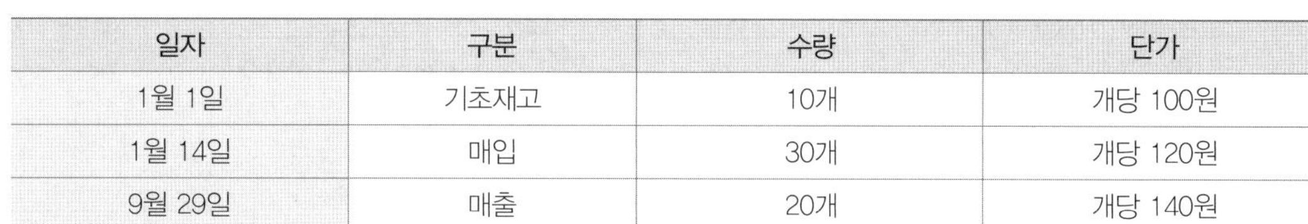

일자	구분	수량	단가
1월 1일	기초재고	10개	개당 100원
1월 14일	매입	30개	개당 120원
9월 29일	매출	20개	개당 140원
10월 17일	매입	10개	개당 110원

① 125원　② 120원
③ 114원　④ 110원

상 중 하

009 다음 중 상품의 매출원가 계산 시 총매입액에서 차감해야 할 항목은 무엇인가?

① 기초재고액　② 매입수수료
③ 매입환출 및 매입에누리　④ 매입 시 운반비

정답 및 해설

007 ① • 매출액: 25개×140원=3,500원
• 매출원가: (10개×100원)+(15개×110원)=2,650원
∴ 매출총이익: 매출액 3,500원－매출원가 2,650원=850원

008 ③ {(10개×100원)+(30개×120원)+(10개×110원)}÷(10개+30개+10개)=단가 114원

009 ③ 상품의 매입환출 및 매입에누리는 매출원가 계산 시 총매입액에서 차감하는 항목이다.

상 중 하

010 다음은 재고자산 단가 결정방법에 대한 설명이다. 어느 방법에 대한 설명인가?

- 실제의 물량 흐름에 대한 원가흐름의 가정이 대체로 유사하다.
- 현재의 수익과 과거의 원가가 대응하여 수익 · 비용 대응의 원칙에 부적합하다.
- 물가 상승 시 이익이 과대계상된다.

① 개별법
② 선입선출법
③ 후입선출법
④ 총평균법

상 중 하

011 다음은 (주)에듀윌의 제1기(1.1.~12.31.) 재고자산 내역이다. 이동평균법에 의한 기말재고자산의 단가를 계산하면 얼마인가?

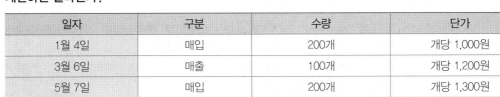

일자	구분	수량	단가
1월 4일	매입	200개	개당 1,000원
3월 6일	매출	100개	개당 1,200원
5월 7일	매입	200개	개당 1,300원
7월 10일	매입	300개	개당 1,100원

① 1,150원
② 1,200원
③ 1,250원
④ 1,270원

상 중 하

012 다음 중 재고자산의 기말장부금액 포함 여부에 대한 설명으로 틀린 것은?

① 미착상품: 선적지 인도조건인 경우에는 상품이 선적된 시점에 소유권이 매입자에게 이전되기 때문에 미착상품은 매입자의 재고자산에 포함한다.
② 적송품: 수탁자가 제3자에게 판매하기 전까지는 위탁자의 재고자산에 포함한다.
③ 반품률이 높은 재고자산: 반품률을 합리적으로 추정할 수 없는 경우에는 구매자가 상품의 인수를 수락하거나 반품기간이 종료된 시점까지는 판매자의 재고자산에 포함한다.
④ 할부판매상품: 대금이 모두 회수되지 않은 경우 상품의 판매시점에 판매자의 재고자산에 포함한다.

정답 및 해설

010 ② 선입선출법은 먼저 입고된 자산이 먼저 출고된 것으로 가정하여 입고 일자가 빠른 원가를 출고 수량에 먼저 적용한다. 선입선출법은 실제 물량 흐름에 대한 원가흐름의 가정이 유사하다는 장점이 있으나, 수익 · 비용 대응의 원칙에 부적합하고, 물가 상승 시 이익이 과대계상되는 단점이 있다.

011 ① • 5월 7일 매입 이후 단가: (100개×1,000원+200개×1,300원)÷300개=1,200원
• 7월 10일 매입 이후 단가: (300개×1,200원+300개×1,100원)÷600개=1,150원

012 ④ 재고자산을 고객에게 인도하고 대금은 미래에 분할하여 회수하기로 한 경우 대금이 모두 회수되지 않았다고 하더라도 상품의 판매시점에 판매자의 재고자산에서 제외한다.

상 중 하

013 다음 중 기말재고자산에 포함될 항목의 금액은 총 얼마인가?

• 장기할부조건으로 판매한 재화	3,000원
• 시용판매용으로 고객에게 제공한 재화(구매자의 매입의사표시 없음)	100,000원
• 위탁판매용으로 수탁자에게 제공한 재화 중 수탁자가 현재 보관 중인 재화	10,000원
• 목적지 인도조건으로 판매한 운송 중인 재화	20,000원

① 133,000원　② 130,000원
③ 110,000원　④ 30,000원

상 중 하

014 다음 중 물가가 지속적으로 하락하는 경우 매출원가, 매출총이익 및 기말재고자산의 금액이 가장 높게 평가되는 재고자산 평가방법으로 짝지어진 것은? (단, 기초재고자산수량과 기말재고자산수량은 동일하다고 가정함)

	매출원가	매출총이익	기말재고자산금액
①	선입선출법	후입선출법	선입선출법
②	후입선출법	선입선출법	후입선출법
③	선입선출법	후입선출법	후입선출법
④	후입선출법	선입선출법	선입선출법

상 중 하

015 기초재고와 기말재고가 동일하고 물가가 상승하고 있다는 가정하에 가장 높은 순이익과 가장 높은 매출원가를 기록하는 재고평가방법은?

	가장 높은 순이익	가장 높은 매출원가
①	선입선출법	후입선출법
②	선입선출법	선입선출법
③	후입선출법	선입선출법
④	후입선출법	후입선출법

정답 및 해설

013 ② • 장기할부판매는 인도기준, 시용판매는 구매자가 매입의사를 표시한 시점, 위탁판매는 수탁자가 실제로 판매한 날, 목적지 인도조건의 경우에는 목적지에 도착한 시점에 매출로 인식한다.
• 시용품 100,000원 + 위탁품 10,000원 + 미착품 20,000원 = 130,000원

014 ③ 물가가 하락하는 경우 매출원가, 매출총이익 및 기말재고자산의 금액은 아래와 같다.

매출원가	매출총이익	기말재고자산금액
선입선출법 ↑	선입선출법 ↓	선입선출법 ↓
후입선출법 ↓	후입선출법 ↑	후입선출법 ↑

015 ① 물가가 상승할 때 순서는 다음과 같다.
• 기말재고자산, 순이익, 법인세: 선입선출법 > 이동평균법 ≥ 총평균법 > 후입선출법
• 매출원가: 선입선출법 < 이동평균법 ≤ 총평균법 < 후입선출법

상 중 하

016 **재고자산 평가방법에 대한 설명으로 옳지 않은 것은?**

① 개별법은 실제 수익과 실제 원가가 대응되어 이론적으로 가장 우수하다고 할 수 있으나, 실무에 적용하는 데는 어려움이 있다.
② 재고수량이 동일할 때 물가가 지속적으로 상승하는 경우에 선입선출법을 적용하면 다른 평가방법을 적용하는 경우보다 상대적으로 이익이 크게 표시된다.
③ 총평균법은 매입거래가 발생할 때마다 단가를 재산정해야 하는 번거로움이 있다.
④ 후입선출법은 일반적인 물량흐름과 반대이다.

상 중 하

017 **부산의 5월 초 상품재고액은 500,000원이며, 5월의 상품매입액은 350,000원, 5월의 매출액은 600,000원이다. 매출총이익률이 매출액의 20%라고 한다면, 5월 말 상품재고액은 얼마인가?**

① 250,000원 ② 370,000원
③ 480,000원 ④ 620,000원

상 중 하

018 **다음 중 재고자산의 저가법 적용과 관련한 설명으로 옳지 않은 것은?**

① 재고자산을 저가법으로 평가하는 경우 상품의 시가는 순실현가능가치를 말한다.
② 재고자산 평가를 위한 저가법은 원칙적으로 항목별로 적용한다.
③ 시가는 매 회계기간 말에 추정한다.
④ 재고자산의 시가가 장부금액 이하로 하락하여 발생한 평가손실은 영업외비용으로 처리한다.

상 중 하

019 **재고자산의 단가 결정방법 중 매출 시점에서 해당 재고자산의 실제 취득원가를 기록하여 매출원가로 대응시키는 방법은?**

① 개별법 ② 선입선출법
③ 후입선출법 ④ 총평균법

정답 및 해설

016 ③ 이동평균법은 매입거래가 발생할 때마다 단가를 재산정해야 하는 번거로움이 있다.

017 ② • 매출총이익: 매출액 600,000원×매출총이익률 20%=120,000원
• 매출원가: 매출액 600,000원－매출총이익 120,000원=480,000원
∴ 월말 상품재고액: 월초 상품재고액 500,000원+상품매입액 350,000원－매출원가 480,000원=370,000원

018 ④ 재고자산의 시가가 장부금액 이하로 하락하여 발생한 평가손실은 재고자산의 차감 계정으로 표시하고 매출원가에 가산한다.

019 ① 매출 시점에 실제 취득원가를 기록하여 매출원가로 대응시켜 원가 흐름을 가장 정확하게 파악할 수 있는 재고자산의 단가 결정방법은 개별법이다.

상 중 하

020 (주)에듀윌은 8월에 영업을 개시하여 다음과 같이 거래를 하였다. 8월 말 현재 회수할 수 있는 매출채권 잔액은 얼마인가?

8월 2일	(주)우리에 제품 5,000,000원을 외상으로 납품하다.
8월 4일	납품한 제품 중 하자가 발견되어 100,000원이 반품되다.
8월 20일	(주)우리의 외상대금 중 3,000,000원 회수 시 조기 자금 결제로 인하여 약정대로 50,000원을 할인한 후 잔액을 현금으로 받다.

① 2,000,000원
② 1,900,000원
③ 1,950,000원
④ 2,050,000원

상 중 하

021 다음 중 재고자산의 기말평가 시 저가법을 적용하는 경우 그 내용으로 옳은 것은?

① 재고자산평가손실은 판매비와 관리비로 분류한다.
② 재고자산평가충당금은 비유동부채로 분류한다.
③ 재고자산평가충당금환입은 영업외수익으로 분류한다.
④ 재고자산평가충당금은 해당 재고자산에서 차감하는 형식으로 기재한다.

상 중 하

022 다음 중 재고자산의 기말평가 시 저가법을 적용하는 경우, 그 내용으로 틀린 것은?

① 가격 하락 시: (차) 재고자산평가손실 ××× (대) 재고자산평가충당금 ×××
② 가격 회복 시: (차) 재고자산평가충당금 ××× (대) 재고자산평가충당금환입 ×××
③ 재고자산평가충당금환입은 영업외수익으로 분류한다.
④ 재고자산평가충당금은 해당 재고자산에서 차감하는 형식으로 기재한다.

정답 및 해설

020 ② 잔액: 외상매출금 5,000,000원 − 매출환입 100,000원 − 외상대금의 회수 3,000,000원 = 1,900,000원

021 ④ ① 재고자산의 시가가 장부금액 이하로 하락하여 발생한 평가손실은 재고자산의 차감 계정으로 표시하고 매출원가에 가산한다.
② 재고자산평가충당금은 해당 자산에서 차감한다.
③ 재고자산평가충당금환입은 매출원가에서 차감한다.

022 ③ 재고자산평가충당금환입은 매출원가에서 차감하며, 재고자산은 이를 판매하여 수익을 인식한 기간에 매출원가로 인식한다. 재고자산의 시가가 장부금액 이하로 하락하여 발생한 평가손실은 재고자산의 차감 계정으로 표시하고 매출원가에 가산한다. 시가는 매 회계기간 말에 추정한다. 저가법의 적용에 따른 평가손실을 초래했던 상황이 해소되어 새로운 시가가 장부금액보다 상승한 경우에는 최초의 장부금액을 초과하지 않는 범위 내에서 평가손실을 환입한다. 재고자산평가손실의 환입은 매출원가에서 차감한다.

상 중 하

023 다음 중 기말재고자산의 수량 결정방법으로 옳은 것을 모두 고르면?

가. 총평균법	나. 계속기록법	다. 선입선출법	라. 후입선출법	마. 실지재고조사법

① 가, 다
② 나, 마
③ 가, 나, 다
④ 다, 라, 마

상 중 하

024 다음 중 재고자산에 대한 설명으로 옳지 않은 것은?

① 재고자산 매입 시 발생하는 매입부대비용은 취득원가에 가산한다.
② 재고수량의 결정방법 중 계속기록법을 적용하면 기말재고자산 수량이 정확하게 계산되고, 실지재고조사법을 적용하면 매출 수량이 정확하게 계산된다.
③ 재고자산의 감모손실은 정상감모와 비정상감모로 구분한다.
④ 평균법은 기초재고자산과 당기에 매입한 상품에 대해 평균 단위당 원가를 구하여 기말재고자산과 매출원가를 계산하는 것이다.

상 중 하

025 다음 중 손익계산서상 표시되는 매출원가를 증가시키는 영향을 주지 않는 것은?

① 판매 이외 목적으로 사용된 재고자산의 타계정 대체액
② 재고자산의 시가가 장부금액 이하로 하락하여 발생한 재고자산평가손실
③ 정상적으로 발생한 재고자산감모손실
④ 원재료 구입 시 지급한 운반비

정답 및 해설

023 ② 계속기록법과 실지재고조사법을 통해 기말재고자산의 수량을 결정한다.

024 ② 재고수량의 결정방법 중 계속기록법을 적용하면 매출 수량이 정확하게 계산되고, 실지재고조사법을 적용하면 기말재고자산 수량이 정확하게 계산된다.

025 ① 기업의 정상적인 영업활동의 결과로써 재고자산은 제조와 판매를 통해 매출원가로 대체된다. 그러나 재고자산이 판매 이외의 용도로 사용될 경우 '타계정 대체'로 분류하고 영업외비용으로 처리하며 매출원가가 증가하지 않는다.

상 중 하

026 다음 중 일반기업회계기준에 따른 재고자산의 회계처리에 대한 설명으로 옳지 않은 것은?

① 재고자산은 이를 판매하여 수익을 인식한 기간에 매출원가로 인식한다.

② 재고자산의 시가가 장부금액 이하로 하락하여 발생한 평가손실은 재고자산의 장부금액에서 직접 차감한다.

③ 재고자산의 장부상 수량과 실제 수량과의 차이에서 발생하는 감모손실의 경우 정상적으로 발생한 감모손실은 매출원가에 가산한다.

④ 재고자산의 장부상 수량과 실제 수량과의 차이에서 발생하는 감모손실의 경우 비정상적으로 발생한 감모손실은 영업외비용으로 분류한다.

상 중 하

027 다음 자료를 이용하여 외상매입금의 기초 잔액을 계산하면 얼마인가?

• 외상매입금 지급액	5,000,000원	• 기말외상매입금	1,400,000원
• 외상매입금 순매입액	4,000,000원	• 외상매입금 총매입액	4,200,000원

① 1,200,000원 ② 1,400,000원

③ 1,500,000원 ④ 2,400,000원

상 중 하

028 다음 중 재고자산의 평가에 대한 설명으로 옳지 않은 것은?

① 성격이 상이한 재고자산을 일괄 구입하는 경우에는 공정가치 비율에 따라 안분하여 취득원가를 결정한다.

② 재고자산의 취득원가에는 취득과정에서 발생한 할인, 에누리는 반영하지 않는다.

③ 저가법을 적용할 경우, 시가가 취득원가보다 낮아지면 시가를 장부금액으로 한다.

④ 저가법을 적용할 경우, 발생한 차액은 전부 매출원가로 회계처리한다.

정답 및 해설

026 ② 재고자산의 시가가 장부금액 이하로 하락하여 발생한 평가손실은 재고자산의 차감 계정으로 표시하고 매출원가에 가산한다.

027 ④ 기초 잔액 x + 외상매입금 순매입액 4,000,000원 = 외상매입금 지급액 5,000,000원 + 기말외상매입금 1,400,000원

∴ 기초 잔액 x = 2,400,000원

028 ② 재고자산의 매입원가는 매입금액에 매입운임, 하역료 및 보험료 등 취득과정에서 정상적으로 발생한 부대비용을 가산한 금액이다. 매입과 관련된 할인, 에누리 및 기타 유사한 항목은 매입원가에서 차감한다.

상 중 하

029 일반기업회계기준에 근거하여 다음의 재고자산을 평가하는 경우 재고자산평가손익은 얼마인가?

상품명	기말재고수량	취득원가	추정판매가격 (순실현가능가치)
비누	100개	75,000원	65,000원
세제	200개	50,000원	70,000원

① 재고자산평가이익 3,000,000원
② 재고자산평가이익 4,000,000원
③ 재고자산평가손실 3,000,000원
④ 재고자산평가손실 1,000,000원

상 중 하

030 다음 자료에 의할 때 당기의 매출원가는 얼마인가?

• 기초상품재고액	500,000원	• 기말상품재고액	1,500,000원
• 매입에누리 금액	750,000원	• 총매입액	8,000,000원
• 타계정 대체 금액	300,000원	• 판매대행 수수료	1,100,000원

① 7,050,000원
② 6,950,000원
③ 6,250,000원
④ 5,950,000원

정답 및 해설

029 ④ • 재고자산평가손실: (비누 취득원가 75,000원 – 순실현가능가치 65,000원)×100개 = 1,000,000원
• 세제의 경우 평가이익에 해당하나 최초의 취득가액을 초과하는 이익은 저가법상 인식하지 않는다.

030 ④ • 순매입액: 총매입액 8,000,000원 – 매입에누리 금액 750,000원 = 7,250,000원
• 매출원가: 기초상품재고액 500,000원 + 당기순매입액 7,250,000원 – 타계정 대체 금액 300,000원 – 기말상품재고액 1,500,000원 = 5,950,000원

상품(자산) (단위: 원)

기초상품재고액	500,000	매출원가	5,950,000
총매입액	8,000,000	타계정 대체 금액	300,000
매입에누리금액 (증가)	(750,000)	기말상품재고액 (감소)	1,500,000
	7,750,000		7,750,000

CHAPTER

04 유형자산

핵심키워드

- 유형자산의 취득원가 • 일괄구입
- 교환에 의한 취득
- 감가상각
- 유형자산의 처분 및 손상

■ 1회독 ■ 2회독 ■ 3회독

1 유형자산의 정의 및 인식기준

1. 유형자산의 정의

유형자산은 재화의 생산, 용역의 제공, 타인에 대한 임대 또는 자체적으로 사용할 목적으로 보유하는 물리적 형체가 있는 비화폐성 자산으로서, 1년을 초과하여 사용할 것이 예상되는 자산을 말한다.

2. 유형자산의 인식기준

유형자산으로 인식되기 위해서는 유형자산의 정의와 다음의 인식기준을 모두 충족하여야 한다.

(1) 자산으로부터 발생하는 미래 경제적 효익이 기업에 유입될 가능성이 매우 높다.

(2) 자산의 원가를 신뢰성 있게 측정할 수 있다.

유형자산
사용 목적+물리적 형체+1년 초과

화폐성 자산 vs 비화폐성 자산
- 화폐성 자산: 현금으로 쉽게 전환 가능한 자산
  예 매출채권, 대여금 등
- 비화폐성 자산: 현금으로 전환이 어렵거나 특정 금액으로 평가하기 어려운 자산

유형자산의 인식기준
- 매우 높은 유입 가능성
- 신뢰성 있는 측정

2 유형자산의 취득원가 중요

▸ 최신 36회 중 8문제 출제

유형자산은 최초에는 취득원가로 측정하며, 현물출자, 증여, 기타 무상으로 취득한 자산은 공정가치를 취득원가로 한다. 취득원가는 구입원가 또는 제작원가 및 경영진이 의도하는 방식으로 자산을 가동하기 위해 필요한 장소와 상태에 이르게 하는 데 직접 관련되는 원가를 포함하며, 매입할인 등이 있는 경우에는 이를 차감하여 취득원가를 산출한다.

+ 유형자산의 취득원가에 포함되는 부대비용

- 설치장소 준비를 위한 지출
- 외부 운송 및 취급비
- 설치비
- 설계와 관련하여 전문가에게 지급하는 수수료
- 유형자산의 취득과 관련하여 국·공채 등을 불가피하게 매입하는 경우 당해 채권의 매입금액과 일반기업회계기준에 따라 평가한 현재가치의 차액
- 자본화 대상인 차입원가
- 취득세, 등록세 등 유형자산의 취득과 직접 관련된 제세공과금
- 복구원가의 현재가치
- 유형자산이 정상적으로 작동되는지 여부를 시험하는 과정에서 발생하는 원가

유형자산의 취득원가
- 원칙: 매입금액+α
- 예외: 공정가치+α

▶ 자산 보유와 관련된 지출(재산세, 종합소득세, 보험료, 보관비용 등)은 당기비용으로 처리한다.

3 일괄구입 중요

1. 토지와 건물을 모두 사용하는 경우

토지와 건물을 모두 사용할 목적으로 취득한 경우, 토지와 건물의 원가는 일괄구입대가와 중개수수료 등 직접 관련된 공통원가의 합계액을 개별 자산의 공정가치 비율로 안분하여 산정한다. 토지와 건물 중 어느 하나의 공정가치만 신뢰성 있게 추정할 수 있는 경우 당해 자산은 공정가치를 원가로 하고, 나머지 자산은 잔액을 원가로 한다.

2. 토지만 사용하는 경우

(1) 건물을 철거만 하는 경우

토지만 사용할 목적인 경우, 토지와 건물을 일괄구입한 것이 아니라 토지만 구입한 것이므로 건물의 취득원가는 없다. 그리고 자산의 취득원가는 목적으로 하는 활동에 사용되기까지 소요된 모든 현금 지출액이어야 하므로 토지의 취득원가는 토지와 건물의 일괄구입대가에 건물철거비용(철거과정에서 발생된 잔존폐물의 매각수익은 차감)과 토지정지비용을 가산하여 산정한다. 토지를 사용 목적으로 취득하기 위하여 발생한 구획정리비용 및 산업공단 입주 시의 하수종말처리장 분담금도 원가에 포함된다. 또한 내용연수가 영구적인 배수공사비용 및 조경공사비용과 국가나 지방자치단체가 유지·관리하는 진입도로 포장공사비 및 상하수도 공사비도 토지원가에 포함된다.

토지원가=일괄구입가+구건물 철거비용−폐물 매각대금+토지 정지비용+취·등록세

(2) 건물을 철거한 후 신축하는 경우

철거한 건물의 장부가액은 처분손실로 계상하고, 철거비용은 전액 당기비용으로 처리해야 한다.

토지와 건물을 모두 사용하는 경우

- 토지=

$$일괄구입가 \times \frac{토지\ FV}{토지\ FV + 건물\ FV}$$

- 건물=

$$일괄구입가 \times \frac{건물\ FV}{토지\ FV + 건물\ FV}$$

▸FV: 공정가치

토지만 사용하는 경우

토지원가=일괄구입가+구건물 철거비용−폐물 매각대금+토지 정지비용+취·등록세

4 정부보조금에 의한 취득

정부보조 등에 의해 유형자산을 무상 또는 공정가치보다 낮은 대가로 취득한 경우 그 유형자산의 취득원가는 취득일의 공정가치로 한다. 정부보조금 등은 유형자산의 취득원가에서 차감하는 형식으로 표시하고 그 자산의 내용연수에 걸쳐 감가상각액과 상계하며, 해당 유형자산을 처분하는 경우 그 잔액을 처분손익에 반영한다.

정부보조금

- 취득원가: 공정가치
- 자산 차감

5 장기후불조건에 의한 매입

유형자산을 장기후불조건으로 구입하거나 대금 지급기간이 일반적인 신용기간보다 긴 경우 원가는 취득시점의 현재가치 상당액이며, 이는 지급할 부채의 현재가치로 평가한다.

(차) 유형자산	×××	(대) 장기미지급금	×××
현재가치할인차금	×××		

6 교환에 의한 취득

1. 이종교환

다른 종류의 자산과 교환하여 취득한 유형자산의 취득원가는 교환을 위하여 제공한 자산의 공정가치로 측정한다. 교환을 위하여 제공한 자산의 공정가치가 불확실한 경우에는 교환으로 취득한 자산의 공정가치를 취득원가로 할 수 있다.

2. 동종교환

동일한 종류의 자산과 교환하여 취득한 유형자산의 취득원가는 교환을 위하여 제공한 자산의 장부금액으로 측정한다.

3. 현금수수

자산의 교환에서 현금 수령액이 있는 경우 현금 수령액을 반영하여 취득원가를 결정한다.

구분	취득원가
이종교환	제공한 자산의 공정가치+현금 지급액-현금 수령액
동종교환	제공한 자산의 장부금액+현금 지급액-현금 수령액

교환에 의한 취득원가
- 이종교환액=제공한 자산 FV+현금 지급액-현금 수령액
- 동종교환액=제공한 자산 BV+현금 지급액-현금 수령액
  ▸BV: 장부금액

PART 01

7 인식시점 이후의 측정

인식시점 이후에는 원가모형이나 재평가모형 중 하나를 회계정책으로 선택하여 유형자산 분류별로 동일하게 적용한다.

1. 원가모형

최초 인식 후에 유형자산은 원가에서 감가상각누계액과 손상차손누계액을 차감한 금액을 장부금액으로 한다.

2. 재평가모형

최초 인식 후에 공정가치를 신뢰성 있게 측정할 수 있는 유형자산은 재평가일의 공정가치에서 이후의 감가상각누계액과 손상차손누계액을 차감한 재평가금액을 장부금액으로 한다. 재평가는 보고기간 말에 자산의 장부금액이 공정가치와 중요하게 차이가 나지 않도록 주기적으로 수행한다.

+ 유형자산 후속측정

구분	감가상각	손상	평가
원가모형	○	○	×
재평가모형	○	○	○

8 감가상각 중요

▸ 최신 36회 중 14문제 출제

▶ 강의 바로보기

1. 감가상각

감가상각은 자산의 평가과정이 아니라 자산의 내용연수 동안 원가를 체계적인 방법으로 배분하는 원가의 배분과정이다. 유형자산의 감가상각방법은 자산의 미래 경제적 효익이 소비되는 형태를 반영하며, 적어도 매 회계연도 말에 재검토한다. 재검토 결과 자산에 내재된 미래 경제적 효익이 예상되는 소비형태에 중요한 변동이 있다면 변동된 소비형태를 반영하기 위하여 감가상각방법을 변경하고, 이러한 변경은 회계추정의 변경으로 회계처리한다.

▶ 토지와 건설 중인 자산은 감가상각을 하지 않는다.

2. 감가상각방법 및 감가상각기간

(1) 감가상각방법

유형자산의 감가상각 대상금액을 내용연수 동안 체계적으로 배부하기 위해 다양한 방법을 사용할 수 있다. 이러한 감가상각방법에는 정액법, 정률법, 연수합계법, 이중체감법, 생산량비례법 등이 있다.

구분	감가상각비 계산식
정액법	$\frac{(취득원가-잔존가치)}{내용연수}$
정률법	미상각 잔액×상각률
연수합계법	$(취득원가-잔존가치)\times\frac{잔여\ 내용연수}{내용연수의\ 합계}$
이중체감법	$미상각\ 잔액\times\frac{2}{내용연수}$
생산량비례법	$(취득원가-잔존가치)\times\frac{당해\ 생산량}{총예정생산량}$

▶ 감가상각비를 계산하기 위해서는 취득원가, 잔존가치, 내용연수를 알아야 한다.

▶ 미상각 잔액 = 취득원가 − 감가상각누계액

+ 정액법과 체감잔액법의 비교

- 정액법은 매기 동일한 금액을 감가상각하는 방법이며, 체감잔액법(가속상각법)은 초기에 많은 감가상각비를, 후기에는 적은 감가상각비를 비용화하는 방법이다. 체감잔액법에는 정률법, 연수합계법, 이중체감법이 있다.

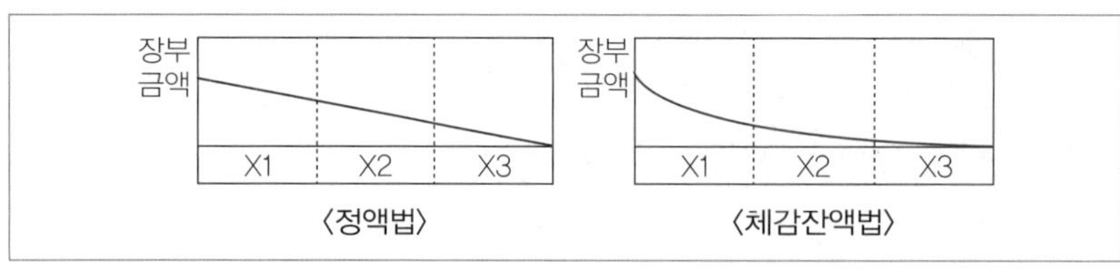

- 정액법과 체감잔액법의 초기 비교

구분	정액법	체감잔액법
감가상각비	과소계상	과대계상
장부금액	과대계상	과소계상
순이익	과대계상	과소계상

▶ 다른 요건이 동일하다면 유형자산 취득 초기에는 체감잔액법에 의한 감가상각비가 정액법에 의한 감가상각비보다 크다.

(2) 감가상각기간

유형자산의 감가상각은 자산을 사용할 수 있을 때, 즉 경영진이 의도하는 방식으로 자산을 가동하는 데 필요한 장소와 상태에 이른 때부터 시작한다. 내용연수 도중 사용을 중단하고 처분 예정인 유형자산은 사용을 중단한 시점의 장부금액으로 표시한다. 이러한 자산에 대해서는 투자자산으로 재분류하고 감가상각을 하지 않으며, 손상차손 발생 여부를 매 보고기간 말에 검토한다. 내용연수 도중 사용을 중단하였으나 장래에 사용을 재개할 예정인 유형자산에 대해서는 감가상각을 하되 그 감가상각액은 영업외비용으로 처리한다.

감가상각기간

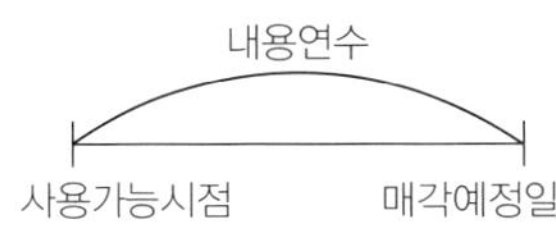

3. 감가상각의 회계처리

감가상각의 회계처리는 기말결산일에 수행하며 감가상각비 계정을 차변에 기입하고, 감가상각누계액 계정을 대변에 기입하는 방법으로 유형자산 계정에는 변화를 주지 않는다. 감가상각누계액 계정을 평가 계정이라 하고, 재무상태표에 표시할 때에는 해당 유형자산에서 차감하는 형식으로 표시한다.

감가상각비
- 제조원가: 공장 관련
- 판매비와 관리비: 본사 관련

(차) 감가상각비(비용)	×××	(대) 감가상각누계액 (자산 차감)	×××

연습문제

(주)에듀윌은 20X1년 1월 1일에 내용연수 5년, 잔존가치 10,000원의 기계장치를 100,000원에 취득하였다. 20X1년과 20X2년의 감가상각비를 정액법, 정률법, 연수합계법, 이중체감법, 생산량비례법을 사용해 계산하시오. 단, 정률법 상각률은 0.4이다(총생산예정량은 10,000단위이며, 1차 연도 생산량은 3,000단위, 2차 연도 생산량은 2,500단위, 3차 연도 생산량은 2,000단위임).

| 풀이 |

정액법	• 20X1년: (차) 감가상각비 18,000[*1] (대) 감가상각누계액 18,000 • 20X2년: (차) 감가상각비 18,000 (대) 감가상각누계액 18,000 [*1] (100,000원 − 10,000원) × 1/5 = 18,000원
정률법	• 20X1년: (차) 감가상각비 40,000[*2] (대) 감가상각누계액 40,000 • 20X2년: (차) 감가상각비 24,000[*3] (대) 감가상각누계액 24,000 [*2] 100,000원 × 0.4 = 40,000원 [*3] (100,000원 − 40,000원) × 0.4 = 24,000원
연수합계법	• 20X1년: (차) 감가상각비 30,000[*4] (대) 감가상각누계액 30,000 • 20X2년: (차) 감가상각비 24,000[*5] (대) 감가상각누계액 24,000 [*4] (100,000원 − 10,000원) × $\frac{5}{1+2+3+4+5}$ = 30,000원 [*5] (100,000원 − 10,000원) × $\frac{4}{1+2+3+4+5}$ = 24,000원
이중체감법	• 20X1년: (차) 감가상각비 40,000[*6] (대) 감가상각누계액 40,000 • 20X2년: (차) 감가상각비 24,000[*7] (대) 감가상각누계액 24,000 [*6] 100,000원 × 2/5 = 40,000원 [*7] (100,000원 − 40,000원) × 2/5 = 24,000원
생산량 비례법	• 20X1년: (차) 감가상각비 27,000[*8] (대) 감가상각누계액 27,000 • 20X2년: (차) 감가상각비 22,500[*9] (대) 감가상각누계액 22,500 [*8] (100,000원 − 10,000원) × 3,000단위 ÷ 10,000단위 = 27,000원 [*9] (100,000원 − 10,000원) × 2,500단위 ÷ 10,000단위 = 22,500원

9 유형자산의 취득 후 지출 중요

1. 자본적 지출

자본적 지출은 내용연수를 연장시키거나 자산가치를 증가시키는 지출을 의미한다. 이러한 지출은 당해 자산의 취득원가에 가산한 후, 지출효과가 나타날 미래기간에 걸쳐 감가상각을 통해 조금씩 비용으로 배분한다.

취득 후 지출
- 자본적 지출(자산)
- 수익적 지출(비용)

(1) 자본적 지출의 예

① 본래의 용도를 변경하기 위한 제조
② 엘리베이터, 냉난방장치, 피난시설 등의 설치
③ 본래의 용도에 이용가치가 없는 자산 등의 복구
④ 개량, 확장, 증설, 철골보강공사비 등

(2) 회계처리

(차) 해당 유형자산 계정	×××	(대) 현금 등	×××

2. 수익적 지출

수익적 지출은 원상 회복, 능률 유지를 위한 지출을 말한다. 이러한 지출의 효과는 당기의 수익을 창출하는 데만 영향을 미치고 미래기간에는 효익을 제공하지 않기 때문에 수익·비용 대응의 원칙에 따라 수익이 창출되는 당기의 비용으로 처리한다.

(1) 수익적 지출의 예

① 건물 벽의 도장
② 파손된 유리창, 기와의 대체
③ 소모된 부속품 교체
④ 자동차 타이어의 교체
⑤ 일반적인 소액수선비

(2) 회계처리

(차) 당기비용	×××	(대) 현금 등	×××

+ 자본적 지출과 수익적 지출에 대한 회계처리 오류 발생 시 영향

구분	자산	비용	당기순이익	자본
자본적 지출을 수익적 지출로 처리하는 경우	과소	과대	과소	과소
수익적 지출을 자본적 지출로 처리하는 경우	과대	과소	과대	과대

10 유형자산의 처분 중요

1. 일반적인 처분

처분일까지 감가상각을 우선 계상한 후 처분의 회계처리를 한다. 유형자산의 처분손익은 처분금액과 처분 직전 장부금액의 차이에 의해서 발생한다.

처분손익 = 순처분가(처분가 – 처분 관련 비용) – 장부금액(취득원가 – 감가상각누계액)

유형자산의 처분손익
= 순처분가(처분가 – 처분 관련 비용) – 장부금액(취득원가 – 감가상각누계액)

2. 비자발적 처분(화재로 인한 손상)

화재로 인해 자산이 손상, 소실된 경우 금융회사(보험회사)로부터 받는 보상금은 수취할 권리가 발생하는 시점에 수익으로 처리한다.

(1) 화재 발생 시

예를 들어, 취득원가 1,000원, 감가상각누계액 200원인 건물이 화재로 소실되었다.

(차)	감가상각누계액	200	(대)	건물	1,000
	유형자산손상차손	800			

(2) 보험금 확정 시

보험금 400원을 받기로 확정되었다.

(차)	미수금	400	(대)	보험수익(수익)	400

(3) 보험금 수령 시

(차)	현금	400	(대)	미수금	400

11 유형자산의 손상

1. 손상가능성

매 보고기간 말마다 자산 손상을 시사하는 징후가 있는지를 검토한다. 그러한 징후가 있다면 당해 자산의 회수가능액을 추정한다.

유형자산의 손상

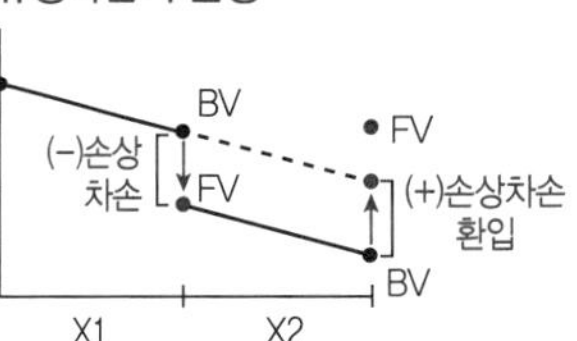

2. 회수가능액의 측정

회수가능액: Max [① 순공정가치, ② 사용가치]

3. 손상인식

자산의 회수가능액이 장부금액에 미달하는 경우 자산의 장부금액을 회수가능액으로 감소시킨다. 이때 당해 감소금액은 손상차손에 해당한다. 손상차손은 즉시 당기손익으로 인식한다.

(차) 손상차손(비용)	×××	(대) 손상차손누계액 (자산 차감)	×××

4. 손상차손 후의 감가상각

수정된 장부금액에서 잔존가치를 차감한 금액을 자산의 잔여 내용연수에 걸쳐 체계적인 방법으로 배분하기 위해서 손상차손을 인식한 후에 감가상각액 또는 상각액을 조정한다.

5. 손상차손환입

자산의 손상차손환입으로 증가된 장부금액은 과거에 손상차손을 인식하기 전 장부금액의 감가상각 또는 상각 후 잔액을 초과할 수 없다. 자산의 손상차손환입은 즉시 당기손익으로 인식한다.

(차) 손상차손누계액 (자산 차감)	×××	(대) 손상차손환입(수익)	×××

연습문제

20X1년 말 기계장치의 장부가액이 800,000원(취득원가 1,000,000원, 감가상각누계액 200,000원)이다. 20X1년 말 기계장치의 진부화로 사용가치는 200,000원, 순공정가치는 180,000원이다(단, 20X1년 감가상각 분개는 수행한 상태이고, 잔존가치는 없다. 내용연수는 10년, 정액법 상각).

[1] 손상차손에 대한 회계처리를 하시오.

[2] 20X3년 초 회수가능액이 800,000원으로 증가할 경우의 회계처리를 하시오.

| 풀이 |

[1]	(차) 유형자산손상차손	600,000	(대) 손상차손누계액	600,000[*1]

[*1] 800,000원 − Max[200,000원, 180,000원] = 600,000원

[2]	(차) 손상차손누계액	525,000	(대) 유형자산손상차손환입	525,000[*2]

- 손상되지 않았을 경우 장부가액: 800,000원 − 1,000,000원 ÷ 10년 = 700,000원
- 장부가액: 200,000원 − 200,000원 ÷ 8년 = 175,000원

[*2] Min[700,000원, 800,000원] − 175,000원 = 525,000원

12 재평가모형

1. 유형자산의 평가

유형자산 인식시점 이후의 측정방법으로 원가모형과 재평가모형 중 하나를 회계정책으로 선택하여 유형자산 분류별로 동일하게 적용할 수 있다.

2. 재평가의 빈도

재평가는 보고기간 말에 자산의 장부금액과 공정가치에 중요한 차이가 나지 않도록 주기적으로 수행해야 하며, 재평가의 빈도는 재평가되는 유형자산의 공정가치 변동에 따라 달라진다. 공정가치가 빈번하게 변동하고 그 금액이 중요하다면 매년 재평가할 필요가 있으나, 공정가치의 변동이 중요하지 않아서 빈번하게 재평가할 필요가 없을 때에는 3년이나 5년마다 재평가할 수 있다.

3. 재평가일

유형자산별로 선택적 재평가를 하거나 재무제표에서 서로 다른 기준일의 평가금액이 혼재된 재무보고를 하는 것을 방지하기 위하여 동일한 분류 내의 유형자산은 동시에 재평가한다. 그러나 재평가가 단기간에 수행되며 계속적으로 갱신된다면 동일한 분류에 속하는 자산을 순차적으로 재평가할 수 있다.

4. 재평가의 회계처리

구분		회계처리
재평가이익	최초평가	기타포괄이익(재평가잉여금)으로 인식
	후속평가	과거에 당기손실로 인식한 재평가손실과 우선상계 후 기타포괄이익으로 인식
재평가손실	최초평가	당기손실로 인식
	후속평가	과거에 기타포괄이익으로 인식한 재평가잉여금과 우선상계 후 당기손실로 인식
재평가잉여금		해당 자산 제거 시 이익잉여금으로 대체

재평가모형

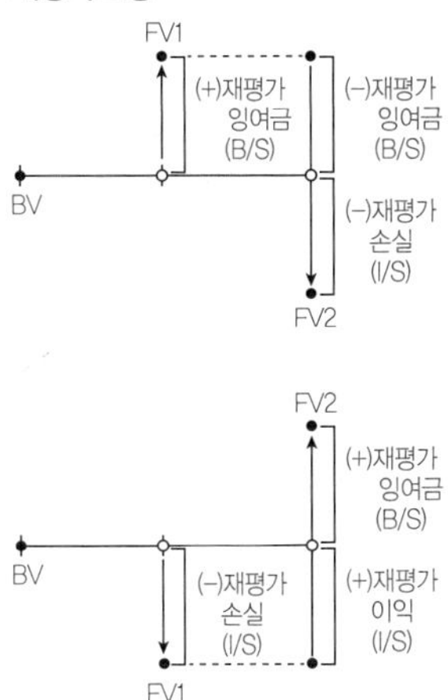

연습문제

(주)에듀윌은 20X1년 초에 토지를 100,000원에 현금으로 취득하였다. 이 토지는 20X1년 말에 120,000원으로 재평가되었고, 20X2년 말에 70,000원으로 재평가되었다. 각 시점별 회계처리를 하시오.

| 풀이 |

• 20X1.1.1.

(차)	토지	100,000	(대)	현금	100,000

• 20X1.12.31.

(차)	토지	20,000	(대)	재평가잉여금(자본)	20,000

• 20X2.12.31.

(차)	재평가잉여금(자본)	20,000	(대)	토지	50,000
	재평가손실(비용)	30,000			

합격을 다지는 실전문제

스마트폰으로 QR코드를 촬영하여 저자의 해설 강의를 확인하세요.

상 중 하

001 다음 중 유형자산에 대한 특징이 아닌 것은?

① 물리적 형태가 있는 자산이다.

② 판매를 목적으로 취득한 자산이다.

③ 비화폐성 자산이다.

④ 여러 회계기간에 걸쳐 경제적 효익을 제공해 주는 자산이다.

상 중 하

002 건물 취득 시에 발생한 금액들이 다음과 같을 때, 건물의 취득원가는 얼마인가?

• 건물 매입금액	2,000,000,000원	• 자본화 대상 차입원가	150,000,000원
• 건물 취득세	200,000,000원	• 관리 및 기타 일반간접원가	16,000,000원

① 21억 5,000만원 ② 22억원

③ 23억 5,000만원 ④ 23억 6,600만원

상 중 하

003 다음 중 유형자산에 대한 설명으로 옳은 것은?

① 기업이 보유하고 있는 토지는 기업의 보유목적에 상관없이 모두 유형자산으로 분류된다.

② 유형자산의 취득 시 발생한 부대비용은 취득원가로 처리한다.

③ 유형자산을 취득한 후에 발생하는 모든 지출은 발생 시 당기 비용으로 처리한다.

④ 모든 유형자산은 감가상각을 한다.

정답 및 해설

001 ② 판매를 목적으로 취득하는 자산은 재고자산이다.

002 ③ • 관리 및 기타 일반간접원가는 판매비와 관리비로서 당기 비용처리한다.
• 매입금액 20억원 + 자본화차입원가 1억 5,000만원 + 취득세 2억원 = 23억 5,000만원

003 ② ① 기업이 보유하고 있는 토지는 보유목적에 따라 재고자산, 투자자산, 유형자산으로 분류될 수 있다.
③ 유형자산을 취득한 후에 발생하는 비용은 성격에 따라 당기 비용 또는 자산의 취득원가에 포함한다.
④ 토지와 건설 중인 자산은 감가상각을 하지 않는다.

상 중 하

004 **다음에서 설명하는 자산 중 유형자산에 해당하는 것은?**

① 부동산매매업을 하는 회사가 판매 목적으로 보유한 부동산
② 서비스 회사가 시세차익을 얻기 위해 보유한 아파트
③ 제조회사가 생산활동에 사용하기 위해 보유한 기계장치
④ 서비스 회사가 영업활동에 사용하기 위해 보유한 소프트웨어 프로그램

상 중 하

005 **다음 중 유형자산의 취득원가에 포함되는 부대비용을 모두 고른 것은?**

a. 설치장소 준비를 위한 지출	b. 종합부동산세
c. 자본화 대상인 차입원가	d. 재산세
e. 유형자산의 취득과 직접 관련된 취득세	

① a, e　　② c, d
③ b, c, d　　④ a, c, e

상 중 하

006 **다음 중 유형자산의 취득원가에 포함하지 않는 것은?**

① 토지의 취득세
② 새로운 상품과 서비스를 소개하는데 소요되는 원가
③ 유형자산의 취득과 관련하여 불가피하게 매입한 국공채의 매입금액과 현재가치와의 차액
④ 설계와 관련하여 전문가에게 지급하는 수수료

정답 및 해설

004 ③ 유형자산은 영업활동에 사용하기 위해 보유한 물리적 형체가 있는 자산이다.
①은 재고자산, ②는 투자자산, ④는 무형자산에 해당한다.

005 ④ 종합부동산세와 재산세는 유형자산의 보유 단계에서 발생하는 비용이므로 발생기간의 비용으로 인식해야 한다.

006 ② 새로운 상품과 서비스를 제공하는데 소요되는 원가는 취득원가에 포함하지 않는다.

상 | 중 | 하

007 **다음 중 유형자산의 자본적 지출을 수익적 지출로 잘못 처리했을 경우 당기의 자산과 자본에 미치는 영향으로 올바른 것은?**

	자산	자본
①	과대	과소
②	과소	과소
③	과소	과대
④	과대	과대

상 | 중 | 하

008 **다음 중 유형자산의 감가상각에 대한 설명으로 옳지 않은 것은?**

① 감가상각 대상금액은 취득원가에서 잔존가치를 차감하여 결정한다.

② 감가상각의 주목적은 취득원가의 배분에 있다.

③ 감가상각비는 다른 자산의 제조와 관련된 경우 관련 자산의 제조원가로 계상한다.

④ 정률법은 내용연수 동안 감가상각비를 매 기간 동일하게 계산하는 방법이다.

상 | 중 | 하

009 **다음과 같은 비품에 대하여 2025년 12월 31일 결산할 때 재무상태표에 기입할 감가상각누계액의 금액으로 옳은 것은?**

- 취득일: 2023년 1월 1일
- 취득원가: 3,000,000원
- 내용연수: 5년
- 잔존가치: 없음
- 결산: 매년 12월 31일(연 1회)
- 감가상각: 정액법에 의하여 매년 정상적으로 상각함

① 600,000원 ② 1,200,000원

③ 1,800,000원 ④ 2,400,000원

정답 및 해설

007 ② 자본적 지출을 수익적 지출로 잘못 처리하게 되면, 자산은 과소계상, 비용은 과대계상되므로 자본은 과소계상하게 된다.

008 ④ 정률법은 기초의 미상각 잔액에 동일한 상각률을 곱해서 감가상각비를 구하는 방법으로 초기에 감가상각비를 많이 인식하고 후기로 갈수록 적게 인식한다. 내용연수 동안 감가상각비를 동일하게 계산하는 방법은 정액법이다.

009 ③ 정액법은 '취득원가－잔존가치'를 내용연수로 나누어 매년 동일한 금액을 상각하는 방법이다.
따라서 '3,000,000원 ÷ 5년＝600,000원'이 매년 상각할 금액이며, 3년간 감가상각하였으므로 감가상각누계액은 1,800,000원이다.

상 중 하

025 회사가 증자할 때 발행가액이 액면가액을 초과하여 발행한 경우 그 차액은 어느 것에 해당되는가?

① 이익준비금 ② 이익잉여금
③ 자본잉여금 ④ 자본조정

상 중 하

026 자본금 10,000,000원인 회사가 현금배당(자본금의 10%)과 주식배당(자본금의 10%)을 각각 실시하는 경우, 이 회사가 적립해야 할 이익준비금의 최소 금액은 얼마인가? (단, 현재 재무상태표상 이익준비금 잔액은 500,000원임)

① 50,000원 ② 100,000원
③ 150,000원 ④ 200,000원

상 중 하

027 다음 중 자본에 대한 설명으로 옳지 않은 것은?

① 이익잉여금을 자본 전입하는 주식배당 시 자본금은 증가하고 이익잉여금은 감소한다.
② 주식발행초과금은 주식의 발행가액이 액면가액을 초과하는 경우 그 초과 금액을 말한다.
③ 기말 재무상태표상 미처분이익잉여금은 당기 이익잉여금의 처분사항이 반영되기 전 금액이다.
④ 주식배당과 무상증자는 순자산의 증가가 발생한다.

상 중 하

028 다음 중 자본에 대한 설명으로 옳지 않은 것은?

① 이익잉여금은 기업과 주주 간의 자본거래에서 발생한 이익을 말한다.
② 현물출자로 취득한 자산은 공정가치를 취득원가로 한다.
③ 자본조정은 자본에 차감하거나 가산하여야 하는 임시적 계정을 말한다.
④ 주식의 발행은 할증발행, 액면발행, 할인발행이 있으며, 어떠한 발행을 하여도 자본금은 동일하다.

정답 및 해설

025 ③ 주식발행초과금은 자본잉여금에 해당한다.

026 ② • 이익준비금의 최소 적립액은 현금배당액의 10%이다.
• 자본금 10,000,000원×현금배당 10%×10%＝100,000원

027 ④ 주식배당과 무상증자는 순자산의 증가가 발생하지 않는다.

028 ① 이익잉여금은 영업활동의 손익거래에서 발생한 이익을 말한다.

상 중 하

029 다음은 현금배당에 관한 회계처리이다. 아래의 빈칸 안에 각각 들어갈 회계처리 일자로 옳은 것은?

(가)	(차)	이월이익잉여금	×××	(대)	이익준비금	×××
					미지급배당금	×××
(나)	(차)	미지급배당금	×××	(대)	보통예금	×××

	(가)	(나)
①	회계종료일	배당결의일
②	회계종료일	배당지급일
③	배당결의일	배당지급일
④	배당결의일	회계종료일

상 중 하

030 다음 중 자본에 대한 설명으로 가장 옳지 않은 것은?

① 자본은 기업의 자산에서 모든 부채를 차감한 후의 잔여지분을 의미한다.
② 잉여금은 자본거래에 따라 이익잉여금, 손익거래에 따라 자본잉여금으로 구분한다.
③ 주식의 발행금액 중 주권의 액면을 초과하여 발행한 금액을 주식발행초과금이라 한다.
④ 주식으로 배당하는 경우 발행주식의 액면금액을 배당액으로 하여 자본금의 증가와 이익잉여금의 감소로 회계처리한다.

상 중 하

031 다음의 자본 항목 중 포괄손익계산서에 영향을 미치는 항목은 무엇인가?

① 감자차손
② 주식발행초과금
③ 자기주식처분이익
④ 매도가능증권평가이익

정답 및 해설

029 ③ (가)는 배당결의일의 회계처리이고, (나)는 배당지급일의 회계처리이다.

030 ② 잉여금은 자본거래에 따라 자본잉여금, 손익거래에 따라 이익잉여금으로 구분한다.

031 ④ 매도가능증권평가이익은 기타포괄손익누계액에 포함되는 항목으로, 매도가능증권평가이익의 증감은 포괄손익계산서상의 기타포괄손익에 영향을 미친다.

CHAPTER 09

수익·비용

핵심키워드
- 수익과 비용의 정의
- 수익의 인식요건
- 수익의 인식시기
- 수익 · 비용 대응의 원칙

1회독 2회독 3회독

1 수익과 비용의 정의

1. 수익의 정의

수익은 주요 경영활동인 재화의 판매, 용역의 제공 등에 따른 경제적 효익의 유입이며, 자산의 증가 또는 부채의 감소 및 그 결과에 따른 자본의 증가로 나타난다.

수익 vs. 비용
- 수익: 자본 증가(자본거래 제외)
- 비용: 자본 감소(자본거래 제외)

2. 비용의 정의

비용은 주요 경영활동인 재화의 구매, 용역의 소비 등에 따른 경제적 효익의 유출이며, 자산의 감소 또는 부채의 증가 및 그 결과에 따른 자본의 감소로 나타난다.

2 수익의 인식

1. 수익의 인식요건

수익의 인식이란 수익의 발생시점에 관한 것으로, 수익이 귀속되는 회계기간을 결정하는 것이다. 수익의 인식과 측정은 발생주의에 따라 일정한 요건을 설정하고 이 요건이 충족된 시점에 수익이 발생한 것으로 보아 수익을 인식하는데, 이를 실현주의(Realization Basis)라고 한다. 실현주의는 실현요건과 가득요건이 동시에 충족된 시점에 인식한다.

수익 인식요건
실현주의(=실현요건+가득요건)

(1) 실현요건(측정요건)

수익이 실현되었거나 또는 실현 가능한 시점에 인식한다.

(2) 가득요건(발생요건)

수익은 그 가득과정이 완료되어야 인식한다.

2. 재화의 판매로 인한 수익 인식요건

다음 조건이 모두 충족될 때 인식한다.

(1) 재화의 소유에 따른 위험과 효익의 대부분이 구매자에게 이전된다.

(2) 판매자는 판매한 재화에 대하여 소유권이 있을 때 통상적으로 행사하는 정도의 관리나 효과적인 통제를 할 수 없다.

(3) 수입금액을 신뢰성 있게 측정할 수 있다.

(4) 경제적 효익의 유입 가능성이 매우 높다.

(5) 거래와 관련하여 발생했거나 발생할 거래원가와 비용을 신뢰성 있게 측정할 수 있다.

3. 수익의 측정

(1) 수익의 측정기준

수익은 재화의 판매, 용역의 제공이나 자산의 사용에 대하여 받았거나 또는 받을 대가의 공정가치로 측정한다. 매출에누리와 할인 및 환입은 수익에서 차감한다.

대부분의 경우 판매대가는 현금 또는 현금성자산의 금액이다. 그러나 판매대가가 재화의 판매 또는 용역의 제공 이후 장기간에 걸쳐 유입되는 경우에는 그 공정가치가 미래에 받을 금액의 합계액(=명목금액)보다 작을 수 있다. 예를 들면, 무이자로 신용판매하거나 판매대가로 표면이자율이 시장이자율보다 낮은 어음을 받는 경우 판매대가의 공정가치가 명목금액보다 작아진다. 이때 공정가치는 명목금액의 현재가치로 측정하며, 공정가치와 명목금액의 차액은 유효이자율법에 의해 현금회수기간에 걸쳐 이자수익으로 인식한다.

수익의 측정
받았거나 받을 대가의 공정가치－매출에누리와 할인 및 환입

(2) 수익의 교환

성격과 가치가 유사한 재화나 용역 간의 교환은 수익을 발생시키는 거래로 보지 않는다. 그러나 성격과 가치가 상이한 재화나 용역 간의 교환은 수익을 발생시키는 거래로 본다. 이때 수익은 교환으로 취득한 재화나 용역의 공정가치로 측정하되, 현금 또는 현금성자산의 이전이 수반되면 이를 반영하여 조정한다. 만일 취득한 재화나 용역의 공정가치를 신뢰성 있게 측정할 수 없으면 그 수익은 제공한 재화나 용역의 공정가치로 측정하고, 현금 또는 현금성자산의 이전이 수반되면 이를 반영하여 조정한다.

수익의 교환
- 성격과 가치가 유사한 경우 : 수익 ×
- 성격과 가치가 상이한 경우 : 수익 ○

4. 수익의 인식시기 중요

▸ 최신 36회 중 13문제 출제

(1) 재화의 판매

① 원칙: 인도시점 기준

② 기타 재화의 판매

위탁판매	수탁자가 재화를 판매하는 시점
할부판매	재화를 고객에게 판매하는 시점(단, 장기할부판매의 경우 이자부분을 제외한 판매가격을 매출로 인식하고, 이자부분은 유효이자율법에 의해서 이자수익으로 인식함)
상품권 판매	상품 인도시점(상품권 회수 시)
설치조건부 판매	• 원칙: 설치와 검사가 완료된 때 • 예외: 설치과정이 단순하거나 계약가액을 최종적으로 확인하기 위한 목적으로만 검사를 수행하는 경우 구매자가 재화의 인도를 수락하는 시점
시용판매	소비자가 매입의사를 표시하는 시점
제한적인 반품권이 부여된 판매	• 반품 가능성을 예측할 수 있는 경우: 판매시점 • 반품 가능성을 예측하기 어려운 경우: 구매자가 공식적으로 재화의 선적을 수락한 시점이나 재화를 인도받은 후 반품기간의 종료시점
출판물의 구독	• 품목 금액이 매기 비슷한 경우: 발송기간에 걸쳐 정액법으로 수익 인식 • 품목 금액이 기간별로 상이한 경우: 비율에 따라 수익 인식
부동산 판매	법적 소유권 이전, 위험 이전, 행위완료 시점

재화 판매의 수익 인식
원칙: 인도시점

(2) 용역의 제공

① 원칙: 진행기준(건설형 공사계약)

② 기타 용역의 제공

프랜차이즈	• 창업지원용역: 모든 창업지원용역을 실질적으로 이행한 시점 • 운영지원용역: 용역이 제공됨에 따라 인식 • 설비와 기타 유형자산: 해당 자산을 인도하거나 소유권을 이전할 때
광고	• 광고수수료: 방송매체수수료는 대중에게 전달되는 시점 • 광고제작수수료: 광고제작의 진행률에 따라 인식
입장료	행사가 개최되는 시점
수강료	강의기간 동안 발생기준 적용
주문형 소프트웨어	주문 · 개발하는 소프트웨어의 대가로 수취하는 수수료는 진행기준에 따라 인식
이자수익	유효이자율법에 의해 발생주의에 따라 인식
배당금 수익	배당금을 받을 권리와 금액이 확정되는 시점에 인식

용역 제공의 수익 인식
원칙: 진행기준

3 비용의 인식

1. 비용의 의의

비용(Expenses)은 보고기간 동안 자산의 유출이나 소멸 또는 부채 증가의 형태로 나타나는 경제적 효익의 감소로 미래 현금흐름의 유출이 증가되는 것이다. 이러한 경제적 효익의 감소는 자본의 감소를 가져오지만 자본 참여자에게 지급할 분배(현금배당, 유상감자)와 관련된 자본의 감소는 비용에 포함하지 않는다.

2. 비용 인식기준(수익 · 비용 대응의 원칙)

비용의 인식이란 비용이 귀속되는 보고기간을 결정하는 것이다. 비용은 수익을 창출하기 위해 희생된 경제적 가치이므로 관련 수익이 인식된 시점에 수익과 관련된 비용을 인식하며, 이를 수익 · 비용 대응의 원칙이라 한다. 비용은 관련된 수익과의 대응 여부에 따라 수익과 직접대응, 합리적인 기간배분, 당기에 즉시 인식하는 세 가지 방법이 있다.

수익 · 비용 대응의 원칙
• 직접대응
• 기간배분
• 즉시 비용화

(1) 직접대응

직접대응은 직접적인 인과관계를 갖는 수익이 인식되는 회계기간에 관련 비용을 인식하는 것을 말한다. 예 매출원가, 판매수수료 등

(2) 기간배분

자산으로부터 그 효익이 여러 보고기간에 걸쳐 기대되는 경우에는 관련하여 발생한 비용은 체계적이고 합리적인 배분절차에 따라 각 보고기간에 기간배분하여 인식한다.

예 감가상각비 등

(3) 즉시 비용화

당기 즉시 비용화는 비용이 수익에 공헌한 금액을 측정하기 어렵거나 미래기간에 효익을 제공할 수 있을지의 여부가 불확실한 경우 당해 지출한 보고기간에 즉시 비용화하는 방법이다. 예 광고선전비, 급여 등

4 수익 · 비용의 결산 중요

1. 수익 · 비용의 결산 종류

(1) 소모품 · 소모품비

① **자산(소모품)으로 처리한 경우:** 보고기간 종료일에 사용분을 비용으로 상계처리한다.

(차) 소모품비(비용)	×××	(대) 소모품(자산)	×××

② **비용(소모품비)으로 처리한 경우:** 보고기간 종료일에 미사용분을 자산으로 상계처리한다.

(차) 소모품(자산)	×××	(대) 소모품비(비용)	×××

(2) 선급비용

① **자산(선급비용)으로 처리한 경우:** 보고기간 종료일 현재 기간경과분(당기분)만큼 선급비용을 비용 계정으로 상계처리한다.

(차) 비용 계정	×××	(대) 선급비용(자산)	×××

② **비용으로 처리한 경우:** 보고기간 종료일 현재 기간미경과분(차기분)만큼 비용을 선급비용으로 상계처리한다.

(차) 선급비용(자산)	×××	(대) 비용 계정	×××

(3) 선수수익

① **부채(선수수익)로 처리한 경우:** 보고기간 종료일 현재 기간경과분(당기분)만큼 선수수익을 수익 계정으로 상계처리한다.

(차) 선수수익(부채)	×××	(대) 수익 계정	×××

② **수익으로 처리한 경우:** 보고기간 종료일 현재 기간미경과분(차기분)만큼 수익을 선수수익으로 상계처리한다.

(차) 수익 계정	×××	(대) 선수수익(부채)	×××

(4) 미지급비용

당기 발생분을 비용으로 인식하고, 동 금액을 부채로 처리한다.

(차) 비용 계정	×××	(대) 미지급비용(부채)	×××

(5) 미수수익

당기 발생분을 수익으로 인식하고, 동 금액을 자산으로 처리한다.

(차) 미수수익(자산)	×××	(대) 수익 계정	×××

2. 수정 후 당기순이익의 계산

	수정 전 당기순이익	×××
손익거래 中	수정분개 (+): 자산 증가 · 부채 감소 → 순이익 증가	×××
	수정분개 (−): 자산 감소 · 부채 증가 → 순이익 감소	(×××)
	수정 후 당기순이익	×××

+ 자산 · 부채의 과대 · 과소계상이 당기손익에 미치는 영향

- 자산 과대계상, 부채 과소계상 시: 자산 증가 · 부채 감소 → 순이익 증가 → 자본 증가
- 자산 과소계상, 부채 과대계상 시: 부채 증가 · 자산 감소 → 순이익 감소 → 자본 감소

합격을 다지는 실전문제

스마트폰으로 QR코드를 촬영하여 저자의 해설 강의를 확인하세요.

상 중 하

001 다음 중 재화의 판매로 인한 수익 인식요건이 아닌 것은?

① 재화의 소유에 따른 유의적인 위험과 보상이 구매자에게 이전된다.

② 판매자는 판매한 재화에 대하여 소유권이 있을 때 통상적으로 행사하는 정도의 관리나 효과적인 통제를 할 수 있다.

③ 수익금액을 신뢰성 있게 측정할 수 있다.

④ 경제적 효익의 유입 가능성이 매우 높다.

상 중 하

002 다음 중 수익의 인식에 대한 설명으로 틀린 것은?

① 수익은 재화의 판매, 용역의 제공이나 자산의 사용에 대하여 받았거나 받을 대가의 공정가액으로 측정한다.

② 손익계산서상 매출액은 매출에누리와 환입 및 할인이 차감된 금액이다.

③ 거래 이후 판매자가 재화의 소유에 대한 위험의 대부분을 부담하는 경우에는 그 거래를 아직 판매로 보지 않으며 수익을 인식하지 않는다.

④ 상품권의 발행과 관련된 수익은 상품권의 대가를 수령하고 상품권을 인도한 시점에 인식하는 것을 원칙으로 한다.

상 중 하

003 다음 중 수익의 인식에 대한 설명으로 가장 옳은 것은?

① 시용판매의 경우 수익의 인식은 구매자의 구매의사 표시일이다.

② 예약판매계약의 경우 수익의 인식은 자산의 건설이 완료되어 소비자에게 인도한 시점이다.

③ 할부판매의 경우 수익의 인식은 항상 소비자로부터 대금을 회수하는 시점이다.

④ 위탁판매의 경우 수익의 인식은 위탁자가 수탁자에게 제품을 인도한 시점이다.

정답 및 해설

001 ② 판매자는 판매한 재화에 대하여 소유권이 있을 때 통상적으로 행사하는 정도의 관리나 효과적인 통제를 할 수 없다.

002 ④ 상품권의 발행과 관련된 수익은 물품 등을 제공하거나 판매하여 상품권을 회수한 때에 인식하며 상품권 판매시점에는 선수금(상품권선수금 계정 등)으로 처리한다.

003 ① ② 예약판매계약: 공사결과를 신뢰성 있게 추정할 수 있을 때에 진행기준을 적용하여 공사수익을 인식한다.

③ 할부판매: 이자부분을 제외한 판매가격에 해당하는 수익을 판매시점에 인식한다. 이자부분은 유효이자율법을 사용하여 가득하는 시점에 수익으로 인식한다.

④ 위탁판매: 위탁자는 수탁자가 해당 재화를 제3자에게 판매한 시점에 수익을 인식한다.

상 중 하

004 다음 손익 항목 중 영업이익을 산출하는 데 반영되는 항목들의 합계액은?

• 상품매출원가	10,000,000원	• 기부금	400,000원
• 복리후생비	300,000원	• 기업업무추진비	500,000원
• 매출채권처분손실	350,000원	• 이자비용	150,000원

① 11,350,000원　② 11,200,000원
③ 10,800,000원　④ 10,300,000원

상 중 하

005 다음 중 수익의 측정에 대한 설명으로 옳지 않은 것은?

① 로열티수익은 관련된 계약의 경제적 실질을 반영하여 발생기준에 따라 인식한다.
② 이자수익은 원칙적으로 유효이자율을 적용하여 발생기준에 따라 인식한다.
③ 배당금수익은 배당금을 받을 권리와 금액이 확정되는 시점에 인식한다.
④ 수익은 권리의무확정주의에 따라 합리적으로 인식한다.

상 중 하

006 다음 자료를 이용하여 법인세비용차감전순이익을 계산하면 얼마인가?

• 매출액	300,000,000원	• 매출원가	210,000,000원
• 기업업무추진비	25,000,000원	• 광고비	15,000,000원
• 기부금	10,000,000원	• 법인세비용	3,000,000원
• 지급수수료 (매도가능증권 구입 시 지출)	1,200,000원	• 단기매매증권처분이익	2,430,000원

① 38,230,000원　② 41,230,000원
③ 42,430,000원　④ 43,630,000원

정답 및 해설

004 ③ • 영업이익: 상품매출원가 10,000,000원 + 복리후생비 300,000원 + 기업업무추진비 500,000원 = 10,800,000원
• 기부금, 이자비용, 매출채권처분손실은 영업외비용이다.

005 ④ 재화의 판매, 용역의 제공, 이자, 배당금, 로열티로 분류할 수 없는 기타의 수익은 다음 조건을 모두 충족할 때 발생기준에 따라 합리적인 방법으로 인식한다.
• 수익가득과정이 완료되었거나 실질적으로 거의 완료되었다.
• 수익금액을 신뢰성 있게 측정할 수 있다.
• 경제적 효익의 유입 가능성이 매우 높다.

006 ③ 법인세비용차감전순이익: 매출액 300,000,000원 − 매출원가 210,000,000원 − 기업업무추진비 25,000,000원 − 광고비 15,000,000원 − 기부금 10,000,000원 + 단기매매증권처분이익 2,430,000원 = 42,430,000원

상 중 하

007 다음 중 영업이익에 영향을 주는 거래로 옳은 것은?

① 거래처에 대한 대여금의 전기분 이자를 받았다.
② 창고에 보관하고 있던 상품이 화재로 인해 소실되었다.
③ 차입금에 대한 전기분 이자를 지급하였다.
④ 일용직 직원에 대한 수당을 지급하였다.

상 중 하

008 (주)에듀윌의 결산 결과 손익계산서에 당기순이익이 100,000원으로 계상되어 있으나, 다음과 같은 사항들을 발견하고 수정하였다. 수정 후의 당기순이익으로 옳은 것은?

- 손익계산서에 계상된 보험료 중 5,000원은 차기 비용이다.
- 손익계산서에 계상된 이자수익 중 4,000원은 차기 수익이다.

① 99,000원 ② 100,000원
③ 101,000원 ④ 109,000원

상 중 하

009 2025년에 자동차 보험료 24개월분(2025년 3월～2027년 2월) 480,000원을 현금으로 지급하고 미경과분을 선급비용으로 처리한 경우, 2025년 비용으로 인식할 보험료 금액은?

① 200,000원 ② 220,000원
③ 240,000원 ④ 260,000원

상 중 하

010 다음 중 결산 시 미수이자를 계상하지 않은 경우 당기 재무제표에 미치는 영향으로 올바른 것은?

가. 자산의 과소계상 나. 자산의 과대계상
다. 수익의 과소계상 라. 수익의 과대계상

① 가, 다 ② 가, 라
③ 나, 다 ④ 나, 라

정답 및 해설

007 ④ 일용직 직원에 대한 수당은 잡급(판)으로 처리한다. 이자수익은 영업외수익으로, 재해손실과 이자비용은 영업외비용으로 처리한다.

008 ③ 수정 후 당기순이익: 수정 전 당기순이익 100,000원+차기 비용 5,000원－차기 수익 4,000원＝101,000원

009 ① • 납부한 보험료 중 당기에 해당하는 금액만 비용으로 인식한다.
• 480,000원×10개월/24개월＝200,000원

010 ① • 누락된 분개: (차) 미수수익(자산) ××× (대) 이자수익(수익) ×××
• 자산이 과소계상, 수익이 과소계상, 당기순이익이 과소계상, 자본이 과소계상된다.

상 중 하

011 회계순환과정의 결산절차에 대한 설명 중 잘못된 것은?

① 결산절차를 통해 마감된 장부를 기초로 재무제표가 작성된다.
② 일반적으로 결산절차는 예비절차와 본절차로 구분할 수 있다.
③ 수익, 비용에 해당되는 계정의 기말 잔액은 다음 회계연도로 이월되지 않는다.
④ 자산, 부채, 자본에 해당되는 계정과목을 마감하기 위해서 임시적으로 집합손익 계정을 사용한다.

상 중 하

012 다음 중 일반기업회계기준에 의한 수익의 인식시점으로 옳지 않은 것은?

① 위탁매출은 수탁자가 상품을 판매한 시점
② 상품권 매출은 상품권이 고객으로부터 회수된 시점
③ 할부매출은 할부금이 회수된 시점
④ 시용매출은 매입자가 매입의사를 표시한 시점

상 중 하

013 (주)에듀윌은 A사로부터 갑상품을 12월 10일에 주문받고, 주문받은 갑상품을 12월 24일에 인도하였다. 갑상품 대금 100원을 다음과 같이 받을 경우, 갑상품의 수익 인식시점은?

날짜	대금(합계 100원)
12월 31일	50원
다음 해 1월 2일	50원

① 12월 10일
② 12월 24일
③ 12월 31일
④ 다음 해 1월 2일

상 중 하

014 다음 중 기말결산 시 비용의 이연과 가장 관련 있는 거래는?

① 공장 건물에 선급보험료 100,000원을 계상하다.
② 공장 건물에 대한 선수임대료 1,000,000원을 계상하다.
③ 정기예금에 대한 미수이자 100,000원을 계상하다.
④ 단기차입금에 대한 미지급이자 100,000원을 계상하다.

정답 및 해설

011 ④ 손익계산서 계정과목을 마감하기 위해서 임시적으로 집합손익 계정을 사용한다.

012 ③ 할부매출은 판매(인도)시점에 수익을 인식한다.

013 ② 상품의 인도시점인 12월 24일에 수익을 인식한다.

014 ① ②는 수익의 이연, ③은 수익의 발생, ④는 비용의 발생에 해당한다.

상 중 하

015 결산 시 미지급이자를 계상하지 않은 경우 당기 재무제표에 미치는 영향으로 옳지 않은 것은?

① 자본 과소계상

② 순이익 과대계상

③ 비용 과소계상

④ 부채 과소계상

상 중 하

016 다음 중 집합손익 계정에 대한 설명으로 틀린 것은?

① 수익 계정의 잔액을 손익 계정의 대변에 대체한다.

② 비용 계정의 잔액을 손익 계정의 차변에 대체한다.

③ 수익과 비용 계정은 잔액을 손익 계정에 대체한 후에는 잔액이 0원이 된다.

④ 손익 계정의 잔액을 당기순이익(또는 당기순손실) 계정에 대체한다.

상 중 하

017 다음 사항을 적절히 반영한다면 수정 후 당기순이익은 얼마인가? (단, 다음 사항이 반영되기 전 당기순이익은 700,000원이라고 가정함)

- 선급보험료 100,000원 과소계상
- 선수임대료 100,000원 과대계상
- 미수이자 100,000원 과대계상

① 600,000원 ② 700,000원

③ 800,000원 ④ 900,000원

정답 및 해설

015 ① • 누락된 회계처리: (차) 이자비용(비용) ××× (대) 미지급이자(부채) ×××
• 비용이 과소계상, 부채가 과소계상, 순이익이 과대계상, 자본이 과대계상된다.

016 ④ 손익 계정의 잔액을 자본 계정(미처분이익잉여금 또는 미처리결손금)에 대체한다.

017 ③ • 자산이 증가하면 이익이 증가하고, 자산이 감소하면 이익이 감소한다.
• 부채가 증가하면 이익이 감소하고, 부채가 감소하면 이익이 증가한다.
∴ 수정 후 당기순이익: 수정 전 당기순이익 700,000원 + 선급보험료 100,000원 + 선수임대료 100,000원 − 미수이자 100,000원 = 800,000원

상 중 하

018 다음 중 수익과 비용에 대한 설명으로 가장 잘못된 것은?

① 관련 수익과 직접적 인과관계를 파악할 수 있는 비용은 해당 기간에 합리적이고 체계적으로 배분하여 비용으로 인식한다.

② 수익은 특정 회계기간 동안에 발생한 경제적 효익의 증가로서, 지분참여자에 의한 출연과 관련된 것은 제외한다.

③ 수익이란 기업실체의 경영활동과 관련된 재화의 판매 또는 용역의 제공 등에 대한 대가로 발생하는 자산의 유입 또는 부채의 감소이다.

④ 수익은 자산의 증가나 부채의 감소와 관련하여 미래 경제적 효익이 증가하고 이를 신뢰성 있게 측정할 수 있을 때 인식한다.

상 중 하

019 (주)에듀윌은 거래처와 제품 판매계약을 체결하면서 계약금 명목으로 수령한 5,000,000원에 대하여 이를 수령한 시점에 제품매출로 회계처리하였다. 이러한 회계처리로 인해 나타난 결과는?

① 자산 과대계상
② 비용 과대계상
③ 자본 과소계상
④ 부채 과소계상

상 중 하

020 제조업을 경영하는 회사가 받을어음에 대한 대손충당금을 신규로 설정할 경우, 손익계산서 항목 중 변하지 않는 것은?

① 매출총이익
② 영업이익
③ 법인세비용차감전순이익
④ 당기순이익

정답 및 해설

018 ① 수익과 직접 관련하여 발생한 비용은 동일한 거래나 사건에서 발생하는 수익을 인식할 때 대응하여 인식한다. 관련 수익과 직접적인 인과관계를 파악할 수는 없지만 당해 지출이 일정 기간 동안 수익창출 활동에 기여하는 것으로 판단될 경우 합리적이고 체계적으로 배분하여 비용으로 인식한다.

019 ④ 선수금(부채)을 제품매출(수익)로 인식한 것이므로 수익의 과대계상, 부채의 과소계상이 된다.

020 ① 받을어음에 대한 대손충당금 설정은 판매비와 관리비에 속하므로, 변하지 않는 것은 매출총이익이다.

상 중 하

021 다음 중 빈칸에 들어갈 내용으로 적합한 것은?

> • 선수수익이 (가)되어 있다면 당기순이익은 과대계상된다.
> • 선급비용이 (나)되어 있다면 당기순이익은 과대계상된다.

	(가)	(나)		(가)	(나)
①	과대계상	과소계상	②	과소계상	과소계상
③	과소계상	과대계상	④	과대계상	과대계상

상 중 하

022 다음 빈칸에 들어갈 계정과목으로 옳은 것은?

> 발생주의 회계는 발생과 이연의 개념을 포함한다. 발생이란 (A)과 같이 미래에 수취할 금액에 대한 자산을 관련된 부채나 수익과 함께 인식하거나, 또는 (B)과 같이 미래에 지급할 금액에 대한 부채를 관련된 자산이나 비용과 함께 인식하는 회계과정을 의미한다.

	(A)	(B)		(A)	(B)
①	미수수익	선급비용	②	선수수익	선급비용
③	선수수익	미지급비용	④	미수수익	미지급비용

정답 및 해설

021 ③ 선수수익은 부채 항목으로 부채 항목이 과소계상되면 당기순이익은 과대계상되며, 선급비용은 자산 항목으로 자산 항목이 과대계상되면 당기순이익은 과대계상된다.

022 ④ 발생이란 미수수익과 같이 미래에 수취할 금액에 대한 자산을 관련된 부채나 수익과 함께 인식하거나, 또는 미지급비용과 같이 미래에 지급할 금액에 대한 부채를 관련된 자산이나 비용과 함께 인식하는 회계과정을 의미한다.

상 중 하

023 다음 사항을 누락했을 때 2025년 12월 말 당기순이익은 350,000원이었다. 누락된 사항을 모두 정확하게 반영할 경우 2025년 12월 말 당기순이익은 얼마인가? (단, 손익의 계산은 월할 계산함)

- 3월 1일 영업부에 대한 1년치 화재보험료 120,000원을 현금으로 납부하면서 전액 비용으로 처리하였으나, 기간 미경과에 대한 부분을 결산시점에 회계담당자가 누락하였다.
- 5월 1일 거래처에 1년 후 회수할 목적으로 5,000,000원을 대여하면서 선이자 300,000원을 차감(전액 수익으로 처리)하고 보통예금에서 이체하였으나, 기간 미경과분에 대한 이자를 결산시점에 회계담당자가 누락하였다.

① 270,000원 ② 330,000원
③ 370,000원 ④ 430,000원

상 중 하

024 결산 마감 시 당기분 감가상각누계액으로 4,000,000원을 계상하였다. 재무제표에 미치는 영향을 바르게 설명한 것은?

① 자본이 4,000,000원 감소한다.
② 자산이 4,000,000원 증가한다.
③ 당기순이익이 4,000,000원 증가한다.
④ 부채가 4,000,000원 증가한다.

상 중 하

025 당기 말 결산을 위한 장부마감 전에 다음과 같은 오류사항이 발견되었다. 오류 정리 시 당기순이익에 영향을 미치는 항목은?

① 전기 주식할인발행차금 미상각
② 매도가능증권평가손실 미계상
③ 단기매매증권평가이익 미계상
④ 당기의 기타 대손상각비를 대손상각비로 계상

정답 및 해설

023 ① • 3월 1일: 보험료 중 선급비용 20,000원(=120,000원×2개월/12개월) 누락은 당기순이익에 가산한다.
• 5월 1일: 선이자 중 선수이자 100,000원(=300,000원×4개월/12개월) 누락은 당기순이익에서 차감한다.
• 따라서 당기순이익을 80,000원 감소시키므로, 2025년 12월 말 정확한 당기순이익은 270,000원이다.

024 ① 감가상각누계액(자산의 차감 계정) 계상 시 재무제표에 이익 감소, 자본 감소, 자산 감소의 영향을 미친다.

025 ③ ① 전기 주식할인발행차금 미상각: 자본조정 항목
② 매도가능증권평가손실 미계상: 기타포괄손익누계액 항목
④ 당기의 기타 대손상각비를 대손상각비(판매비와 관리비)로 계상: 당기순이익 계산에는 영향 없음

상 중 하

026 **다음 중 일반기업회계기준에 의한 수익 인식기준으로 가장 옳지 않은 것은?**

① 상품권 판매: 물품 등을 제공 또는 판매하여 상품권을 회수한 시점
② 위탁판매: 수탁자가 해당 재화를 제3자에게 판매한 시점
③ 광고매체수수료: 광고 또는 상업방송이 대중에게 전달되는 시점
④ 주문형 소프트웨어의 개발 수수료: 소프트웨어 전달 시점

상 중 하

027 **다음 중 기말 결산 시 원장의 잔액을 차기로 이월하는 방법을 통하여 장부를 마감하는 계정과목이 아닌 것은?**

① 선수금 ② 기부금
③ 개발비 ④ 저장품

상 중 하

028 **다음 중 손익계산서에 나타나는 계정과목으로만 짝지어진 것은?**

가. 대손상각비	나. 현금	다. 기부금
라. 퇴직급여	마. 이자수익	바. 외상매출금

① 가, 나 ② 가, 다
③ 나, 바 ④ 다, 바

정답 및 해설

026 ④ 주문 개발하는 소프트웨어의 대가로 수취하는 수수료는 진행률에 따라 수익을 인식한다. 이때 진행률은 소프트웨어의 개발과 소프트웨어 인도 후 제공하는 지원용역을 모두 포함하여 결정한다.

027 ② 재무상태표 계정인 선수금(부채), 개발비(자산), 저장품(자산)은 잔액을 차기이월하는 방법을 통하여 장부 마감을 하여야 하지만, 손익계산서 계정인 기부금은 집합손익 원장에 대체하는 방식으로 장부 마감을 하여야 한다.

028 ② 대손상각비, 기부금, 퇴직급여, 이자수익은 각각 비용과 수익 계정이므로 손익계산서에 나타나는 계정과목이다. 현금과 외상매출금은 재무상태표에 나타나는 자산 계정과목이다.

상 중 하

029 다음 중 수익인식기준에 대한 설명으로 잘못된 것은?

① 위탁매출은 위탁자가 수탁자로부터 판매대금을 지급받는 때에 수익을 인식한다.
② 상품권매출은 물품 등을 제공하거나 판매하면서 상품권을 회수하는 때에 수익을 인식한다.
③ 단기할부매출은 상품 등을 판매(인도)한 날에 수익을 인식한다.
④ 용역매출은 진행기준에 따라 수익을 인식한다.

상 중 하

030 다음의 자료를 이용하여 영업이익을 구하시오(기초재고는 50,000원, 기말재고는 '0'으로 가정한다).

• 총매출액 500,000원	• 매출할인 10,000원	• 당기총매입액 300,000원
• 매입에누리 20,000원	• 이자비용 30,000원	• 급여 20,000원
• 통신비 5,000원	• 감가상각비 10,000원	• 배당금수익 20,000원
• 임차료 25,000원	• 유형자산처분손실 30,000원	

① 60,000원　　② 70,000원
③ 100,000원　　④ 130,000원

상 중 하

031 다음 중 일반기업회계기준에 따른 수익 인식 시점에 대한 설명으로 옳지 않은 것은?

① 위탁판매의 경우 수탁자가 위탁품을 소비자에게 판매한 시점에 수익을 인식한다.
② 배당금수익은 배당금을 받을 권리와 금액이 확정되는 시점에 수익을 인식한다.
③ 대가가 분할되어 수취되는 할부판매의 경우 대가를 나누어 받을 때마다 수익으로 인식한다.
④ 설치수수료 수익은 재화가 판매되는 시점에 수익을 인식하는 재화의 판매에 부수되는 설치의 경우를 제외하고는 설치의 진행률에 따라 수익으로 인식한다.

정답 및 해설

029 ① 위탁매출은 수탁자가 해당 재화를 제3자에게 판매한 시점에 수익으로 인식한다.

030 ③ • 순매출액: 총매출액 500,000원 − 매출할인 10,000원 = 490,000원
• 매출원가: 기초재고 50,000원 + (당기총매입액 300,000원 − 매입에누리 20,000원) = 330,000원
• 판매비와 관리비: 급여 20,000원 + 통신비 5,000원 + 감가상각비 10,000원 + 임차료 25,000원 = 60,000원
• 이자비용과 유형자산처분손실은 영업외비용, 배당금수익은 영업외수익이다.
∴ 영업이익: 순매출액 490,000원 − 매출원가 330,000원 − 판매비와 관리비 60,000원 = 100,000원

031 ③ 대가가 분할되어 수취되는 할부판매의 경우에는 이자부분을 제외한 판매가격에 해당하는 수익을 판매시점에 인식한다. 판매가격은 대가의 현재가치로서 수취할 할부금액을 내재이자율로 할인한 금액이다.

PART 02

원가회계

NCS 능력단위 요소

원가요소 분류하기_0203020103_20v4.1
원가 배부하기_0203020103_20v4.2
원가 계산하기_0203020103_20v4.3

학습전략

다양한 분류 방법에 따른 원가의 개념을 구분한다. 원가의 흐름을 이해하며 제조원가를 적절하게 회계처리한다. 부문별 원가배분방법의 개념 및 특징을 구분하며 원가계산방법을 학습한 후 '합격을 다지는 실전문제'를 통해 사례에 적용하여 계산할 수 있도록 한다.

CHAPTER 01

원가의 개념과 분류

핵심키워드
- 회계의 구분
- 제조원가
- 판매비와 관리비
- 원가의 분류
- 원가회계시스템

1회독 2회독 3회독

1 회계의 구분

구분	재무회계	관리회계
목적	외부 정보이용자의 경제적 의사결정에 유용한 정보를 제공	내부 정보이용자의 관리적 의사결정에 유용한 정보를 제공
정보이용자	외부 이용자(주주, 채권자)	내부 이용자(경영자)
보고수단	재무제표	특정 보고서
시간적 관점	과거지향적	미래지향적

회계의 구분
- 재무회계: 외부공시
- 관리회계: 내부공시

▶ 원가회계의 목적은 재무제표 작성, 원가통제, 경영의사결정이다.

2 원가회계시스템의 구성요소

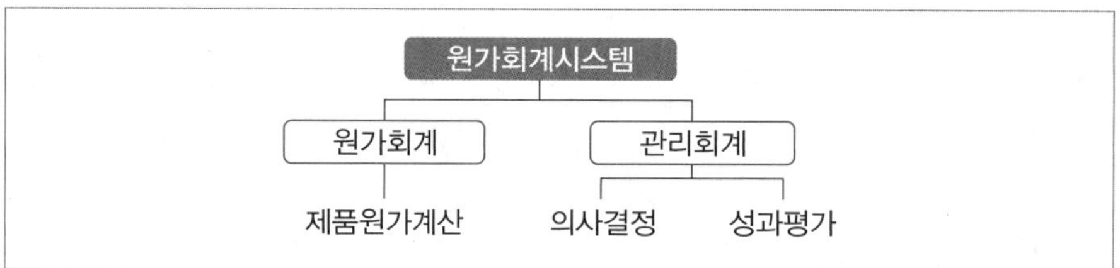

3 원가의 개념 중요

1. 원가의 개념

원가(Cost)란 재화나 용역의 획득 등 특정 목적을 달성하기 위하여 희생된 경제적 자원을 화폐단위로 측정한 것으로, 모든 경영활동과 관련하여 투입되는 대가를 의미한다. 따라서 기업의 생산·판매·관리활동과 관련하여 정상적으로 발생된 모든 것을 포괄하는 개념으로, 비용과 구분되어야 한다.

2. 제조원가

제조원가 = 직접재료비 + 직접노무비 + 제조간접비

제조원가
=DM+DL+OH
▶DM: 직접재료비, DL: 직접노무비, OH: 제조간접비

(1) 직접재료비(DM)

특정 제품에 직접적으로 추적할 수 있는 원재료 사용액을 의미한다. 추적할 수 없는 간접재료비나 소모품비 등은 제조간접비에 해당한다.

(2) 직접노무비(DL)

특정 제품에 직접적으로 추적할 수 있는 노동력의 사용액을 의미한다. 추적할 수 없는 간접노무비는 제조간접비에 해당한다.

(3) 제조간접비(OH)

제조과정(공장)에서 발생한 원가로서 특정 제품에 직접적으로 추정할 수 없는 원가를 의미하며, 제조경비, 간접재료비, 간접노무비, 감가상각비(공장분), 보험료(공장분), 수선비, 동력비 등을 말한다. 즉, 제조과정에서 발생한 원가로서 직접재료비와 직접노무비를 제외한 원가를 의미한다.

+ 원가구성도

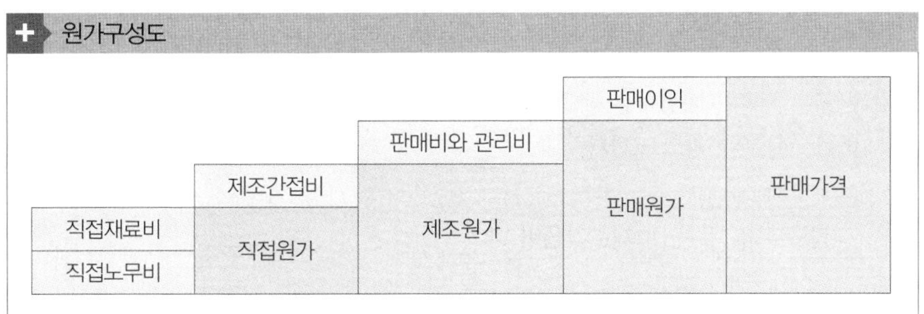

4 원가의 분류 중요

▸ 최신 36회 중 7문제 출제

1. 추적가능성에 따른 분류 중요

▸ 최신 36회 중 4문제 출제

직접계산의 가능 여부에 따라 직접원가와 간접원가로 분류된다. 발생된 원가가 어떤 원가대상에서 발생된 것인지를 확인할 수 있을 때 추적 가능하다고 한다.

추적가능성
- Yes: 직접원가
- No: 간접원가

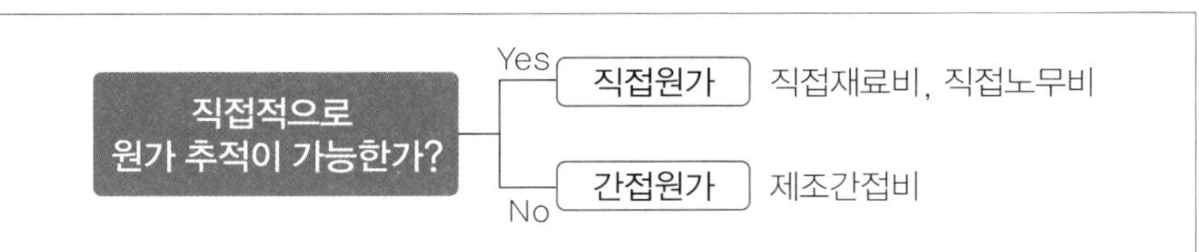

(1) **직접원가(Direct Costs)**

특정 원가대상에서 직접적으로 소비한 원가로, 특정 원가대상에 직접 추적하여 부과할 수 있는 원가이다.

(2) **간접원가(Indirect Costs)**

특정 원가대상에서 소비한 원가를 구체적으로 추적할 수 없는 원가로, 추적할 수 있다 하더라도 비경제적인 원가이다. 간접원가는 원가대상과의 직접적인 인과관계를 파악할 수 없으므로 합리적인 배분기준에 따라 원가대상에 배분한다.

(3) **기본원가/가공원가**

① 기본원가: 기본원가(Prime Costs)는 제품을 제조하는 데 기본이 되는 직접재료비와 직접노무비의 합을 의미하며 직접원가, 기초원가라고도 한다.

② 가공원가: 가공원가(Conversion Costs)는 제품을 가공하는 데 소요되는 원가로서 직접노무비와 제조간접비의 합을 의미하며, 전환원가라고도 한다.

기본원가 vs. 가공원가

기본원가: DM + DL

가공원가: DL + OH

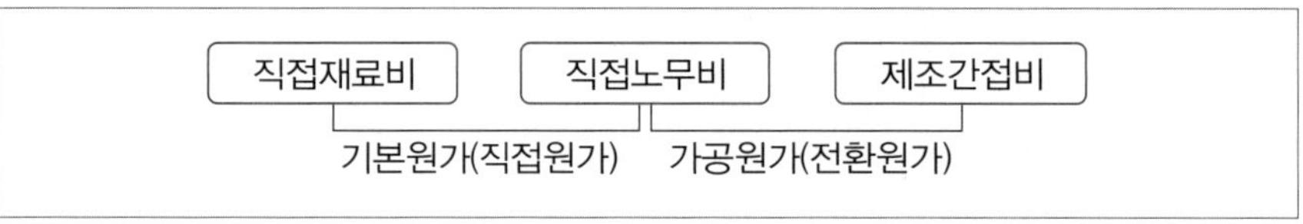

(4) **제조간접비**

직접재료비와 직접노무비를 제외한 모든 제조원가를 말한다.

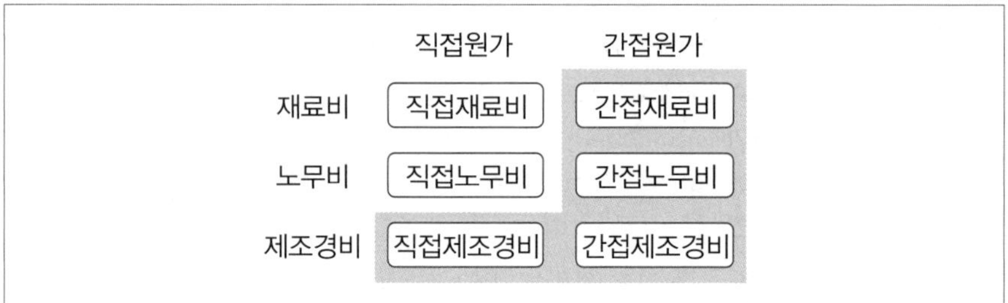

	직접원가	간접원가
재료비	직접재료비	간접재료비
노무비	직접노무비	간접노무비
제조경비	직접제조경비	간접제조경비

2. 원가행태에 따른 분류 중요

▸ 최신 36회 중 14문제 출제

원가행태(Cost Behavior)란 조업도 수준이 변화함에 따라 총원가 발생액이 일정한 형태로 변화할 때 그 변화형태를 말한다. 관련 범위 내에서 특정 조업도의 변동에 따른 총원가의 변동행태는 다음과 같이 구분한다.

(1) **변동원가(Variable Costs)**

조업도의 변동에 따라 총원가가 직접적으로 비례해서 증감하는 원가를 변동원가라고 한다. 이는 다시 변동원가와 준변동원가로 구분되며, 변동원가는 조업도의 증감에 따라 원가 총액은 증감하나 단위당 원가는 조업도의 변동에 관계없이 일정하다. 직접재료비와 직접노무비는 무조건 변동원가에 해당한다. 반면 제조간접비는 변동원가와 고정원가의 성격도 존재한다.

변동원가의 수식화

- 총변동원가: y = ax
- 단위당 변동원가: y'=a

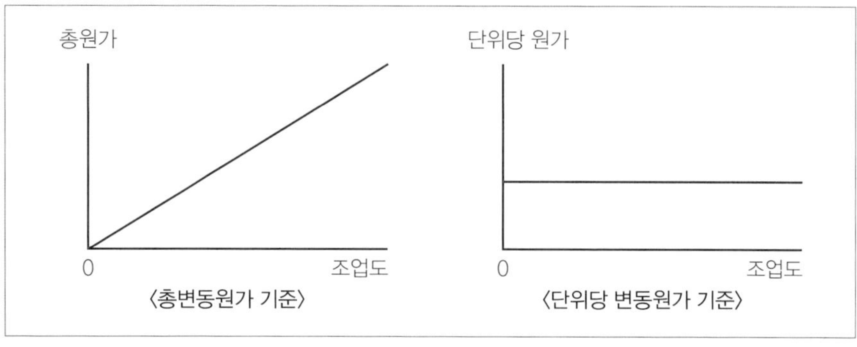

(2) **고정원가(Fixed Costs)**

조업도의 변동에 관계없이 총원가가 일정한 원가를 고정원가라고 한다. 따라서 고정원가는 조업도의 변동과 무관하게 원가 총액은 일정하나 단위당 원가는 조업도의 증감에 반비례한다.

고정원가의 수식화
- 총고정원가: y=b
- 단위당 고정원가: $y' = \frac{b}{x}$

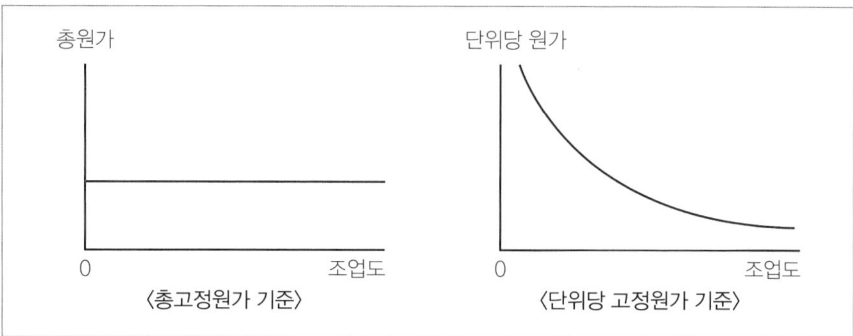

(3) **준변동원가(Semi-Variable Costs)**

준변동원가는 조업도의 변화에 관계없이 총원가가 일정한 고정원가와 변동원가의 두 부분으로 구성된 원가를 의미하며, 변동원가와 고정원가가 혼합된 원가이므로 혼합원가(Mixed Costs)라고도 한다.

준변동원가의 수식화
y=ax+b

▶ 준변동원가의 예로는 사용하지 않아도 발생하는 기본요금과 사용량에 비례하는 사용요금으로 구성된 휴대전화 요금, 전기료 등이 있다.

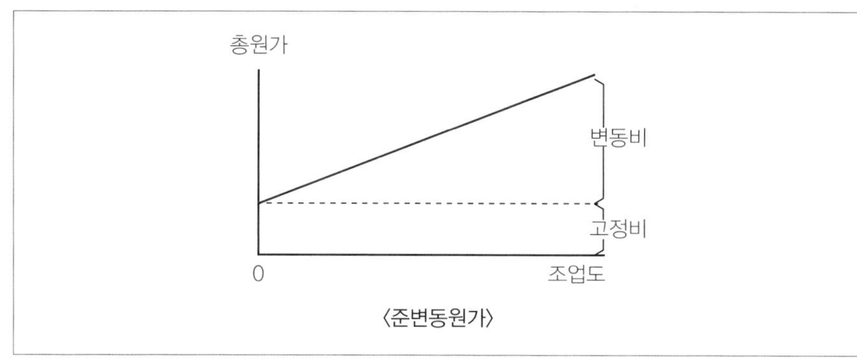

(4) 준고정원가(Semi-Fixed Costs)

특정 범위의 조업도 내에서는 총원가가 일정하지만 조업도가 특정 범위를 벗어나면 일정액만큼 증가 또는 감소하는 원가를 준고정원가라고 한다. 준고정원가는 계단형을 취하기 때문에 계단원가라고도 한다.

▶ 준고정원가의 예로는 생산량에 따른 설비자산의 구입가격, 생산직 급여 등이 있다.

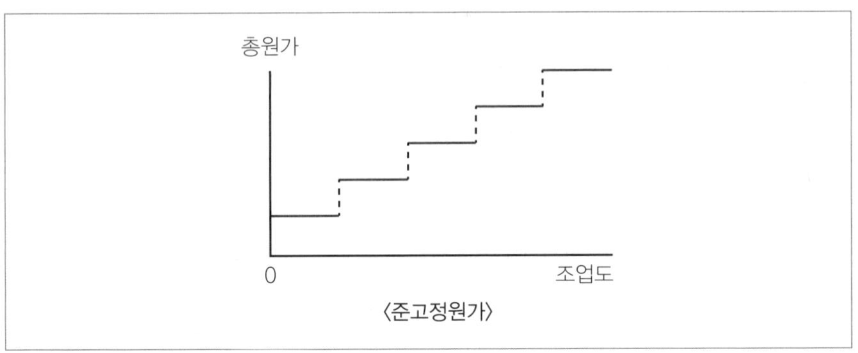

〈준고정원가〉

3. 통제가능성에 따른 분류

(1) 통제가능원가(Controllable Costs)

경영자가 원가의 발생 정도에 영향을 미칠 수 있는 권한이 있는 원가로, 경영자에 대한 성과평가 시 고려해야 한다.

(2) 통제불능원가(Uncontrollable Costs)

경영자가 원가의 발생 정도에 영향을 미칠 수 있는 권한이 없는 원가로, 이는 경영자의 통제 밖에 있으므로 경영자에 대한 성과평가 시 배제해야 한다.

4. 의사결정의 관련성에 따른 분류 중요

▶ 최신 36회 중 5문제 출제

(1) 관련원가(Relevant Costs)

특정 의사결정과 직접적으로 관련이 있는 원가로, 선택 가능한 대안 사이에 발생할 수 있는 미래의 원가 차이를 의미한다. 따라서 관련원가를 차액원가라고도 하며, 차액원가는 변동원가인지 고정원가인지에 관계없이 대체안 간에 차이가 있는 미래원가를 의미한다.

의사결정의 관련성에 따른 분류

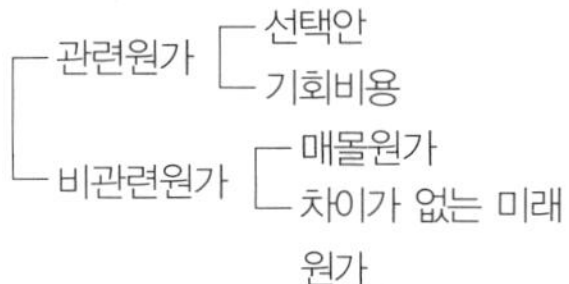

(2) 비관련원가(Irrelevant Costs)

비관련원가는 특정 의사결정과 관련이 없는 원가로, 이미 발생하였으므로 현재의 의사결정에 아무런 영향을 미치지 못하는 기 발생원가와 각 대안들 간에 금액의 차이가 없는 미래원가를 말한다.

(3) 매몰원가(Sunk Costs)

과거 의사결정의 결과로 인해 이미 발생된 원가로, 현재의 의사결정에는 아무런 영향을 미치지 못하는 원가를 말한다. 원가의 발생 확정 시점이 의사결정 시점 이전으로 의사결정 대안들 사이에 차이가 없으므로 그 금액이 아무리 크고 중요하다고 하여도 당해 의사결정과 무관한 비관련원가이다.

▶ 유형자산의 수선과 처분을 고민할 때 유형자산의 초기 구입비는 이미 발생한 원가로 매몰원가에 해당한다.

(4) 기회원가(Opportunity Costs)

자원을 다른 대체적인 용도로 사용할 경우 얻을 수 있는 최대금액 혹은 최대이익이다. 즉 현재 대안을 선택하기 위해 포기한 대안 중 최대금액 혹은 최대이익을 말하며 기회비용이라고도 한다.

(5) **회피가능원가(Avoidable Cost)**

의사결정에 따라 절약할 수 있는 원가로, 관련원가에 해당한다.

(6) **회피불능원가(Unavoidable Cost)**

어떤 의사결정을 하더라도 절약할 수 없는 원가로, 비관련원가에 해당한다.

5. 제조활동에 따른 분류

(1) **제조원가(Manufacturing Costs)**

제품을 생산하는 데 발생한 모든 원가를 의미하며, 직접재료원가, 직접노무원가, 제조간접원가의 세 가지 요소로 구성되어 있다.

(2) **비제조원가(Non－Manufacturing Costs)**

기업의 제조활동과 관련이 없고 제품의 판매활동과 일반관리활동에서 발생한 원가로 제조원가 이외의 원가를 의미하며, 일반적으로 판매비와 관리비라 한다.

5 원가회계시스템

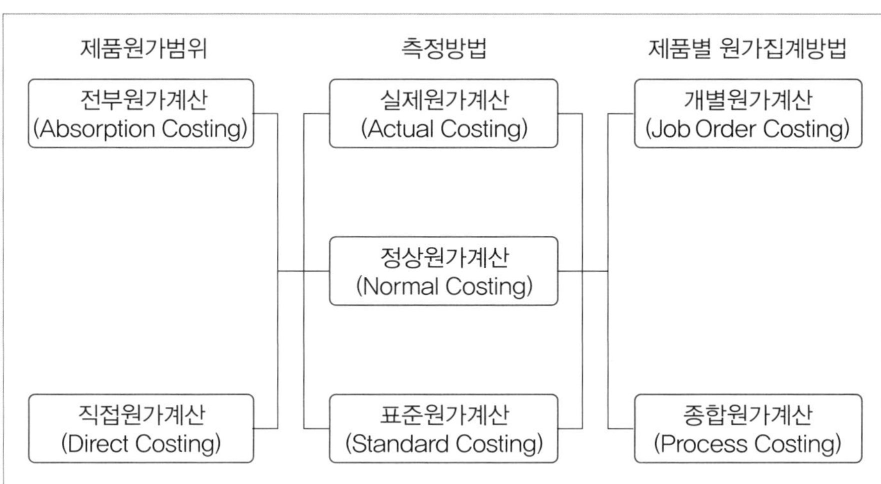

1. 제품원가범위(고정제조간접원가의 처리)에 따른 구분

고정제조간접원가를 제품원가에 포함시킬 것인가 또는 기간비용으로 처리할 것인가에 따라 전부원가계산과 직접원가계산의 두 가지 계산방법으로 나눌 수 있다.

(1) **전부원가계산(Absorption Costing)**

고정제조간접원가를 포함한 모든 제조원가를 제품원가로 처리하고, 판매 및 일반관리활동에서 발생한 원가를 기간비용으로 처리하는 원가계산방법이다.

(2) **직접원가계산(Direct Costing)**

변동원가계산(Variable Costing)이라고도 하며, 고정제조원가를 제외한 변동제조원가만을 제품원가에 포함시키고, 고정제조원가와 판매비와 관리비는 기간비용으로 처리하는 원가계산방법이다.

2. 측정방법에 따른 구분

(1) 실제원가계산(Actual Costing)

경영활동의 실상을 그대로 나타내기 위해 실제 사용수량과 실제 구입가격을 기준으로 제품의 제조에 소요된 원가를 계산하는 방법이다.

(2) 정상원가계산(Normal Costing)

직접재료원가와 직접노무원가는 실제원가를 적용하되, 제조간접원가는 예정배부율에 따라 결정된 원가를 적용하는 방법이다.

(3) 표준원가계산(Standard Costing)

원가관리를 목적으로 사전에 정해진 표준수량과 표준가격을 기준으로 제품의 제조원가를 계산하는 방법이다.

3. 제품별 원가집계방법에 따른 구분

(1) 개별원가계산(Job Order Costing)

고객의 주문에 따라 제조되는 제품의 경우와 같이 종류를 달리하는 제품을 개별적으로 생산하는 생산형태에 적용한다. 한 단위 또는 일정 수량의 제품에 대하여 제조지시서를 발행하고, 제조원가를 각 지시서별로 집계하는 방법이다.

(2) 종합원가계산(Process Costing)

제품을 반복하여 연속적으로 생산하는 생산형태에 적용한다. 각 제품별로 원가를 집계하는 것이 어렵기 때문에 일정한 회계기간별로 특정 부문에서 발생한 모든 제조원가를 집계하는 방법이다.

합격을 다지는 실전문제

스마트폰으로 QR코드를 촬영하여 저자의 해설 강의를 확인하세요.

상 중 하

001 다음 중 원가에 대한 설명으로 옳지 않은 것은?

① 원가의 발생형태에 따라 재료원가, 노무원가, 제조경비로 분류한다.
② 특정 제품에 대한 직접 추적가능성에 따라 직접원가, 간접원가로 분류한다.
③ 조업도 증감에 따른 원가의 행태로서 변동원가, 고정원가로 분류한다.
④ 기회비용은 과거의 의사결정으로 인해 이미 발생한 원가이며, 대안 간의 차이가 발생하지 않는 원가를 말한다.

상 중 하

002 다음 중 원가회계에 대한 설명이 아닌 것은?

① 외부의 정보이용자들에게 유용한 정보를 제공하기 위한 정보이다.
② 원가통제에 필요한 정보를 제공하기 위함이다.
③ 제품원가계산을 위한 원가정보를 제공한다.
④ 경영계획수립과 통제를 위한 원가정보를 제공한다.

상 중 하

003 다음은 (주)에듀윌의 공장 전기요금 고지서의 내용이다. 원가행태상의 분류로 옳은 것은?

- 기본요금: 1,000,000원(사용량과 무관)
- 사용요금: 3,120,000원(사용량: 48,000kW, kW당 65원)
- 전기요금 합계: 4,120,000원

① 고정원가 ② 준고정원가
③ 변동원가 ④ 준변동원가

정답 및 해설

001 ④ 매몰비용(매몰원가)은 과거의 의사결정으로 인해 이미 발생한 원가이며, 대안 간의 차이가 발생하지 않는 원가를 말한다.

002 ① 외부의 정보이용자들에게 유용한 정보를 제공하는 것은 재무회계의 목적이다.

003 ④ 사용량과 무관하게 발생하는 기본요금(고정원가)과 사용량에 따라 비례적으로 발생하는 사용요금(변동원가)이 혼합된 것은 준변동원가이다.

상 | 중 | 하

004 다음 자료에서 기초원가와 가공원가에 모두 해당하는 금액은 얼마인가?

• 직접재료비	300,000원	• 직접노무비	400,000원
• 변동제조간접비	200,000원	• 고정제조간접비	150,000원

① 350,000원 ② 400,000원
③ 450,000원 ④ 500,000원

상 | 중 | 하

005 다음 중 원가에 관한 설명으로 틀린 것은?

① 직접노무비는 기본원가에도 속하고 가공원가에도 속한다.
② 조업도가 감소함에 따라 단위당 고정비는 감소하고 단위당 변동비는 일정하다.
③ 조업도가 증가함에 따라 변동비 총액은 증가하고 고정비 총액은 일정하다.
④ 원가의 추적가능성에 따라 직접원가와 간접원가로 분류한다.

상 | 중 | 하

006 (주)에듀윌의 제2기 원가자료가 다음과 같을 경우 가공원가는 얼마인가?

• 직접재료원가 구입액	800,000원	• 직접재료원가 사용액	900,000원
• 직접노무원가 발생액	500,000원	• 변동제조간접원가 발생액 (변동제조간접원가는 총제조간접원가의 40%)	600,000원

① 2,000,000원 ② 2,400,000원
③ 2,800,000원 ④ 2,900,000원

상 | 중 | 하

007 다음의 원가 분류 중 분류 기준이 같은 것으로만 짝지어진 것은?

가. 변동원가 나. 관련원가 다. 직접원가 라. 고정원가 마. 매몰원가 바. 간접원가

① 가, 나 ② 나, 다
③ 나, 마 ④ 라, 바

정답 및 해설

004 ② 직접노무비는 기초원가와 가공원가에 모두 해당한다.

005 ② 조업도가 감소함에 따라 단위당 고정비는 증가하고 단위당 변동비는 일정하다.

006 ① 직접노무원가 500,000원+총제조간접원가 1,500,000원(=변동제조간접원가 600,000원 ÷ 0.4)=가공원가 2,000,000원

007 ③ • 가, 라: 원가행태에 따른 분류
• 나, 마: 의사결정과의 관련성에 따른 분류
• 다, 바: 원가 추적가능성에 따른 분류

상 중 하

008 일반적으로 조업도가 증가할수록 발생원가 총액이 증가하고, 조업도가 감소할수록 발생원가 총액이 감소하는 원가형태에 해당되는 것은?

① 공장 기계장치에 대한 감가상각비
② 공장 건물에 대한 재산세
③ 원재료 운반용 트럭에 대한 보험료
④ 개별 제품에 대한 포장비용

PART 02

상 중 하

009 제조원가 중 원가행태가 다음과 같은 원가의 예로 부적합한 것은?

조업도	100시간	500시간	1,000시간
총원가	5,000원	5,000원	5,000원

① 재산세
② 전기요금
③ 정액법에 의한 감가상각비
④ 임차료

상 중 하

010 (주)에듀윌은 기계장치 1대를 매월 100,000원에 임차하여 사용하고 있으며, 기계장치의 월 최대 생산량은 1,000단위이다. 당월 수주물량이 1,500단위여서 추가로 1대의 기계장치를 임차하기로 하였다. 이 기계장치에 대한 임차료의 원가행태는?

① 고정원가
② 준고정원가
③ 변동원가
④ 준변동원가

정답 및 해설

008 ④ 문제는 변동비에 관한 설명이며 포장비용의 경우 제품(조업도) 수에 따라 총액이 변하므로 변동비에 해당된다.
① 공장 기계장치에 대한 감가상각비, ② 공장 건물에 대한 재산세, ③ 원재료 운반용 트럭에 대한 보험료는 고정비에 해당한다.

009 ② 조업도와 상관없이 총원가가 일정한 경우는 고정비이다. 전기요금의 경우 혼합원가(준변동비)에 해당한다.

010 ② 준고정원가는 특정 범위의 조업도 구간(관련 범위)에서는 원가 발생이 변동 없이 일정한 금액으로 고정되어 있으나, 조업도 수준이 구간을 벗어나면 일정액만큼 증가 또는 감소하는 원가로서 투입요소를 나누지 못하는 특성 때문에 계단형의 원가행태를 지니므로 계단원가라고도 한다.

상 중 하

011 다음 중 원가 개념에 대한 설명으로 틀린 것은?

① 간접원가란 특정한 원가대상에 직접 추적할 수 없는 원가이다.
② 회피가능원가는 특정 대안을 선택하지 않음으로써 회피할 수 있는 원가이다.
③ 변동원가는 조업도가 증가할 때마다 원가 총액이 비례하여 증가하는 원가이다.
④ 경영자가 미래의 의사결정을 위해서 과거 지출된 원가의 크기를 고려하여야 하므로 매몰원가는 관련원가에 해당한다.

상 중 하

012 다음 중 원가 관련 개념에 대한 설명으로 틀린 것은?

① 기간원가는 제품원가 이외의 모든 원가로, 판매비와 관리비가 이에 해당된다.
② 간접원가는 특정한 원가대상에 직접 추적할 수 없는 원가이다.
③ 매몰원가는 경영자가 통제할 수 없는 과거의 의사결정으로부터 발생한 원가이다.
④ 기회비용은 자원을 다른 대체적인 용도에 사용할 경우 얻을 수 있는 최대금액으로 회계장부에 기록되어야 한다.

상 중 하

013 다음 중 매몰원가에 해당하지 않는 것은?

① 전기승용차의 구입을 결정함에 따라 사용하던 승용차 처분 시 기존 승용차의 취득원가
② 과거 의사결정으로 발생한 원가로 향후 의사결정을 통해 회수할 수 없는 취득원가
③ 사용하고 있던 기계장치의 폐기 여부를 결정할 때, 해당 기계장치의 취득원가
④ 공장의 원재료 운반용 화물차를 판매 제품의 배송용으로 전환하여 사용할지 여부를 결정할 때, 새로운 화물차의 취득가능금액

상 중 하

014 다음 중 원가에 대한 설명으로 옳지 않은 것은?

① 직접재료비와 직접노무비를 기초원가라 한다.
② 혼합원가는 조업도의 변화에 따라 일정 비율로 증가하는 변동비를 말한다.
③ 간접원가는 특정한 원가집적대상에 직접 추적할 수 없는 원가를 말한다.
④ 준고정원가는 관련 조업도 내에서 일정하고 특정 범위를 벗어나면 일정액만큼 증가하는 원가를 말한다.

정답 및 해설

011 ④ 매몰원가는 과거에 발생한 원가로서, 미래 의사결정에 전혀 관련성이 없는 비관련원가에 해당한다.

012 ④ 기회비용은 관리적 차원에서 사용되는 원가 개념이다. 회계장부에는 실제원가만 기재되므로 기회비용은 회계장부에 기록되지 않는다.

013 ④ 자산을 다른 용도로 사용하는 것은 기회원가에 해당한다. 유형자산의 수선, 처분을 결정할 때 '기존 자산의 취득원가'는 현재의 의사결정에 영향을 주지 않는 매몰원가에 해당한다.

014 ② 혼합원가는 조업도의 증감에 관계없이 발생하는 고정비, 조업도의 변화에 따라 일정 비율로 증가하는 변동비로 구성된 원가이다.

상 중 하

015 다음 중 원가행태를 나타낸 표로 올바른 것은?

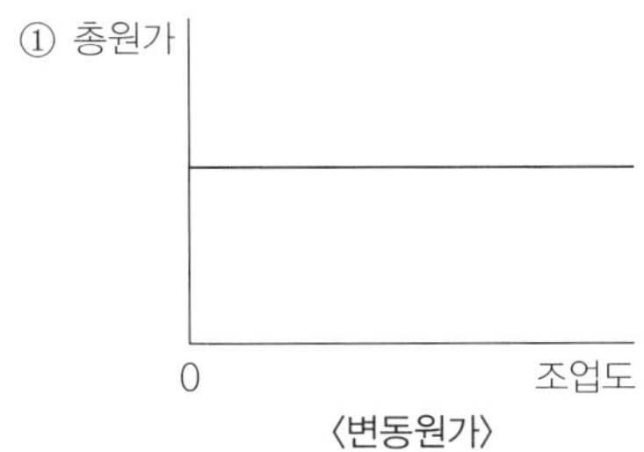

〈변동원가〉

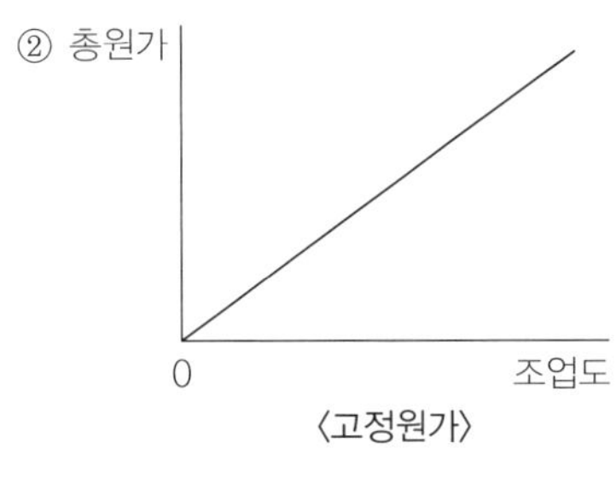

〈고정원가〉

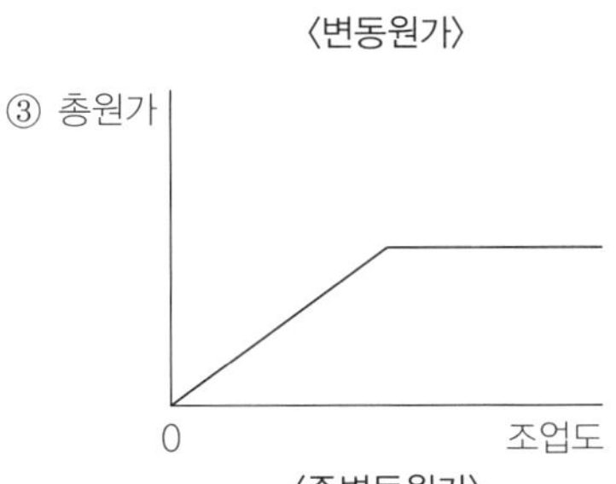

〈준변동원가〉

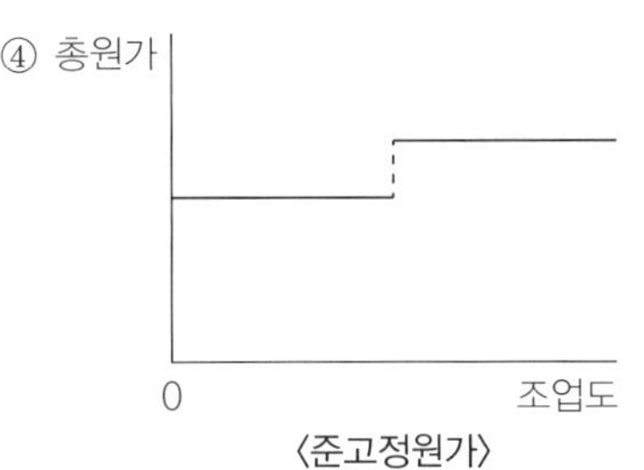

〈준고정원가〉

상 중 하

016 다음 중 원가 개념에 관한 설명으로 옳지 않은 것은?

① 관련 범위 밖에서 총고정원가는 일정하다.
② 매몰원가는 의사결정에 영향을 주지 않는다.
③ 관련 범위 내에서 단위당 변동원가는 일정하다.
④ 관련원가는 대안 간에 차이가 나는 미래원가로서 의사결정에 영향을 준다.

정답 및 해설

015 ④ 준고정원가는 조업도와 무관하게 총원가가 일정하게 유지되다가 일정 조업도까지 총원가가 증가한 후에 다시 일정하게 유지된다.
① 변동원가는 조업도에 따라 총원가가 비례적으로 증가한다.
② 고정원가는 조업도와 무관하게 총원가가 일정하다.
③ 준변동원가는 변동비와 고정비가 혼합된 원가이다.

016 ① 총고정원가는 관련 범위 내에서 일정하고, 관련 범위 밖에서는 일정하다고 할 수 없다.

상 중 하

017 다음 중 제조원가에 관한 설명으로 옳지 않은 것은?

① 간접원가는 제조과정에서 발생하는 원가이지만 특정 제품 또는 특정 부문에 직접 추적할 수 없는 원가를 의미한다.

② 조업도의 증감에 따라 총원가가 증감하는 원가를 변동원가라 하며, 직접재료원가와 직접노무원가가 여기에 속한다.

③ 고정원가는 관련 범위 내에서 조업도가 증가할수록 단위당 고정원가가 감소한다.

④ 변동원가는 관련 범위 내에서 조업도가 증가할수록 단위당 변동원가가 증가한다.

상 중 하

018 공장에서 사용하던 화물차(취득원가 3,500,000원, 처분시점까지 감가상각누계액 2,500,000원)가 고장이 나서 매각하려고 한다. 동 화물차에 대해 500,000원의 수선비를 투입하여 처분하면 1,200,000원을 받을 수 있지만, 수선하지 않고 처분하면 600,000원을 받을 수 있다. 이 경우에 매몰원가는 얼마인가?

① 400,000원
② 500,000원
③ 1,000,000원
④ 1,200,000원

상 중 하

019 다음 중 원가회계에 대한 설명으로 옳지 않은 것은?

① 원가 발생형태에 따라 고정비와 변동비로 나눌 수 있다.

② 원가 추적가능성에 따라 직접비와 간접비로 나눌 수 있다.

③ 직접재료비와 직접노무비를 합하여 가공원가라고 한다.

④ 조업도의 변동에 비례하여 총원가가 일정하게 발생하는 원가를 고정비라고 한다.

상 중 하

020 다음 중 제조간접비에 대한 설명으로 옳은 것은?

① 기초원가에 해당된다.

② 고정원가만 있고 변동원가는 없다.

③ 직접노무비와의 합계액을 가공원가라고 한다.

④ 간접재료비와 간접노무비는 포함되지 않는다.

정답 및 해설

017 ④ 변동원가는 관련 범위 내에서 조업도가 증가하면 변동원가 총액이 증가하고, 단위당 변동원가는 일정하다.

018 ③ 매몰원가는 과거에 발생한 원가로 의사결정에 영향을 주지 않는 원가를 말한다. 따라서 화물차의 매몰원가는 취득원가에서 감가상각누계액을 차감한 장부금액 1,000,000원이다.

019 ③ 직접재료비와 직접노무비를 합하여 기본원가라고 하며 가공원가는 직접노무비와 제조간접비의 합이다.

020 ③ 제조간접비는 가공원가에 해당되며, 재료비와 노무비에서도 직접적으로 추적할 수 없는 경우 변동제조간접비 등이 발생한다.

상 중 하

021 아래의 자료에서 설명하는 원가행태에 해당하는 것은?

> 조업도의 변동과 관계없이 총원가가 일정한 고정원가와 조업도의 변동에 비례하여 총원가가 변동하는 변동원가가 혼합된 원가

① 전화요금
② 직접재료원가
③ 감가상각비
④ 화재보험료

상 중 하

022 원가계산의 일반원칙에 대한 설명으로 틀린 것은?

① 제조원가는 일정한 제품의 생산량과 관련하여 집계하고 계산한다.
② 제조원가는 신뢰할 수 있는 객관적인 자료와 증거에 의하여 계산한다.
③ 제조원가는 직접원가와 판매비와 관리비를 더한 것을 말한다.
④ 제조원가는 그 발생의 경제적 효익 또는 인과관계에 비례하여 관련 제품 또는 원가부문에 직접 부과하고, 직접 부과하기 곤란한 경우에는 합리적인 배부기준을 설정하여 배부한다.

상 중 하

023 다음 중 원가 및 비용의 분류 중 제조원가에 해당하는 것은?

① 원재료 운반용 차량의 처분손실
② 영업용 차량의 처분손실
③ 생산부 건물 경비원의 인건비
④ 영업부 사무실의 소모품비

정답 및 해설

021 ① 자료에서 설명하는 원가는 준변동원가로, 기본요금 및 사용량에 따른 요금이 부과되는 전화요금이 이에 해당한다.
- 변동원가: 조업도에 따라 총원가가 비례해서 증감하는 원가(직접재료원가, 직접노무원가)
- 고정원가: 조업도와 관계없이 총원가가 일정한 원가(감가상각비, 화재보험료 등)
- 준변동원가: 고정원가와 변동원가로 구성된 원가(전력비, 전화요금, 가스요금 등)
- 준고정원가: 일정 범위 내에서는 총원가가 일정하지만 특정 범위를 벗어나면 일정액만큼 증감하는 원가(생산관리자의 급여, 생산량에 따른 설비자산의 임차료 등)

022 ③ 제조원가는 직접원가와 제조간접비를 더한 것이다.

023 ③ 제조원가는 제품을 생산하는 데 발생한 모든 원가를 의미하며 직접재료원가, 직접노무원가, 제조간접원가로 구성된다.
①, ② 자산의 처분으로 인한 손익은 영업외손익으로 처리한다.
④ 영업부 사무실의 소모품비는 판매비와 관리비 항목이다.

상 중 하

024 다음 공인중개사 수험서 구입비 50,000원은 원가 개념 중 어떤 원가에 해당하는가?

공인중개사 자격시험을 위해 관련 수험서를 50,000원에 구입하여 공부하다가, 진로를 세무회계 분야로 전환하면서 전산세무회계 자격증 수험서를 40,000원에 새로 구입하였다.

① 전환원가
② 매몰원가
③ 미래원가
④ 대체원가

상 중 하

025 원가는 여러 가지 방법으로 분류할 수 있다. 다음 중 원가 분류에 대한 설명으로 옳지 않은 것은?

① 자산화 여부에 따라 제품원가와 기간원가로 분류한다.
② 원가행태에 따라 기초원가와 가공원가로 분류한다.
③ 의사결정의 관련성에 따라 관련원가와 비관련원가로 분류한다.
④ 제조활동과의 관련성에 따라 제조원가와 비제조원가로 분류한다.

상 중 하

026 원가행태에 따라 원가를 분류할 때 다음 설명에 해당하는 원가는?

수도요금의 원가행태는 사용량이 없는 경우에도 발생하는 기본요금과 조업도(사용량)가 증가함에 따라 비례적으로 납부금액이 증가하는 추가요금으로 구성되어 있다.

① 준고정비
② 고정비
③ 변동비
④ 준변동비

정답 및 해설

024 ② 과거의 의사결정에 의해 이미 발생된 원가로서 현재 이후 어떤 의사결정을 하더라도 회수할 수 없는 원가를 매몰원가라 한다.

025 ② 원가행태에 따라 변동원가와 고정원가로 분류한다.

026 ④ 준변동비는 고정원가와 변동원가의 두 가지 요소로 구성된 원가를 말하며, 혼합원가라고도 한다.

상 중 하

027 제조공정에 있는 작업자에게 제공하는 작업복과 관련된 비용은 어느 원가에 해당하는가?

	기본원가	가공원가	제품제조원가	판매비와 관리비
①	포함	포함	포함	미포함
②	포함	미포함	포함	포함
③	미포함	포함	포함	미포함
④	미포함	미포함	미포함	포함

상 중 하

028 다음 그래프의 원가행태에 해당하는 원가는 무엇인가?

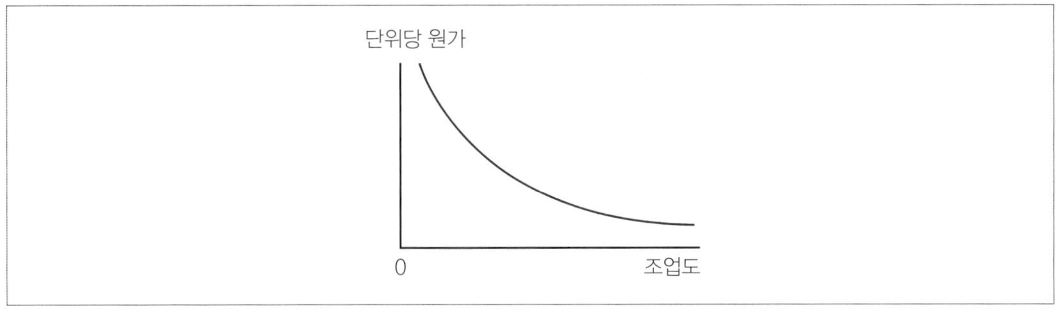

① 직접재료비
② 공장 사무실의 전화요금
③ 기계장치 가동에 필요한 연료비
④ 공장건물의 임차료

정답 및 해설

027 ③ 제조공정에 있는 작업자에게 제공하는 작업복은 제조간접원가로 처리되며, 제조간접원가는 가공원가와 제품제조원가에 포함된다.

028 ④ 고정원가에 대한 그래프이다.
① 변동원가, ② 준변동원가, ③ 변동원가에 해당한다.

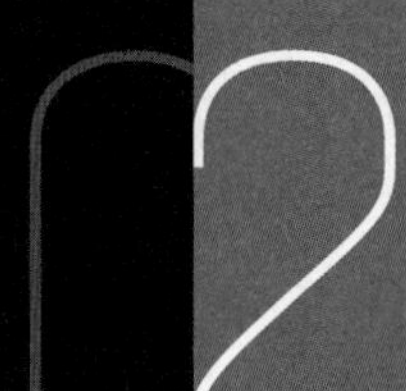

CHAPTER 02

원가의 흐름

핵심키워드
- 원가흐름
- 원가계산과정
- 제조원가
- 기간원가

1회독 2회독 3회독

1 원가흐름 중요

원가흐름도

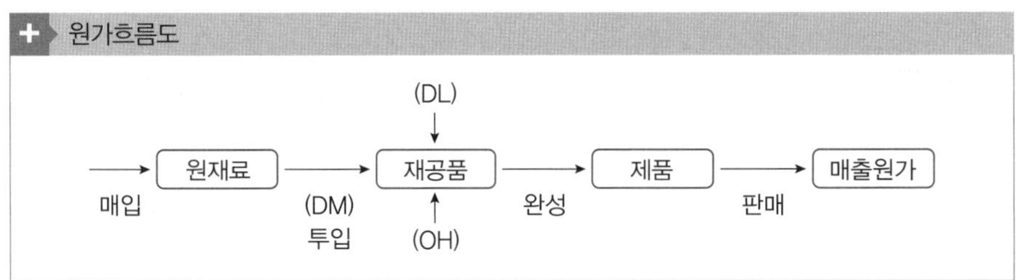

원재료는 제품제조에 사용할 목적으로 구입하였으나 아직 생산에 사용되지 않은 부분을, 재공품은 제조과정 중의 미완성 제품을 의미한다. 생산이 완료된 것 중 판매되지 않은 부분은 제품, 판매된 제품의 제조원가는 매출원가이다.

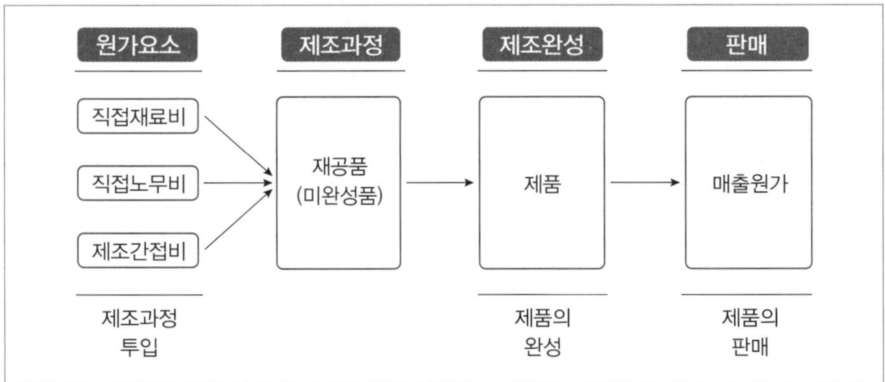

원가흐름
원재료 매입
↓
원재료 투입
↓
제조 중
- 직접노무비 발생
- 제조간접비 발생
↓
제품의 완성
↓
제품의 판매

2 원가계산과정 중요

▸ 최신 36회 중 22문제 출제

1. 당기총제조원가

당기총제조원가 = 직접재료비 + 직접노무비 + 제조간접비

2. 당기제품제조원가

당기제품제조원가 = 기초재공품 + 당기총제조원가 − 기말재공품

▶ 강의 바로보기

당기총제조원가
= DM + DL + OH

당기제품제조원가
= 기초재공품 + 당기총제조원가 − 기말재공품

당기 중에 완성된 제품의 제조원가를 의미하며, 이는 당기총제조원가에 기초재공품을 가산하고 기말재공품을 차감하여 계산한다.

3. 매출원가

> 매출원가 = (기초제품 + 당기제품제조원가) - 기말제품
> └→ 당기판매가능제품재고액

매출원가
=(기초제품 + 당기제품제조원가)
 - 기말제품

매출원가는 당기에 판매된 제품의 원가를 의미하며, 당기제품제조원가에 기초제품을 가산하고 기말제품을 차감하여 계산한다. 즉, 기초제품재고액에 당기제품제조원가를 가산하면 당기판매가능제품재고액이 계산되고, 여기서 기말제품재고액을 차감하면 당기 동안 판매된 제품의 매출원가가 계산된다.

4. 제조원가의 T계정

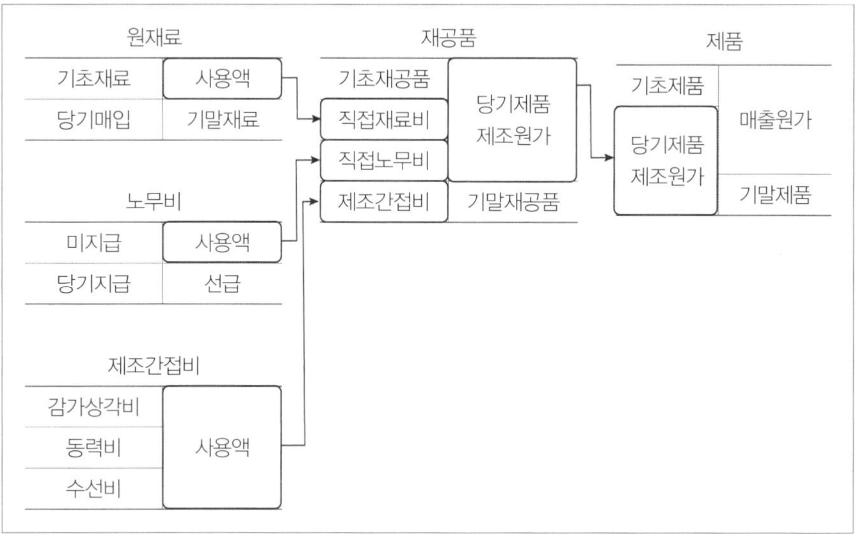

연습문제

다음의 자료를 근거로 매출원가를 계산하시오.

• 당기총제조원가	3,000,000원	• 기초재공품재고액	300,000원
• 기말재공품재고액	200,000원	• 기초제품재고액	500,000원
• 기말제품재고액	600,000원		

| 풀이 |

당기제품제조원가: 기초재공품재고액 300,000원 + 당기총제조원가 3,000,000원 - 기말재공품재고액 200,000원 = 3,100,000원

∴ 매출원가: 기초제품재고액 500,000원 + 당기제품제조원가 3,100,000원 - 기말제품재고액 600,000원 = 3,000,000원

3 제조원가의 회계처리

1. 원재료

(1) 원재료의 매입

재료를 구입하는 경우 원재료(자산)가 증가한다.

(차) 원재료	×××	(대) 매입채무(또는 현금)	×××

(2) 원재료의 사용

① 직접재료원가로 사용한 경우

(차) 직접재료비	×××	(대) 원재료	×××

② 간접재료원가로 사용한 경우

(차) 제조간접비	×××	(대) 원재료	×××

▶ 여러 제품의 제조에 공통으로 소비된 간접재료비는 제조간접비 계정으로 대체한다.

2. 노무비

(1) 직접노무원가로 사용한 경우

(차) 직접노무비	×××	(대) 미지급임금	×××

▶ 노무비 관련하여 미지급액이나 선급액이 있는 경우 당기 미지급액과 전기 선급액은 가산하고, 당기 선급액과 전기 미지급액은 차감하여 계산한다.

(2) 간접노무원가로 사용한 경우

(차) 제조간접비	×××	(대) 미지급임금	×××

3. 제조간접비

(1) 제조간접비의 발생

공장 전체에서 발생한 원가 중 직접재료비와 직접노무비를 제외한 모든 원가는 제조간접비로 집계된다.

(차) 제조간접비	×××	(대) 공장 감가상각비	×××
		공장 전력비	×××
		공장 소모품비	×××
		미지급비용	×××

(2) 제조간접비의 대체

제조간접비가 집계되면 이를 재공품으로 대체한다.

(차) 재공품	×××	(대) 제조간접비	×××

4. 제품의 완성 · 판매

(1) 제품의 완성

재공품이 완성되면 이를 제품으로 대체한다.

(차) 제품	×××	(대) 재공품	×××

(2) 제품의 판매

판매된 제품은 매출원가로 대체한다.

(차) 매출채권(또는 현금)	×××	(대) 제품매출	×××
매출원가	×××	제품	×××

PART 02

4 제조원가와 기간원가 중요

1. 제조원가

제조원가는 자산으로 처리하였다가 차후 제품이 판매될 때 매출원가(비용)로 처리하는 원가로, 공장에서 발생한 원가이다. 제조원가는 직접재료비, 직접노무비, 제조간접비로 구분된다.

제조원가 vs. 기간원가
- 제조원가: 공장에서 발생한 원가(자산 → 비용)
- 기간원가: 공장 이외에서 발생한 원가(비용)

2. 기간원가

기간원가는 제조원가 이외의 원가로, 발생 즉시 당기비용으로 처리한다. 기간원가의 대표적인 비용이 판매비와 관리비이며, 제조원가인 제조간접비와 구분할 수 있어야 한다. 제조간접비는 제조원가를 구성하는 반면 판매비와 관리비는 발생 즉시 비용으로 인식하기 때문이다. 동일한 성격의 원가라도 공장에서 발생한 원가는 제조간접비(제조원가)로 인식하고, 공장 이외의 장소에서 발생한 원가는 판매비와 관리비(기간원가)로 인식한다.

+ 제조간접비와 판매비와 관리비의 구분

구분	제조간접비	판매비와 관리비
발생장소	공장에서 발생한 원가	사무실에서 발생한 원가
예	• 생산직 관리자의 급여 • 공장의 동력비, 전력비 • 기계의 감가상각비 • 공장의 감가상각비 • 공장의 소모품비	• 판매부서 직원의 급여 • 사무실의 동력비, 전력비 • 본사 건물의 감가상각비 • 사무실의 소모용품

연습문제

다음 자료에 의하여 제조원가에 포함될 금액을 계산하시오.

• 간접재료비	80,000원	• 공장 보험료	20,000원
• 영업사원 급여	15,000원	• 제조외주가공비	15,000원
• 본사 건물 보험료	5,000원	• 공장장 급여	10,000원

| 풀이 |

제조원가: 간접재료비 80,000원+공장 보험료 20,000원+제조외주가공비 15,000원+공장장 급여 10,000원=125,000원

5 제조원가명세서

▸ 최신 36회 중 5문제 출제

제조원가명세서란 제조기업의 당기제품제조원가를 나타내기 위하여 원가의 흐름에 따라 관련 정보를 기재한 보고서이다. 재무상태표에 표시되는 원재료, 재공품, 제품의 재고자산가액과 손익계산서에 표시되는 당기제품제조원가를 표시한다.

제조원가명세서
원재료 계정+재공품 계정

제조원가명세서

2025.1.1.부터 2025.12.31.까지

Ⅰ. 원재료비		×××
1. 기초원재료재고액	×××	
2. 당기원재료매입액	×××	
3. 기말원재료재고액	×××	
Ⅱ. 노무비		×××
1. 임금	×××	
⋮		
Ⅲ. 경비		×××
1. 복리후생비	×××	
⋮		
Ⅳ. 당기총제조비용		×××
Ⅴ. 기초재공품원가		×××
Ⅵ. 합계		×××
Ⅶ. 기말재공품원가		×××
Ⅷ. 타계정(유형자산)대체액		×××
Ⅸ. 당기제품제조원가		×××

합격을 다지는 실전문제

스마트폰으로 QR코드를 촬영하여 저자의 해설 강의를 확인하세요.

상 중 하

001 다음 중 제조과정 중에 있는 미완성 제품의 제조원가를 집계하는 계정은?

① 원재료 계정 ② 노무비 계정
③ 경비 계정 ④ 재공품 계정

상 중 하

002 다음 중 원가집계 계정의 흐름으로 옳은 것은?

① 매출원가 → 재공품 → 재료비 → 제품
② 재료비 → 매출원가 → 재공품 → 제품
③ 재료비 → 재공품 → 제품 → 매출원가
④ 매출원가 → 재료비 → 재공품 → 제품

상 중 하

003 다음 중 제조원가명세서와 관련된 설명 중 틀린 것은?

① 재료소비액의 산출과정이 표시된다.
② 당기총제조원가와 당기제품제조원가가 모두 표시된다.
③ 기초재료재고액과 기말재료재고액이 표시된다.
④ 기초재공품재고액과 기초제품재고액이 표시된다.

정답 및 해설

001 ④ 미완성 제품의 제조원가는 재공품 계정으로 집계한다.
002 ③ 원가의 흐름은 '재료비 → 재공품 → 제품 → 매출원가'의 순이다.
003 ④ 제조원가명세서에 기초재공품재고액은 표시되나, 기초제품재고액은 표시되지 않는다.

상 중 하

004 원가 및 비용의 분류 항목 중 제조원가에 해당하는 것은 무엇인가?

① 생산공장의 전기요금
② 영업용 사무실의 전기요금
③ 마케팅부의 교육연수비
④ 생산공장 기계장치의 처분손실

상 중 하

005 다음 자료에서 제조간접비를 계산하면 얼마인가?

• 직접재료비	250,000원	• 직접노무비	480,000원
• 기계 감가상각비	15,000원	• 공장 임차료	300,000원
• 사무실 임차료	200,000원	• 판매수수료	50,000원
• 공장 전력비	120,000원		

① 1,215,000원 ② 1,165,000원
③ 685,000원 ④ 435,000원

상 중 하

006 다음은 (주)에듀윌에서 발생한 원가자료이다. 당기총제조비용은 얼마인가? (단, 제조간접비는 직접노무비의 50%를 배부함)

• 직접재료비	10,000,000원	• 직접노무비	8,050,000원
• 판매비와 관리비	5,000,000원		

① 18,050,000원 ② 22,075,000원
③ 26,100,000원 ④ 27,075,000원

정답 및 해설

004 ① 영업용 사무실의 전기요금, 마케팅부의 교육연수비는 판매비와 관리비, 유형자산의 처분으로 인한 손익은 영업외손익에 해당한다.

005 ④ 기계 감가상각비 15,000원+공장 임차료 300,000원+공장 전력비 120,000원=제조간접비 435,000원

006 ② 당기총제조비용: 직접재료비 10,000,000원+직접노무비 8,050,000원+제조간접비 4,025,000원(=8,050,000원×50%)=22,075,000원

상 중 하

007 재공품 계정의 대변에서 제품 계정의 차변으로 대체되는 금액은 무엇을 의미하는가?

① 당기에 지급된 모든 작업의 원가
② 당기에 투입된 직접원가
③ 당기에 완성된 모든 작업의 원가
④ 당기에 투입된 모든 작업의 원가

상 중 하

008 다음의 원가자료를 근거로 한 '기초원가, 가공원가, 당기총제조원가'의 금액 순으로 나열한 것은?

• 원재료매입액	350,000원	• 직접재료비	400,000원
• 간접재료비	50,000원	• 직접노무비	250,000원
• 공장 전력비	150,000원	• 공장 건물 임차료	50,000원

① 400,000원, 250,000원, 900,000원
② 400,000원, 500,000원, 900,000원
③ 650,000원, 500,000원, 900,000원
④ 650,000원, 500,000원, 1,250,000원

상 중 하

009 다음 자료를 이용하여 당기총제조원가를 구하면 얼마인가?

• 기초 재공품 원가	100,000원	• 직접재료원가	180,000원
• 기말 재공품 원가	80,000원	• 직접노무원가	320,000원
• 공장 전력비	50,000원	• 공장 임차료	200,000원

① 500,000원 ② 600,000원
③ 730,000원 ④ 750,000원

정답 및 해설

007 ③ 재공품 계정 대변에서 제품 계정 차변으로 대체되는 금액은 당기제품제조원가로 당기에 완성된 모든 작업의 원가이다.

008 ③ • 기초원가: 직접재료비 400,000원 + 직접노무비 250,000원 = 650,000원
• 제조간접비: 간접재료비 50,000원 + 공장 전력비 150,000원 + 공장 건물 임차료 50,000원 = 250,000원
• 가공원가: 직접노무비 250,000원 + 제조간접비 250,000원 = 500,000원
• 당기총제조원가: 직접재료비 400,000원 + 직접노무비 250,000원 + 제조간접비 250,000원 = 900,000원

009 ④ • 제조간접원가: 공장 전력비 50,000원 + 공장 임차료 200,000원 = 250,000원
• 당기총제조원가: 직접재료원가 180,000원 + 직접노무원가 320,000원 + 제조간접원가 250,000원 = 750,000원

상 중 하

010 회계기간 중 재공품 계정의 기말재고액이 재공품 계정의 기초재고액보다 증가하였을 때, 다음 중 옳은 것은?

① 매출원가가 제품제조원가보다 더 클 것이다.
② 제품제조원가가 매출원가보다 더 클 것이다.
③ 당기총제조비용이 제품제조원가보다 더 클 것이다.
④ 당기총제조비용이 제품제조원가보다 더 작을 것이다.

상 중 하

011 당기의 재료매입액이 30,000원이다. 기말의 재료재고액이 기초의 재료재고액에 비하여 5,000원 감소하였다면 재공품으로 대체될 당기의 재료원가는 얼마인가?

① 25,000원 ② 30,000원
③ 35,000원 ④ 40,000원

상 중 하

012 다음 자료에서 당기총제조원가를 계산하면 얼마인가?

• 기초원재료	100,000원	• 당기매입원재료	500,000원
• 기말원재료	100,000원	• 직접노무비	3,500,000원
• 제조간접비: (원재료비+직접노무비)×20%			

① 4,020,000원 ② 4,220,000원
③ 4,300,000원 ④ 4,800,000원

상 중 하

013 다음 중 직접재료비가 증가하더라도 영향을 받지 않는 항목은?

① 재공품 ② 제품
③ 매출원가 ④ 제조간접비

정답 및 해설

010 ③ 기말재공품이 기초재공품보다 증가한 경우 당기총제조비용이 제품제조원가보다 더 크다.

011 ③ • 기초재료재고액을 x원이라 하면, 기말의 재료재고액은 $x-5,000$원이다.
• 기초재료재고액 x원+당기매입액 30,000원=당기재료원가+기말재료재고액($x-5,000$원)
∴ 당기재료원가=35,000원

012 ④ • 원재료비: 기초원재료 100,000원+당기매입원재료 500,000원−기말원재료 100,000원=500,000원
• 제조간접비: (원재료비 500,000원+직접노무비 3,500,000)×20%=800,000원
∴ 당기총제조원가: 원재료비 500,000원+직접노무비 3,500,000원+제조간접비 800,000원=4,800,000원

013 ④ 직접재료비가 증가하면 당기총제조원가가 증가하고, 당기제품제조원가와 기말재공품원가가 증가하며, 당기제품제조원가가 증가하면 매출원가와 기말제품원가가 증가한다.

상 중 하

014 다음은 (주)에듀윌의 제조원가와 관련한 자료이다. 당기제품제조원가는 얼마인가?

• 기초재공품	100,000원	• 직접재료비	600,000원
• 가공원가	1,000,000원	• 직접노무비	600,000원
• 기말재공품	250,000원	• 간접재료비	200,000원
• 간접노무비	100,000원		

① 1,350,000원 ② 2,050,000원
③ 1,450,000원 ④ 1,050,000원

상 중 하

015 다음은 제조기업의 원가 관련 자료이다. 매출원가 금액으로 옳은 것은?

• 당기총제조원가	1,500,000원	• 기초재공품재고액	500,000원
• 기초제품재고액	800,000원	• 기말재공품재고액	1,300,000원
• 기말제품재고액	300,000원	• 직접재료원가	700,000원

① 700,000원 ② 800,000원
③ 1,200,000원 ④ 2,000,000원

상 중 하

016 다음 자료에서 당월의 노무비 지급액은 얼마인가?

• 당월 노무비 발생액	500,000원
• 전월 말 노무비 미지급액	20,000원
• 당월 말 노무비 미지급액	60,000원

① 540,000원 ② 520,000원
③ 460,000원 ④ 440,000원

정답 및 해설

014 ③ • 가공원가 1,000,000원 = 직접노무비 600,000원 + 제조간접비 x
∴ 제조간접비 x = 400,000원
• 당기총제조원가: 직접재료비 600,000원 + 직접노무비 600,000원 + 제조간접비 400,000원 = 1,600,000원
∴ 당기제품제조원가: 기초재공품 100,000원 + 당기총제조원가 1,600,000원 − 기말재공품 250,000원 = 1,450,000원

015 ③ • 당기제품제조원가: 기초재공품 500,000원 + 당기총제조원가 1,500,000원 − 기말재공품 1,300,000원 = 700,000원
• 매출원가: 기초제품 800,000원 + 당기제품제조원가 700,000원 − 기말제품 300,000원 = 1,200,000원

016 ③ 당월 노무비 발생액 500,000원 + 전월 말 노무비 미지급액 20,000원 − 당월 말 노무비 미지급액 60,000원 = 460,000원

상 중 하

017 다음 자료에서 당기총제조원가(당기총제조비용)를 계산하면 얼마인가?

• 직접재료비	10,000원	• 기초재공품재고액	7,000원
• 직접노무비	15,000원	• 기말재공품재고액	3,000원
• 변동제조간접비	5,000원	• 기초제품재고액	8,000원
• 고정제조간접비	6,000원	• 기말제품재고액	9,000원

① 30,000원 ② 36,000원
③ 39,000원 ④ 40,000원

상 중 하

018 당기의 원재료 매입액은 20억원이고, 기말원재료재고액이 기초원재료재고액보다 3억원이 감소한 경우, 당기의 원재료원가는 얼마인가?

① 17억원 ② 20억원
③ 23억원 ④ 25억원

상 중 하

019 (주)에듀윌의 당기 직접재료비는 60,000원이고, 제조간접비는 99,000원이다. (주)에듀윌의 직접노무비는 가공비의 10%에 해당하는 경우, 당기의 직접노무비는 얼마인가?

① 9,000원 ② 10,000원
③ 11,000원 ④ 12,000원

정답 및 해설

017 ② 직접재료비 10,000원+직접노무비 15,000원+변동제조간접비 5,000원+고정제조간접비 6,000원=36,000원

018 ③ • 기초원재료재고액A+당기 원재료 매입액 20억원−기말원재료재고액B=당기원재료
• 당기 원재료 매입액 20억원+원재료 재고 감소액 3억원=당기원재료 23억원

019 ③ 직접노무비=가공비×10%=(직접노무비+제조간접비)×10%=(직접노무비+99,000원)×10%
∴ 직접노무비=11,000원

상 중 하

020 당기제품제조원가가 850,000원일 때, 기말재공품원가를 계산하면 얼마인가?

• 직접재료비	200,000원	• 직접노무비	300,000원
• 변동제조간접비	300,000원	• 고정제조간접비	100,000원
• 기초재공품	250,000원	• 기말재공품	?
• 기초제품	500,000원	• 기말제품	400,000원

① 300,000원
② 350,000원
③ 400,000원
④ 450,000원

상 중 하

021 다음 자료에서 당기제품제조원가에 반영된 원재료비는 얼마인가?

• 재고자산별 기초가액: 재고자산별 기말가액의 50%이다.
• 기말원재료가액: 100,000원
• 기말재공품가액: 200,000원
• 당기제품제조원가: 1,000,000원
• 당기발생가공원가: 700,000원

① 100,000원
② 400,000원
③ 450,000원
④ 1,100,000원

상 중 하

022 다음 중 원가 항목과 그 원가 항목의 금액을 확인할 수 있는 재무제표의 연결이 적절하지 않은 것은? (단, 재무제표는 2개년 비교 형식으로 제공되는 것으로 가정함)

① 기말제품: 재무상태표, 손익계산서
② 기초재공품: 재무상태표
③ 기말재공품: 재무상태표
④ 원재료비: 재무상태표

정답 및 해설

020 ① 당기제품제조원가 850,000원 = 직접재료비 200,000원 + 직접노무비 300,000원 + 변동제조간접비 300,000원 + 고정제조간접비 100,000원 + 기초재공품 250,000원 − 기말재공품원가
∴ 기말재공품원가 = 300,000원

021 ② • 당기제품제조원가 1,000,000원 = 기초재공품가액 100,000원(= 200,000원 × 50%) + 당기총제조원가 − 기말재공품가액 200,000원
∴ 당기총제조원가 = 1,100,000원
• 당기총제조원가 1,100,000원 = 원재료비 + 가공원가 700,000원
∴ 원재료비 = 400,000원

022 ④ 원재료비는 재무상태표를 통해 확인할 수 없고, 제조원가명세서를 통해 확인할 수 있다.

상 중 하

023 다음 제조원가명세서와 관련된 설명 중 틀린 것은?

① 재료소비액의 산출과정이 표시된다.
② 기초재공품과 기말재공품재고액이 표시된다.
③ 기초재료와 기말재료재고액이 표시된다.
④ 외부에 보고되는 보고서이다.

상 중 하

024 다음의 자료에 의한 당기직접재료원가는 얼마인가?

• 기초원재료	1,200,000원	• 기초재공품	200,000원
• 당기원재료매입액	900,000원	• 기말재공품	300,000원
• 기말원재료	850,000원	• 기초제품	400,000원
• 기말제품	500,000원	• 직접노무원가	500,000원

① 1,150,000원　　② 1,250,000원
③ 1,350,000원　　④ 1,650,000원

상 중 하

025 다음 중 제조원가명세서의 구성요소로 옳은 것을 모두 고른 것은?

가. 기초재공품재고액　　나. 기말원재료재고액
다. 기말제품재고액　　라. 당기제품제조원가
마. 당기총제조비용

① 가, 나　　② 가, 나, 라
③ 가, 나, 다, 라　　④ 가, 나, 라, 마

정답 및 해설

023 ④ 제조원가명세서는 내부보고용으로 원가계산준칙을 준용한다.

024 ② 당기직접재료원가: 기초원재료 1,200,000원 + 당기원재료매입액 900,000원 − 기말원재료 850,000원 = 1,250,000원

025 ④ • 기초재공품재고액, 기말원재료재고액, 당기제품제조원가, 당기총제조비용은 제조원가명세서에서 확인할 수 있다.
• 기말제품재고액은 재무상태표와 손익계산서에서 확인할 수 있다.

상 중 하

026 다음 자료에 의한 당기총제조원가는 얼마인가? 단, 노무원가는 발생주의에 따라 계산한다.

• 기초원재료	300,000원	• 당기지급임금액	350,000원
• 기말원재료	450,000원	• 당기원재료매입액	1,300,000원
• 전기미지급임금액	150,000원	• 제조간접원가	700,000원
• 당기미지급임금액	250,000원	• 기초재공품	200,000원

① 2,100,000원 ② 2,300,000원
③ 2,450,000원 ④ 2,500,000원

상 중 하

027 다음 중 재공품 계정의 대변에 기입하는 사항은?

① 제조간접비배부액 ② 직접재료비소비액
③ 당기제품제조원가 ④ 재공품 전기이월액

상 중 하

028 기말재공품은 기초재공품에 비해 500,000원 증가하였으며, 제조과정에서 직접재료비가 차지하는 비율은 60%이다. 당기제품제조원가가 1,500,000원이라면, 당기총제조원가에 투입한 가공원가는 얼마인가?

① 200,000원 ② 400,000원
③ 600,000원 ④ 800,000원

상 중 하

029 다음 재무제표와 관련된 계산식 중 틀린 것은?

① 매출원가＝기초제품재고액＋당기제품제조원가－기말제품재고액
② 당기제품제조원가＝기초재공품재고액＋당기총제조비용－기말재공품재고액
③ 당기총제조원가＝직접재료비＋직접노무비＋가공원가
④ 원재료소비액＝기초원재료재고액＋당기원재료매입액－기말원재료재고액

정답 및 해설

026 ② • 직접재료원가: 기초원재료 300,000원＋당기원재료매입액 1,300,000원－기말원재료 450,000원＝1,150,000원
• 직접노무원가: 당기지급임금액 350,000원＋당기미지급임금액 250,000원－전기미지급임금액 150,000원＝450,000원
∴ 당기총제조원가: 직접재료원가 1,150,000원＋직접노무원가 450,000원＋제조간접원가 700,000원＝2,300,000원

027 ③ 당기제품제조원가는 재공품 계정의 대변에 기입하는 사항이다.

028 ④ • 당기총제조원가: 당기제품제조원가 1,500,000원－기초재공품 x＋기말재공품(x＋500,000원)＝2,000,000원
• 가공원가: 당기총제조원가 2,000,000원×가공원가 비율 40%＝800,000원

029 ③ 당기총제조원가＝직접재료비＋직접노무비＋제조간접비

상 중 하

030 다음 자료를 통해 알 수 있는 가공원가는 얼마인가?

• 직접재료비	2,000,000원	• 간접재료비	300,000원
• 직접노무비	1,000,000원	• 간접노무비	300,000원
• 간접제조경비	300,000원		

① 1,300,000원 ② 1,600,000원
③ 1,900,000원 ④ 3,000,000원

상 중 하

031 직접노무비의 70%를 제조간접비로 배부하는 경우, 특정 작업에 배부된 제조간접비가 35,000원이라면 그 작업에 소요된 직접노무비는 얼마인가?

① 40,000원 ② 45,000원
③ 50,000원 ④ 55,000원

상 중 하

032 다음 중 제조원가계산을 위한 재공품 계정에 표시될 수 없는 것은?

① 당기총제조원가 ② 기초재공품재고액
③ 당기제품제조원가 ④ 기말원재료재고액

상 중 하

033 다음 중 제조원가명세서의 당기제품제조원가에 영향을 미치지 않는 거래는?

① 당기에 투입된 원재료를 과대계상하였다.
② 공장 직원의 복리후생비를 과대계상하였다.
③ 당기의 기말재공품을 과대계상하였다.
④ 기초제품을 과대계상하였다.

정답 및 해설

030 ③ 간접제조경비 300,000원 + 간접재료비 300,000원 + 간접노무비 300,000원 = 제조간접비 900,000원
∴ 가공원가: 직접노무비 1,000,000원 + 제조간접비 900,000원 = 1,900,000원

031 ③ 직접노무비: 제조간접비 35,000원 ÷ 70% = 50,000원

032 ④ 기말원재료재고액은 원재료 계정에 표시된다.

033 ④ 기초제품의 계상 오류는 당기제품제조원가에 영향을 미치지 않는다.

CHAPTER

03 원가배분

핵심키워드

- 원가의 배분 및 원가배분기준
- 보조부문원가의 배분
- 단일배분율법과 이중배분율법

1회독 2회독 3회독

1 원가배분의 정의 및 목적

1. 원가배분의 정의

원가배분(Cost Allocation)이란 간접원가 혹은 공통원가를 집계하여 일정한 배분기준에 따라 원가대상에 대응시키는 과정이다.

원가배분
간접원가를 원가대상에 배분하는 과정

2. 원가배분의 목적

원가배분은 경제적 의사결정, 종업원의 동기부여와 성과평가, 외부보고 재무제표 작성, 가격결정을 목적으로 한다.

2 원가배분과정

원가배분과정
- 1단계: 원가대상의 선정
- 2단계: 원가의 집계
- 3단계: 배분기준의 선택
- 4단계: 원가배분

1. [1단계] 원가대상의 선정

원가대상은 원가집적대상과 원가배분대상으로 분류하여 선정한다.

2. [2단계] 원가의 집계

원가집적대상에 원가를 집계한다.

3. [3단계] 배분기준의 선택

원가집적대상에 집적된 원가를 원가배분대상에 합리적으로 연결시켜 줄 수 있는 원가배분기준을 선택한다.

4. [4단계] 원가배분

공통부문비를 각 부문으로, 각 부문에 배부된 원가를 제품으로 다시 배분하는 경우 첫 번째 단계는 공통부문비의 측면에서 공통부문비와 원가집적대상, 각 부문이 원가배분대상이 되며, 두 번째 단계에서는 각 부문이 원가집적대상, 제품이 원가배분대상이 된다.

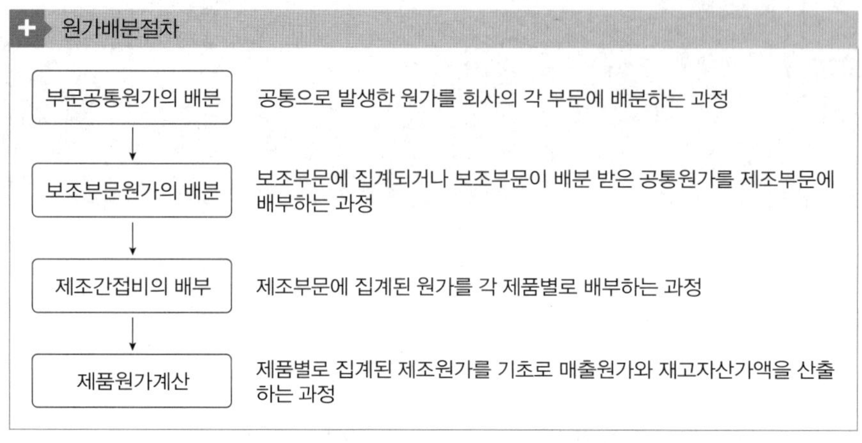
원가배분절차

부문공통원가의 배분	공통으로 발생한 원가를 회사의 각 부문에 배분하는 과정
↓	
보조부문원가의 배분	보조부문에 집계되거나 보조부문이 배분 받은 공통원가를 제조부문에 배부하는 과정
↓	
제조간접비의 배부	제조부문에 집계된 원가를 각 제품별로 배부하는 과정
↓	
제품원가계산	제품별로 집계된 제조원가를 기초로 매출원가와 재고자산가액을 산출하는 과정

▶ 원가회계에서 공통원가를 원가대상에 대응시키는 것을 배분이라 하고, 제조간접비를 해당 제품의 원가로 보내는 것을 배부라고 한다.

3 원가배분기준

원가배분에서 가장 중요한 것은 원가배분기준의 설정이다. 만약 원가배분대상과 배분될 원가 사이에 직접적인 관계가 존재한다면 별도로 배분기준을 설정할 필요 없이 바로 배분하지만, 직접적인 관계가 존재하지 않는다면 합리적인 기준을 설정하여 인위적으로 배분해야 한다.

원가배분기준
- 인과관계기준
- 수혜기준
- 부담능력기준
- 공정성과 공평성기준
- 증분기준

1. 인과관계기준(Cause&Effect Criterion)

특정 원가의 발생이 특정 생산활동에 원인이 있으면 원가와 특정 활동이 인과관계가 있다고 하는데, 이 인과관계를 근거로 하여 원가를 배분하는 것이 인과관계기준이다. 인과관계기준은 원가배분을 가장 정확하게 할 수 있는 이상적인 배분기준이기는 하나, 인과관계의 정확한 측정이 곤란하다는 한계가 있다.

예 건물의 전기료를 각 사무실의 전기 사용량에 따라 배분

2. 수혜기준(Benefits Received Criterion)

공통원가로부터 받은 경제적 효익에 따라 원가를 배분하는 것을 말한다. 즉, 많은 수혜를 입은 자가 많은 원가를 부담한다는 것이 수혜기준의 기본적인 개념이다.

예 기업 광고 이후 매출이 향상된 경우 각 부서의 매출 증가액에 따라 배분

3. 부담능력기준(Ability to Bear Criterion)

원가배분대상의 부담능력에 비례하여 원가를 배분하는 방법이다. 이 방법은 매출액 혹은 이익이 원가에 근거하여 결정되는 것임에도 불구하고 원가를 배분하는 기준으로 매출액 혹은 원가를 설정한다는 모순과 많은 성과를 달성한 부문에 많은 원가가 배분된다는 성과평가상의 문제점이 있다.

4. 공정성과 공평성기준(Fairness&Justice Criterion)

공정성과 공평성기준은 공정하고 공평하게 원가를 배분하고자 하는 이상을 표현한 것이다. 이러한 기준은 너무 포괄적이고 추상적인 개념이라 구체적인 배분기준으로 활용하기 곤란하다는 문제점이 있다.

5. 증분기준(Incremental Effect Criterion)

증분기준은 전체 원가를 기준으로 비교하는 것이 아니라 증가하는 부분만을 염두에 두고 의사결정을 내리는 것이다.

4 제조부문과 보조부문

제조부문은 제품의 제조활동과 직접적으로 관련된 부문이며, 각 제조부문의 명칭은 업종에 따라 다양하다. 반면, 보조부문은 서비스부문이라고도 하며, 직접 제품제조활동을 하지는 않지만 제조부문의 생산활동에 없어서는 안 되는 부문이다. 따라서 보조부문은 제조부문에 관련 용역을 제공하고 다른 보조부문에도 그 용역의 일부를 제공함으로써 생산활동을 지원하는 백업역할을 한다. 그러므로 보조부문에서 발생한 원가도 제품제조와 간접적으로 관련된 간접원가의 일부로 적절한 방법을 통해 제품에 배부되어야 한다.

5 원가배분

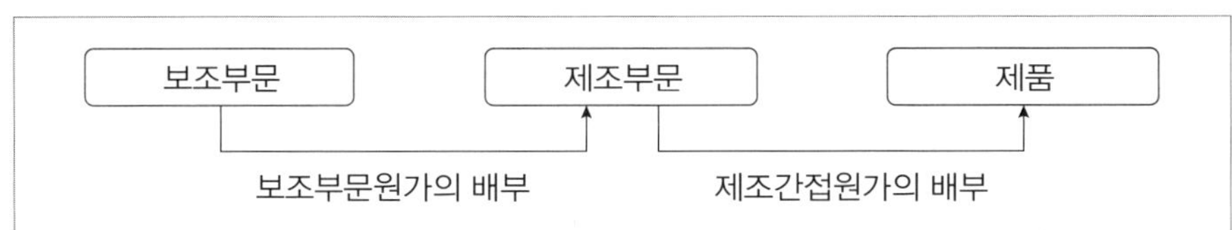

원가배분
- 보조부문원가의 배부
- 제조부문원가의 배부

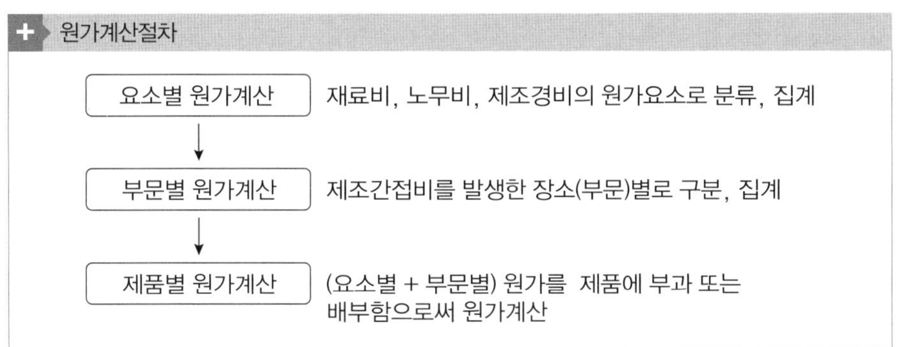

원가계산절차
요소별 원가계산
재료비, 노무비, 제조경비의 원가요소로 분류, 집계
부문별 원가계산
제조간접비를 발생한 장소(부문)별로 구분, 집계
제품별 원가계산
(요소별 + 부문별) 원가를 제품에 부과 또는 배부함으로써 원가계산

6 보조부문 상호 간의 용역수수에 따른 배분방법 중요

▸ 최신 36회 중 22문제 출제

▶ 강의 바로보기

1. 직접배분법(Direct Method)

직접배분법은 각 보조부문에서 발생한 원가를 제조부문에 직접배분하는 방법으로 보조부문 상호 간의 용역수수관계를 완전히 무시하는 방법이다. 이 방법은 계산이 간편하다는 장점이 있으나, 보조부문 상호 간의 용역수수관계를 고려하지 않아 정확한 원가배분을 하지 못한다는 단점이 있다. 따라서 보조부문 상호 간의 용역수수가 작을 경우 유용하나, 보조부문 상호 간의 용역수수관계가 큰 경우에는 사용하지 않는 것이 좋다.

보조부문원가의 배분

구분	직접	단계	상호
용역수수관계	고려 ×	일부 고려	완전 고려
계산	간편 계산	절충형	계산 복잡

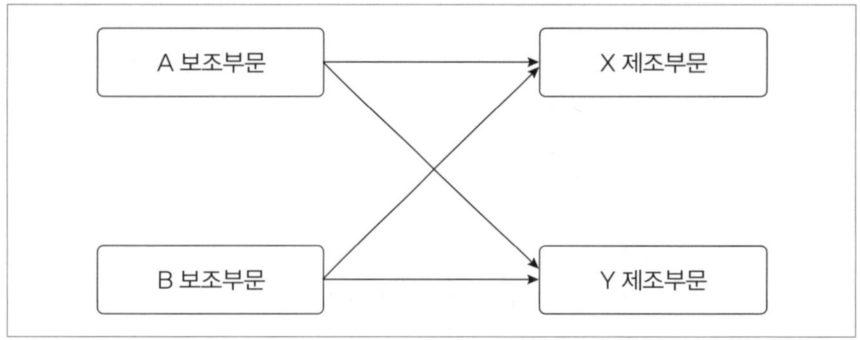

2. 단계배분법(Step Method)

단계배분법은 보조부문 간에 원가배분의 우선순위를 정하여 우선순위가 높은 보조부문원가부터 하위의 보조부문 및 제조부문에 배분하고, 다음 보조부문에서 그 다음 하위 보조부문 및 제조부문에 단계적으로 배분하는 방법이다. 하위 보조부문원가는 상위 보조부문에 배분되지 못하므로 상호배분법보다 간편하며, 직접배분법에 비해 부문 간의 용역수수를 인식한다는 장점이 있다. 다만, 우선순위의 설정이 잘못될 경우 직접배분법보다 더 왜곡된 원가배분이 이루어질 수 있다는 단점이 있다.

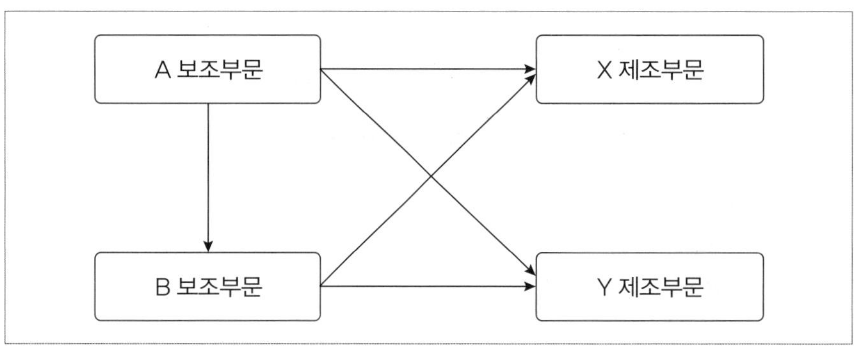

3. 상호배분법(Reciprocal Method)

상호배분법은 보조부문 간의 상호 관련성을 모두 고려하는 배분방법으로, 보조부문 사이에 용역수수관계가 존재할 때 각 보조부문 간의 용역수수관계를 연립방정식을 통해 계산한 다음, 이를 바탕으로 보조부문원가를 배분하는 방법이다. 따라서 보조부문 간의 용역수수관계를 완벽하게 고려하여 정확한 계산을 할 수 있다.

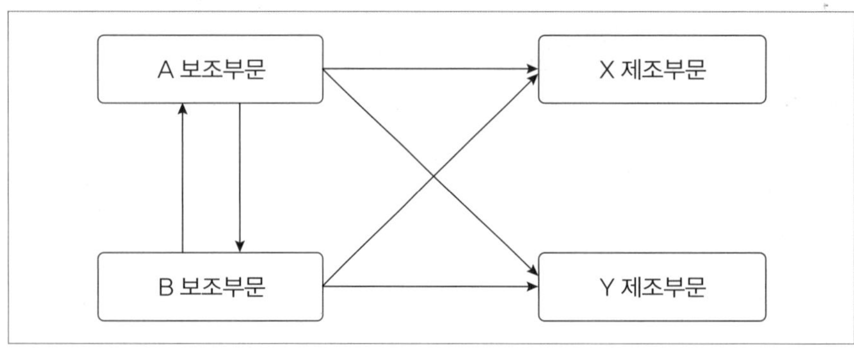

7 보조부문원가 · 제조부문원가의 배분

보조부문원가의 배분은 보조부문에서 발생한 원가를 각 제조부문으로 배분하는 것을 의미한다. 보조부문에서 제조부문으로 배분된 원가는 각 제조부문에서 발생한 원가와 합쳐져서 각 제조부문의 제조간접원가를 구성하고, 제조간접원가의 배부를 통하여 각 제품에 배부된다.

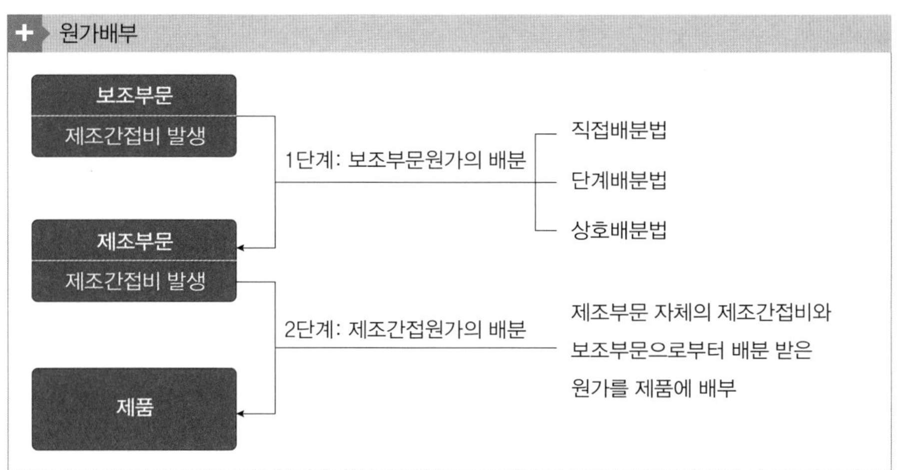

연습문제

(주)에듀윌의 공장에는 두 개의 보조부문 A, B와 두 개의 제조부문 X, Y가 있다. 각 부문의 용역수수관계와 발생원가(제조간접비)는 다음과 같다. 요구사항에 따라 각 방법에 의한 제조부문 X, Y의 제조원가를 계산하시오.

제공 / 사용	보조부문		제조부문		합계
	A	B	X	Y	
A	–	20%	50%	30%	100%
B	20%	–	30%	50%	100%
발생원가	100,000원	200,000원	300,000원	400,000원	1,000,000원

〈요구사항〉

[1] 직접배분법

[2] 단계배분법(A 먼저 배분)

| 풀이 |

[1]

X 원가	(X 원가)	300,000원	Y 원가	(Y 원가)	400,000원
A 배부	100,000원×50/80	62,500원	A 배부	100,000원×30/80	37,500원
B 배부	200,000원×30/80	75,000원	B 배부	200,000원×50/80	125,000원
합계	–	437,500원	합계	–	562,500원

[2]

X 원가	(X 원가)	300,000원	Y 원가	(Y 원가)	400,000원
A 배부	100,000원×50/100	50,000원	A 배부	100,000원×30/100	30,000원
B 배부	220,000원*×30/80	82,500원	B 배부	220,000원*×50/80	137,500원
합계	–	432,500원	합계	–	567,500원

* B 보조부문 제조간접비 200,000원+A 보조부문에서 배부받은 원가 20,000원(100,000원×20%)

계산구조

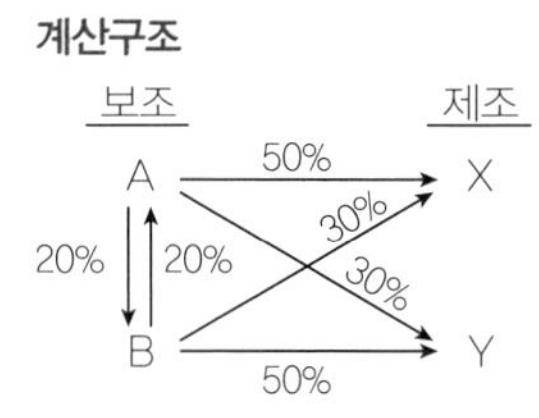

8 보조부문 원가행태에 따른 배분방법

제조간접비를 구분 없이 하나의 배분기준으로 제조부문에 배분할 것인지, 제조간접비를 변동비와 고정비로 구분하여 각각 별개의 배분기준으로 제조부문에 배분할 것인지에 따라 단일배분율법과 이중배분율법으로 구분한다.

▶ 보조부문 상호 간의 용역수수에 따른 배분방법(직접배분법, 단계배분법, 상호배분법)과 보조부문 원가행태에 따른 배분방법(단일배분율법, 이중배분율법)은 서로 결합하여 사용할 수 있다.

1. 단일배분율법(Single Rate Method)

단일배분율법이란 보조부문원가를 제조부문에 배분할 때 변동비와 고정비로 구분하지 않고 하나의 배분율을 사용하는 방법이다.

2. 이중배분율법(Dual Rate Method) 중요

이중배분율법이란 보조부문원가를 변동비와 고정비로 구분하고, 이들을 각각 별개의 배분기준을 사용하여 제조부문에 배분하는 방법을 말한다. 이중배분율법은 보조부문원가를 제조부문에 배분할 때 변동비와 고정비로 구분하여 고정비는 보조부문이 제공하는 용역에 대한 각 부문의 최대 사용량을 기준으로 배분하고, 변동비는 각 부문의 실제 사용량을 기준으로 배분하는 방법이다. 이렇게 하는 이유는 보조부문의 고정비는 제조부문이 생산설비를 최대로 가동할 때에도 충분한 용역을 공급할 수 있도록 각 부문의 최대 사용량에 대응하여 구입한 고정자산의 유지비용인 반면, 보조부문의 변동비는 각 부문의 실제 사용량에 비례하여 발생하기 때문이다.

구분	실제 조업도	최대 조업도
변동제조간접비	○	×
고정제조간접비	×	○

이중배분율법

	조업도
VOH	실제
FOH	최대

합격을 다지는 실전문제

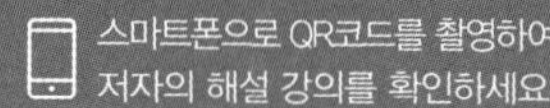

상 중 하

001 부문공통비인 건물의 감가상각비 배분기준으로 가장 적합한 것은?

① 각 부문의 인원수
② 각 부문의 면적
③ 각 부문의 작업시간
④ 각 부문의 노무비

상 중 하

002 다음 보조부문비의 배분방법 중 단계배분법에 대한 설명으로 틀린 것은?

① 보조부문 상호 간의 용역수수를 완전히 고려하는 방법이다.
② 보조무문의 배분 순서를 합리적으로 결정하는 것이 매우 중요하다.
③ 보조부문의 배분 순서에 따라 배부액이 달라질 수 있다.
④ 최초 배분되는 부문의 경우 자신을 제외한 다른 모든 부문에 배분된다.

상 중 하

003 다음 중 보조부문의 용역수수관계를 고려한 원가배분방법을 모두 고른 것은?

A. 단계배분법	B. 상호배분법	C. 직접배분법

① A, C
② B, C
③ A, B
④ A, B, C

정답 및 해설

001 ② 건물의 감가상각비 배분기준은 각 부문의 면적 비율이 가장 적합하다.

002 ① 보조부문 상호 간의 용역수수를 완전히 고려하는 방법은 상호배분법이며, 단계배분법은 상호 간의 용역수수를 일부만 고려하는 방법이다.

003 ③ 직접배분법은 보조부문 상호 간의 용역수수관계를 완전히 무시하고 배분하는 방법이다.

상 중 하

004 다음 중 일반적인 제조기업의 원가계산의 흐름을 바르게 설명한 것은?

① 부문별 원가계산 → 요소별 원가계산 → 제품별 원가계산
② 부문별 원가계산 → 제품별 원가계산 → 요소별 원가계산
③ 요소별 원가계산 → 부문별 원가계산 → 제품별 원가계산
④ 요소별 원가계산 → 제품별 원가계산 → 부문별 원가계산

상 중 하

005 다음 중 보조부문의 원가 배분에 대한 설명으로 옳지 않은 것은?

① 보조부문의 원가 배분방법으로는 직접배분법, 단계배분법 및 상호배분법이 있으며, 어떤 방법을 사용하더라도 전체 보조부문의 원가는 차이가 없다.
② 상호배분법을 사용할 경우, 부문간 상호수수를 고려하여 계산하기 때문에 어떤 배분방법보다 정확성이 높다고 할 수 있다.
③ 단계배분법을 사용할 경우, 배분순서를 어떻게 하더라도 각 보조부문에 배분되는 금액은 차이가 없다.
④ 직접배분법을 사용할 경우, 보조부문 원가 배분액의 계산은 쉬우나 부문간 상호수수에 대해서는 전혀 고려하지 않는다.

상 중 하

006 보조부문비를 제조부문에 배분하는 방법에 대한 설명 중 틀린 것은?

① 직접배분법은 보조부문 상호 간의 용역수수를 전혀 고려하지 않는 방법이다.
② 단계배분법은 보조부문 상호 간의 용역수수를 일부 고려하는 방법이다.
③ 상호배분법은 보조부문 상호 간의 용역수수를 완전히 고려하는 방법이다.
④ 계산의 정확성은 '직접배분법 > 단계배분법 > 상호배분법' 순으로 높다.

상 중 하

007 기초재고와 기말재고가 없는 경우, 보조부문의 원가를 배분하는 방법에 대한 내용으로 틀린 것은?

① 직접배분법은 보조부문 상호 간의 용역 제공관계를 고려하지 않는다.
② 단계배분법과 상호배분법은 보조부문 상호 간의 용역 제공관계를 고려한다.
③ 어떤 방법을 사용하더라도 보조부문비 총액은 모두 제조부문에 배분된다.
④ 보조부문 배분방법에 따라 회사의 총이익도 달라진다.

정답 및 해설

004 ③ 원가계산은 '요소별 원가계산 → 부문별 원가계산 → 제품별 원가계산' 순으로 진행된다.
005 ③ 단계배분법을 사용할 경우, 배부순서에 따라 각 보조부문에 배분되는 금액은 차이가 발생한다.
006 ④ 계산의 정확성은 '직접배분법 < 단계배분법 < 상호배분법' 순으로 높다.
007 ④ 기초, 기말재고가 없다면 제품의 총원가는 어떤 방법으로 배분하더라도 같기 때문에 회사의 총이익 역시 배분방법에 따라 달라지지 않는다.

상 중 하

008

다음 자료에 의하여 보조부문의 제조간접비를 다른 보조부문에는 배부하지 않고 제조부문에만 직접 배부할 경우, 수선부문에서 조립부문으로 배부될 제조간접비는 얼마인가?

구분		보조부문		제조부문	
		수선부문	관리부문	조립부문	절단부문
제조간접비		80,000원	100,000원	–	–
부문별 배부율	수선부문	–	20%	40%	40%
	관리부문	50%	–	20%	30%

① 24,000원　② 32,000원
③ 40,000원　④ 50,000원

상 중 하

009

(주)에듀윌은 X, Y 보조부문과 A, B 제조부문이 있다. 각 부문의 용역수수관계와 제조간접비 발생원가는 다음과 같다. 직접배분법에 의해 보조부문의 제조간접비를 배분한다면 B 제조부문의 총제조간접비는 얼마인가?

구분		보조부문		제조부문		합계
		X	Y	A	B	
자기부문 발생액		150,000원	250,000원	300,000원	200,000원	900,000원
제공한 횟수	X	–	200회	300회	700회	1,200회
	Y	500회	–	500회	1,500회	2,500회

① 200,000원　② 292,500원
③ 492,500원　④ 600,000원

상 중 하

010

다음 중 보조부문비와 관련된 설명으로 틀린 것은?

① 이중배분율법에 직접배분법, 단계배분법, 상호배분법을 적용할 수 없다.
② 원가행태에 의한 배분방법으로 단일배분율법과 이중배분율법이 있다.
③ 상호배분법은 보조부문비를 용역수수관계에 따라 다른 보조부문과 제조부문에 배분하는 방법이다.
④ 이중배분율법은 원가행태에 따라 배분기준을 달리 적용한다.

정답 및 해설

008 ③ 80,000원×40%÷(40%+40%)=40,000원

009 ③ • X 보조부문 → B 제조부문 배분액: 150,000원×700회/1,000회=105,000원
• Y 보조부문 → B 제조부문 배분액: 250,000원×1,500회/2,000회=187,500원
∴ B 제조부문 총제조간접비: 200,000원+105,000원+187,500원=492,500원

010 ① 이중배분율법도 단일배분율법과 같이 직접배분법, 단계배분법, 상호배분법을 적용할 수 있다.

상 중 하

011 (주)에듀윌은 단계배분법을 이용하여 보조부문 제조간접비를 제조부문에 배부하고자 한다. 각 부문별 원가 발생액과 보조부문의 용역 공급이 다음과 같을 경우 수선부문에서 절단부문으로 배부될 제조간접비는 얼마인가? (단, 전력부문부터 배부한다고 가정함)

구분	제조부문		보조부문	
	조립부문	절단부문	전력부문	수선부문
자기부문 제조간접비	200,000원	400,000원	200,000원	360,000원
전력부문 동력 공급	300kW	100kW	–	100kW
수선부문 수선 공급	10시간	40시간	50시간	–

① 160,000원
② 200,000원
③ 244,000원
④ 320,000원

상 중 하

012 (주)에듀윌이 전력비를 원가대상에서 사용한 전력량을 기준으로 배분하였다면 어떤 기준(근거)에 의하여 원가배분을 수행한 것인가?

① 인과관계기준
② 수혜기준(수익자 부담기준)
③ 부담능력기준
④ 공정성과 공평성기준

상 중 하

013 A사는 많은 기업들이 입주해 있는 건물을 관리하고 있으며 경비담당 직원들은 모든 입주기업들의 사무실 및 건물 전체의 경비를 맡고 있다. 건물 전체의 경비업무 수수료를 각 기업에 배부하기 위한 기준으로 가장 적합한 것은?

① 각 입주기업의 직원 수
② 각 입주기업의 임대면적
③ 각 입주기업의 전력 사용량
④ 각 입주기업의 근무시간

정답 및 해설

011 ④ • 전력부문 → 수선부문 배분액: 200,000원×100kW/(300kW+100kW+100kW)=40,000원
• 수선부문 → 절단부문 배분액: (360,000원+40,000원)×40시간/(10시간+40시간)=320,000원

012 ① 정확한 원가계산을 위한 원가배분의 기본원칙은 원가 발생이라는 결과를 야기시킨 원인(원가동인)에 따라 원가를 배분하는 인과관계기준이며, 이 방법이 경제적으로 실현 가능한 경우에는 반드시 인과관계기준에 의하여 원가배분을 해야 한다.

013 ② 건물 전체의 경비업무 수수료를 각 기업에 배부하는 기준으로는 각 입주기업의 임대면적이 가장 적합하다.

014 (주)에듀윌은 2025년도 상반기 영업실적이 좋아 기업 본사뿐만 아니라 공장 지점, 영업소의 전 사원에게 균등하게 복리후생비를 지급하려고 한다. 기업 전체의 복리후생비를 각 본사와 지사에 배부하기 위한 기준으로 가장 적합한 것은?

① 각 지사의 전력 소비량
② 각 지사의 연료 소비량
③ 각 지사의 면적
④ 각 지사의 종업원 수

상 중 하

015 다음 자료를 이용하여 제조부문 Y에 배부되는 보조부문의 제조간접비 총액을 계산하면 얼마인가? (단, 단계배분법을 사용하고, A부문을 먼저 배분할 것)

구분	보조부문		제조부문	
	A부문	B부문	X부문	Y부문
A부문	–	40%	20%	40%
B부문	20%	–	30%	50%
발생원가	300,000원	400,000원	400,000원	600,000원

① 120,000원
② 315,000원
③ 325,000원
④ 445,000원

상 중 하

016 다음은 보조부문원가에 관한 자료이다. 보조부문의 제조간접비를 다른 보조부문에는 배부하지 않고 제조부문에만 직접 배부할 경우 수선부문에서 절삭부문으로 배부될 제조간접비는 얼마인가?

구분		보조부문		제조부문	
		수선부문	포장부문	조립부문	절삭부문
제조간접비		80,000원	60,000원	–	–
부문별 배부율	수선부문	–	50%	30%	20%
	포장부문	20%	–	40%	40%

① 16,000원
② 18,000원
③ 24,000원
④ 32,000원

정답 및 해설

014 ④ 복리후생비의 배분은 종업원 수를 기준으로 하는 것이 가장 적합하다.

015 ④ • A부문 → Y부문 배부액: 300,000원×40%=120,000원 … ㉠
• A부문 → B부문 배부액: 300,000원×40%=120,000원 … ㉡
• B부문 → Y부문 배부액: (㉡ 120,000원+400,000원)×50%/(30%+50%)=325,000원 … ㉢
∴ Y부문에 배부되는 보조부문의 총액=㉠ 120,000원+㉢ 325,000원=445,000원

016 ④ 80,000원×20%/(30%+20%)=32,000원

상 중 하

017 다음 중 보조부문원가 배분방법에 대한 설명으로 옳지 않은 것은?

① 상호배분법은 가장 정확성이 높은 배분방법이다.
② 직접배분법은 배분순위를 고려하지 않는 가장 단순한 방법이다.
③ 직접배분법은 단계배분법에 비해 순이익을 높게 계상하는 배분방법이다.
④ 보조부문원가 배분방법 중 배분순위를 고려하여 배분하는 것은 단계배분법이다.

상 중 하

018 단계배분법을 이용하여 보조부문 제조간접비를 제조부문에 배부하고자 한다. 다음 자료를 이용하여 전력부문에서 연마부문으로 배부될 제조간접비를 계산하면 얼마인가? (단, 전력부문부터 배부할 것)

구분		제조부문		보조부문	
		조립부문	연마부문	전력부문	포장부문
자기부문별 제조간접비		300,000원	200,000원	300,000원	150,000원
부문별 배부율	전력부문 동력 공급	150kW	50kW	−	200kW
	포장부문 용역 공급	20시간	30시간	50시간	−

① 37,500원
② 75,000원
③ 150,000원
④ 180,000원

상 중 하

019 다음 보조부문의 제조간접비 배부방법 중 계산방법이 가장 단순한 방법과 배부금액의 정확도가 가장 높은 방법을 순서대로 나열한 것은?

① 직접배분법, 단계배분법
② 단계배분법, 상호배분법
③ 상호배분법, 단계배분법
④ 직접배분법, 상호배분법

정답 및 해설

017 ③ 보조부문의 배분방법 중 어떤 방법을 선택해도 순이익은 동일하다.

018 ① 전력부문 → 연마부문 배부액: 300,000원×50kW/(150kW+50kW+200kW)=37,500원

019 ④ • 직접배분법: 보조부문비를 배분하지 않고 직접 제조부문에만 배부, 간단하지만 정확도, 신뢰도가 낮음
• 단계배분법: 직접배분법과 상호배부법의 절충
• 상호배분법: 보조부문비를 다른 보조부문과 제조부문에 배부, 복잡하지만 정확도, 신뢰도가 높음

상 중 하

020 다음 중 원가배분에 관한 설명으로 틀린 것은?

① 원가배분기준에는 인과관계기준, 수혜기준, 부담능력기준 등이 있다.
② 보조부문 원가를 제조부문에 배분하는 방법에는 직접배분법, 단계배분법, 상호배분법이 있다.
③ 상호배분법은 계산이 단순하지만, 정확성이 낮다는 단점이 있다.
④ 수 개의 부문이 공동으로 사용하는 기계장치의 감가상각비를 각 부문에 배분하기 위한 합리적 배부기준은 부문별 기계장치 사용시간이다.

상 중 하

021 다음 중 보조부문의 원가를 배부하는 방법에 대한 설명으로 옳지 않은 것은?

① 상호배분법은 보조부문 상호 간의 용역 제공관계를 완전히 고려하여 배부하므로 사전에 배부금액을 결정하는 방법이다.
② 단계배분법은 보조부문 상호 간의 용역 제공관계에 대해 우선순위를 정하고 배부하는 방법이다.
③ 직접배분법은 보조부문 상호 간의 용역 제공관계를 무시하고 배부하는 방법이다.
④ 원가계산의 정확성은 '상호배분법 > 단계배분법 > 직접배분법' 순이다.

상 중 하

022 부문별 원가계산에서 보조부문의 원가를 제조부문에 배분하는 방법 중 보조부문의 배분 순서에 따라 제조간접원가의 배분액이 달라지는 방법은?

① 직접배분법 ② 단계배분법
③ 상호배분법 ④ 총배분법

정답 및 해설

020 ③ 상호배분법은 계산이 복잡하지만, 가장 정확하다는 장점이 있다.

021 ① 보조부문의 원가를 배부하는 것을 사전에 결정하는 것은 예정배부율법에 해당한다.

022 ② 단계배분법은 보조부문 간에 원가배분의 우선순위를 정하여 우선순위가 높은 보조부문원가부터 하위의 보조부문 및 제조부문에 배분하고, 다음 보조부문에서 그 다음 하위 보조부문 및 제조부문에 단계적으로 배분하는 방법이다. 단계배분법 사용 시 보조부문의 배분 순서에 따라 제조간접원가의 배분액이 달라진다.

상 중 하

023 다음 중 보조부문의 원가 배분에 대한 설명으로 옳지 않은 것은?

① 보조부문의 원가 배분방법으로는 직접배분법, 단계배분법 및 상호배분법이 있으며, 이들 배분 방법에 따라 전체 보조부문의 원가에 일부 차이가 있을 수 있다.

② 상호배분법은 부문간 상호수수를 고려하여 계산하기 때문에 다른 배분방법보다 계산이 복잡한 방법이라 할 수 있다.

③ 단계배분법은 보조부문간 배분순서에 따라 각 보조부문에 배분되는 금액에 차이가 있을 수 있다.

④ 직접배분법은 보조부문 원가 배분액의 계산이 상대적으로 간편한 방법이라 할 수 있다.

상 중 하

024 다음 중 보조부문 원가의 배부기준으로 적합하지 않은 것은?

	보조부문원가	배부기준
①	건물 관리 부문	점유 면적
②	공장 인사관리 부문	급여 총액
③	전력 부문	전력 사용량
④	수선 부문	수선 횟수

정답 및 해설

023 ① 보조부문의 원가 배분방법으로는 직접배분법, 단계배분법 및 상호배분법이 있으며, 이들 배분 방법에 관계없이 전체 보조부문의 원가는 동일하다.

024 ② 공장 인사 관리 부문의 원가는 종업원의 수를 배부기준으로 하는 것이 적합하다.

인생은 끊임없는 반복.
반복에 지치지 않는 자가 성취한다.

– 윤태호 「미생」 중

CHAPTER 04

개별원가계산

핵심키워드
- 개별원가계산
- 정상원가계산
- 배부차이

□ 1회독 □ 2회독 □ 3회독

1 개별원가계산(Job Order Costing) 중요

▸ 최신 36회 중 8문제 출제

1. 개별원가계산의 의의

제품단위별로 제조되는 제품 수량과 형태에 관해 제조지시서에 기입된 것을 근간으로 제조지시서별로 개별적인 원가를 집계하여 계산하는 방법이다. 다품종 소량생산의 경우 적합한 방법이며, 주문생산이나 반복적이지 않은 제품의 생산방식에 적용된다.

개별원가계산
- 개별 작업별로 원가집계
- 주문생산방식에 적합

2. 개별원가계산에 적합한 업종

개별원가계산은 제품의 종류나 규격이 다양한 개별적인 생산형태의 기업에 적용되는 원가계산방법으로, 제품원가를 개별 작업별로 구분·집계하여 계산한다. 따라서 개별원가계산은 조선업, 건설업, 기계제조업 등과 같이 고객의 주문에 기초하여 요구에 따라 개별적으로 제품을 생산하는 업종에 적합하다.

개별원가계산에 적합한 업종
고객의 주문에 따라 개별적으로 제품을 생산하는 업종
- 조선업
- 건설업
- 기계제조업

3. 개별원가계산의 주의점

개별원가계산은 개별 작업별로 원가계산이 이루어지기 때문에 직접재료비와 직접노무비와 같은 기본원가와 제조간접비의 구분이 매우 중요하다. 직접재료비와 직접노무비는 개별 작업과 관련하여 직접적으로 추적할 수 있는 제조원가이기 때문에 발생된 원가를 그대로 부과하면 되지만, 제조간접비는 특정 제품이나 작업과 관련하여 직접적으로 추적할 수 없는 제조원가이기 때문에 기말의 원가계산 시 이를 적정한 기준으로 배부하여야 한다.

개별원가계산의 주의점
제조간접비의 적정한 기준에 의한 배부

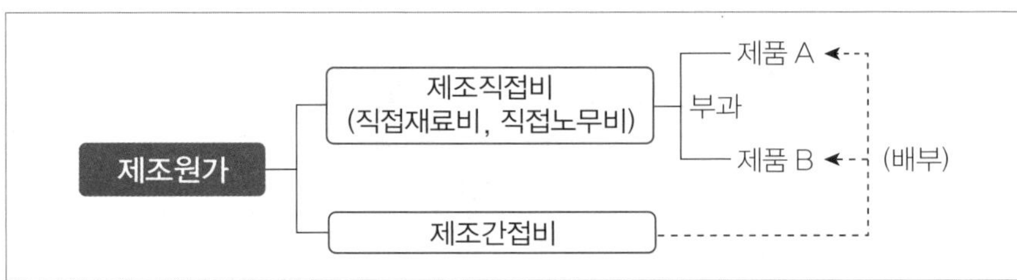

2 실제개별원가계산(Actual Job Order Costing) 중요

1. 직접재료비

재료를 구입하여 제조과정에 투입함으로써 제품이 생산된다. 직접적으로 추적 가능한 재료는 직접재료비로, 직접적으로 추적이 불가능한 재료는 제조간접비로 집계된다.

제조원가의 집계
- 직접재료비 집계
- 직접노무비 집계
- 제조간접비 배부 = 조업도 × 제조간접비 배부율

2. 직접노무비

노무비는 제조과정에 투입된 노동자들의 임금이다. 재료비와 마찬가지로 직접적으로 추적 가능한 노무비는 직접노무비로, 추적이 불가능한 노무비는 제조간접비로 집계된다.

3. 제조간접비

(1) 제조간접비의 의의 및 배부기준

제조간접비는 공장에서 발생한 모든 원가에서 기본원가(직접재료비와 직접노무비)를 제외한 원가를 의미하고, 간접재료비와 간접노무비를 포함한다.

이러한 원가는 특정 작업이나 제품에 직접 부과하는 것이 불가능할 뿐만 아니라 가능하다 하더라도 경제적으로 비효율적이기 때문에 이를 제조간접비 계정에 일괄집계하여 일정한 배부기준에 따라 특정 제품에 배부해야 한다. 이러한 제조간접비의 배부기준은 제조간접비의 발생과 높은 상관관계가 있거나, 논리적으로 타당한 인과관계와 함께 간편한 기준을 적용해야 한다. 그러므로 제조간접비를 각 작업에 배부하는 경우에는 배부기준이 중요하다. 일반적으로 많이 사용하는 배부기준은 ① 직접노무비기준, ② 직접노동시간기준, ③ 기계작업시간기준 등이 있다. 제조간접비 배부가 각 개별 작업별로 합리적으로 배부되어야 정확한 제품원가계산이 가능하다.

(2) 제조간접비 배부율

제조간접비를 개별 작업에 배부하기 위해서는 제조간접비 배부율을 결정해야 하며, 이는 다음과 같이 계산된다.

$$\text{제조간접비 배부율} = \frac{\text{제조간접비(실제)}}{\text{배부기준(조업도)}}$$

제조간접비 배부율은 제조간접비를 직접노무비, 직접노동시간, 기계작업시간 등의 배부기준(조업도)으로 나누어서 계산하기 때문에 이들 배부기준이 확정되는 기말이 되어야 결정된다. 제조간접비 배부율이 결정되면 작업별 배부기준(조업도)에 제조간접비 배부율을 곱하여 각 작업(작업원가표)에 제조간접비를 배부한다.

연습문제

구분	갑제품	을제품	병제품	합계
직접재료비	500,000원	500,000원	1,000,000원	2,000,000원
직접노무비	300,000원	200,000원	500,000원	1,000,000원
기계시간	400시간	250시간	350시간	1,000시간
제조간접비	–	–	–	3,000,000원

〈요구사항〉

[1] 기계시간을 기준으로 갑제품의 제조원가

[2] 직접노무비를 기준으로 을제품의 제조원가

| 풀이 |

[1] • 제조간접비 배부율: 3,000,000원÷1,000시간=@3,000원
- 갑제품에 배부되는 제조간접비: 400시간×@3,000원=1,200,000원

∴갑제품 제조원가: DM 500,000원+DL 300,000원+OH 1,200,000원=2,000,000원

[2] • 제조간접비 배부율: 3,000,000원÷1,000,000원=@3원
- 을제품에 배부되는 제조간접비: 200,000원×@3원=600,000원

∴을제품 제조원가: DM 500,000원+DL 200,000원+OH 600,000원=1,300,000원

3 정상개별원가계산(Normal Costing) 중요

▶ 최신 36회 중 9문제 출제

▶ 강의 바로보기

1. 정상개별원가계산의 의의

직접재료원가와 직접노무원가는 실제원가로, 제조간접원가는 예정배부율로 계산하는 방법으로 배부율의 안정성과 적시성을 동시에 달성시킨다. 정상원가계산의 제조간접원가 예정배부는 실제배부의 문제점을 보완하여 실제배부보다 빠른 원가의 결정과 기간별로 평준화된 제품원가를 계산하기 위해 개발되었다.

정상원가계산
- 직접재료비: 실제발생액
- 직접노무비: 실제발생액
- 제조간접비

$$= 실제조업도 \times \frac{제조간접비(예산)}{예정조업도}$$

2. 제조간접원가 예정배부율

$$제조간접비\ 예정배부율 = \frac{제조간접비(예산)}{예정조업도(배부기준)}$$

제조간접원가 예정배부율은 해당 기간이 시작되기 전에 예상한 총제조간접원가를 예상 총배부기준량으로 나누어 미리 계산한 배부율을 의미한다.

+ 실제개별원가와 정상개별원가의 비교

구분	실제개별원가	정상개별원가
주요 정보이용자	외부 정보이용자	내부 정보이용자(경영자)
원가계산의 시점	회계연도의 기말	제품생산 완료시점(적시성)
제조간접원가 배부방법	실제배부기준량×실제배부율	실제배부기준량×예정배부율
직접재료원가, 직접노무원가	실제발생액 배부	실제발생액 배부

연습문제

구분	갑제품	을제품	병제품	합계
직접재료비	500,000원	500,000원	1,000,000원	2,000,000원
직접노무비	300,000원	200,000원	500,000원	1,000,000원
기계시간	400시간	250시간	350시간	1,000시간
제조간접비	–	–	–	3,000,000원
기계시간예정	600시간	500시간	300시간	1,400시간
제조간접비(예산)	–	–	–	2,800,000원

〈요구사항〉

기계시간을 기준으로 갑제품의 제조원가(정상원가)

| 풀이 |

- 예정배부율: 2,800,000원÷1,400시간=@2,000원
- 갑제품에 배부되는 제조간접비: 400시간×@2,000원=800,000원

∴갑제품 제조원가: DM 500,000원+DL 300,000원+OH 800,000원=1,600,000원

3. 배부차이 조정

정상개별원가계산은 제조간접비 예정배부율을 이용하여 제조간접비를 계산한다. 그러나 외부 보고를 위해서는 실제로 발생한 제조간접비를 반영해야 하므로 제조간접비 실제발생액과 예정배부액의 차이를 조정해야 한다.

(1) 배부차이

① 과소배부

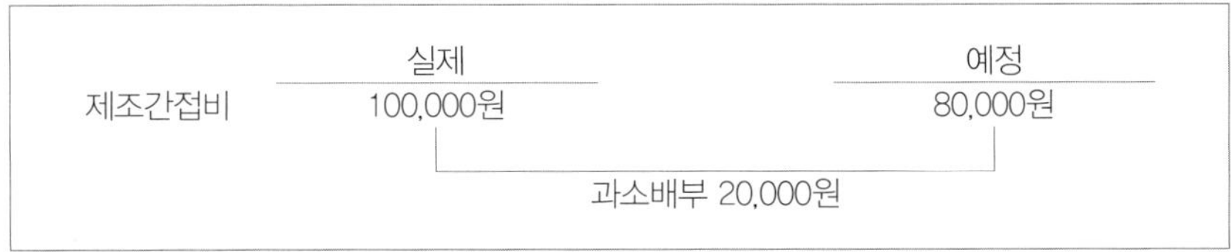

② 과대배부

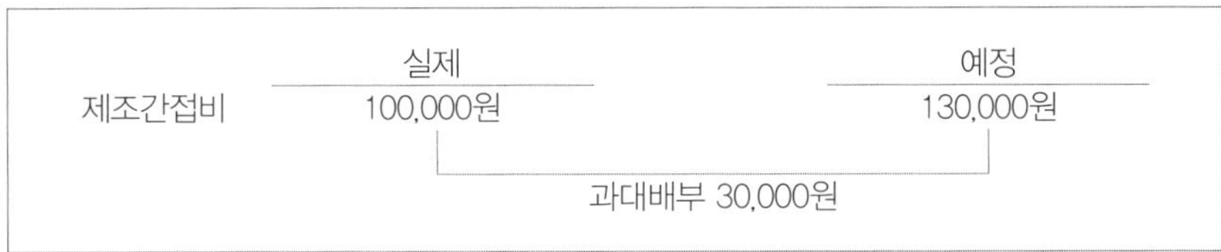

(2) 배부차이 조정방법

매출원가조정법	배부차이를 전액 매출원가에서 가감하는 방법
총원가비례조정법	재공품, 제품, 매출원가의 잔액으로 배부차이를 안분하는 방법
원가요소비례조정법	재공품, 제품, 매출원가의 잔액 중 제조간접원가 배부액의 잔액을 기준으로 배부차이를 안분하는 방법

배부차이 조정
- 과소배부 차이: 원가에 가산
- 과대배부 차이: 원가에서 차감

배부차이
- 과소배부: 실제 > 예정
- 과대배부: 실제 < 예정

합격을 다지는 실전문제

스마트폰으로 QR코드를 촬영하여 저자의 해설 강의를 확인하세요.

상 중 하

001 **개별원가계산제도에서 각 작업별 직접재료비, 직접노무비, 제조간접비가 집계 · 기록되는 장소는?**

① 작업원가표 ② 제조지시서
③ 세금계산서 ④ 매입주문서

상 중 하

002 **다음 중 개별원가계산에 대한 설명으로 가장 옳지 않은 것은?**

① 주문생산 형태에 적합하다.
② 제품의 소품종 대량생산에 적합하다.
③ 개별작업별로 구분하여 집계한다.
④ 제조간접비의 제품별 직접 추적이 불가능하다.

상 중 하

003 **다음 중 개별원가계산에 대한 설명으로 옳지 않은 것은?**

① 단일 종류의 제품을 연속생산, 대량생산하는 업종에 적합한 원가계산 방법이다.
② 조선업, 건설업이 개별원가계산에 적합한 업종에 해당한다.
③ 직접원가와 제조간접원가의 구분이 중요하며, 제조간접원가의 배부가 핵심과제이다.
④ 각 제조지시서별로 원가계산을 해야 하므로 많은 시간과 비용이 발생한다.

정답 및 해설

001 ① 개별원가계산에서 원가를 집계 · 기록하는 장소는 작업원가표이다.
002 ② 개별원가계산은 제품의 다품종 소량생산에 적합하다.
003 ① 단일 종류의 제품을 연속생산, 대량생산하는 업종에 적합한 원가계산 방법은 종합원가계산이다. 개별원가계산은 다품종 소량생산, 주문생산하는 업종에 적합하다.

상 중 하

004 다음 중 개별원가계산제도에 대한 설명으로 틀린 것은?

① 제품을 비반복적으로 생산하는 업종에 적합한 원가계산제도이다.
② 조선업, 건설업 등 주문생산에 유리하다.
③ 공장 전체 제조간접비 배분율을 적용하는 것이 제조부문별 제조간접비 배분율을 적용하는 것보다 더 정확한 원가배분방법이다.
④ 제조간접비는 일정한 배분기준에 따라 배부하게 된다.

상 중 하

005 다음 중 개별원가계산에 대한 설명으로 옳지 않은 것은?

① 항공기 제조업은 종합원가계산보다는 개별원가계산이 더 적합하다.
② 제품원가를 제조공정별로 집계한 후 이를 생산량으로 나누어 단위당 원가를 계산한다.
③ 직접원가와 제조간접원가의 구분이 중요하다.
④ 단일 종류의 제품을 대량으로 생산하는 업종에는 적합하지 않은 방법이다.

상 중 하

006 정상개별원가계산의 방법에 의하여 제조간접비를 예정배부할 경우 예정배부액을 구하는 계산식은?

① 배부기준의 실제발생량×실제배부율
② 배부기준의 예정발생량×실제배부율
③ 배부기준의 실제발생량×예정배부율
④ 배부기준의 예정발생량×예정배부율

상 중 하

007 개별원가계산 시 실제제조간접비 배부율 및 배부액과 예정제조간접비 배부율 및 배부액을 산정하는 계산식 중 올바르지 않은 것은?

① 실제제조간접비 배부율＝실제제조간접비 합계액 ÷ 실제조업도(실제배부기준)
② 예정제조간접비 배부율＝예정제조간접비 합계액 ÷ 예정조업도(예정배부기준)
③ 실제제조간접비 배부액＝개별 제품 등의 실제조업도(실제배분기준)×제조간접비 실제배부율
④ 예정제조간접비 배부액＝개별 제품 등의 예정조업도(예정배분기준)×제조간접비 예정배부율

정답 및 해설

004 ③ 부문별 제조간접비 배분율을 적용하는 것이 더 정확한 원가배분방법이다.
005 ② 종합원가계산에 대한 설명이다.
006 ③ 정상개별원가계산에서 제조간접비는 배부기준의 실제발생량에 예정배부율을 곱하여 제품의 원가를 계산한다.
007 ④ 예정제조간접비 배부액＝개별 제품 등의 실제조업도(실제배분기준)×제조간접비 예정배부율

상 중 하

008 (주)에듀윌은 제조간접비를 직접노무시간으로 배부하고 있다. 당해 연도 초 제조간접비 예상금액은 600,000원, 예상직접노무시간은 20,000시간이다. 당기 말 현재 실제제조간접비 발생액은 400,000원이고, 실제직접노무시간이 15,000시간일 경우 제조간접비 배부차이는 얼마인가?

① 과대배부 50,000원
② 과소배부 50,000원
③ 과대배부 200,000원
④ 과소배부 200,000원

상 중 하

009 (주)에듀윌은 제조간접비를 직접노무시간을 기준으로 예정배부하고 있다. 당해 연도 초의 예상직접노무시간은 70,000시간이다. 당기 말 현재 실제제조간접비 발생액이 2,150,000원이고 실제직접노무시간이 75,000시간일 때, 제조간접비 배부차이가 250,000원 과대배부된 경우 당해 연도 초의 제조간접비 예상액은 얼마인가?

① 1,900,000원
② 2,240,000원
③ 2,350,000원
④ 2,400,000원

상 중 하

010 다음 자료를 참고하여 2025년 제조작업지시서 #200에 대한 제조간접원가 예정배부율과 예정배부액을 계산하면 각각 얼마인가?

> 가. 2024년 연간 제조간접원가 4,200,000원, 총기계작업시간은 100,000시간인 것으로 파악되었다.
> 나. 2025년 연간 예정제조간접원가 3,800,000원, 총예정기계작업시간은 80,000시간으로 예상하고 있다.
> 다. 2025년 제조작업지시서별 실제기계작업시간은 다음과 같다.
> • 제조작업지시서 #200: 11,000시간
> • 제조작업지시서 #300: 20,000시간

	제조간접원가 예정배부율	제조간접원가 예정배부액
①	42원/기계작업시간	462,000원
②	52.5원/기계작업시간	577,500원
③	47.5원/기계작업시간	522,500원
④	46원/기계작업시간	506,000원

정답 및 해설

008 ① • 예정배부율: 600,000원 ÷ 20,000시간 = 30원/시간당
• 예정배부액: 15,000시간 × 30원 = 450,000원
∴ 제조간접비 배부차이: 실제발생액 400,000원 − 예정배부액 450,000원 = 50,000원(과대배부)

009 ② • 제조간접비 과대배부: 실제발생액 < 예정배부액
• 제조간접비 배부액(예정): 실제발생액 2,150,000원 + 과대배부액 250,000원 = 2,400,000원
• 제조간접비 예정배부율: 2,400,000원 ÷ 75,000시간 = 32원/시간당
∴ 제조간접비 예상액: 70,000시간 × 32원 = 2,240,000원

010 ③ • 제조간접원가 예정배부율: 3,800,000원/80,000시간 = 47.5원/기계작업시간
• 제조간접원가 예정배부액: 11,000시간(#200 실제기계작업시간) × 47.5원/기계작업시간 = 522,500원

상 중 하

011 (주)에듀윌의 제품 A와 제품 B에 대한 제조원가 자료는 다음과 같다. 실제개별원가계산 방법에 따라 기계시간을 기준으로 제조간접비를 배부하였을 때 제품 A에 배부될 제조간접비는 얼마인가?

구분	제품 A	제품 B	합계
직접재료비	5,000,000원	10,000,000원	15,000,000원
직접노무비	4,000,000원	6,000,000원	10,000,000원
제조간접비(실제)	?	?	10,500,000원
기계시간	500시간	1,000시간	1,500시간

① 10,500,000원
② 5,250,000원
③ 3,500,000원
④ 7,000,000원

상 중 하

012 제조간접비 예정배부율은 직접노동시간당 90원이고, 직접노동시간이 43,000시간 발생했을 때 제조간접비 배부차이가 150,000원 과소배부인 경우 제조간접비 실제발생액은 얼마인가?

① 3,720,000원
② 3,870,000원
③ 4,020,000원
④ 4,170,000원

상 중 하

013 당월 중 제조간접비 발생액은 1,600,000원이고 실제 직접노동시간은 10,000시간이었으며, 이 중 제조지시서 NO.1의 제조에 투입된 시간은 520시간이었다. 회사가 제조간접원가를 직접노동시간에 기준하여 실제 배부하는 경우, 제조지시서 NO.1에 배부될 제조간접원가는 얼마인가?

① 100,000원
② 83,200원
③ 80,000원
④ 40,000원

상 중 하

014 다음 중 제조간접비에 대한 설명으로 틀린 것은?

① 배부방법에는 실제배부법과 예정배부법이 있다.
② 실제배부법은 계절별 생산량이 큰 차이가 있는 경우에 적합한 배부법이다.
③ 여러 제품에 공통으로 발생하는 원가이므로 각 제품별로 집계하기 어렵다.
④ 일반적으로 제조부문의 임차료, 보험료, 감가상각비 등이 이에 해당된다.

정답 및 해설

011 ③ 제조간접비 실제배부율: 실제 제조간접비 10,500,000원 ÷ 실제 조업도 1,500시간(기계시간) = @7,000원
∴ 제품 A 제조간접비: 500시간 × 7,000원 = 3,500,000원

012 ③ 예정배부액 90원 × 43,000시간 + 제조간접비 배부차이 150,000원 = 실제발생액 4,020,000원

013 ② 제조간접비 배부율: 제조간접비 1,600,000원 ÷ 실제 직접노동시간 10,000시간 = 160원
∴ NO.1 제조간접원가: 160원 × 520시간 = 83,200원

014 ② 실제배부법은 계절별 생산량에 큰 차이가 있는 경우 제품의 단위당 원가가 계절별로 달라지는 문제점이 있다.

상 중 하

015 (주)에듀윌의 선박 제작과 관련하여 9월 중에 발생한 원가 자료는 다음과 같다. 9월 중 제조간접비 발생액은 160,000원이며, 직접노무비를 기준으로 제조간접비를 배부한다고 할 때, A 선박의 당기총제조원가는 얼마인가?

구분	A 선박	B 선박	합계
직접재료비	30,000원	70,000원	100,000원
직접노무비	60,000원	140,000원	200,000원

① 102,000원 ② 110,000원
③ 138,000원 ④ 158,000원

상 중 하

016 정상개별원가계산에서 제조간접비의 배부차이를 조정하는 일반적인 방법이 아닌 것은?

① 매출원가조정법 ② 비례배분법
③ 순실현가치법 ④ 영업외손익법

상 중 하

017 제조간접비와 관련한 자료가 다음과 같을 경우, 제조간접비 예정배부액은 얼마인가?

- 제조간접비 실제발생액 25,000,000원
- 제조지시서의 기계작업시간 500시간
- 제조간접비 실제배부율(기계작업시간당) 50,000원
- 제조간접비 과소배부 1,500,000원

① 23,500,000원 ② 25,000,000원
③ 26,500,000원 ④ 27,500,000원

정답 및 해설

015 ③ 제조간접비 배부율: 제조간접비 160,000원÷총직접노무비 200,000원=80%
∴ 당기총제조원가: 직접재료비 30,000원+직접노무비 60,000원+제조간접비 48,000원(=60,000원×80%)=138,000원

016 ③ 제조간접비의 배부차이를 조정하는 방법으로 매출원가조정법, 비례배분법, 영업외손익법이 있다.

017 ① 제조간접비 예정배부액: 제조간접비 실제발생액 25,000,000원－제조간접비 과소배부 1,500,000원=23,500,000원

상 중 하

018 다음 중 개별원가계산에 대한 설명으로 옳지 않은 것은?

① 다품종 소량생산 또는 주문생산에 적합하다.
② 실제개별원가계산에서 제조간접비는 예정배부액을 사용하여 원가를 계산한다.
③ 제조간접비의 배부가 가장 중요한 과제이다.
④ 제품별로 손익분석 및 계산이 용이하다.

상 중 하

019 제조간접비와 관련한 자료가 다음과 같을 경우 제조간접비 기계작업시간당 예정배부율은 얼마인가?

• 제조간접비 실제발생액	23,500,000원
• 실제 기계작업시간	500시간
• 제조간접비 과대배부	1,500,000원

① 44,000원 ② 47,000원
③ 50,000원 ④ 53,000원

정답 및 해설

018 ② 실제개별원가계산은 실제 발생한 비용을 사용하여 원가를 계산하는 방법이다.

019 ③ 제조간접비 예정배부액: 실제발생액 23,500,000원 + 과대배부액 1,500,000원 = 25,000,000원
∴ 기계작업시간당 예정배부율: 25,000,000원 ÷ 500시간 = 50,000원

상 중 하

020 (주)성진은 직접원가를 기준으로 제조간접원가를 배부한다. 다음 자료에 의하여 계산한 제조지시서 no.1의 제조간접원가 배부액은 얼마인가?

공장전체 발생원가	제조지시서 no.1
• 총생산수량: 10,000개 • 기계시간: 24시간 • 직접재료원가: 800,000원 • 직접노무원가: 200,000원 • 제조간접원가: 500,000원	• 총생산수량: 5,200개 • 기계시간: 15시간 • 직접재료원가: 400,000원 • 직접노무원가: 150,000원 • 제조간접원가: (?)원

① 250,000원
② 260,000원
③ 275,000원
④ 312,500원

상 중 하

021 (주)서울은 직접노무시간을 기준으로 제조간접원가를 배부하고 있다. 당해연도 초의 예상 직접노무시간은 50,000시간이고, 제조간접원가 예상액은 2,500,000원이었다. 6월의 제조간접원가 실제 발생액은 300,000원이고, 실제 직접노무시간이 5,000시간인 경우, 6월의 제조간접원가 배부차이는 얼마인가?

① 과대배부 40,000원
② 과소배부 40,000원
③ 과대배부 50,000원
④ 과소배부 50,000원

정답 및 해설

020 ③ • 제조간접원가 배부율: 제조간접원가 500,000원÷(직접재료원가 800,000원+직접노무원가 200,000원)=0.5원/직접원가당
• (직접재료원가 400,000원+직접노무원가 150,000원)×배부율 0.5원=275,000원

021 ④ • 예정배부율 : 제조간접원가 예상액 2,500,000원/예상 직접노무시간 50,000시간=50원/시간
• 예정배부액 : 6월 실제 직접노무시간 5,000시간×예정배부율 50원/시간=250,000원
∴ 실제발생액 300,000원−예정배부액 250,000원=과소배부 50,000원

CHAPTER

종합원가계산

핵심키워드
- 종합원가계산의 의의
- 개별원가계산의 의의
- 완성품 환산량
- 공손

■ 1회독 ■ 2회독 ■ 3회독

1 종합원가계산의 의의

종합원가계산(Process Costing)은 단일 종류의 제품을 연속적으로 대량생산하는 업종에 적합한 원가계산방법으로, 화학공업, 식품가공업, 제지업, 금속제조업과 같은 산업분야에 적용된다. 종합원가계산은 공정 혹은 각 부문별로 원가를 집계한 다음 각 공정이나 부문의 산출물에 균등하게 분배하여 산출물 단위당 원가를 계산하는 방법이다. 종합원가계산과 개별원가계산의 선택은 생산의 형태에 따라서 이루어지는 것이 원칙이다. 종합원가계산의 핵심은 재공품의 완성품 환산량 개념이며, 이를 계산하는 방법은 평균법과 선입선출법 등으로 구분된다.

종합원가계산
- 공정별로 원가집계
- 대량생산업종

2 개별원가계산과 종합원가계산의 차이 중요

▶ 최신 36회 중 15문제 출제

개별원가계산	종합원가계산
고객 주문에 따라 제품을 생산하는 업종에 적합 예 건설업, 조선업, 항공기제작업 등	시장생산형태, 즉 표준규격제품을 대량으로 연속 생산하는 업종에 적합 예 화학업, 식품가공업 등
제조원가는 각 작업별로 집계되며, 그 작업에서 생산된 제품단위에 원가를 배분	제조원가는 각 공정별로 집계되며, 그 공정을 통과한 제품단위에 원가를 배분
개별 작업에 대한 작업원가표가 개별원가계산의 기초가 됨	각 제조공정에 대한 제조원가보고서가 종합원가계산의 기초가 됨
원가계산이 복잡하지만 정확함	원가계산이 간편하고 경제적임

▶ 제조원가보고서란 공정에서 수행한 작업량, 제조원가 등으로 완성품과 기말재공품으로의 원가배분을 종합적으로 나타내는 보고서를 말한다.

3 종합원가계산의 구성요소

1. 직접재료원가

종합원가에서 직접재료원가는 일반적으로 공정 초기에 전량 투입한다. 하지만 공정 전반에 걸쳐서 투입하는 원가도 있으므로 주의해야 한다.

2. 가공원가

종합원가에서 직접노무원가와 제조간접원가의 합인 가공원가는 공정 전반에 걸쳐서 투입하는 원가이며 가공진행률에 따라서 산정한다.

4 완성품 환산량 중요

▶ 최신 36회 중 12문제 출제

1. 완성품 환산량의 의의

완성품 환산량은 산출물의 완성 정도를 측정하는 개념으로 공정에서의 모든 노력이 완성품으로 나타났을 경우 생산되었을 완성품의 개수를 말한다. 예를 들어, 당기에 착수한 가공물량이 전부 완성되었다면 완성품 환산량과 완성량은 동일할 것이다.

> 완성품 환산량 = 물량 × 완성도

2. 완성품 환산량 계산의 이유

완성품 환산량은 생산된 모든 단위를 경제적으로 동일한 가치를 갖는 단일의 경제적 단위로 만들어 주기 위해 계산한다. 투입된 원가를 수량으로 나누어 주는 것이 종합원가계산인데, 당기에 공정에서 가공된 수량 중에는 완성된 수량(제품)이 있을 수도 있고 완성되지 않은 수량(재공품)이 있을 수도 있다. 재공품과 제품이 공정에서 가공된 것은 사실이나 가공된 정도는 재공품과 제품이 다를 수밖에 없다. 때문에 가공된 정도가 다른 재공품과 제품에 동일한 원가를 배분하는 것은 불합리하므로 완성품 환산량이라는 개념을 이용하여 경제적으로 동일한 가치로 환산한 후 원가를 배분한다.

▶ 일반적으로 재료비는 공정 초기에 전량 투입되고, 가공비는 공정 전반에 걸쳐 균등하게 투입된다. 공정 초기 전량 투입되는 경우 기말재공품의 완성도는 100%이다.

+ 원가요소별 원가 발생시점

구분	발생시점
직접재료비	공정의 착수, 중간, 종료시점 등 특정 시점에서 전액 발생
가공원가	공정 전체를 통해 일정 비율로 연속 발생
전공정원가	공정 착수시점에 투입

연습문제

(주)에듀윌은 7월 중 새로운 제품을 생산하기 시작했다. 7월 중에 1,000단위를 착수하여 700단위를 완성하고, 300단위는 7월 말 현재 작업이 진행 중에 있다. 원재료는 공정의 초기에 모두 투입되고, 가공비는 공정 전반에 걸쳐 균등하게 발생한다. 기말재공품의 완성도가 60%일 경우 완성품 환산량을 구하시오.

| 풀이 |

	DM		DL + OH
완성품	700개		700개
7월 재고	300개	300개 × 60% =	180개
완성품 환산량	1,000개		880개

5 종합원가계산의 기본과정

종합원가계산은 재공품 계정의 차변에 집계된 원가를 대변에 당기제품제조원가와 기말재공품으로 배분하는 기본적인 절차를 가지며, 제품원가계산의 기본과정이 된다.

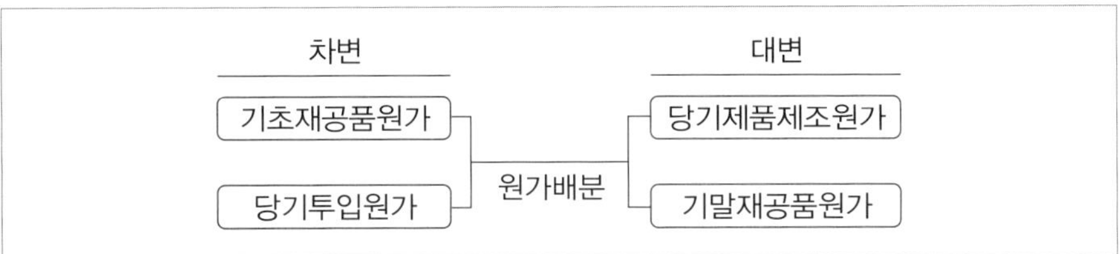

6 종합원가계산 중요

완성품원가와 기말재공품원가를 찾기 위해서는 일련의 과정을 거쳐야 한다.

1단계	물량흐름 파악
2단계	완성품 환산량 계산
3단계	배부될 원가의 요약
4단계	완성품 환산량 단위당 원가계산
5단계	완성품 및 기말재공품 원가계산

1. 평균법(Weighted Average Method)

평균법은 기초재공품의 제조를 당기 이전에 착수하였음에도 불구하고 당기에 착수한 것으로 가정한다. 따라서 평균법은 기초재공품원가와 당기발생원가를 구분하지 않고 동일하게 취급하여 완성품과 기말재공품에 안분계산하는 방법으로 여기서는 총평균법을 의미한다.

▶ 평균법은 당기 이전에 착수된 기초재공품의 기 완성도를 무시하는 방법이다.

연습문제

(주)에듀윌은 단일제품을 대량으로 생산하고 있다. 원재료는 공정 초기에 모두 투입되고, 가공비는 공정 전반에 걸쳐 균등하게 발생한다. 7월의 원가계산에 대한 자료가 다음과 같을 때 완성품 및 기말재공품을 계산하시오(단, 평균법을 사용함).

• 기초재공품	–수량: 400개 –재료비: 140,000원 –가공비: 112,000원 –완성도: 60%	• 당기완성량	–수량: 1,200개
• 당기발생원가	–착수량: 1,000개 –재료비: 280,000원 –가공비: 208,000원	• 기말재공품	–수량: 200개 –완성도: 40%

| 풀이 |

[1단계] 물량흐름 파악

(+)	재공품(물량)	(–)
1/1 400(60%)		1,200
1,000		12/31 200(40%)

[2단계] 완성품 환산량 계산

	재료비	가공비
완성	1,200개	1,200개
기말	200개	80개*
환산량	1,400개	1,280개

* 200개×40%=80개

[3단계] 완성품 환산량 단위당 원가계산

- 재료비: (140,000원+280,000원)÷1,400개=300원/개
- 가공비: (112,000원+208,000원)÷1,280개=250원/개

[4단계] 완성품 및 기말재공품 원가계산

- 완성품원가: (1,200개×300원)+(1,200개×250원)=660,000원
- 기말재공품: (200개×300원)+(80개×250원)=80,000원

2. 선입선출법(First In－First Out)

선입선출법은 기초재공품을 우선적으로 가공하여 완성시킨 후에 당기착수물량을 가공한다고 가정한다. 즉, 기초재공품원가와 당기발생원가를 명확히 구분하여 완성품원가는 기초재공품원가와 당기발생원가로 구성되어 있고, 기말재공품원가는 당기발생원가로만 구성되어 있다고 가정한다.

▶ 선입선출법은 기초재공품이 먼저 완성된 후 당기착수분이 완성된다고 가정하는 방법이다.

연습문제

(주)에듀윌은 단일제품을 대량으로 생산하고 있다. 원재료는 공정 초기에 모두 투입되고, 가공비는 공정 전반에 걸쳐 균등하게 발생한다. 7월의 원가계산에 대한 자료가 다음과 같을 때 완성품 및 기말재공품을 계산하시오(단, 선입선출법을 사용함).

• 기초재공품	－수량: 400개 －재료비: 140,000원 －가공비: 112,000원 －완성도: 60%	• 당기완성량	－수량: 1,200개
• 당기발생원가	－착수량: 1,000개 －재료비: 280,000원 －가공비: 208,000원	• 기말재공품	－수량: 200개 －완성도: 40%

[1단계] 물량흐름 파악

(+) 재공품(물량)	(−)
1/1 400(60%)	1,200
1,000	12/31 200(40%)

| 풀이 |

[2단계] 완성품 환산량 계산

	재료비	가공비
기초	0개	160개[*1]
완성	800개	800개
기말	200개	80개[*2]
환산량	1,000개	1,040개

[*1] 400개×(1－60%)=160개

[*2] 200개×40%=80개

[3단계] 완성품 환산량 단위당 원가계산

- 재료비: 280,000원÷1,000개=280원/개
- 가공비: 208,000원÷1,040개=200원/개

[4단계] 완성품 및 기말재공품 원가계산

- 완성품원가: 140,000원+112,000원+(800개×280원)+(960개×200원)=668,000원
- 기말재공품: (200개×280원)+(80개×200원)=72,000원

연습문제

(주)에듀윌은 종합원가계산제도를 채택하고 있다. 재료비는 공정 초기에 전량 투입되며, 가공비는 공정 전반에 걸쳐 균등하게 발생하며 물량흐름은 다음과 같다.

• 기초재공품: 300개(완성도 25%)	• 당기완성품: 800개
• 당기착수량: 700개	• 기말재공품: 200개(완성도 50%)

[1] 평균법에 의해 재료비 완성품 환산량을 계산하시오.
[2] 평균법에 의해 가공비 완성품 환산량을 계산하시오.
[3] 선입선출법에 의해 재료비 완성품 환산량을 계산하시오.
[4] 선입선출법에 의해 가공비 완성품 환산량을 계산하시오.

| 풀이 |

[1] 당기완성 800개+기말재공품 환산량 200개=1,000개
[2] 당기완성 800개+기말재공품 환산량 200개×50%=900개
[3] 당기착수완성(800개−300개)+기말재공품 환산량 200개=700개
[4] 기초재공품(300개×75%)+당기착수완성(800개−300개)+기말재공품 환산량(200개×50%)
=825개

7 공손

공손은 추가적인 작업을 수행하여도 정상품이 될 수 없는 불합격품이다. 공손은 완성품으로 만들 수 없다는 점에서 추가적인 작업을 수행하면 완성품이 될 수 있는 불량품과는 구분된다. 공손은 정상공손과 비정상공손으로 나눌 수 있다. 정상공손은 제품의 생산에 필연적으로 발생할 것으로 예상되는 공손을 말하며, 이러한 공손은 원가성이 있는 것으로 보아 당기제조원가계산에 포함시킨다. 반면, 비정상공손은 제품의 생산에 필연적으로 발생되는 부분이 아니므로 원가성이 없는 것으로 보아 당기의 손실인 영업외비용으로 처리한다.

공손
• 정상공손: 제조원가
• 비정상공손: 영업외비용

연습문제

(주)에듀윌의 제조 관련 자료가 다음과 같고, 정상공손은 완성품 수량의 10%라 할 때, 정상공손수량과 비정상공손수량을 구하시오.

• 기초재공품: 500개	• 기말재공품: 300개
• 당기착수량: 1,200개	• 공손수량: 200개

| 풀이 |

1/1	500개	완성품	1,200개
착수	1,200개	공손	200개
		12/31	300개

• 정상공손: 1,200개×10%=120개
• 비정상공손: 200개−120개=80개

합격을 다지는 실전문제

스마트폰으로 QR코드를 촬영하여 저자의 해설 강의를 확인하세요.

상 중 하

001 다음 중 종합원가계산에 대한 설명으로 옳지 않은 것은?

① 소품종 대량 생산하는 업종에 적용하기에 적합하다.
② 공정 과정에서 발생하는 공손 중 정상공손은 제품의 원가에 가산한다.
③ 평균법을 적용하는 경우 기초재공품원가를 당기에 투입한 것으로 가정한다.
④ 제조원가 중 제조간접원가는 실제 조업도에 예정배부율을 반영하여 계산한다.

상 중 하

002 다음 중 종합원가계산의 특징으로 옳지 않은 것은?

① 다양한 종류의 제품을 소량생산하는 경우에 적합한 방법이다.
② 일반적으로 직접원가와 간접원가로 나누어 계산하지 않는다.
③ 기말시점에는 공정별로 재공품이 존재한다.
④ 개별원가계산에 비해 상대적으로 적은 운영비용이 소요된다.

상 중 하

003 다음 중 개별원가계산과 종합원가계산에 대한 설명으로 옳지 않은 것은?

① 개별원가계산은 작업지시서에 의한 원가계산을 한다.
② 개별원가계산은 주문형 소량생산 방식에 적합하다.
③ 종합원가계산은 공정별 대량생산 방식에 적합하다.
④ 종합원가계산은 여러 공정에 걸쳐 생산하는 경우 적용할 수 없다.

정답 및 해설

001 ④ 개별원가계산에 대한 설명이다.
002 ① 종합원가계산은 단일 종류의 제품을 연속적으로 대량생산하는 경우에 적용하는 방법이다.
003 ④ 종합원가계산은 공정별 원가계산에 적합하다.

상 중 하

004 다음 중 개별원가계산과 종합원가계산에 대한 설명으로 잘못된 것은?

① 종합원가계산은 동일 규격의 제품이 반복하여 생산되는 경우 사용된다.
② 종합원가계산은 각 작업별로 원가보고서를 작성한다.
③ 개별원가계산은 주문에 의해 각 제품을 별도로 제작, 판매하는 제조업에 사용된다.
④ 개별원가계산은 주문받은 개별 제품별로 작성된 작업원가표에 집계하여 원가를 계산한다.

상 중 하

005 다음 중 종합원가계산방법과 개별원가계산방법에 대한 내용으로 올바른 것은?

	구분	종합원가계산방법	개별원가계산방법
①	핵심과제	제조간접비 배분	완성품 환산량 계산
②	업종	조선업	통조림 제조업
③	원가집계	공정 및 부문별 집계	개별 작업별 집계
④	장점	정확한 원가계산	경제성 및 편리함

상 중 하

006 다음 중 종합원가계산에 대한 설명으로 옳지 않은 것은?

① 각 공정별로 원가가 집계되므로 원가에 대한 책임소재가 명확하다.
② 일반적으로 원가를 재료원가와 가공원가로 구분하여 원가계산을 한다.
③ 기말재공품이 존재하지 않는 경우 평균법과 선입선출법의 당기완성품원가는 일치한다.
④ 모든 제품 단위가 완성되는 시점을 별도로 파악하기가 어려우므로 인위적인 기간을 정하여 원가를 산정한다.

상 중 하

007 종합원가계산에서 평균법을 적용하여 완성품 환산량의 원가를 계산할 때 고려해야 할 원가는?

① 당기총제조비용
② 당기총제조비용과 기말재공품재고액의 합계
③ 당기총제조비용과 기말재공품재고액의 차액
④ 당기총제조비용과 기초재공품재고액의 합계

정답 및 해설

004 ② 종합원가계산은 각 공정별로 원가보고서를 작성한다.

005 ③

	구분	종합원가계산방법	개별원가계산방법
①	핵심과제	완성품 환산량 계산	제조간접비 배분
②	업종	통조림 제조업	조선업
④	장점	경제성 및 편리함	정확한 원가계산

006 ③ 기초재공품이 존재하지 않는 경우에 평균법과 선입선출법의 당기완성품원가와 기말재공품원가가 일치한다.

007 ④ 평균법을 적용하여 완성품 환산량의 원가를 계산할 경우 당기총제조비용과 기초재공품재고액의 합계를 원가로 한다.

상 중 하

008 다음 자료를 활용하여 평균법에 의한 재료비와 가공비의 완성품 환산량을 계산하면 얼마인가?

- 기초재공품: 700개(완성도 30%)
- 당기착수량: 1,500개
- 당기완성품: 1,700개
- 기말재공품: 500개(완성도 50%)
- 재료는 공정 초에 전량 투입되고, 가공비는 공정 전반에 걸쳐 균등하게 투입된다.

	재료비	가공비		재료비	가공비
①	2,200개	1,950개	②	2,200개	1,990개
③	1,740개	1,950개	④	1,740개	1,990개

상 중 하

009 다음 자료를 활용하여 선입선출법에 의한 재료비와 가공비의 완성품 환산량을 계산하면 얼마인가?

- 당기완성품: 20,000개
- 기말재공품: 10,000개(완성도 40%)
- 기초재공품: 5,000개(완성도 20%)
- 당기착수량: 25,000개
- 재료는 공정 초에 전량 투입되고, 가공비는 공정 전반에 걸쳐 균등하게 투입된다.

	재료비	가공비		재료비	가공비
①	20,000개	23,000개	②	22,000개	20,000개
③	25,000개	23,000개	④	30,000개	24,000개

상 중 하

010 종합원가계산에서는 원가흐름 또는 물량흐름에 대해 어떤 가정을 하느냐에 따라 완성품 환산량이 다르게 계산된다. 다음 중 평균법에 대한 설명으로 틀린 것은?

① 전기와 당기발생원가를 구분하지 않고 모두 당기발생원가로 가정하여 계산한다.
② 계산방법이 상대적으로 간편하다.
③ 원가통제 등에 보다 더 유용한 정보를 제공한다.
④ 완성품 환산량 단위당 원가는 총원가를 기준으로 계산된다.

정답 및 해설

008 ① • 재료비: 당기완성품 1,700개 + 기말재공품 500개 = 2,200개
• 가공비: 당기완성품 1,700개 + 기말재공품 500개 × 완성도 50% = 1,950개

009 ③ • 재료비: 당기완성품 20,000개 − 기초재공품 5,000개 + 기말재공품 10,000개 = 25,000개
• 가공비: 당기완성품 20,000개 − 기초재공품 5,000개 × 완성도 20% + 기말재공품 10,000개 × 완성도 40% = 23,000개

010 ③ 전기와 당기발생원가를 각각 구분하여 완성품 환산량을 계산하기 때문에 보다 정확한 원가계산이 가능하고, 원가통제 등에 더 유용한 정보를 제공하는 물량흐름의 가정은 선입선출법이다.

상 중 하

011

기초재공품은 20,000개(완성도 20%), 당기완성품 수량은 170,000개, 기말재공품은 10,000개(완성도 40%)이다. 평균법과 선입선출법의 가공비에 대한 완성품 환산량의 차이는 얼마인가? (단, 재료는 공정 초에 전량 투입되고, 가공비는 공정 전반에 걸쳐 균등하게 투입됨)

① 4,000개 ② 5,000개
③ 6,000개 ④ 7,000개

상 중 하

012

다음 중 종합원가계산에서 재료비와 가공비의 완성도에 관계없이 완성품 환산량의 완성도가 항상 가장 높은 것은?

① 가공비 ② 직접노무원가
③ 전공정원가 ④ 직접재료원가

정답 및 해설

011 ① • 평균법에 의한 가공비의 완성품 환산량: 당기완성품 170,000개+기말재공품 4,000개(=10,000개×40%)=174,000개
• 선입선출법에 의한 가공비의 완성품 환산량: 당기완성품 170,000개+기말재공품 4,000개(=10,000개×40%)−기초재공품 4,000개(=20,000개×20%)=170,000개
∴ 완성품 환산량의 차이: 174,000개−170,000개=4,000개

012 ③ 전공정원가는 전공정에서 원가가 모두 발생하기 때문에 100%로 계산된다. 따라서 완성도에 관계없이 완성품 환산량의 완성도가 가장 높은 것은 전공정원가이다.

상 중 하

013 종합원가계산에서 기말재공품 평가 시 평균법과 선입선출법에 대한 설명으로 틀린 것은?

① 선입선출법은 평균법에 비해 원가계산이 간단하며 정확하지 않다.
② 선입선출법은 기초재공품원가가 먼저 완성되는 것으로 가정하여 당기투입원가가 배분대상원가이다.
③ 평균법은 기초재공품을 당기투입원가와 같이 당기에 투입한 것으로 보므로 기초재공품에 대하여 완성도를 적용할 필요가 없다.
④ 평균법상 완성품 환산량은 당기완성수량과 기말재공품 환산량의 합이다.

상 중 하

014 다음 중 종합원가계산에서 원가를 기말재공품과 완성품에 배부하기 위한 절차로 옳은 것은?

㉠ 완성품 환산량 단위당 원가의 계산	㉡ 완성품과 기말재공품의 원가계산
㉢ 물량흐름의 파악	㉣ 배부될 원가의 요약
㉤ 완성품 환산량의 계산	

① ㉤ → ㉠ → ㉢ → ㉣ → ㉡
② ㉢ → ㉤ → ㉣ → ㉠ → ㉡
③ ㉣ → ㉤ → ㉠ → ㉢ → ㉡
④ ㉣ → ㉢ → ㉤ → ㉠ → ㉡

상 중 하

015 다음 자료를 이용하여 평균법에 의한 가공원가 완성품 환산량을 계산하면 얼마인가? (단, 재료비는 공정 초기에 전량 투입되며, 가공비는 공정 전반에 걸쳐 균등하게 발생한다)

• 기초재공품 수량: 1,000개(완성도 20%)	• 당기완성품 수량: 8,000개
• 당기착수량: 10,000개	• 기말재공품 수량: 3,000개(완성도 60%)

① 8,000개
② 9,000개
③ 9,800개
④ 10,000개

정답 및 해설

013 ① 선입선출법은 평균법에 비해 원가계산이 더 복잡하며 정확도가 높다.

014 ② ㉢ 물량흐름의 파악 → ㉤ 완성품 환산량의 계산 → ㉣ 배부될 원가의 요약 → ㉠ 완성품 환산량 단위당 원가의 계산 → ㉡ 완성품과 기말재공품의 원가계산

015 ③ 당기완성품 수량 8,000개 + 기말재공품 완성품 환산량 3,000개 × 60% = 9,800개

상 중 하

016 종합원가계산 시 선입선출법과 평균법에 의한 완성품 환산량 단위당 원가가 동일하게 산출되는 경우는?

① 생산품의 성격이 동질적인 경우
② 기초재공품이 전혀 없는 경우
③ 기말제품이 전혀 없는 경우
④ 기초제품이 전혀 없는 경우

상 중 하

017 다음 자료를 활용하여 선입선출법에 의한 재료비와 가공비의 완성품 환산량을 계산하면 얼마인가?

- 기초재공품: 500개(완성도 20%)
- 당기착수량: 2,000개
- 기말재공품: 300개(완성도 50%)
- 재료는 공정 초에 전량 투입되고, 가공비는 공정 전반에 걸쳐 균등하게 투입된다.

	재료비	가공비
①	2,000개	2,250개
②	2,200개	1,990개
③	1,500개	1,740개
④	1,500개	1,990개

상 중 하

018 다음은 종합원가계산 시 가공비(공정 전반에 걸쳐 균등하게 발생)에 관한 자료이다. 기말재공품 평가를 평균법과 선입선출법으로 계산할 경우, 완성품 환산량의 차이는?

- 기초재공품 수량: 200개(완성도 60%)
- 당기착수 수량: 800개
- 기말재공품 수량: 300개(완성도 40%)
- 당기완성품 수량: 700개

① 100개
② 120개
③ 140개
④ 160개

정답 및 해설

016 ② 선입선출법과 평균법에 의한 완성품 환산량의 차이는 기초재공품의 차이에 기인한다.

017 ① • 기초재공품 500개 + 당기착수량 2,000개 = 당기완성품 + 기말재공품 300개
∴ 당기완성품 = 2,200개
• 재료비 완성품 환산량: 당기완성품 2,200개 + 기말재공품 300개 − 기초재공품 500개 = 2,000개
• 가공비 완성품 환산량: 당기완성품 2,200개 + 기말재공품 150개(= 300개 × 50%) − 기초재공품 100개(= 500개 × 20%) = 2,250개

018 ② • 평균법: 당기완성품 700개 + 기말재공품 120개(= 300개 × 40%) = 820개
• 선입선출법: 당기완성품 700개 + 기말재공품 120개(= 300개 × 40%) − 기초재공품 120개(= 200개 × 60%) = 700개
∴ 완성품 환산량의 차이: 820개 − 700개 = 120개

상 중 하

019 다음의 자료를 보고 영업외비용으로 처리해야 할 공손의 수량을 구하시오.

- 기초재공품: 400개
- 기말재공품: 200개
- 당기착수량: 1,000개
- 공손수량: 200개
- 정상공손은 완성품 수량의 5%로 한다.

① 50개
② 100개
③ 150개
④ 200개

상 중 하

020 다음 자료에서 선입선출법에 의한 직접재료비의 완성품 환산량을 계산하면 얼마인가?

- 기초재공품: 15,000단위(완성도 40%)
- 기말재공품: 10,000단위(완성도 60%)
- 당기착수량: 35,000단위
- 당기완성품: 40,000단위
- 직접재료비는 공정 초기에 전량 투입되고, 가공비는 공정 전반에 걸쳐 균등하게 발생함

① 35,000단위
② 40,000단위
③ 46,000단위
④ 50,000단위

상 중 하

021 당사는 선입선출법으로 종합원가계산을 하고 있다. 다음 자료를 보고 기말재공품의 원가를 계산하면 얼마인가?

- 완성품 환산량 단위당 재료비: 500원
- 완성품 환산량 단위당 가공비: 400원
- 기말재공품 수량: 700개(재료비는 공정 초기에 모두 투입되었으며 가공비는 60%를 투입한 상태임)

① 419,000원
② 518,000원
③ 610,000원
④ 710,000원

정답 및 해설

019 ③ • 기초재공품 400개 + 당기착수량 1,000개 − 기말재공품 200개 − 공손수량 200개 = 당기완성품 수량 1,000개
∴ 당기완성품 수량 1,000개 × 5% = 정상공손수량 50개
• 공손수량 200개 − 정상공손수량 50개 = 비정상 공손수량 150개
• 영업외비용으로 처리할 공손은 비정상공손을 말한다.

020 ① 직접재료비 완성품 환산량: 당기투입 당기완성품(40,000단위 − 15,000단위) + 기말재공품 10,000단위 = 35,000단위

021 ② • 기말재공품 재료비: 700개 × 500원 = 350,000원
• 기말재공품 가공비: (700개 × 60%) × 400원 = 168,000원
∴ 기말재공품 원가: 350,000원 + 168,000원 = 518,000원

상 중 하

022 종합원가계산은 원가흐름에 대한 가정에 따라 완성품 환산량에 차이가 있다. 이에 관한 설명 중 옳지 않은 것은?

① 평균법은 기초재공품원가와 당기투입원가를 구분하지 않고 모두 당기발생원가로 가정한다.
② 선입선출법은 기초재공품부터 먼저 완성되고 난 후, 당기 투입분을 완성시킨다고 가정한다.
③ 기초재공품이 없을 경우 선입선출법과 평균법의 완성품 환산량은 동일하다.
④ 재료비의 경우 공정 초기에 투입된다고 가정할 경우와 공정 전반에 걸쳐 균등하게 발생한다고 가정할 경우에 기말재공품의 완성품 환산량은 차이가 없다.

상 중 하

023 다음 중 공손과 관련한 설명으로 틀린 것은?

① 비정상공손품에 투입된 제조원가는 영업외비용으로 처리한다.
② 제조과정에서 불가피하게 발생한 공손은 제조원가에 포함시킨다.
③ 공손품이라도 추가적인 작업을 수행하면 정상품이 될 수 있다.
④ 제조활동을 효율적으로 수행하였다면 방지할 수 있는 공손을 비정상공손이라고 한다.

상 중 하

024 다음 중 공손에 대한 설명으로 옳지 않은 것은?

① 공손품은 정상품에 비하여 품질이나 규격이 미달하는 불합격품을 말한다.
② 공손품은 원재료의 불량, 작업자의 부주의 등의 원인에 의해 발생한다.
③ 정상공손이란 효율적인 생산과정에서도 발생하는 공손을 말한다.
④ 정상 및 비정상공손품의 원가는 발생한 기간의 손실로서 영업외비용으로 처리한다.

정답 및 해설

022 ④ 재료비의 경우 공정 초에 전량 투입될지, 공정 전반에 걸쳐 균등하게 투입될지에 따라 당기완성품과 기말재공품의 완성품 환산량은 차이가 발생한다.

023 ③ 공손품은 품질 및 규격이 표준에 미달하는 불합격품이다. 공손은 재작업을 하더라도 완성품을 만들 수 없다는 점에서 불량품과 구분된다.

024 ④ 정상공손품의 원가는 제품 원가의 일부를 구성한다.

상 중 하

025 **다음 중 종합원가계산을 적용할 경우 평균법과 선입선출법에 의한 완성품 환산량의 차이를 발생시키는 주요 원인은 무엇인가?**

① 기초재공품 차이　　② 기초제품 차이

③ 기말제품 차이　　④ 기말재공품 차이

상 중 하

026 **다음 자료를 토대로 선입선출법에 의한 직접재료원가 및 가공원가의 완성품 환산량을 각각 계산하면 얼마인가?**

- 기초재공품 5,000개(완성도 70%)
- 당기착수량 35,000개
- 기말재공품 10,000개(완성도 30%)
- 당기완성품 30,000개
- 재료는 공정초기에 전량투입되며, 가공원가는 공정 전반에 걸쳐 균등하게 발생한다.

	직접재료원가	가공원가
①	35,000개	29,500개
②	35,000개	34,500개
③	40,000개	34,500개
④	45,000개	29,500개

상 중 하

027 **다음 중 공손 등에 대한 설명으로 옳지 않은 것은?**

① 공손은 생산과정에서 발생하는 원재료의 찌꺼기를 말한다.

② 정상공손은 효율적인 생산과정에서 발생하는 공손을 말한다.

③ 비정상공손원가는 영업외비용으로 처리한다.

④ 정상공손은 원가에 포함한다.

정답 및 해설

025 ① 평균법과 선입선출법에 의한 완성품 환산량의 차이는 기초재공품의 차이에서 발생한다.

026 ① • 직접재료원가 완성품 환산량: 당기착수완성(30,000개－5,000개)＋기말재공품(10,000개)＝35,000개

• 가공원가 완성품 환산량 : 당기착수완성(30,000개－5,000개)＋기말재공품(10,000개×30%)＋기초재공품(5,000개×30%)＝29,500개

027 ① 생산과정에서 나오는 원재료의 찌꺼기는 작업폐물이다.

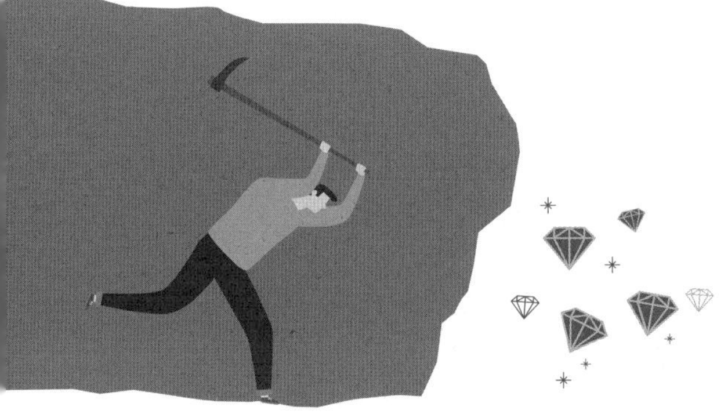

행운이란
100%의 노력 뒤에 남는 것이다.

– 랭스턴 콜먼(Langston Coleman)

P A R T

03 부가가치세

학습전략

부가가치세의 기본개념과 특징을 파악하고, 재화와 용역의 공급시기를 구분하여 암기한다. '합격을 다지는 실전문제'를 통해 문제 유형을 익히며 반복 출제되는 세부 내용을 파악하고 암기할 수 있다.

CHAPTER 01

부가가치세 기본개념

핵심키워드
- 부가가치세의 특징
- 납세의무자
- 과세기간
- 납세지
- 사업자등록

■ 1회독 ■ 2회독 ■ 3회독

1 부가가치세의 정의

부가가치는 사업자가 생산·유통과정을 통하여 창출한 가치의 증가분이다. 부가가치세(VAT: Value Added Tax)란 사업자가 창출한 부가가치에 과세하는 조세를 말하며, 재화·용역의 공급, 재화의 수입 시 부과되는 세금으로 최종소비자가 부담하는 세금이다. 즉, 판매자가 판매 시 최종소비자에게 받은 부가가치세에서 판매자가 구입 시 부담한 부가가치세를 차감한 세금이다.

2 부가가치세의 계산구조

우리나라의 부가가치세 계산구조는 전단계 세액공제법에 의한다.

▶ 부가가치세를 계산하는 방법으로는 가산법, 전단계 거래액공제법, 전단계 세액공제법 등이 있다.

> 납부세액(환급세액) = 매출세액 − 매입세액
> = (매출액 × 세율) − (매입액 × 세율)

3 부가가치세의 특징 중요

▸ 최신 36회 중 14문제 출제

▶ 강의 바로보기

부가가치세 특징

구분	내용
국세	국가가 과세 주체 ↔ 지방세
물세	납세의무자의 인적사항을 고려하지 않음 ↔ 인세
간접세	납세의무자≠담세자 ↔ 직접세: 납세의무자 = 담세자 예 소득세, 법인세
일반소비세	모든 재화·용역의 소비에 대해 과세 ↔ 개별소비세: 특정 재화·용역에 대해 과세 예 개별소비세, 주세
다단계 거래세	모든 거래마다 과세 ↔ 단단계 거래세: 단 1회만 과세 예 개별소비세
소비형 부가가치세	중간재, 자본재 구입액에 대한 매입세액도 공제
소비지국 과세원칙	수출하는 재화에 대해 영세율을 적용, 수입하는 재화에 대해서는 내국물품과 동일하게 과세대상으로 규정하여 부가가치세 과세
역진성	최종소비자는 소득에 관계없이 소비금액에 비례해서 세부담이 생기기 때문에 저소득층일수록 상대적 세부담 효과가 커짐

부가가치세의 특징
- 국세
- 물세
- 간접세
- 일반소비세
- 다단계 거래세
- 소비형 부가가치세
- 소비지국 과세원칙
- 역진성

▶ 수출하는 재화에 영세율(0%)을 적용하는 이유는 국제거래되는 재화에 대한 이중과세를 방지하기 위함이다.

4 납세의무자 중요

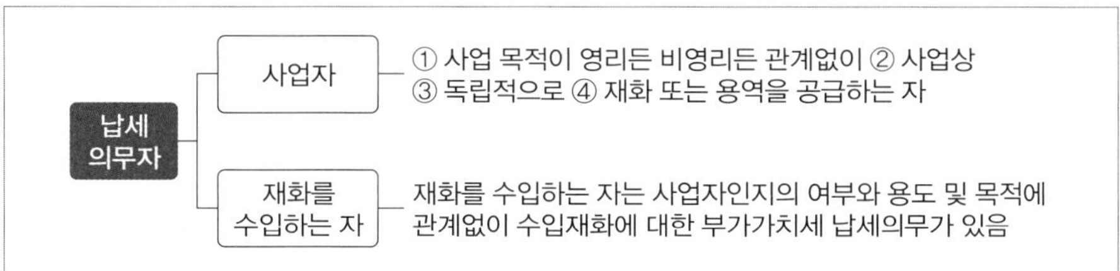

납세
의무자
사업자
① 사업 목적이 영리든 비영리든 관계없이 ② 사업상
③ 독립적으로 ④ 재화 또는 용역을 공급하는 자
재화를
수입하는 자
재화를 수입하는 자는 사업자인지의 여부와 용도 및 목적에
관계없이 수입재화에 대한 부가가치세 납세의무가 있음

납세의무자
- 사업자
- 재화를 수입하는 자

1. 사업자

(1) 영리 목적 여부 불문

부가가치세는 사업자가 얻은 소득에 대하여 과세하는 것이 아니라 그가 창출한 부가가치에 대해 공급받는 자로부터 세액을 징수하여 납부하는 것이다. 즉, 개인, 법인, 국가·지방자치단체 등과 법인격이 없는 사단·재단·기타 단체에도 납세의 의무가 있다.

▶ 국가·지방자치단체도 부가가치세 납세의무를 지지만, 국가 등이 공급하는 재화·용역은 대부분 면세이므로 실질적으로 국가 등이 납세의무를 지는 경우는 거의 없다.

(2) 사업성

사업성이란 사업설비 또는 조직을 갖추고 계속적, 반복적으로 재화나 용역을 공급하는 것이다. 즉, 사업자등록·거래징수 여부에 불문한다.

(3) 독립성

인적·물적으로의 독립성을 의미한다. 근로자가 근로를 제공하는 것은 인적 독립성이 없으므로 부가가치세 과세대상이 아니다.

(4) 과세대상인 재화 또는 용역의 공급

면세대상 재화·용역을 공급하는 자는 부가가치세 납세의무자가 아니다.

2. 사업자 구분

사업자는 넓은 의미에서 과세대상인 재화 또는 용역을 공급하는 과세사업자와 부가가치세 면세대상인 재화 또는 용역을 공급하는 면세사업자로 구분한다. 과세사업자는 다시 매출 규모 등에 따라 일반과세자와 간이과세자로 구분한다.

사업자 구분
- 과세사업자
  - 일반과세자
  - 간이과세자
- 면세사업자

유형		기준
과세 사업자	일반과세자	직전 1역년의 공급대가[*1]가 1억 400만원 이상인 자
	간이과세자	직전 1역년의 공급대가가 1억 400만원[*2] 미만인 자(법인 제외)
면세사업자		부가가치세법상 사업자가 아니므로 신고·납부의무가 없음

*1 공급대가=공급가액+부가가치세

*2 단, 부동산임대업과 과세유흥장소를 경영하는 사업자는 4,800만원 미만인 경우

▶ 영세율사업자는 일반과세자에 해당된다. 겸영사업자도 부가가치세 납세의무자 범위에 포함된다.

+ 간이과세자의 적용 배제

법인과 일부 제조업, 도매업, 부동산매매업 등의 업종은 간이과세자 적용이 배제된다.

5 과세기간 중요

1. 일반적인 경우

예정 신고기간 및 과세기간의 말일(폐업한 경우는 폐업일이 속한 달의 말일)부터 25일 이내에 신고 · 납부한다.

구분	과세기간	예정 및 확정 신고		신고 · 납부기한
제1기	1월 1일 ~6월 30일	예정 신고기간	1월 1일~3월 31일	4월 25일
		과세기간 최종 3개월*	4월 1일~6월 30일	7월 25일
제2기	7월 1일 ~12월 31일	예정 신고기간	7월 1일~9월 30일	10월 25일
		과세기간 최종 3개월*	10월 1일~12월 31일	익년 1월 25일

* 과세기간 최종 3개월: 실무에서의 확정 신고기간

2. 특수한 경우

구분	과세기간
신규사업자	사업개시일~당해 과세기간의 종료일
폐업자	• 폐업한 경우: 과세기간 개시일~폐업일 • 사업개시 전 등록 후 사업을 시작하지 아니한 경우: 등록일(등록 신청일)~사실상 그 사업을 개시하지 아니하게 되는 날
간이과세자	1월 1일~12월 31일

과세기간
• 일반적인 경우
 – 제1기: 1/1~6/30
 – 제2기: 7/1~12/31
• 특수한 경우
 – 신규사업자: 사업개시일~당해 과세기간 종료일
 – 폐업자: 과세기간 개시일~폐업일
 – 간이과세자: 1/1~12/31

▶ 신규사업자의 경우 사업개시일과 등록 신청일이 다른 경우 둘 중 빠른 일자를 과세기간 개시일자로 한다.

6 납세지 중요

납세지란 사업자가 납세의무 및 협력의무를 이행하고 과세관청이 부과권과 징수권을 행사하는 기준이 되는 장소로, 부가가치세의 납세지는 사업장을 기준으로 한다.

구분	납세지
원칙	• 사업장 단위 신고 · 납부 • 2개 이상의 사업장이 있는 사업자는 사업장마다 신고 · 납부
특례	• 주사업장총괄납부제도: 납부(환급)의무만 총괄 • 사업자단위과세제도: 모든 의무(신고 · 납부의무) 총괄

납세지
• 원칙: 사업장 단위 신고 · 납부
• 특례
 – 주사업장총괄납부제도
 – 사업자단위과세제도

1. 사업장의 범위

사업자나 사용인이 상시 주재하여 거래를 행하는 장소를 말한다.

구분	사업장
광업	광업사무소의 소재지
제조업	최종 제품을 완성하는 장소(다만, 따로 제품의 포장만을 하거나 용기에 충전만을 하는 장소 및 석유제품의 단순보관을 위한 장소는 제외)
건설업, 운수업, 부동산매매업	• 법인: 당해 법인의 등기부상 소재지 • 개인: 업무를 총괄하는 장소

부동산임대업	당해 부동산의 등기부상 소재지
무인자동판매기사업	업무를 총괄하는 장소
사업장 미설치	사업자의 주소 또는 거소
비거주자 · 외국법인	국내 사업장의 소재지(법인세법 및 소득세법에서 규정하는 장소)
기타	사업장 외에도 사업자의 신청에 의하여 사업장으로 등록할 수 있음 (무인자동판매기사업은 제외)

2. 직매장과 하치장 및 임시사업장

구분	내용	사업장 여부
직매장	자기의 사업과 관련하여 생산, 취득한 재화를 직접 판매하기 위하여 특별히 판매시설을 갖춘 장소	○ (사업자등록 ○)
하치장	재화의 보관 · 관리시설만을 갖추고 판매가 이루어지지 않는 장소	× (사업자등록 ×)
임시 사업장	사업장이 있는 사업자가 기존 사업장 외에 각종 경기대회 · 박람회 · 국제대회 및 기타 이와 유사한 행사가 개최되는 장소에서 임시로 개설한 사업장 → 임시사업장개설 · 폐쇄신고(설치기간 10일 이내이면 신고 생략 가능)	× (별도 사업장 ×, 기존 사업장에 포함)

사업장 여부
- 직매장: ○
- 하치장: ×
- 임시사업장: ×

7 주사업장총괄납부제도와 사업자단위과세제도 중요

구분	주사업장총괄납부제도	사업자단위과세제도
개념	둘 이상의 사업장이 있는 경우 각 사업장의 납부세액과 환급세액을 통산하여 납부하는 제도	둘 이상의 사업장이 있는 경우 사업장이 아닌 사업자 단위로 모든 납세의무를 이행하는 제도
요건	신청(승인규정이 없음)	사업자단위과세사업자로 사업자등록 신청(승인규정이 없음)
효과	• 납부(환급)의무만 총괄 • 다른 의무는 각 사업장별로 이행	모든 의무(신고 · 납부의무) 총괄
주사업장	• 법인: 본점(주사무소) 또는 지점(분사무소) 중 선택 • 개인: 주사무소	• 법인: 본점(주사무소) • 개인: 주사무소
신청	• 계속사업자: 과세기간 개시 20일 전까지 총괄납부 신청 • 신규사업자: 사업자등록증을 받은 날부터 20일 이내 총괄납부신청	• 계속사업자: 과세기간 개시 20일 전까지 사업자등록 신청 • 신규사업자: 사업개시일로부터 20일 이내 사업자등록 신청
적용 제외	• 사업내용의 변경 • 주사업장의 이동이 빈번한 경우 • 기타 사유로 총괄납부가 부적당한 경우	적용 제외 규정이 없음
포기	주사업장총괄납부사업자에 의해 과세기간 개시 20일 전까지 신고	사업자단위과세사업자에 의해 과세기간 개시 20일 전까지 신고

8 사업자등록

1. 사업자등록 중요

구분	내용
신청	• 사업자는 사업장마다 사업개시일로부터 20일 이내에 세무서장(관할 또는 그 밖의 모든 세무서장)에게 등록 신청(국세정보통신망에 의한 신청서 제출 포함) • 신규사업개시자는 사업개시 전 등록 가능
발급	• 2일 이내(토요일·공휴일·근로자의 날 제외) 발급 • 필요한 경우 발급기한을 5일 이내에서 연장 가능
등록거부	• 사업개시 전 등록 신청자가 사실상 사업개시를 아니할 것으로 인정되는 때 • 이미 사업을 개시한 경우에는 불성실사업자라 하더라도 등록거부 불가능

사업자등록
사업자는 사업장마다 사업개시일로부터 20일 이내에 등록 신청

2. 사업자미등록 시 제재 사항

(1) 등록 전 매입세액 불공제

단, 공급시기가 속하는 과세기간이 끝난 후 20일 이내에 등록 신청한 경우 등록 신청일부터 공급시기가 속하는 과세기간 기산일(1기는 1월 1일, 2기는 7월 1일)까지 역산한 기간 이내의 매입세액은 공제한다.

(2) 사업자등록 관련 가산세

① 미등록 가산세: 공급가액의 1%(간이과세자는 공급대가의 0.5%)

② 사업자 명의위장 등록: 공급가액의 2%(간이과세자는 공급대가의 1%)

3. 개별소비세법과 교통·에너지·환경세법상 신고에 따른 부가가치세법상 사업자등록 의제 범위의 확대

개별소비세 또는 교통·에너지·환경세의 납세의무가 있는 사업자가 개별소비세법 또는 교통·에너지·환경세법에 따라 다음의 신고를 한 경우에는 등록 신청 또는 신고를 한 것으로 본다.

구분	내용
개별소비세법 또는 교통·에너지·환경세법에 따른 개업 신고를 한 경우	사업자등록의 신청
개별소비세법 또는 교통·에너지·환경세법에 따른 휴업·폐업·변경 신고를 한 경우	휴업·폐업 신고 또는 등록사항 변경 신고
개별소비세 또는 교통·에너지·환경세법의 사업자단위과세사업자 신고를 한 경우	사업자단위과세사업자 등록 신청 또는 변경등록 신청
개별소비세법 또는 교통·에너지·환경세법에 따른 양수, 상속, 합병 신고를 한 경우	등록사항 변경 신고

9 사업자등록정정 신고

등록정정사유 해당 시 지체 없이 신고한다.

구분	내용
신청일 당일 재발급 사유	• 상호를 변경하는 때 • 통신판매업자가 사이버몰의 명칭, 인터넷 도메인 이름을 변경하는 때
2일 이내 재발급 사유	• 법인 또는 법인으로 보는 단체 외의 단체의 대표자를 변경하는 때 • 사업의 종류에 변동이 있는 때 • 상속으로 인하여 사업자의 명의가 변경되는 때 • 공동사업자의 구성원 또는 출자지분의 변경이 있는 때 • 임대인, 임대차 목적물 · 그 면적, 보증금, 차임 또는 임대차기간의 변경이 있거나 새로이 상가 건물을 임차한 때 • 사업자단위과세사업자가 사업자단위과세 적용사업장을 변경하는 때 • 사업자단위과세사업자가 종된 사업장을 신설 또는 이전하는 때 • 사업자단위과세사업자가 종된 사업장의 사업을 휴업 또는 폐업하는 때

▶ 법인의 대표자 변경은 사업자등록정정 사유에 해당하고, 개인사업자의 대표자 변경은 폐업 사유에 해당한다.

▶ 주소지 변경 시 사업자등록 정정 신고 없이 자동으로 정정된다.

10 부가가치세 회계처리 중요

공급대가=공급가액+부가가치세

부가가치세
- 공급가액: VAT 별도
- 공급대가: VAT 포함

1. 원재료 매입 시

(차)	원재료	×××	(대) 현금	×××
	부가세대급금	×××		

2. 제품 매출 시

(차)	현금	×××	(대) 제품매출	×××
			부가세예수금	×××

3. 결산분개 시(과세기간 종료일)

과세기간 종료일자에 부가세예수금과 부가세대급금을 상계처리하는 분개를 한다.

(차)	부가세예수금	×××	(대) 부가세대급금	×××
			미지급세금	×××

합격을 다지는 실전문제

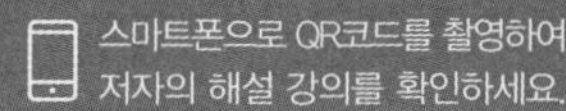

상 중 하

001 다음 중 우리나라 부가가치세법의 특징으로 틀린 것은?

① 국세
② 인세(人稅)
③ 전단계 세액공제법
④ 다단계거래세

상 중 하

002 다음 중 우리나라 부가가치세법의 특징으로 옳지 않은 것은?

① 소비지국과세원칙
② 생산지국과세원칙
③ 전단계 세액공제법
④ 간접세

상 중 하

003 다음 중 부가가치세법상 납세의무자에 대한 설명으로 가장 옳지 않은 것은?

① 부가가치세법상 사업자는 일반과세자와 간이과세자이다.
② 국가 · 지방자치단체도 납세의무자가 될 수 있다.
③ 사업자단위과세사업자는 모든 사업장의 부가가치세를 총괄하여 신고만 할 수 있다.
④ 영세율을 적용받는 사업자도 부가가치세법상의 사업자등록의무가 있다.

정답 및 해설

001 ② 부가가치세법은 인적사항을 고려하지 않는 물세이다.

002 ② 우리나라 부가가치세법은 소비지국과세원칙을 채택하고 있다.

003 ③ 사업자단위과세사업자는 모든 사업장의 부가가치세를 총괄하여 신고 및 납부할 수 있다.

상 중 하

004 도매업자, 소매업자, 최종소비자의 순으로 과세상품이 판매되었을 경우 부가가치세 납세의무자와 담세자의 관계가 바르게 연결된 것은?

	납세의무자	담세자
①	소매업자	도매업자
②	도매업자	도매업자
③	도매업자	소매업자
④	소매업자	최종소비자

PART 03

상 중 하

005 다음 중 부가가치세법상 납세의무자에 대한 설명으로 틀린 것은?

① 사업의 영리 목적 여부에 관계없이 사업상 독립적으로 재화 및 용역을 공급하는 사업자이다.
② 영세율을 적용받는 사업자는 납세의무자에 해당하지 않는다.
③ 간이과세자도 납세의무자에 포함된다.
④ 재화를 수입하는 자는 그 재화의 수입에 대한 부가가치세를 납부할 의무가 있다.

상 중 하

006 일반과세사업자가 사무실용 컴퓨터를 외상으로 500,000원(부가가치세 별도)에 구입하였을 경우, 올바른 분개는?

① (차)	비품	550,000	(대)	미지급금	500,000
				부가세예수금	50,000
② (차)	비품	500,000	(대)	미지급금	550,000
	부가세대급금	50,000			
③ (차)	비품	550,000	(대)	매입채무	500,000
				부가세예수금	50,000
④ (차)	비품	500,000	(대)	매입채무	550,000
	부가세대급금	50,000			

정답 및 해설

004 ④ 납세의무자는 사업자인 소매업자와 도매업자이며, 담세자는 최종소비자이다.

005 ② 영세율을 적용받는 사업자도 납세의무자에 해당한다.

006 ② (차)	비품	500,000	(대)	미지급금	550,000
	부가세대급금	50,000			

상 중 하

007 다음 중 부가가치세법상 업종별 사업장의 범위로 맞지 않는 것은?

① 제조업은 최종제품을 완성하는 장소
② 사업장을 설치하지 않은 경우 사업자의 주소 또는 거소
③ 운수업은 개인인 경우 사업에 관한 업무를 총괄하는 장소
④ 부동산매매업 법인의 경우 부동산의 등기부상 소재지

상 중 하

008 홍길동은 일반과세사업자로 2025년 9월 1일에 사업을 시작하여 당일 사업자등록을 신청하였다. 홍길동의 부가가치세법상 2025년 제2기 과세기간은?

① 2025년 1월 1일~12월 31일
② 2025년 9월 1일~12월 31일
③ 2025년 1월 1일~9월 1일
④ 2025년 7월 1일~12월 31일

상 중 하

009 다음 중 부가가치세법상 사업자등록에 관한 설명으로 잘못된 것은?

① 사업자는 사업장마다 사업개시일부터 20일 이내에 사업자등록을 신청해야 한다.
② 사업자는 사업자등록의 신청을 사업장 관할 세무서장에게만 할 수 있다.
③ 신규로 사업을 시작하려는 자는 사업개시일 이전이라도 사업자등록을 신청할 수 있다.
④ 사업자는 등록사항이 변경되면 지체 없이 사업장 관할 세무서장에게 신고하여야 한다.

상 중 하

010 현행 부가가치세법에 대한 설명으로 옳지 않은 것은?

① 부가가치세 부담은 전적으로 최종소비자가 하는 것이 원칙이다.
② 영리 목적의 유무에 불구하고 사업상 독립적으로 재화를 공급하는 자는 납세의무가 있다.
③ 해당 과세기간 중 이익이 발생하지 않았을 경우에는 납부하지 않아도 된다.
④ 일반과세자의 내수용 과세거래에 대해서는 원칙적으로 10%의 단일세율을 적용한다.

정답 및 해설

007 ④ 부동산매매업 법인의 경우 법인의 등기부상 소재지를 사업장으로 한다.

008 ② 신규사업자의 최초 과세기간은 사업개시일부터 당해 과세기간의 종료일까지이다.

009 ② 사업자등록의 신청을 사업장 관할 세무서장이 아닌 다른 세무서장에게도 할 수 있다. 이 경우 사업장 관할 세무서장에게 사업자등록을 신청한 것으로 본다.

010 ③ 부가가치세는 이익 발생과 관계없이 납부세액이 발생하면 납부해야 한다.

상 중 하

011 다음 중 부가가치세법상 사업자등록 정정사유가 아닌 것은?

① 상호를 변경하는 경우
② 사업장을 이전하는 경우
③ 사업의 종류에 변동이 있는 경우
④ 증여로 인하여 사업자의 명의가 변경되는 경우

상 중 하

012 다음 자료를 보고 2025년 제2기 부가가치세 확정 신고기한으로 옳은 것은?

- 2025년 4월 25일 1기 부가가치세 예정 신고 및 납부하였다.
- 2025년 7월 25일 1기 부가가치세 확정 신고 및 납부하였다.
- 2025년 8월 20일 자금상황의 악화로 폐업하였다.

① 2025년 7월 25일
② 2025년 8월 31일
③ 2025년 9월 25일
④ 2026년 1월 25일

상 중 하

013 부가가치세법상 납세의무에 관한 설명으로 옳지 않은 것은?

① 영리 목적의 유무에 불구하고 사업상 독립적으로 과세대상 재화를 공급하는 자는 납세의무가 있다.
② 과세의 대상이 되는 행위 또는 거래의 귀속이 명의일 뿐이고 사실상 귀속되는 자가 따로 있는 경우라 하더라도 명의자에 대하여 부가가치세법을 적용한다.
③ 영세율 적용 대상거래만 있는 사업자도 부가가치세법상 신고의무가 있다.
④ 재화를 수입하는 자는 수입재화에 대한 부가가치세 납세의무가 있다.

정답 및 해설

011 ④ 증여로 인하여 사업자의 명의가 변경되는 경우는 폐업 사유에 해당한다. 증여자는 폐업, 수증자는 신규 사업자등록 사유이다.

012 ③ 폐업한 사업자의 부가가치세 확정 신고기한은 폐업한 날이 속하는 달의 다음 달 25일까지이다.

013 ② 과세의 대상이 되는 행위 또는 거래의 귀속이 명의일 뿐이고 사실상 귀속되는 자가 따로 있는 경우에는 사실상 귀속되는 자에 대하여 부가가치세법을 적용한다.

상 중 하

014 다음 중 부가가치세에 대한 설명으로 옳지 않은 것은?

① 법률상 면세 대상으로 열거된 것을 제외한 모든 재화나 용역의 소비행위에 대하여 과세한다.
② 납세의무자는 개인사업자나 영리법인으로 한정되어 있다.
③ 매출세액에서 매입세액을 차감하여 납부(환급)세액을 계산한다.
④ 납세의무자는 재화 또는 용역을 공급하는 사업자이지만, 담세자는 최종소비자가 된다.

상 중 하

015 다음 중 현행 부가가치세법의 특징에 대한 설명으로 잘못된 것은?

① 일반소비세이다.
② 국세에 해당된다.
③ 10%와 0%의 세율을 적용하고 있다.
④ 역진성의 문제를 해결하기 위하여 영세율제도를 도입하고 있다.

상 중 하

016 다음 중 현행 부가가치세법에 대한 설명으로 틀린 것은?

① 부가가치세는 전단계 세액공제법을 채택하고 있다.
② 주사업장총괄납부 시 종된 사업장은 부가가치세 신고와 납부의무가 없다.
③ 부가가치세는 0% 또는 10%의 세율을 적용한다.
④ 사업자는 사업장 관할 세무서장이 아닌 다른 세무서장에게도 사업자등록을 신청할 수 있다.

상 중 하

017 다음 중 사업자등록 정정사유가 아닌 것은?

① 통신판매업자가 사이버몰의 명칭 또는 인터넷 도메인 이름을 변경하는 때
② 공동사업자의 구성원 또는 출자지분의 변동이 있는 때
③ 증여로 인하여 사업자의 명의가 변경되는 때
④ 법인사업자의 대표자를 변경하는 때

정답 및 해설

014 ② 사업자 또는 재화를 수입하는 자 중 어느 하나에 해당하는 자로서 개인, 법인(국가 · 지방자치단체와 지방자치단체조합을 포함한다), 법인격이 없는 사단 · 재단 또는 그 밖의 단체는 이 법에 따라 부가가치세를 납부할 의무가 있다.

015 ④ 역진성의 문제를 해결하기 위하여 면세제도를 도입하고 있다.

016 ② 주사업장총괄납부제도는 세액의 납부(환급)만 총괄하는 것이므로 주사업장총괄납부를 신청하였다고 하더라도 세금계산서의 발급 · 수취, 부가가치세 신고, 수정신고 및 경정청구 등은 각 사업장별로 이루어져야 한다.

017 ③ 상속의 경우에는 정정사유이나, 증여로 인하여 사업자의 명의가 변경되는 경우에는 폐업 사유이다.

상 중 하

018 부가가치세법에 따른 주사업장총괄납부와 사업자단위과세에 대한 설명으로 틀린 것은?

① 주사업장총괄납부란 사업장이 둘 이상 있는 사업자가 일정한 요건을 갖춘 경우 각 사업장의 납부세액 및 환급세액를 합산하여 주된 사업장에서 총괄하여 납부할 수 있는 제도이다.

② 주사업장총괄납부 제도는 세액의 납부(환급)만 총괄하는 것이 원칙이며 신고는 각 사업장별로 해야 한다.

③ 사업자단위과세를 적용받는 경우 세금계산서의 발급·수취, 부가가치세 신고, 납부 및 수정신고, 경정청구 모두 주된 사업장에서 총괄하여 이루어진다.

④ 주사업장총괄납부와 사업자단위과세 모두 원칙적으로 적용받고자 하는 과세기간 개시 한 달 전까지 관할세무서장에게 신청하여야 적용이 가능하다.

PART 03

상 중 하

019 다음은 사업자등록 신청에 대한 설명이다. 빈칸에 들어갈 일수는 며칠인가?

> 부가가치세법상 사업자등록을 신청하기 전의 매입세액은 매출세액에서 공제하지 않는다. 다만, 공급시기가 속하는 과세기간이 끝난 후 ________ 이내에 사업자등록을 신청할 경우 등록 신청일부터 공급시기가 속하는 과세기간 기산일까지 역산한 기간 내의 매입세액은 매출세액에서 공제할 수 있다.

① 10일　　② 15일
③ 20일　　④ 25일

상 중 하

020 부가가치세법상 과세기간에 대한 설명으로 옳지 않은 것은?

① 일반과세자의 과세기간은 제1기와 제2기로 구분한다.

② 일반과세자가 4월 25일에 사업자등록을 신청하고 실제 사업개시일은 5월 1일인 경우 5월 1일부터 6월 30일까지가 최초 과세기간이 된다.

③ 간이과세자의 과세기간은 원칙적으로 1월 1일부터 12월 31일까지이다.

④ 간이과세자가 폐업하는 경우의 과세기간은 폐업일이 속하는 과세기간의 개시일부터 폐업일까지로 한다.

정답 및 해설

018 ④ 주사업장총괄납부와 사업자단위과세 모두 과세기간 개시 20일 전까지 신청하여야 한다.

019 ③ 부가가치세법상 사업자등록을 신청하기 전의 매입세액은 매출세액에서 공제하지 않는다. 다만, 공급시기가 속하는 과세기간이 끝난 후 20일 이내에 사업자등록을 신청할 경우 등록 신청일부터 공급시기가 속하는 과세기간 기산일까지 역산한 기간 내의 매입세액은 매출세액에서 공제할 수 있다.

020 ② 사업개시일 이전에 사업자등록을 신청한 경우에는 그 신청한 날부터 그 신청일이 속하는 과세기간의 종료일까지로 한다. 따라서 사업자등록 신청일인 4월 25일부터 6월 30일까지가 최초 과세기간이 된다.

상 중 하

021 다음은 부가가치세법상 납세의무자에 대한 설명이다. 옳은 것은?

① 간이과세자는 직전 1역년 공급대가가 1억 400만원 미만인 법인사업자를 말한다.
② 영리를 추구하지 않는다면 재화 또는 용역을 공급하여도 사업자에 해당하지 않는다.
③ 사업자가 아니라면 재화를 수입하는 경우 부가가치세 납세의무가 발생하지 않는다.
④ 영세율을 적용받는 사업자도 납세의무자에 해당된다.

상 중 하

022 다음 중 부가가치세법상 과세기간 등에 대한 설명으로 옳지 않은 것은?

① 사업개시일 이전에 사업자등록을 신청한 경우에 최초의 과세기간은 그 신청한 날부터 그 신청일이 속하는 과세기간의 종료일까지로 한다.
② 사업자가 폐업하는 경우의 과세기간은 폐업일이 속하는 과세기간의 개시일부터 폐업일까지로 한다.
③ 폐업자의 경우 폐업일이 속하는 과세기간 종료일부터 25일 이내에 확정신고를 하여야 한다.
④ 간이과세자의 과세기간은 1월 1일부터 12월 31일까지로 한다.

상 중 하

023 다음 중 현행 부가가치세법에 대한 설명으로 틀린 것은?

① 신규로 사업을 시작하려는 자는 사업개시일 이전이라도 사업자등록을 신청할 수 있다.
② 사업자등록을 신청하기 전의 매입세액은 원칙적으로 공제되지 않는다.
③ 주사업장총괄납부 시 종된 사업장은 부가가치세 신고의무가 없다.
④ 사업자등록의 신청은 사업장 관할 세무서장이 아닌 다른 세무서장에게도 할 수 있다.

상 중 하

024 현행 부가가치세법에 대한 설명으로 옳지 않은 것은?

① 사업자만이 부가가치세를 납부할 의무가 있다.
② 납세지는 사업자단위과세 및 주사업장총괄납부사업자가 아닌 경우, 각 사업장의 소재지로 한다.
③ 사업자단위과세사업자가 아닌 경우, 사업자는 사업장마다 사업개시일로부터 20일 이내에 사업장 관할세무서장에게 사업자등록을 신청해야 한다.
④ 신규로 사업을 시작하는 자에 대한 최초의 과세기간은 사업개시일부터 그 날이 속하는 과세기간의 종료일까지로 한다.

정답 및 해설

021 ④ ① 법인은 간이과세자가 될 수 없다.
② 영리 목적 여부를 불문하고 사업자에 해당할 수 있다.
③ 사업자가 아니라도 재화의 수입 시 납세의무가 발생한다.

022 ③ 폐업자의 경우 폐업일이 속하는 달의 다음 달 25일까지 확정신고를 하여야 한다.

023 ③ 주사업장총괄납부 시 종된 사업장은 부가가치세 납부의무가 없으나 신고는 각 사업장별로 해야 한다. 따라서 종된 사업장도 부가가치세 신고는 해야 한다.

024 ① 부가가치세를 납부할 의무가 있는 자는 사업자, 재화를 수입하는 자로서 개인, 법인(국가, 지방자치단체와 지방자치단체조합 포함), 법인격이 없는 사단 및 재단 또는 그 밖의 단체이다.

상 중 하

025 다음 중 부가가치세법상 용어의 설명으로 옳지 않은 것은?

① 재화란 재산 가치가 있는 물건 및 권리를 말한다.
② 용역이란 재화 외에 재산 가치가 있는 모든 역무와 그 밖의 행위를 말한다.
③ 사업자란 사업상 영리 목적으로만 독립적으로 재화 또는 용역을 공급하는 자를 말한다.
④ 일반과세자란 간이과세자가 아닌 사업자를 말한다.

상 중 하

026 다음 중 부가가치세법상 납세지에 대한 설명으로 옳지 않은 것은?

① 사업자의 납세지는 각 사업장의 소재지로 한다.
② 제조업의 납세지는 최종제품을 완성하는 장소를 원칙으로 한다.
③ 광업의 납세지는 광구 내에 있는 광업사무소의 소재지를 원칙으로 한다.
④ 무인자동판매기를 통하여 재화를 공급하는 사업의 납세지는 무인자동판매기를 설치한 장소로 한다.

상 중 하

027 다음 중 부가가치세법상 사업장에 대한 설명으로 옳지 않은 것은?

① 사업장은 사업자가 사업을 하기 위하여 거래의 전부 또는 일부를 하는 고정된 장소로 한다.
② 사업장을 설치하지 않고 사업자등록도 하지 않은 경우에는 과세표준 및 세액을 결정하거나 경정할 당시의 사업자의 주소 또는 거소를 사업장으로 한다.
③ 제조업의 경우 따로 제품 포장만을 하거나 용기에 충전만 하는 장소도 사업장에 포함될 수 있다.
④ 부동산상의 권리만 대여하는 경우에는 그 사업에 관한 업무를 총괄하는 장소를 사업장으로 한다.

정답 및 해설

025 ③ 사업자란 사업 목적이 영리이든 비영리이든 관계없이 사업상 독립적으로 재화 또는 용역을 공급하는 자를 말한다.

026 ④ 무인자동판매기를 통하여 재화를 공급하는 사업의 납세지는 사업에 관한 업무를 총괄하는 장소로 한다.

027 ③ 제조업의 경우 따로 제품 포장만을 하거나 용기에 충전만 하는 장소는 사업장에서 제외한다.

CHAPTER

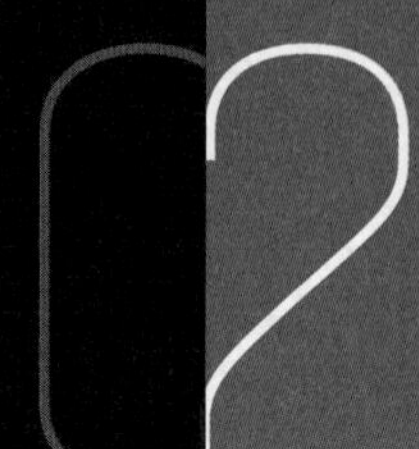

과세거래

핵심키워드
- 재화의 종류
- 실질공급, 간주공급
- 용역의 공급
- 재화의 수입

1회독 2회독 3회독

1 재화의 공급

1. 재화의 의의와 종류

(1) 재화의 의의

부가가치세 과세대상이 되는 재화란 재산적 가치가 있는 물건으로 유체물과 무체물로 나뉜다. 재화의 공급은 실질공급(대가관계 ○)과 간주공급(대가관계 ×)으로 나눌 수 있다.

재화
재산적 가치가 있는 물건
- 유체물
- 무체물

(2) 재화의 종류

① **유체물:** 각종 상품, 제품, 원재료, 건물 등

② **무체물:** 전기, 열, 에너지, 기타 관리할 수 있는 자연력, 영업권, 상표권, 특허권, 산업재산권 등

▶ 유가증권(주식, 채권), 상품권, 화폐대용증권(수표, 어음, 금액상품권)은 과세대상이 아니다. 그러나 보관물, 운송물을 인도하는 것과 동일한 효력이 있는 창고증권, 선하증권, 화물상환증 등(단, 임치물의 반환을 수반하지 않는 것은 제외)은 과세대상 재화로 본다.

2. 재화의 공급

(1) 재화의 실질공급

재화의 실질공급이란 계약이나 법률상의 원인에 의하여 재화를 인도하거나 양도하는 것을 말한다.

재화의 공급
- 실질공급
- 간주공급

구분	거래내용
매매계약에 의한 인도·양도	현금판매, 외상판매, 장기할부판매, 조건부 및 기한부 판매, 위탁판매, 기타 매매계약
가공계약에 의한 인도	자기가 주요 자재의 전부 또는 일부를 부담하고 상대방으로부터 인도받은 재화에 공작을 가하여 새로운 재화를 만드는 가공계약
교환계약에 의한 인도·양도	재화의 인도대가로서 다른 재화를 인도받거나 용역을 제공받는 교환계약
기타의 원인에 의한 인도·양도	경매·현물출자 기타 계약상 또는 법률상의 원인

▶ 주요 자재를 전혀 부담하지 않고 단순가공만 해주는 것은 용역의 공급으로 본다(건설업과 음식점업은 항상 용역의 공급).

포인트 경매

- 국세징수법에 의한 공매: 재화의 공급 ×
- 민사집행법, 민법, 상법 등 각종 법에 의한 경매: 재화의 공급 ×
- 사적 경매(인터넷 경매사이트 등을 통한 경매): 재화의 공급 ○

(2) 재화의 간주공급 중요

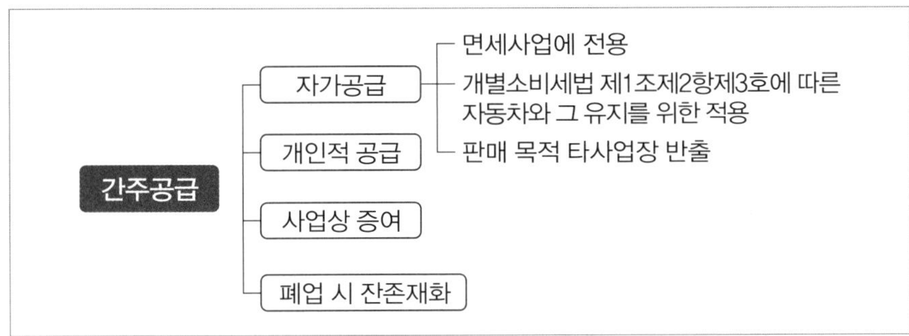

PART 03

① 간주공급의 구분

구분	과세대상
자가공급	• 면세사업에 전용: 자기의 사업과 관련하여 생산 또는 취득한 재화를 면세사업을 위하여 직접 사용·소비하는 것 • 개별소비세법 제1조제2항제3호에 따른 자동차와 그 유지를 위한 적용: 자기의 사업과 관련하여 생산 또는 취득한 재화를 개별소비세법 제1조제2항제3호에 따른 자동차 관련으로 사용하거나 그 유지를 위하여 사용 또는 소비하는 경우 • 판매 목적 타사업장 반출(직매장 반출): 자기의 사업과 관련하여 생산 또는 취득한 재화를 타인에게 직접 판매할 목적으로 자기의 다른 사업장(직매장 등)에 반출하는 경우[총괄납부사업자 또는 사업자단위과세사업자는 제외(단, 세금계산서를 교부하여 관할 세무서장에게 신고한 경우에는 재화의 공급으로 봄)]
개인적 공급	자기의 사업과 관련하여 생산하거나 취득한 재화를 사업과 직접 관계없이 개인적 목적 또는 기타의 목적으로 사업자가 사용하거나 그 사용인 또는 기타의 자가 사용·소비하는 것으로서, 사업자가 그 대가를 받지 않거나 시가보다 낮은 대가를 받는 경우(종업원의 작업복, 작업모, 작업화, 직장체육비, 경조사비 1인당 10만원 이하의 재화*, 직장연예비와 관련된 재화는 과세 제외)
사업상 증여	자기의 사업과 관련하여 생산하거나 취득한 재화를 자기의 고객이나 불특정 다수인에게 그 대가를 받지 않거나 현저히 낮은 대가를 받고 증여하는 것(대가를 받지 않은 견본품, 불특정 다수인에게 광고선전물을 배포하는 것, 부수공급에 해당하는 경우는 과세대상에서 제외)
폐업 시 잔존재화	사업을 폐지하는 때 잔존하는 재화(사업자가 자기에게 재화를 공급하는 것으로 봄)

* ㉠과 ㉡의 경우로 구분하여 각각 1인당 연간 10만원 이하 재화
- ㉠ 부정기: 경조사와 관련된 재화
- ㉡ 정기: 명절, 기념일 등(설날, 추석, 창립기념일 등 포함)과 관련된 재화

재화의 간주공급
- 자가공급
  - 면세사업에 전용
  - 개별소비세법 제1조제2항제3호에 따른 자동차
  - 판매 목적 타사업장 반출
- 개인적 공급
- 사업상 증여
- 폐업 시 잔존재화

▶ 판매 목적 타사업장 반출은 다른 유형들과 달리 당초 매입세액이 공제되지 않은 경우에도 간주공급이 적용된다.

② 간주공급에 해당하지 않는 경우

- 면세사업전용, 「개별소비세법」 제1조제2항제3호에 해당하는 자동차와 그 유지를 위한 재화, 개인적 공급, 사업상 증여, 폐업 시 잔존재화 매입에 대해 매입세액 불공제를 받은 경우 간주공급으로 보지 않는다.
- 재화의 간주공급은 실거래가 아니므로 세금계산서를 교부하지 않는다. 다만, 판매 목적 타사업장 반출의 경우는 세금계산서를 교부해야 하며 과세표준을 취득원가로 한다.

(3) 재화의 공급으로 보지 않는 거래 중요

다음의 거래는 부가가치세를 과세하는 실익이 없으므로 재화의 공급으로 보지 않는다.

구분	내용
담보의 제공	질권 · 저당권 · 양도담보의 목적으로 동산 · 부동산 및 부동산상의 권리를 제공하는 경우[다만, 채무불이행 등의 사유로 담보권자가 환가처분권을 행사하는 경우에는 재화의 공급(대물변제)에 해당함]
사업의 포괄적 양도*	사업장별로 그 사업에 관한 권리와 의무를 포괄적으로 승계시키는 것
조세의 물납	법률에 의하여 상속세 · 증여세법 또는 지방세법, 부가가치세법 시행령 제24조에 따라 사업용 자산으로 물납하는 경우
공매/강제경매	국세징수법에 따른 공매, 지방세 징수를 위한 공매, 민사집행법에 의한 강제경매는 재화의 공급으로 보지 않음
법률에 따른 수용	「도시 및 주거환경정비법」, 「공익사업을 위한 토지 등의 취득 및 보상에 관한 법률」 등에 따른 수용절차에 있어서 수용대상인 재화의 소유자가 수용에 대한 대가를 받은 경우

* 사업을 포괄적으로 양도하는 경우에는 재화의 공급으로 보지 아니하는 것을 원칙으로 하지만, 사업의 양도에 따라 그 사업을 양수받은 자가 그 대가를 지급하는 때에 양도자로부터 부가가치세를 징수하여 그 대가를 지급하는 날이 속하는 달의 25일까지 사업장 관할 세무서장에게 납부(사업양수자의 대리납부)하면, 사업의 포괄양도를 매입세액을 공제받을 수 있는 재화의 공급으로 본다.

재화의 공급으로 보지 않는 거래
- 담보의 제공
- 사업의 포괄적 양도
- 조세의 물납
- 공매/강제경매
- 수용

2 용역의 공급

1. 용역의 의의

용역이란 재화 이외의 재산적 가치가 있는 모든 역무 및 그 밖의 행위로서 다음의 사업에 해당하는 것을 말한다.

+ 용역에 해당하는 사업

- 건설업
- 숙박 및 음식점업
- 부동산업 및 임대업
- 기타 열거된 사업

2. 용역의 공급 중요

(1) 과세대상 용역 공급의 범위

① 역무를 제공하거나 재화 · 시설물 또는 권리를 사용하게 하고 그 대가를 받는 경우(부동산임대업 등)

② 건설업은 자재부담 여부를 불문하고 용역의 공급에 해당

③ 주요 자재를 전혀 부담하지 않는 단순 가공

④ 산업상 · 상업상 또는 과학상의 지식 · 경험 또는 숙련에 관한 정보의 제공

⑤ 해외 오픈마켓 등에서 구매하는 전자적 용역에 대한 과세

포인트 해외 오픈마켓 등에서 구매하는 전자적 용역에 대한 과세

국내 개발자와 해외 개발자 간의 과세형평을 높이기 위하여 국내 소비자가 해외 오픈마켓 등에서 구매하는 게임·음성·동영상 파일 또는 소프트웨어 등 전자적 용역에 대하여 해외 오픈마켓 사업자가 간편하게 사업자등록을 하여 부가가치세를 납부할 수 있도록 하는 제도를 신설함

(2) **과세대상 제외** 중요

① 용역의 간주공급

② 용역의 무상공급(단, 특수관계인에게 사업용 부동산 임대용역의 무상공급은 과세)

③ 고용관계에 의한 근로의 제공

▶ 현행 부가가치세 규정에서는 특수관계인에게 사업용 부동산 임대용역을 무상공급하는 것을 제외하고는 용역의 무상공급은 과세대상이 아니다.

3 재화의 수입

재화의 수입은 다음 물품을 우리나라의 영토 및 우리나라가 행사할 수 있는 권리가 미치는 곳에 인취하는 것(보세구역을 경유하는 것은 보세구역으로부터 인취하는 것)을 말한다.

▶ 용역의 수입은 과세대상이 아니다.

＋ 재화의 수입으로 보는 물품

- 외국으로부터 우리나라에 도착한 물품
- 수출신고가 수리된 물품(선적 또는 기적된 것에 한하며, 선적이 완료되지 않은 물품을 보세구역에서 국내로 반입하는 경우는 제외)

4 부수재화 또는 용역의 공급

1. 주된 거래에 부수되는 재화·용역의 공급

주된 재화 또는 용역의 공급에 부수되어 공급되는 것으로 다음 중 어느 하나에 해당하는 재화 또는 용역의 공급은 주된 재화 또는 용역의 공급에 포함되는 것으로 본다.

주된 거래에 부수되는 재화·용역
주된 거래에 따라 처리

(1) 해당 대가가 주된 재화 또는 용역의 공급에 대한 대가에 통상적으로 포함되어 공급되는 재화·용역

(2) 거래의 관행으로 보아 통상적으로 주된 재화 또는 용역의 공급에 부수하여 공급되는 것으로 인정되는 재화·용역

예 • 음반(과세)에 부수되는 도서(면세) ⇨ 과세
• 도서(면세)에 부수되는 음반(과세) ⇨ 면세

2. 주된 사업에 부수되는 재화·용역의 공급

주된 사업에 부수되는 다음 중 어느 하나에 해당하는 재화 또는 용역의 공급은 별도의 공급으로 보되, 과세 및 면세 여부는 주된 사업의 과세 및 면세 여부 등에 따른다.

주된 사업에 부수되는 재화·용역
- 우발적·일시적: 면세 우선 원칙
- 부산물: 주산물에 따라 처리

(1) **주된 사업과 관련하여 우발적 또는 일시적으로 공급되는 재화·용역**

부수되는 재화·용역이 면세인 경우 주된 사업과 관계없이 면세이며, 과세인 경우 주된 사업의 과세 및 면세 여부를 따른다.

주된 사업	부수되는 재화 · 용역	과세 · 면세 여부
과세사업(제조업)	과세대상(건물)	과세
	면세대상(토지)	면세
면세사업(은행업)	과세대상(건물)	면세
	면세대상(토지)	면세

(2) 주된 사업과 관련하여 주된 재화의 생산과정이나 용역의 제공과정에서 필연적으로 생기는 재화

주된 사업과 관련하여 주된 재화의 생산과정이나 용역의 제공과정에서 필연적으로 생기는 재화의 경우 주된 사업의 과세 및 면세 여부를 따른다.

예
- 밀가루(면세) 생산에 필수적으로 부수되는 밀기울(과세) ⇨ 면세
- 참치통조림(과세) 생산에 필수적으로 부수되는 참치알(면세) ⇨ 과세

합격을 다지는 실전문제

스마트폰으로 QR코드를 촬영하여 저자의 해설 강의를 확인하세요.

상 중 하

001 부가가치세가 과세되는 거래에서 재화의 공급으로 보지 않는 것은?

① 개인적 공급 ② 자가공급
③ 폐업 시 잔존재화 ④ 법률에 따른 수용

상 중 하

002 다음 중 부가가치세법상 과세거래에 해당되는 것은?

① 용역을 무상으로 제공하는 경우(특수관계인에게 사업용 부동산의 임대용역을 무상으로 공급하는 경우 제외)
② 조세의 물납
③ 담보의 제공
④ 재화의 공급

상 중 하

003 다음 중 재화 공급의 범위에 대한 설명으로 틀린 것은?

① 할부판매에 의하여 재화를 인도 또는 양도하는 것
② 민사집행법에 의한 강제경매에 따라 재화를 인도 또는 양도하는 것
③ 교환계약에 의하여 재화를 인도 또는 양도하는 것
④ 가공계약에 의하여 재화를 인도하는 것

상 중 하

004 다음 중 부가가치세법상 간주공급에 관한 설명으로 틀린 것은?

① 간주공급은 자가공급, 개인적 공급, 사업상 증여, 폐업 시 잔존재화로 분류한다.
② 간주공급은 실질공급과 같이 세금계산서를 교부하여야 한다.
③ 자가공급은 면세전용, 개별소비세법 제1조제2항제3호에 따른 자동차의 구입과 유지를 위한 재화, 판매 목적의 타사업장 반출로 분류한다.
④ 간주공급 중 개인적 공급의 공급시기는 재화가 사용되거나 소비되는 때이다.

정답 및 해설

001 ④ 법률에 따른 수용은 재화의 공급에 해당하지 않는다.
002 ④ 용역의 무상공급, 조세의 물납, 담보의 제공은 과세거래에 해당하지 않는다.
003 ② 강제경매에 따라 재화를 인도 또는 양도하는 것은 재화의 공급으로 보지 않는다.
004 ② 간주공급은 세금계산서를 교부하지 않는다(자가공급 중 판매 목적 타사업장 반출 제외).

상 중 하

005 현행 부가가치세법상 용역의 공급으로 과세하지 않는 경우는?

① 건설업자가 건설자재의 전부 또는 일부를 부담하는 경우
② 상대방으로부터 인도받은 재화에 주요 자재를 전혀 부담하지 않고 단순히 가공만 하는 경우
③ 산업상 · 상업상 또는 과학상의 지식 · 경험 또는 숙련에 관한 정보를 제공하는 경우
④ 용역의 무상공급의 경우(단, 사업자가 특수관계인에게 사업용 부동산의 임대용역을 무상으로 공급하는 경우 제외)

상 중 하

006 다음 중 부가가치세법상 재화의 공급으로 보는 것은?

① 상속세를 건물로 물납하는 경우
② 사업의 포괄양수도
③ 차량을 담보 목적으로 제공하는 경우
④ 폐업 시 잔존재화

상 중 하

007 다음 〈보기〉 중 부가가치세 과세거래에 해당하는 것을 모두 고르면?

보 기

㉠ 재화의 수입
㉡ 용역의 수입
㉢ 용역의 무상공급(특수관계인에게 사업용 부동산의 임대용역을 무상으로 공급하는 경우 제외)
㉣ 고용관계에 의한 근로의 제공

① ㉠
② ㉠, ㉡
③ ㉠, ㉡, ㉢
④ ㉠, ㉡, ㉢, ㉣

상 중 하

008 다음 중 부가가치세법상 용역의 공급으로 과세하지 않는 것은?

① 고용관계에 의하여 근로를 제공하는 경우
② 사업자가 특수관계가 있는 자에게 사업용 부동산의 임대용역을 무상공급하는 경우
③ 본인이 주요 자재를 전혀 부담하지 않고 상대방으로부터 인도받은 재화를 단순히 가공만 하는 경우
④ 건설업자가 건설자재의 전부 또는 일부를 부담하고 공급하는 용역의 경우

정답 및 해설

005 ④ 용역의 무상공급의 경우는 현행 부가가치세법상 용역의 공급으로 보지 않는다.

006 ④ 사업자가 사업을 폐업하는 경우 남아 있는 재화(매입세액이 공제되지 않은 재화는 제외)는 자신에게 공급하는 것으로 본다.

007 ① ㉡ 용역의 수입은 저장이 불가능하고 형체가 없으므로 과세대상에서 제외되며, ㉢ 용역의 무상공급과 ㉣ 고용관계에 의한 근로의 제공 또한 과세대상에서 제외된다.

008 ① 고용관계에 의하여 근로를 제공하는 경우 부가가치세법상 용역의 공급으로 보지 않으며 사업자가 대가를 받지 아니하고 타인에게 용역을 공급하는 것도 용역의 공급으로 보지 않는다. 다만, 사업자가 특수관계인에게 사업용 부동산의 임대용역 등을 공급하는 것은 용역의 공급으로 본다.

상 중 하

009 다음 중 부가가치세 과세대상 거래에 해당하는 것을 모두 고르면?

> 가. 재화의 수입
> 나. 재산적 가치가 있는 권리의 양도
> 다. 부동산임대용역의 무상공급(특수관계가 없는 자에게)
> 라. 국가 등에 무상으로 공급하는 재화

① 가　　② 가, 나
③ 가, 나, 라　　④ 가, 나, 다, 라

상 중 하

010 다음 중 부가가치세법상 재화공급의 특례에 해당하는 간주공급으로 볼 수 없는 것은?

① 폐업 시 잔존재화
② 사업을 위한 거래처에 대한 증여
③ 사업용 기계장치의 양도
④ 과세사업과 관련하여 취득한 재화를 면세사업에 전용하는 재화

상 중 하

011 다음 중 부가가치세법상 재화의 간주공급에 해당하지 않는 것은?

① 사업상 증여　　② 현물출자
③ 폐업 시 잔존재화　　④ 개인적 공급

정답 및 해설

009 ② 특수관계가 없는 자에 대한 용역의 무상공급은 용역의 공급으로 보지 않으며, 국가 등에 무상으로 공급하는 재화는 면세대상이다.

010 ③
- 사업용 기계장치의 양도는 재화의 일반적인 공급에 해당한다.
- 면세사업에 전용하는 재화, 영업 외의 용도로 사용하는 개별소비세 과세대상 자동차와 그 유지를 위한 재화, 판매 목적으로 다른 사업장에 반출하는 재화, 개인적 공급, 사업을 위한 증여, 폐업 시 남아 있는 재화는 간주공급으로 볼 수 있다.

011 ② 현물출자는 재화의 실질공급에 해당된다.

상 중 하

012 다음 중 부가가치세 과세대상에 해당하는 것을 모두 고른 것은?

가. 상품을 국외로부터 수입하는 경우
나. 제품을 판매 목적으로 수출하는 경우
다. 차량을 양도담보 목적으로 제공하는 경우
라. 사업용 기계장치를 매각하는 경우

① 나, 다, 라
② 가, 나, 다
③ 가, 나, 라
④ 가, 다, 라

상 중 하

013 부가가치세법상 재화의 공급으로 보지 않는 거래를 모두 고른 것은?

a. 저당권 등 담보 목적으로 부동산을 제공하는 것
b. 사업장별로 그 사업에 관한 모든 권리와 의무를 포괄적으로 승계시키는 사업의 양도
c. 매매계약에 의한 재화의 인도
d. 폐업 시 잔존재화(해당 재화의 매입 당시 매입세액을 공제받음)
e. 상속세를 물납하기 위해 부동산을 제공하는 것

① a, d
② b, c, e
③ a, b, e
④ a, b, d, e

상 중 하

014 다음 중 부가가치세법상 재화의 공급으로 간주되어 과세대상이 되는 항목은? (단, 아래 항목은 전부 매입세액을 공제받음)

① 직장 연예 및 직장 문화와 관련된 재화를 제공하는 경우
② 사업을 위해 착용하는 작업복, 작업모 및 작업화를 제공하는 경우
③ 사용인 1인당 연간 10만원 이내의 경조사와 관련된 재화 제공
④ 사업자가 자기생산 · 취득재화를 자기의 고객이나 불특정 다수에게 증여하는 경우

정답 및 해설

012 ③ 재화를 양도담보 등의 목적으로 제공하는 것은 재화의 공급에 해당하지 않는다.

013 ③ c는 재화의 실질공급, d는 재화의 간주공급에 해당한다.

014 ④ 사업자가 자기생산 · 취득재화를 자기의 고객이나 불특정 다수에게 증여하는 경우 재화의 공급으로 간주한다.
①, ②, ③ 실비변상적이거나 복리후생적인 목적으로 제공하는 경우 재화의 공급으로 보지 않는다.

상 중 하

015 다음 중 부가가치세법상 용역의 공급에 해당하지 않는 것은?

① 건설업의 경우 건설업자가 건설자재의 전부 또는 일부를 부담하는 것
② 부동산의 매매 또는 그 중개를 사업 목적으로 나타내어 부동산을 판매하는 것
③ 산업상 · 상업상 또는 과학상의 지식 · 경험 또는 숙련에 관한 정보를 제공하는 것
④ 자기가 주요 자재를 전혀 부담하지 않고 상대방으로부터 인도받은 재화를 단순히 가공만 해주는 것

상 중 하

016 다음 중 부가가치세법상 주된 사업에 부수되는 재화 · 용역의 공급으로서 면세 대상이 아닌 것은?

① 은행업을 영위하는 면세사업자가 매각한 사업용 부동산인 건물
② 약국을 양수도하는 경우로서 해당 영업권 중 면세 매출에 해당하는 비율의 영업권
③ 가구제조업을 영위하는 사업자가 매각한 사업용 부동산 중 토지
④ 부동산임대업자가 매각한 부동산임대 사업용 부동산 중 상가 건물

상 중 하

017 다음 중 부가가치세법상 '재화의 공급으로 보지 않는 특례'에 해당하지 않는 것은?

① 담보의 제공
② 제품의 외상판매
③ 조세의 물납
④ 법률에 따른 수용

정답 및 해설

015 ② 부동산의 매매 또는 사업상의 목적으로 1과세기간 중에 1회 이상 부동산을 취득하고 2회 이상 판매하는 경우 재화의 공급으로 본다.

016 ④ 부동산임대업자가 해당 사업에 사용하던 건물을 매각하는 경우는 과세 대상이다.

017 ② 제품의 외상판매는 재화의 공급에 해당한다.

- 재화의 공급으로 보지 않는 특례
  - 사업의 양도(사업양수 시 양수자 대리납부의 경우 재화의 공급으로 인정)
  - 담보의 제공 · 조세의 물납 · 법률에 따른 공매 · 경매
  - 법률에 따른 수용 · 신탁재산의 이전

CHAPTER 03

공급시기(거래시기)

핵심키워드
- 재화의 공급시기
- 용역의 공급시기

1회독 2회독 3회독

1 공급시기(거래시기)

▸ 최신 36회 중 11문제 출제

원칙적으로 재화나 용역의 공급시기(거래시기)에 세금계산서를 교부해야 한다.

1. 재화의 공급시기 중요

(1) 일반원칙

① 재화의 이동이 필요한 경우: 재화가 인도되는 때

② 재화의 이동이 필요하지 않은 경우: 재화가 이용 가능하게 되는 때

③ 위 ①, ②를 적용할 수 없는 경우: 재화의 공급이 확정되는 때

재화의 공급시기
원칙: 인도된 때 또는 이용 가능한 때

(2) 거래형태별 공급시기

거래형태	공급시기
현금판매, 외상판매, (단기)할부판매	인도되거나 이용 가능하게 되는 때
상품권에 의한 판매	상품권 등이 현물과 교환되어 재화가 실제 인도되는 때
장기할부판매, 완성도기준지급 또는 중간지급 조건부로 재화를 공급하는 경우	대가의 각 부분을 받기로 한 때(실제 대가를 받았는지 여부는 관계 없음)
반환조건부 판매, 동의조건부 판매, 기타 조건부 판매 및 기한부 판매의 경우	그 조건이 성취되거나 기한이 경과되어 판매가 확정되는 때
재화의 공급으로 보는 가공	가공된 재화를 인도하는 때
자가공급, 개인적 공급	재화가 사용 · 소비되는 때(판매 목적 타사업장 반출의 경우 재화를 반출하는 때)
사업상 증여	재화를 증여하는 때
폐업 시 잔존재화	폐업하는 때
무인판매기를 이용한 재화의 공급	무인판매기에서 현금을 인취하는 때
수출재화	수출재화의 선적일
사업자가 보세구역 내에서 국내에 재화를 공급하는 경우 당해 재화가 수입재화에 해당하는 때	수입신고 수리일
위탁판매 또는 대리인에 의한 매매의 경우	수탁자 또는 대리인의 공급을 기준으로 하여 위의 규정을 적용
폐업 전에 공급한 재화의 공급시기가 폐업일 이후에 도래하는 경우	폐업일
기타의 경우	재화가 인도되거나 인도 가능한 때

▶ 장기할부판매란 해당 재화의 인도일 다음 날부터 최종 할부금 지급기일까지의 기간이 1년 이상이며 대가를 2회 이상 분할하여 할부로 받는 경우를 말한다.

포인트 기타 공급시기

- 중간지급조건부와 장기할부판매

구분	중간지급조건부	장기할부판매
분할	재화를 인도하기 전에 계약금 이외의 대가를 분할하여 지급하는 것으로 계약금을 포함하여 3회 이상 분할하는 경우	재화 공급 후 2회 이상 분할하여 대가를 받는 경우
기간	계약금을 받기로 한 날의 다음 날부터 인도일까지 6개월 이상인 경우	재화 인도일의 다음 날부터 최종할부금의 지급기일까지 1년 이상인 경우

- 완성도기준지급: 재화의 제작기간이 장기간을 요하는 경우에 그 진행도 또는 완성도를 확인하여 그 비율만큼 대가를 지급하는 것이다.

2. 용역의 공급시기 중요

(1) 일반원칙

역무가 제공되거나 재화 · 시설물 · 권리가 사용되는 때이다.

(2) 거래형태별 공급시기

① 통상적인 용역의 공급: 역무의 제공이 완료되는 때

② 완성도기준지급, 중간지급, 장기할부 또는 기타 조건부로 용역을 공급하거나 그 공급단위를 구획할 수 없는 용역을 계속적으로 공급하는 경우: 대가의 각 부분을 받기로 한 때(단, 단기할부조건으로 용역을 공급하는 경우 역무의 제공이 완료되는 때를 거래시기로 함)

③ 부동산임대보증금에 대한 간주임대료, 선불, 후불로 받는 임대료의 안분계산 시: 예정 신고기간 종료일 또는 과세기간 종료일

④ 위 ① 내지 ③의 규정을 적용할 수 없는 경우: 역무의 제공이 완료되고 그 공급가액이 확정되는 때

기타 공급시기

- 중간지급조건부

계약금 — 중도금 — 인도일 잔금 (6개월 이상)

- 장기할부판매

인도 — 할부금 — 할부금 (1년 이상)

- 완성도기준지급

0% — 20% — 50% — 100%

용역의 공급시기

원칙: 제공이 완료된 때

PART 03

합격을 다지는 실전문제

스마트폰으로 QR코드를 촬영하여 저자의 해설 강의를 확인하세요.

상 중 하

001 다음 중 부가가치세법상의 재화와 용역의 거래시기가 잘못된 것은?

① 재화의 이동이 필요한 경우 재화가 인도되는 때
② 장기할부판매의 경우 각 대가를 받기로 한 때
③ 재화의 공급으로 보는 가공의 경우 재화의 가공이 완료된 때
④ 임대보증금에 대한 간주임대료에 대해서는 예정 신고기간 또는 과세기간의 종료일

상 중 하

002 다음 중 부가가치세법상 공급시기가 잘못된 것은?

① 외상판매의 경우: 재화가 인도되거나 이용 가능하게 되는 때
② 장기할부판매의 경우: 대가의 각 부분을 받기로 한 때
③ 무인판매기로 재화를 공급하는 경우: 무인판매기에서 현금을 인취하는 때
④ 폐업 시 잔존재화의 경우: 재화가 사용 또는 소비되는 때

상 중 하

003 부가가치세법상 부동산임대용역을 공급하는 경우에 전세금 또는 임대보증금에 대한 간주임대료의 공급시기는?

① 그 대가의 각 부분을 받기로 한 때
② 용역의 공급이 완료된 때
③ 그 대가를 받은 때
④ 예정 신고기간 또는 과세기간 종료일

정답 및 해설

001 ③ 재화의 공급으로 보는 가공의 경우 가공된 재화를 인도하는 때를 거래시기로 본다.
002 ④ 폐업 시 잔존재화는 의제공급에 해당하는 것으로 공급시기는 폐업하는 때로 한다.
003 ④ 부동산임대용역을 공급하는 경우 전세금 또는 임대보증금에 대한 간주임대료의 공급시기는 예정 신고기간 또는 과세기간 종료일이다.

상 중 하

004 다음 중 부가가치세법상 재화의 공급시기로 '대가의 각 부분을 받기로 한 때'가 적용될 수 없는 것은?

① 기한부 판매
② 장기할부판매
③ 완성도기준지급
④ 중간지급조건부

상 중 하

005 다음 중 부가가치세법상 재화의 공급시기로 틀린 것은?

① 현금판매: 재화가 인도되거나 이용 가능하게 되는 때
② 반환조건부: 그 조건이 성취되어 판매가 확정되는 때
③ 무인판매기에 의한 공급: 무인판매기에서 현금을 인취하는 때
④ 폐업 시 잔존재화: 폐업신고서 접수일

상 중 하

006 다음 중 부가가치세법상 재화의 원칙적인 공급시기에 대한 설명으로 틀린 것은?

① 장기할부판매: 인도기준
② 국내물품을 외국으로 반출: 수출재화의 선적일 또는 기적일
③ 폐업 시 잔존재화: 폐업일
④ 조건부 판매 및 기한부 판매: 그 조건이 성취되거나 기한이 지나 판매가 확정되는 때

상 중 하

007 다음 중 부가가치세법상 재화의 공급시기가 잘못된 것은?

① 외국으로 직수출하는 경우: 선적(기적)일
② 폐업 시 잔존재화: 폐업일
③ 장기할부판매: 대가의 각 부분을 받기로 한 날
④ 무인판매기: 동전 또는 지폐 투입일

정답 및 해설

004 ① 부가가치세법상 재화의 공급시기가 대가의 각 부분을 받기로 한 때로 적용되는 경우는 장기할부판매, 완성도기준지급 또는 중간지급조건부로 재화를 공급하는 경우이다. 기한부 판매는 기한이 경과되어 판매가 확정되는 때를 공급시기로 한다.

005 ④ 폐업 시 잔존재화는 실질적으로 폐업하는 때를 공급시기로 한다.

006 ① 장기할부판매의 경우는 대가의 각 부분을 받기로 한 때를 재화의 공급시기로 본다.

007 ④ 무인판매기를 이용하여 재화를 공급하는 경우 해당 사업자가 무인판매기에서 현금을 꺼내는 때를 재화의 공급시기로 본다.

상 중 하

008 다음 중 재화의 공급시기로 옳지 않은 것은?

① 상품권 등을 현금으로 판매하고 그 후 그 상품권이 현물과 교환되는 경우: 상품권을 판매하는 때
② 현금판매, 외상판매의 경우: 재화가 인도되거나 이용 가능하게 되는 때
③ 재화의 공급으로 보는 가공의 경우: 가공된 재화를 인도하는 때
④ 반환조건부 판매, 동의조건부 판매, 그 밖의 조건부 판매의 경우: 그 조건이 성취되거나 기한이 지나 판매가 확정되는 때

상 중 하

009 다음 중 부가가치세법상 공급시기는?

- 3월 1일　A제품의 판매주문을 받았다.
- 3월 31일　A제품 판매대가 1,000,000원을 전액 수령하고 세금계산서를 발급하였다.
- 4월 3일　A제품을 인도하였다.
- 4월 15일　거래처로부터 A제품 수령증을 수취하였다.

① 3월 1일　② 3월 31일
③ 4월 3일　④ 4월 15일

상 중 하

010 다음 중 부가가치세법상 재화의 공급시기에 대한 설명으로 옳지 않은 것은?

① 상품권을 외상으로 판매하는 경우에는 외상대금의 회수일을 공급시기로 본다.
② 폐업 전에 공급한 재화의 공급시기가 폐업일 이후에 도래하는 경우에는 그 폐업일을 공급시기로 본다.
③ 반환 조건부 판매의 경우에는 그 조건이 성취되거나 기한이 경과되어 판매가 확정되는 때를 공급시기로 본다.
④ 무인판매기를 이용하여 재화를 공급하는 경우에는 당해 사업자가 무인판매기에서 현금을 인취하는 때를 공급시기로 본다.

정답 및 해설

008 ① 상품권 등을 현금으로 판매하고 그 후 그 상품권이 현물과 교환되는 경우의 공급시기는 재화가 실제로 인도되는 때이다.

009 ② 재화 또는 용역의 공급시기가 되기 전에 재화 또는 용역에 대한 대가의 전부 또는 일부를 받고, 이와 동시에 그 받은 대가에 대하여 세금계산서를 발급하면, 그 세금계산서 등을 발급하는 때를 재화 또는 용역의 공급시기로 본다.

010 ① 상품권 등을 현금 또는 외상으로 판매하고 그 후 해당 상품권 등이 현물과 교환되는 경우에는 재화가 실제로 인도되는 때를 공급시기로 본다.

상 중 하

011 다음 중 재화의 공급시기로 옳지 않은 것은?

① 현금판매, 외상판매의 경우: 재화가 인도되거나 이용 가능하게 되는 때

② 내국물품 외국반출, 중계무역방식의 수출: 수출재화의 선(기)적일

③ 재화의 공급으로 보는 가공의 경우: 가공이 완료된 때

④ 반환조건부 판매, 동의조건부 판매, 그 밖의 조건부 판매의 경우: 그 조건이 성취되거나 기한이 지나 판매가 확정되는 때

PART 03

상 중 하

012 다음 중 부가가치세법에 따른 재화 또는 용역의 공급시기에 대한 설명으로 옳지 않은 것은?

① 현금판매, 외상판매의 경우 재화가 인도되거나 이용 가능하게 되는 때이다.

② 장기할부판매의 경우 대가의 각 부분을 받기로 한 때이다.

③ 반환조건부 판매의 경우 조건이 성취되거나 기한이 지나 판매가 확정되는 때이다.

④ 폐업 시 잔존재화의 경우 재화가 실제 사용되거나 판매되는 때이다.

상 중 하

013 다음 중 부가가치세법상 공급시기로 옳지 않은 것은?

① 폐업 시 잔존재화의 경우 : 폐업하는 때

② 내국물품을 외국으로 수출하는 경우 : 수출재화의 선적일

③ 무인판매기로 재화를 공급하는 경우 : 무인판매기에서 현금을 인취하는 때

④ 위탁판매의 경우(위탁자 또는 본인을 알 수 있는 경우) : 위탁자가 판매를 위탁한 때

정답 및 해설

011 ③ 재화의 공급으로 보는 가공의 경우 가공된 재화를 인도하는 때를 재화의 공급시기로 본다.

012 ④ 폐업 시 잔존재화의 경우 공급시기는 폐업하는 때이다.

013 ④ 위탁판매의 경우 부가가치세법상 공급시기는 위탁받은 수탁자 또는 대리인이 실제로 판매한 때이다.

CHAPTER

04 영세율과 면세

핵심키워드
- 영세율
- 면세
- 영세율과 면세의 비교

1회독 2회독 3회독

1 영세율 중요

1. 영세율의 의의

영세율이란 일정한 재화나 용역의 공급에 대하여 영(0)의 세율을 적용하는 제도이다. 매출에 대하여 영세율을 적용받게 되면 재화나 용역을 공급받을 때 부담한 매입세액은 전단계 세액공제법에 의해 전액 환급받는 '완전면세제도'이다.

영세율 계산
Ⅰ. 매출세액
 매출액×0% 0
Ⅱ. 매입세액
 매입액×10% (×××)
Ⅲ. 납부(환급)세액 (×××)

2. 영세율 적용 대상

(1) 적용 대상자

① 거주자와 내국법인

② 비거주자와 외국법인(상호면세주의에 따름)

▶ 과세사업자(일반, 간이과세자) 모두 영세율을 적용받지만, 간이과세자의 경우 매입세액의 환급은 이루어지지 않는다. 면세사업자는 영세율 적용 대상이 아니다.

(2) 영세율 적용 대상거래

구분	비고
수출하는 재화	• 내국물품을 외국으로 반출하는 것(직수출) • 국내외 사업장에서 계약과 대가수령 등의 거래가 이루어지는 것으로서 중계무역 방식의 수출, 위탁판매수출, 외국인도수출, 위탁가공무역 방식의 수출 • 내국신용장 · 구매확인서에 의한 공급
용역의 국외공급	해외건설용역 등
선박 · 항공기의 외국항행용역	국내에서 국외로, 국외에서 국내로 또는 국외에서 국외로 수송하는 것
기타 외화를 획득하는 재화 또는 용역	국내거래이지만 외화획득이 되는 거래
조세특례제한법상 영세율 적용 대상 재화 · 용역	조세정책적 목적으로 규정

세금계산서(T/I)
- 직수출: T/I 발급 ×
- 내국신용장(Local L/C): T/I 발급 ○

▶ 내국신용장은 공급시기가 속하는 과세기간 종료 후 25일(25일이 되는 날이 공휴일 또는 토요일인 경우 다음 영업일) 이내에 개설된 경우 영세율을 적용하지만, 25일이 경과하면 10%를 적용한다. 내국신용장에 의하여 공급된 재화는 수출 여부와 상관없이 영세율을 적용한다.

+ 영세율세금계산서 발급의무 거래

- 내국신용장 · 구매확인서에 의해 공급하는 재화
- 수출업자와 직접 도급계약을 체결하였거나 내국신용장 · 구매확인서에 의하여 공급하는 수출재화 임가공용역
- 한국국제협력단, 한국국제보건의료재단, 대한적십자사에 공급하는 재화

▶ 영세율 거래는 대부분 그 거래상대방이 국내 사업자가 아니기 때문에 특례규정에 따라 세금계산서 발급의무가 면제된다.

2 면세 중요

▶ 최신 36회 중 10문제 출제

▶ 강의 바로보기

면세

1. 면세의 의의

면세란 일정한 재화 또는 용역의 공급에 대하여 부가가치세를 면제하는 제도를 말한다.

2. 면세의 특징

(1) 역진성 완화

기초생활필수품에 대하여 부가가치세를 면제함으로써 저소득층에 대한 세부담의 역진성을 완화시킨다.

(2) 부분면세제도

부가가치세 납세의무가 면제되어 매출세액을 납부하지는 않으나 이미 부담한 매입세액은 공제되지 않으므로 사업자의 부가가치세 부담이 완전히 제거되지 않는다.

3. 면세대상

(1) 기초생활필수 재화 · 용역

① 국내외 식용 미가공 농 · 축 · 수 · 임산물 및 소금(천일염, 재제소금)
(단, 맛소금, 공업용 소금, 설탕은 과세)

② 미가공 국내산 비식용 농 · 축 · 수 · 임산물

③ 수돗물(생수는 과세), 연탄과 무연탄(단, 갈탄, 유연탄, 착화탄은 과세)

④ 여성용 위생용품 및 영유아용 기저귀 · 분유

⑤ 시내버스, 마을버스, 지하철, 철도 등 여객운송용역(단, 항공기, 우등 고속버스, 전세버스, 택시, 특수자동차, 특종선박 또는 고속철도, 자동차대여사업은 과세)

⑥ 주택과 부수토지의 임대용역(국민주택의 공급 포함)

+ 시외고속버스 여객운송용역에 대한 부가가치세 면제 영구화

우등 고속버스를 제외한 일반 고속버스는 이미 부가가치세가 면제되고 있는 시외버스 등과 유사한 대중교통수단임을 고려하여, 일반 고속버스에 대해서도 부가가치세를 면제한다.

(2) 국민후생 관련 재화 · 용역

① 의료보건용역(수의사의 동물진료용역*1 포함)과 혈액(동물의 혈액*2 포함)
[비교] 미용 목적 성형수술은 과세

② 의약품조제용역(단, 일반의약품의 판매는 과세)

▶ 약사의 조제의약품은 면세되나 일반의약품은 과세된다.

③ 장의업자가 제공하는 장의용역

④ 사회적 기업 또는 사회적 협동조합이 직접 제공하는 산후조리원용역, 간병, 보육용역

⑤ 정부의 허가 또는 인가를 받은 학원, 강습소 등 및 산학협력단, 청소년 수련시설, 사회적 기업의 교육용역, 미술관, 박물관 및 과학관, 사회적 협동조합(단, 무도학원과 자동차 운전학원은 과세)

*1 수의사가 제공하는 동물진료용역은 가축 · 수산동물 · 장애인보조견 진료용역, 「국민기초생활보장법」에 따른 수급자가 기르는 동물진료용역, 질병의 예방 및 치료를 목적으로 하는 동물진료용역으로서 농림축산식품부 또는 해양수산부장관이 기획재정부장관과 협의하여 고시하는 용역만 한정하여 면세

*2 치료 · 예방 · 진단용에 한정하여 면세(개정세법)

(3) 문화 관련 재화 · 용역

① 도서, 도서대여용역
② 신문(인터넷 신문 포함), 잡지, 관보 및 뉴스통신(단, 광고는 과세)
③ 예술창작품(단, 골동품은 과세), 예술행사, 문화행사와 비직업 운동경기(단, 프로경기 입장권 수입은 과세)
④ 도서관, 과학관, 박물관, 미술관, 동물원 또는 식물원 입장

▶ 예술창작품이란 미술 · 음악 · 사진 · 연극 · 무용을 말한다.

(4) 부가가치 구성요소

① 저술가, 작곡가, 기타 일정한 자가 직업상 제공하는 인적 용역[단, 변호사(단, 국선변호, 법률구조는 면세), 세무사, 회계사 등 전문자격사업, 우체국택배, 고속철도 여객운송업, 부동산임대업, 도 · 소매업, 음식 · 숙박업, 골프장 · 스키장운영업, 주차장운영업은 과세]
② 토지의 공급(단, 토지의 임대는 과세)
③ 금융 · 보험 용역

(5) 기타

① 우표(단, 수집용 우표는 과세), 인지, 증지, 복권과 공중전화
② 제조담배 중 판매가격이 200원 이하인 담배 및 특수용 담배 중 영세율이 적용되지 않는 것
③ 국가, 지방자치단체, 지방자치단체조합이 공급하는 재화 · 용역
④ 국가, 지방자치단체, 지방자치단체조합 또는 일정한 공익단체에 무상으로 공급하는 재화 · 용역
⑤ 종교 · 자선 · 학술 · 구호 · 기타 공익을 목적으로 하는 단체가 공급하는 일정한 재화 · 용역

+ 부동산의 공급 · 임대에 대한 부가가치세 과세 여부

구분	부동산의 공급(재화의 공급)	부동산의 임대(용역의 공급)
건물	과세	과세
토지	면세	과세(단, 논, 밭, 과수원, 목장용지, 임야, 염전은 제외)
주택	과세(단, 국민주택 규모 이하는 면세)	면세(부수토지 포함, 국민주택 규모 및 고가주택 여부 따지지 않음)

4. 면세의 포기

(1) 면세포기대상자

현행 부가가치세법은 면세를 포기해도 최종소비자에게 부가가치세의 부담이 전가되지 않는 다음의 경우에 면세포기를 인정한다.

① 영세율 적용의 대상이 되는 재화, 용역
② 학술 및 기술의 발전을 위하여 학술 및 기술의 연구와 발표를 주된 목적으로 하는 단체가 학술연구 또는 기술연구와 관련하여 실비 또는 무상으로 공급하는 재화 또는 용역

(2) **면세포기절차**

면세를 포기하고자 하는 사업자는 면세포기신고서를 관할 세무서장에게 제출하고 지체 없이 부가가치세법 규정에 의한 사업자등록을 하여야 한다. 면세포기절차는 승인을 요하지 않는다.

(3) **면세포기 신고의 효력**

① 면세포기 신고일로부터 3년간은 부가가치세를 면제받지 못한다.
② 부가가치세법상의 의무를 이행하여야 한다.
③ 거래징수당한 매입세액을 공제받을 수 있게 된다.

PART 03

3 영세율과 면세의 비교 중요

영세율과 면세의 가장 큰 차이점은 매입세액공제 여부이다. 면세사업자는 부담한 매입세액을 공제받을 수 없는 반면, 영세율 적용사업자는 매입세액을 전부 공제받아 그동안 낸 부가가치세를 전부 돌려받는다. 단, 부가가치세가 면제되는 재화나 용역을 공급받으면서 세금계산서를 발급받아 부가가치세를 부담한 경우, 재화나 용역을 공급하는 자가 납부세액을 모두 납부하였다면 매입세액공제를 받아 납부한 부가가치세를 전부 돌려받는다.

구분	영세율	면세
기본 취지	소비지국 과세원칙 구현, 수출촉진	부가가치세 역진성 완화
적용 대상	수출하는 재화 등 특정 거래	기초생활필수 재화·용역 등 특정 재화·용역
과세표준 및 매출세액	과세표준에는 포함되나 영의 세율이 적용되므로 거래징수할 매출세액은 없음	납세의무가 없으므로 과세표준에 포함되지 않으며, 거래징수할 매출세액도 없음
매입세액	매입세액 전액 환급(완전면세)	매입세액이 공제되지 않으므로 재화의 공급가액에 포함되어 최종소비자에게 전가됨(불완전면세)
사업자 여부	부가가치세법상 사업자	부가가치세법상 사업자가 아님
의무	부가가치세법상 사업자로서의 제반의무를 이행하여야 함	부가가치세법상 사업자가 아니므로 원칙적으로 제반의무를 이행할 필요 없음(단, 매입처별 세금계산서합계표의 제출 의무는 있음)

부가가치세 계산 예시

- 과세
  - Ⅰ.10,000×10% 1,000
  - Ⅱ.7,000×10% (700)
  - Ⅲ. 300
- 영세
  - Ⅰ.10,000×0% 0
  - Ⅱ.7,000×10% (700)
  - Ⅲ. (700)
- 면세
  - Ⅰ. 0
  - Ⅱ. 0
  - Ⅲ. 0

합격을 다지는 실전문제

스마트폰으로 QR코드를 촬영하여 저자의 해설 강의를 확인하세요.

상 중 하

001 부가가치세법상 수출하는 재화에 대해 몇 %의 부가가치세율을 부과하는가?

① 0%　② 5%
③ 10%　④ 20%

상 중 하

002 다음 중 부가가치세법상 영세율에 대한 설명으로 틀린 것은?

① 수출하는 재화에 적용된다.
② 내국신용장에 의할 경우 영세율세금계산서를 발행하여야 한다.
③ 최종소비자에게 부가가치세의 부담을 경감시키기 위한 불완전면세제도이다.
④ 영세율 적용 대상자는 부가가치세법상 과세사업자여야 한다.

상 중 하

003 다음 중 부가가치세법상 재화의 수출 시 영세율을 적용하는 이유는 무엇인가?

① 소비세　② 간접세
③ 전단계 세액공제법　④ 소비지국 과세원칙

상 중 하

004 다음 중 부가가치세법상 영세율에 대한 설명으로 틀린 것은?

① 수출하는 재화뿐만 아니라 국외에서 제공하는 용역도 영세율이 적용된다.
② 영세율이 적용되는 모든 사업자는 세금계산서를 발급하지 않아도 된다.
③ 영세율이 적용되는 경우에는 조기환급을 받을 수 있다.
④ 영세율이 적용되는 사업자는 부가가치세법상 과세사업자여야 한다.

정답 및 해설

001 ① 수출하는 재화에는 영세율을 적용한다.

002 ③ 영세율은 최종소비자의 부가가치세 부담을 경감시키기 위한 완전면세제도이다.

003 ④ 국제거래되는 재화는 생산지국에서 과세하지 않고 소비지국에서 과세함을 원칙으로 하며, 이중과세 방지를 위해 수출재화에 대하여 영세율을 적용한다.

004 ② 내국신용장 또는 구매확인서에 의하여 공급하는 재화 등은 세금계산서를 발급하여야 한다.

상 중 하

005 다음 중 면세에 해당하는 것들로만 이루어진 것은?

㉠ 가공된 식료품	㉡ 수돗물
㉢ 무연탄 및 연탄	㉣ 신문, 도서
㉤ 골동품	㉥ 서비스용역
㉦ 수집용 우표	

① ㉠, ㉢, ㉤ ② ㉡, ㉢, ㉣
③ ㉠, ㉣, ㉤ ④ ㉡, ㉣, ㉦

상 중 하

006 다음 중 부가가치세가 면세되는 재화 또는 용역의 공급 개수는?

• 단순 가공된 두부	• 신문사 광고
• 연탄과 무연탄	• 시내버스 운송용역
• 의료보건용역	• 금융 · 보험용역

① 3개 ② 4개
③ 5개 ④ 6개

상 중 하

007 다음 중 부가가치세법상 면세대상 거래에 해당하는 것은?

① 운전면허학원의 시내연수
② 프리미엄 고속버스 운행
③ 일반의약품에 해당하는 종합비타민 판매
④ 예술 및 문화행사

정답 및 해설

005 ② • 면세: 수돗물, 무연탄 및 연탄, 신문, 도서
• 과세: 가공된 식료품, 골동품, 서비스용역, 수집용 우표

006 ③ 신문은 면세이지만 신문사의 광고는 과세대상이다. 성질이 변하지 않는 정도로 단순 가공된 두부는 면세에 해당한다.

007 ④ 예술 및 문화행사는 부가가치세법상 면세대상 거래에 해당한다.
① 정부의 허가를 받은 학원은 면세대상이나 운전학원은 과세대상이다.
② 시내버스, 마을버스는 면세대상이나 우등 고속버스, 전세버스는 과세대상이다.
③ 약사의 조제의약품은 면세대상이나 일반의약품은 과세대상이다.

상 중 하

008 다음 중 부가가치세법상 면세대상 거래에 해당되지 않는 것은?

① 보험상품 판매 ② 마을버스 운행
③ 일반의약품 판매 ④ 인터넷 신문 발행

상 중 하

009 부가가치세법에 의한 재화나 용역의 공급 시 적용되는 세율이 다른 것은?

① 일반과세사업자가 면세사업자에게 공급하는 과세 재화
② 간이과세사업자가 비사업자인 개인에게 공급하는 과세 재화
③ 일반과세사업자가 구매확인서에 의하여 공급하는 과세용역
④ 일반과세사업자의 폐업 시 미판매된 재고자산(매입세액공제됨)

상 중 하

010 다음 중 부가가치세 영세율과 관련된 설명 중 틀린 것은?

① 영세율은 수출하는 재화에 적용된다.
② 영세율은 완전면세에 해당한다.
③ 직수출하는 재화의 경우에도 세금계산서를 발행, 교부하여야 한다.
④ 영세율은 소비지국 과세원칙을 구현하기 위한 제도이다.

상 중 하

011 다음 중 부가가치세법상 면세대상 용역에 해당하는 것은?

① 전세버스 운송용역
② 골동품 중개용역
③ 도서대여용역
④ 자동차운전학원 교육용역

정답 및 해설

008 ③ 조제의약품은 면세대상이나 일반의약품 판매는 부가가치세법상 과세거래에 해당된다.
009 ③ ③은 영세율(0%), ①, ②, ④는 10%의 세율을 적용한다.
010 ③ 직수출하는 재화는 세금계산서 교부의무가 면제된다.
011 ③ 도서 및 도서대여용역의 공급에 대하여는 부가가치세를 면제한다.

상 중 하

012 부가가치세법상 사업자가 행하는 다음의 거래 중 부가가치세가 과세되는 것은?

① 상가에 부수되는 토지의 임대
② 주택의 임대
③ 국민주택 규모 이하인 주택의 공급
④ 토지의 공급

상 중 하

013 다음 중 부가가치세법상 영세율과 면세에 대한 설명으로 옳지 않은 것은?

① 면세사업자는 부가가치세법상 납세의무자가 아니다.
② 면세사업자가 영세율을 적용받고자 하는 경우에는 면세포기 신고를 하여야 한다.
③ 영세율은 부가가치세 부담이 전혀 없는 완전면세제도에 해당한다.
④ 면세는 소비지국 과세원칙을 구현하고 부가가치세의 역진성을 완화하기 위해 도입된 제도이다.

상 중 하

014 다음 중 부가가치세법상 면세에 해당하지 않는 것은?

① 택시에 의한 여객운송용역
② 도서대여용역
③ 미술관 입장
④ 식용으로 제공되는 임산물

상 중 하

015 다음은 부가가치세법상 면세포기와 관련된 설명이다. 맞게 설명한 것은?

① 면세포기는 관할세무서장의 승인을 얻어야 한다.
② 면세사업자는 면세포기 신고일로부터 3년간은 부가가치세를 면제받지 못한다.
③ 면세사업자는 모든 재화, 용역에 대하여 면세포기가 가능하다.
④ 면세사업자가 면세를 포기해도 매입세액공제가 불가능하다.

정답 및 해설

012 ① 상가에 부수되는 토지의 임대는 과세대상이다.
013 ④ 소비지국 과세원칙의 구현은 영세율에 해당한다.
014 ① 택시에 의한 여객운송용역은 과세에 해당한다.
015 ② 면세의 포기를 신고한 사업자는 신고한 날부터 3년간 부가가치세를 면제받지 못한다.
① 면세포기는 승인을 요하지 않는다.
③ 면세포기는 영세율 적용의 대상이 되는 재화, 용역 등에 가능하다.
④ 면세포기를 신고하면 거래징수된 매입세액을 공제받을 수 있게 된다.

상 중 하

016 다음 중 부가가치세 영세율과 관련된 설명 중 틀린 것은?

① 영세율은 세부담의 역진성을 완화하기 위한 제도이다.
② 수출하는 재화는 영세율이 적용된다.
③ 직수출하는 재화의 경우에는 세금계산서 발급의무가 면제된다.
④ 국외에서 공급하는 용역의 공급에 대하여는 영세율이 적용된다.

상 중 하

017 다음 중 부가가치세법상 면세제도와 관련한 내용으로 옳은 것은?

① 건물이 없는 토지의 임대, 약사가 공급하는 일반의약품은 면세에 해당한다.
② 면세제도는 사업자의 세부담을 완화하기 위한 완전면세제도이다.
③ 면세를 포기하고자 하는 경우 포기일부터 1개월 이내에 사업자등록을 정정하여야 한다.
④ 면세포기를 신고한 사업자는 신고한 날부터 3년간은 면세를 적용받지 못한다.

상 중 하

018 다음 중 부가가치세법상 면세에 해당하지 않는 것은?

① 도서대여용역
② 여성용 생리 처리 위생용품
③ 주무관청에 신고된 학원의 교육용역
④ 개인택시운송사업의 여객운송용역

상 중 하

019 다음 중 부가가치세법상 영세율에 대한 설명으로 틀린 것은?

① 영세율은 부분면세제도이다.
② 영세율의 목적은 소비지국 과세원칙의 구현이다.
③ 영세율의 목적은 국제적 이중과세 방지를 위한 것이다.
④ 영세율이 적용되는 경우에도 세금계산서를 발급하는 경우가 있다.

정답 및 해설

016 ① 영세율은 소비지국 과세원칙을 구현하기 위한 제도이다.

017 ④ 나대지의 토지 임대와 일반의약품은 과세대상이다. 면세제도는 부가가치세의 역진성완화를 위한 제도로 부분면세제도이며, 면세포기 시 지체없이 등록신청하여야 한다.

018 ④ 시내버스, 마을버스, 지하철과 같은 여객운송용역은 면세대상이나 택시는 과세대상이다.

019 ① 영세율은 완전면세제도이다.

CHAPTER

과세표준 및 매출세액

핵심키워드
- 실질공급의 과세표준
- 간주공급의 과세표준
- 대손세액 공제

■ 1회독 ■ 2회독 ■ 3회독

1 과세표준의 의의

과세표준이란 납세의무자가 납부해야 할 부가가치세액의 기초가 되는 가액으로 재화·용역 공급에 따른 공급가액이다. 매출세액은 과세표준에 세율을 곱하여 계산하며, 일반세율은 10%, 영세율은 0%이다.

2 과세표준 중요

▸ 최신 36회 중 18문제 출제

▶ 강의 바로보기

과세표준

1. 실질공급의 과세표준(공급가액)

구분	과세표준
금전으로 대가를 받은 경우	그 대가
금전 이외의 물건 등으로 받은 경우	자신이 공급한 재화 등의 시가
부당하게 낮은 대가를 받은 경우	

실질공급의 과세표준(공급가액)
- 원칙: 대가
- 예외: 시가

▶ 시가란 사업자가 특수관계자 이외의 자와 당해 거래와 유사한 상황에서 계속적으로 거래한 가격 또는 제3자 간에 일반적으로 거래된 가격을 의미한다.

(1) 부가가치세 과세표준에 포함되는 항목

① 할부판매, 장기할부판매의 경우 이자상당액
② 대가의 일부로 받는 운송비, 포장비, 하역비, 운송보험료, 산재보험료 등
③ 개별소비세, 주세, 교통·에너지·환경세 및 교육세, 농어촌특별세 상당액
④ 자기적립마일리지 외의 마일리지(단, 자기적립마일리지는 과세표준에서 제외)

(2) 부가가치세 과세표준에서 제외되는 항목

① 재화나 용역을 공급할 때 그 품질이나 수량, 인도조건 또는 공급대가의 결제 방법이나 그 밖의 공급조건에 따라 통상대가에서 일정액을 직접 깎아주는 금액(매출에누리)
② 환입된 재화의 가액(매출환입)
③ 공급에 대한 대가를 약정기일 전에 받았다는 이유로 사업자가 당초의 공급가액에서 할인해 준 금액(매출할인)
④ 공급받는 자에게 도달하기 전에 파손되거나 훼손된 재화의 금액
⑤ 재화·용역의 공급과 직접 관련이 없는 국고보조금과 공공보조금
⑥ 공급대가의 지급 지연으로 인하여 지급받는 연체이자
⑦ 반환조건부의 용기대금과 포장비용(용기대금을 변상금 형식으로 변제받은 경우 과세표준에 포함)
⑧ 대가와 구분하여 기재한 경우로서 해당 종업원에게 지급한 사실이 확인되는 봉사료(자기수입금액으로 계산한 경우는 과세표준에 포함)

▶ 매출에누리, 매출환입, 매출할인은 과세표준 계산 시 제외한다.

(3) 부가가치세 과세표준에서 공제하지 않는 항목

공급자는 공급 시 과세표준의 10%를 거래징수하는 것으로 공급 이후에 발생하는 대손금, 판매장려금, 하자보증금은 과세표준에서 공제하지 않는다.

① 대손금

② 판매장려금(현물로 지급하는 판매장려물품은 사업상 증여에 해당되므로 과세표준에 가산하고, 수령한 판매장려금은 과세표준에 포함하지 않음)

③ 하자보증금

과세표준에서 공제하지 않는 항목
- 대손금
- 판매장려금
- 하자보증금

▶ 하자보증금이란 하자보증을 위해 공급받는 자에게 공급대가의 일부를 보관시키는 것을 의미한다.

(4) 거래형태별 과세표준

① 재화 · 용역 공급

거래형태	과세표준
외상판매 및 할부판매	공급한 재화의 총가액
장기할부판매 · 완성도기준지급 · 중간지급조건부	계약에 따라 받기로 한 대가의 각 부분
외국통화로 대가를 받는 경우	• 공급시기 도래 전에 원화로 환가한 경우: 그 환가한 금액 • 공급시기 이후에 외국통화 · 기타 외국환의 상태로 보유하거나 지급받는 경우: 공급시기의 기준환율 또는 재정환율로 환산한 금액

② 수입재화의 과세표준

과세표준 = 관세의 과세가격 + 관세 + 개별소비세 + 주세 + 교육세 + 농어촌특별세 + 교통 · 에너지 · 환경세

포인트 마일리지 등 결제의 경우

- 마일리지 등으로 대금의 전부 또는 일부를 결제받은 경우: 마일리지 등 이외의 수단으로 결제받은 금액 + 자기적립마일리지 등 이외의 마일리지 등으로 결제받은 부분에 대해 재화 또는 용역을 공급받는 자 이외의 자로부터 보전받았거나 보전받을 금액
- 자기적립마일리지 등 이외의 마일리지 등으로 대금의 전부 또는 일부를 결제받은 경우: 공급한 재화 또는 용역의 시가
  - 면세사업에 자기생산 · 취득재화를 공급한 경우
  - 특수관계인으로부터 부당하게 낮은 금액을 보전받거나 아무런 금액을 받지 않은 경우

▶ 마일리지 등이란 재화 또는 용역의 구입실적에 따라 마일리지, 포인트, 그 밖에 이와 유사한 형태로 별도의 대가 없이 적립받은 후 결제수단으로 사용할 수 있는 것을 의미한다.

포인트 간주임대료

사업자가 부동산임대용역을 공급하고 전세금 또는 임대보증금을 받는 경우에는 다음의 계산식에 의하여 계산한 금액을 임대료로 보아 과세표준에 포함한다.

$$\text{간주임대료} = \text{임대보증금} \times \text{정기예금이자율} \times \frac{\text{임대일 수}}{365(366)}$$

2. 간주공급의 과세표준

(1) 일반적인 경우

해당 재화의 시가를 과세표준으로 한다.

(2) 판매 목적 타사업장 반출

① 원칙: 취득가액

② 취득가액에 일정액을 가산하여 공급하는 경우: 그 공급가액

③ 개별소비세, 주세, 교통 · 에너지 · 환경세가 부과되는 경우: 개별소비세 등 과세표준+개별소비세, 주세, 교통 · 에너지 · 환경세+교육세+농어촌특별세

간주공급의 과세표준
- 원칙: 시가
- 예외: 원가

PART 03

3 대손세액공제 중요

1. 대손세액공제액

공급받는 자가 파산 등 세법이 정하는 사유로 인하여 당해 재화 또는 용역에 대한 외상매출금, 기타 매출채권(부가가치세 포함)의 전부 또는 일부가 대손되어 회수할 수 없게 된 경우에는 그 대손세액을 대손이 확정된 날이 속하는 과세기간의 매출세액에서 차감한다(확정 신고 시에만 대손세액공제를 적용).

대손세액공제액=대손금액(부가가치세 포함)×10/110

2. 공제사유

(1) 소멸시효가 완성된 채권(단, 채권 중 금융용역을 제공하여 발생한 대여금, 면세대상 용역의 공급과 관련된 채권은 제외)

(2) 부도 발생일부터 6개월 이상 경과한 어음 · 수표 · 중소기업의 외상매출금

(3) 채무자의 파산, 강제집행, 형의 집행, 사망, 실종 또는 행방불명으로 회수할 수 없는 채권

(4) 회수기일이 6개월 이상 지난 채권 중 채권가액이 30만원 이하인 채권

(5) 회수기일이 2년 이상 지난 중소기업의 외상매출금 · 미수금(단, 특수관계인과의 거래로 발생한 경우는 제외) 등

3. 공제범위

재화 또는 용역의 공급일부터 10년이 경과된 날이 속하는 과세기간에 대한 확정 신고기한까지 확정되는 대손세액(결정 또는 경정으로 증가된 과세표준과 세액에 대하여 부가가치세액을 납부한 경우 해당 대손세액 포함)에 한하여 대손세액공제가 가능하다.

4. 대손세액 가산액

대손세액공제를 받은 사업자가 대손금액의 전부 또는 일부를 회수한 경우 회수한 대손금액 관련 대손세액을 회수일이 속하는 과세기간의 매출세액에 가산한다.

합격을 다지는 실전문제

스마트폰으로 QR코드를 촬영하여
저자의 해설 강의를 확인하세요.

상 중 하

001 다음 중 부가가치세법상 아래의 괄호 안에 공통으로 들어갈 내용으로 옳은 것은?

> 가. 부가가치세 매출세액은 (   )에 세율을 곱하여 계산한 금액이다.
> 나. 재화 또는 용역의 공급에 대한 부가가치세의 (   )(은)는 해당 과세기간에 공급한 재화 또는 용역의 공급가액을 합한 금액으로 한다.
> 다. 재화의 수입에 대한 부가가치세의 (   )(은)는 그 재화에 대한 관세의 과세가격과 관세, 개별소비세, 주세, 교육세, 농어촌특별세 및 교통·에너지·환경세를 합한 금액으로 한다.

① 공급대가
② 간주공급
③ 과세표준
④ 납부세액

상 중 하

002 다음 중 부가가치세법상 과세표준에 포함되지 않는 것은?

① 할부판매 시 이자상당액
② 매출에누리·매출환입
③ 개별소비세
④ 관세

상 중 하

003 다음 중 부가가치세의 과세표준에서 공제하지 않는 것은?

① 대손금과 장려금
② 환입된 재화의 가액
③ 매출할인
④ 에누리액

상 중 하

004 다음 중 자동차를 수입하는 경우 수입세금계산서상의 공급가액에 포함되지 않는 것은?

① 교육세
② 관세
③ 개별소비세
④ 취득세

정답 및 해설

001 ③ 과세표준에 대한 설명이다.

002 ② 매출에누리, 매출환입, 매출할인은 과세표준에 포함되지 않는다.

003 ① 대손금, 판매장려금, 하자보증금은 과세표준에서 공제하지 않는 항목이다.

004 ④ 취득세는 공급가액에 포함되지 않는다.

상 중 하

005 다음 중 부가가치세법상 공급가액에 대한 설명으로 틀린 것은?

① 금전으로 대가를 받은 경우에는 그 대가
② 금전 이외의 대가를 받은 경우에는 자신이 공급한 재화 또는 용역의 원가
③ 폐업하는 재고재화의 경우에는 시가
④ 부가가치세가 표시되지 않거나 불분명한 경우에는 100/110에 해당하는 금액

PART 03

상 중 하

006 다음 중 부가가치세법상 시가의 정의에 적합한 것은?

① 사업자가 특수관계에 있는 자와 당해 거래와 유사한 상황에서 계속적으로 거래한 가격 또는 제3자 간에 일반적으로 거래된 가격
② 사업자가 특수관계에 있는 자 외의 자와 당해 거래와 다른 상황에서 계속적으로 거래한 가격 또는 제3자 간에 일반적으로 거래된 가격
③ 사업자가 특수관계에 있는 자와 당해 거래와 유사한 상황에서 비반복적으로 거래한 가격 또는 제3자 간에 일반적으로 거래된 가격
④ 사업자가 특수관계에 있는 자 외의 자와 당해 거래와 유사한 상황에서 계속적으로 거래한 가격 또는 제3자 간에 일반적으로 거래된 가격

상 중 하

007 (주)에듀윌은 수출을 하고 그에 대한 대가를 외국통화 · 기타 외국환으로 수령하였다. 이 경우 공급가액으로 올바르지 않은 것은?

① 공급시기 이후 대가 수령: 공급시기의 기준환율 또는 재정환율로 환산한 가액
② 공급시기 이전에 수령하여 공급시기 도래 전 환가: 공급시기의 기준환율 또는 재정환율로 환산한 가액
③ 공급시기 이전에 수령하여 공급시기 도래 이후 환가: 공급시기의 기준환율 또는 재정환율로 환산한 가액
④ 공급시기 이전에 수령하여 공급시기 도래 이후 계속 외환 보유: 공급시기의 기준환율 또는 재정환율로 환산한 가액

정답 및 해설

005 ② 금전 이외의 대가를 받은 경우에는 자신이 공급한 재화 또는 용역의 시가를 공급가액으로 한다.

006 ④ 부가가치세법상 시가란 사업자가 특수관계에 있는 자 외의 자와 당해 거래와 유사한 상황에서 계속적으로 거래한 가격 또는 제3자 간에 일반적으로 거래된 가격이다.

007 ② • 공급시기 도래 전에 원화로 환가한 경우: 그 환가한 금액
• 공급시기 이후에 외국통화 · 기타 외국환의 상태로 보유하거나 지급받는 경우: 공급시기의 기준환율 또는 재정환율로 환산한 금액

상 중 하

008 다음 자료를 바탕으로 부가가치세 납부세액 계산 시 매출세액에서 차감할 수 있는 대손세액은 얼마인가? (단, 세부담 최소화를 가정함)

내역	공급가액
파산에 따른 매출채권	20,000,000원
부도 발생일로부터 6개월이 경과한 부도수표	10,000,000원
상법상 소멸시효가 완성된 매출채권	1,000,000원

① 2,000,000원 ② 2,100,000원
③ 3,000,000원 ④ 3,100,000원

상 중 하

009 다음 중 부가가치세법상 공급가액에 포함되는 것은?

① 환입된 재화의 가액
② 공급에 대한 대가를 약정기일 전에 받았다는 이유로 사업자가 당초의 공급가액에서 할인해 준 금액
③ 사업자가 재화 또는 용역을 공급받는 자에게 지급하는 장려금
④ 공급받는 자에게 도달하기 전에 파손되거나 훼손되거나 멸실한 재화의 가액

상 중 하

010 다음 중 부가가치세 과세표준에 해당되는 금액은 총 얼마인가?

- 컴퓨터(시가 2,000,000원)를 1,000,000원에 판매하였다(특수관계자와의 거래에 해당함).
- 컴퓨터 수선 관련 용역을 무상으로 제공하였다(시가 500,000원).
- 시가 300,000원에 해당하는 모니터를 공급하고 시가 500,000원에 상당하는 책상을 교환받았다.

① 1,800,000원 ② 2,300,000원
③ 3,000,000원 ④ 2,500,000원

정답 및 해설

008 ④ 차감 대손세액 = 공급대가 × 10/110
∴ 공급대가 34,100,000원(= 22,000,000원 + 11,000,000원 + 1,100,000원) × 10/110 = 3,100,000원

009 ③ 사업자가 재화 또는 용역을 공급받는 자에게 지급하는 장려금은 과세표준에서 공제하지 않으므로 공급가액에 포함된다.

010 ② • 컴퓨터 시가 2,000,000원 + 모니터 시가 300,000원 = 과세표준 2,300,000원
• 용역의 무상공급은 과세표준에 포함되지 않으며, 금전 이외의 대가를 받은 경우에는 자기가 공급한 재화의 시가를 과세표준으로 한다.

상 중 하

011 부가가치세 과세사업을 영위하던 사업자가 폐업할 때, 다음과 같이 남아 있는 재화의 부가가치세 과세표준은 얼마인가? (단, 매입할 당시 매입세액공제를 받을 수 있는 항목에 대해서는 매입세액공제를 받았음)

구분	취득가액	시가
상품	20,000,000원	15,000,000원
토지	25,000,000원	10,000,000원

① 15,000,000원
② 20,000,000원
③ 25,000,000원
④ 45,000,000원

상 중 하

012 다음 중 부가가치세의 과세표준에 포함되는 항목은?

① 재화 또는 용역을 공급하고 외상매출금이나 그 밖의 매출채권의 일부 또는 전부를 회수할 수 없는 경우의 대손금액
② 재화 또는 용역의 공급과 직접 관련되지 않는 국고보조금과 공공보조금
③ 환입된 재화의 가액
④ 공급에 대한 대가의 지급이 지체되었음을 이유로 받는 연체이자

상 중 하

013 다음 자료에 의한 부가가치세 과세표준을 계산하면 얼마인가?

• 총매출액	50,000,000원	• 매출에누리	4,000,000원
• 매출할인	3,000,000원	• 대손금	2,000,000원

① 40,000,000원
② 43,000,000원
③ 48,000,000원
④ 50,000,000원

정답 및 해설

011 ① 토지의 공급은 면세대상으로 과세표준에 포함되지 않으므로 과세표준은 상품 시가 15,000,000원이다.

012 ① 공급 이후 발생하는 대손금은 과세표준에서 공제하지 않는다.

013 ② • 총매출액 50,000,000원 – 매출에누리 4,000,000원 – 매출할인 3,000,000원 = 과세표준 43,000,000원
• 사업자가 재화 또는 용역을 공급하는 자에게 지급하는 장려금이나 이와 유사한 금액 및 대손금액은 과세표준에서 공제하지 않는다.

상 중 하

014 다음 중 부가가치세 과세표준에 대한 설명으로 옳지 않은 것은?

① 일반과세자의 과세표준은 공급대가의 금액으로 한다.
② 대손금은 과세표준에 포함하였다가 대손세액으로 공제한다.
③ 매출에누리와 환입은 과세표준에 포함되지 않는다.
④ 공급받는 자에게 도달하기 전에 파손, 멸실된 재화의 가액은 과세표준에 포함되지 않는다.

상 중 하

015 다음 자료를 이용하여 부가가치세의 과세표준을 계산하면 얼마인가? (단, 아래 금액에는 부가가치세가 포함되어 있지 않음)

• 총매출액	1,000,000원
• 매출할인	50,000원
• 공급대가의 지급 지연에 따른 연체이자	30,000원
• 폐업 시 잔존재화의 장부가액(시가 400,000원)	300,000원

① 1,320,000원 ② 1,350,000원
③ 1,380,000원 ④ 1,450,000원

상 중 하

016 다음 중 부가가치세법상 일반과세사업자의 부가가치세 과세표준 금액은 얼마인가? (단, 모든 금액은 부가가치세 제외 금액임)

• 총매출액(영세율 매출액 30,000,000원 포함)	120,000,000원
• 매출할인 및 에누리액	5,000,000원
• 매출환입액	7,000,000원
• 대손금	3,000,000원
• 총매입액	48,000,000원

① 108,000,000원 ② 70,000,000원
③ 60,000,000원 ④ 57,000,000원

정답 및 해설

014 ① 과세표준은 공급가액의 금액이다.

015 ② 총매출액 1,000,000원 − 매출할인 50,000원 + 폐업 시 잔존재화 400,000원 = 1,350,000원

016 ① 매출할인 및 에누리액과 매출환입액은 과세표준의 차감 항목이고, 대손금은 과세표준에서 공제하지 않는 항목이다.
∴ 과세표준: 총매출액 120,000,000원 − 매출할인 및 에누리액 5,000,000원 − 매출환입액 7,000,000원 = 108,000,000원

상 중 하

017 (주)에듀윌은 2025년 3월 5일 폐업하였다. 폐업 시 자산 보유내역은 다음과 같다. 부가가치세 신고 시의 과세표준은 얼마인가?

> 재고자산: 원가 7,000,000원(시가 8,000,000원)

① 0원
② 1,000,000원
③ 7,000,000원
④ 8,000,000원

상 중 하

018 다음 중 부가가치세법상 과세표준 계산 시 공급가액에 포함되는 것은?

① 매출에누리, 매출환입, 매출할인액
② 공급받는 자에게 도달하기 전 파손된 재화의 가액
③ 장기할부판매 또는 할부판매에 의해 지급받는 이자상당액
④ 계약에 의해 확정된 대가의 지급 지연으로 지급받는 연체이자

상 중 하

019 다음 자료를 이용하여 부가가치세 과세표준을 계산하면 얼마인가?

• 매출액	50,000,000원	• 대손금	1,000,000원
• 판매장려금	3,000,000원	• 매출에누리	2,000,000원

① 43,000,000원
② 48,000,000원
③ 49,000,000원
④ 50,000,000원

정답 및 해설

017 ④ 재고자산은 시가를 과세표준으로 한다.

018 ③ 과세표준 계산 시 공급가액에 포함되지 않는 것에는 매출에누리, 매출환입, 매출할인액, 공급받는 자에게 도달하기 전 파손된 재화의 가액, 계약에 의해 확정된 대가의 지급 지연으로 지급받는 연체이자, 재화 또는 용역의 공급과 직접 관련되지 않는 국고보조금과 공공보조금 등이 있다.

019 ② 매출에누리, 매출환입, 매출할인은 과세표준의 차감 항목이고 대손금, 판매장려금은 공제하지 않는 항목이다.
∴ 과세표준: 매출액 50,000,000원 − 매출에누리 2,000,000원 = 48,000,000원

상 중 하

020 **과세사업자인 (주)에듀윌은 2025년 당사 제품인 기계장치를 공급하는 계약을 아래와 같이 체결하였다. 이 거래와 관련하여 2025년 2기 예정 신고기간의 과세표준에 포함되어야 할 공급가액은 얼마인가?**

- 총판매대금: 6,500,000원(이하 부가가치세 별도)
- 계약금(3월 15일): 2,000,000원 지급
- 중도금(5월 15일, 7월 15일): 1,500,000원씩 각각 지급
- 잔금(9월 30일): 1,500,000원 지급
- 제품인도일: 9월 30일

① 6,500,000원
② 5,000,000원
③ 3,000,000원
④ 1,500,000원

상 중 하

021 **다음 중 부가가치세에 대한 설명으로 잘못된 것은?**

① 부가가치세 납부세액은 매출세액에서 매입세액을 뺀 금액으로 한다.
② 법인사업자는 부가가치세법상 전자세금계산서 의무발급대상자이다.
③ 금전 외의 대가를 받는 경우 공급가액은 자기가 공급받은 재화 또는 용역의 시가로 한다.
④ 부가가치세는 납세의무자와 담세자가 다를 것을 예정하고 있는 세목에 해당한다.

상 중 하

022 **다음 자료에서 부가가치세법상 일반과세자의 부가가치세 과세표준은 얼마인가? (단, 자료의 금액에는 부가가치세액이 포함되어 있지 않음)**

• 총매출액	5,000,000원	• 매출환입액	500,000원
• 총매입액	3,000,000원	• 금전지급 판매장려금	200,000원

① 4,500,000원
② 4,300,000원
③ 3,600,000원
④ 1,700,000원

정답 및 해설

020 ③ 중간지급조건부 재화공급이므로 공급시기는 대가의 각 부분을 받기로 한 날이다. 따라서 2기 예정 신고기간(2025년 7월 1일 ~2025년 9월 30일) 금액인 7월 15일 금액과 9월 30일 금액이 공급가액이 된다.

021 ③ 공급가액은 금전 외의 대가를 받는 경우 자기가 공급한 재화 또는 용역의 시가로 한다.

022 ① 매출환입액은 과세표준에서 차감하는 항목이고, 판매장려금(금전지급)은 공제되지 않는 항목이다.
∴ 과세표준: 총매출액 5,000,000원 − 매출환입액 500,000원 = 4,500,000원

상 중 하

023 다음 자료에 의해 부가가치세법상 일반과세사업자의 부가가치세 매출세액을 계산하면 얼마인가?

- 총매출액 10,000,000원이며, 다음과 같이 구성되었다.
  - 일반과세매출액: 8,000,000원
  - 영세율매출액: 2,000,000원
- 매출할인액 1,000,000원이 발생하였는데, 전액 일반과세매출과 관련된 것으로 밝혀졌다.
- 외상으로 일반과세매출한 금액 중 대손세액공제 120,000원이 발생하였다.

① 580,000원　② 680,000원
③ 780,000원　④ 880,000원

PART 03

상 중 하

024 과세사업자인 (주)에듀윌은 2025년 당사 제품인 기계장치를 공급하는 계약을 아래와 같이 체결하였다. 이 거래와 관련하여 2025년 1기 확정 신고기간의 과세표준에 포함되어야 할 공급가액은 얼마인가?

- 총판매대금: 35,000,000원(이하 부가가치세 별도)
- 계약금(4월 15일): 20,000,000원 지급
- 1차 중도금(5월 15일): 5,000,000원 지급
- 2차 중도금(7월 15일): 5,000,000원 지급
- 잔금(11월 30일): 5,000,000원 지급
- 제품인도일: 11월 30일

① 20,000,000원　② 25,000,000원
③ 30,000,000원　④ 35,000,000원

상 중 하

025 다음 중 부가가치세법상 대손세액공제에 관한 설명 중 틀린 것은?

① 부가가치세가 과세되는 재화 또는 용역의 공급과 관련된 채권이어야 한다.
② 부도 발생일로부터 3개월 이상 지난 수표·어음·중소기업의 외상매출금은 대손세액공제 대상이다.
③ 확정 신고와 함께 대손금액이 발생한 사실을 증명하는 서류를 제출하여야 한다.
④ 대손이 확정되면 공급자는 대손이 확정된 날이 속하는 과세기간의 매출세액에서 대손세액을 차감한다.

정답 및 해설

023 ① • 매출할인액은 과세표준 차감 항목이고, 대손세액은 매출세액에서 공제한다.
• 과세표준: 일반과세매출액 8,000,000원 − 매출할인액 1,000,000원 = 7,000,000원
∴ 매출세액 7,000,000원 × 10% − 대손세액 120,000원 = 580,000원

024 ② 중간지급조건부 재화공급이므로 공급시기는 대가의 각 부분을 받기로 한 날로 1기 확정 신고기간(2025년 4월 1일~2025년 6월 30일) 금액이 공급가액이 된다.
∴ 계약금 20,000,000원 + 1차 중도금 5,000,000원 = 공급가액 25,000,000원

025 ② 부도 발생일로부터 6개월 이상 지난 수표·어음·중소기업의 외상매출금은 대손세액공제 대상이다.

상 중 하

026 다음 자료에 의하여 부가가치세 과세표준을 계산하면 얼마인가?

> • 총매출액: 1,000,000원
> • 매출에누리액: 16,000원
> • 판매장려금(금전) 지급액: 50,000원
> • 외상매출금 연체이자: 5,000원
> • 매출할인액: 30,000원
> • 대손금: 20,000원

① 929,000원
② 934,000원
③ 954,000원
④ 959,000원

상 중 하

027 다음 중 부가가치세법상 대손세액의 공제특례에 관한 내용으로 옳지 않은 것은?

① 대손세액공제는 사업자가 부가가치세가 과세되는 재화 또는 용역을 공급한 후 그 공급일부터 10년이 지난 날이 속하는 과세기간에 대한 확정 신고기한까지 가능하다.
② 중소기업의 외상매출금으로서 회수기일이 2년 이상 지난 외상매출금은 거래상대방과 무관하게 대손세액공제 대상 대손금에 해당한다.
③ 대손세액공제액은 부가가치세를 포함한 공급대가의 10/110으로 계산한다.
④ 대손세액공제를 받은 후 사업자가 대손금액의 전부 또는 일부를 회수한 경우에는 회수한 대손금액에 관련된 대손세액을 회수한 날이 속하는 과세기간의 매출세액에 더한다.

상 중 하

028 다음 중 부가가치세법상 대손사유에 해당하지 않는 것은?

① 소멸시효가 완성된 어음 · 수표
② 특수관계인과의 거래로 인해 발생한 중소기업의 외상매출금으로서 회수기일이 2년 이상 지난 외상매출금
③ 채무자의 파산, 강제집행, 형의 집행, 사업의 폐지, 사망, 실종, 행방불명으로 인하여 회수할 수 없는 채권
④ 부도발생일부터 6개월 이상 지난 외상매출금(중소기업의 외상매출금으로서 부도발생일 이전의 것에 한정한다)

정답 및 해설

026 ③ 매출할인, 매출에누리, 대가 지급의 지연으로 받는 연체이자는 공급가액에 포함하지 않으며 판매장려금(금전) 지급액과 대손금액은 과세표준에서 공제하지 않는다.
∴ 과세표준: 총매출액 1,000,000원 − 매출에누리 16,000원 − 매출할인 30,000원 = 954,000원

027 ② 중소기업의 외상매출금 및 미수금으로서 회수기일이 2년 이상 지난 외상매출금 등을 대손세액공제 대상 대손금으로 하되, 특수관계인과의 거래로 인하여 발생한 외상매출금 등은 제외한다.

028 ② 중소기업의 외상매출금 및 미수금(이하 "외상매출금 등"이라 한다)으로서 회수기일이 2년 이상 지난 외상매출금 등은 부가가치세법상 대손 사유에 해당한다. 다만, 특수관계인과의 거래로 인하여 발생한 외상매출금 등은 제외한다.

CHAPTER

매입세액과 차감납부세액

핵심키워드
- 매입세액 계산구조
- 세금계산서에 의한 매입세액
- 의제매입세액
- 매입세액 불공제

■ 1회독 ■ 2회독 ■ 3회독

1 매입세액 계산구조

부가가치세법은 전단계 세액공제법을 따르기 때문에 매출세액에서 매입세액을 차감한 잔액을 납부하게 된다.

	구분	공급가액	세액
+	세금계산서 수취분 매입세액	×××	×××
+	매입자발행 세금계산서에 의한 매입세액	×××	×××
+	신용카드매출전표 등 수취명세서 제출분	×××	×××
+	의제매입세액	×××	×××
+	재고매입세액		
+	변제대손세액		
−	공제받지 못할 매입세액		
−	공통매입세액 면세사업분		
−	대손처분받은 세액		
	매입세액		

1. 세금계산서에 의한 매입세액 중요

(1) 요건

자기의 사업을 위하여 사용하거나 사용될 재화·용역의 공급 및 재화의 수입에 대한 매입세액에 대해 세금계산서를 수령한 경우

(2) 공제시기

구입일(수입일)이 속하는 예정·확정 신고기간

▶ 사용한 시점에 공제하는 것이 아니라는 점에 유의해야 한다.

(3) 매입세액공제 가능한 세금계산서 수취기한

① 원칙: 재화·용역의 공급시기

② 예외: 해당 공급시기가 속하는 과세기간의 확정 신고기한(가산세는 부과)

2. 매입자발행 세금계산서 매입세액

납세의무자로 등록한 사업자가 재화·용역을 공급하고 세금계산서를 발급하지 않은 경우 그 재화·용역을 공급받은 자가 관할 세무서장의 확인을 받아 세금계산서를 발행할 수 있다.

3. 신용카드매출전표 등의 수령분 매입세액 중요

일반과세자로부터 재화·용역을 공급받고 영수증이지만 신용카드매출전표 등을 수취한 경우 일정한 요건이 되면 매입세액을 공제한다.

▶ 신용카드매출전표 등은 신용카드매출전표, 직불카드영수증, 선불카드, 현금영수증을 말한다.

(1) 요건

① 신용카드매출전표 등 수취명세서를 제출할 것

② 신용카드매출전표 등을 그 거래사실이 속하는 과세기간에 대한 확정 신고를 한 날부터 5년간 보관할 것

(2) 예외

다음에 해당하는 자의 신용카드매출전표 등은 매입세액공제 대상이 아니다.

① 간이과세자(세금계산서 발급 가능한 간이과세자 제외)

② 목욕, 이발, 미용업, 부가가치세가 과세되는 미용 목적의 성형수술의 진료용역 등

③ 여객운송업(전세버스 제외)

④ 입장권 발행 영위사업

⑤ 수의사 동물진료용역

⑥ 무도학원, 자동차운전학원

4. 의제매입세액 중요

면세농산물 등을 원재료로 하여 부가가치세 과세대상인 재화나 용역을 공급하는 사업자는 의제매입세액공제를 받을 수 있다. 의제매입세액공제는 구입일이 속하는 예정 신고와 확정 신고 시에 모두 가능하다.

▶ 면세농산물 등은 면세로 공급받은 농산물, 축산물 또는 임산물(1차 가공된 것, 미가공 식료품 및 소금 포함)을 말한다.

(1) 대상사업자

사업자등록을 한 일반과세자여야 한다. 단, 미등록사업자, 면세사업자, 간이과세자는 의제매입세액공제를 받을 수 없다.

(2) 대상거래

면세농산물 등을 원재료로 하여 제조·가공한 재화 또는 창출한 용역의 공급이 과세되는 경우(면세포기를 하여 영세율이 적용되는 경우는 제외)여야 한다.

(3) 공제액

의제매입세액공제액 = 면세농산물 등의 매입가액 × 공제율

① 면세농산물 등의 매입세액

- 국내 매입분: 운임 등 부대비용을 제외한 매입원가
- 수입분: 관세의 과세가격

② 공제율

<table>
<tr><th colspan="3">구분</th><th>공제율</th></tr>
<tr><td colspan="3">일반적인 경우</td><td>2/102</td></tr>
<tr><td rowspan="4">음식점업</td><td colspan="2">과세유흥장소의 경영자</td><td>2/102</td></tr>
<tr><td rowspan="3">과세유흥장소 외의 음식점 경영자 외</td><td>개인사업자</td><td>8/108
(단, 과세표준 2억원 이하인 경우, 2026.12.31.까지 9/109 적용)</td></tr>
<tr><td>법인</td><td>6/106</td></tr>
<tr><td>간이과세자</td><td>2021.7.1. 이후
공급받거나 수입신고한 분부터
의제매입세액공제 적용되지 않음</td></tr>
</table>

제조업	과자점업, 도정업, 제분업 및 떡류 제조업 중 떡방앗간을 경영하는 개인사업자	6/106
	위 외의 중소기업 및 개인사업자	4/104
	위 외의 사업자	2/102

(4) 한도

해당 과세기간에 해당 사업자가 면세농산물 등과 관련하여 공급한 과세표준에 다음의 율을 곱하여 계산한 금액에 공제율을 곱한 금액을 매입세액으로 공제할 수 있는 한도로 한다.

구분		한도율
법인사업자		50%
개인사업자	음식점업	• 1억원 이하: 75% • 1억원 초과 2억원 이하: 70% • 2억원 초과: 60%
	기타 업종	• 2억원 이하: 65% • 2억원 초과: 55%

(5) 제출서류

의제매입세액을 공제받고자 하는 사업자는 '의제매입세액공제신고서'와 다음의 서류를 관할 세무서장에게 제출해야 한다.

① 매입처별 계산서합계표

② 신용카드매출전표 등 수취명세서

▶ 제조업은 농·어민에게 공급받는 경우 의제매입공제신고서만 제출해도 공제가 가능하다.

2 매입세액 불공제 중요

▸ 최신 36회 중 5문제 출제

1. 사유별 불공제대상

다음의 사유에 대한 매입세액은 실제로 거래징수를 당한 경우라도 매출세액에서 공제될 수 없다.

(1) 세금계산서 미수취 등(형식적 요건 미비)

① 세금계산서를 교부받지 않은 경우

② 교부받은 매입세금계산서의 필요적 기재사항이 기재되지 않았거나 사실과 다른 경우(공급가액이 사실과 다르게 적힌 경우에는 실제 공급가액과 다르게 적힌 금액에 해당하는 세액)

(2) 매입처별 세금계산서합계표 불성실분(형식적 요건 미비)

① 매입처별 세금계산서합계표를 제출하지 않은 경우

② 제출한 매입처별 세금계산서합계표의 기재사항 중 거래처별 등록번호 또는 공급가액의 전부 또는 일부가 기재되지 않았거나 사실과 다르게 기재된 경우(단, 착오로 잘못 적혔거나 거래사실이 확인되는 경우에는 공제 가능)

매입세액 불공제
- 세금계산서 미수취
- 매입처별 세금계산서합계표 미제출
- 사업 무관
- 사업자등록 전 매입세액
- 면세 관련
- 기업업무추진비 관련 매입세액
- 개별소비세법 제1조제2항제3호에 따른 자동차 구입·유지비용
- 영수증 매입분
- 간주임대료
- 토지 관련

(3) 기타 불공제 사유

① 사업과 직접 관련 없는 지출에 대한 매입세액

② 사업자등록(등록 신청일) 전의 매입세액(다만, 공급시기가 속하는 과세기간이 끝난 후 20일 이내 등록 · 신청한 경우 공급시기 내 매입세액은 공제 가능)

③ 면세사업 관련 매입세액

④ 기업업무추진비 및 이와 유사한 비용의 지출에 대한 매입세액

⑤ 개별소비세법 제1조제2항제3호에 따른 자동차(임차하여 사용하는 비영업용 소형승용차 포함)의 구입과 그 유지에 관한 매입세액

⑥ 영수증 수취분

⑦ 간주임대료

⑧ 토지의 조성 등을 위한 자본적 지출과 관련된 매입세액

▶ 공급시기가 속하는 과세기간이 지난 후 20일 이내에 등록 · 신청한 경우 해당 과세기간 기산일까지 역산한 기간 이내의 매입세액은 공제가 가능하다.

2. 비영업용 소형승용차(비영업용 개별소비세 과세대상 자동차)

(1) 비영업용

업무용 자동차 등 영업용 이외의 목적으로 자동차를 사용하는 것을 말한다. 반면에 차량운수업, 차량임대업, 자동차판매업, 운전학원업 등을 영위하는 자가 자동차를 직접 영업에 사용하는 것을 영업용이라 한다.

포인트 승용차 등 구입 시 매입세액공제 업종에 기계경비업 추가

경비업법상 기계경비업의 출동차량은 영업에 직접적으로 사용되므로 기계경비업을 매입세액공제를 허용하는 업종에 추가하여 출동차량에 대하여 매입세액공제를 받을 수 있도록 하고, 영업 외의 용도로 사용하는 경우 재화의 공급으로 업종에도 추가함

(2) 소형승용차

사람의 수송 목적으로 제작된 다음의 자동차를 의미한다.

① 정원 8인 이하(배기량 1,000cc 이하의 것으로 길이가 3.6m 이하이고, 폭이 1.6m 이하인 경차 제외)

② 일정한 2륜자동차(125cc 초과)

합격을 다지는 실전문제

스마트폰으로 QR코드를 촬영하여 저자의 해설 강의를 확인하세요.

상 중 하

001 다음 중 공제 가능한 부가가치세 매입세액은?

① 공급시기가 속하는 과세기간이 끝난 후 20일 이내에 등록 · 신청한 경우 그 공급시기 내 매입세액
② 업무와 관련된 기업업무추진비 및 이와 유사한 비용의 매입세액
③ 면세사업과 관련된 매입세액
④ 비영업용 소형승용차의 구입과 유지에 관한 매입세액

상 중 하

002 다음 중 매입세액공제가 가능한 것은?

① 사업과 관련하여 교부받은 세금계산서상의 매입세액
② 면세사업 관련 매입세액
③ 토지 구입 관련 매입세액
④ 사업과 관련하여 교부받은 일반영수증에 포함되어 있는 매입세액

상 중 하

003 다음 중 부가가치세법상 매입세액공제가 가능한 것은?

① 개별소비세법 제1조제2항제3호에 따른 자동차 유지비
② 복리후생비 지출비
③ 기업업무추진비 지출비
④ 사업과 무관한 비품 구입비

정답 및 해설

001 ① 사업자등록을 하기 전의 매입세액은 매출세액에서 공제되지 않는다. 다만, 공급시기가 속하는 과세기간이 끝난 후 20일 이내에 등록 · 신청한 경우 그 공급시기 내 매입세액은 공제가 가능하다.

002 ① 사업과 관련하여 교부받은 세금계산서상의 매입세액은 공제가 가능하다.

003 ② 복리후생비로 지출하고 수령한 세금계산서는 매입세액공제가 가능하다.

상 중 하

004 **부가가치세법상 매입세액으로 공제가 불가능한 경우로 옳은 것은?**

① 소매업자가 사업과 관련하여 받은 간이영수증에 의한 매입세액
② 음식업자가 계산서를 받고 구입한 농산물의 의제매입세액
③ 신용카드매출전표 등 적격증빙 수령분 매입세액
④ 종업원 회식비와 관련된 매입세액

상 중 하

005 **(주)에듀윌은 다음 매입세액을 추가로 반영하고자 한다. 부가가치세 매출세액에서 공제 가능한 매입세액은? (단, 정당하게 세금계산서를 수취함)**

① 기업업무추진비 관련 매입세액
② 업무 관련 매입세액
③ 개별소비세법 제1조제2항제3호에 따른 자동차의 구입 관련 매입세액
④ 면세사업 관련 매입세액

상 중 하

006 **다음 중 부가가치세법상 매입세액공제가 가능한 금액은?**

• 기업업무추진비 지출에 대한 매입세액	100,000원
• 토지 관련 매입세액	100,000원
• 면세사업과 관련된 매입세액	100,000원

① 0원 ② 100,000원
③ 200,000원 ④ 300,000원

정답 및 해설

004 ① 소매업자가 사업과 관련하여 받은 간이영수증에 의한 매입세액은 매입세액공제가 불가능하다.
005 ② 업무 관련 매입세액은 매입세액공제가 가능하다.
006 ① 기업업무추진비 지출과 관련된 매입세액, 토지 조성 및 자본적 지출과 관련된 매입세액, 면세사업과 관련된 매입세액은 부가가치세 공제 대상이 아니다.

상 중 하

007 다음 중 부가가치세 매입세액공제가 가능한 경우는?

① 토지의 취득과 관련된 매입세액
② 관광사업자의 비영업용 소형승용차(5인승, 2,000cc) 취득에 따른 매입세액
③ 음식업자가 계산서를 받고 면세로 구입한 축산물의 의제매입세액
④ 소매업자가 사업과 관련하여 받은 영수증에 의한 매입세액

PART 03

상 중 하

008 다음 자료에 의하여 일반과세자 김세무의 부가가치세 매출세액을 계산하면 얼마인가?

- 납부세액은 100,000원이다.
- 세금계산서를 받고 매입한 물품의 공급가액은 3,000,000원이고 이 중 사업과 관련이 없는 물품의 공급가액 200,000원이 포함되어 있다.
- 매입에 대한 영세율세금계산서는 없다.

① 360,000원　　② 380,000원
③ 400,000원　　④ 420,000원

상 중 하

009 다음 중 부가가치세법상 매입세액공제가 가능한 것은?

① 면세사업에 사용하기 위하여 구입한 기계장치 매입세액(전자세금계산서 수취함)
② 음식점을 영위하는 개인사업자가 계산서 등을 수취하지 않고 면세로 구입한 농산물의 의제매입세액
③ 거래처에 선물하기 위한 물품 구입 매입세액(세금계산서 등을 수취함)
④ 제조업을 영위하는 사업자가 농민으로부터 면세로 구입한 농산물의 의제매입세액

정답 및 해설

007 ③ 음식업자가 계산서를 받고 면세로 구입한 축산물의 의제매입세액은 매입가액의 8/108(개인, 2억원 초과), 9/109(개인, 2억원 이하, 2026년까지) 또는 6/106(법인)을 공제한다.

008 ② '납부세액 = 매출세액 − 매입세액 + 매입세액 불공제'이므로 '매출세액 = 납부세액 + 매입세액 − 매입세액 불공제'이다.
∴ 매출세액 = 납부세액 100,000원 + 매입세액 2,800,000원(= 3,000,000원 − 200,000원) × 10% = 380,000원

009 ④ ①, ③ 매입세액 불공제 사유에 해당한다.
② 음식점을 영위하는 경우에는 계산서 등을 반드시 수취하여야 한다.

상 중 하

010 다음 자료에 의하여 부가가치세 매출세액을 계산하면 얼마인가?

- 발급한 세금계산서 중 영세율세금계산서의 공급가액은 2,400,000원이고, 매입과 관련된 영세율세금계산서는 없다.
- 세금계산서를 받고 매입한 물품의 공급가액은 15,000,000원이고, 이 중 사업과 관련이 없는 물품의 공급가액 1,500,000원이 포함되어 있다.
- 납부세액은 1,500,000원이다.

① 2,850,000원
② 3,000,000원
③ 3,090,000원
④ 3,150,000원

상 중 하

011 다음 중 부가가치세법상 과세 유형과 거래내역이 잘못 연결된 것은?

① 과세－일반과세자가 제품을 납품하고 전자세금계산서를 발행하다.
② 매입세액공제－부가가치세 과세사업에 사용하기 위해 프린터를 구입하고 전자세금계산서를 수취하다.
③ 매입세액 불공제－영업부에서 사용하는 4인승 승용차(999cc) 수리비를 지급하고 전자세금계산서를 수취하다.
④ 면세－공장 건물 신축용 토지를 구입하고 전자계산서를 발급받았다.

상 중 하

012 다음 중 부가가치세법상 공제 가능한 매입세액에 해당하는 것은?

① 사업자가 자기의 사업에 사용할 목적으로 수입하는 재화의 부가가치세액
② 기업업무추진비 및 이와 유사한 비용과 관련된 매입세액
③ 면세사업 등에 관련된 매입세액
④ 사업과 직접 관련이 없는 지출과 관련된 매입세액

정답 및 해설

010 ① 매출세액: 납부세액 1,500,000원＋매입세액 13,500,000원(＝15,000,000원－1,500,000원)×10%＝2,850,000원

011 ③ 승용차는 1,000cc 초과분부터 매입세액 불공제이다.

012 ① 기업업무추진비 및 이와 유사한 비용과 관련된 매입세액, 면세사업 등에 관련된 매입세액, 사업과 직접 관련이 없는 지출과 관련된 매입세액은 매입세액 불공제대상에 해당한다.

상 중 하

013 다음은 과세사업을 영위하는 (주)부동산에서 발생한 매입세액이다. 이 중 부가가치세법상 매입세액 불공제 금액은?

- 토지 취득 시 발생한 중개수수료 매입세액: 2,200,000원
- 건물의 취득과 관련된 감정평가수수료(건물분) 매입세액: 5,500,000원
- 과세사업에 사용하던 건물과 부속토지를 양도하면서 발생한 중개수수료 매입세액: 3,000,000원

① 7,700,000원
② 2,200,000원
③ 8,500,000원
④ 5,200,000원

PART 03

상 중 하

014 다음 중 부가가치세법상 매입세액공제가 가능한 것은?

① 면세사업과 관련이 있는 지출에 대한 매입세액
② 토지의 취득 및 형질변경, 공장부지 및 택지의 조성 등에 관련된 매입세액
③ 기업업무추진비 및 이와 유사한 비용의 지출에 관련된 매입세액
④ 과세 재화 생산과 관련된 원재료 매입세액

상 중 하

015 다음 중 부가가치세법상 공제되는 매입세액에 해당하는 것은?

① 자기의 사업에 사용하기 위하여 수입한 재화의 부가가치세액
② 사업과 직접 관련이 없는 지출
③ 기업업무추진비 이와 유사한 비용
④ 면세사업 등에 관련된 매입세액

정답 및 해설

013 ② 토지 취득 시 발생한 중개수수료 매입세액은 불공제대상이다.

014 ④ 기업업무추진비 및 이와 유사한 비용의 지출에 관련된 매입세액과 면세사업 등에 관련된 매입세액(면세사업 등을 위한 투자에 관련된 매입세액 포함)과 토지에 관련된 매입세액은 매출세액에서 공제하지 않는다.

015 ① 사업자가 자기의 사업을 위하여 사용하였거나 사용할 목적으로 수입하는 재화의 수입에 대한 부가가치세액은 공제가 가능하다.

상 중 하

016 다음 중 부가가치세법상 매입세액공제가 가능한 것은?

① 사업과 관련하여 접대용 물품을 구매하고 발급받은 신용카드매출전표상의 매입세액
② 제조업을 영위하는 법인이 업무용 소형승용차(1,998cc)의 유지비용을 지출하고 발급받은 현금영수증상의 매입세액
③ 제조부서의 화물차 수리를 위해 지출하고 발급받은 세금계산서상의 매입세액
④ 회계부서에서 사용할 물품을 구매하고 발급받은 간이영수증에 포함되어 있는 매입세액

정답 및 해설

016 ③ 개별소비세법 제1조제2항제3호에 해당하는 자동차(비영업용 소형승용차)가 아니므로 매입세액공제 가능하다.
- 기업업무추진비는 매입세액불공제 대상이다.
- 개별소비세법 제1조제2항제3호에 해당하는 자동차(비영업용 소형승용차)의 구입, 유지, 임차를 위한 비용은 매입세액을 불공제한다.
- 세금계산서, 신용카드매출전표, 현금영수증에 기재된 매입세액은 공제가능하다.

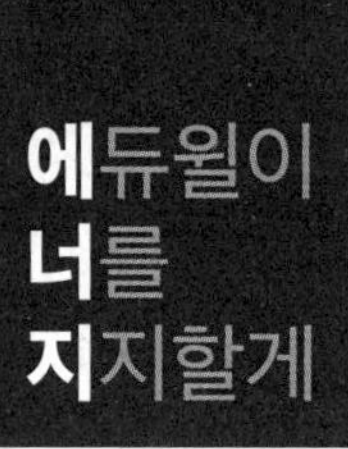

ENERGY

한계는 없다.
도전을 즐겨라.

– 칼리 피오리나(Carly Fiorina)

CHAPTER 07

세금계산서

핵심키워드
- 세금계산서
- 전자세금계산서
- 세금계산서 교부시기
- 세금계산서 발급의무자 및 발급의무면제

1회독 2회독 3회독

1 세금계산서(Tax Invoice)

▸ 최신 36회 중 12문제 출제

1. 세금계산서의 의의

일반과세자 및 일부 간이과세자가 재화 · 용역을 공급할 때 부가가치세를 거래징수한 사실을 증명하기 위하여 교부하는 자료이다.

▶ 세금계산서 발급의무가 있는 간이과세자는 직전 연도 공급대가 합계액이 4,800만원 이상인 간이과세자이다.

2. 세금계산서의 기재사항

(1) 필요적 기재사항

① 공급하는 사업자의 등록번호와 성명 또는 명칭
② 공급받는 자의 등록번호
③ 공급가액과 부가가치세액
④ 작성연월일

세금계산서의 필요적 기재사항
- 공급자의 등록번호와 성명(명칭)
- 공급받는 자의 등록번호
- 공급가액, 부가가치세액
- 작성연월일

(2) 임의적 기재사항

① 공급하는 자의 주소
② 공급받는 자의 상호, 성명, 주소
③ 품목, 단가, 수량
④ 공급연월일

3. 세금계산서의 작성 · 발급

구분			발급
사업자	과세사업자	일반과세자	세금계산서, 영수증
		간이과세자	• 원칙: 세금계산서 • 예외: 영수증(직전연도 공급대가 합계액이 4,800만원 미만)
	면세사업자		계산서, 영수증
세관장			수입세금계산서

▶ 면세사업자는 세금계산서를 발급할 수 없다.

2 전자세금계산서 중요

1. 전자세금계산서의 발급

(1) 발급의무자

① 법인사업자: 사업규모와 상관없이 모든 법인사업자는 의무적으로 발급한다.
② 개인사업자: 직전연도 사업장별 공급가액 합계액이 8천만원 이상인 자는 의무적으로 발급한다.

전자세금계산서 발급의무자(개인)
- 8천만원 이상

③ 위 ①, ② 외의 사업자도 전자세금계산서를 발급 · 전송할 수 있다.

(2) **발급명세 전송**

전자세금계산서 발급 시 발급일의 다음 날까지 세금계산서 발급명세를 국세청장에게 전송해야 한다.

2. 전자세금계산서 가산세

(1) **전자세금계산서 미발급가산세**

① 원칙: 세금계산서를 발급하지 않은 경우 → 공급가액×2%

② 예외: 전자세금계산서 발급의무자가 전자세금계산서를 발급하지 않았으나, 종이세금계산서를 발급한 경우 → 공급가액×1%

(2) **전자세금계산서 발급자가 세금계산서 발급명세 전송기한까지 전송하지 않은 경우**

① 전송기한이 경과한 후 공급시기가 속하는 과세기간에 대한 확정 신고기한까지 전송하는 경우: 공급가액×0.3%

② ①의 기한까지 전송하지 않은 경우: 공급가액×0.5%

3 세금계산서의 교부시기 중요

1. 원칙

재화 · 용역의 공급시기에 교부하여야 한다.

세금계산서의 교부시기
- 원칙: 재화 · 용역의 공급시기
- 예외: 선세금계산서, 후세금계산서

2. 특례 1(선세금계산서): 공급시기 전 교부특례

(1) **원칙**

세금계산서를 미리 발행하고 동시에 대가를 수령한 경우 인정한다.

(2) **대가지연수령도 인정하는 경우**

① 사업자가 재화 또는 용역의 공급시기가 도래하기 전에 세금계산서를 교부하고 그 세금계산서 교부일부터 7일 이내 대가를 지급받은 경우

② 사업자가 재화 또는 용역의 공급시기가 도래하기 전에 세금계산서를 교부하고 그 세금계산서 교부일부터 7일 경과 후 대가를 지급받은 경우로 다음 중 어느 하나에 해당하는 경우

- 거래당사자 간의 계약서, 약정서 등에 대금청구시기와 지급시기가 별도로 기재되고 대금청구시기와 지급시기 사이의 기간이 30일 이내일 것
- 공급시기가 세금계산서 발급일이 속하는 과세기간 내(공급받는 자가 조기환급을 받은 경우에는 세금계산서 발급일로부터 30일 이내)에 도래할 것

(3) **대가수령 여부 불문하고 선세금계산서 인정하는 경우**

① 장기할부판매 등

② 전력, 기타 공급단위를 구획할 수 없는 재화의 계속적 공급

③ 장기할부용역 · 통신용역 등 공급단위를 구획할 수 없는 용역의 계속적 공급

3. 특례 2: 공급시기 후 교부특례

다음의 경우 재화·용역의 공급일이 속하는 달의 다음 달 10일까지 세금계산서를 교부할 수 있다.

(1) 거래처별로 달의 1일부터 말일까지의 공급가액을 합계하여 당해 월의 말일자를 발행일자로 하여 세금계산서를 교부하는 경우

(2) 거래처별로 달의 1일부터 말일까지의 기간 이내에서 사업자가 임의로 정한 기간의 공급가액을 합계하여 그 기간의 종료일자를 발행일자로 하여 세금계산서를 교부하는 경우

(3) 관계 증빙서류 등에 의하여 실제 거래사실이 확인되는 경우로서 당해 거래일자를 발행일자로 하여 세금계산서를 교부하는 경우

포인트 매입자발행 세금계산서

세금계산서 교부의무자가 있는 사업자가 재화 또는 용역을 공급하고 세금계산서 발급시기에 세금계산서를 발급하지 않은 경우에는 그 재화 또는 용역을 공급받는 자가 세금계산서(매입자발행 세금계산서)를 발행할 수 있다.

4. 세금계산서의 발급의무자

(1) 개요

세금계산서의 발급의무자는 납세의무자로 등록한 사업자이다. 납세의무자여도 사업자등록을 하지 않으면 세금계산서를 발급할 수 없으며, 면세사업자는 부가가치세 납세의무가 없으므로 세금계산서를 발급할 수 없다(계산서 발급).

(2) 위탁매매 등의 경우

위탁매매(또는 대리인에 의한 판매)의 경우 수탁자(대리인)가 재화를 인도하는 때에 수탁자(대리인)가 위탁자(또는 본인) 명의로 세금계산서를 발급하며, 이 경우 수탁자(또는 대리인)의 등록번호를 부기하여야 한다.

5. 세금계산서의 발급의무면제

(1) 발급의무가 없는 경우에 한하여 면제되는 경우

① 소매업[공급받는 자가 세금계산서(영수증)의 발급을 요구하지 않는 경우에 한하여 발급의무가 면제됨]

② 도로 및 관련 시설 운영용역을 공급하는 사업자(공급받는 자가 세금계산서의 발급을 요구하지 않는 경우에 한하여 면제됨)

(2) 기타 면제대상

① 택시운송사업자, 노점 또는 행상을 하는 자가 공급하는 재화 또는 용역

② 무인자동판매기를 이용하여 재화 또는 용역을 자가공급하는 재화 또는 용역

③ 전력 또는 도시가스를 실지로 소비하는 자를 위하여 전기사업자 또는 도시가스사업자로부터 전력 또는 도시가스를 공급받는 명의자가 공급하는 재화 또는 용역

④ 목욕, 이발, 미용업을 영위하는 자가 공급하는 재화 또는 용역

⑤ 간주공급(단, 판매 목적의 타 사업장 반출은 세금계산서를 발급해야 함)

⑥ 부동산임대용역 중 간주임대료에 해당하는 부분

6. 수정세금계산서의 작성일자

수정사유	작성일자
처음 공급한 재화가 환입된 경우	환입된 날
계약의 해제로 재화 또는 용역이 공급되지 않은 경우	계약 해제일
계약의 해지 등에 따라 공급가액에 추가 또는 차감되는 금액이 발생한 경우	증감사유 발생일
재화 또는 용역을 공급한 후 공급시기가 속하는 과세기간 종료 후 25일(그날이 공휴일 또는 토요일인 경우 바로 다음 영업일) 이내에 내국신용장이 개설되었거나 구매확인서가 발급된 경우	처음 작성연월일
필요적 기재사항 등이 착오로 잘못 적힌 경우*	처음 작성연월일
필요적 기재사항 등이 착오 외의 사유로 잘못 적힌 경우*	처음 작성연월일
면세 등 발급대상이 아닌 거래 등에 대하여 발급한 경우	처음 작성연월일
세율을 잘못 적용하여 발급한 경우*	처음 작성연월일
착오로 전자세금계산서를 이중으로 발급한 경우	처음 작성연월일
일반과세자에서 간이과세자로 과세유형이 전환된 후 과세유형 전환 전에 공급한 재화 또는 용역에 대하여 위의 사유가 발생한 경우	처음 작성연월일

* 다만, 과세표준 또는 세액을 경정할 것을 미리 알고 있는 경우 제외

4 영수증

1. 영수증의 정의

영수증이란 공급받는 자의 사업자등록번호와 부가가치세액을 따로 기입하지 않고, 공급대가(부가가치세가 포함된 금액)만 기입하는 증명서류를 말한다. 다만, 일반과세자로서 영수증 발급대상 사업을 하는 자가 신용카드단말기 등을 이용하여 영수증을 발급할 때는 영수증에 공급가액과 세액을 별도로 구분한다.

2. 영수증의 종류

(1) 신용카드매출전표 · 현금영수증

부가가치세액이 별도로 구분 기재되어 있고 법 소정 요건을 충족하면 공급받는 자는 수취한 신용카드매출전표 또는 현금영수증만으로도 매입세액공제가 가능하다.

(2) 간이영수증

공급받는 자의 사업자등록번호와 부가가치세액이 별도로 기재되어 있지 않기 때문에 공급받은 자는 수취한 간이영수증만으로는 매입세액공제가 불가능하다.

합격을 다지는 실전문제

스마트폰으로 QR코드를 촬영하여 저자의 해설 강의를 확인하세요.

상 중 하

001 다음 중 부가가치세법상 세금계산서 제도에 관한 설명으로 옳은 것은?

① 모든 영세율 적용 대상거래는 세금계산서 교부의무가 면제된다.
② 세금계산서는 공급받는 자가 매입세액을 공제받기 위한 필수적인 자료이다.
③ 면세사업자도 공급받는 자가 요구하는 경우에는 세금계산서를 교부하여야 한다.
④ 세금계산서의 필요적 기재사항의 일부가 기재되지 않은 경우에도 그 효력이 인정된다.

상 중 하

002 다음 중 부가가치세법상 세금계산서의 필요적 기재사항에 해당하는 것은?

① 공급연월일
② 공급받는 자의 상호, 성명, 주소
③ 공급품목
④ 공급받는 자의 사업자등록번호

상 중 하

003 재화와 용역의 공급 시에 발행되는 거래증빙과 그 교부의무자에 대한 설명으로 바른 것은?

① 부가가치세법상 일반과세자는 세금계산서만을 발행하여야 한다.
② 부가가치세법상 일반과세자는 영수증만을 발행하여야 한다.
③ 부가가치세법상 면세사업자는 세금계산서를 발행할 의무가 없다.
④ 재화를 수입하는 사업자는 수입세금계산서를 발행하여야 한다.

정답 및 해설

001 ② ① 영세율 적용 대상거래는 세금계산서 교부의무가 있는 경우도 있고, 없는 경우도 있다.
③ 면세사업자는 계산서를 교부하여야 한다.
④ 세금계산서의 필요적 기재사항의 일부라도 기재되지 않은 경우 그 효력이 인정되지 않는다.

002 ④ 세금계산서의 필요적 기재사항은 공급하는 사업자의 등록번호와 성명 또는 명칭, 공급받는 자의 등록번호, 공급가액과 부가가치세액, 작성연월일이다.

003 ③ ①, ② 일반과세자는 세금계산서와 영수증을 발행할 수 있다.
④ 수입세금계산서는 세관장이 발행한다.

상 중 하

004 부가가치세법상 세금계산서에 대한 설명 중 틀린 것은?

① 세금계산서의 작성연월일을 기재하지 않으면 세금계산서의 효력이 인정되지 않는다.
② 세금계산서를 공급받는 자의 성명을 기재하지 않아도 세금계산서의 효력이 인정된다.
③ 간주임대료에 대해서는 세금계산서를 발행해야 한다.
④ 휴대전화를 판매하는 소매업자는 세금계산서 대신 신용카드매출전표 등을 교부한 경우 세금계산서를 교부할 수 없다.

PART 03

상 중 하

005 부가가치세법상 세금계산서는 원칙적으로 재화 또는 용역의 공급시기에 교부하여야 하나, 거래처별로 달의 1일부터 말일까지의 공급가액을 합계하여 당해 월의 말일자를 발행일자로 하여 세금계산서를 교부하는 경우 공급일이 속하는 달의 다음 달 ( )일까지 교부할 수 있다. ( ) 안에 들어갈 숫자는 무엇인가?

① 5
② 7
③ 10
④ 12

상 중 하

006 다음 거래의 세금계산서를 발행하고자 할 때 추가적으로 반드시 있어야 하는 정보는 무엇인가?

> (주)회계(130－16－65566, 대표자 김세무)는 (주)에듀윌(106－86－40380)에 CD 5장을 장당 100,000원(부가가치세 별도)에 공급하였다.

① 공급가액
② 부가가치세
③ 작성연월일
④ (주)회계 대표자 성명

정답 및 해설

004 ③ 간주임대료는 임대인 또는 임차인의 부담 여부와 상관없이 세금계산서를 교부하거나 교부받을 수 없다.

005 ③ 부가가치세법상 세금계산서는 원칙적으로 재화 또는 용역의 공급시기에 교부하여야 하나, 거래처별로 달의 1일부터 말일까지의 공급가액을 합계하여 당해 월의 말일자를 발행일자로 하여 세금계산서를 교부하는 경우 공급일이 속하는 달의 다음 달 10일까지 교부할 수 있다.

006 ③ 세금계산서의 필요적 기재사항 중 제시되지 않은 자료는 작성연월일이다.

상 중 하

007 다음 중 부가가치세법상 세금계산서 제도와 관련한 설명 중 틀린 것은?

① 공급시기가 도래하기 전에 세금계산서를 교부하고 교부일부터 7일 이내에 대가를 지급받는 경우에는 적법한 세금계산서를 교부한 것으로 본다.

② 매입자도 법정 요건을 갖춘 경우 세금계산서를 발행할 수 있다.

③ 영수증 교부대상 사업자가 신용카드매출전표를 교부한 경우에는 세금계산서를 교부할 수 없다.

④ 모든 영세율 거래에 대하여 세금계산서 교부의무가 없다.

상 중 하

008 다음 (　　) 안에 들어갈 말은 무엇인가?

부가가치세법상 사업자가 재화 또는 용역을 공급하고 세금계산서를 교부하지 않은 경우 당해 재화 또는 용역을 공급받은 자는 관할 세무서장의 확인을 받아 (　　　)발행 세금계산서를 발행할 수 있다.

① 사업자　　② 매입자

③ 중개인　　④ 매출자

상 중 하

009 다음 중 세금계산서의 원칙적인 발급시기로 옳은 것은?

① 재화 또는 용역의 공급시기

② 재화 또는 용역의 공급시기가 속하는 달의 말일까지

③ 재화 또는 용역의 공급시기가 속하는 달의 다음 달 10일까지

④ 재화 또는 용역의 공급시기가 속하는 달의 다음 달 15일까지

상 중 하

010 다음 중 세금계산서 발급의무가 면제되는 경우에 해당되지 않는 항목은?

① 내국신용장 또는 구매확인서에 의하여 공급하는 재화

② 판매 목적 타사업장 반출을 제외한 간주공급

③ 부동산임대용역 중 간주임대료

④ 택시운송사업자가 제공하는 용역

정답 및 해설

007 ④ 국내에서 발생한 영세율 거래는 세금계산서 교부의무가 있다.

008 ② 매입자발행 세금계산서에 기재된 부가가치세액은 공제받을 수 있다.

009 ① 세금계산서는 사업자가 재화 또는 용역의 공급시기에 재화 또는 용역을 공급받는 자에게 발급하여야 한다.

010 ① 내국신용장 또는 구매확인서에 의하여 공급하는 재화의 경우 세금계산서를 발급해야 한다.

상 중 하

011 부가가치세법상 법인사업자가 전자세금계산서를 발급하는 경우 전자세금계산서 발급명세서를 언제까지 국세청장에게 전송하여야 하는가?

① 전자세금계산서 발급일의 다음 날
② 전자세금계산서 발급일의 일주일 이내
③ 전자세금계산서 발급일이 속하는 달의 다음 달 10일 이내
④ 전자세금계산서 발급일이 속하는 예정 신고기한 또는 확정 신고기한 이내

상 중 하

012 다음 중 부가가치세법상 세금계산서 발급의무가 면제되는 경우에 해당되지 않는 것은?

① 택시운송사업자, 노점 또는 행상을 하는 사람, 그 밖에 기획재정부령으로 정하는 사업자가 공급하는 재화 또는 용역
② 부동산임대용역 중 간주임대료
③ 미용, 목욕탕 및 유사 서비스업을 경영하는 자가 공급하는 용역
④ 소매업을 경영하는 자가 사업자에게 공급하는 재화 또는 용역

상 중 하

013 다음 중 부가가치세법상 세금계산서 발급의무가 면제되지 않는 것은?

① 미용, 욕탕업을 영위하는 자가 제공하는 용역
② 공급받는 자에게 신용카드매출전표 등을 발급한 경우 해당 재화 또는 용역
③ 부동산임대용역 중 간주임대료
④ 내국신용장·구매확인서에 의하여 공급하는 재화

상 중 하

014 다음 중 부가가치세법상 세금계산서에 대한 설명으로 가장 올바르지 않은 것은?

① 수입세금계산서는 세관장이 발급한다.
② 판매자가 발급하는 것이 원칙이나, 특례에 따라 매입자도 세금계산서를 발행할 수 있다.
③ 세금계산서는 원칙적으로 재화 또는 용역의 공급시기에 발급하여야 한다.
④ 수탁자가 재화를 인도할 때에는 수탁자의 명의로 세금계산서를 발급한다.

정답 및 해설

011 ① 전자세금계산서 발급일의 다음 날까지 세금계산서 발급명세서를 국세청장에게 전송해야 한다.

012 ④ 소매업을 경영하는 자가 사업자에게 공급하는 재화 또는 용역은 세금계산서를 발급해야 한다.

013 ④ 내국신용장·구매확인서에 의하여 공급하는 재화는 국내 사업자 간의 거래이므로 발급의무가 면제되지 않는다. 즉, 영세율세금계산서를 발급하여야 한다.

014 ④ 위탁판매 또는 대리인에 의한 판매의 경우 수탁자 또는 대리인이 재화를 인도할 때에는 수탁자 또는 대리인이 위탁자 또는 본인의 명의로 세금계산서를 발급하며, 위탁자 또는 본인이 직접 재화를 인도하는 때에는 위탁자 또는 본인이 세금계산서를 발급할 수 있다.

상 중 하

015 **다음 중 부가가치세법상 세금계산서 제도와 관련한 설명 중 틀린 것은?**

① 공급시기가 도래하기 전에 세금계산서를 발급하고 발급일로부터 7일 이내에 대가를 지급받는 경우에는 적법한 세금계산서를 발급한 것으로 본다.
② 세금계산서의 필요적 기재사항의 일부가 기재되지 않은 경우에도 그 효력이 인정된다.
③ 월합계 세금계산서 등의 경우에는 재화 또는 용역의 공급일이 속하는 달의 다음 달 10일까지 발급 가능하다.
④ 법인사업자는 전자세금계산서 의무발급대상자이다.

상 중 하

016 **다음 중 부가가치세법상 세금계산서에 대한 설명으로 옳지 않은 것은?**

① 세금계산서는 월별로 합계하여 발급할 수 있다.
② 영세율 거래에 대해서도 세금계산서를 발급할 수 있다.
③ 재화를 수입하는 사업자는 수입세금계산서를 발급해야 한다.
④ 세금계산서의 필요적 기재사항을 착오로 잘못 적은 경우 수정세금계산서를 발급할 수 있다.

상 중 하

017 **당사는 5월 1일부터 5월 31일까지 공급한 금액을 모두 합하여 작성연월일을 5월 말일자로 세금계산서를 발급하기로 하였다. 부가가치세법상 세금계산서는 언제까지 발급하여야 하는가?**

① 6월 7일
② 6월 10일
③ 6월 15일
④ 6월 30일

상 중 하

018 **다음 중 전자세금계산서 제도에 대한 설명으로 가장 틀린 것은?**

① 발급기한은 원칙적으로 공급시기이지만, 예외도 있다.
② 전송기한은 발급일의 다음 날까지이다.
③ 전자세금계산서 관련 가산세는 미(지연)발급 가산세와 미(지연)전송 가산세 등이 있다.
④ 발급의무자는 모든 법인사업자 및 직전연도 공급가액(과세공급가액과 면세공급가액) 합계가 10억원 이상인 개인사업자이다.

정답 및 해설

015 ② 세금계산서의 필요적 기재사항이 일부라도 기재되지 않은 경우 그 효력이 인정되지 않는다.

016 ③ 수입세금계산서는 세관장이 발행한다.

017 ② 거래처별로 달의 1일부터 말일까지의 공급가액을 합하여 해당 월의 말일을 작성연월일로 하여 세금계산서를 발급하는 경우, 공급일이 속하는 달의 다음 달 10일까지 세금계산서를 발급할 수 있다.

018 ④ 발급의무자는 법인사업자 전체와 직전연도 공급가액(과세, 면세) 합계가 8천만원 이상인 개인사업자이다.

상 중 하

019 다음 중 부가가치세법상 수정(전자)세금계산서를 발급할 수 없는 경우는?

① 처음 공급한 재화가 환입된 경우
② 해당 거래에 대하여 세무조사 통지를 받은 후에 세금계산서의 필요적 기재사항이 잘못 기재된 것을 확인한 경우
③ 착오로 전자세금계산서를 이중으로 발급한 경우
④ 과세기간의 확정 신고기한까지 경정할 것을 전혀 알지 못한 경우로서 필요적 기재사항이 착오 외의 사유로 잘못 적힌 경우

상 중 하

020 다음 간이과세자 중 세금계산서 발급의무가 있는 사업자는?

① 직전연도의 공급대가의 합계액이 5,000만원인 목욕탕업을 운영하는 간이과세자
② 직전연도의 공급대가의 합계액이 3,000만원인 여관업을 운영하는 간이과세자
③ 직전연도의 공급대가의 합계액이 7,000만원인 제조업을 운영하는 간이과세자
④ 직전연도의 공급대가의 합계액이 4,000만원인 미용실을 운영하는 간이과세자

상 중 하

021 다음 중 부가가치세법상 세금계산서 및 거래징수와 관련된 설명으로 잘못된 것은?

① 사업자가 재화 또는 용역을 공급하는 경우에는 부가가치세를 재화 또는 용역을 공급받는 자로부터 징수하여야 한다.
② 세금계산서는 재화 또는 용역의 공급시기에 발급한다.
③ 세금계산서는 재화 또는 용역의 공급받는 자와 대가를 지급하는 자가 다른 경우 대가를 지급하는 자에게 발급하여야 한다.
④ 재화 또는 용역의 공급시기가 되기 전이라도 대가의 전부 또는 일부를 수령한 경우 세금계산서를 발급할 수 있다.

정답 및 해설

019 ② 해당 거래에 대하여 세무조사 통지를 받은 후에 세금계산서의 필요적 기재사항이 잘못 기재된 것을 확인한 경우 수정세금계산서를 발급할 수 없다.

020 ③ 세금계산서 발급의무가 있는 사업을 영위하며 직전연도 공급대가의 합계액이 4,800만원 이상인 간이과세자는 세금계산서를 발급하는 것이 원칙이다.

021 ③ 재화 또는 용역의 공급시기에 재화 또는 용역을 공급받는 자에게 발급하여야 한다.

상 중 하

022 다음 중 부가가치세법상 세금계산서에 대한 설명으로 가장 옳지 않은 것은?

① 법인사업자 및 개인사업자는 반드시 전자세금계산서를 발급하여야 한다.

② 세금계산서는 사업자가 원칙적으로 재화 또는 용역의 공급시기에 재화 또는 용역을 공급받는 자에게 발급하여야 한다.

③ 전자세금계산서를 발급하였을 때에는 발급일의 다음 날까지 전자세금계산서 발급명세를 국세청장에게 전송하여야 한다.

④ 세관장은 수입되는 재화에 대하여 부가가치세를 징수할 때에는 수입된 재화에 대한 수입세금계산서를 수입하는 자에게 발급하여야 한다.

상 중 하

023 다음 중 부가가치세법상 세금계산서 및 영수증 발급의무면제 대상이 아닌 것은? (단, 주사업장총괄납부 및 사업자단위과세 사업자가 아님)

① 용역의 국외공급

② 무인자동판매기를 이용한 재화의 공급

③ 다른 사업장에 판매 목적으로 반출되어 공급으로 의제되는 재화

④ 부동산임대용역 중 간주임대료에 해당하는 부분

상 중 하

024 다음 중 부가가치세법상 세금계산서를 발급할 수 있는 자는?

① 면세사업자로 등록한 자

② 사업자등록을 하지 않은 자

③ 사업자등록을 한 일반과세자

④ 간이과세자 중 직전 사업연도 공급대가가 4,800만원 미만인 자

정답 및 해설

022 ① 법인사업자와 직전연도의 사업장별 재화 및 용역의 공급가액(면세공급가액을 포함)의 합계액이 8천만원 이상인 개인사업자는 세금계산서를 발급하려면 전자적 방법으로 발급하여야 한다.

023 ③ 판매 목적 타사업장 반출로서 공급의제되는 재화는 세금계산서를 발급해야 한다.

024 ③ 사업자등록을 한 일반과세자는 세금계산서를 발급할 수 있다.

CHAPTER

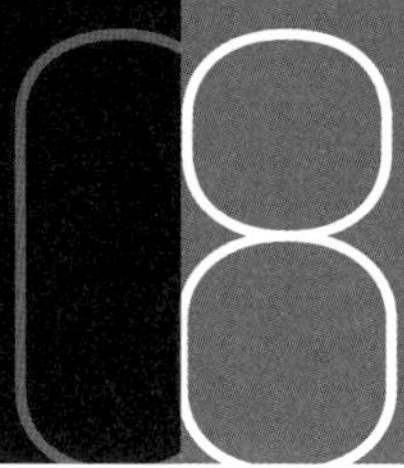

신고·납부 및 간이과세자

핵심키워드

- 세액계산구조
- 예정 신고와 납부
- 환급
- 간이과세자

■ 1회독 ■ 2회독 ■ 3회독

1 세액계산구조

	매출세액
(−)	매입세액
	납부세액
(−)	신용카드매출전표 등 발행세액공제
(−)	전자신고에 대한 세액공제
(+)	가산세액
	차가감 납부할 세액

2 신용카드매출전표 등 발행세액공제

영수증 발급 대상 일반과세자[*1] 또는 영수증 발급 대상 간이과세자[*2]가 과세되는 재화·용역을 공급하고 신용카드 등 매출전표를 발행하는 경우 다음과 같이 공제한다. 이 경우 공제받는 금액이 당해 금액을 차감하기 전 납부할 세액을 초과하는 때에는 그 초과하는 부분은 없는 것으로 본다.

▶ 법인사업자는 적용되지 않는다.

[*1] 법인사업자와 직전 연도의 재화 또는 용역의 공급가액 합계액이 10억원(사업장 기준)을 초과하는 개인사업자 제외

[*2] 간이과세자 중 다음의 어느 하나에 해당하는 자
① 직전 연도의 공급대가 합계액이 4,800만원 미만인 자
② 신규로 사업을 시작하는 개인사업자로서 간이과세자로 하는 최초의 과세기간 중에 있는 자
③ 영수증 발행 대상 사업을 영위하는 자

공제율	한도
1.3%	1,000만원

3 신고와 납부

1. 예정 신고와 납부

(1) 일반적인 경우

예정 신고기간의 종료 후 25일 이내에 각 예정 신고기간에 대한 과세표준과 납부세액을 신고·납부하여야 한다. 단, 직전 과세기간의 공급가액이 1억 5천만원 미만인 법인사업자는 예정 고지 대상자이다.

(2) 개인사업자의 경우 중요

① 각 예정 신고기간마다 직전 과세기간에 대한 납부세액의 1/2에 상당하는 금액(단, 1천

원 미만의 금액은 절사)을 결정하여 납세고지서를 발부하고 당해 예정 신고 납부기한 내에 징수한다(다만, 징수하여야 할 금액이 50만원 미만이거나 간이과세자에서 해당 과세기간 개시일 현재 일반과세자로 변경된 경우에는 징수하지 않음).

② 간이과세자의 경우 1년에 1회 부가가치세를 신고 · 납부하므로 1월 1일부터 6월 30일까지를 예정부과기간으로 하여 직전 과세기간에 대한 납부세액의 1/2에 해당하는 금액을 납부세액으로 납부한다(단, 개인사업자는 사업실적 약화 등 사유가 있을 경우, 예정 신고 · 납부도 가능하다).

2. 확정 신고와 납부

사업자는 각 과세기간에 대한 과세표준과 납부세액 또는 환급세액을 그 과세기간 종료 후 25일 내에 각 사업장 관할 세무서장에게 신고 · 납부하여야 한다.

4 환급 중요

1. 조기환급

예정 신고기간 또는 과세기간 최종 3개월 중 매월 또는 매 2월에 조기환급기간이 끝난 날부터 25일 이내에 신고한 경우, 조기환급 신고기한이 지난 후 15일 이내에 사업장에 환급된다. 조기환급 대상은 다음과 같다.

① 영세율 규정이 적용되는 때

② 사업설비(감가상각자산)를 신설, 취득, 확장 또는 증축하는 때(토지 ×)

③ 법인의 인가결정을 받은 회생계획 등 재무구조 개선 계획을 이행 중인 때

2. 일반환급

확정 신고기한 경과 후 30일 이내 환급되며 예정 신고기간의 환급액은 환급되는 것이 아니라 확정 신고 시 납부할 세액에서 차감된다.

5 간이과세자

1. 간이과세자의 대상 및 특징 중요

(1) 대상

간이과세자는 직전 1역년의 재화와 용역의 공급대가(=공급가액+부가가치세)가 1억 4백만원에 미달하는 개인사업자이다.

▶ 법인은 간이과세자가 될 수 없다.

(2) 특징

간이과세자에게는 원칙적으로 매입세액공제를 적용할 수 없고, 환급세액이 있더라도 환급하지 않는다.

(3) 납부의무의 면제

간이과세자의 해당 과세기간에 대한 공급대가가 4,800만원 미만인 경우에는 납부할 의무를 면제한다.

2. 납부세액

납부세액=공급대가×업종별 부가가치율×(10%, 0%)

합격을 다지는 실전문제

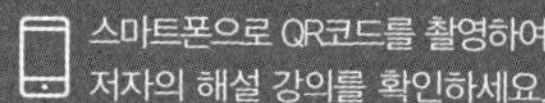

상 중 하

001 다음 자료에 의해 부가가치세 납부세액을 계산하면 얼마인가? (단, 모든 거래금액은 부가가치세 별도임)

- 총매출액은 22,000,000원이다.
- 총매입액은 20,000,000원(기계장치 구입액 5,000,000원, 거래처 선물 구입비 3,000,000원 포함)이다.

① 1,000,000원　② 200,000원
③ 1,800,000원　④ 500,000원

상 중 하

002 다음 자료에 의하여 도 · 소매업을 영위하는 일반과세사업자 (주)에듀윌의 부가가치세 납부세액을 계산하면 얼마인가? (단, 자료의 금액은 공급가액임)

- 매출자료: 세금계산서 교부분 200,000원, 현금매출분(증빙 없음) 100,000원
- 매입자료: 현금매입분(증빙 없음) 100,000원

① 50,000원　② 30,000원
③ 20,000원　④ 10,000원

정답 및 해설

001 ④ • 매출세액: 총매출액 22,000,000원×10%＝2,200,000원
• 매입세액: 총매입액 20,000,000원×10%－거래처 선물 구입비 3,000,000원×10%＝1,700,000원
∴ 납부세액: 매출세액 2,200,000원－매입세액 1,700,000원＝500,000원
• 거래처 선물 구입비는 매입세액 불공제대상이다.

002 ② • (200,000원＋100,000원)×10%＝매출세액 30,000원
∴ 납부세액: 30,000원－0원＝ 30,000원
• 증빙이 없는 현금매입분은 매입세액 불공제대상이다.

상 | 중 | 하

003 다음 중 부가가치세법상 공급대가란?

① 매입가액에 부가가치세를 포함시킨 것
② 공급가액에 부가가치세를 포함시킨 것
③ 매입가액에 부가가치세를 포함시키지 않은 것
④ 공급가액에 부가가치세를 포함시키지 않은 것

상 | 중 | 하

004 다음 (　　) 안에 들어갈 용어로 올바른 것은?

> 부가가치세법 제31조에 따르면 사업자가 재화 또는 용역을 공급하고 부가가치세법에 따른 과세표준에 세율을 적용하여 계산한 부가가치세를 그 공급받는 자로부터 징수하는 것을 (　　　)라 한다.

① 원천징수　② 거래징수
③ 납세징수　④ 통합징수

상 | 중 | 하

005 다음 자료에 의하여 상품판매기업의 부가가치세 납부세액을 계산하면 얼마인가?

> • 상품매출액은 52,415,000원으로 전액 현금매출분으로 부가가치세가 포함된 공급대가이다.
> • 세금계산서를 받고 매입한 상품의 공급가액의 합계액은 28,960,000원이고, 이 중 거래처에 지급할 선물 구입비 1,500,000원(공급가액)이 포함되어 있다.

① 1,719,000원　② 2,019,000원
③ 2,345,500원　④ 2,499,500원

정답 및 해설

003 ② 부가가치세법상 공급대가는 공급가액에 부가가치세를 포함시킨 것을 말한다.

004 ② 거래징수에 대한 설명이다.

005 ② • 매출세액: 52,415,000원×10/110=4,765,000원
• 매입세액: 28,960,000원×10%=2,896,000원
• 공제받지 못할 매입세액: 1,500,000원×10%=150,000원
∴ 납부세액: 매출세액 4,765,000원－매입세액 2,746,000원(=2,896,000원－150,000원)=2,019,000원

상 중 하

006 (주)에듀윌은 일반과세사업자이다. 다음 자료에 대한 부가가치세액은 얼마인가? (단, 거래금액에는 부가가치세가 포함되어 있지 않음)

• 외상판매액	20,000,000원
• 사장 개인 사유로 사용한 제품(시가 1,200,000원)	800,000원
• 비영업용 소형승용차(2,000cc) 매각대금	1,000,000원
• 화재로 인하여 소실된 제품	2,000,000원
합계	23,800,000원

① 2,080,000원 ② 2,120,000원
③ 2,220,000원 ④ 2,380,000원

상 중 하

007 다음 중 부가가치세법상 조기환급과 관련된 내용으로 틀린 것은?

① 조기환급: 조기환급 신고기한 경과 후 25일 이내 환급
② 조기환급기간: 예정 신고기간 또는 과세기간 최종 3개월 중 매월 또는 매 2월
③ 조기환급 신고: 조기환급기간 종료일부터 25일 이내에 조기환급기간에 대한 과세표준과 환급세액 신고
④ 조기환급 대상: 영세율 적용이나 사업 설비를 신설, 취득, 확장 또는 증축하는 경우

상 중 하

008 다음 중 부가가치세법상 예정 신고 · 납부에 대한 설명으로 옳지 않은 것은?

① 법인사업자는 예정 신고기간 종료 후 25일 이내에 부가가치세를 신고 · 납부하여야 한다.
② 개인사업자는 예정 신고기간 종료 후 25일 이내에 예정 고지된 금액을 납부하여야 한다.
③ 개인사업자에게 징수하여야 할 예정 고지금액이 60만원 미만인 경우 징수하지 않는다.
④ 개인사업자는 사업실적이 악화된 경우 등 사유가 있는 경우에는 예정 신고 · 납부를 할 수 있다.

정답 및 해설

006 ③ 제품을 재해로 인하여 소실한 경우에는 재화의 공급으로 보지 않으며, 의제공급에 해당하는 경우에는 시가를 기준으로 과세한다.
∴ 부가가치세액: 외상판매액 2,000,000원 + 개인적 공급(시가) 120,000원 + 비영업용 소형승용차 매각대금 100,000원 = 2,220,000원

007 ① 조기환급은 조기환급 신고기한 경과 후 15일 이내에 환급되는 것을 말한다.

008 ③ 징수하여야 할 금액이 50만원 미만이거나 간이과세자에서 해당 과세기간 개시일 현재 일반과세자로 변경된 경우에는 징수하지 않는다.

상 중 하

009 다음 (　　)에 들어갈 알맞은 내용은?

> 부가가치세법상 일반환급은 확정 신고기한 경과 후 (　　　)에 환급된다. 반면, 예정 신고기간의 환급액은 환급이 되는 것이 아니라 확정 신고 시 납부할 세액에서 차감된다.

① 10일 이내　　② 15일 이내
③ 20일 이내　　④ 30일 이내

상 중 하

010 다음 중 부가가치세법상 원칙적인 조기환급과 관련된 내용으로 틀린 것은?

① 관할세무서장은 조기환급 신고기한이 지난 후 15일 이내에 환급하여야 한다.
② 조기환급기간은 예정 신고기간 중 또는 과세기간 최종 3개월 중 매월 또는 매 2월을 말한다.
③ 조기환급기간이 끝난 날부터 15일 이내에 조기환급기간에 대한 과세표준과 환급세액을 신고하여야 한다.
④ 사업설비를 신설 · 취득 · 확장 또는 증축하는 경우에는 조기환급 대상이 된다.

상 중 하

011 다음 중 부가가치세 신고와 납부에 대한 설명으로 옳지 않은 것은?

① 간이과세를 포기하는 경우 포기신고일이 속하는 달의 마지막 날로부터 25일 이내에 신고, 납부하여야 한다.
② 확정 신고를 하는 경우 예정 신고 시 신고한 과세표준은 제외하고 신고하여야 한다.
③ 신규로 사업을 시작하는 경우 사업개시일이 속하는 과세기간의 종료일로부터 25일 이내에 신고, 납부하여야 한다.
④ 폐업하는 경우 폐업일로부터 25일 이내에 신고, 납부하여야 한다.

상 중 하

012 다음 중 부가가치세법상 간이과세에 대한 설명으로 옳지 않은 것은?

① 직전 1역년의 재화 · 용역의 공급대가의 합계액이 1억 4백만원 미만인 개인사업자가 간이과세자에 해당한다.
② 해당 과세기간의 공급대가의 합계액이 4,800만원 미만인 경우에는 납부세액의 납부의무가 면제된다.
③ 직전연도의 공급대가의 합계액이 4,800만원 미만인 간이과세자는 세금계산서를 발급할 수 없다.
④ 매출세액보다 매입세액이 클 경우 환급을 받을 수 있다.

정답 및 해설

009 ④ 부가가치세법상 일반환급은 확정 신고기한 경과 후 30일 이내에 환급된다.

010 ③ 조기환급기간이 끝난 날부터 25일 이내에 조기환급기간에 대한 과세표준과 환급세액을 신고하여야 한다.

011 ④ 사업자는 각 과세기간에 대한 과세표준과 납부세액 또는 환급세액을 그 과세기간이 끝난 후 25일(폐업하는 경우 제5조 제3항에 따른 폐업일이 속한 달의 다음 달 25일) 이내에 대통령령으로 정하는 바에 따라 납세지 관할 세무서장에게 신고하여야 한다.

012 ④ 간이과세자의 경우 제3항(매입세금계산서 등 수취세액공제) 및 제46조제1항(신용카드매출전표 등 발행세액공제)에 따른 금액의 합계액이 각 과세기간의 납부세액을 초과하는 경우에는 그 초과하는 부분은 없는 것으로 본다.

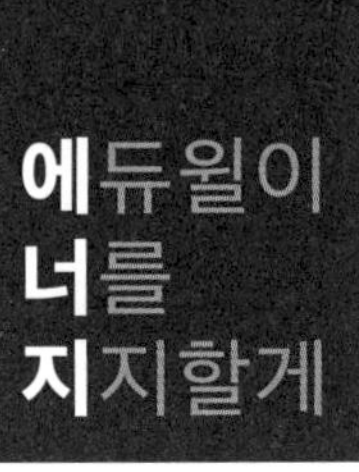

ENERGY

내가 꿈을 이루면

나는 누군가의 꿈이 된다.

– 이도준

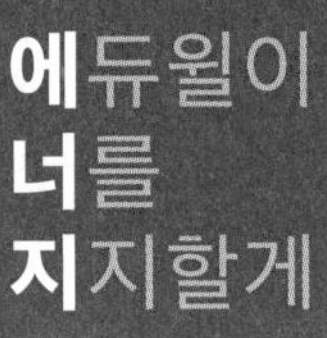

ENERGY

세상을 움직이려면
먼저 나 자신을 움직여야 한다.

– 소크라테스(Socrates)

에듀윌 전산회계 1급

실무편 & 최신기출

INSTALL

KcLep

KcLep 프로그램 다운로드 방법

에듀윌 홈페이지에서 다운로드 받는 경우

❶ 에듀윌(http://www.eduwill.net) 전산세무회계 홈페이지에 접속한다.

❷ 상단의 [학습자료]를 클릭한다.

❸ 좌측의 [실무 프로그램 다운로드] – [실무 프로그램] 탭에서 프로그램을 다운로드한다.

❹ 다운로드된 압축파일을 풀고 프로그램을 설치한다.

한국세무사회 홈페이지에서 다운로드 받는 경우

❶ 한국세무사회 국가공인자격시험(http://license.kacpta.or.kr) 홈페이지에 접속한다.

❷ 좌측 하단에 [케이렙(수험용) 다운로드]를 클릭하여 다운로드한다.

KcLep 프로그램 설치방법

❶ 다운로드된 KcLepSetup 아이콘을 더블클릭하여 실행한다.

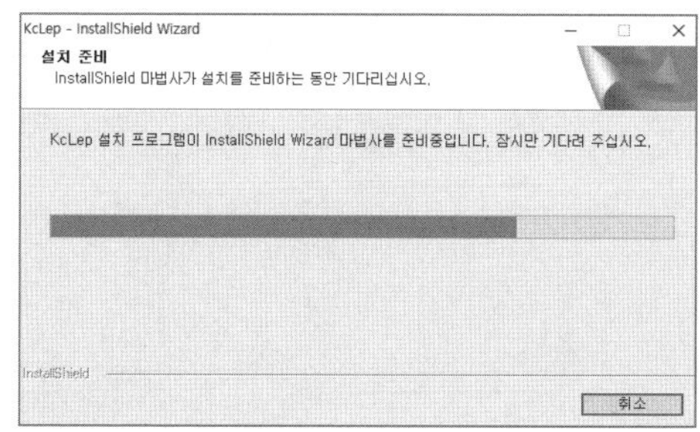

❷ 다운로드된 Setup파일을 실행해 프로그램을 설치한다.

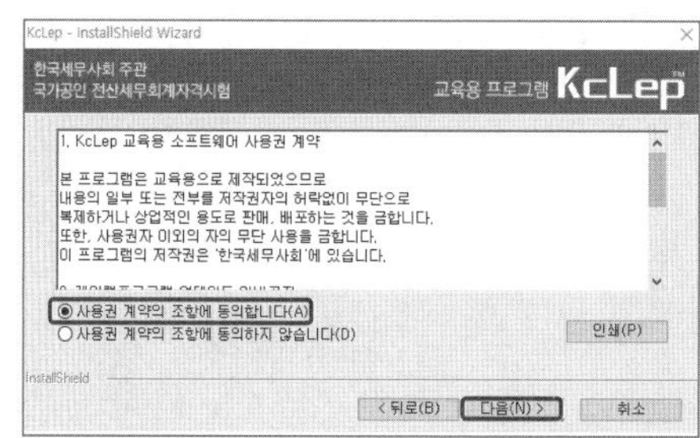

❸ 프로그램이 정상적으로 설치된 것을 확인한다.

KcLep 백데이터 설치방법

❶ 에듀윌(http://www.eduwill.net) 전산세무회계 홈페이지에 접속한다.

❷ 상단의 [학습자료]를 클릭한다.

❸ 좌측의 [실무프로그램 다운로드] – [실무 백데이터] 탭에서 '2025 전산회계 1급'을 바탕화면에 다운로드한다.

❹ 바탕화면에 생성된 파일의 압축을 풀어 실행프로그램 아이콘을 더블클릭한 후 실행을 선택하면 컴퓨터 해당 폴더(C: KcLepDB/KcLep)에 자동으로 설치가 완료된다.

〈주의〉 새롭게 설치하려는 회사의 코드번호와 동일한 회사코드가 해당 폴더에 존재하는 경우 덮어쓰기 되므로 중요한 기존 자료는 미리 따로 복사해서 관리해야 한다.

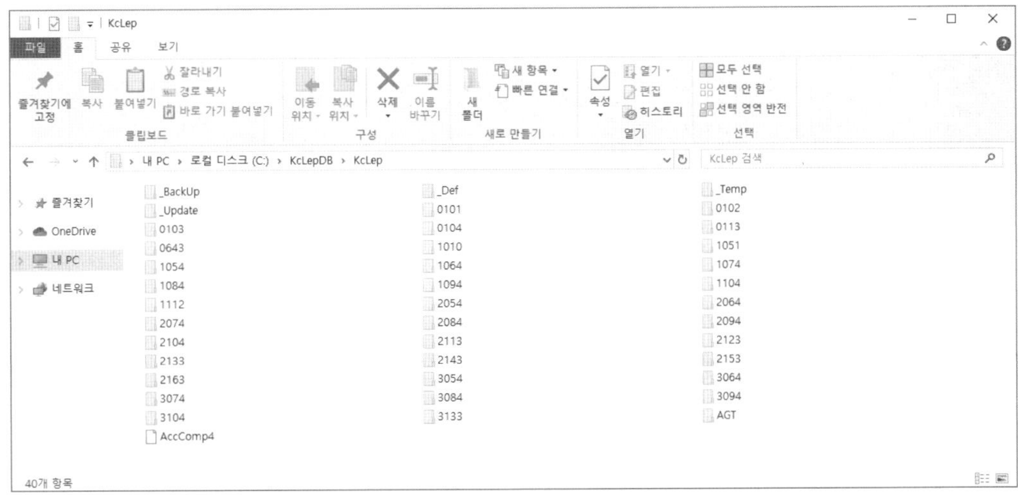

❺ 한국세무사회 KcLep 교육용 프로그램을 실행하고 로그인 화면에서 [종목선택]란에 '전산회계1급', [드라이브]란에 'C:₩KcLepDB'를 선택하고 화면 하단의 회사등록을 클릭한다.

❻ 회사등록 메뉴 상단의 [F4. 회사코드재생성]을 클릭하면, 자동으로 실습용 데이터의 회사코드가 나타난다.

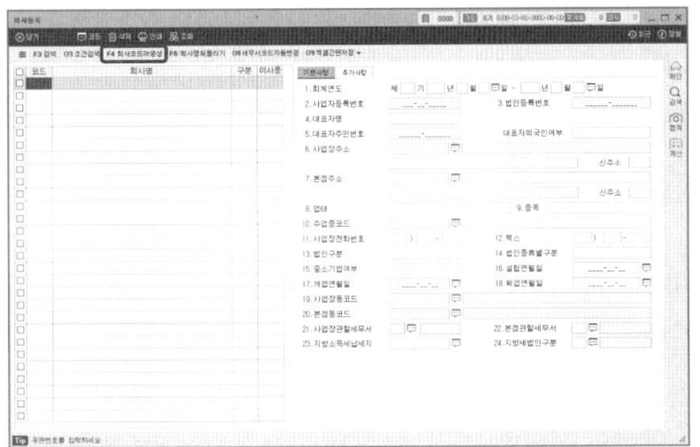

❼ 회사등록 창을 닫고 다시 KcLep 로그인 화면에서 [회사코드]란 옆의 아이콘을 클릭한다.

❽ 회사코드도움 창에서 실습하고자 하는 회사를 선택하여 프로그램을 시작한다.

CONTENTS

차례

전산회계 1급 이론편

PART 01 | 재무회계

PART 02 | 원가회계

PART 03 | 부가가치세

전산회계 1급 실무편 & 최신 기출

PART 01 | 실무시험

PART 02 | 최신기출문제

PART 01

실무시험

NCS 능력단위 요소

전표 작성하기_0203020101_20v4.2
결산분개하기_0203020104_20v4.2
회계관련 DB 마스터 관리하기_0203020105_20v4.1
회계프로그램 운용하기_0203020105_20v4.2

학습전략

KcLep 프로그램 사용을 익히고, 각 메뉴별 특징과 연결성을 이해한다. '프로그램 따라하기', '연습문제'를 통해 프로그램의 기본적인 사용법을 연습하고 '합격을 다지는 실전문제'를 통해 실전에 완벽하게 대비한다.

CHAPTER

기초정보관리

핵심키워드
- 기초정보관리
- KcLep
- 회사등록

■ 1회독 ■ 2회독 ■ 3회독

1 프로그램 시작하기

KcLep 프로그램을 설치하여 실행하면 아래의 화면과 같이 나온다.

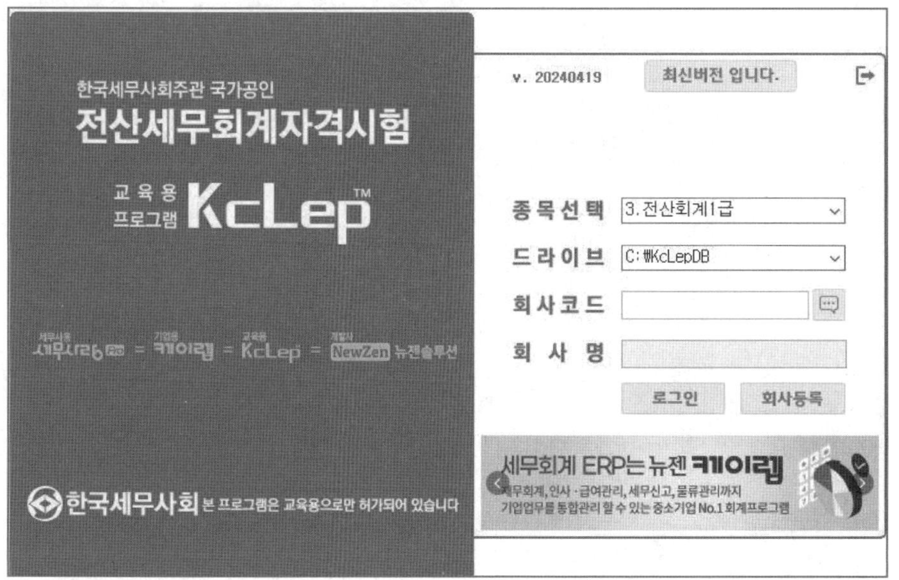

1. 종목/드라이브 선택

종목 '3.전산회계 1급', 드라이브 'C:₩KcLepDB'를 선택한다.

▶ 종목에 따라 제공되는 영역에 차이가 있다. 전산회계 1급에서는 '회계관리'와 '부가가치' 영역을 사용할 수 있다.

2. 회사코드, 회사명

(1) 회사가 등록되어 있지 않은 경우

우측 하단의 [회사등록] 버튼을 클릭하면 다음의 화면이 나온다.

회사등록
- 회사가 등록되어 있지 않은 경우: 우측 하단의 '회사등록' 클릭
- 회사가 등록되어 있는 경우: 회사코드에서 검색

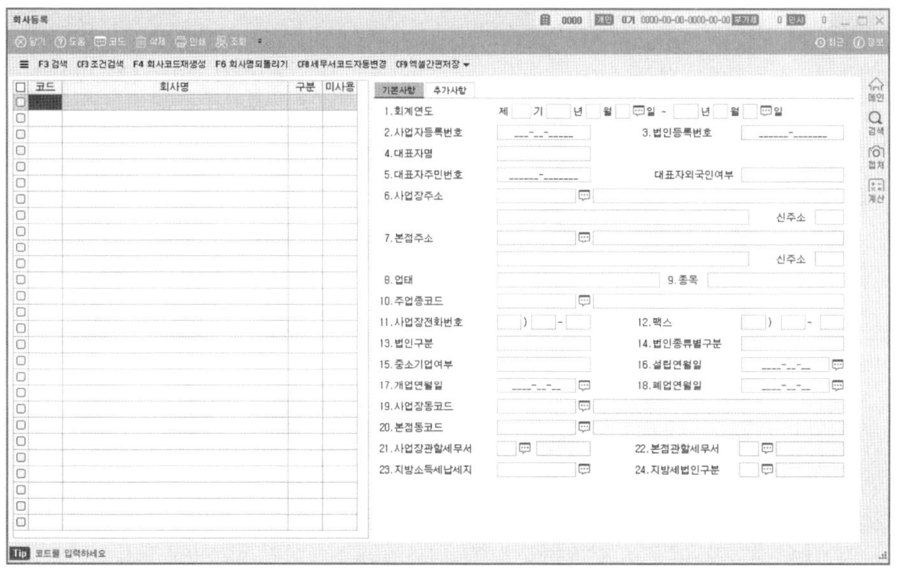

프로그램을 사용하기 위해서는 회사등록이 선행되어야 한다. 회사등록은 기장을 관리하고자 하는 회사의 기초정보를 등록하는 메뉴로, 등록한 내용은 프로그램 운용 전반에 영향을 미치므로 정확히 입력해야 한다. 회사를 등록하는 방법은 뒤에서 학습하도록 한다.

(2) 회사가 등록되어 있는 경우

'회사코드'란을 선택한 후 F2를 누르거나 [도움] 버튼을 클릭하여 '회사코드도움' 창이 뜨면 회사코드와 회사명을 선택하고 확인(Enter)을 클릭하여 로그인한다. 회사명 또는 회사코드를 직접 입력하여 회사를 검색한 후 선택할 수도 있다.

회사코드도움

전체

회사코드	회사명	사업자등록번호	구분	대표자명
	여기를 클릭하여 검색			
0101	(주)알파고		법인	
0102	(주)더블루		법인	
0103	(주)플레이그라운드		법인	
0113	(주)플레이그라운드		법인	
0643	(주)브이	108-83-65144	법인	박하율
1010	(주)에듀윌		법인	
1051	(주)마하7		법인	
1054	(주)천안테크	307-81-12347	법인	김도담
1064	남다른패션(주)	320-87-12226	법인	고길동
1074	세무사랑(주)	123-81-95681	법인	이진우
1084	고성상사(주)	128-81-32658	법인	현정민
1094	정민상사(주)	680-81-32549	법인	최정민
1104	오영상사(주)	124-87-05224	법인	김하현
1112	(주)성수샘	120-81-01336	법인	김성수

확인(Enter) 취소(Esc)

2 회사등록

로그인 화면에서 회사등록 버튼을 클릭하면 다음의 화면이 나온다.

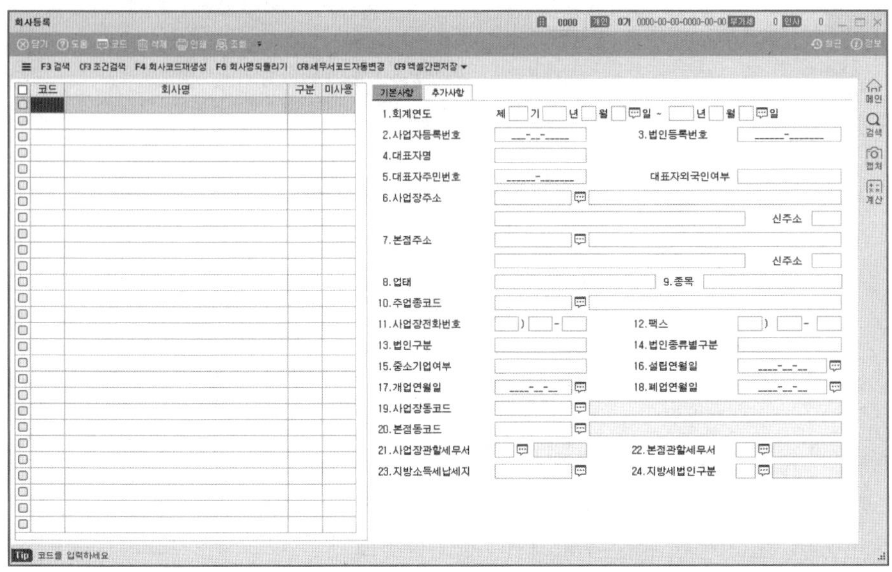

회사등록 시 필수 입력 사항
- 회사코드
- 회사명
- 구분
- 사용여부
- 회계연도
- 사업자등록번호
- 대표자명
- 사업장주소
- 업태
- 개업연월일
- 사업장 관할 세무서

1. 회사코드

'0101～9999' 범위 내에서 사용자가 원하는 숫자를 회사코드로 입력할 수 있다.

▶ 회사코드는 중복될 수 없다.

2. 회사명

회사의 상호명을 입력한다.

3. 구분

[1: 법인], [2: 개인] 중 선택하여 입력한다.

4. 미사용

[0: 사용], [1: 미사용] 중 선택하여 입력한다.

▶ 미사용을 선택할 경우 로그인 화면에서 조회되지 않는다.

5. 회계연도

작업기수와 작업연도를 입력한다. 기수는 회사의 존속기간이므로 개업연월일을 확인하여 산정하며, 회계기간 내에서 전표입력이 가능하다.

▶ 실제 시험에서는 회계기간이 이미 설정되어 있다.

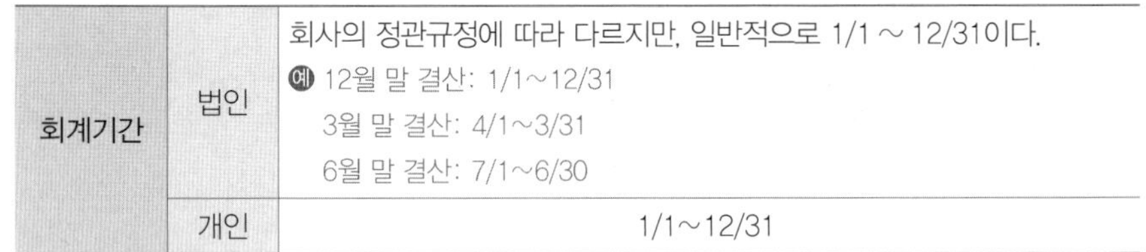

회계기간	구분	내용
회계기간	법인	회사의 정관규정에 따라 다르지만, 일반적으로 1/1 ～ 12/31이다. 예 12월 말 결산: 1/1～12/31 3월 말 결산: 4/1～3/31 6월 말 결산: 7/1～6/30
	개인	1/1～12/31

전산회계 1급은 법인기업을 가정하므로 문제에 제시된 회계연도를 적용하면 되며, 회계연도는 일반적으로 1/1 ~ 12/31이다.

6. 사업자등록번호

사업자등록증의 사업자등록번호를 입력한다. 사업자등록번호를 잘못 기입한 경우 적색으로 표시되므로 정확히 입력해야 한다.

> ▶ 사업자등록번호란이 적색이면 번호가 오류인 것이므로 정확한 번호로 수정해야 한다.

□□□	-	□□	-	□□□□□
세무서코드		법인, 개인 구분		일련번호/검증번호

7. 법인등록번호

사업장의 법인등록번호를 입력한다.

8. 대표자명

대표자가 2인 이상일 때는 대표자 1인만을 입력하고 그 밖의 대표자는 '외 몇 명'으로 입력한다.

9. 대표자 주민번호

대표자의 주민등록번호를 입력한다.

10. 사업장주소

사업자등록증상의 사업장소재지를 입력한다. '우편번호'란에 커서를 위치시킨 후 F2(우편번호 검색)나 버튼을 클릭하면 '우편번호 검색' 창이 나오는데 여기서 '도로명 주소+건물번호' 또는 '동(읍/면)+지번, 건물명(아파트명)'으로 검색하여 주소를 입력한다.

> ▶ 실제 시험에서는 우편번호 입력을 생략한다.

11. 업태/종목

업태는 사업의 형태, 종목은 업태에 따라 취급하는 주된 품목을 말하며, 사업종류에 해당하는 업태와 종목을 각각 입력한다.

12. 주업종코드

부가가치세 전자신고에 수록되는 주업종코드를 입력한다.

> ▶ 실제 시험에서는 주업종코드를 입력하지 않는다.

13. 사업장 전화번호/팩스

사업장의 전화번호와 팩스번호를 입력한다.

14. 개업연월일

사업자등록증상의 개업연월일을 입력한다.

> ▶ 사업자등록증 하단의 날짜는 개업연월일이 아닌 사업자등록증 발급일(재발급일)을 의미한다.

15. 사업장동코드

F2를 누르거나 버튼을 클릭하여 해당 사업장의 법정 동코드번호를 검색하여 입력한다.

16. 사업장 관할 세무서

F2를 누르거나 버튼을 클릭하여 사업장 관할 코드번호를 검색하여 입력한다.

프로그램 따라하기

(주)성수샘은 전자제품을 제조하여 판매하는 법인기업이다. 12월 말 결산 법인이며, 중소기업일 때 아래 사업자등록증을 참고하여 회사등록을 하시오(회사코드는 1111이며, 회계연도는 제16기 2025.1.1. ~ 2025.12.31.임).

> **사 업 자 등 록 증**
> (법인사업자용)
> 등록번호: 260－87－01242
>
> ① 상　　　호: (주)성수샘
> ② 대　표　자: 김성수
> ③ 개 업 연 월 일: 2010년 7월 1일
> ④ 법인등록번호: 280211－0185089
> ⑤ 사업장소재지: 서울특별시 강남구 학동로 426(삼성동, 강남구청)
> ⑥ 본 점 소 재 지: 상동
> ⑦ 사 업 의 종 류: 업태－제조, 도매　　종목－전자제품
> ⑧ 교 부 사 유: 신규
> ⑨ 사업자 단위 과세 적용사업장 여부: 여(　) 부(O)
> ⑩ 전자세금계산서 전용 메일주소: sungsoo@account.co.kr
>
> 2010년 7월 3일
> **삼 성 세 무 서 장 (인)**

*사업장 전화번호: 02)555-1234
*사업장 팩스번호: 02)555-5678
*설립연월일: 2010년 6월 20일

| 풀이 |

① 코드, 회사명, 구분, 미사용: 코드에 '1111', 회사명에 '(주)성수샘'을 입력하고, 구분에 '1: 법인', 미사용에 '0: 사용'을 선택하여 입력한다.
② 회계연도: 문제에 제시된 2025.1.1. ~ 2025.12.31.로 입력한다. 시험에서는 대부분 회계연도가 입력되어 있다.
③ 사업자등록번호, 법인등록번호, 대표자명: 사업자등록증의 사업자등록번호, 법인등록번호, 대표자명을 입력한다.
④ 사업장주소: 사업장주소 [버튼] 버튼을 클릭한 후 '우편번호 코드도움'으로 검색하여 사업자등록증의 '⑤ 사업장소재지'에 있는 주소를 입력한다.
⑤ 업태/종목: 업태에 '제조, 도매', 종목에 '전자제품'을 입력한다.
⑥ 사업장전화번호, 팩스: 문제에 제시되어 있는 사업장 '전화번호'와 '팩스번호'를 입력한다.
⑦ 설립연월일, 개업연월일: 문제에 제시되어 있는 '설립연월일'과 사업자등록증상의 '개업연월일'을 입력한다.
⑧ 사업장 관할 세무서: 일반적으로 주소를 입력하면 자동으로 반영되며, 자동으로 반영되지 않은 경우에는 [버튼] 버튼을 클릭하여 관할 세무서를 검색한다.

3 거래처등록

[거래처등록] 메뉴는 회사의 주요 거래처를 등록하는 곳이다. 채권·채무 관련 거래의 경우 어떠한 거래처에 얼마의 채권과 채무가 있는지, 보통예금이나 당좌예금의 경우 어떠한 금융기관에 얼마의 예금이 있는지 확인이 필요하다. 따라서 **채권·채무와 예금을 전표에 입력하는 경우에는 각각의 잔액을 파악하기 위해서 거래처등록이 필요하다.** 다만, 전산회계 1급 시험에서는 채권과 채무만 거래처를 등록하도록 요구하고 있다.

▶ 분개 입력 시 [거래처등록] 메뉴에 등록되어 있는 거래처코드를 입력하면 보조원장인 거래처원장이 자동으로 작성된다.

+ 거래처를 반드시 등록해야 하는 계정과목

채권	채무
외상매출금	외상매입금
받을어음	지급어음
선급금	선수금
미수금	미지급금
가지급금	–
대여금	차입금

거래처를 반드시 등록해야 하는 계정과목
- 채권: 외상매출금, 받을어음, 선급금, 미수금, 가지급금, 대여금
- 채무: 외상매입금, 지급어음, 선수금, 미지급금, 차입금

거래처등록은 회사등록과 동일하게 입력하며 일반거래처, 금융기관, 신용카드로 구분하여 입력한다.

1. 일반거래처

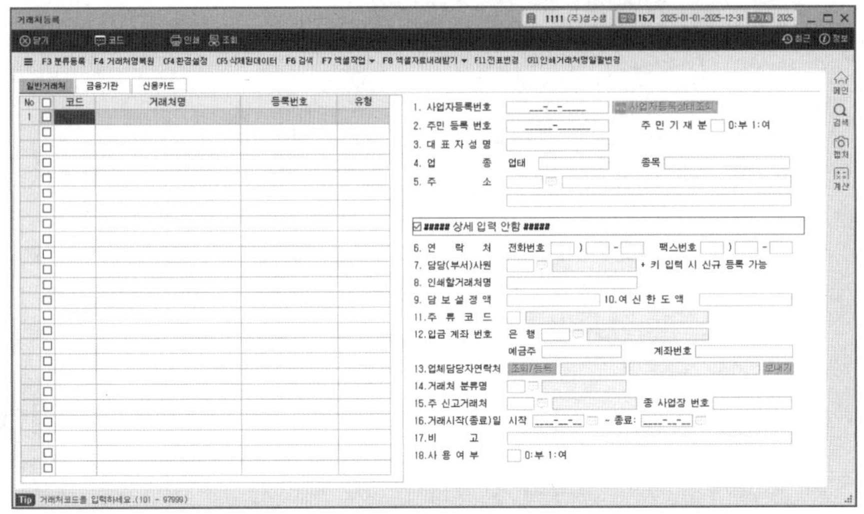

(1) **코드**

'101 ~ 97999' 범위 내에서 코드를 입력한다.

(2) **거래처명**

거래처의 사업자등록증에 기재되어 있는 상호를 입력한다.

(3) **사업자등록번호/주민등록번호**

거래처의 사업자등록번호와 대표자의 주민등록번호를 입력한다.

▶ 사업자등록번호란이 적색이면 번호가 오류인 것이므로 정확한 번호로 수정해야 한다.

(4) **유형**

[1: 매출], [2: 매입], [3: 동시] 중 거래처의 형태에 따라 선택하여 입력한다.

▶ [1: 매출] 또는 [2: 매입]으로 선택하면 [매입매출전표입력] 메뉴에서 매출전표 또는 매입전표를 입력할 때에만 해당 회사가 조회된다.

(5) **대표자성명**

거래처의 대표자명을 입력한다.

(6) **업종**

사업자등록증상의 업태와 종목을 입력한다.

(7) **주소**

우편번호란에 커서를 위치시킨 후 F2(우편번호 검색)를 누르거나 버튼을 클릭하여 우편번호를 입력하고, 사업장주소를 입력한다.

2. 금융기관

(1) 코드

'98000 ~ 99599' 범위 내에서 코드를 입력한다.

▶ 금융기관 입력 시 거래처코드에 주의해야 한다.

(2) 거래처명

금융기관명을 입력한다.

(3) 계좌번호

계좌번호를 입력한다.

(4) 유형

[1: 보통예금], [2: 당좌예금], [3: 정기적금], [4: 정기예금], [5: 기타] 중 선택하여 입력한다.

(5) 기본사항

계좌번호는 화면 좌측에 입력된 내용이 자동으로 반영되며 나머지 금융기관의 항목별 관련 내용을 입력한다.

3. 신용카드

(1) 코드

'99600 ~ 99999' 범위 내에서 코드를 입력한다.

> ▶ 신용카드 입력 시 거래처코드에 주의해야 한다.

(2) 거래처명

카드명이나 카드사명을 입력한다.

(3) 유형

[1: 매출], [2: 매입] 중 선택하여 입력한다.

① **매출**: 가맹점 신용카드 등록

② **매입**: 법인카드 등 매입신용카드 등록

(4) 가맹점(카드)번호

해당 가맹점번호 또는 카드번호를 입력한다.

(5) 카드번호(매입)/카드종류(매입)

신용카드번호와 카드종류를 입력한다.

연습문제

(주)성수샘(회사코드: 1111)의 거래처를 거래처등록 메뉴에 등록하시오(주소 입력 시 우편번호 입력을 생략해도 무방함).

[1] 일반거래처(매입, 매출 동시 거래처)

코드	상호명	사업자등록번호	대표자	업태	종목	주소
101	(주)서준	104-81-88350	김서준	도매	자동차	서울특별시 양천구 국회대로 54(신월동)
102	(주)예준	211-81-24601	김예준	서비스	전자제품	서울특별시 강남구 논현로 12(개포동)
103	나라상사	114-86-26657	이나라	서비스	교육	서울특별시 송파구 백제고분로 450(방이동)

| 풀이 |

일반거래처가 입력된 화면은 다음과 같다.

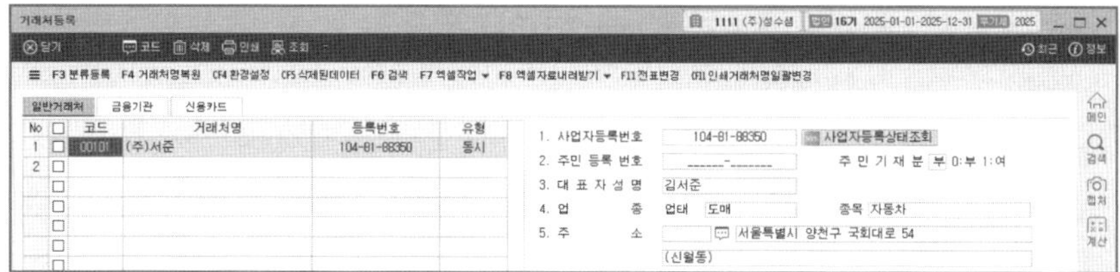

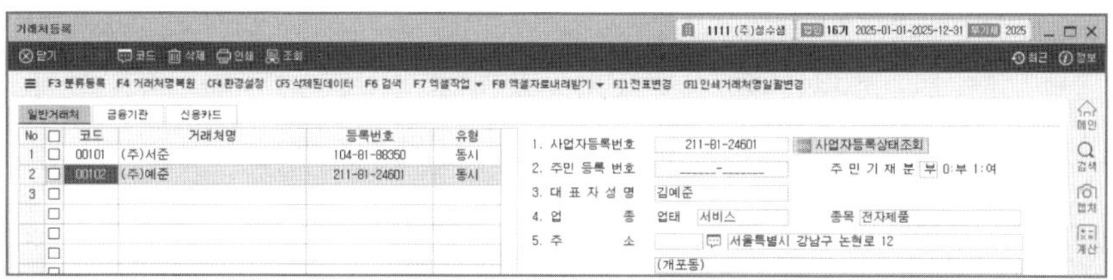

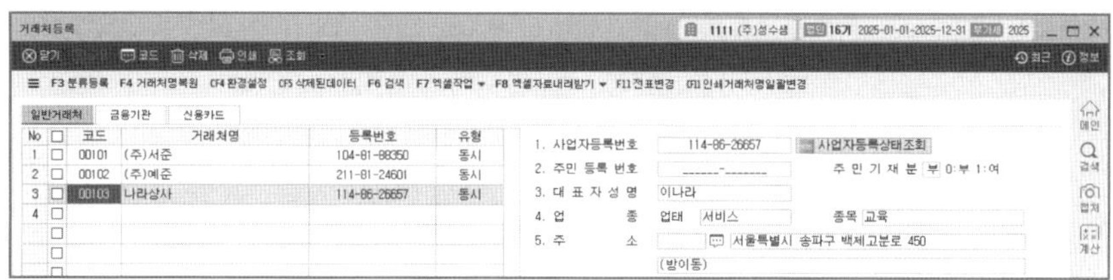

[2] 금융기관

코드	상호명	계좌번호
98000	기업은행	9876-6543-4321(보통예금)
98001	국민은행	010-1234-5678(당좌예금)

| 풀이 |

금융기관이 등록된 화면은 다음과 같다.

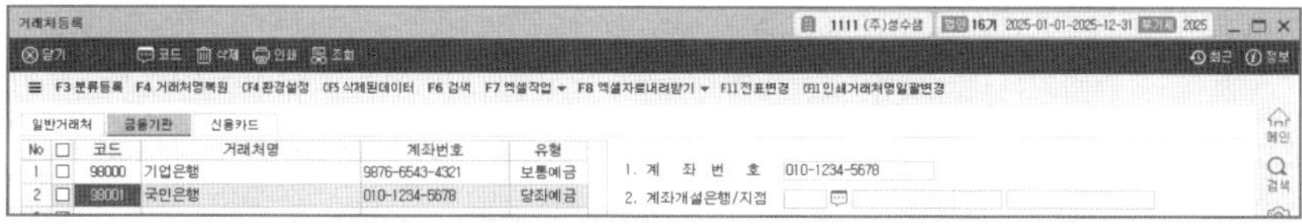

[3] 신용카드

코드	상호명	카드번호	종류
99600	현대카드	9410-0900-5580-8352(매입)	사업용 카드

| 풀이 |

신용카드가 등록된 화면은 다음과 같다.

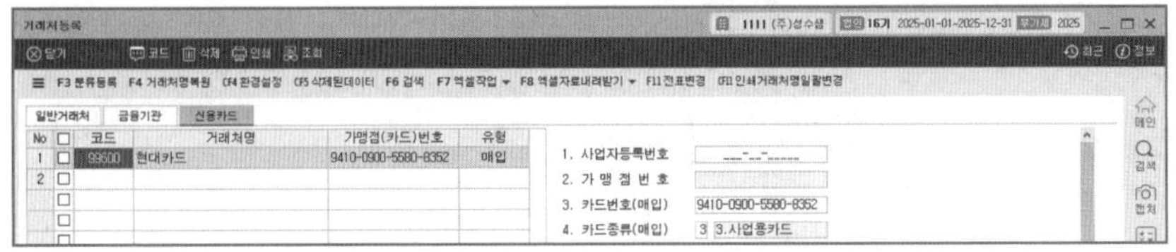

4 계정과목 및 적요등록

1. 계정과목 및 적요등록 입력화면

가장 일반적인 계정과목은 기업회계기준에 따라 프로그램에 기본으로 설정되어 있으며, [계정과목 및 적요등록] 메뉴에서 회사의 특성에 따라 계정과목이나 적요 등을 수정하거나 추가하여 사용할 수 있다. 계정과목 코드는 유동성 배열 원칙에 따라 자산, 부채, 자본, 수익, 비용 순으로 구성되어 있다.

(1) 계정체계

좌측의 자산, 부채, 자본에 대한 계정체계를 클릭하면 해당 계정체계의 하위 계정과 성격이 함께 보여진다.

▶ 계정과목은 유동성 순서에 따라 배열되며, 계정체계는 별도로 구분되어 있다.

(2) 구분

① **코드**: 계정과목을 101 ~ 1010의 코드를 이용하여 등록해 놓은 것이다.

② **계정과목(명)**: 코드에 해당하는 계정과목이 표시된다.

③ **성격**: 계정과목의 프로그램상 특성이며 그 특성에 따른 구분번호는 결산 시 각종 재무제표 및 보고서에 영향을 미친다.

④ **관계**: 계정과목 간의 관계가 설정되어 있다.

⑤ **계정사용여부**: 사용여부를 [1: 여] 또는 [2: 부]로 선택한다. [2: 부]를 선택할 경우 전표입력 시 계정코드도움에 해당 계정과목이 나타나지 않는다.

⑥ **현금적요**: 전표입력 시에 전표구분을 [1.출금] 또는 [2.입금]으로 선택하면 입력화면 하단에 나타나는 적요이다.

▶ 각 계정마다 기본적인 내용은 현금적요, 대체적요에 입력되어 있다.

⑦ **대체적요**: 전표입력 시에 전표구분을 [3.차변] 또는 [4.대변]으로 선택하면 입력화면 하단에 나타나는 적요이다.

2. 입력방법

(1) 계정과목 검색

Ctrl + F 또는 마우스 오른쪽을 클릭한 후 '찾기'를 눌러 다음의 화면이 뜨면 '찾을 내용'에 계정과목을 입력하여 검색할 수 있다.

계정과목 검색
Ctrl + F

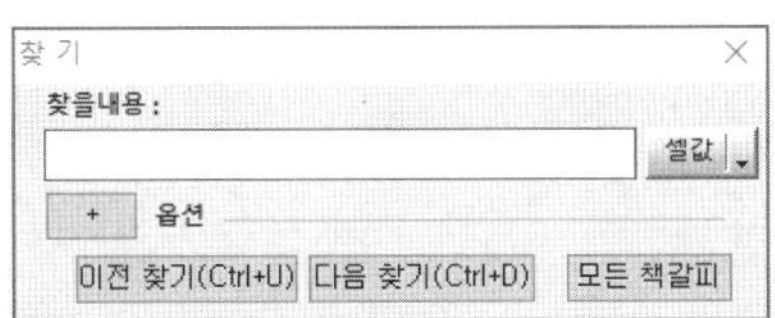

(2) 계정과목 추가 및 변경

① **계정과목의 신규등록**: 기존의 계정과목 이외에 별도의 계정과목을 추가하고자 할 때에는 사용자설정 계정과목에 입력한다. 이때 계정체계 분류를 파악하여 그에 맞는 코드체계범위에서 등록하여야 한다.

② **계정과목의 수정**: 수정하고자 하는 계정과목을 클릭하여 수정한다.

③ **수정이 제한된 계정과목의 수정**: 적색으로 표시되는 계정과목은 Ctrl + F2를 눌러 '계정코드(명)'란을 활성화한 후 수정한다.

수정이 제한된 계정과목 수정
Ctrl + F2

연습문제

(주)성수샘(회사코드: 1111)의 계정과목 및 적요등록 메뉴에서 다음의 사항들을 수정 또는 추가등록하시오.

[1] 당좌자산에 '사무용품' 계정을 추가하시오(코드: 127).

| 풀이 |

당좌자산의 코드 127을 선택한 후 '사무용품'으로 수정한다.

[2] 영업외수익의 923번에 '해외투자환산이익' 계정을 추가하시오(성격: 일반).

| 풀이 |

영업외수익의 코드 923을 선택하여 '해외투자환산이익'을 입력한 후 성격을 [2.일반]으로 설정한다.

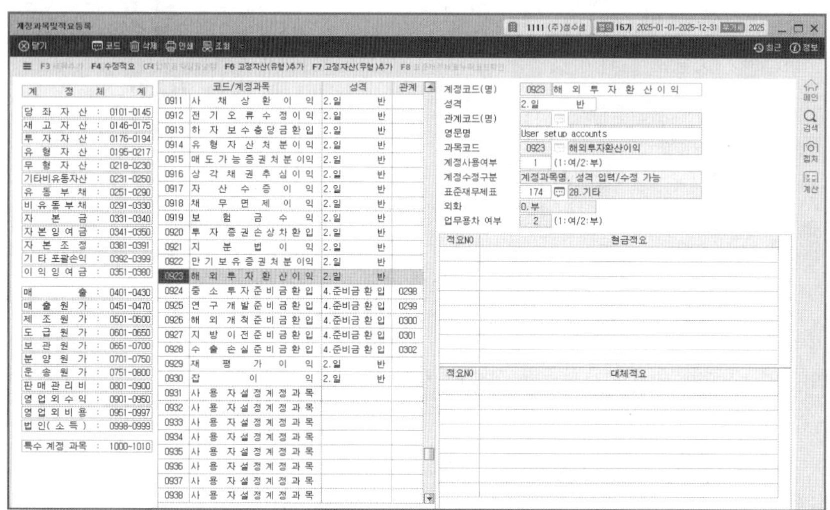

[3] 판매비와 관리비의 복리후생비 계정에 대체적요 '3.경조사비 지급'을 등록하시오.

| 풀이 |

판매비와 관리비의 '811.복리후생비'를 검색한 후, 대체적요 3번란에 '경조사비 지급'을 입력한다.

▶ 동일한 계정과목명이라도 계정과목 코드에 따라 제조원가(500번대), 판매비와 관리비(800번대)로 구분된다.

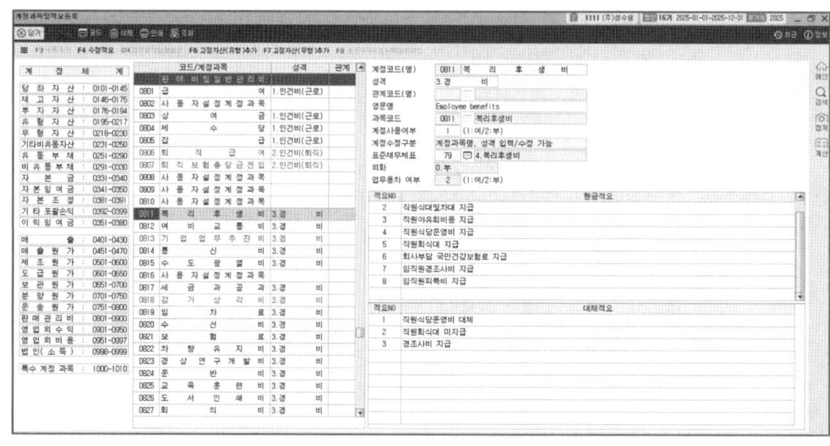

5 전기분 재무상태표

전기에 회계처리한 경우에는 [마감 후 이월] 메뉴에서 전기 장부를 마감하면 자동 반영되지만, 처음 입력하는 회사라면 전기분 자료를 입력해야 한다. 전기분 재무제표의 입력 순서는 '재무상태표 → 원가명세서 → 손익계산서 → 잉여금처분계산서 → 재무상태표'이며, 전년도 재무상태표를 입력하면 다른 전기분 재무제표에 자동으로 영향을 미치므로 가장 먼저 작업해야 한다.

+ 전기분 재무제표의 수정 순서 중요

- **전기분 재무상태표**: 재무상태표의 재고자산가액을 올바른 금액으로 수정한다.
  → [전기분 원가명세서]의 기말원재료와 기말재공품, [전기분 손익계산서]의 기말제품에 자동 반영된다.
- **전기분 원가명세서**: 제조원가명세서의 기말원재료와 기말재공품을 수정하여 당기제품제조원가를 산출한다.
- **전기분 손익계산서**: 제품매출원가의 당기제품제조원가를 제조원가명세서의 당기제품제조원가와 일치시키면 제품매출원가와 당기순이익에 반영된다.
- **전기분 잉여금처분계산서**: 이익잉여금처분계산서의 당기순이익을 손익계산서의 당기순이익과 일치시킨다.
- **전기분 재무상태표**: 재무상태표의 이월이익잉여금을 잉여금처분계산서의 미처분이익잉여금과 일치시킨다.

1. 입력방법

(1) 자산/부채 및 자본

자산/부채 및 자본을 구분하여 입력한다. 자산 항목에서는 자산만 조회되며, 부채 및 자본에서는 부채와 자본의 계정과목만 조회된다.

(2) 코드 및 계정과목

① 코드에 커서를 놓고 F2를 눌러 '계정코드도움' 창이 나오면 검색란에서 찾고자 하는 계정과목을 한글로 입력한 후 찾는다.

② 코드에 커서를 놓고 찾고자 하는 계정과목의 두 글자 이상을 입력하고 Enter↵를 누르면 해당 계정과목이 조회되고, 다시 Enter↵나 확인을 누르면 계정과목이 입력된다.

③ 계정과목이 짧은 경우 '계정코드도움' 창이 뜨지 않고 바로 입력된다.

(3) 금액

금액 입력 시 '+'를 누르면 '000'이 한 번에 입력되어 보다 빠르게 금액을 입력할 수 있다.

2. 입력 시 주의사항

(1) 대손충당금과 감가상각누계액

대손충당금과 감가상각누계액은 자산의 차감 계정으로 각 해당 자산의 대손충당금과 감가상각누계액을 입력해야 한다. 예를 들어, 외상매출금의 대손충당금 입력 시 자산코드에 놓고 대손충당금을 조회한 후 외상매출금에 해당하는 대손충당금을 선택하면 된다. 대손충당금과 감가상각누계액은 해당하는 계정과목 코드번호의 바로 다음 번호를 입력한다. 예를 들어 외상매출금이 108이면 외상매출금의 대손충당금은 109이다.

+ 대손충당금 또는 감가상각누계액 코드번호

계정과목	해당 자산	대손충당금 또는 감가상각누계액
외상매출금	108	109
받을어음	110	111
건물	202	203
기계장치	206	207
차량운반구	208	209
비품	212	213

전기분 재무제표의 수정

전기분 재무상태표
↓
전기분 원가명세서
↓
전기분 손익계산서
↓
전기분 잉여금처분계산서
↓
전기분 재무상태표

▶ 모든 계정과목은 차변·대변 구분 없이 양수(+)로 입력한다.

▶ 입력한 순서와 관계없이 자동으로 코드순으로 배열된다.

▶ 금액 입력 시 '+'를 누르면 '000'이 입력된다.

대손충당금 계정과목

- 108.외상매출금
- 109.외상매출금 대손충당금
- 110.받을어음
- 111.받을어음 대손충당금

(2) **차변과 대변의 일치**

전기분 자료를 입력할 때 차변 금액과 대변 금액은 일치해야 한다. 차변과 대변이 일치하지 않으면 우측 하단의 대차차액에 금액이 붉은색으로 표시된다.

(3) **미처분이익잉여금**

미처분이익잉여금은 '375.이월이익잉여금'으로 입력한다. '377.미처분이익잉여금' 계정도 사용 가능하다.

미처분이익잉여금
375.이월이익잉여금 또는 377.미처분이익잉여금 사용

3. 전기분 재무상태표의 연관성

전기분 재무상태표에 입력된 자료의 연관성은 다음과 같다.

(1) 계정과목별로 전기 잔액을 당기로 이월시킨다.

(2) 비교식 재무상태표의 전기분 자료를 제공한다.

(3) 재고자산의 원재료, 재공품, 제품(상품)은 다른 전기분 자료에 자동으로 반영된다.

(4) 거래처별 초기이월의 기초금액을 표시한다.

(5) 계정과목 코드번호 순서대로 입력하지 않아도 자동으로 배열된다.

연습문제

다음은 (주)성수샘(회사코드: 1111)의 전기분 재무상태표이다. 이를 전기분 재무상태표 메뉴에 입력하시오.

▶ 전기분 재무상태표 항목 중 [전기분 재무상태표] 메뉴 우측의 계정별 합계에 해당하는 계정과목은 따로 입력하지 않는다.

과목	금액		과목	금액
1. 유 동 자 산		231,900,000	3. 유 동 부 채	254,300,000
① 당 좌 자 산		217,100,000	외 상 매 입 금	80,500,000
현 금		600,000	지 급 어 음	50,000,000
당 좌 예 금		40,000,000	미 지 급 금	18,800,000
보 통 예 금		18,000,000	단 기 차 입 금	100,000,000
단기매매증권		4,000,000	미 지 급 세 금	5,000,000
외 상 매 출 금	150,000,000		4. 비 유 동 부 채	150,000,000
대 손 충 당 금	1,500,000	148,500,000	장 기 차 입 금	150,000,000
받 을 어 음		6,000,000	부 채 총 계	404,300,000
② 재 고 자 산		14,800,000	5. 자 본 금	50,000,000
상 품		14,800,000	자 본 금	50,000,000
2. 비 유 동 자 산		459,500,000	6. 자 본 잉 여 금	0
① 투 자 자 산		9,000,000	7. 이 익 잉 여 금	237,100,000
장 기 대 여 금		9,000,000	이월이익잉여금	237,100,000
② 유 형 자 산		450,500,000	(당기순이익	
토 지		300,000,000	: 174,709,800)	
기 계 장 치	100,000,000		자 본 총 계	287,100,000
감가상각누계액	10,000,000	90,000,000		
차 량 운 반 구	45,000,000			
감가상각누계액	5,000,000	40,000,000		
비 품	30,000,000			
감가상각누계액	9,500,000	20,500,000		
자산 총계		691,400,000	부채와 자본 총계	691,400,000

| 풀이 |

입력이 완료된 화면은 다음과 같다.

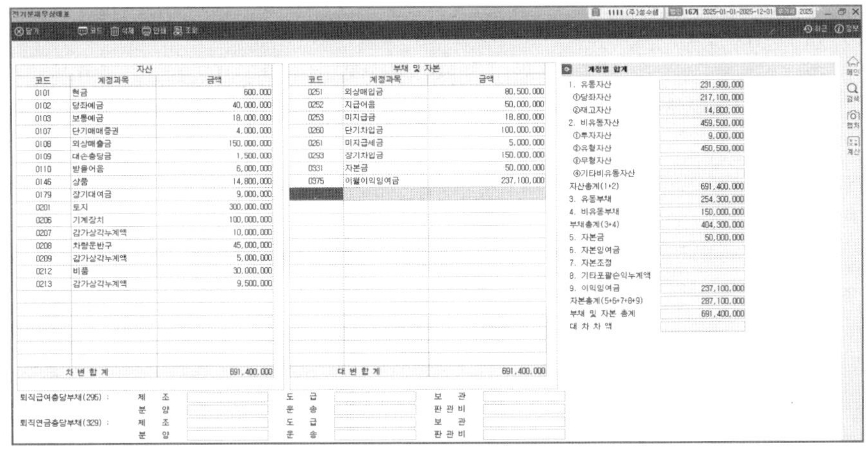

전기분재무상태표

자산

코드	계정과목	금액
0101	현금	600,000
0102	당좌예금	40,000,000
0103	보통예금	18,000,000
0107	단기매매증권	4,000,000
0108	외상매출금	150,000,000
0109	대손충당금	1,500,000
0110	받을어음	6,000,000
0146	상품	14,800,000
0179	장기대여금	9,000,000
0201	토지	300,000,000
0206	기계장치	100,000,000
0207	감가상각누계액	10,000,000
0208	차량운반구	45,000,000
0209	감가상각누계액	5,000,000
0212	비품	30,000,000
0213	감가상각누계액	9,500,000
차변합계		691,400,000

부채 및 자본

코드	계정과목	금액
0251	외상매입금	80,500,000
0252	지급어음	50,000,000
0253	미지급금	18,800,000
0260	단기차입금	100,000,000
0261	미지급세금	5,000,000
0293	장기차입금	150,000,000
0331	자본금	50,000,000
0375	이월이익잉여금	237,100,000
대변합계		691,400,000

계정별 합계

1. 유동자산	231,900,000
①당좌자산	217,100,000
②재고자산	14,800,000
2. 비유동자산	459,500,000
①투자자산	9,000,000
②유형자산	450,500,000
③무형자산	
④기타비유동자산	
자산총계(1+2)	691,400,000
3. 유동부채	254,300,000
4. 비유동부채	150,000,000
부채총계(3+4)	404,300,000
5. 자본금	50,000,000
6. 자본잉여금	
7. 자본조정	
8. 기타포괄손익누계액	
9. 이익잉여금	237,100,000
자본총계(5+6+7+8+9)	287,100,000
부채 및 자본 총계	691,400,000
대차차액	

▶ 대차 차액이 빈칸(0원)임을 확인한다.

6 전기분 손익계산서

1. 코드 및 금액

계정과목 코드와 금액을 입력한다.

▶ 손익계산서에서 500번대 계정과목은 검색되지 않는다.

2. 매출원가

'451.상품매출원가'를 입력하여 다음의 화면이 나타나면 '기초상품(기초제품)재고액'과 '당기상품매입액(당기제품제조원가)'을 입력한다. '기말상품(기말제품)재고액'은 [전기분 재무상태표]의 '기말상품(기말제품)재고액'이 자동으로 표시된다.

상품매출원가

= 기초상품재고액 + 당기상품매입액 – 기말상품재고액

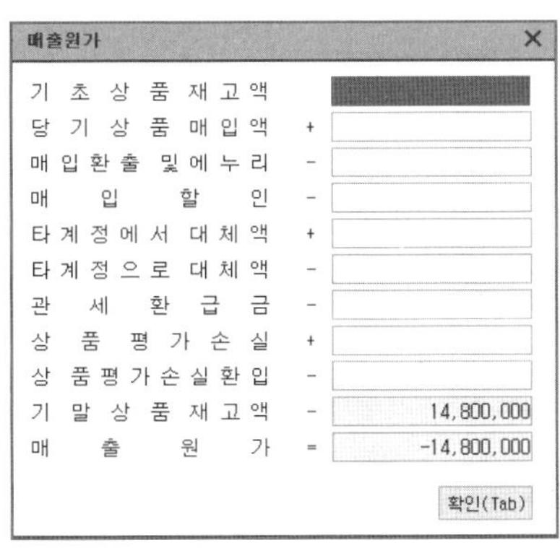

매출원가

기초상품재고액		
당기상품매입액	+	
매입환출및에누리	-	
매입할인	-	
타계정에서대체액	+	
타계정으로대체액	-	
관세환급금	-	
상품평가손실	+	
상품평가손실환입	-	
기말상품재고액	-	14,800,000
매출원가	=	-14,800,000

확인(Tab)

연습문제

다음의 자료를 참고하여 (주)성수샘(회사코드: 1111)의 전기분 손익계산서를 입력하시오.

과목	금액	
1. 매출		510,000,000
상품매출	510,000,000	
2. 매출원가		114,466,000
상품매출원가		
기초상품재고액	8,500,000	
당기매입액	120,766,000	
기말상품재고액	14,800,000	
3. 매출총이익		395,534,000
4. 판매비와관리비		197,912,000
급여	83,564,000	
복리후생비	25,046,000	
여비교통비	18,164,000	
기업업무추진비	23,458,000	
통신비	8,560,000	
수도광열비	9,340,000	
세금과공과	18,500,000	
보험료	3,780,000	
소모품비	7,500,000	
5. 영업이익		197,622,000
6. 영업외수익		0
7. 영업외비용		3,500,000
이자비용	3,500,000	
8. 법인세차감전순이익		194,122,000
9. 법인세비용		19,412,200
법인세비용		19,412,200
10. 당기순이익		174,709,800

| 풀이 |

입력이 완료된 화면은 다음과 같다.

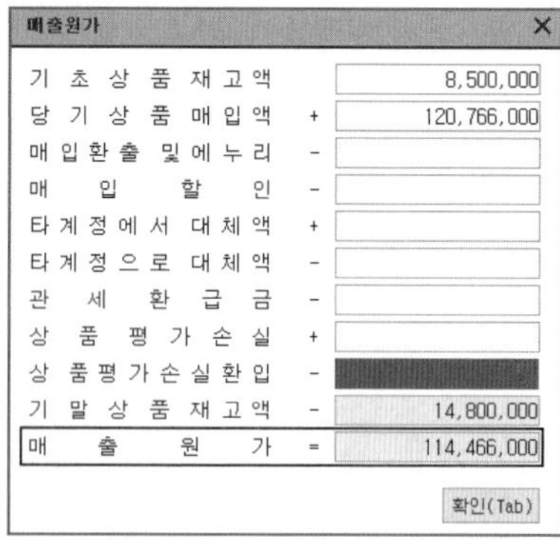

매출원가

기초상품재고액		8,500,000
당기상품매입액	+	120,766,000
매입환출및에누리	-	
매입할인	-	
타계정에서대체액	+	
타계정으로대체액	-	
관세환급금	-	
상품평가손실	+	
상품평가손실환입	-	
기말상품재고액	-	14,800,000
매출원가	=	114,466,000

확인(Tab)

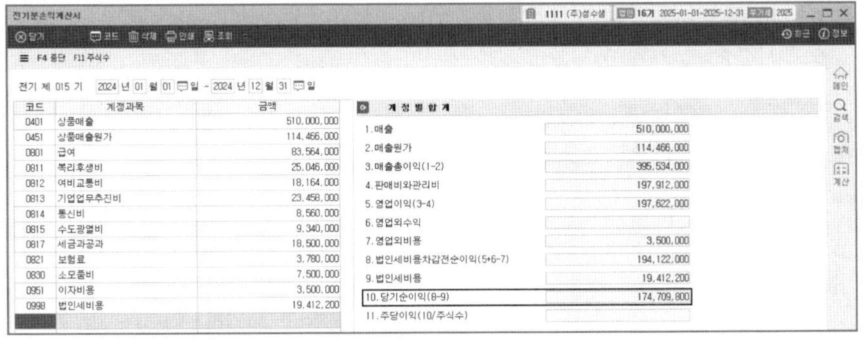

7 거래처별 초기이월

[거래처별 초기이월] 메뉴는 채권·채무 등 거래처별로 관리가 필요한 계정과목의 거래처별 전기이월 자료를 제공하기 위해서 입력하는 메뉴이다. 전기분 재무상태표에 입력된 계정과목별 금액에 준하여 각 거래처별로 입력할 수 있기 때문에 거래처별 초기이월을 입력하기 위해서는 '전기분 재무상태표' 입력이 선행되어야 한다.

상단의 [F4 불러오기] 버튼을 클릭하고 다음의 화면이 나타나면 [예(Y)] 버튼을 클릭하여 재무상태표에 입력된 계정과목 및 금액을 불러올 수 있다.

▶ [거래처별 초기이월] 상단의 불러오기를 클릭하면 전기분 재무상태표에 입력되어 있는 계정과목과 금액이 표시된다.

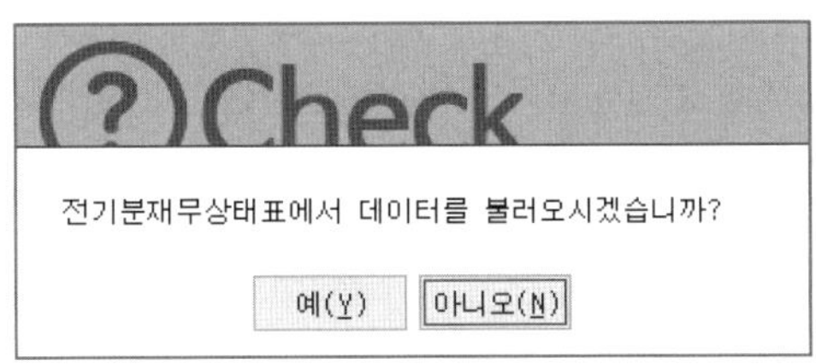

거래처별로 초기이월할 계정과목을 클릭한 후 거래처코드에 커서를 놓고 F2를 누르면 '거래처도움' 창이 나타난다. 해당 거래처를 선택하고 거래처별로 초기이월할 금액을 입력한다. 이때 반드시 재무상태표의 금액과 거래처 합계액이 일치해야 한다.

연습문제

다음의 자료를 바탕으로 (주)성수샘(회사코드: 1111)의 거래처별 초기이월을 입력하시오.

계정과목	거래처명	금액
외상매출금	(주)서준	100,000,000원
	(주)예준	50,000,000원
받을어음	(주)서준	6,000,000원
외상매입금	나라상사	30,500,000원
	(주)예준	50,000,000원
미지급금	(주)서준	18,800,000원
단기차입금	기업은행	100,000,000원

| 풀이 |

① F4 불러오기 버튼을 눌러 재무상태표에 입력된 정보를 불러온다.

② 외상매출금의 입력이 완료된 화면은 다음과 같다.

▶ 우측 하단의 차액이 '0'이 되어야 한다.

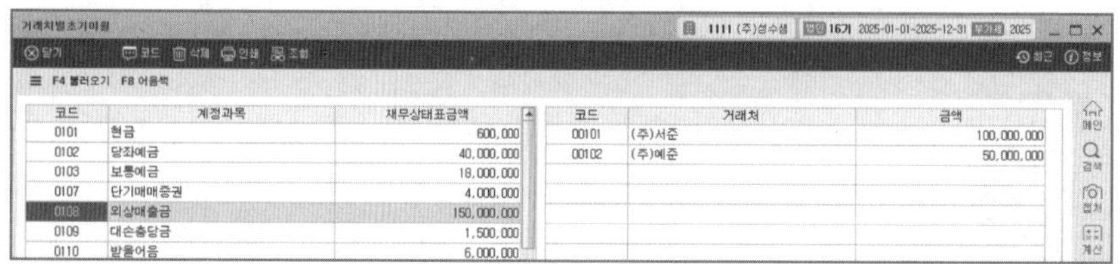

코드	계정과목	재무상태표금액
0101	현금	600,000
0102	당좌예금	40,000,000
0103	보통예금	18,000,000
0107	단기매매증권	4,000,000
0108	외상매출금	150,000,000
0109	대손충당금	1,500,000
0110	받을어음	6,000,000

코드	거래처	금액
00101	(주)서준	100,000,000
00102	(주)예준	50,000,000

③ 받을어음의 입력이 완료된 화면은 다음과 같다.

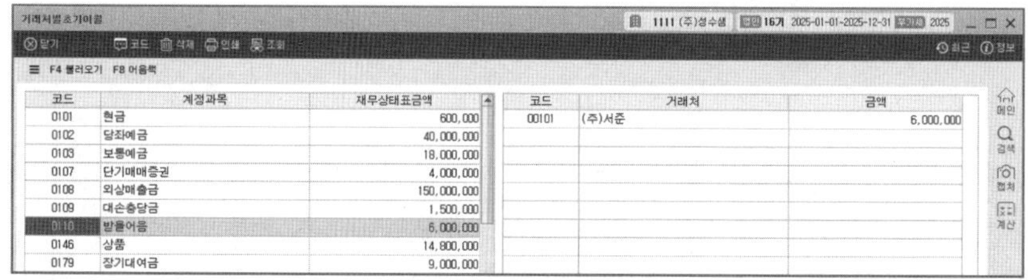

코드	계정과목	재무상태표금액
0101	현금	600,000
0102	당좌예금	40,000,000
0103	보통예금	18,000,000
0107	단기매매증권	4,000,000
0108	외상매출금	150,000,000
0109	대손충당금	1,500,000
0110	받을어음	6,000,000
0146	상품	14,800,000
0179	장기대여금	9,000,000

코드	거래처	금액
00101	(주)서준	6,000,000

④ 외상매입금의 입력이 완료된 화면은 다음과 같다.

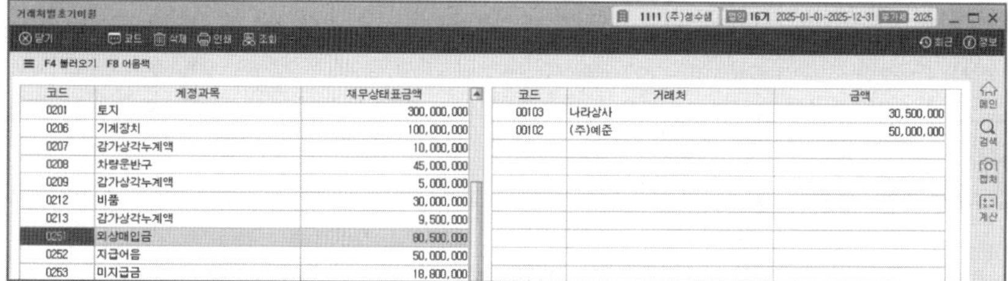

코드	계정과목	재무상태표금액
0201	토지	300,000,000
0206	기계장치	100,000,000
0207	감가상각누계액	10,000,000
0208	차량운반구	45,000,000
0209	감가상각누계액	5,000,000
0212	비품	30,000,000
0213	감가상각누계액	9,500,000
0251	외상매입금	80,500,000
0252	지급어음	50,000,000
0253	미지급금	18,800,000

코드	거래처	금액
00103	나라상사	30,500,000
00102	(주)예준	50,000,000

⑤ 미지급금의 입력이 완료된 화면은 다음과 같다.

코드	계정과목	재무상태표금액
0201	토지	300,000,000
0206	기계장치	100,000,000
0207	감가상각누계액	10,000,000
0208	차량운반구	45,000,000
0209	감가상각누계액	5,000,000
0212	비품	30,000,000
0213	감가상각누계액	9,500,000
0251	외상매입금	80,500,000
0252	지급어음	50,000,000
0253	미지급금	18,800,000
0260	단기차입금	100,000,000
0261	미지급세금	5,000,000

코드	거래처	금액
00101	(주)서준	18,800,000
	합 계	18,800,000

⑥ 단기차입금의 입력이 완료된 화면은 다음과 같다.

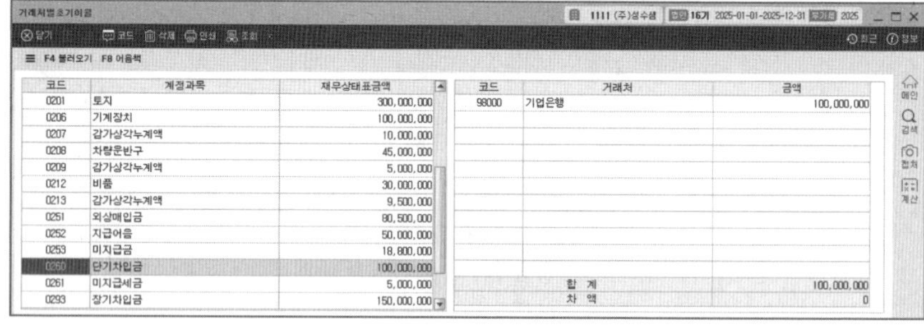

코드	계정과목	재무상태표금액
0201	토지	300,000,000
0206	기계장치	100,000,000
0207	감가상각누계액	10,000,000
0208	차량운반구	45,000,000
0209	감가상각누계액	5,000,000
0212	비품	30,000,000
0213	감가상각누계액	9,500,000
0251	외상매입금	80,500,000
0252	지급어음	50,000,000
0253	미지급금	18,800,000
0260	단기차입금	100,000,000
0261	미지급세금	5,000,000
0293	장기차입금	150,000,000

코드	거래처	금액
98000	기업은행	100,000,000
	합 계	100,000,000
	차 액	0

연습문제

다음 (주)알파고(회사코드: 0101)의 전기분 재무상태표를 해당 메뉴에 입력하시오.

과목	금액		과목	금액
1. 유 동 자 산		231,900,000	3. 유 동 부 채	254,300,000
① 당 좌 자 산		217,100,000	외 상 매 입 금	80,500,000
현 금		600,000	지 급 어 음	50,000,000
당 좌 예 금		40,000,000	선 수 금	5,000,000
보 통 예 금		18,000,000	단 기 차 입 금	100,000,000
외 상 매 출 금	150,000,000		미 지 급 금	18,800,000
대 손 충 당 금	1,500,000	148,500,000	4. 비 유 동 부 채	150,000,000
미 수 금		6,000,000	장 기 차 입 금	150,000,000
선 급 금		4,000,000	부 채 총 계	404,300,000
② 재 고 자 산		14,800,000	5. 자 본 금	50,000,000
제 품		11,200,000	자 본 금	50,000,000
원 재 료		2,900,000	6. 자 본 잉 여 금	0
재 공 품		700,000	7. 이 익 잉 여 금	237,100,000
2. 비 유 동 자 산		459,500,000	이월이익잉여금	237,100,000
① 투 자 자 산		9,000,000	(당기순이익	
장 기 대 여 금		9,000,000	: 81,979,200)	
② 유 형 자 산		450,500,000	자 본 총 계	287,100,000
토 지		300,000,000		
건 물	45,000,000			
감가상각누계액	5,000,000	40,000,000		
기 계 장 치	30,000,000			
감가상각누계액	9,500,000	20,500,000		
비 품	100,000,000			
감가상각누계액	10,000,000	90,000,000		
자산 총계		691,400,000	부채와 자본 총계	691,400,000

▶ P.24 ~ P.28의 연습문제가 전기분 재무상태표와 거래처별 초기이월의 연관성만 묻는 문제라면 P.29 ~ P.33의 연습문제는 전기분 재무상태표와 연관된 전기분 재무제표까지 수정하는 문제이다.

| 풀이 |

전기분 재무상태표의 입력이 완료된 화면은 다음과 같다.

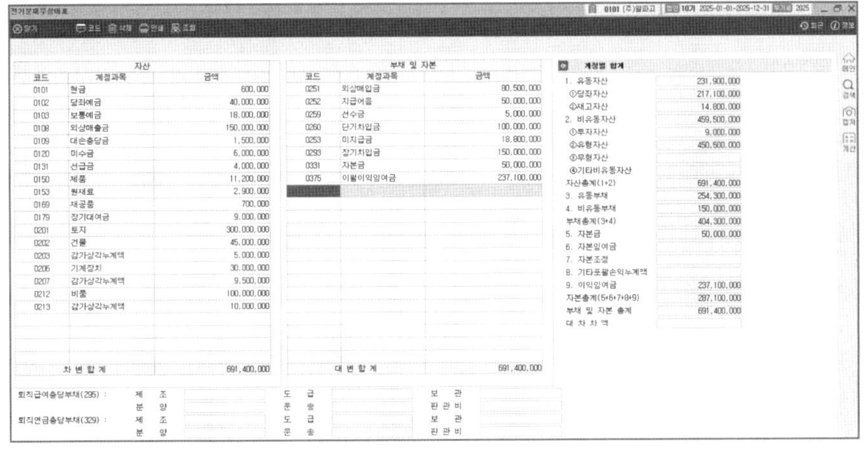

전기분재무상태표 — 0101 (주)알파고 10기 2025-01-01~2025-12-31 2025

자산

코드	계정과목	금액
0101	현금	600,000
0102	당좌예금	40,000,000
0103	보통예금	18,000,000
0108	외상매출금	150,000,000
0109	대손충당금	1,500,000
0120	미수금	6,000,000
0131	선급금	4,000,000
0150	제품	11,200,000
0153	원재료	2,900,000
0169	재공품	700,000
0179	장기대여금	9,000,000
0201	토지	300,000,000
0202	건물	45,000,000
0203	감가상각누계액	5,000,000
0206	기계장치	30,000,000
0207	감가상각누계액	9,500,000
0212	비품	100,000,000
0213	감가상각누계액	10,000,000
차 변 합 계		691,400,000

부채 및 자본

코드	계정과목	금액
0251	외상매입금	80,500,000
0252	지급어음	50,000,000
0259	선수금	5,000,000
0260	단기차입금	100,000,000
0253	미지급금	18,800,000
0293	장기차입금	150,000,000
0331	자본금	50,000,000
0375	이월이익잉여금	237,100,000
대 변 합 계		691,400,000

계정별 합계

항목	금액
1. 유동자산	231,900,000
①당좌자산	217,100,000
②재고자산	14,800,000
2. 비유동자산	459,500,000
①투자자산	9,000,000
②유형자산	450,500,000
③무형자산	
④기타비유동자산	
자산총계(1+2)	691,400,000
3. 유동부채	254,300,000
4. 비유동부채	150,000,000
부채총계(3+4)	404,300,000
5. 자본금	50,000,000
6. 자본잉여금	
7. 자본조정	
8. 기타포괄손익누계액	
9. 이익잉여금	237,100,000
자본총계(5+6+7+8+9)	287,100,000
부채 및 자본 총계	691,400,000
대 차 차 액	

퇴직급여충당부채(295) : 제 조 / 분 양 / 도 급 / 운 송 / 보 관 / 판 관 비

퇴직연금충당부채(329) : 제 조 / 분 양 / 도 급 / 운 송 / 보 관 / 판 관 비

이월(미처분)이익잉여금

375.이월이익잉여금 또는 377.미처분이익잉여금 사용

8 전기분 원가명세서

제조원가명세서는 공장에서 발생한 원가를 집계하여 당기제품제조원가를 계산하는 과정을 보여주는 표로 원재료 계정과 재공품 계정을 보여준다. 여기서 계산된 당기제품제조원가는 향후 손익계산서의 매출원가에 영향을 미치게 된다.

▶ 전기분 원가명세서 수정 후 당기제품제조원가에 변동이 없다면 다른 전기분 재무제표는 수정하지 않아도 된다.

1. 입력방법

[전기분 원가명세서] 메뉴를 실행하여 '매출원가 및 경비선택' 보조창이 나오면 편집(Tab) 버튼을 클릭하여 제품매출원가의 사용여부를 '여'로 바꾼 후 선택(Tab) 버튼을 클릭하고 확인(Enter) 버튼을 눌러 제조원가명세서를 불러온다.

▶ '매출원가 및 경비선택' 보조창은 처음 등록할 때만 나타나며, 일반적으로 시험에서는 미리 입력되어 있다.

매출원가 및 경비선택

사용여부	매출원가코드 및 계정과목		원가경비		화면
여	0455	제품매출원가	1	0500번대	제조
부	0452	도급공사매출원가	2	0600번대	도급
부	0457	보관매출원가	3	0650번대	보관
부	0453	분양공사매출원가	4	0700번대	분양
부	0458	운송매출원가	5	0750번대	운송

[참고사항]
1.편집(tab)을 선택하면 사용여부를 1.여 또는 0.부로 변경하실 수 있습니다.
2.사용여부를 1.여로 입력 되어야만 매출원가코드를 변경하실 수 있습니다.
(편집(tab)을 클릭하신 후에 변경하세요)
3.사용여부가 1.여인 매출원가코드가 중복 입력되어 있는 경우 본 화면에 입력하실 수 없습니다.

확인(Enter) 편집(Tab) 자동설정(F3) 취소(Esc)

연습문제

다음의 자료를 참고하여 (주)알파고(회사코드: 0101)의 전기분 원가명세서를 입력하시오.

과목	금액	
1. 원재료비		10,100,000
기초원재료재고액	3,000,000	
당기원재료매입액	10,000,000	
기말원재료재고액	2,900,000	
2. 노무비		30,000,000
임금	20,000,000	
상여금	10,000,000	
3. 경비		16,300,000
복리후생비	3,000,000	
가스수도료	2,500,000	
전력비	5,200,000	
세금과공과	1,500,000	
감가상각비	2,000,000	
보험료	800,000	
소모품비	1,300,000	
4. 당기총제조원가		56,400,000
5. 기초재공품재고액		3,000,000
6. 합계		59,400,000
7. 기말재공품재고액		700,000
8. 타계정으로의대체액		0
9. 당기제품제조원가		58,700,000

| 풀이 |

① 원재료 입력화면: 원재료는 '501.원재료비'를 입력하면 나타나는 원재료 입력창에 '기초원재료재고액'과 '당기원재료매입액'을 입력한다. '기말원재료재고액'은 전기분 재무상태표에 입력된 기말원재료가 자동으로 표시된다.

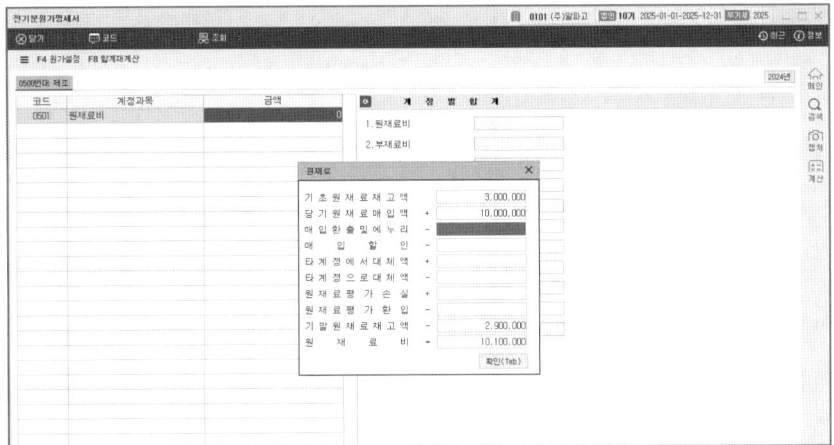

원재료비

=기초원재료 + 당기원재료매입액 − 기말원재료

② 전기분 원가명세서 입력화면

- 기초재공품은 우측 하단의 '6.기초재공품재고액'에 입력한다.
- 기말재공품은 전기분 재무상태표에 입력된 기말재공품이 자동으로 표시된다.

당기제품제조원가

=기초재공품 + 당기총제조원가 − 기말재공품

연습문제

다음의 자료를 참고하여 (주)알파고(회사코드: 0101)의 전기분 손익계산서를 입력하시오.

과목	금액	
1. 매출		350,000,000
제품매출	350,000,000	
2. 매출원가		57,500,000
제품매출원가		
기초제품재고액	10,000,000	
당기제품제조원가	58,700,000	
기말제품재고액	11,200,000	
3. 매출총이익		292,500,000
4. 판매비와관리비		197,912,000
급여	83,564,000	
복리후생비	25,046,000	
여비교통비	18,164,000	
기업업무추진비	23,458,000	
통신비	8,560,000	
세금과공과	18,500,000	
소모품비	7,500,000	
보험료	3,780,000	
수도광열비	9,340,000	
5. 영업이익		94,588,000
6. 영업외수익		0
7. 영업외비용		3,500,000
이자비용	3,500,000	
8. 법인세차감전순이익		91,088,000
9. 법인세비용		9,108,800
법인세비용		9,108,800
10. 당기순이익		81,979,200

| 풀이 |

① 제품매출원가 입력화면: 제품매출원가는 '455.제품매출원가'를 입력하면 나타나는 제품매출원가 입력창에 '기초제품재고액'과 '당기제품제조원가'를 입력한다. 기말제품재고액은 전기분 재무상태표에서 입력된 기말원재료가 자동으로 표시되며 당기제품제조원가의 금액은 제조원가명세서의 당기제품제조원가와 일치해야 한다.

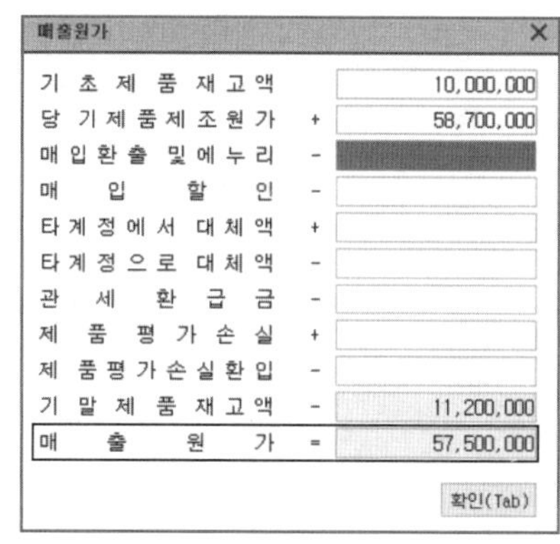
매출원가

항목		금액
기초제품재고액		10,000,000
당기제품제조원가	+	58,700,000
매입환출및에누리	-	
매입할인	-	
타계정에서대체액	+	
타계정으로대체액	-	
관세환급금	-	
제품평가손실	+	
제품평가손실환입	-	
기말제품재고액	-	11,200,000
매출원가	=	57,500,000

확인(Tab)

제품매출원가
=기초제품재고액 + 당기제품제조원가 − 기말제품재고액

② 전기분 손익계산서 입력화면

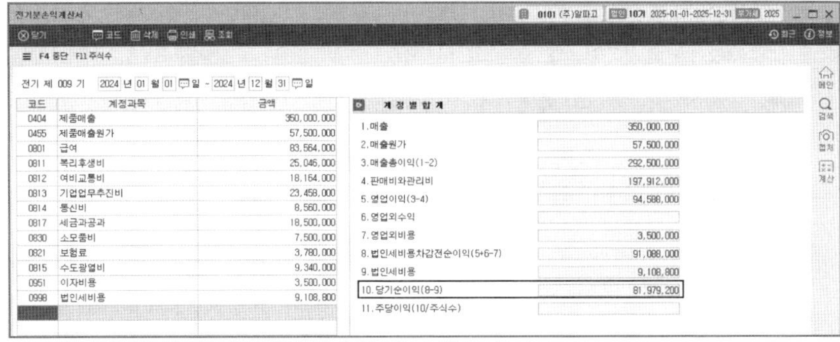

전기분손익계산서 | 0101 (주)알파고 | 법인 10기 2025-01-01~2025-12-31 | 부가세 2025

⊗닫기 | 코드 | 삭제 | 인쇄 | 조회 | 최근 | 정보

F4 중단 F11 주식수

전기 제 009 기 2024 년 01 월 01 일 ~ 2024 년 12 월 31 일

코드	계정과목	금액
0404	제품매출	350,000,000
0455	제품매출원가	57,500,000
0801	급여	83,564,000
0811	복리후생비	25,046,000
0812	여비교통비	18,164,000
0813	기업업무추진비	23,458,000
0814	통신비	8,560,000
0817	세금과공과	18,500,000
0830	소모품비	7,500,000
0821	보험료	3,780,000
0815	수도광열비	9,340,000
0951	이자비용	3,500,000
0998	법인세비용	9,108,800

계정별합계	
1.매출	350,000,000
2.매출원가	57,500,000
3.매출총이익(1-2)	292,500,000
4.판매비와관리비	197,912,000
5.영업이익(3-4)	94,588,000
6.영업외수익	
7.영업외비용	3,500,000
8.법인세비용차감전순이익(5+6-7)	91,088,000
9.법인세비용	9,108,800
10.당기순이익(8-9)	81,979,200
11.주당이익(10/주식수)	

연습문제

다음의 자료를 참고하여 (주)알파고(회사코드: 0101)의 전기분 잉여금처분계산서를 입력하시오.

전기분 잉여금처분계산서

과목	금액	
Ⅰ. 미처분이익잉여금		237,100,000
1. 전기이월미처분이익잉여금	155,120,800	
2. 회계변경의 누적효과		
3. 전기오류수정이익		
4. 전기오류수정손실		
5. 중간배당금		
6. 당기순이익	81,979,200	

-중 략-

미처분이익잉여금
=전기이월미처분이익잉여금
+ 당기순이익

| 풀이 |

전기분 잉여금처분계산서 입력화면: 전기분 잉여금처분계산서의 당기순이익은 전기분 손익계산서의 당기순이익과 일치해야 하고 미처분이익잉여금은 전기분 재무상태표의 이월이익잉여금과 일치해야 한다.

▶ 손익계산서의 당기순이익=이익잉여금처분계산서의 당기순이익

▶ 이익잉여금처분계산서의 미처분이익잉여금=재무상태표의 이월이익잉여금

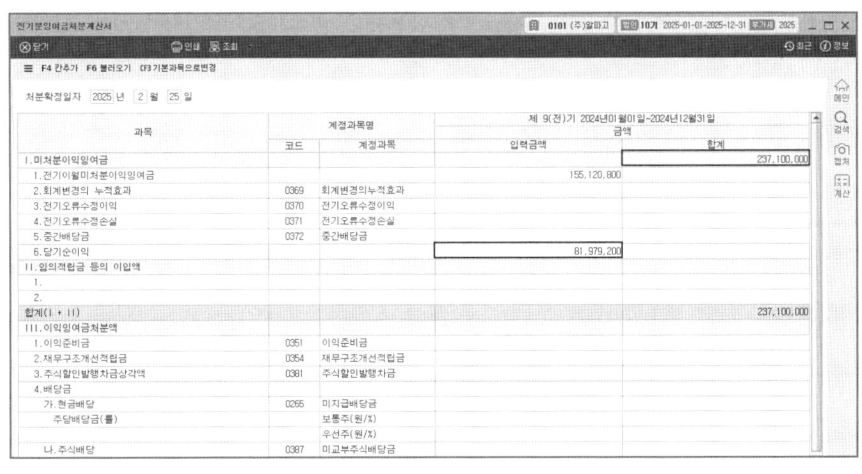

전기분잉여금처분계산서 | 0101 (주)알파고 | 법인 10기 2025-01-01~2025-12-31 | 부가세 2025

⊗닫기 | 인쇄 | 조회 | 최근 | 정보

F4 칸추가 F6 불러오기 CF3 기본과목으로변경

처분확정일자 2025 년 2 월 25 일

과목	계정과목명 코드	계정과목명 계정과목	제 9(전)기 2024년01월01일~2024년12월31일 금액 입력금액	합계
Ⅰ.미처분이익잉여금				237,100,000
1.전기이월미처분이익잉여금			155,120,800	
2.회계변경의 누적효과	0369	회계변경의누적효과		
3.전기오류수정이익	0370	전기오류수정이익		
4.전기오류수정손실	0371	전기오류수정손실		
5.중간배당금	0372	중간배당금		
6.당기순이익			81,979,200	
Ⅱ.임의적립금 등의 이입액				
1.				
2.				
합계(Ⅰ + Ⅱ)				237,100,000
Ⅲ.이익잉여금처분액				
1.이익준비금	0351	이익준비금		
2.재무구조개선적립금	0354	재무구조개선적립금		
3.주식할인발행차금상각액	0381	주식할인발행차금		
4.배당금				
가.현금배당	0265	미지급배당금		
주당배당금(률)		보통주(원/%)		
		우선주(원/%)		
나.주식배당	0387	미교부주식배당금		

합격을 다지는 실전문제

정답 및 해설 p.2

(주)천안테크 회사코드: 1054

(주)천안테크(회사코드: 1054)는 자동차부품을 제조하여 판매하는 중소기업이며, 당기(제10기)의 회계기간은 2025.1.1.~2025.12.31.이다. 전산세무회계 수험용 프로그램을 이용하여 다음 물음에 답하시오.

[1] 전기분 재무상태표에서 토지의 가액이 11,000,000원 과소입력되어 있으며 건물의 가액은 11,000,000원 과대입력되어 있음을 확인하였다. 전기분 재무상태표를 수정하시오.

[2] 다음 자료를 이용하여 [계정과목및적요등록] 메뉴에서 계정과목을 등록하시오.

• 코드: 824　　• 계정과목: 운반비　　• 현금적요: 4. 택배운송비 지급

[3] 거래처별 초기이월 채권과 채무잔액은 다음과 같다. 자료에 맞게 추가입력이나 정정 및 삭제하시오.

계정과목	거래처	금액	재무상태표 금액
외상매출금	(주)보령전자	10,200,000원	59,000,000원
	대전전자(주)	12,000,000원	
	평택전자(주)	36,800,000원	
지급어음	대덕전자부품(주)	10,000,000원	37,000,000원
	명성전자(주)	27,000,000원	

남다른패션(주) 회사코드: 1064

남다른패션(주)(회사코드: 1064)은 스포츠의류 등의 제조업 및 도소매업을 영위하는 중소기업으로 당기(제10기) 회계기간은 2025.1.1.~2025.12.31.이다. 전산세무회계 수험용 프로그램을 이용하여 다음 물음에 답하시오.

[1] 아래의 자료를 바탕으로 다음 계정과목에 대한 적요를 추가 등록하시오.

- 코드: 0511
- 계정과목: 복리후생비
- 현금적요: 9. 생산직원 독감 예방접종비 지급
- 대체적요: 3. 직원 휴가비 보통예금 인출

[2] 다음 자료를 보고 [거래처등록] 메뉴에서 신규 거래처를 등록하시오.

- 거래처구분: 일반거래처
- 유형: 동시
- 거래처코드: 00450
- 거래처명: (주)대박
- 대표자명: 박대박
- 사업자등록번호: 403–81–51065
- 업태: 제조
- 종목: 원단
- 사업장 주소: 경상북도 칠곡군 지천면 달서원길 16 (※ 주소 입력 시 우편번호 입력은 생략해도 무방함.)

[3] 전기분 손익계산서를 검토한 결과 다음과 같은 오류가 발견되었다. 전기분 손익계산서, 전기분 잉여금처분계산서, 전기분 재무상태표 중 관련된 부분을 수정하시오.

계정과목	틀린 금액	올바른 금액
광고선전비	3,800,000원	5,300,000원

세무사랑(주) 회사코드: 1074

세무사랑(주)(회사코드: 1074)은 부동산임대업 및 전자제품의 제조 · 도소매업을 영위하는 중소기업으로 당기(제11기) 회계기간은 2025.1.1.~2025.12.31.이다. 전산세무회계 수험용 프로그램을 이용하여 다음 물음에 답하시오.

[1] 다음 자료를 이용하여 [계정과목 및 적요등록] 메뉴에서 견본비(판매비및일반관리비) 계정과목의 현금적요를 추가로 등록하시오.

• 코드: 842	• 계정과목: 견본비	• 현금적요: 2. 전자제품 샘플 제작비 지급

[2] 세무사랑(주)의 기초 채권 및 채무의 올바른 잔액은 다음과 같다. 주어진 자료를 검토하여 잘못된 부분은 오류를 정정하고, 누락된 부분은 추가하여 입력하시오.

계정과목	거래처	금액
외상매출금	(주)홍금전기	30,000,000원
	(주)금강기업	10,000,000원
외상매입금	삼신산업	30,000,000원
	하나무역	26,000,000원
받을어음	(주)대호전자	25,000,000원

[3] 전기분 재무제표 중 아래의 계정과목에서 다음과 같은 오류를 발견하였다. 관련 재무제표를 적절하게 수정하시오.

계정과목	관련 부서	수정 전 잔액	수정 후 잔액
전력비	생산부	2,000,000원	4,200,000원
수도광열비	영업부	3,000,000원	1,100,000원

고성상사(주) 회사코드: 1084

고성상사(주)(회사코드: 1084)는 가방 등의 제조 · 도소매업 및 부동산임대업을 영위하는 중소기업으로 당기(제10기) 회계기간은 2025.1.1.~2025.12.31.이다. 전산세무회계 수험용 프로그램을 이용하여 다음 물음에 답하시오.

[1] [거래처등록] 메뉴를 이용하여 다음의 신규 거래처를 추가로 등록하시오.

• 거래처코드: 3000	• 거래처명: (주)나우전자	• 대표자: 김나우
• 사업자등록번호: 108-81-13579	• 업태: 제조	• 종목: 전자제품
• 유형: 동시	• 사업장주소: 서울특별시 서초구 명달로 104(서초동)	

※ 주소 입력 시 우편번호 입력은 생략해도 무방함.

[2] 다음 자료를 이용하여 [계정과목및적요등록]을 하시오.

• 계정과목: 퇴직연금운용자산	• 대체적요 1. 제조 관련 임직원 확정급여형 퇴직연금부담금 납입

[3] 전기분 재무상태표 작성 시 기업은행의 단기차입금 20,000,000원을 신한은행의 장기차입금으로 잘못 분류하였다. [전기분재무상태표] 및 [거래처별초기이월]을 수정, 삭제 또는 추가입력하시오.

정민상사(주) 회사코드: 1094

정민상사(주)(회사코드: 1094)는 전자제품의 제조 및 도 · 소매업을 영위하는 중소기업으로 당기(제11기)의 회계기간은 2025.1.1.~2025.12.31.이다. 전산세무회계 수험용 프로그램을 이용하여 다음 물음에 답하시오.

[1] 다음 자료를 이용하여 [거래처등록] 메뉴에 등록하시오.

- 거래처코드: 01230
- 거래처명: 태형상사
- 유형: 동시
- 사업자등록번호: 107-36-25785
- 대표자: 김상수
- 업태: 도소매
- 종목: 사무기기
- 사업장주소: 서울시 동작구 여의대방로10가길 1(신대방동)

※ 주소 입력 시 우편번호 입력은 생략해도 무방함.

[2] 정민상사(주)의 전기말 거래처별 채권 및 채무의 올바른 잔액은 다음과 같다. 주어진 자료를 검토하여 잘못된 부분은 오류를 정정하고, 누락된 부분은 추가하여 입력하시오.

채권 및 채무	거래처	금 액
받을어음	(주)원수	15,000,000원
	(주)케스터	2,000,000원
단기차입금	(주)이태백	10,000,000원
	(주)빛날통신	13,000,000원
	Champ사	12,000,000원

[3] 전기분 손익계산서를 검토한 결과 다음과 같은 오류가 발견되었다. 전기분재무제표 중 관련 재무제표를 모두 적절하게 수정 또는 삭제 및 추가입력하시오.

계정과목	오류내용
보험료	제조원가 1,000,000원을 판매비와 관리비로 회계처리

오영상사(주) 회사코드: 1104

오영상사(주)(회사코드: 1104)는 가방 등의 제조 · 도소매업 및 부동산임대업을 영위하는 중소기업으로 당기(제11기) 회계기간은 2025.1.1.~2025.12.31.이다. 전산세무회계 수험용 프로그램을 이용하여 다음 물음에 답하시오.

[1] 다음 자료를 이용하여 거래처등록의 [신용카드] 탭에 추가로 입력하시오.

> • 코드: 99850　　• 거래처명: 하나카드　　• 카드종류: 사업용카드
> • 유형: 매입　　• 카드번호: 5531-8440-0622-2804

[2] [계정과목및적요등록] 메뉴에서 여비교통비(판매비및일반관리비) 계정에 아래의 적요를 추가로 등록하시오.

> • 현금적요 6번: 야근 시 퇴근택시비 지급
> • 대체적요 3번: 야근 시 퇴근택시비 정산 인출

[3] 전기분 손익계산서를 검토한 결과 다음과 같은 오류가 발견되었다. 해당 오류와 연관된 재무제표를 모두 올바르게 정정하시오.

> 공장 생산직 사원들에게 지급한 명절 선물 세트 1,000,000원이 회계 담당 직원의 실수로 인하여 본사 사무직 사원들에게 지급한 것으로 회계처리 되어 있음을 확인하다.

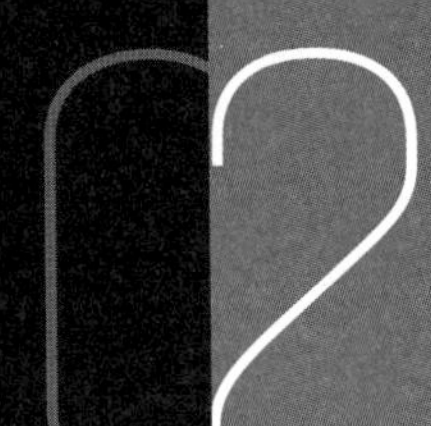

CHAPTER

일반전표입력

핵심키워드

- 일반전표입력
- 출금전표
- 입금전표
- 대체전표

■ 1회독 ■ 2회독 ■ 3회독

1 일반전표입력

1. 전표입력 개요

전표는 일반전표와 매입매출전표로 구분한다. 기업에서 일어나는 거래 중 부가가치세 신고서 및 부속 명세서에 반영하지 않는 거래는 일반전표로 입력하며, 부가가치세 신고서 및 부속 명세서와 관련된 거래는 매입매출전표로 입력한다. 일반전표로 입력된 거래는 장부 및 재무제표에 자동으로 반영된다. 전산회계 1급 시험에서는 일반전표입력과 매입매출전표입력 문항이 각각 18점의 배점으로 출제되기 때문에 매우 중요하다.

일반전표입력
부가가치세 신고와 관련이 없는 거래 입력

2. 일반전표의 입력

[일반전표입력] 메뉴를 클릭하면 다음의 화면이 나온다.

(1) 월

입력하고자 하는 전표의 해당 월을 입력하거나 ⊡ 버튼을 클릭하여 해당 월을 선택한다.

(2) 일

일자를 입력하는 방법에는 다음의 두 가지 방법이 있다.

① **해당 월만 입력한 후 일자별 거래를 연속적으로 입력하는 방법**: 상단에 월만 입력하고 일을 입력하지 않을 때에는 해당 월에 서로 다른 날의 전표를 한 번에 입력할 수 있다. 실제 시험에서 전표 입력 시에는 월까지만 입력하고 일란에 날짜를 입력하지 않는 것이 편리하다.

② **해당 월과 해당 일자를 입력한 후 일일거래를 바로 입력하는 방법**: 상단에 월과 일을 모두 입력하여 진행하는 방법이다. 동일한 화면에 하루 동안의 거래를 입력하기 때문에 특정한 날짜의 전표를 조회할 때 편리하다.

(3) 번호

전표번호는 각 일자별로 '00001'부터 자동 부여되며, 한 번 부여된 후 삭제된 번호는 다시 부여되지 않는다. 대체분개 입력 시에는 차·대변의 금액이 일치할 때까지 하나의 전표로 인식하여 동일한 번호가 부여된다. 전표번호를 수정할 때는 [SF2 번호수정] 버튼을 클릭하여 수정한다.

(4) 구분

전표 종류	표시	내용
출금전표	1.출금	현금의 지출만 있는 거래에 사용 → (차) 입력할 계정과목 (대) 현금
입금전표	2.입금	현금의 입금만 있는 거래에 사용 → (차) 현금 (대) 입력할 계정과목
대체전표	3.차변	차변에 입력하기 위해 사용
	4.대변	대변에 입력하기 위해 사용
결산전표	5.결차	결산분개의 차변에 입력하기 위해 사용
	6.결대	결산분개의 대변에 입력하기 위해 사용

전표구분
- 출금전표: 현금(−)
- 입금전표: 현금(+)

① 현금의 증감거래라고 해서 반드시 [1.출금]과 [2.입금]에 입력해야 하는 것은 아니다. 현금 계정과목을 이용하여 [3.차변]과 [4.대변]에 각각 입력해도 결과만 동일하다면 상관없다.

② [5.결차]와 [6.결대]는 기말에 결산정리분개를 프로그램에 입력하여 자동으로 반영할 때 사용하는 것으로 성격은 [3.차변], [4.대변]과 동일하다.

③ 대변의 합계와 차변의 합계가 일치하지 않으면 입력화면 하단에 대차차액이 붉은색으로 표시된다.

▶ '+'는 차변이 더 크다는 뜻이고, '−'는 대변이 더 크다는 뜻이다.

(5) 계정과목

'계정코드도움' 창에서 해당 계정과목을 찾아 [Enter↵]를 누른다.

① **계정과목 코드를 모르는 경우 1**: '계정코드'란에 커서를 놓고 [F2]를 누르면 '계정코드도움' 창이 나타난다. 검색란에 검색하고자 하는 계정과목의 앞 두 글자 또는 전부를 입력하면 입력된 단어를 포함하는 계정과목이 조회된다. 해당하는 계정과목을 클릭한 후 [확인(Enter)]을 누른다.

검색 기능
[F2]

② **계정과목 코드를 모르는 경우 2:** '계정과목'란에 커서를 놓고 입력하고자 하는 계정과목의 두 글자를 입력하고 Enter↵를 누르면 해당 글자를 포함하는 계정과목명이 조회된다. 해당하는 계정과목을 선택한 후 확인(Enter)을 누른다.

(6) **거래처**

거래처명은 거래처코드를 입력하면 자동으로 표시되며, 채권 · 채무 · 예금 관련 계정의 거래처별 잔액 또는 거래내역관리를 위하여 입력한다. 거래처관리가 필요하지 않은 일반관리비 등은 거래처코드를 입력하지 않아도 된다. 반면에 다음의 채권 · 채무는 반드시 거래처코드를 입력해야 한다.

▶ 채권 · 채무는 거래처코드를 반드시 입력해야 한다.

채권	외상매출금, 받을어음, 미수금, 선급금, 대여금, 가지급금, 임차보증금
채무	외상매입금, 지급어음, 미지급금, 선수금, 차입금, 임대보증금

① 거래처코드를 모르는 경우

- '거래처코드'란에 커서를 놓고 F2를 누르면 '거래처도움' 창이 나타난다. 검색란에 검색하고자 하는 거래처의 두 글자 또는 전부를 입력한 후 Enter↵를 눌러 해당 글자를 포함하는 거래처들이 조회되면 원하는 거래처를 선택한 후 확인(Enter)을 누른다.
- 커서를 '거래처코드'란에 놓고 '+'를 누르면 '00000'이 자동으로 표시되며 '거래처명'란으로 이동한다. 기존 거래처명을 정확히 입력하고 Enter↵를 눌러 입력한다.

② 전표입력 시 신규 거래처를 등록하는 경우

- 방법 1: '거래처코드'란에 '+'를 눌러 '00000'을 입력한 후 해당 거래처명을 입력하고 Enter↵를 누른다. '거래처등록' 창에서 거래처코드를 수정한다.

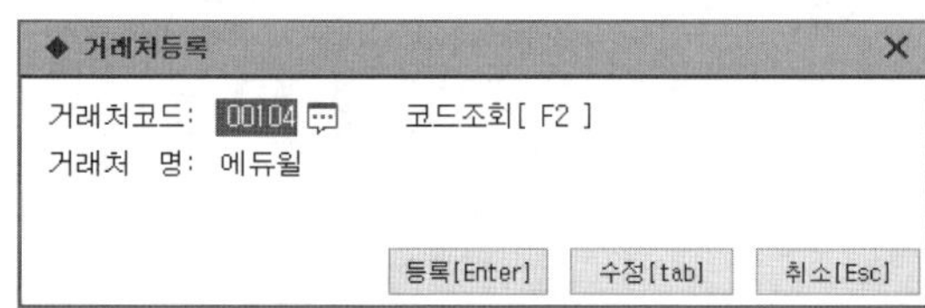

- 방법 2: '거래처코드'란에 커서를 놓고 F2를 누르면 나타나는 '거래처도움' 창에서 신규등록(F3) 버튼을 누르면 아래의 화면이 나타난다. 거래처명, 거래처유형 등을 입력한 후 확인[TAB] 버튼을 클릭한다.

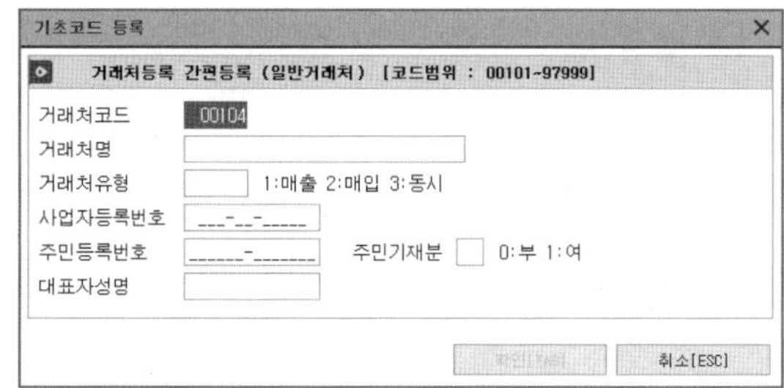

- 기존에 자동으로 부여된 정보를 수정하고자 하는 경우 아래의 화면에서 수정하여 입력할 수 있다.

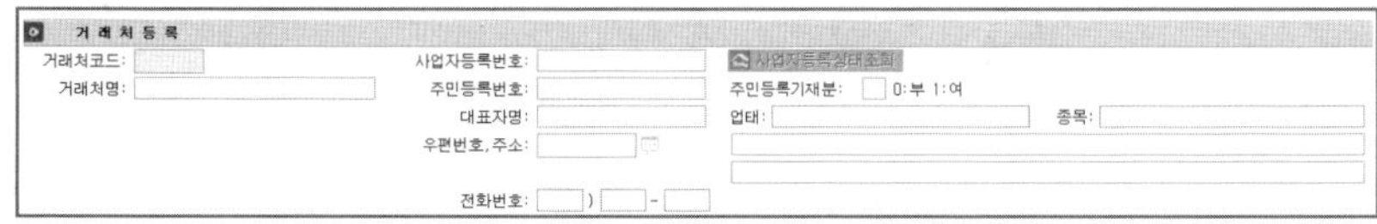

(7) 적요

적요는 거래 내용을 간단히 요약하여 전표에 표시해 주는 것으로, 저장된 적요를 선택, 등록, 수정하려면 화면 상단의 툴바에서 적요수정을 눌러 입력할 수 있다. 전산회계 1급에서는 일반적으로 적요의 입력을 생략하지만, 타계정 대체거래는 적요번호 8번을 선택하여 입력한다.

▶ 타계정 대체의 경우 적요 8을 반드시 입력해야 한다.

① **현금적요**: 구분란에 [1.출금], [2.입금]을 선택한 경우 표시된다.

② **대체적요**: 구분란에 [3.차변], [4.대변]을 선택한 경우 표시된다.

(8) 전표의 수정 및 삭제

입력된 전표를 수정하고자 하는 경우에는 수정하고자 하는 전표를 체크하고 화면 상단의 '적요수정'이나 '번호수정'을 클릭하여 수정한다. 또한 전표를 삭제하고자 하는 경우에는 전표를 체크하고 F5를 눌러 삭제할 수 있다.

프로그램 따라하기

다음은 (주)더블루(회사코드: 0102)의 거래 자료이다. 이를 일반전표입력 메뉴에 입력하시오(단, 일반전표의 모든 거래는 부가가치세를 고려하지 말 것).

[1] 3월 5일 [출금전표]

본사 직원의 야근식사비 100,000원을 하늘식당에서 현금으로 지급했다.

| 풀이 |

① '3월 5일'을 입력한 후 구분에 '1'을 입력하여 '출금'을 반영한다. 출금은 프로그램 대변에 현금이 기입되도록 명령을 내리는 것으로 대변에 현금이 입력된다.

② 코드번호에 '복리'로 검색하면 '511.복리후생비 ~ 811.복리후생비'가 조회된다. 이때 본사 직원의 야근식사비는 판매비와 관리비에 해당하므로 '811.복리후생비'를 선택한다.

③ 복리후생비는 채권, 채무의 계정과목이 아니므로 거래처를 입력할 필요는 없으며, 차변에 100,000원을 입력한다.

2025 년 03 월 5 일 변경 현금잔액: -100,000 대차차액:

□	일	번호	구분	계정과목		거래처		적요		차변	대변
□	5	00001	출금	0811	복리후생비					100,000	(현금)

[2] 3월 20일 [출금전표]

(주)미르(회사코드: 101)의 외상매입금 800,000원을 현금으로 지급하다.

| 풀이 |

① '3월 20일'을 입력한 후 구분에 '1'을 입력하여 '출금'을 반영한다.

② 외상매입금은 채권, 채무의 계정과목이므로 거래처를 입력해야 한다. '거래처코드'란에서 F2를 눌러 '(주)미르'를 검색하여 입력한 후 차변에 '800,000'을 입력한다.

2025 년 03 월 20 일 변경 현금잔액: -900,000 대차차액:

□	일	번호	구분	계정과목		거래처		적요		차변	대변
□	20	00001	출금	0251	외상매입금	00101	(주)미르			800,000	(현금)

[3] 4월 5일 [입금전표]

(주)K스포츠로부터 외상매출금 2,000,000원을 현금으로 수취하였다.

| 풀이 |

① '4월 5일'을 입력한 후 구분에 '2'를 입력하여 '입금'을 반영한다. '입금'은 프로그램 차변에 현금이 기입되도록 명령을 내리는 것으로 차변에 현금이 입력된다.

② 외상매출금은 채권, 채무의 계정과목이므로 거래처를 입력해야 한다. '거래처코드'란에서 F2를 눌러 '(주)K스포츠'를 검색하여 입력한 후 대변에 '2,000,000'을 입력한다.

2025 년 04 월 5 일 변경 현금잔액: 1,100,000 대차차액:

□	일	번호	구분	계정과목		거래처		적요		차변	대변
□	5	00001	입금	0108	외상매출금	00102	(주)K스포츠			(현금)	2,000,000

[4] 4월 22일 [입금전표+거래처등록]

거래처 (주)비덱으로부터 다음 달 말일에 지급하기로 하고 현금 10,000,000원을 차입하다(거래처코드 103번에 (주)비덱을 신규등록할 것).

▶ 구분에서 '3'을 입력하여 '차변'을 만들고, '4'를 입력하여 '대변'을 만들어 입력해도 상관없다. 수험 목적에서는 출금으로 입력하는 것보다 차변과 대변을 만들어 입력하는 방식을 추천한다.

▶ 511.복리후생비는 제조원가에, 811.복리후생비는 판매비와 관리비에 해당한다. 비용을 입력할 때 제조원가와 판매비와 관리비를 구분하여 입력해야 한다.

| 풀이 |

① '4월 22일'을 입력한 후 구분에 '2'를 입력하여 '입금'을 반영한다.

② 다음 달 말에 지급하는 차입금은 단기차입금이며 단기차입금은 채권, 채무의 계정과목이므로 거래처코드를 입력해야 한다. 신규 거래처 등록 방법은 메인화면의 [거래처등록] 메뉴에 들어가서 거래처를 입력하는 방법과 [일반전표입력]에서 바로 입력하는 방법이 있다. [일반전표입력]에서 바로 거래처를 등록할 때에는 채권, 채무의 '거래처코드'란에서 '+'를 눌러 '00000'을 입력한 후(혹은 '거래처코드'란에 '00000'을 입력) '거래처명'에 해당 거래처를 입력하고 Enter↵를 누르면 나오는 '거래처등록' 창에서 거래처코드를 수정한다.

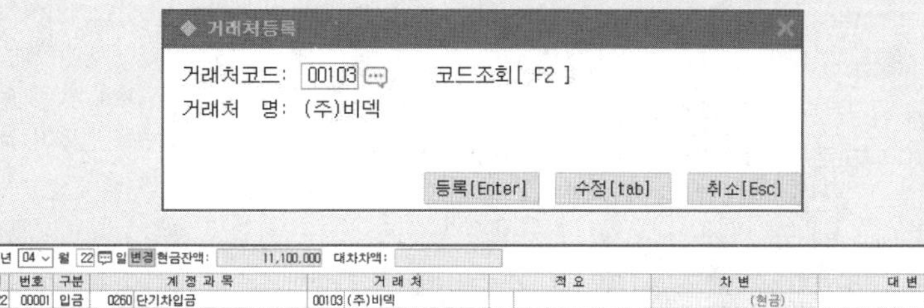

2025 년 04 월 22 일 변경 현금잔액: 11,100,000 대차차액:

□	일	번호	구분	계 정 과 목	거 래 처	적 요	차 변	대 변
□	22	00001	입금	0260 단기차입금	00103 (주)비덱		(현금)	10,000,000

[5] 5월 10일 [대체전표]

공장 직원과 회식을 하고 회식비 300,000원을 신한카드(거래처코드: 99601)로 결제하다.

| 풀이 |

① '5월 10일'을 입력한 후 구분에 '3'을 입력하여 '차변'을 반영한다.

② '계정과목'란에 '복리'로 검색하면 '511.복리후생비 ~ 811.복리후생비'가 조회된다. 여기서 공장 직원의 회식비이므로 '511.복리후생비'를 선택한 후 '300,000'을 입력한다.

③ 다음 행의 구분에 '4'를 입력하여 '대변'을 반영한다.

④ 미지급금은 채권, 채무의 계정과목이므로 거래처코드를 입력해야 한다. 거래처코드란에서 F2를 눌러 '신한카드'를 검색하여 입력한 후 대변에 '300,000'을 입력한다.

2025 년 05 월 10 일 변경 현금잔액: 11,100,000 대차차액:

□	일	번호	구분	계 정 과 목	거 래 처	적 요	차 변	대 변
□	10	00001	차변	0511 복리후생비			300,000	
□	10	00001	대변	0253 미지급금	99601 신한카드			300,000

2 일반전표 유형별 연습

2의 일반전표 유형별 연습에서 나오는 연습문제는 (주)플레이그라운드(회사코드: 0103)에 입력한다.

1. 비용의 구분(제조원가와 판매비와 관리비)

비용 계정과목을 입력할 때에는 '제조원가'와 '판매비와 관리비'를 구분하여야 한다(이하 제조원가는 '제', 판매비와 관리비는 '판'으로 칭함).

+ 제조원가 vs. 판매비와 관리비

제조원가	공장에서 발생한 원가	500번대 경비(제)
판매비와 관리비	공장 이외(본사, 사무실)에서 발생한 원가	800번대 경비(판)

계정과목	내용
복리후생비(제, 판)	직원과 관련된 식사 · 회식 · 경조사비 · 선물구입비용 · 야유회비용 등
기업업무추진비	거래처와 관련된 식사 · 회식 · 경조사비 · 선물구입비용 · 야유회비용 등 ① 매입거래처 관련 기업업무추진비: 제조원가(제) ② 판매거래처 관련 기업업무추진비: 판매비와 관리비(판)
수도광열비/ 가스수도료/전력비	① 수도광열비(판): 사무실 및 본사에서 발생한 수도 · 전기 · 가스요금, 난방용 석유 ② 가스수도료(제): 공장에서 발생한 수도 · 가스요금, 난방용 석유 ③ 전력비(제): 공장에서 발생한 전기요금
인건비	① 급여(판): 본사 직원에게 근로의 대가로 지급하는 금액 ② 임금(제): 공장 직원에게 근로의 대가로 지급하는 금액 ③ 상여금(제, 판): 기본급 이외로 지급하는 성과금 ④ 퇴직급여(제, 판): 직원이 퇴직할 때 지급하는 금액 ⑤ 잡급(제, 판): 일용직 근로자에게 근로의 대가로 지급하는 금액
통신비(제, 판)	전화요금, 휴대전화요금, 인터넷 사용요금, 우편료 등 이용금액
세금과공과(제, 판)	국가 및 지방자치단체에 대한 세금과 기타 공과금 및 협회비 등 (예 재산세, 자동차세, 상공회의소회비, 협회비 등)
임차료(제, 판)	부동산 등을 임차하고 지급하는 금액
여비교통비(제, 판)	업무상 교통비와 출장경비의 지급금액
감가상각비(제, 판)	유형자산의 감가상각 대상금액을 내용연수 동안 비용으로 배분하는 금액
수선비(제, 판)	건물, 기계장치 등의 수리비용
광고선전비(판)	판매를 촉진시키기 위한 광고, 홍보, 선전 등을 위한 지출액
대손상각비(판)	매출채권(외상매출금 + 받을어음)의 회수 불능으로 인한 비용
수수료비용(제, 판)	용역을 제공받고 지급하는 수수료 금액
보험료(제, 판)	보험료 지급금액
차량유지비(제, 판)	차량의 유지 관련 지출(예 유류비, 자동차 소모품 교체비용, 자동차 수리비용)
교육훈련비(제, 판)	직원들의 교육 및 훈련과 관련된 지출
도서인쇄비(제, 판)	서적 구입, 신문대금, 단순인쇄 및 단순현상비용
외주가공비(제)	제품제조의 외주가공을 의뢰하고 지급한 금액(예 임가공비)
운반비	① 매입운임: 재고자산의 취득원가 ② 판매운임: 판매비와 관리비

수도광열비/가스수도료/전력비
- 수도광열비(판): 사무실 및 본사 관련 수도 · 전기 · 가스요금, 난방용 석유
- 가스수도료(제): 공장 관련 수도 · 가스요금, 난방용 석유
- 전력비(제): 공장 관련 전기요금

▶ 광고를 위한 인쇄와 현상비용은 광고선전비에 해당한다.

차량 관련 지출
- 차량유지비: 차량유지 관련 비용
- 보험료: 차량보험료
- 세금과공과: 자동차세
- 차량운반구: 차량취득 부대비용

운반비
- 매입운임: 취득원가
- 판매운임: 판매비와 관리비

연습문제

[1] 1월 7일
의류판매를 위한 광고전단지를 한국기획에서 제작하고, 전단지 제작비 600,000원을 1개월 후에 지급하기로 하였다.

[2] 1월 9일
판매장의 화재에 대비하기 위하여 화재손해보험에 가입하고 1년분 보험료 480,000원을 보통예금 계좌로 이체하여 지급하였다(모두 비용으로 처리할 것).

[3] 1월 12일

회사 창립일을 맞이하여 영업사원 선물용 과일바구니 500,000원과 매입거래처 선물용 홍삼 세트 200,000원을 국민카드로 결제하였다.

[4] 1월 13일

영업부 사무실에 대한 12월분(기간: 12/1 ~ 12/31) 임차료 250,000원을 보통예금 계좌에서 이체하여 지급하였다.

[5] 1월 14일

하나갈비에서 공장 직원 회식 후 식사대 200,000원을 신용카드(하나카드)로 결제하였다.

[6] 1월 15일

마포구청에 영업 관련 공과금 800,000원을 수표를 발행하여 지불하였다.

| 풀이 |

번호	차변	금액(원)	대변	금액(원)
[1]	광고선전비(판)	600,000	미지급금[한국기획]	600,000
[2]	보험료(판)	480,000	보통예금	480,000
[3]	복리후생비(판)	500,000	미지급금[국민카드]	700,000
	기업업무추진비(제)	200,000		
[4]	임차료(판)	250,000	보통예금	250,000
[5]	복리후생비(제)	200,000	미지급금[하나카드]	200,000
[6]	세금과공과(판)	800,000	당좌예금	800,000

▶ 직원용 선물은 복리후생비(제, 판), 거래처용 선물은 기업업무추진비(제, 판)로 처리한다.

2. 금전대차거래

(1) 채권자(대여금)

금전을 대여한 경우 대여금이라는 채권으로 인식하며, 거래처를 반드시 입력해야 한다. 또한 대여금의 경우 단기대여금과 장기대여금을 구분하여 입력한다. 향후 채권자에게 이자수익이 발생한다.

(2) 채무자(차입금)

금전을 차입한 경우 차입금이라는 채무로 인식하며, 거래처를 반드시 입력해야 한다. 또한 차입금의 경우 단기차입금과 장기차입금을 구분하여 입력한다. 향후 채무자에게 이자비용이 발생한다.

금전대차거래

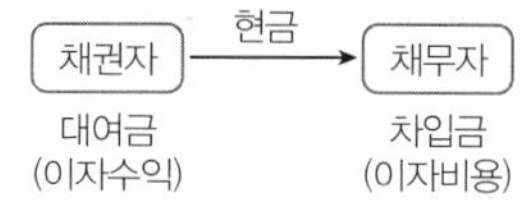

연습문제

[7] 2월 1일

거래처 장암상사에 1년 이내에 회수하기로 하고 대여금 1,000,000원을 보통예금에서 송금하였다.

[8] 3월 1일

장암상사에 2월 1일에 대여한 1,000,000원을 회수함과 동시에 이자 100,000원을 현금으로 회수하였다.

[9] 2월 2일

기업은행에서 다음 달 말에 지급하기로 하고 2,000,000원을 차입하여 당좌예금에 입금받았다.

[10] 3월 1일

기업은행에서 차입한 단기차입금 2,000,000원을 상환함과 동시에 이자 50,000원을 보통예금에서 이체하여 지급하였다.

| 풀이 |

번호	차변	금액(원)	대변	금액(원)
[7]	단기대여금[장암상사]	1,000,000	보통예금	1,000,000
[8]	현금	1,100,000	단기대여금[장암상사]	1,000,000
			이자수익	100,000
[9]	당좌예금	2,000,000	단기차입금[기업은행]	2,000,000
[10]	단기차입금[기업은행]	2,000,000	보통예금	2,050,000
	이자비용	50,000		

3. 재고자산의 취득

재고자산 취득 시 취득부대비용은 재고자산의 취득원가에 가산하며, 취득부대비용에는 취득 시 발생하는 관세, 매입운임, 하역료, 통관수수료 등이 해당한다. 전산회계 1급은 제조업을 기준으로 하므로 재고자산의 매입은 원재료 계정을 사용한다. 재고자산을 외상으로 매입한 경우 외상매입금 계정을 사용하며, 어음을 발행한 경우에는 지급어음 계정을 사용한다. 이러한 외상매입금과 지급어음은 채무에 해당하므로 반드시 거래처를 입력하여야 한다.

재고자산 취득원가
=매입액 + 취득부대비용 − 매입할인 등

연습문제

[11] 3월 1일

원재료 1,000,000원을 (주)서준에서 외상으로 매입하고 매입운임 100,000원과 관세 20,000원을 수표를 발행하여 지급하였다.

[12] 4월 1일

원재료 통관과 관련된 통관수수료 100,000원과 관세 50,000원을 현금으로 지급하였다.

| 풀이 |

번호	차변	금액(원)	대변	금액(원)
[11]	원재료	1,120,000	외상매입금[(주)서준]	1,000,000
			당좌예금	120,000
[12]	원재료	150,000	현금	150,000

4. 가지급금/가수금

(1) 가지급금

가지급금은 현금이 유출되었으나 그 원인을 모르거나 지출 금액이 확정되지 않았을 때 사용하는 임시 자산 계정이다. 향후 그 원인이 밝혀지거나 금액이 확정되면 관련 계정으로 대체해야 한다. 가지급금의 경우 거래처코드를 반드시 입력해야 한다.

▶ 가지급금은 반드시 거래처를 입력해야 한다.

(2) 가수금

가수금은 회사에 현금 또는 예금이 입금되었으나 그 원인을 알 수 없는 경우에 사용하는 임시 부채 계정이다. 향후 그 원인이 밝혀지면 적절한 계정과목으로 대체해야 한다.

▶ 가수금은 거래처를 입력하지 않는다.

연습문제

[13] 3월 1일
지방으로 출장가는 영업사원 김영수 씨에게 임시로 현금 200,000원을 가지급하였다.

[14] 3월 10일
출장을 갔던 영업사원 김영수 씨가 출장비 200,000원 중 170,000원을 사용하고, 나머지는 회사에 현금으로 반납하였다.

[15] 4월 1일
회사의 보통예금에 1,000,000원이 입금되었으나 그 원인을 알 수 없다.

[16] 4월 5일
4월 1일 보통예금에 입금된 1,000,000원의 원인은 거래처 (주)예준의 외상대금 회수액이다.

| 풀이 |

번호	차변	금액(원)	대변	금액(원)
[13]	가지급금[김영수]	200,000	현금	200,000
[14]	여비교통비(판)	170,000	가지급금[김영수]	200,000
	현금	30,000		
[15]	보통예금	1,000,000	가수금	1,000,000
[16]	가수금	1,000,000	외상매출금[(주)예준]	1,000,000

5. 외상매출금의 회수

외상매출금을 회수하거나 받을어음으로 대체하는 경우를 말하며, 외상매출금 및 받을어음은 채권에 해당하므로 거래처코드를 반드시 입력해야 한다.

연습문제

[17] 4월 1일
(주)서준의 외상매출금 5,000,000원을 6개월 만기의 어음으로 받았다.

[18] 5월 1일
(주)서준의 외상매출금 10,000,000원 중 3,000,000원은 보통예금에 입금받았고, 나머지 7,000,000원은 (주)서준이 발행한 수표로 받았다.

| 풀이 |

번호	차변	금액(원)	대변	금액(원)
[17]	받을어음[(주)서준]	5,000,000	외상매출금[(주)서준]	5,000,000
[18]	보통예금	3,000,000	외상매출금[(주)서준]	10,000,000
	현금	7,000,000		

▶ 타사에서 발행한 수표는 현금으로 처리한다.

6. 매출할인(매출차감 항목)

매출할인은 외상대금을 조기에 회수한 경우 약정에 의해 할인해 주는 것을 말한다. 예를 들어 (2/10, n/15) 조건은 만기는 15일이며, 10일 안에 대금을 지급하면 2%를 할인해 준다는 의미이다. 매출할인은 외상거래(외상매출금)에서만 발생하며, 제품매출할인은 '406. 매출할인', 상품매출할인은 '403.매출할인'을 적용하여 입력해야 한다.

매출할인

코드	계정과목
406	제품매출할인
403	상품매출할인

연습문제

[19] 5월 1일

매출거래처 (주)예준의 제품 외상대금 5,000,000원을 회수하면서 약정기일보다 빠르게 회수하여 2%를 할인해 주고, 대금은 보통예금 계좌로 입금되었다.

| 풀이 |

번호	차변	금액(원)	대변	금액(원)
[19]	보통예금	4,900,000	외상매출금[(주)예준]	5,000,000
	매출할인(406)	100,000		

7. 어음 관련 회계

(1) 어음의 회수

어음의 만기 시 어음금액을 회수하며, 이때 금융기관에 지급하는 추심수수료는 수수료비용(800번대)으로 처리한다.

어음의 회수 회계처리

(차) 현금 ××
수수료비용(판) ××
(대) 받을어음 ××

(2) 어음의 부도

받을어음의 부도가 발생하는 경우 받을어음을 부도어음과 수표로 대체하며 반드시 거래처를 입력해야 한다.

어음의 부도 회계처리

(차) 부도어음과 수표 ××
(대) 받을어음 ××

(3) 어음의 할인

어음의 만기일 이전에 금융기관에서 어음을 현금화하는 거래를 어음의 할인이라 한다. 어음의 할인은 실질적으로 어음의 위험과 보상이 이전되었는지의 여부에 따라 매각거래와 차입거래로 구분된다.

① 매각거래: 어음의 위험과 보상이 이전된 거래로, 받을어음을 장부에서 제거해야 한다. 어음의 액면금액과 현금수취액의 차이로 발생하는 손실을 매출채권처분손실로 처리한다.

② 차입거래: 어음의 위험과 보상이 이전되지 않은 거래로, 받을어음을 장부에서 제거하면 안 된다. 차입거래의 경우 돈을 차입한 거래로 보아 단기차입금이라는 부채가 발생하고, 단기차입금과 현금수취액의 차이는 차입금의 비용인 이자비용으로 처리한다.

어음의 할인 회계처리

• 매각거래

(차) 현금 ××
매출채권처분손실 ××
(대) 받을어음 ××

• 차입거래

(차) 현금 ××
이자비용
(대) 단기차입금 ××

연습문제

[20] 5월 1일

(주)서준이 발행한 어음 1,000,000원이 만기되어 금융기관에 추심수수료 2,000원을 차감하고 잔액은 보통예금에 입금되었다.

[21] 6월 1일

(주)미르가 발행한 어음 2,200,000원이 부도처리되었다는 것을 금융기관으로부터 통보받았다.

[22] 6월 1일

(주)서준에서 받은 받을어음 5,000,000원을 기업은행에서 할인하고 할인료 120,000원을 제외한 전액을 당좌예금으로 송금받았다(단, 매각거래로 처리할 것).

[23] 6월 3일

영업활동상 (주)예준의 받을어음 3,000,000원을 기업은행에서 할인하고 할인료 100,000원을 제외한 금액을 현금으로 수취하였다(단, 차입거래로 처리할 것).

| 풀이 |

번호	차변	금액(원)	대변	금액(원)
[20]	보통예금	998,000	받을어음[(주)서준]	1,000,000
	수수료비용(판)	2,000		
[21]	부도어음과 수표[(주)미르]	2,200,000	받을어음[(주)미르]	2,200,000
[22]	당좌예금	4,880,000	받을어음[(주)서준]	5,000,000
	매출채권처분손실	120,000		
[23]	현금	2,900,000	단기차입금[기업은행]	3,000,000
	이자비용	100,000		

8. 매입채무(외상매입금, 지급어음)의 상환

외상매입금의 상환은 현금 지급 또는 어음을 발행하여 지급하거나 받을어음을 배서양도하여 지급할 수 있다.

어음의 구분
- 자회사 발행어음: 지급어음
- 타회사 발행어음: 받을어음

연습문제

[24] 6월 2일

거래처 (주)예준의 외상매입금 중 3,000,000원을 당사 발행 약속어음으로 지급하였다.

[25] 6월 5일

거래처 (주)예준의 외상매입금 5,000,000원을 지급하기 위해 (주)서준이 발행한 어음 4,000,000원을 배서양도하고 나머지는 수표를 발행하여 지급하였다.

| 풀이 |

번호	차변	금액(원)	대변	금액(원)
[24]	외상매입금[(주)예준]	3,000,000	지급어음[(주)예준]	3,000,000
[25]	외상매입금[(주)예준]	5,000,000	받을어음[(주)서준]	4,000,000
			당좌예금	1,000,000

9. 매입할인(매입차감 항목)

매입할인은 외상대금을 조기에 지급한 경우 약정에 의해 할인받는 것을 말한다. 예를 들어 (2/10, n/15) 조건은 '만기는 15일이며, 10일 안에 대금을 지급하면 2%를 할인해 준다'는 의미이다. 매입할인은 외상거래(외상매입금)에서만 발생하며, 원재료매입할인은 '155.매입할인', 상품매입할인은 '148.매입할인'을 적용하여 입력해야 한다.

매입할인

코드	계정과목
155	원재료매입할인
148	상품매입할인

연습문제

[26] 6월 12일

원재료 매입처 (주)예준의 외상매입금 3,000,000원에 대하여 약정에 따라 60,000원을 할인받고 잔액은 현금으로 지급하였다.

| 풀이 |

번호	차변	금액(원)	대변	금액(원)
[26]	외상매입금[(주)예준]	3,000,000	매입할인(155)	60,000
			현금	2,940,000

10. 타계정 대체

타계정 대체란 재고자산(원재료, 상품, 제품 등)이 판매 이외의 목적으로 사용된 것을 의미한다. 타계정 대체 시 적요에 '8.타계정으로 대체'를 입력해야 하며, 금액은 원가를 적용한다. 만약 적요를 입력하지 않은 경우 매출로 인식하기 때문에 매출원가가 과대계상된다.

▶ 타계정 대체의 경우 적요 8번을 반드시 입력해야 한다.

연습문제

[27] 3월 1일

당사에서 보유 중인 제품 300,000원(원가)을 공장 직원들의 복리를 위해 공장 구내식당에 설치하였다.

[28] 4월 1일

회사가 보유 중인 제품(원가 500,000원, 시가 700,000원)을 고아원에 기부하였다.

| 풀이 |

번호	차변	금액(원)	대변	금액(원)
[27]	복리후생비(제)	300,000	제품(적요 8)	300,000
[28]	기부금	500,000	제품(적요 8)	500,000

11. 대손회계

(1) 설정(결산조정사항)

대손설정에 대한 분개는 기말결산수정분개에 해당하므로, 이는 CHAPTER 06 결산자료입력에서 학습하기로 한다.

① 설정 전 대손충당금 < 설정 후 대손충당금

(차) 대손상각비	×××	(대) 대손충당금	×××

② 설정 전 대손충당금 > 설정 후 대손충당금

(차) 대손충당금	×××	(대) 대손충당금환입	×××

설정금액 계산

- 설정 후 대손충당금 ×××
- 설정 전 대손충당금 (×××)

설정액 ×××

(2) **매출채권 대손 시 회계처리**

① 대손발생 시 회계처리는 대변에서는 채권을 감소시키고, 차변에서는 우선 대손충당금을 감소시킨다.

② 입력 시 대손충당금의 잔액은 합계잔액시산표에서 조회하여 확인하며, 대손충당금을 초과하여 대손이 발생한 경우 대손상각비(800번대)를 사용한다.

③ 외상매출금에 대한 대손충당금은 109번, 받을어음에 대한 대손충당금은 111번으로 코드번호를 구분하여 적용한다.

매출채권 대손 회계처리

(차) 대손충당금 ××
대손상각비 ××
(대) 외상매출금(받을어음) ××

매출채권의 대손충당금

• 외상매출금의 대손충당금: 109
• 받을어음의 대손충당금: 111

(3) **기타채권 대손 시 회계처리**

기타채권은 대여금 및 미수금을 의미하며, 이 경우 기타채권에 설정된 대손충당금을 우선적으로 감소시킨 후 이를 초과하여 대손이 발생하는 경우 기타의 대손상각비(900번대)로 처리한다.

기타채권 대손 회계처리

(차) 대손충당금 ××
기타의 대손상각비 ××
(대) 대여금(미수금) ××

(4) **당기 대손채권의 회수**

당기에 대손처리한 채권을 회수하는 경우 대손처리한 분개의 역분개를 수행한다.

(5) **전기 대손채권의 회수**

전기에 대손처리한 채권을 회수하는 경우 대변에 대손충당금을 증가시킨다.

전기 대손채권 회계처리

(차) 현금 ××
(대) 대손충당금 ××

연습문제

[29] 5월 12일

매출처 (주)블루K에 대한 외상매출금 2,500,000원이 거래처의 파산으로 인해 대손처리되었다(단, 장부상 대손충당금 잔액은 2,000,000원임).

[30] 5월 22일

매출처 (주)K스포츠의 파산으로 인해 받을어음 5,000,000원을 대손처리하였다(단, 장부상 대손충당금 잔액은 3,000,000원임).

[31] 5월 25일

(주)비덱에 빌려준 단기대여금 3,000,000원을 거래처의 파산으로 인하여 대손처리하였다(단, 장부상 단기대여금에 대한 대손충당금 잔액은 없음).

[32] 5월 30일

전기에 대손처리한 외상매출금 중 일부인 1,000,000원을 현금으로 회수하였다.

| 풀이 |

번호	차변	금액(원)	대변	금액(원)
[29]	대손충당금(109)	2,000,000	외상매출금[(주)블루K]	2,500,000
	대손상각비(판)	500,000		
[30]	대손충당금(111)	3,000,000	받을어음[(주)K스포츠]	5,000,000
	대손상각비(판)	2,000,000		
[31]	기타의 대손상각비 (영업외비용)	3,000,000	단기대여금[(주)비덱]	3,000,000
[32]	현금	1,000,000	대손충당금(109)	1,000,000

12. 유형자산

(1) 유형자산의 취득

유형자산의 취득원가는 유형자산의 매입액에 취득부대비용을 가산한 금액을 취득원가로 한다. 유형자산의 취득부대비용에는 취득 관련 세금(취득세, 등록세, 관세)과 매입운임, 취득 관련 수수료 등이 있다.

(2) 유형자산의 취득 후 지출

① **자본적 지출**: 자산의 가치가 증대되는 지출(자산처리)

예 내용연수의 증대, 개량, 증설

② **수익적 지출**: 자산의 가치가 증대되지 않는 지출(비용처리)

예 현상유지, 소모품 교체

유형자산의 취득원가
=매입액 + 취득부대비용 − 매입할인 등

▶ 재산세의 경우 유형자산의 취득 후와 관련된 세금이므로 세금과공과(비용)로 인식한다.

자본적 지출 vs. 수익적 지출
• 자본적 지출: 자산처리
• 수익적 지출: 비용처리

연습문제

[33] 5월 2일
영업부에서 사용할 승용차를 (주)서준모토스에서 10개월 할부로 20,000,000원에 구입하고, 구입대금과는 별도로 발생한 취득세 400,000원을 현금으로 지급하였다.

[34] 5월 5일
사무실에서 사용할 에어컨을 3,000,000원에 (주)예준에서 구입하고 대금은 다음 달에 지급하기로 하였다. 구입대금과 별도로 에어컨 설치비용 100,000원을 현금으로 지급하였다.

[35] 5월 10일
새로 구입한 업무용 차량의 등록과 관련하여 취득세 800,000원과 등록세 300,000원을 현금으로 지급하였다.

[36] 6월 1일
회사의 본사 벽면이 노후되어 도색작업을 새로 하고 이에 대한 비용 2,000,000원을 현금으로 결제하였다(단, 수익적 지출로 처리할 것).

[37] 7월 1일
기계장치의 핵심부품을 교체하고 10,000,000원을 현금으로 지급하였다(단, 자본적 지출로 처리할 것).

| 풀이 |

번호	차변	금액(원)	대변	금액(원)
[33]	차량운반구	20,400,000	미지급금[(주)서준모토스]	20,000,000
			현금	400,000
[34]	비품	3,100,000	미지급금[(주)예준]	3,000,000
			현금	100,000
[35]	차량운반구	1,100,000	현금	1,100,000
[36]	수선비(판)	2,000,000	현금	2,000,000
[37]	기계장치	10,000,000	현금	10,000,000

13. 현금과부족

현금은 주기적으로 현금의 장부와 실제 현금이 일치하는지 확인한다. 이때 실제 현금과 장부상 현금에 차이가 발생하면, 장부상 현금을 실제 현금과 일치하도록 조정하고 그 차이를 현금과부족(임시 계정)으로 처리한다. 향후 현금과부족의 원인이 밝혀지면 적절한 계정과목으로 대체하며, 결산일까지 원인이 밝혀지지 않으면 현금과부족을 잡손실 또는 잡이익으로 대체한다.

▶ 현금과부족은 임시 계정으로 결산 시 다른 계정으로 대체한다.

연습문제

[38] 3월 1일
현금의 장부상 금액은 1,000,000원이며, 실제 현금 잔액은 900,000원이다.

[39] 4월 1일
현금 부족액 중 일부는 직원 회식비(영업부) 70,000원이 누락된 것임이 밝혀졌다.

[40] 12월 31일
현금과부족 나머지 금액의 원인은 밝혀지지 않았다.

| 풀이 |

번호	차변	금액(원)	대변	금액(원)
[38]	현금과부족	100,000	현금	100,000
[39]	복리후생비(판)	70,000	현금과부족	70,000
[40]	잡손실	30,000	현금과부족	30,000

14. 소모품

소모품을 구입하는 경우 자산으로 처리하는 방법과 비용으로 처리하는 방법 두 가지가 존재한다. 자산으로 처리하는 경우에는 소모품(자산) 계정을, 비용으로 처리하는 경우에는 소모품비(비용) 계정을 사용한다. 비용으로 처리하는 경우 공장에서 발생한 소모품비는 제조원가로, 공장 이외에서 발생한 것은 판매비와 관리비로 처리한다. 향후 CHAPTER 06 결산자료입력에서 기말 소모품에 대한 수정분개를 다루도록 하겠다.

소모품 구입 시
- 자산처리: 소모품
- 비용처리: 소모품비(제, 판)

연습문제

[41] 3월 1일
공장에 사용하기 위해 소모품 500,000원을 구입하고 현금으로 지급하였다(단, 자산으로 처리할 것).

[42] 4월 1일
본사에서 사용하기 위해 소모품 100,000원을 구입하고 보통예금에서 지급하였다(비용으로 처리할 것).

| 풀이 |

번호	차변	금액(원)	대변	금액(원)
[41]	소모품	500,000	현금	500,000
[42]	소모품비(판)	100,000	보통예금	100,000

15. 유형자산의 처분

유형자산 처분 시 먼저 유형자산의 처분손익을 계산한다.

> 유형자산처분손익 = 순처분가(처분가 – 처분 관련 비용)
> – 장부금액(취득원가 – 감가상각누계액)

유형자산 처분 시 회계처리는 대변에 유형자산을 취득원가로 감소시키고, 차변에 감가상각누계액을 감소시킨다. 이때 감가상각누계액은 해당 유형자산 관련 감가상각누계액 계정을 입력해야 한다. 그리고 현금 등 수취액이 발생하면 그 차액이 유형자산처분손익이 되며, 이를 계산한 유형자산처분손익과 비교하면 오류를 검증할 수 있다.

유형자산처분손익
=순처분가(처분가 – 처분 관련 비용)
– 장부금액(취득원가 – 감가상각누계액)

연습문제

[43] 3월 1일
운반용 트럭을 처분하고 매각대금 7,000,000원을 현금으로 수령하였다. 처분한 트럭의 취득원가는 15,000,000원이고 감가상각누계액은 9,000,000원이다.

[44] 4월 1일
회사 본사로 사용하던 건물을 100,000,000원에 매각하면서 20,000,000원은 현금으로 받고, 나머지 80,000,000원은 당좌예금에 입금되었다. 건물의 취득원가는 150,000,000원이며, 감가상각누계액은 30,000,000원이다.

| 풀이 |

번호	차변	금액(원)	대변	금액(원)
[43]	현금	7,000,000	차량운반구	15,000,000
	감가상각누계액(209)	9,000,000	유형자산처분이익	1,000,000*1
[44]	현금	20,000,000	건물	150,000,000
	당좌예금	80,000,000		
	감가상각누계액(203)	30,000,000		
	유형자산처분손실	20,000,000*2		

*1 7,000,000원 – (15,000,000원 – 9,000,000원) = 1,000,000원(이익)
*2 100,000,000원 – (150,000,000원 – 30,000,000원) = – 20,000,000원(손실)

16. 무형자산

구분	계정과목
연구단계 지출	연구비(비용, 제, 판)
자산인식요건 충족 시	개발비(무형자산)
자산인식요건 미충족 시	경상개발비(비용, 제, 판)

무형자산
- 연구단계: 연구비(비용)
- 개발단계
  – 요건 충족 ○: 개발비(무형자산)
  – 요건 충족 ×: 경상개발비(비용)

연습문제

[45] 9월 1일
서울대학교에 의뢰한 신제품 개발에 따른 연구용역비 10,000,000원을 보통예금에서 인터넷 뱅킹으로 이체하여 지급하였다(단, 자산으로 회계처리할 것).

| 풀이 |

번호	차변	금액(원)	대변	금액(원)
[45]	개발비	10,000,000	보통예금	10,000,000

17. 투자부동산

장기투자 목적으로 부동산을 구입한 경우 투자부동산 계정을 사용한다.

투자부동산
투자 목적+부동산

연습문제

[46] 3월 1일

(주)서준으로부터 투자 목적으로 토지를 100,000,000원에 구입하였다. 10,000,000원은 현금으로, 나머지는 약속어음을 발행하여 지급하고 당일 취득세 및 등록세 7,000,000원은 당좌수표를 발행하여 지급하였다.

[47] 5월 1일

3월 1일 취득한 투자 목적의 토지를 (주)예준에 120,000,000원에 매각하고 대금은 약속어음으로 받았다.

| 풀이 |

번호	차변	금액(원)	대변	금액(원)
[46]	투자부동산	107,000,000	현금	10,000,000
			미지급금[(주)서준]	90,000,000
			당좌예금	7,000,000
[47]	미수금[(주)예준]	120,000,000	투자부동산	107,000,000
			투자자산처분이익	13,000,000

▶ 일반적인 상거래 외의 목적으로 발행한 어음은 미지급금으로 처리한다.

▶ 일반적인 상거래 외의 거래에서 받은 어음은 미수금으로 처리한다.

18. 자산수증이익/채무면제이익

(1) 자산수증이익

회사가 주주 등에게 자산을 무상으로 증여받은 경우 자산의 취득원가는 취득시점의 공정가치로 측정하며, 동 금액을 자산수증이익으로 처리한다.

(2) 채무면제이익

회사가 채무자에게 채무를 면제받은 경우 채무를 감소시키고 동 금액을 채무면제이익으로 처리한다.

자산수증이익 회계처리
(차) 자산 계정 ××
(대) 자산수증이익 ××

채무면제이익 회계처리
(차) 부채 계정 ××
(대) 채무면제이익 ××

연습문제

[48] 4월 2일

회사는 대주주에게 공장용으로 사용할 토지를 무상으로 증여받았다. 토지의 공정가치는 100,000,000원이며, 소유권 이전비용으로 5,000,000원을 현금으로 지출하였다.

[49] 5월 1일

회사는 단기차입금 10,000,000원 중 7,000,000원은 보통예금에서 지급하였으며, 나머지 금액은 국민은행으로부터 면제받았다.

| 풀이 |

번호	차변	금액(원)	대변	금액(원)
[48]	토지	105,000,000	자산수증이익	100,000,000
			현금	5,000,000
[49]	단기차입금[국민은행]	10,000,000	보통예금	7,000,000
			채무면제이익	3,000,000

19. 원천징수

원천징수란 소득을 지급하는 자가 소득 지급 시 정부에 납부할 일정액을 공제한 후 지급하는 제도이다. 원천징수제도는 정부 입장에서는 조기에 세원을 확보한다는 장점이 있다.

(1) 예수금(부채)

소득을 지급하는 경우 예 급여, 교육훈련비, 이자비용

(2) 선납세금(자산)

소득을 받는 경우 예 이자수익, 배당금수익

원천징수 회계처리

- 예수금
  (차) 비용 ××
  (대) 현금 ××
  예수금 ××
- 선납세금
  (차) 현금 ××
  선납세금 ××
  (대) 수익 ××

연습문제

[50] 10월 1일
생산부서에서 새로 구축한 생산라인에 대한 교육을 실시하였다. 강의는 외부강사를 초빙하였고 강사료는 2,000,000원에 세금 66,000원을 원천징수한 1,934,000원을 현금으로 지급하였다.

[51] 10월 10일
대표이사의 친구에게 차입금의 이자비용 1,000,000원을 지급하면서 원천징수 상당액 250,000원을 차감한 금액을 현금으로 지급하였다.

[52] 11월 1일
당사의 보통예금 계좌에서 이자가 발생하여 원천징수세액 15,400원을 차감한 84,600원이 입금되었다.

| 풀이 |

번호	차변	금액(원)	대변	금액(원)
[50]	교육훈련비(제)	2,000,000	현금	1,934,000
			예수금	66,000
[51]	이자비용	1,000,000	현금	750,000
			예수금	250,000
[52]	보통예금	84,600	이자수익	100,000
	선납세금	15,400		

20. 인건비

(1) 인건비

① 급여: 본사 직원(800번대)

② 임금: 생산직 직원(500번대)

(2) 국민연금과 건강보험

① 국민연금의 회사 부담분은 '세금과공과', 건강보험의 회사 부담분은 '복리후생비'로 처리한다. 판매부서 직원의 경우 800번대 코드를 사용하며, 생산직 직원의 경우 500번대 코드를 사용함에 유의하여야 한다.

② 직원 부담분 4대보험, 소득세 및 지방소득세는 회사가 원천징수하여 보관하고 있다가 다음 달 10일까지 해당 기관에 납부하며, 계정과목은 '예수금'으로 처리한다.

▶ 급여는 4대보험(국민연금, 건강보험, 고용보험, 산재보험)의 직원 부담금과 소득세 및 지방소득세를 원천징수하고 지급한다.

국민연금과 건강보험

구분	국민연금	건강보험
회사 부담분	세금과공과 (제, 판)	복리후생비 (제, 판)
직원 부담분	예수금	

연습문제

[53] 4월 25일

다음과 같이 관리부서 직원의 급여를 보통예금에서 이체하여 지급하였다.

급여 총액	소득세	지방소득세	건강보험료	지급액
6,000,000원	600,000원	60,000원	300,000원	5,040,000원

[54] 5월 10일

위의 4월분에 해당하는 소득세 600,000원, 지방소득세 60,000원, 건강보험료 직원(본사) 부담분 300,000원, 건강보험료 회사 부담분 300,000원을 보통예금에서 지급하였다.

[55] 6월 10일

다음과 같이 전월분 국민연금을 현금으로 납부하였다.

성명	소속	직원 부담분	회사 부담분	합계
설현	생산부서	200,000원	200,000원	400,000원
수지	판매부서	150,000원	150,000원	300,000원
합계		350,000원	350,000원	700,000원

| 풀이 |

번호	차변	금액(원)	대변	금액(원)
[53]	급여(판)	6,000,000	보통예금	5,040,000
			예수금	960,000
[54]	예수금	960,000	보통예금	1,260,000
	복리후생비(판)	300,000		
[55]	예수금	350,000	현금	700,000
	세금과공과(제)	200,000		
	세금과공과(판)	150,000		

21. 퇴직

(1) 퇴직급여

퇴직급여 지급 시 퇴직급여충당부채가 존재하면 퇴직급여충당부채를 우선상계하고 초과 지급액은 퇴직급여로 처리한다. 퇴직급여충당부채의 잔액은 합계잔액시산표에서 조회해야 하며, 생산부서의 경우 500번대 퇴직급여를, 판매부서 및 관리부서의 경우 800번대 퇴직급여를 적용해야 한다.

(2) 퇴직연금

퇴직연금제도란 회사와 직원 사이에 금융기관이 존재하여 회사는 매달 퇴직금에 해당하는 금액을 금융기관에 납입하고, 직원 퇴사 시 금융기관이 퇴직금을 지급하는 제도이다. 이 경우, 확정기여형과 확정급여형으로 구분할 수 있다.

① **확정기여형 퇴직연금**: 확정기여형 퇴직연금(DC)의 경우 위험과 보상을 직원이 부담하는 제도로 직원의 퇴직금 수령액은 금융기관의 운영능력에 따라 변한다.

- 회사가 퇴직금 납입 시 분개

(차) 퇴직급여(제, 판)	×××	(대) 현금	×××

② **확정급여형 퇴직연금**: 확정급여형 퇴직연금(DB)의 경우 위험과 보상을 회사가 부담하는 제도로 직원의 퇴직금 수령액이 확정되어 있다. 퇴직연금운용자산은 퇴직급여충당부채의 차감적인 평가 항목이다.

- 회사가 퇴직금 납입 시 분개

(차) 퇴직연금운용자산	×××	(대) 현금	×××

퇴직급여 회계처리

(차) 퇴직급여충당부채	××
퇴직급여	××
(대) 현금	××
예수금	××

퇴직연금
- 확정기여형: 퇴직급여(제, 판)
- 확정급여형: 퇴직연금운용자산

연습문제

[56] 5월 20일
영업부 직원의 퇴직금 1,000,000원에서 50,000원을 원천징수하고, 보통예금에서 지급하였다(단, 퇴직급여충당부채 잔액은 없다고 가정함).

[57] 6월 30일
생산직 직원의 퇴직금 3,000,000원에 대해서 원천징수 후 차액을 보통예금에서 지급하였다. 원천징수세액은 퇴직소득세 100,000원과 지방소득세 10,000원이다(단, 퇴직급여충당부채 잔액은 2,000,000원으로 가정함).

[58] 10월 1일
확정기여형 퇴직연금제도(DC)를 설정하고 있을 때 퇴직연금 부담금 800,000원(제조부 500,000원, 관리부 300,000원)을 금융기관에 현금으로 납부하였다.

[59] 11월 1일
확정급여형 퇴직연금에 가입하고 500,000원을 현금으로 납입하였다.

| 풀이 |

번호	차변	금액(원)	대변	금액(원)
[56]	퇴직급여(판)	1,000,000	보통예금	950,000
			예수금	50,000
[57]	퇴직급여충당부채	2,000,000	예수금	110,000
	퇴직급여(제)	1,000,000	보통예금	2,890,000
[58]	퇴직급여(제)	500,000	현금	800,000
	퇴직급여(판)	300,000		
[59]	퇴직연금운용자산	500,000	현금	500,000

22. 단기매매증권

단기적 시세차익을 목적으로 시장성이 있는 주식 또는 채권에 투자한 경우 단기매매증권으로 인식한다.

(1) 단기매매증권의 취득

단기매매증권의 취득원가는 순수한 주식 및 채권의 매입가액으로 하며, 단기매매증권의 취득과 관련된 거래원가(취득수수료)는 수수료비용(영업외비용)으로 처리한다.

단기매매증권 취득원가
순수한 매입가(취득 관련 거래원가는 영업외비용으로 처리)

(2) 단기매매증권의 처분

단기매매증권처분손익=순처분가(처분가−처분 관련 비용)−장부금액(기초공정가치)

단기매매증권처분손익
=순처분가(처분가 − 처분 관련 비용) − 장부금액(기초FV)

▶ 취득한 연도에 처분한 경우 장부금액은 취득원가로 한다.

(3) 단기매매증권의 평가

단기매매증권은 기말공정가치로 평가하며, 단기매매증권평가손익은 영업외손익으로 처리한다.

단기매매증권평가손익=기말공정가치−기초공정가치

단기매매증권평가손익
=기말FV − 기초FV

▶ 취득한 연도에 평가하는 경우 기초공정가치는 취득원가로 한다.

연습문제

[60] 8월 2일
단기매매차익을 목적으로 상장회사인 (주)더블루K의 주식 100주를 주당 50,000원에 구입하고 취득 시 매입수수료 100,000원을 포함하여 보통예금에서 계좌이체하였다.

[61] 9월 1일
8월 2일에 취득한 (주)더블루K의 주식 20주를 주당 55,000원에 처분하고 대금은 보통예금에 입금받았다.

[62] 12월 31일
(주)더블루K 주식의 기말공정가치는 주당 60,000원이다.

| 풀이 |

번호	차변	금액(원)	대변	금액(원)
[60]	단기매매증권	5,000,000	보통예금	5,100,000
	수수료비용(영업외비용)	100,000		
[61]	보통예금	1,100,000*1	단기매매증권	1,000,000*2
			단기매매증권처분이익	100,000
[62]	단기매매증권	800,000	단기매매증권평가이익	800,000*3

*1 20주×55,000원 = 1,100,000원
*2 20주×50,000원 = 1,000,000원
*3 80주×(60,000원 – 50,000원) = 800,000원

23. 매도가능증권

회사가 장기투자 목적으로 주식 또는 채권을 구입한 경우 매도가능증권으로 인식한다.

(1) 매도가능증권의 취득

매도가능증권의 취득원가는 주식 및 채권의 매입가액에 취득부대비용(예 취득 관련 수수료)을 가산한 금액을 취득원가로 한다.

매도가능증권 취득원가
=매입가 + 취득부대비용

(2) 매도가능증권의 처분

매도가능증권처분손익=순처분가(처분가−처분 관련 비용)−취득원가

매도가능증권처분손익
=순처분가(처분가 – 처분 관련 비용) – 취득원가

(3) 매도가능증권의 평가

시장성이 있는 주식 및 채권의 경우 매도가능증권은 기말공정가치로 평가하며, 매도가능증권평가손익은 기타포괄손익누계액(자본)으로 처리한다. 이 경우 매도가능증권평가이익(자본)과 매도가능증권평가손실(자본)은 우선상계의 대상이다.

매도가능증권평가손익=기말공정가치−기초공정가치

매도가능증권평가손익
=기말FV – 기초FV

▶ 취득한 연도에 평가하는 경우 기초공정가치는 취득원가로 한다.

연습문제

[63] 8월 2일
장기투자 목적으로 상장회사인 (주)더블루K의 주식 100주를 주당 50,000원에 구입하고 취득 시 매입수수료 100,000원을 포함하여 보통예금에서 계좌이체하였다.

[64] 9월 1일
8월 2일에 취득한 (주)더블루K의 주식 20주를 55,000원에 처분하고 대금은 보통예금에 입금 받았다.

[65] 12월 31일
(주)더블루K 주식의 기말공정가치는 60,000원이다.

| 풀이 |

번호	차변	금액(원)	대변	금액(원)
[63]	매도가능증권(178)	5,100,000	보통예금	5,100,000
[64]	보통예금	1,100,000*1	매도가능증권(178)	1,020,000*2
			매도가능증권처분이익	80,000
[65]	매도가능증권(178)	720,000	매도가능증권평가이익	720,000*3

*1 20주×55,000원=1,100,000원
*2 5,100,000원×20주/100주=1,020,000원
*3 80주×(60,000원－51,000원)=720,000원

24. 주식의 발행(신주발행, 유상증자)

주식발행의 거래는 주주에게 현금을 투자받고 회사가 주식을 발행하는 거래이다. 회사는 발행가액만큼 현금이 증가하고, 액면금액만큼 자본금이 증가한다. 이 경우 발행가액이 액면금액보다 크면 주식발행초과금(자본잉여금)으로 처리하고, 발행가액보다 액면가액이 크면 주식할인발행차금(자본조정)으로 처리한다. 또한 신주발행비의 경우 발행가액에서 차감하며, 주식발행초과금과 주식할인발행차금은 우선상계의 대상이다.

주식발행 회계처리

- 발행가액>액면금액
  - (차) 현금 ××
  - (대) 자본금 ××
  - 주식발행초과금 ××
- 발행가액<액면금액
  - (차) 현금 ××
  - 주식할인발행차금 ××
  - (대) 자본금 ××

연습문제

[66] 3월 1일
주주총회에서 증자를 결의하고 주식 1,000주를 발행(액면금액 @5,000원, 발행가액 @6,000원)하면서 주식발행비용 400,000원을 제외한 금액을 보통예금으로 입금받았다.

[67] 5월 1일
주주총회에서 신주발행을 결의하고 주식 1,000주를 발행(액면금액 @5,000원, 발행가액 @4,000원)하고 주식발행비용 300,000원을 제외한 금액을 보통예금으로 입금받았다(단, 현재 주식발행 시 주식발행초과금 600,000원이 존재함).

| 풀이 |

번호	차변	금액(원)	대변	금액(원)
[66]	보통예금	5,600,000	자본금	5,000,000
			주식발행초과금	600,000
[67]	보통예금	3,700,000	자본금	5,000,000
	주식발행초과금	600,000		
	주식할인발행차금	700,000		

25. 현물출자

현물출자는 신주를 발행하고 현물을 제공받은 경우를 말한다. 이 경우 자산의 취득원가는 제공한 주식의 공정가치와 취득한 자산의 공정가치 중 보다 명확한 금액을 취득원가로 한다.

현물출자 회계처리
(차) 유형자산 ××
(대) 자본금 ××
주식발행초과금 ××

연습문제

[68] 6월 1일

신주 100주를 발행하고 토지를 취득하였다. 주당 액면금액은 5,000원이며, 토지의 공정가치는 600,000원이다(단, 주식할인발행차금은 존재하지 않음).

| 풀이 |

번호	차변	금액(원)	대변	금액(원)
[68]	토지	600,000	자본금	500,000
			주식발행초과금	100,000

26. 사채의 발행

(1) 사채발행의 의의

회사는 자금조달 목적으로 회사채를 발행하며, 회사채 발행 시 납입받는 현금의 크기는 사채발행시점의 공정가치로 한다. 사채의 공정가치(발행가액)는 사채의 미래현금흐름을 사채발행시점의 시장이자율로 계산하여 현재시점에서의 가치로 환산한 금액이다. 또한 사채의 금액은 액면금액으로 인식하며, 사채발행비가 존재하면 발행가액에서 차감한다.

▶ 사채발행비는 발행가액에서 차감한다.

(2) 사채의 발행가액과 액면가액의 관계

① **할인발행**: 사채의 발행가액이 사채의 액면가액보다 작으면 '시장이자율 > 액면이자율'의 관계가 형성되고, 두 이자율의 차이를 사채할인발행차금(사채의 액면금액 차감 항목) 계정으로 처리한다.

② **할증발행**: 사채의 발행가액이 사채의 액면금액보다 크면 '시장이자율 < 액면이자율'의 관계가 형성되고, 두 이자율의 차이를 사채할증발행차금(사채의 액면금액 가산 항목) 계정으로 처리한다.

사채발행 회계처리
- 할인발행(발행가액<액면금액)
(차) 현금 ××
사채할인발행차금 ××
(대) 사채 ××
- 할증발행(발행가액>액면금액)
(차) 현금 ××
(대) 사채 ××
사채할증발행차금 ××

연습문제

[69] 11월 1일

액면 5,000,000원, 상환기간 3년, 발행가액 4,800,000원으로 사채를 발행하고 납입금은 보통예금에 입금되었다. 그리고 사채발행비 100,000원을 현금으로 지급하였다.

| 풀이 |

번호	차변	금액(원)	대변	금액(원)
[69]	보통예금	4,800,000	사채	5,000,000
	사채할인발행차금	300,000	현금	100,000

27. 보증금

구분	계정과목
금융기관 관련 보증금	특정 현금과 예금
임차 관련 보증금(보증금을 지급한 경우)	임차보증금(자산)
임대 관련 보증금(보증금을 수령한 경우)	임대보증금(부채)

▶ 특정 현금과 예금과 관련해 거래처가 제시되는 경우 거래처를 등록해야 한다.

▶ 임차보증금과 임대보증금은 거래처를 등록해야 한다.

연습문제

[70] 10월 3일

당좌거래 개설보증금 4,000,000원을 보통예금에서 입금하여 당좌거래를 개설하고 당좌수표용지와 약속어음용지를 교부받았다.

[71] 10월 5일

건물에 대한 임대차계약을 맺고 보증금 1,000,000원을 미르빌딩에 보통예금으로 지급하였다.

| 풀이 |

번호	차변	금액(원)	대변	금액(원)
[70]	특정 현금과 예금	4,000,000	보통예금	4,000,000
[71]	임차보증금[미르빌딩]	1,000,000	보통예금	1,000,000

28. 외화채권 및 외화채무

(1) 외화채권 및 외화채무의 환산

외화채권 및 외화채무는 기말시점의 마감 환율로 환산한다. 이 경우 외화환산손익이 발생하며 영업외손익으로 처리한다.

외화환산손익=(기말환율−기초환율)×기말외화채권 및 외화채무

외화환산손익

=(기말환율−기초환율)×기말외화채권 및 외화채무

▶ 취득한 연도에 환산하는 경우 기초환율 대신 취득시점의 환율로 한다.

(2) 외화채권 및 외화채무의 결제

외화채권 및 외화채무의 결제가 이루어지면, 외화가 결제되는 시점의 환율과 기초환율 사이에 차이가 발생한다. 이 경우 외환차익(수익) 혹은 외환차손(비용)으로 처리한다.

외환손익=(결제시점의 환율−기초환율)×외화채권 및 외화채무 결제금액

외환손익

=(결제 시 환율−기초환율)×외화채권 및 외화채무 결제금액

▶ 취득한 연도에 결제가 이루어진 경우 기초환율 대신 취득시점의 환율에 의한다.

연습문제

[72] 12월 31일

외상매출금 $1,000의 선적일의 환율은 $1=1,000원이며, 기말 환율은 $1=1,100원이다.

[73] 12월 31일

외상매입금 $1,000의 선적일의 환율은 $1=1,060원이며, 기말 환율은 $1=1,100원이다.

[74] 10월 1일

9월 20일 선적지 인도조건으로 (주)미르에 외상으로 수출한 상품의 수출대금 $10,000를 금일 달러로 송금받은 후, 즉시 원화로 환전하여 보통예금 계좌에 입금하였다.

- 9월 20일 선적 시 적용 환율: 1,300원/$
- 금일 적용 환율: 1,400원/$

[75] 11월 20일

미국 시티은행에서 차입한 단기차입금을 상환하기 위해서 국민은행에서 달러로 환전하여 상환하였다. 환전대금은 국민은행 보통예금 계좌에서 이체하였다.

- 차입금액 $1,000
- 차입 시 적용한 환율: 1,000원/$
- 상환 시 적용한 환율: 1,200원/$

| 풀이 |

번호	차변	금액(원)	대변	금액(원)
[72]	외상매출금	100,000	외화환산이익	100,000*1
[73]	외화환산손실	40,000*2	외상매입금	40,000
[74]	보통예금	14,000,000	외상매출금[(주)미르]	13,000,000
			외환차익	1,000,000
[75]	단기차입금[시티은행]	1,000,000	보통예금	1,200,000
	외환차손	200,000		

*1 $1,000×(1,100원 – 1,000원) = 100,000원
*2 $1,000×(1,060원 – 1,100원) = –40,000원

▶ 선적지 인도조건의 경우 선적시점에 매출로 인식하기 때문에 외상매출금은 선적일의 환율로 계산한다.

29. 부가세

매출세액인 부가세예수금과 매입세액인 부가세대급금을 차감하면 부가가치세 신고기간의 납부세액이 산출된다. 매 부가가치세 과세기간 종료일마다 부가세예수금과 부가세대급금을 상계하여 차액을 미지급세금으로 처리한다.

부가세 회계처리

(차) 부가세예수금 ××
(대) 부가세대급금 ××
　　미지급세금 ××

연습문제

[76] 6월 30일

1기 확정 신고분 부가세예수금 20,400,000원과 부가세대급금 7,500,000원을 상계한 후 나머지 금액을 7월 25일 은행에 납부할 예정이다.

| 풀이 |

번호	차변	금액(원)	대변	금액(원)
[76]	부가세예수금	20,400,000	부가세대급금	7,500,000
			미지급세금	12,900,000

30. 자기주식

회사가 발행한 주식을 회사가 매입한 경우 자기주식(자본)이라 한다.

(1) 자기주식의 취득

자기주식을 취득한 경우 차변에 취득금액을 자기주식(자본)으로 처리한다.

(2) 자기주식의 처분(재발행)

회사가 취득한 자기주식을 주주에게 다시 발행하고 현금을 수취하는 거래로 자기주식의 취득금액과 처분금액의 차이를 자기주식처분손익(자본)으로 인식한다. 이 경우 자기주식처분이익(자본)과 자기주식처분손실(자본)은 우선상계의 대상이 된다.

자기주식 취득 회계처리

(차) 자기주식 ××
(대) 현금 ××

자기주식 처분 회계처리

- 취득금액<처분금액
  (차) 현금 ××
  (대) 자기주식 ××
  자기주식처분이익 ××
- 취득금액>처분금액
  (차) 현금 ××
  자기주식처분손실 ××
  (대) 자기주식 ××

연습문제

[77] 3월 1일

회사가 발행한 주식 100주를 주당 1,000원에 현금으로 지급하고 재취득하였다.

[78] 5월 1일

3월 1일 회사가 취득한 자기주식 100주를 주당 1,500원에 처분하고, 현금으로 수령하였다(단, 취득 시 한 주당 1,000원에 취득하였으며, 자기주식처분손실 및 자기주식처분이익은 존재하지 않음).

| 풀이 |

번호	차변	금액(원)	대변	금액(원)
[77]	자기주식	100,000	현금	100,000
[78]	현금	150,000	자기주식	100,000
			자기주식처분이익	50,000

31. 주식소각(감자)

회사가 발행한 주식을 매입하여 소각하는 거래로 이 경우 감자대가에 해당하는 현금을 지급하고, 발행주식 수가 감소하므로 액면금액만큼 자본금이 감소한다. 감자대가와 액면금액의 차이로 감자차손 및 감자차익이 발생하며 우선상계의 대상이 된다.

주식소각 회계처리

- 감자대가<액면금액
  (차) 자본금 ××
  (대) 현금 ××
  감자차익 ××
- 감자대가>액면금액
  (차) 자본금 ××
  감자차손 ××
  (대) 현금 ××

연습문제

[79] 12월 1일

회사가 발행한 주식 100주를 주당 4,000원에 현금으로 지급하고 매입소각하였다(단, 주식의 액면금액은 주당 5,000원이며, 감자차익 혹은 감자차손은 존재하지 않음).

| 풀이 |

번호	차변	금액(원)	대변	금액(원)
[79]	자본금	500,000	현금	400,000
			감자차익	100,000

합격을 다지는 실전문제

정답 및 해설 p.16

일반전표입력 연습

다음은 (주)성수샘(회사코드: 1111)의 거래 자료이다. 다음 거래 자료를 일반전표입력 메뉴에 입력하시오(일반전표입력의 모든 거래는 부가가치세를 고려하지 말 것).

【1월 거래 자료】

[1] 1월 2일
(주)서준에서 원재료 4,000,000원을 구입하면서 계약금으로 지급한 400,000원을 차감한 잔액을 약속어음(3개월 만기)으로 발행하여 지급하였다.

[2] 1월 3일
기업은행의 단기차입금에 대한 이자 150,000원이 당사의 보통예금 계좌에서 자동이체됨을 확인하고 회계처리하였다.

[3] 1월 4일
매장 건물을 나라상사에서 10,000,000원에 구입하였다. 대금 중 2,000,000원은 현금으로 지급하고, 잔액은 미지급하였으며 이 건물에 대한 등록면허세 200,000원은 당사 보통예금 계좌에서 이체하였다.

[4] 1월 5일
(주)예준에서 원재료 3,000,000원을 매입하기로 계약하고, 이 중 매입금액의 20%를 계약금 명목으로 당사 보통예금 계좌에서 이체하였다.

[5] 1월 6일
당사 영업사원의 부친 회갑연 축하 화환 100,000원, 매출거래처 직원의 조문 화환 100,000원을 팔도꽃배달에 주문하고 화환대금인 200,000원을 보통예금 통장에서 이체하였다.

[6] 1월 7일
현금시재를 확인한 결과 실제 잔액이 장부 잔액보다 110,000원이 적은 것을 발견하였으나 그 차액에 대하여는 원인이 아직 밝혀지지 않았다.

[7] 1월 8일
영업사원의 급여 1,800,000원을 지급하면서 근로소득세 100,000원과 건강보험료(근로자 부담분) 60,000원을 차감한 잔액을 보통예금 통장에서 사원의 통장으로 자동이체하였다.

[8] 1월 9일
당점이 소유하고 있던 영업용 트럭을 제일카센터에서 수리하고 수리대금 150,000원을 현금으로 지급하였다.

【2월 거래 자료】

[9] 2월 1일
나라상사에서 원재료 1,000,000원을 매입하기로 계약하고, 계약금 100,000원을 당좌수표를 발행하여 먼저 지급하였다.

[10] 2월 2일

나라상사와 2월 1일에 매입 계약한 원재료 1,000,000원을 인수하고, 계약금(100,000원)을 차감한 잔액을 1개월 후에 지급하기로 하였다. 인수운임 30,000원은 당점이 부담하기로 하여 현금으로 지급하였다.

[11] 2월 3일

(주)예준에 제품을 매출하면서 발생한 외상매출금 3,000,000원이 빨리 회수되어, 외상매출금의 2% 할인한 금액을 보통예금 통장으로 이체받았다.

[12] 2월 4일

회사에 존재하던 가수금 1,500,000원 중 1,000,000원은 (주)서준의 제품매출에 대한 계약금이고 나머지는 (주)예준의 외상매출금을 회수한 것으로 확인되었다.

[13] 2월 5일

제조공장에서 원재료 운반에 사용하는 트럭의 자동차세 120,000원을 현금 납부하였다.

[14] 2월 6일

판매부서의 건물에 엘리베이터 설치비(자본적 지출) 6,000,000원과 외벽 도색비(수익적 지출) 500,000원을 현금으로 지급하였다(건물에 대한 고정자산 간편등록은 하지 않음).

[15] 2월 7일

한국신문에 제품광고를 게재하고 광고료 1,000,000원을 보통예금 계좌에서 이체하였다.

【3월 거래 자료】

[16] 3월 2일

사무실에서 사용할 소모품 200,000원을 나라상사에서 구입하고 대금은 당좌수표를 발행하여 지급하였다(단, 구입 시 자산으로 처리할 것).

[17] 3월 4일

회사는 사용할 현금을 확보하기 위하여 나라상사 발행의 약속어음 8,000,000원을 은행에서 할인받고, 할인료 500,000원을 제외한 금액을 당좌예입하였다(단, 매각거래임).

[18] 3월 5일

출장 갔던 영업사원 임성종(코드번호 104번으로 신규등록)이 돌아와 출장 중 지출한 여비교통비 증빙 350,000원을 정산하고, 여비 잔액은 현금으로 회수하였다. 회사는 임성종의 출장 시에 400,000원을 지급하고, 가지급금으로 처리하였다.

[19] 3월 6일

(주)서준에 제품매입 대금으로 발행해 준 약속어음 900,000원이 만기가 되어 당사 보통예금 계좌에서 이체하여 지급하였다.

[20] 3월 7일

매출거래처의 요구에 의하여 견적서를 등기우편으로 발송하고 등기요금 6,300원을 영동우체국에 현금으로 지급하였다.

[21] 3월 8일

제품 1,650,000원을 매출처 (주)서준에 판매하고, 계약 시 수령한 계약금(650,000원)을 차감한 잔액을 보통예금 계좌로 이체받았다. 회사는 계약금을 수령한 시점에 선수금으로 회계처리하였다.

[22] 3월 9일

기업은행으로부터의 단기차입금 중 일부인 5,000,000원을 보통예금 통장에서 계좌이체하여 상환하였다.

[23] 3월 10일

증권거래소에 상장된 (주)에듀윌의 주식 100주를 1주당 15,000원에 단기보유 목적으로 취득하고, 증권회사에 주식매매수수료 15,000원과 함께 보통예금 통장에서 계좌이체하여 지급하였다.

【4월 거래 자료】

[24] 4월 1일
회사는 나라상사에 제품 140,000,000원을 매출하고 20,000,000원은 현금으로, 70,000,000원은 받을어음으로 수령하고 나머지는 외상으로 하였다.

[25] 4월 2일
회사는 영업용 자동차에 대한 1년치 보험료 3,600,000원을 수표를 발행하여 지급하였다(비용으로 처리할 것).

[26] 4월 3일
회사는 공장에 대한 임차료 500,000원과 본사에 대한 임차료 400,000원을 수표를 발행하여 지급하였다.

[27] 4월 4일
대표이사 개인 소유의 토지(시가 50,000,000원)를 무상으로 이전받았다.

[28] 4월 5일
1월 7일 발생한 현금과부족의 원인은 본사 복리후생비로 지출한 금액 60,000원의 누락과 본사 전화요금 납부액의 누락 50,000원이다(현금과부족을 조회할 것).

[29] 4월 6일
나라상사와 공장 건물의 임대차계약을 체결하고 임차보증금 3,000,000원 중 1,000,000원은 현금으로 지급하고 나머지는 당좌수표를 발행하여 지급하였다.

【5월 거래 자료】

[30] 5월 1일
생산공장에 신규로 입사한 직원의 명함을 인쇄하여 각 신입사원에게 배부하고, 대금 450,000원은 현금으로 지급하였다.

[31] 5월 4일
(주)예준에서 매출대금으로 받아 보관 중인 약속어음 2,000,000원이 만기가 도래하여 기업은행에 추심 의뢰한 후 추심수수료 30,000원을 차감한 금액이 당점 기업은행의 보통예금 통장에 입금되었다.

[32] 5월 5일
매출처 (주)서준의 부도로 외상매출금 잔액 2,000,000원이 회수 불가능하여 대손처리하였다(대손처리하기 전 재무상태표상 대손충당금 잔액은 500,000원임).

[33] 5월 6일
제품 1개(원가: 300,000원)를 매출거래처에 견본품으로 무상 제공하였다(견본비 계정으로 처리할 것).

[34] 5월 7일
거래처인 (주)예준의 외상매입금 4,000,000원 중 50%는 당좌수표를 발행하여 지급하고, 나머지 금액은 상환을 면제받았다.

[35] 5월 8일
(주)서준에 수출(선적일자 4월 10일)한 제품의 외상매출금이 보통예금 계좌에 원화로 환전되어 입금되었다.

• 외상매출금: 5,000(USD)	• 4월 10일 환율: 1,100원/USD	• 5월 8일 환율: 1,050원/USD

【6월 거래 자료】

[36] 6월 1일
사용 중인 업무용 화물차(취득가액 7,000,000원, 처분 시까지 감가상각누계액 3,200,000원)를 나라상사에 3,000,000원에 처분하고 대금은 월말에 받기로 하다.

[37] 6월 2일

1주당 액면금액이 5,000원인 보통주를 주당 7,000원씩 1,000주를 발행하고 대금은 현금으로 받았다. 주식발행비로 1,000,000원을 현금 지급하였다(단, 주식할인발행차금은 존재하지 않음).

[38] 6월 3일

보유 중인 자기주식을 처분하였다. 장부가액은 123,450,000원(10,000주, 12,345원/주), 처분가액은 125,000,000원(10,000주, 12,500원/주)이며, 처분대금은 보통예금 계좌에 입금되었다(단, 자기주식처분이익 계정의 잔액이 1,700,000원 있으며, 처분수수료는 없는 것으로 가정함).

[39] 6월 4일

다음과 같이 5월분 건강보험료를 현금으로 납부하다.

- 회사 부담분: 350,000원(생산부 직원), 200,000원(영업부 직원)
- 종업원 부담분: 550,000원(종업원 급여는 종업원 부담분의 건강보험료를 차감하고 지급함)
- 회사 부담분의 건강보험료는 복리후생비로 처리함

[40] 6월 6일

전기에 대손이 확정되어 대손충당금과 상계처리하였던 나라상사의 외상매출금 4,000,000원을 회수하여 보통예금 계좌에 입금하였다.

(주)천안테크 회사코드: 1054

(주)천안테크(회사코드: 1054)는 자동차부품을 제조하여 판매하는 중소기업이며, 당기(제10기)의 회계기간은 2025.1.1.~2025.12.31.이다. 전산세무회계 수험용 프로그램을 이용하여 다음 물음에 답하시오.

입력 시 유의사항

- 일반적인 적요의 입력은 생략하지만, 타계정 대체거래는 적요번호를 선택하여 입력한다.
- 채권·채무와 관련된 거래는 별도의 요구가 없는 한 반드시 기등록된 거래처코드를 선택하는 방법으로 거래처명을 입력한다.
- 제조경비는 500번대 계정코드를, 판매비와관리비는 800번대 계정코드를 사용한다.
- 회계처리 시 계정과목은 별도의 제시가 없는 한 등록된 계정과목 중 가장 적절한 과목으로 한다.

[1] 8월 16일

영업부 사무실의 파손된 유리창을 교체하고, 대금 2,800,000원은 당좌수표를 발행하여 지급하다(수익적 지출로 처리하시오).

[2] 9월 30일

(주)창창기계산업에 9월 20일 제품을 판매하고 발생한 외상매출금 10,000,000원을 약정기일보다 10일 빠르게 회수하여 외상매출금의 3%를 할인해 주었다. 대금은 보통예금 계좌에 입금되었다.

[3] 10월 27일

주당 액면가액이 10,000원인 보통주 2,000주를 주당 13,000원에 발행하고, 신주납입대금은 신주 발행에 소요된 비용 400,000원을 차감한 잔액이 보통예금 계좌에 입금되었다(단, 하나의 전표로 처리하며 신주 발행 전 주식할인발행차금 잔액은 없는 것으로 한다).

[4] 10월 28일

수입한 원재료에 부과되는 관세 1,500,000원과 통관수수료 500,000원을 보통예금 계좌에서 이체하였다.

[5] 10월 29일
영업부에서 제품홍보물 제작비용 510,000원을 탱탱광고사에 국민카드(법인)로 결제하였다.

[6] 11월 30일
(주)동행기업의 파산으로 인해 단기대여금 3,000,000원이 회수불능되어 대손처리를 하였다(단, 단기대여금에 대한 대손충당금 현재 잔액은 660,000원이다).

남다른패션(주) 회사코드: 1064

남다른패션(주)(회사코드: 1064)은 스포츠의류 등의 제조업 및 도소매업을 영위하는 중소기업으로 당기(제10기) 회계기간은 2025.1.1.~2025.12.31.이다. 전산세무회계 수험용 프로그램을 이용하여 다음 물음에 답하시오.

입력 시 유의사항

- 일반적인 적요의 입력은 생략하지만, 타계정 대체거래는 적요번호를 선택하여 입력한다.
- 채권·채무와 관련된 거래는 별도의 요구가 없는 한 반드시 기등록된 거래처코드를 선택하는 방법으로 거래처명을 입력한다.
- 제조경비는 500번대 계정코드를, 판매비와관리비는 800번대 계정코드를 사용한다.
- 회계처리 시 계정과목은 별도의 제시가 없는 한 등록된 계정과목 중 가장 적절한 과목으로 한다.

[1] 7월 18일
(주)괴안공구에 지급할 외상매입금 33,000,000원 중 일부는 아래의 전자어음을 발행하고 나머지는 보통예금 계좌에서 지급하였다.

전자어음

(주)괴안공구 귀하 00512151020123456789

금 이천삼백만원정 23,000,000원

위의 금액을 귀하 또는 귀하의 지시인에게 지급하겠습니다.

지급기일	2025년 8월 30일	발행일	2025년 7월 18일
지 급 지	하나은행	발행지 주 소	세종특별자치시 가름로 232
지급장소	신중동역지점		
		발행인	남다른패션(주)

[2] 7월 30일
매출거래처인 (주)지수포장의 파산으로 인해 외상매출금 1,800,000원이 회수 불가능할 것으로 판단하여 대손 처리하였다. 대손 발생일 직전 외상매출금에 대한 대손충당금 잔액은 320,000원이다.

[3] 8월 30일
사무실 이전을 위하여 형제상사와 체결한 건물 임대차계약의 잔금 지급일이 도래하여 임차보증금 5,000,000원 중 계약금 1,500,000원을 제외한 금액을 보통예금 계좌에서 지급하였다.

[4] 10월 18일
대표이사로부터 차입한 잔액 19,500,000원에 대하여 채무를 면제받았다(해당 차입금은 단기차입금으로 계상되어 있다).

[5] 10월 25일

시장조사를 위해 호주로 출장을 다녀온 영업부 사원 누리호에게 10월 4일에 지급하였던 출장비 3,000,000원(가지급금으로 처리함) 중 실제 여비교통비로 지출한 2,850,000원에 대한 영수증과 잔액 150,000원을 현금으로 수령하였다(단, 거래처를 입력할 것).

[6] 11월 04일

확정기여형(DC형) 퇴직연금 불입액 5,000,000원(영업부 2,000,000원, 생산부 3,000,000원)이 보통예금 계좌에서 이체되었다.

세무사랑(주) 회사코드: 1074

세무사랑(주)(회사코드: 1074)은 부동산임대업 및 전자제품의 제조 · 도소매업을 영위하는 중소기업으로 당기(제11기) 회계기간은 2025.1.1.~2025.12.31.이다. 전산세무회계 수험용 프로그램을 이용하여 다음 물음에 답하시오.

입력 시 유의사항

- 일반적인 적요의 입력은 생략하지만, 타계정 대체거래는 적요번호를 선택하여 입력한다.
- 채권 · 채무와 관련된 거래는 별도의 요구가 없는 한 반드시 기등록된 거래처코드를 선택하는 방법으로 거래처명을 입력한다.
- 제조경비는 500번대 계정코드를, 판매비와관리비는 800번대 계정코드를 사용한다.
- 회계처리 시 계정과목은 별도의 제시가 없는 한 등록된 계정과목 중 가장 적절한 과목으로 한다.

[1] 7월 3일

영업부 사무실로 사용하기 위하여 세무빌딩과 사무실 임대차계약을 체결하고, 보증금 6,000,000원 중 계약금 600,000원을 보통예금(우리은행) 계좌에서 이체하여 지급하였다. 잔금은 다음 달에 지급하기로 하였다.

[2] 8월 1일

하나카드의 7월분 매출대금 3,500,000원에서 가맹점수수료 2%를 차감한 금액이 당사의 보통예금 계좌로 입금되었다(단, 신용카드 매출대금은 외상매출금으로 처리하고 있다).

[3] 8월 16일

영업부 직원의 퇴직으로 인해 발생한 퇴직금은 8,800,000원이다. 당사는 모든 직원에 대해 전액 확정급여형(DB형) 퇴직연금에 가입하고 있으며, 현재 퇴직연금운용자산의 잔액은 52,000,000원이다. 단, 퇴직급여충당부채와 퇴직연금충당부채는 설정하지 않았다.

[4] 8월 23일

나라은행으로부터 차입한 대출금 20,000,000원(대출기간: 2022.1.1.~2025.12.31.)을 조기 상환하기로 하고, 이자 200,000원과 함께 보통예금 계좌에서 이체하여 지급하다.

[5] 11월 5일

(주)다원의 제품매출 외상대금 4,000,000원 중 3,000,000원은 동점 발행 약속어음으로 받고, 1,000,000원은 금전소비대차계약(1년 대여)으로 전환하였다.

[6] 11월 20일

사업용 중고트럭 취득과 관련된 취득세 400,000원을 현금으로 납부하였다.

고성상사(주) 회사코드: 1084

고성상사(주)(회사코드: 1084)는 가방 등의 제조 · 도소매업 및 부동산임대업을 영위하는 중소기업으로 당기(제10기) 회계기간은 2025.1.1.~2025.12.31.이다. 전산세무회계 수험용 프로그램을 이용하여 다음 물음에 답하시오.

입력 시 유의사항

- 일반적인 적요의 입력은 생략하지만, 타계정 대체거래는 적요번호를 선택하여 입력한다.
- 채권 · 채무와 관련된 거래는 별도의 요구가 없는 한 반드시 기등록된 거래처코드를 선택하는 방법으로 거래처명을 입력한다.
- 제조경비는 500번대 계정코드를, 판매비와 관리비는 800번대 계정코드를 사용한다.
- 회계처리 시 계정과목은 별도의 제시가 없는 한 등록된 계정과목 중 가장 적절한 과목으로 한다.

[1] 8월 1일
미국은행으로부터 2024년 10월 31일에 차입한 외화장기차입금 중 $30,000를 상환하기 위하여 보통예금 계좌에서 39,000,000원을 이체하여 지급하였다. 일자별 적용환율은 아래와 같다.

2024.10.31.(차입일)	2024.12.31.(직전연도 종료일)	2025.8.1.(상환일)
1,210/$	1,250/$	1,300/$

[2] 8월 12일
금융기관으로부터 매출거래처인 (주)모모가방이 발행한 어음 50,000,000원이 부도처리되었다는 통보를 받았다.

[3] 8월 23일
임시주주총회에서 6월 29일 결의하고 미지급한 중간배당금 10,000,000원에 대하여 원천징수세액 1,540,000원을 제외한 금액을 보통예금 계좌에서 지급하였다.

[4] 8월 31일
제품의 제조공장에서 사용할 기계장치(공정가치 5,500,000원)를 대주주로부터 무상으로 받았다.

[5] 9월 11일
단기매매차익을 목적으로 주권상장법인인 (주)대호전자의 주식 2,000주를 1주당 2,000원(1주당 액면금액 1,000원)에 취득하고, 증권거래수수료 10,000원을 포함한 대금을 모두 보통예금 계좌에서 지급하였다.

[6] 9월 13일
(주)다원의 외상매출금 4,000,000원 중 1,000,000원은 현금으로 받고, 나머지 잔액은 (주)다원이 발행한 약속어음으로 받았다.

정민상사(주) 회사코드: 1094

정민상사(주)(회사코드: 1094)는 전자제품의 제조 및 도 · 소매업을 영위하는 중소기업으로 당기(제11기)의 회계기간은 2025.1.1.~2025.12.31.이다. 전산세무회계 수험용 프로그램을 이용하여 다음 물음에 답하시오.

입력 시 유의사항

- 일반적인 적요의 입력은 생략하지만, 타계정 대체거래는 적요번호를 선택하여 입력한다.
- 채권 · 채무와 관련된 거래는 별도의 요구가 없는 한 반드시 기등록된 거래처코드를 선택하는 방법으로 거래처명을 입력한다.
- 제조경비는 500번대 계정코드를, 판매비와 관리비는 800번대 계정코드를 사용한다.
- 회계처리 시 계정과목은 별도의 제시가 없는 한 등록된 계정과목 중 가장 적절한 과목으로 한다.

[1] 8월 20일
인근 주민센터에 판매용 제품(원가 2,000,000원, 시가 3,500,000원)을 기부하였다.

[2] 9월 2일
대주주인 전마나 씨로부터 차입한 단기차입금 20,000,000원 중 15,000,000원은 보통예금 계좌에서 이체하여 상환하고, 나머지 금액은 면제받기로 하였다.

[3] 10월 19일
(주)용인의 외상매입금 2,500,000원에 대해 타인이 발행한 당좌수표 1,500,000원과 (주)수원에 제품을 판매하고 받은 (주)수원 발행 약속어음 1,000,000원을 배서하여 지급하다.

[4] 11월 6일
전월분 고용보험료를 다음과 같이 현금으로 납부하다(단, 하나의 전표로 처리하고, 회사부담금은 보험료로 처리할 것).

고용보험 납부내역

사원명	소속	직원부담금	회사부담금	합계
김정직	제조부	180,000원	221,000원	401,000원
이성실	마케팅부	90,000원	110,500원	200,500원
합계		270,000원	331,500원	601,500원

[5] 11월 11일
직원에 대한 확정기여형(DC) 퇴직연금 7,000,000원을 하나은행 보통예금 계좌에서 이체하여 납입하였다. 이 금액에는 연금운용에 대한 수수료 200,000원이 포함되어 있다.

[6] 12월 3일
일시보유목적으로 취득하였던 시장성 있는 (주)세무의 주식 500주(1주당 장부금액 8,000원, 1주당 액면금액 5,000원, 1주당 처분금액 10,000원)를 처분하고 수수료 250,000원을 제외한 금액을 보통예금 계좌로 이체받았다.

오영상사(주) 회사코드: 1104

오영상사(주)(회사코드: 1104)는 가방 등의 제조 · 도소매업 및 부동산임대업을 영위하는 중소기업으로 당기(제11기) 회계기간은 2025.1.1.~2025.12.31.이다. 전산세무회계 수험용 프로그램을 이용하여 다음 물음에 답하시오.

입력 시 유의사항

- 일반적인 적요의 입력은 생략하지만, 타계정 대체거래는 적요번호를 선택하여 입력한다.
- 채권 · 채무와 관련된 거래는 별도의 요구가 없는 한 반드시 기등록된 거래처코드를 선택하는 방법으로 거래처명을 입력한다.
- 제조경비는 500번대 계정코드를, 판매비와 관리비는 800번대 계정코드를 사용한다.
- 회계처리 시 계정과목은 별도의 제시가 없는 한 등록된 계정과목 중 가장 적절한 과목으로 한다.

[1] 7월 4일
나노컴퓨터에 지급하여야 할 외상매입금 5,000,000원과 나노컴퓨터로부터 수취하여야 할 외상매출금 3,000,000원을 상계하여 처리하고, 잔액은 당좌수표를 발행하여 지급하였다.

[2] 9월 15일
투자 목적으로 보유 중인 단기매매증권(보통주 1,000주, 1주당 액면가액 5,000원, 1주당 장부가액 9,000원)에 대하여 1주당 1,000원씩의 현금배당이 보통예금 계좌로 입금되었으며, 주식배당 20주를 수령하였다.

[3] 10월 5일
제품을 판매하고 (주)영춘으로부터 받은 받을어음 5,000,000원을 만기 이전에 주거래은행인 토스뱅크에 할인하고, 할인료 55,000원을 차감한 나머지 금액을 보통예금 계좌로 입금받았다(단, 어음의 할인은 매각거래에 해당한다).

[4] 10월 30일
영업부에서 대한상공회의소 회비 500,000원을 보통예금 계좌에서 지급하고 납부영수증을 수취하였다.

[5] 12월 12일
자금 조달을 위하여 발행하였던 사채(액면금액 10,000,000원, 장부가액 10,000,000원)를 9,800,000원에 조기 상환하면서 보통예금 계좌에서 지급하였다.

[6] 12월 21일
보통예금 계좌를 확인한 결과, 결산이자 500,000원에서 원천징수세액 77,000원을 차감한 금액이 입금되었음을 확인하였다(단, 원천징수세액은 자산으로 처리할 것).

CHAPTER

매입매출전표입력

핵심키워드
- 매입매출전표
- 부가세 유형
- 거래 증명서류

1회독 2회독 3회독

1 매입매출전표입력 개요

[매입매출전표입력] 메뉴는 부가가치세 신고대상에 해당하는 거래를 입력하는 것으로 매입 또는 매출거래뿐만 아니라 고정자산의 구입과 매각거래도 입력한다. 입력 시에는 부가가치세 신고대상인 (전자)세금계산서, 영세율세금계산서, 수입세금계산서, 계산서, 신용카드매출전표, 현금영수증 등의 거래 증명서류를 토대로 입력한다.

매입매출전표입력
부가가치세 신고와 관련된 거래 입력

2 매입매출전표의 입력

[매입매출전표입력] 화면 상단에는 부가가치세와 관련된 내용을, 하단에는 분개를 입력한다. 화면 상단에 입력된 자료는 부가가치세 신고자료(부가가치세 신고서, 세금계산서합계표, 매입매출장 등)에 영향을 준다.

▶ 매입매출전표 입력 시 부가가치세 신고서, 세금계산서합계표 등에 영향을 준다.

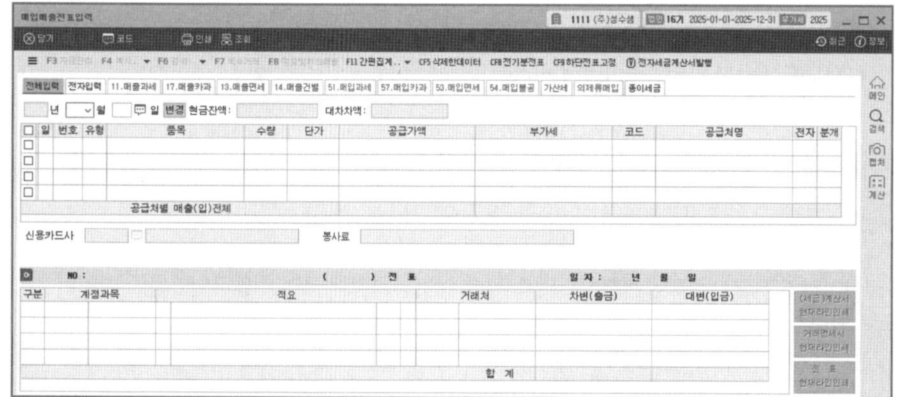

1. 매입매출전표 입력요소

(1) 월

입력하고자 하는 전표의 해당 월을 입력하거나 ▼ 버튼을 클릭하여 해당 월을 선택한다.

(2) 일

전표일자를 입력하는 방법에는 다음의 두 가지 방법이 있다.

① **해당 월만 입력한 후 일자별 거래를 연속적으로 입력하는 방법:** 상단에 월만 입력하고 일을 입력하지 않을 경우 해당 월에 서로 다른 날의 전표를 한 번에 입력할 수 있다.

② **해당 월과 해당 일자를 입력한 후 일일거래를 바로 입력하는 방법:** 상단에 월과 일을 모두 입력하여 진행하는 방법이다. 동일한 화면 내에 하루 동안의 거래를 입력하는 방법으로 특정한 날짜의 전표를 조회할 때 편리하다.

▶ 실제 시험에서 전표 입력 시에는 월까지만 입력하고 일란에 날짜를 입력하지 않는 것이 시간을 절약할 수 있어 유리하다.

(3) 번호

전표번호는 각 일자별로 '00001'부터 자동 부여되며, 한 번 부여된 후 삭제한 번호는 다시 부여되지 않는다.

(4) 유형

유형은 다음과 같이 구분된다. 선택한 유형에 따라 부가가치세 신고서와 신고 부속서류에 자동으로 반영되므로 해당 거래의 유형을 정확하게 파악한 후 코드를 입력해야 한다.

부 가 세 유 형

매출						매입					
11.과세	과세매출	16.수출	수출	21.전자	전자화폐	51.과세	과세매입	56.금전	금전등록	61.현과	현금과세
12.영세	영세율	17.카과	카드과세	22.현과	현금과세	52.영세	영세율	57.카과	카드과세	62.현면	현금면세
13.면세	계산서	18.카면	카드면세	23.현면	현금면세	53.면세	계산서	58.카면	카드면세		
14.건별	무증빙	19.카영	카드영세	24.현영	현금영세	54.불공	불공제	59.카영	카드영세		
15.간이	간이과세	20.면건	무증빙			55.수입	수입분	60.면건	무증빙		

(5) 품목

거래의 품목을 입력한다. 품목이 둘 이상인 경우 [F7 복수거래] 버튼을 클릭하여 나타나는 화면의 하단에 품목별로 입력한다.

(6) 수량, 단가, 공급가액

거래대상의 수량과 단가를 입력하면 공급가액과 부가가치세가 자동으로 입력되며, 수량과 단가를 입력하지 않는 경우에는 공급가액을 직접 입력하면 부가가치세가 자동으로 입력된다.

▶ 수량, 단가는 채점 대상이 아니다.

+ 공급가액 vs. 공급대가

- **공급가액:** 부가가치세를 포함하지 않은 금액
- **공급대가:** 부가가치세를 포함한 금액(공급가액 + 부가가치세)

공급가액 vs. 공급대가
- 공급가액: VAT 제외
- 공급대가: VAT 포함

(7) 부가세

공급가액을 입력하면 자동으로 입력되며, 직접 입력할 수도 있다.

(8) 공급처명

거래대상을 입력한다. 코드란에 거래처명을 두 글자 이상 입력하거나 [F2]를 누르고 보조창을 띄운 후 선택한다.

(9) 전자

세금계산서 혹은 계산서를 전자로 발급 및 수취하였을 경우에는 [1.여]를, 그렇지 않았을 경우에는 [0.부]를 선택하여 입력한다.

(10) 분개

화면 상단에 입력한 내용은 부가가치세 신고를 위한 것이고, 하단에는 장부에 반영될 회계처리에 해당하는 분개를 입력한다.

> **Tip** 분개유형 [0:분개없음 1:현금 2:외상 3:혼합 4:카드 5:추가(환경설정에서 설정합니다.)]   [TAB]:분개유형이 있을시 하단분개로 이동

① [1: 현금]: 거래금액 전액이 현금거래인 경우 선택한다.

매출거래	부가세예수금과 매출액의 분개가 자동으로 입력됨
매입거래	부가세대급금과 원재료 계정의 분개가 자동으로 입력되며, 필요한 경우 적절한 계정과목으로 수정해야 함

② [2: 외상]: 거래금액 전액이 외상인 경우 선택한다.

매출거래	• 외상매출금과 부가세예수금 및 제품매출 계정이 자동으로 입력됨 • 부가세예수금은 수정 불가능하며, 외상매출금과 제품매출은 거래 내용에 따라 수정 및 추가 입력이 가능함
매입거래	• 외상매입금과 부가세대급금 및 원재료 계정이 자동으로 입력됨 • 부가세대급금은 수정 불가능하며, 외상매입금과 원재료는 거래 내용에 따라 수정 및 추가 입력이 가능함

③ [3: 혼합]: 거래금액 중 현금이나 외상이 아닌 거래가 있는 경우 선택한다.

매출거래	대변에 부가세예수금과 제품매출이 자동으로 입력됨
매입거래	차변에 부가세대급금과 원재료가 자동으로 입력됨

3 매입매출전표 유형

1. 매출 유형

유형	내용
11.과세(과세매출)	(전자)세금계산서를 입력할 때 선택
12.영세(영세율)	영세율세금계산서를 입력할 때 선택(내국신용장, 구매확인서 또는 수출재화임가공용역)
13.면세(계산서)	면세사업자의 매출로 발행된 (전자)계산서를 입력할 때 선택
14.건별(무증빙)	소매매출 시 법정증빙을 발급하지 않았거나(일반영수증) 증빙이 없는 거래를 입력할 때 선택
15.간이(간이과세)	세금계산서가 발급되지 않는 과세매출을 입력할 때 선택
16.수출(수출)	직접 수출하는 경우 선택
17.카과(카드과세)	신용카드에 의한 과세매출을 입력할 때 선택(세금계산서 발급분 제외)
18.카면(카드면세)	신용카드에 의한 면세매출을 입력할 때 선택(계산서 발급분 제외)
19.카영(카드영세)	신용카드에 의한 영세율매출을 입력할 때 선택
20.면건(무증빙)	계산서가 발급되지 않는 면세매출을 입력할 때 선택(일반영수증 면세매출)
21.전자(전자화폐)	전자결제 수단에 의한 매출로 전자화폐결제명세서에 가맹점별로 집계
22.현과(현금과세)	현금영수증에 의한 과세매출을 입력할 때 선택

매출 유형: 증빙발행
- 11.과세: 세금계산서
- 12.영세: 영세율세금계산서
- 13.면세: 계산서
- 14.건별: 무증빙
- 16.수출: 직수출
- 17.카과: 카드+과세
- 18.카면: 카드+면세
- 22.현과: 현금영수증+과세
- 23.현면: 현금영수증+면세

▶ '14.건별', '17.카과', '22.현과'는 공급가액란에 부가가치세가 포함된 공급대가를 입력하면 공급가액과 부가세가 자동으로 구분되어 입력된다.

23.현면(현금면세)	현금영수증에 의한 면세매출을 입력할 때 선택
24.현영(현금영세)	현금영수증에 의한 영세율매출을 입력할 때 선택

2. 매입 유형

유형	내용
51.과세(과세매입)	발급받은 (전자)세금계산서를 입력할 때 선택
52.영세(영세율)	발급받은 (전자)영세율세금계산서를 입력할 때 선택
53.면세(계산서)	면세사업자에게 발급받은 (전자)계산서(세관장에게 발급받은 수입계산서 포함)를 입력할 때 선택
54.불공(불공제)	세금계산서를 수령하였으나 매입세액공제를 받을 수 없는 경우 선택하며, 전표입력 시 아래 불공제 사유 중 하나를 선택 • 세금계산서합계표 미제출 및 필요적 기재사항 누락 • 사업과 직접 관련 없는 지출 • 개별소비세법 제1조제2항제3조에 따른 자동차 구입·유지 및 임차(배기량 1,000cc 이하 경차는 공제) • 기업업무추진비 및 이와 유사한 비용 관련 • 면세사업 관련 • 토지의 자본적 지출 관련 • 사업자등록 전 매입세액
55.수입(수입분)	재화의 수입 시 세관장이 발급한 수입세금계산서를 입력할 때 선택
56.금전(금전등록)	금전등록 시 영수증을 받은 매입을 입력할 때 선택(매입세액 불공제)
57.카과(카드과세)	신용카드에 의한 과세매입을 입력할 때 선택
58.카면(카드면세)	신용카드에 의한 면세매입을 입력할 때 선택
59.카영(카드영세)	신용카드에 의한 영세율매입을 입력할 때 선택
60.면건(무증명)	계산서가 발급되지 않은 면세매입을 입력할 때 선택
61.현과(현금과세)	현금영수증에 의한 과세매입을 입력할 때 선택
62.현면(현금면세)	현금영수증에 의한 면세매입을 입력할 때 선택

매입 유형: 증빙수취
- 51.과세: 세금계산서
- 52.영세: 영세율세금계산서
- 53.면세: 계산서
- 54.불공: 세금계산서+불공제
- 55.수입: 수입세금계산서
- 57.카과: 카드+과세
- 58.카면: 카드+면세
- 61.현과: 현금영수증+과세
- 62.현면: 현금영수증+면세

▶ 면세인 경우 불공제 사유에 해당되어도 53.면세를 선택한다.

▶ '55.수입'에서 수입세금계산서의 공급가액은 부가가치세 신고서의 과세표준이지만 회계처리 대상은 아니다. 따라서 하단의 분개 화면에는 부가가치세만 표시된다.

+ 매입매출전표 입력순서

STEP 1 매입인지, 매출인지 판단한다.

STEP 2 증빙이 무엇인지 확인하여 유형코드를 입력한다.

STEP 3 분개유형(현금, 외상, 혼합)을 확인하여 입력한다.

매입매출전표 입력순서

매입/매출 구분
↓
증빙에 따른 유형 구분
↓
분개유형 구분

4 매입매출전표 기본문제

(주)더블루(회사코드: 0102)로 로그인하여 각 유형별 매입매출전표를 입력한다.
거래 입력에 앞서 (주)더블루는 제조기업이므로 [기초정보관리]-[환경등록]에서 2.분개유형 설정 중 매출란의 '401.상품매출'을 '404.제품매출'로, 매입란의 '146.상품'을 '153.원재료'로 설정한다. 설정이 완료된 화면은 다음과 같다.

▶ 실제 시험에서 환경등록은 하지 않는다.

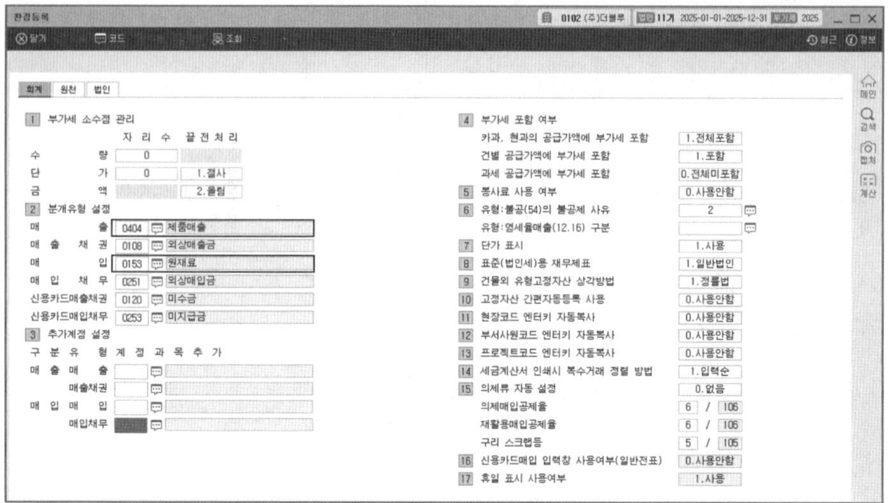

프로그램 따라하기

[1] 5월 1일 [11.과세: 매출 + 전자세금계산서 + 현금]

(주)미르에 제품(2대, @1,500,000원, 부가세 별도)을 매출한 후 전자세금계산서를 발급하고 대금은 현금으로 수취하였다.

| 풀이 |

① 유형 파악: '5월 1일'을 입력하고 매출거래임을 확인한 후 전자세금계산서를 발행하였으므로 '유형'에서 [11.과세]를 선택한다.

② 품목, 공급가액 및 부가가치세액 입력: '품목'에 '제품'을 입력한 후 '수량'에 '2'를, '단가'에 '1,500,000'을 입력하면 자동으로 '공급가액'에 3,000,000, '부가세'에 300,000이 입력된다.

③ 거래처코드 및 전자세금계산서 여부 입력: '코드'에서 F2나 '+'를 눌러 거래처 '(주)미르'를 입력하고 '전자'에 [1.여]를 입력한다.

④ 분개 입력: 현금거래이므로 [1.현금]을 입력한다.

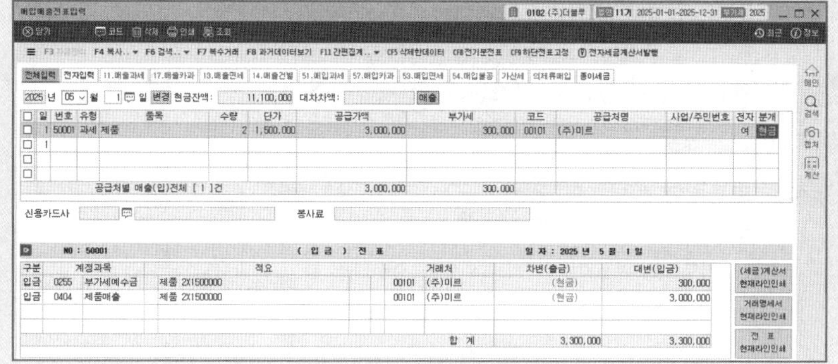

현금거래이지만 '분개'에서 [3.혼합]을 입력해도 무방하며, 입력한 화면은 다음과 같다.

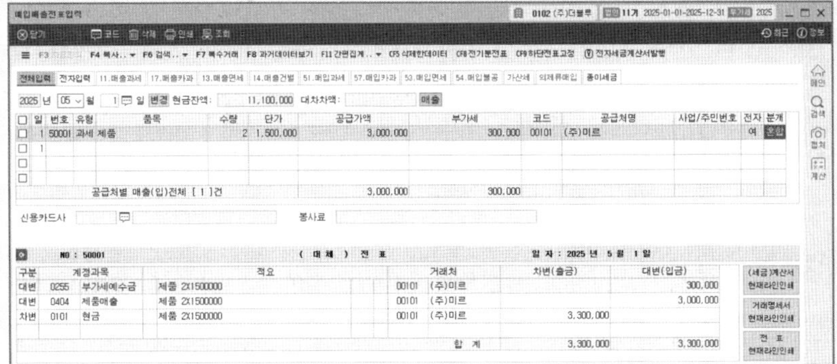

'분개'에서 [3.혼합]을 선택하면 대변의 '제품매출' 3,000,000과 '부가세예수금' 300,000은 자동으로 입력된다. 차변은 구분에서 [3.차변]을 입력한 후 계정과목 '현금'을 입력한다.

[2] 6월 2일 [51.과세: 매입 + 전자세금계산서 + 현금]

(주)K스포츠에서 원재료(100개, @60,000원, 부가세 별도)를 매입한 후 전자세금계산서를 수취하고 현금으로 결제하였다.

| 풀이 |

① 유형 파악: '6월 2일'을 입력하고 매입거래임을 확인한 후 전자세금계산서를 수취하였으므로 '유형'에서 [51.과세]를 선택한다.

② 품목, 공급가액 및 부가가치세액 입력: '품목'에 '원재료'를 입력한 후 '수량'에 '100'을, '단가'에 '60,000'을 입력하면 자동으로 '공급가액'에 6,000,000, '부가세'에 600,000이 자동으로 입력된다.

③ 거래처코드 및 전자세금계산서 여부 입력: '코드'에서 F2나 '+'를 눌러 거래처 '(주)K스포츠'를 입력하고 '전자'에 [1.여]를 입력한다.

④ 분개 입력: 현금거래이므로 [1.현금]을 입력한다.

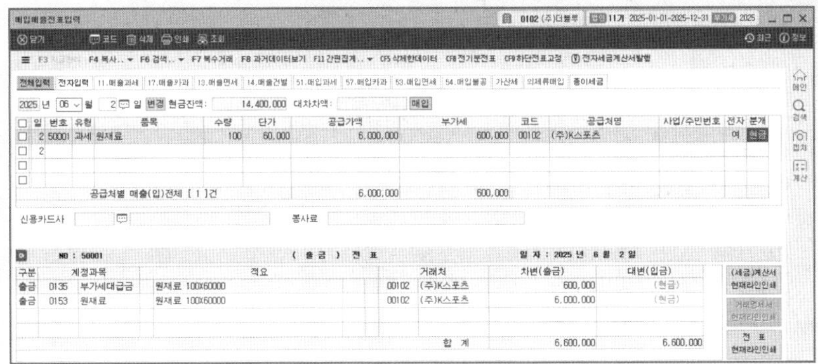

현금거래이지만 '분개'에서 [3.혼합]을 입력해도 무방하며, 입력한 화면은 다음과 같다.

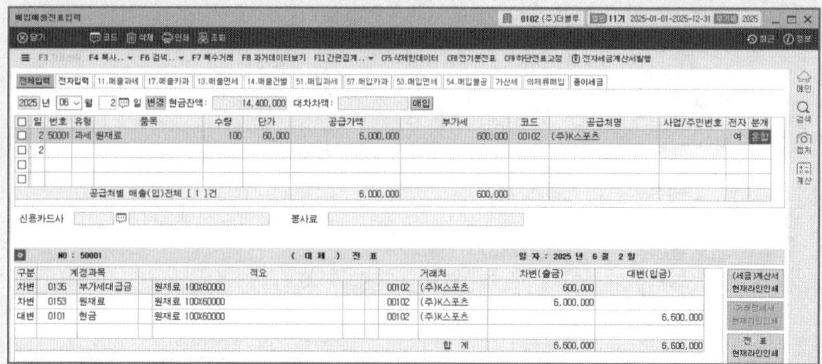

'분개'에서 [3.혼합]을 선택하면 차변의 '원재료' 6,000,000과 '부가세대급금' 600,000은 자동으로 입력된다. 대변은 구분에서 [4.대변]을 입력한 후 계정과목 '현금'을 입력한다.

[3] 7월 1일 [11.과세: 매출 + 전자세금계산서 + 외상]

(주)비덱에 제품(2대, @300,000원, 부가세 별도)을 외상으로 매출하고, 전자세금계산서를 발급하였다.

| 풀이 |

① 유형 파악: '7월 1일'을 입력하고 매출거래임을 확인한 후 전자세금계산서를 발행하였으므로 '유형'에서 [11.과세]를 선택한다.

② 품목, 공급가액 및 부가가치세액 입력: '품목'에 '제품'을 입력한 후 '수량'에 '2'를, '단가'에 '300,000'을 입력하면 '공급가액'에 600,000, '부가세'에 60,000이 자동으로 입력된다.

③ 거래처코드 및 전자세금계산서 여부 입력: '코드'에서 F2나 '+'를 눌러 거래처 '(주)비덱'을 입력하고 '전자'에 [1.여]를 입력한다.

④ 분개 입력: 외상거래이므로 '분개'에서 [2.외상]을 입력한다.

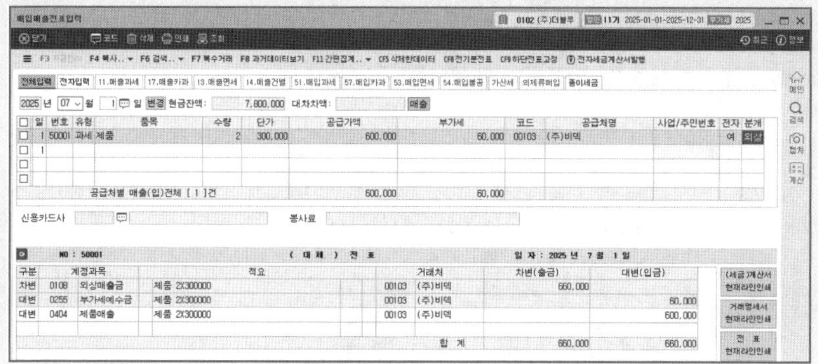

[4] 7월 3일 [51.과세: 매입 + 전자세금계산서 + 외상]

(주)K스포츠에서 원재료(200개, @50,000원, 부가세 별도)를 외상매입하고, 전자세금계산서를 수취하였다.

| 풀이 |

① 유형 파악: '7월 3일'을 입력하고 매입거래임을 확인한 후 전자세금계산서를 수취하였으므로 '유형'에서 [51.과세]를 선택한다.

② 품목, 공급가액 및 부가가치세액 입력: '품목'에 '원재료'를 입력한 후 '수량'에 '200'을, '단가'에 '50,000'을 입력하면 '공급가액'에 10,000,000, '부가세'에 1,000,000이 자동으로 입력된다.

③ 거래처코드 및 전자세금계산서 여부 입력: '코드'에서 F2나 '+'를 눌러 거래처 '(주)K스포츠'를 입력하고 '전자'는 [1.여]를 입력한다.

④ 분개 입력: 외상거래이므로 '분개'에서 [2.외상]을 입력한다.

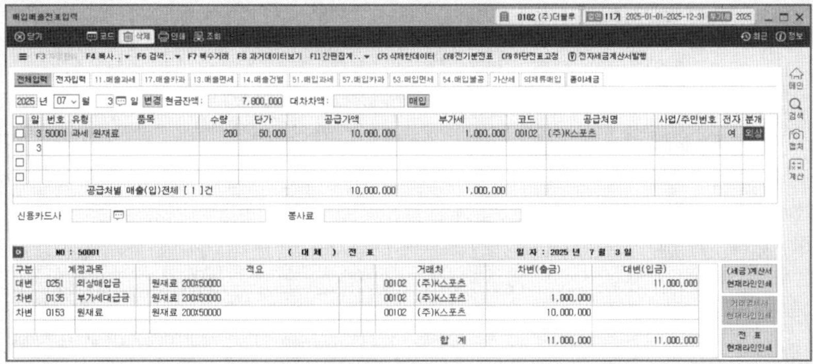

[5] 8월 1일 [11.과세: 매출 + 전자세금계산서 + 혼합]

(주)비덱에 제품(10대, @400,000원, 부가세 별도)을 매출하고 대금은 현금 1,000,000원, 외상 2,000,000원, 나머지는 어음으로 받았고 전자세금계산서를 발급하였다.

| 풀이 |

① 유형 파악: '8월 1일'을 입력하고 매출거래임을 확인한 후 전자세금계산서를 발행하였으므로 '유형'에서 [11.과세]를 선택한다.

② 품목, 공급가액 및 부가가치세액 입력: '품목'에 '제품'을 입력한 후 '수량'에 '10'을, '단가'에 '400,000'을 입력하면 '공급가액'에 4,000,000, '부가세'에 400,000이 자동으로 입력된다.

③ 거래처코드 및 전자세금계산서 여부 입력: '코드'에서 F2나 '+'를 눌러 거래처 '(주)비덱'을 입력하고 '전자'는 [1.여]를 입력한다.

④ 분개 입력: 혼합거래이므로 '분개'에서 [3.혼합]을 입력하면 대변에 '제품매출' 4,000,000과 '부가세예수금' 400,000이 자동으로 입력되며, 구분에서 [3.차변]을 선택한 후 '현금 1,000,000', '외상매출금 2,000,000', '받을어음 1,400,000'을 입력한다.

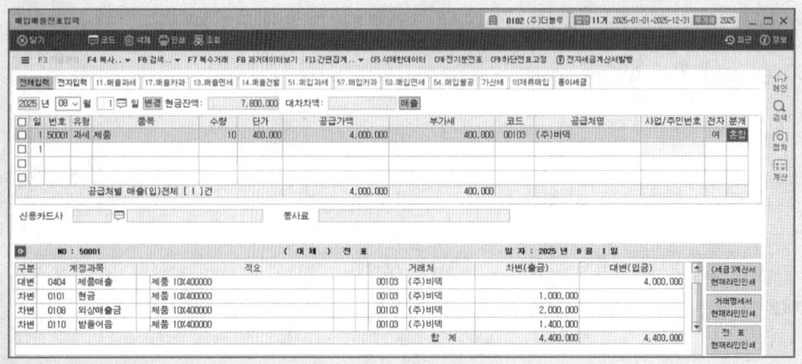

[6] 8월 3일 [51.과세: 매입 + 전자세금계산서 + 혼합]

(주)K스포츠에서 원재료(100개, @30,000원, 부가세 별도)를 매입하고, 전자세금계산서를 수취하였으며, 대금은 보통예금 1,000,000원, 외상 1,000,000원, 나머지는 어음을 발행하여 지급하였다.

| 풀이 |

① 유형 파악: '8월 3일'을 입력하고 매입거래임을 확인한 후 전자세금계산서를 수취하였으므로 '유형'에서 [51.과세]를 선택한다.

② 품목, 공급가액 및 부가가치세액 입력: '품목'에 '원재료'를 입력한 후 '수량'에 '100'을, '단가'에 '30,000'을 입력하면 '공급가액'에 3,000,000, '부가세'에 300,000이 자동으로 입력된다.

③ 거래처코드 및 전자세금계산서 여부 입력: '코드'에서 F2나 '+'를 눌러 거래처 '(주)K스포츠'를 입력하고 '전자'는 [1.여]를 입력한다.

④ 분개 입력: 혼합거래이므로 '분개'에서 [3.혼합]을 입력하면 차변에 '원재료' 3,000,000과 '부가세대급금' 300,000이 자동으로 입력되며, 구분에서 [4.대변]을 선택한 후 '보통예금 1,000,000', '외상매입금 1,000,000', '지급어음 1,300,000'을 입력한다.

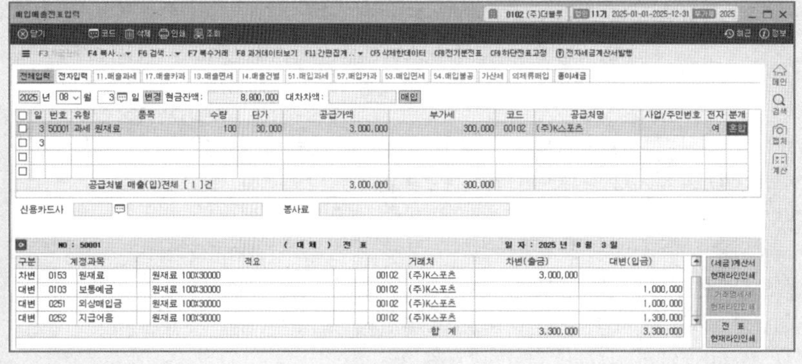

5 매입매출전표 유형별 연습

5 의 매입매출전표 유형별 연습문제는 (주)성수샘(회사코드: 1111)에 입력한다.
거래 입력에 앞서 (주)성수샘은 제조기업이므로 [기초정보관리]-[환경등록] 메뉴에서 분개유형 설정 중 매출란의 '401.상품매출'을 '404.제품매출'로, 매입란의 '146.상품'을 '153.원재료'로 설정한다.

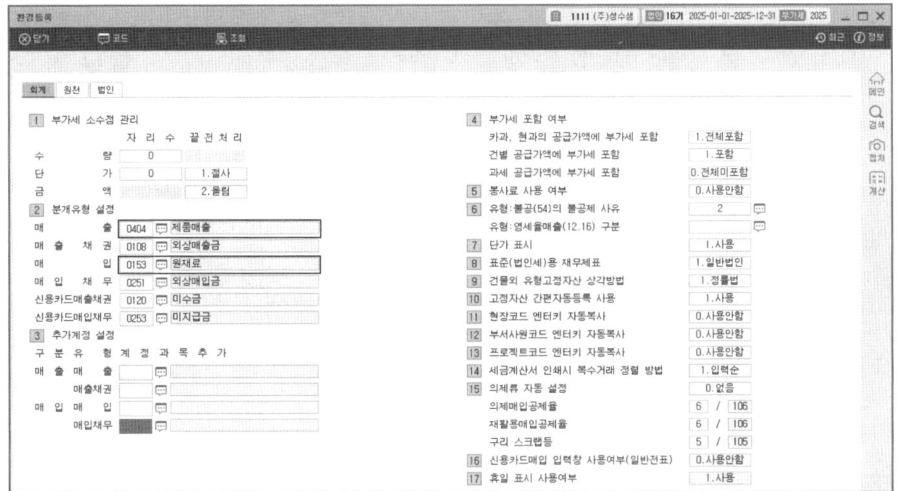

1. 매출거래

(1) [11.과세]

(전자)세금계산서가 발급된 거래 입력 시 선택한다.

[11.과세]
매출 + (전자)세금계산서

연습문제

[1] 7월 1일
거래처인 (주)예준에 전자제품(공급가액 2,000,000원)을 판매하고, 전자세금계산서를 발급하였다.

전자세금계산서						승인번호	213586595128		
공급자	사업자등록번호	120-81-01336	종사업장번호		공급받는자	사업자등록번호	211-81-24601	종사업장번호	
	상호(법인명)	(주)성수샘	성명	김성수		상호(법인명)	(주)예준	성명	김예준
	사업장주소	서울특별시 강남구 학동로 426 (삼성동, 강남구청)				사업장주소	서울특별시 강남구 논현로 12		
	업태	제조, 도매	종목	전자제품		업태	서비스	종목	전자제품
	이메일					이메일			

작성일자	공급가액	세액	수정사유
2025.7.1.	2,000,000	200,000	
비고			

월	일	품목	규격	수량	단가	공급가액	세액	비고
7	1	전자제품				2,000,000	200,000	

합계 금액	현금	수표	어음	외상미수금	위 금액을 영수/청구 함
2,200,000	2,200,000				

| 풀이 |

유형	품목	수량	단가	공급가액	부가세	공급처명	전자
11.과세	제품			2,000,000	200,000	(주)예준	1.여
분개	[1.현금] (입금) 부가세예수금 제품매출					200,000 2,000,000	

[2] 7월 2일

나라상사에 제품 500개(판매단가 100,000원/개, 부가가치세 별도)를 판매하고 전자세금계산서를 발급하였다. 대금은 (주)서준이 발행한 약속어음(3개월 만기)을 배서양도받았다.

| 풀이 |

유형	품목	수량	단가	공급가액	부가세	공급처명	전자
11.과세	제품	500	100,000	50,000,000	5,000,000	나라상사	1.여
분개	[3.혼합] (차) 받을어음[(주)서준] 55,000,000				(대) 제품매출 부가세예수금		50,000,000 5,000,000

상단의 거래처와 하단 분개의 거래처가 다른 경우로, 하단 분개의 받을어음에 대한 거래처를 '101.(주)서준'으로 수정한다.

[3] 7월 3일

하나상사(거래처코드: 105, 사업자등록번호: 130-81-10661, 신규등록할 것)에 다음과 같이 제품을 전액 외상으로 매출하고 전자세금계산서를 발급하였다.

품목	수량	단가	공급가액	부가세
101	100개	200,000원	20,000,000원	2,000,000원
102	200개	50,000원	10,000,000원	1,000,000원

| 풀이 |

유형	품목	수량	단가	공급가액	부가세	공급처명	전자
11.과세	101 외			30,000,000	3,000,000	하나상사	1.여
분개	[2.외상] (차) 외상매출금			33,000,000	(대) 제품매출 부가세예수금		30,000,000 3,000,000

① 복수거래 입력: 화면 상단의 [F7 복수거래] 버튼을 클릭한 후 아래와 같이 품목별 거래 내용을 입력한다. 입력을 마치면 화면 상단을 클릭하거나 [Esc]를 눌러 상단으로 이동한다.

복 수 거 래 내 용 (F 7) (입력가능갯수 : 100개)

No	품목	규격	수량	단가	공급가액	부가세	합계	비고
1	101		100	200,000	20,000,000	2,000,000	22,000,000	
2	102		200	50,000	10,000,000	1,000,000	11,000,000	
3								
				합 계	30,000,000	3,000,000	33,000,000	

② 신규 거래처의 등록: 코드란에서 [F2]를 누른 후 '거래처도움' 창 하단의 [신규등록(F3)] 버튼을 클릭한 후 '기초코드 등록' 창에서 문제에 제시된 거래처 내용을 입력하여 등록한다.

하단 거래처코드를 수정하는 경우

- 어음의 배서양도
- 카드
- 가지급금

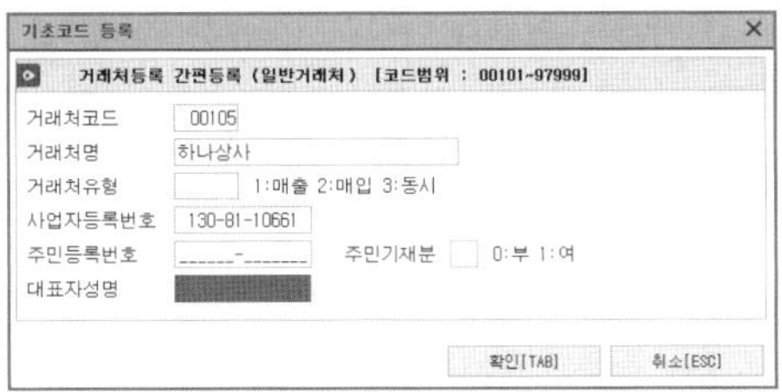

[4] 7월 4일

업무용 비품으로 사용하던 냉장고(취득가액 2,500,000원, 처분 시 감가상각누계액 1,650,000원)를 (주)서준에 1,000,000원(부가가치세 별도)에 처분하고 전자세금계산서를 발급하였다. 대금은 현금으로 받았다.

| 풀이 |

유형	품목	수량	단가	공급가액	부가세	공급처명	전자
11.과세	비품			1,000,000	100,000	(주)서준	1.여
분개	[3.혼합] (차) 감가상각누계액(213) 1,650,000 (대) 비품 2,500,000 현금 1,100,000 부가세예수금 100,000 유형자산처분이익 150,000						

[5] 7월 5일

제품을 비사업자인 서인화(신규 거래처등록: 거래처코드 106, 주민등록번호 700326-2236510)에게 판매하고, 공급가액 500,000원(부가가치세 별도)의 전자세금계산서를 발급하고 대금은 현금으로 수취하였다.

| 풀이 |

유형	품목	수량	단가	공급가액	부가세	공급처명	전자
11.과세	제품			500,000	50,000	서인화	1.여
분개	[1.현금] (입금) 부가세예수금 50,000 제품매출 500,000						

신규 거래처(개인)의 등록: 코드란에서 F2를 누른 후 '거래처도움' 창 하단의 신규등록(F3) 버튼을 클릭한 후 문제에 제시된 거래처 내용을 입력하여 등록한다. 주민등록번호를 입력하면 주민기재분란에 [1.여]로 자동 반영된다.

주민등록번호	700326-2236510	주민기재분	1	0:부 1:여

[6] 7월 6일

하나상사에 판매한 제품 중 1대(단가: 200,000원)를 불량으로 반품받고 이에 대하여 전자세금계산서를 발급하였다. 대금은 전액 외상매출금과 상계한다.

| 풀이 |

유형	품목	수량	단가	공급가액	부가세	공급처명	전자
11.과세	제품	−1	200,000	−200,000	−20,000	하나상사	1.여
분개	[2.외상] (차) 외상매출금 −220,000 (대) 제품매출 −200,000 부가세예수금 −20,000						

▶ 반품의 경우 공급가액을 (−)로 입력한다.

반품거래: 수량은 음수(−)로, 단가는 양수(+)로 한다. 단, 수량 및 단가가 제시되지 않는 경우 공급가액을 음수(−)로 입력한다.

(2) **[12.영세]**

영세율세금계산서(부가가치세 0%)가 발급된 거래 입력 시 선택한다.

① 영세율 거래는 부가가치세율이 0%이므로 부가가치세가 없다. 따라서 부가세예수금 계정이 자동 입력되지 않는다.

② 내국신용장(Local L/C) 또는 구매확인서에 의하여 공급하는 재화(국내사업자 간 거래)는 영세율을 적용한다.

> **[12.영세]**
> - 매출 + 영세율세금계산서
> - 내국신용장(Local L/C), 구매확인서에 의하여 공급하는 재화

연습문제

[7] 7월 7일

해외수출 대행업체인 나라상사에 구매확인서에 의하여 제품 3,000개를 15,000,000원에 납품하고, 영세율전자세금계산서를 발행하였다. 대금 중 9,000,000원은 동사발행 당좌수표로 받고, 잔액은 2개월 후에 받기로 하였다.

| 풀이 |

유형	품목	수량	단가	공급가액	부가세	공급처명	전자
12.영세	제품			15,000,000		나라상사	1.여
영세율 구분	③ 내국신용장 · 구매확인서에 의하여 공급하는 재화						
분개	[3.혼합] (차) 현금 9,000,000 (대) 제품매출 15,000,000 외상매출금 6,000,000						

> ▶ 동사발행 당좌수표는 현금으로 처리한다.

(3) **[14.건별]**

① 소매매출하면서 법정 증빙을 발급하지 않았거나(일반영수증) 증빙이 없는 거래를 입력할 때 선택한다.

② 공급가액란에 부가가치세가 포함된 공급대가를 입력하고 Enter를 누르면 공급가액과 부가세가 자동으로 구분되어 입력된다.

> **[14.건별]**
> - 매출 + 영수증
> - 공급가액란에 공급대가 입력

연습문제

[8] 7월 8일

제품을 개인 김영수(신규 거래처등록: 107)에게 소매로 판매하고 대금 110,000원(부가가치세 포함)을 현금으로 수령했다.

| 풀이 |

유형	품목	수량	단가	공급가액	부가세	공급처명	전자
14.건별	제품			100,000	10,000	김영수	
분개	[1.현금] (입금) 부가세예수금 10,000 제품매출 100,000						

> ▶ 세금계산서 이외의 경우 공급가액란에 공급대가를 입력한다.

(4) **[16.수출]**

직접 수출하는 경우 선택하며 세금계산서 대상이 아니다.

① 재화 또는 용역의 공급시기 이후 외국통화 상태로 보유하거나 지급받는 경우: 공급가액에 선적일의 기준환율 또는 재정환율을 적용한다.

② 재화 또는 용역의 공급시기 도래 전에 원화로 환가한 경우: 공급가액에 환가한 금액을 적용한다.

> **[16.수출]에서의 공급가액**
> - 원칙: 선적일의 기준환율
> - 예외: 공급시기 전에 환가한 경우 환가한 가액

+ [12.영세]와 [16.수출]의 차이점

[12.영세]는 세금계산서를 발급하여야 하지만 [16.수출]은 직수출 등이므로 세금계산서 발급의무에서 면제된다.

연습문제

[9] 7월 9일

일본의 나라상사에 제품B를 ￥300,000에 직접 수출하고, 대금은 외상으로 하였다. 선적일(7월 9일) 환율은 1,000원/￥100이다.

| 풀이 |

유형	품목	수량	단가	공급가액	부가세	공급처명	전자
16.수출	제품B			3,000,000		나라상사	
영세율 구분		① 직접수출(대행수출 포함)					
분개	[2.외상]	(차) 외상매출금		3,000,000	(대) 제품매출		3,000,000

(5) **[17.카과]**

신용카드에 의한 과세매출(세금계산서 발급분 제외)을 입력할 때 선택한다.

① 신용카드매출전표(부가가치세 10% 포함)가 발행된 거래 입력 시 선택한다.

② 금액 입력 시 공급가액란에 공급대가(부가가치세 포함)를 입력하면 공급가액과 세액이 자동으로 구분되어 입력된다.

③ 공급처명란에 거래처는 매출처로 입력하고, 하단 분개 입력 시 거래처는 카드사로 변경한다.

[17.카과]
- 매출 + 신용카드
- 세금계산서 이외의 경우
- 공급가액란에 공급대가 입력
- 외상매출금 거래처를 카드사로 변경

연습문제

[10] 7월 10일

하나상사에 제품을 판매하고 신용카드(비씨카드)로 결제를 받았다. 매출전표는 다음과 같다(신규 거래처등록: 비씨카드, 코드번호: 99601, 유형: 매출).

단말기번호	11213692	전표번호	
카드종류		거래종류	결제방법
비씨카드		신용구매	일시불
회원번호(Card No.)		취소 시 원거래일자	
4140-0202-3245-9958			
유효기간	거래일시	품명	
**/ **	2025.7.10. 14:20		
전표제출	금 액/AMOUNT		2,000,000원
	부 가 세/VAT		200,000원
전표매입사	봉 사 료/TIPS		
	합 계/TOTAL		2,200,000원
거래번호	승인번호/(Approval No.)		
	98421147		

| 풀이 |

유형	품목	수량	단가	공급가액	부가세	공급처명	전자
17.카과	제품			2,000,000	200,000	하나상사	
신용카드사	99601.비씨카드						
분개	[3.혼합] (차) 외상매출금 [비씨카드]			2,200,000	(대) 제품매출 부가세예수금		2,000,000 200,000

상단의 거래처와 하단 분개의 거래처가 다른 경우로, 하단 분개의 외상매출금에 대한 거래처를 '99601.비씨카드'로 수정한다.

▶ 분개유형은 [4.카드]로 입력해도 된다.

(6) **[22.현과]**

① 현금영수증에 의한 과세매출을 입력할 때 선택한다.

② 금액 입력 시 공급가액란에 부가가치세가 포함된 공급대가를 입력하면 공급가액과 세액이 자동으로 구분되어 입력된다.

[22.현과]
- 매출 + 현금영수증(과세)
- 세금계산서 이외의 경우
- 공급가액란에 공급대가 입력

연습문제

[11] 7월 11일

개인인 비사업자 이경신(신규 거래처등록: 108) 씨에게 제품을 1,100,000원(부가가치세 포함)에 현금으로 판매하고 현금영수증을 발급하였다.

| 풀이 |

유형	품목	수량	단가	공급가액	부가세	공급처명	전자
22.현과	제품			1,000,000	100,000	이경신	
분개	[1.현금] (입금) 부가세예수금 제품매출					100,000 1,000,000	

매출거래의 연습문제 [1] ~ [11]까지를 [매입매출전표입력] 메뉴에 입력한 화면은 다음과 같다.

【매출거래 입력화면】

일	번호	유형	품목	수량	단가	공급가액	부가세	코드	공급처명	사업/주민번호	전자	분개
1	50001	과세	제품			2,000,000	200,000	00102	(주)예준	211-81-24601	여	현금
2	50001	과세	제품	500	100,000	50,000,000	5,000,000	00103	나라상사	114-86-26657	여	혼합
3	50001	과세	101 외			30,000,000	3,000,000	00105	하나상사	130-81-10661	여	외상
4	50001	과세	비품			1,000,000	100,000	00101	(주)서준	104-81-88350	여	혼합
5	50001	과세	제품			500,000	50,000	00106	서인화	700326-2236510	여	현금
6	50001	과세	제품	-1	200,000	-200,000	-20,000	00105	하나상사	130-81-10661	여	외상
7	50001	영세	제품			15,000,000		00103	나라상사	114-86-26657	여	혼합
8	50001	건별	제품			100,000	10,000	00107	김영수			현금
9	50001	수출	제품B			3,000,000		00103	나라상사	114-86-26657		외상
10	50001	카과	제품			2,000,000	200,000	00105	하나상사	130-81-10661		혼합
11	50001	현과	제품			1,000,000	100,000	00108	이경신			현금

2. 매입거래

(1) [51.과세]

(전자)세금계산서를 발급받은 거래 입력 시 선택한다.

[51.과세]
매입 + (전자)세금계산서

연습문제

[12] 8월 1일

공장에서 사용하는 화물차에 대한 부품을 (주)서준에서 550,000원(부가가치세 포함)에 구입하고, 전자세금계산서를 교부받았다. 대금은 다음 달에 결제하기로 하였으며, 차량유지비로 처리한다.

| 풀이 |

유형	품목	수량	단가	공급가액	부가세	공급처명	전자
51.과세	부품			500,000	50,000	(주)서준	1.여
분개	[3.혼합] (차) 차량유지비(제) 500,000 (대) 미지급금 550,000 부가세대급금 50,000						

[13] 8월 2일

(주)예준으로부터 원재료를 3,000,000원(부가가치세 별도)에 매입하면서 전자세금계산서를 발급받았고, 대금은 어음(만기 2026년 6월 30일)을 발행하여 지급하였다.

| 풀이 |

유형	품목	수량	단가	공급가액	부가세	공급처명	전자
51.과세	원재료			3,000,000	300,000	(주)예준	1.여
분개	[3.혼합] (차) 원재료 3,000,000 (대) 지급어음 3,300,000 부가세대급금 300,000						

[14] 8월 3일

나라상사로부터 당월의 영업부 사무실 임차료에 대한 공급가액 2,000,000원(부가가치세 별도)의 전자세금계산서를 발급받고, 대금은 현금으로 지급하였다.

| 풀이 |

유형	품목	수량	단가	공급가액	부가세	공급처명	전자
51.과세	임차료			2,000,000	200,000	나라상사	1.여
분개	[1.현금] (출금) 부가세대급금 200,000 임차료(판) 2,000,000						

[15] 8월 4일

하나상사와 임가공계약을 체결하고 제작을 의뢰하였던 제품을 납품받았다. 임가공외주용역에 대한 전자세금계산서를 수취하고, 임가공비 20,000,000원(부가가치세 별도)은 전액 보통예금으로 결제하였다.

외주가공비(제)
- 임가공비
- 임가공용역
- 외주가공

| 풀이 |

유형	품목	수량	단가	공급가액	부가세	공급처명	전자
51.과세	임가공 용역			20,000,000	2,000,000	하나상사	1.여
분개	[3.혼합] (차) 외주가공비(제) 부가세대급금			20,000,000 2,000,000	(대) 보통예금		22,000,000

[16] 8월 5일

(주)서준에 사무직 신입사원 채용공고를 게재하고 수수료 700,000원(부가가치세 별도)을 보통예금으로 지급한 후 전자세금계산서를 발급받았다(계정과목은 판매비와 관리비 코드로 처리할 것).

| 풀이 |

유형	품목	수량	단가	공급가액	부가세	공급처명	전자
51.과세	채용 공고			700,000	70,000	(주)서준	1.여
분개	[3.혼합] (차) 수수료비용(판) 부가세대급금			700,000 70,000	(대) 보통예금		770,000

[17] 8월 6일

본사 영업부에서는 전자세금계산서 발급용 공인인증서를 국민은행에서 신청하고, 수수료 4,400원(부가가치세 포함)을 보통예금에서 이체한 후 전자세금계산서를 수취하였다. 전자세금계산서 발급거래처는 국민은행 일반과세사업부이다.

| 풀이 |

유형	품목	수량	단가	공급가액	부가세	공급처명	전자
51.과세	수수료			4,000	400	국민은행	1.여
분개	[3.혼합] (차) 수수료비용(판) 부가세대급금			4,000 400	(대) 보통예금		4,400

(2) **[52.영세]**

수출하는 사업자 등이 내국신용장 또는 구매확인서에 의한 영세율(전자)세금계산서를 수취한 거래를 말한다.

[52.영세]
매입 + 영세율(전자)세금계산서

연습문제

[18] 8월 7일

(주)예준에서 수출용 제품의 원재료를 내국신용장에 의하여 1,500,000원에 구입하고 영세율 전자세금계산서를 발급받았다. 대금은 아직 내국신용장 개설은행에서 지급되지 않았다.

| 풀이 |

유형	품목	수량	단가	공급가액	부가세	공급처명	전자
52.영세	원재료			1,500,000		(주)예준	1.여
분개	[2.외상] (차) 원재료			1,500,000	(대) 외상매입금		1,500,000

(3) [53.면세]

면세사업자가 발급한 계산서를 수취한 면세재화(농축수임산물 등 기초생필품, 서적, 신문, 토지, 교육용역)의 매입거래를 말한다.

[53.면세]
매입 + 계산서

연습문제

[19] 8월 8일

생산부에서 사용할 실무서적을 하나상사에서 90,000원에 구입하면서 전자계산서를 수취하고 현금으로 지급하였다.

| 풀이 |

유형	품목	수량	단가	공급가액	부가세	공급처명	전자
53.면세	서적			90,000		하나상사	1.여
분개	[1.현금]	(출금) 도서인쇄비(제)				90,000	

(4) [54.불공]

세금계산서를 수령하였으나 매입세액공제를 받을 수 없는 경우 선택한다.

① 면세매입은 매입세액 불공제 대상이지만 '53.면세'를 선택한다.

② 불공제 매입세액은 부가세대급금 계정을 사용하지 않고 본 계정에 포함하여 회계처리 한다.

③ 전표입력 시 불공제 사유를 선택한다.

[54.불공]
매입 + 세금계산서 + 불공제

+ 불공제 사유

- 세금계산서합계표 미제출 및 필요적 기재사항 누락
- 사업과 직접 관련 없는 지출
- 개별소비세법 제1조제2항제3조에 따른 자동차 구입·유지 및 임차(배기량 1,000cc 이하 경차는 공제)
- 기업업무추진비 및 이와 유사한 비용 관련
- 면세사업 관련
- 토지의 자본적 지출 관련
- 사업자등록 전 매입세액

매입세액 불공제 사유

- 세금계산서합계표 미제출 및 필요적 기재사항 누락
- 사업과 직접 관련 없는 지출
- 개별소비세법 제1조제2항제3조에 따른 자동차 구입·유지 및 임차
- 기업업무추진비 관련
- 면세사업 관련
- 토지의 자본적 지출
- 사업자등록 전 매입세액

연습문제

[20] 8월 9일

영업부 직원의 업무에 사용하기 위하여 (주)서준에서 취득가액 10,000,000원(부가가치세 별도)인 개별소비세 과세대상 자동차(1,500cc)를 10개월 할부로 구입하고 전자세금계산서를 발급받았다.

| 풀이 |

유형	품목	수량	단가	공급가액	부가세	공급처명	전자
54.불공	자동차			10,000,000	1,000,000	(주)서준	1.여
불공제 사유		③ 개별소비세법 제1조제2항제3조에 따른 자동차 구입·유지 및 임차					
분개	[3.혼합]	(차) 차량운반구		11,000,000	(대) 미지급금		11,000,000

[54.불공] 유형은 반드시 화면 중간에 불공제사유 3 를 클릭하여 불공제 사유 중 하나를 선택한다. 이 거래의 경우 불공제 사유 중 '③ 개별소비세법 제1조제2항제3호에 따른 자동차 구입·유지 및 임차'에 해당한다.

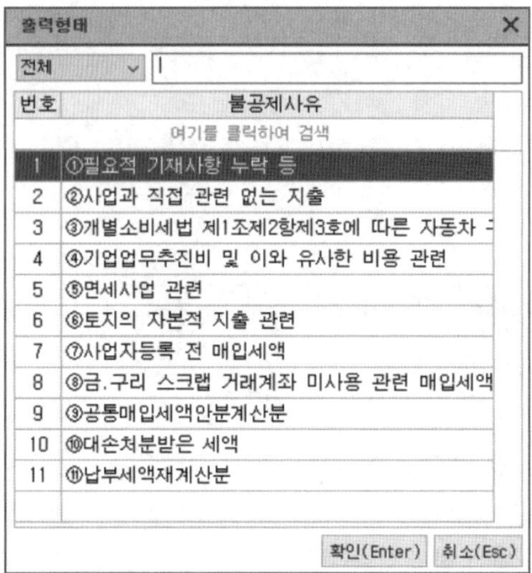

[21] 8월 10일

영업부에서 거래처의 신축 공장 준공식에 선물로 제공하기 위해 냉난방기 1대(3,500,000원, 부가가치세 별도)를 하나상사로부터 구입하고, 전자세금계산서를 발급받았다. 대금은 보통예금에서 이체하여 지급하였다.

| 풀이 |

유형	품목	수량	단가	공급가액	부가세	공급처명	전자
54.불공	냉난방기	1	3,500,000	3,500,000	350,000	하나상사	1.여
불공제 사유		④ 기업업무추진비 및 이와 유사한 비용 관련					
분개	[3.혼합]	(차) 기업업무추진비(판)		3,850,000	(대) 보통예금		3,850,000

[22] 8월 11일

대표이사 김성수(거래처코드 109번, '김성수'로 신규등록)의 가정집에서 사용하려고 냉장고(5,500,000원, 부가가치세 포함)를 하나상사로부터 구입하고, 당사 명의로 전자세금계산서를 발급받았다. 대금은 당좌수표를 발행하여 지급하였다(가지급금 계정을 사용할 것).

| 풀이 |

유형	품목	수량	단가	공급가액	부가세	공급처명	전자
54.불공	냉장고			5,000,000	500,000	하나상사	1.여
불공제 사유		② 사업과 직접 관련 없는 지출					
분개	[3.혼합]	(차) 가지급금[김성수]		5,500,000	(대) 당좌예금		5,500,000

상단의 거래처와 하단 분개의 거래처가 다른 경우로, 하단 분개의 가지급금에 대한 거래처를 '109.김성수'로 수정한다.

(5) [55.수입]

재화의 수입 시 세관장이 발급한 수입세금계산서를 수취한 거래 입력 시 선택한다.

[55.수입]
매입 + 수입세금계산서

연습문제

[23] 8월 12일

미국 맥도날드사에서 구입한 원재료B와 관련하여 김해세관(거래처코드 110번에 신규등록)으로부터 전자수입세금계산서(공급가액 $10,000, 환율 1,100원/$)를 수취하였고 부가가치세 1,100,000원은 즉시 현금으로 납부하였다.

| 풀이 |

유형	품목	수량	단가	공급가액	부가세	공급처명	전자
55.수입	원재료B			11,000,000	1,100,000	김해세관	1.여
분개	[1.현금] (출금) 부가세대급금					1,100,000	

[55.수입]의 경우 상단에 공급가액을 입력하고, 하단 분개에는 실제 매입액이 아니므로 부가가치세만 입력한다.

▶ 수입세금계산서의 공급가액은 부가가치세 신고서의 과세표준이지만 회계처리 대상은 아니다. 따라서 하단의 분개 화면에는 부가가치세만 표시된다.

(6) [57.카과]

신용카드에 의한 과세매입분을 입력할 때 선택한다.

① 매입세액 공제요건(일반과세자와 세금계산서 발급의무가 있는 간이과세자로부터 공급받고 공급가액과 세액이 구분되어 있는 신용카드매출전표 수취)을 갖춘 거래만 입력한다.

② 공급가액란에 부가가치세가 포함된 공급대가를 입력하고 Enter↵를 누르면 공급가액과 부가세가 자동으로 구분되어 입력된다.

③ 상단의 거래처는 매입처로 입력하고, 하단 분개 입력 시 미지급금 또는 외상매입금 계정과목의 거래처를 카드사로 변경한다.

[57.카과]
매입 + 신용카드(과세)
- 공급가액란에 공급대가 입력
- 미지급금 또는 외상매입금의 거래처를 카드사로 변경

연습문제

[24] 8월 13일

(주)서준으로부터 비품인 업무용 노트북 2대를 5,500,000원(부가가치세 포함)에 구입하고 법인카드인 현대카드로 결제하였다(신용카드 매입세액 공제요건을 모두 충족함).

| 풀이 |

유형	품목	수량	단가	공급가액	부가세	공급처명	전자
57.카과	비품			5,000,000	500,000	(주)서준	
신용카드사	99600.현대카드						
분개	[4.카드] (차) 비품 5,000,000 부가세대급금 500,000				(대) 미지급금[현대카드] 5,500,000		

상단의 거래처와 하단 분개의 거래처가 다른 경우로, 하단 분개의 미지급금에 대한 거래처를 '99600.현대카드'로 수정한다.

▶ 세금계산서 이외의 증빙의 경우 공급가액에 공급대가를 입력한다.

▶ 미지급금 거래처코드에 카드사를 입력한다.

(7) **[61.현과]**

① 현금영수증에 의한 과세매입분을 입력할 때 선택한다.

② 공급가액란에 부가가치세가 포함된 공급대가를 입력하고 Enter↵를 누르면 공급가액과 부가세가 자동으로 구분되어 입력된다.

[61.현과]
매입 + 현금영수증(과세)

연습문제

[25] 8월 14일

생산부서 직원용으로 사용하기 위하여 하나상사에서 생수를 550,000원(부가가치세 포함)에 구입하였다. 대금은 현금으로 결제하였으며 현금영수증(지출증빙용)을 교부받았다.

| 풀이 |

유형	품목	수량	단가	공급가액	부가세	공급처명	전자
61.현과	생수			500,000	50,000	하나상사	
분개	[1.현금] (출금) 부가세대급금 복리후생비(제)					50,000 500,000	

매입거래의 연습문제 [12] ~ [25]까지를 [매입매출전표입력] 메뉴에 입력한 화면은 다음과 같다.

【매입거래 입력화면】

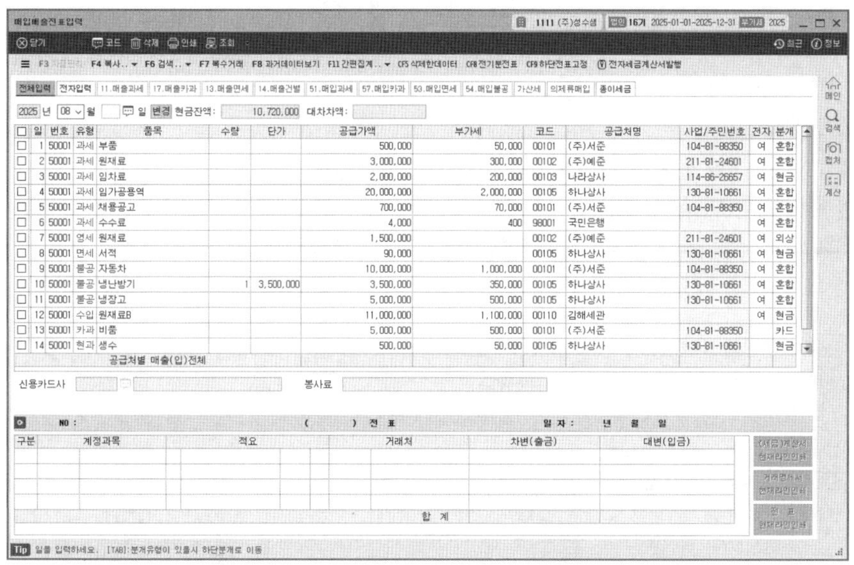

일	번호	유형	품목	수량	단가	공급가액	부가세	코드	공급처명	사업/주민번호	전자	분개
1	50001	과세	부품			500,000	50,000	00101	(주)서준	104-81-88350	여	혼합
2	50001	과세	원재료			3,000,000	300,000	00102	(주)예준	211-81-24601	여	혼합
3	50001	과세	임차료			2,000,000	200,000	00103	나라상사	114-86-26657	여	현금
4	50001	과세	임가공용역			20,000,000	2,000,000	00105	하나상사	130-81-10661	여	혼합
5	50001	과세	채용공고			700,000	70,000	00101	(주)서준	104-81-88350	여	혼합
6	50001	과세	수수료			4,000	400	98001	국민은행		여	혼합
7	50001	영세	원재료			1,500,000		00102	(주)예준	211-81-24601	여	외상
8	50001	면세	서적			90,000		00105	하나상사	130-81-10661	여	현금
9	50001	불공	자동차			10,000,000	1,000,000	00101	(주)서준	104-81-88350	여	혼합
10	50001	불공	냉난방기	1	3,500,000	3,500,000	350,000	00105	하나상사	130-81-10661	여	혼합
11	50001	불공	냉장고			5,000,000	500,000	00105	하나상사	130-81-10661	여	혼합
12	50001	수입	원재료B			11,000,000	1,100,000	00110	김해세관		여	현금
13	50001	카과	비품			5,000,000	500,000	00101	(주)서준	104-81-88350		카드
14	50001	현과	생수			500,000	50,000	00105	하나상사	130-81-10661		현금
			공급처별 매출(입)전체									

합격을 다지는 실전문제

정답 및 해설 p.30

매입매출전표입력 연습

다음 거래 자료는 (주)플레이그라운드(회사코드: 0103)의 부가가치세와 관련된 자료이다. 이를 매입매출전표입력 메뉴에 입력하시오.

[1] 7월 2일
장암상사에 제품을 10,000,000원(부가가치세 별도)에 판매하고 전자세금계산서를 발행하였다. 대금 중 5,000,000원은 지난달에 선수금으로 받았고, 나머지는 어음으로 받았다.

[2] 7월 15일
공장에서 사용하던 트럭(취득가액 25,000,000원, 감가상각누계액 14,000,000원)을 강남자동차매매센터에 14,000,000원(부가가치세 별도)에 매각하고 전자세금계산서를 발행하였다. 대금 중 5,000,000원은 현금으로 받고, 나머지 잔액은 1개월 후에 받기로 하였다.

[3] 7월 22일
거래처인 (주)서준으로부터 원재료인 원단(50개, @100,000원, 부가가치세 별도)을 매입하고 전자세금계산서를 교부받았다. 대금 중 2,000,000원은 거래처 (주)예준으로부터 받은 동사발행의 약속어음으로 지급하였으며, 잔액은 외상으로 하였다.

[4] 7월 26일
제품 3,000,000원(부가가치세 별도)을 (주)미르에 매출하고 종이세금계산서를 교부한 후 즉시 전액을 국민카드로 결제받았다(외상매출금 계정을 사용할 것).

[5] 7월 28일
(주)서준에 내국신용장 Local L/C에 의해 제품(외화: ＄10,000, 환율: 1,300원/$)을 판매하고 영세율전자세금계산서를 교부하였다. 대금은 외상으로 하였다.

[6] 7월 30일
제품을 개인 김예준에게 영수증 없이 소매로 판매하고 대금 330,000원(부가가치세 포함)을 현금으로 받았다.

[7] 8월 4일
롯데백화점에 3월 2일에 외상으로 판매하였던 제품 중 10개(1개당 공급가액 80,000원, 부가가치세액 8,000원)가 불량품으로 판명되어 반품됨에 따라 반품전자세금계산서를 발행하였다. 대금은 외상매출금과 상계하기로 하였다.

[8] 8월 10일
일본의 혼다이에 제품(공급가액 20,000,000원)을 직수출하고 이미 수취한 계약금을 제외한 대금은 외상으로 하였다. 한편 당사는 6월 4일에 혼다이와 제품수출 계약을 체결하면서 계약금 4,000,000원을 수취한 바 있다.

[9] 8월 12일
이경신에게 제품을 1,100,000원(부가가치세 포함)에 현금 판매하고 현금영수증을 교부하였다.

[10] 8월 17일

공장의 자재관리부서에서 매입거래처인 (주)더블루K에 선물할 집기비품을 롯데백화점에서 구입하여 제공하고 전자세금계산서를 수취하였다. 위 금액은 1,650,000원(부가가치세 포함)이며, 대금은 보통예금 계좌에서 이체하였다.

[11] 8월 20일

직원 식당에서 공장 직원 식사용으로 사용할 쌀을 롯데백화점으로부터 700,000원에 구입하고 계산서(전자)를 수취하였다. 당사는 매달 사용한 쌀값을 일괄적으로 다음 달 10일에 결제한다.

[12] 8월 25일

일본의 혼다이에서 수입하면서 인천세관장으로부터 수입전자세금계산서를 교부받았다(원재료의 회계처리는 생략, 거래처코드: 118).

전자세금계산서(공급받는 자 보관용)

책 번 호	권	호
일련 번호		

구분	항목	내용	항목	내용
공급자	등록번호	109-83-02763		
공급자	상호(법인명)	인천세관	성명(대표자)	한세관
공급자	사업장 주소	인천 중구 운서동 인천공항세관		
공급자	업태	관공서	종목	
공급받는 자	등록번호	107-86-14075		
공급받는 자	상호(법인명)	(주)플레이 그라운드	성명(대표자)	김성수
공급받는 자	사업장 주소	서울 강남구 청담동 243-1		
공급받는 자	업태	제조업	종목	의류, 무역

작성 연	월	일	공란수	공급가액 (백 십 억 천 백 십 만 천 백 십 일)	세액 (십 억 천 백 십 만 천 백 십 일)	비고
2025	8	25		1 0 0 0 0 0 0 0	1 0 0 0 0 0 0	

월	일	품목	규격	수량	단가	공급가액	세액	비고
8	25	원단				10,000,000원	1,000,000원	

합계 금액	현금	수표	어음	외상미수금	위 금액을 영수/청구 함
11,000,000원	1,000,000원				

[13] 8월 27일

매출거래처인 (주)서준의 행사에 보내기 위해 이든플라워에서 화환(면세)을 200,000원에 현금으로 구입하고 계산서를 교부받았다.

[14] 8월 29일

공장 구내식당에서 사용할 부식(돼지고기)을 (주)국민마트에서 구입하고 대금 500,000원을 법인카드(하나카드)로 매입했다.

[15] 9월 6일

(주)상성전자로부터 PC 30대(대당 800,000원, 부가가치세 별도)를 외상으로 구입하고 전자세금계산서를 수취하였고, 해당 컴퓨터는 인근 대학에 기증하였다(본 거래는 업무와 무관함).

(주)천안테크 회사코드: 1054

(주)천안테크(회사코드: 1054)는 자동차부품을 제조하여 판매하는 중소기업이며, 당기(제10기)의 회계기간은 2025.1.1.~2025.12.31.이다. 전산세무회계 수험용 프로그램을 이용하여 다음 물음에 답하시오.

입력 시 유의사항

- 일반적인 적요의 입력은 생략하지만, 타계정 대체거래는 적요번호를 선택하여 입력한다.
- 채권·채무와 관련된 거래는 별도의 요구가 없는 한 반드시 기등록된 거래처코드를 선택하는 방법으로 거래처명을 입력한다.
- 제조경비는 500번대 계정코드를, 판매비와 관리비는 800번대 계정코드를 사용한다.
- 회계처리 시 계정과목은 별도의 제시가 없는 한 등록된 계정과목 중 가장 적절한 과목으로 한다.
- 입력화면 하단의 분개까지 처리하고, 전자세금계산서 및 전자계산서는 전자입력으로 반영한다.

[1] 7월 20일
원재료를 구입하면서 발생한 운반비 33,000원(부가가치세 포함)을 일반과세자인 상록택배에 보통예금 계좌에서 지급하고, 지출증빙용 현금영수증을 수취하였다.

[2] 9월 30일
(주)청주자동차에 제품을 판매하고 다음의 전자세금계산서를 발급하였다.

전자세금계산서					승인번호	20250930-15454645-58811886		
공급자	등록번호	307-81-12347	종사업장 번호		공급받는자	등록번호	126-87-10121	종사업장 번호
	상호(법인명)	(주)천안테크	성명	김도담		상호(법인명)	(주)청주자동차	성명: 하민우
	사업장 주소	충청남도 천안시 동남구 가마골1길 5				사업장 주소	충청북도 청주시 충대로1번길 21-26	
	업태	제조도매	종목	자동차부품		업태	제조	종목: 자동차
	이메일					이메일		

작성일자	공급가액	세액	수정사유	비고
2025.9.30	25,000,000원	2,500,000원	해당 없음	

월	일	품목	규격	수량	단가	공급가액	세액	비고
9	30	자동차부품		10	2,500,000원	25,000,000원	2,500,000원	

합계 금액	현금	수표	어음	외상미수금	위 금액을 (청구) 함
27,500,000원			25,000,000	2,500,000원	

[3] 11월 7일
싱가포르에 소재한 글로벌인더스트리와 $42,000에 직수출하기로 계약한 제품의 선적을 완료하였다. 수출대금은 5개월 후에 받기로 하였으며, 선적일의 기준환율은 1,200원/$이다(단, 수출신고번호 입력은 생략함).

[4] 12월 7일
제품 110,000원(부가가치세 포함)을 비사업자인 강태오에게 판매하고 현금을 수취하였으나 현금영수증을 발급하지 않았다.

[5] 12월 20일

생산부 직원들에게 간식으로 제공하기 위한 샌드위치를 커피프린스(일반과세자)에서 신용카드로 구매하였다.

단말기번호	14359661 08750002 040017		전표번호
카드종류	신한카드		008202
회원번호	9435-2802-7580-0500		
유효기간	거 래 일 시		취소시당초거래일
2028/9	2025/12/20 14:32		
거래유형	신용승인	품명	샌드위치
결제방법	일시불	금 액 AMOUNT	600000
매장명		부가세 VAT	60 000
판매자		봉사료 S/C	
은행확인	신한카드		
대표자		합 계 TOTAL	660000
알림/NOTICE	제출	승인번호	00360380
가맹점주소	서울 용산구 부흥로2가 15-2		
가맹점번호	104108086		
사업자등록번호	106-62-61190		
가맹점명	커피프린스		
문의전화/HELP TEL. TEL:1544-4700 (회원용)		서명/SIGNATURE	

[6] 12월 30일

영업부는 거래처의 20주년 창립기념일을 맞아 축하선물로 보내기 위한 집기비품을 두리상사로부터 2,200,000원(부가가치세 포함)에 구입하고 전자세금계산서를 발급받았으며, 대금은 보통예금 계좌에서 이체하여 지급하였다.

남다른패션(주) 회사코드: 1064

남다른패션(주)(회사코드: 1064)은 스포츠의류 등의 제조업 및 도소매업을 영위하는 중소기업으로 당기(제10기) 회계기간은 2025.1.1.~2025.12.31.이다. 전산세무회계 수험용 프로그램을 이용하여 다음 물음에 답하시오.

입력 시 유의사항

- 일반적인 적요의 입력은 생략하지만, 타계정 대체거래는 적요번호를 선택하여 입력한다.
- 채권·채무와 관련된 거래는 별도의 요구가 없는 한 반드시 기등록된 거래처코드를 선택하는 방법으로 거래처명을 입력한다.
- 제조경비는 500번대 계정코드를, 판매비와 관리비는 800번대 계정코드를 사용한다.
- 회계처리 시 계정과목은 별도의 제시가 없는 한 등록된 계정과목 중 가장 적절한 과목으로 한다.
- 입력화면 하단의 분개까지 처리하고, 전자세금계산서 및 전자계산서는 전자입력으로 반영한다.

[1] 7월 14일

미국에 소재한 HK사에 제품(공급가액 50,000,000원)을 직수출하고, 6월 30일에 수령한 계약금 10,000,000원을 제외한 대금은 외상으로 하였다.

[2] 8월 5일

(주)동도유통에 제품을 판매하고 다음과 같이 전자세금계산서를 발급하였다. 대금 중 10,000,000원은 (주)서도상사가 발행한 어음을 배서양도 받고, 나머지는 다음 달에 받기로 하였다.

전자세금계산서					승인번호	20250805-15454645-58811886			
공급자	등록번호	320-87-12226	종사업장 번호		공급받는자	등록번호	115-81-19867	종사업장 번호	
	상호(법인명)	남다른패션(주)	성명	고길동		상호(법인명)	(주)동도유통	성명	남길도
	사업장 주소	세종특별자치시 가름로 232				사업장 주소	서울시 서초구 강남대로 291		
	업태	제조,도소매,무역	종목	스포츠의류 외		업태	도소매	종목	의류
	이메일					이메일			

작성일자	공급가액	세액	수정사유	비고
2025.8.5.	10,000,000원	1,000,000원	해당 없음	

월	일	품목	규격	수량	단가	공급가액	세액	비고
8	5	의류				10,000,000원	1,000,000원	

합계 금액	현금	수표	어음	외상미수금	위 금액을 (청구) 함
11,000,000원			10,000,000원	1,000,000원	

[3] 8월 20일

일반과세자인 함안전자로부터 영업부 직원들에게 지급할 업무용 휴대전화(유형자산) 3대를 4,840,000원(부가가치세 포함)에 구입하고, 법인 명의의 국민카드로 결제하였다.

[4] 11월 11일

(주)더람에 의뢰한 마케팅전략특강 교육을 본사 영업부 직원(10명)들을 대상으로 실시하고, 교육훈련비 5,000,000원에 대한 전자계산서를 발급받았다. 교육훈련비는 11월 1일 지급한 계약금을 제외한 나머지를 보통예금 계좌에서 지급하였다(단, 관련 계정을 조회하여 전표 입력할 것).

[5] 11월 26일

(주)미래상사로부터 기술연구소의 연구개발에 사용하기 위한 연구용 재료를 10,000,000원(부가가치세 별도)에 구입하면서 전자세금계산서를 발급받고, 대금은 보통예금 계좌에서 지급하였다(단, 연구용 재료와 관련하여 직접 지출한 금액은 무형자산으로 처리할 것).

[6] 12월 4일

생산부가 사용하는 업무용승용차(2,000cc)의 엔진오일과 타이어를 차차카센터에서 교환하고 전자세금계산서를 발급받았다. 교환 비용 825,000원(부가가치세 포함)은 전액 보통예금 계좌에서 이체하였다(단, 교환 비용은 차량유지비(제조원가)로 처리할 것).

세무사랑(주) 회사코드: 1074

세무사랑(주)(회사코드: 1074)은 부동산임대업 및 전자제품의 제조 · 도소매업을 영위하는 중소기업으로 당기(제11기) 회계기간은 2025.1.1.~2025.12.31.이다. 전산세무회계 수험용 프로그램을 이용하여 다음 물음에 답하시오.

입력 시 유의사항

- 일반적인 적요의 입력은 생략하지만, 타계정 대체거래는 적요번호를 선택하여 입력한다.
- 채권 · 채무와 관련된 거래는 별도의 요구가 없는 한 반드시 기등록된 거래처코드를 선택하는 방법으로 거래처명을 입력한다.
- 제조경비는 500번대 계정코드를, 판매비와 관리비는 800번대 계정코드를 사용한다.
- 회계처리 시 계정과목은 별도의 제시가 없는 한 등록된 계정과목 중 가장 적절한 과목으로 한다.
- 입력화면 하단의 분개까지 처리하고, 전자세금계산서 및 전자계산서는 전자입력으로 반영한다.

[1] 8월 17일

구매확인서에 의해 수출용 제품의 원재료를 (주)직지상사로부터 매입하고 영세율전자세금계산서를 발급받았다. 매입대금 중 10,000,000원은 외상으로 하고, 나머지 금액은 당사가 발행한 3개월 만기 약속어음으로 지급하였다.

영세율전자세금계산서					승인번호	20250817-15454645-58811574			
공급자	등록번호	136-81-29187	종사업장 번호		공급받는자	등록번호	123-81-95681	종사업장 번호	
	상호(법인명)	(주)직지상사	성명	나인세		상호(법인명)	세무사랑(주)	성명	이진우
	사업장 주소	서울특별시 동작구 여의대방로 35				사업장 주소	울산광역시 중구 종가로 405-3		
	업태	도소매	종목	전자제품		업태	제조 외	종목	전자제품 외
작성일자	공급가액	세액	수정사유	비고					
2025.8.17.	15,000,000원	0원	해당 없음						

월	일	품목	규격	수량	단가	공급가액	세액	비고
8	17	원재료			15,000,000원	15,000,000원		

합계 금액	현금	수표	어음	외상미수금	위 금액을 (청구) 함
15,000,000원			5,000,000원	10,000,000원	

[2] 8월 28일

제조부 직원들에게 지급할 작업복을 이진컴퍼니로부터 공급가액 1,000,000원(부가가치세 별도)에 외상으로 구입하고 종이세금계산서를 발급받았다.

[3] 9월 15일

우리카센타에서 공장용 화물트럭을 수리하고 수리대금 242,000원(부가가치세 포함)은 현금으로 결제하면서 지출증빙용 현금영수증을 받았다(단, 수리대금은 차량유지비로 처리할 것).

[4] 9월 27일

인사부가 사용할 직무역량 강화용 책을 (주)대한도서에서 구입하면서 전자계산서를 수취하고 대금은 외상으로 하다.

전자세금계산서				승인번호	20250927-15454645-58811886		
공급자	등록번호	120-81-32052	종사업장번호	공급받는자	등록번호	123-81-95681	종사업장번호
	상호(법인명)	(주)대한도서	성명: 박대한		상호(법인명)	세무사랑(주)	성명: 이진우
	사업장주소	인천시 남동구 서해2길			사업장주소	울산광역시 중구 종가로 405-3	
	업태	도소매	종목: 도서		업태	제조	종목: 전자제품

작성일자	공급가액	수정사유	비고
2025.9.27.	200,000원	해당 없음	

월	일	품목	규격	수량	단가	공급가액	세액	비고
9	27	도서(직장생활 노하우 외)			200,000원	200,000원		

합계 금액	현금	수표	어음	외상미수금	위 금액을 (청구) 함
200,000원				200,000원	

[5] 9월 30일

(주)세무렌트로부터 영업부에서 거래처 방문용으로 사용하는 승용차(배기량 2,000cc, 5인승)의 당월분 임차료에 대한 전자세금계산서를 수취하였다. 당월분 임차료는 다음 달에 결제될 예정이다.

전자세금계산서				승인번호	20250930-15454645-58811886		
공급자	등록번호	105-81-23608	종사업장번호	공급받는자	등록번호	123-81-95681	종사업장번호
	상호(법인명)	(주)세무렌트	성명: 왕임차		상호(법인명)	세무사랑(주)	성명: 이진우
	사업장주소	서울시 강남구 강남대로 8			사업장주소	울산광역시 중구 종가로 405-3	
	업태	서비스	종목: 임대		업태	제조	종목: 전자제품

작성일자	공급가액	세액	수정사유	비고
2025.9.30.	700,000원	70,000원	해당 없음	

월	일	품목	규격	수량	단가	공급가액	세액	비고
9	30	차량렌트대금(5인승)	2,000cc	1	700,000원	700,000원	70,000원	

합계 금액	현금	수표	어음	외상미수금	위 금액을 (청구) 함
770,000원				770,000원	

[6] 10월 15일

우리자동차(주)에 공급한 제품 중 일부가 불량으로 판정되어 반품 처리되었으며, 수정전자세금계산서를 발행하였다. 대금은 해당 매출 관련 외상매출금과 상계하여 처리하기로 하였다(단, 음수(-)로 회계처리할 것).

전자세금계산서				승인번호	20251015-58754645-58811367		
공급자	등록번호	123-81-95681	종사업장번호	공급받는자	등록번호	130-86-55834	종사업장번호
	상호(법인명)	세무사랑(주)	성명: 이진우		상호(법인명)	우리자동차(주)	성명: 신방자
	사업장주소	울산광역시 중구 종가로 405-3			사업장주소	서울특별시 강남구 논현로 340	
	업태	제조	종목: 전자제품		업태	제조	종목: 자동차(완성차)

작성일자	공급가액	세액	수정사유	비고
2025.10.15.	-10,000,000원	-1,000,000원	일부 반품	품질 불량으로 인한 반품

월	일	품목	규격	수량	단가	공급가액	세액	비고
10	15	제품				-10,000,000원	-1,000,000원	

합계 금액	현금	수표	어음	외상미수금	위 금액을 (청구) 함
-11,000,000원				-11,000,000원	

고성상사(주) 회사코드: 1084

고성상사(주)(회사코드: 1084)는 가방 등의 제조 · 도소매업 및 부동산임대업을 영위하는 중소기업으로 당기(제10기) 회계기간은 2025.1.1.~2025.12.31.이다. 전산세무회계 수험용 프로그램을 이용하여 다음 물음에 답하시오.

입력 시 유의사항

- 일반적인 적요의 입력은 생략하지만, 타계정 대체거래는 적요번호를 선택하여 입력한다.
- 채권 · 채무와 관련된 거래는 별도의 요구가 없는 한 반드시 기등록된 거래처코드를 선택하는 방법으로 거래처명을 입력한다.
- 제조경비는 500번대 계정코드를, 판매비와 관리비는 800번대 계정코드를 사용한다.
- 회계처리 시 계정과목은 별도의 제시가 없는 한 등록된 계정과목 중 가장 적절한 과목으로 한다.
- 입력화면 하단의 분개까지 처리하고, 전자세금계산서 및 전자계산서는 전자입력으로 반영한다.

[1] 7월 13일
(주)남양가방에 제품을 판매하고, 대금은 신용카드(비씨카드)로 결제받았다
(단, 신용카드 판매액은 매출채권으로 처리할 것).

신용카드 매출전표

결제정보

카드종류	비씨카드	카드번호	1234-5050-4646-8525
거래종류	신용구매	거래일시	2025-07-13
할부개월	0	승인번호	98465213

구매정보

주문번호	511-B	과세금액	5,000,000원
구매자명	(주)남양가방	비과세금액	0원
상품명	크로스백	부가세	500,000원
		합계금액	5,500,000원

이용상점정보

판매자상호	(주)남양가방
판매자 사업자등록번호	105-81-23608
판매자 주소	서울특별시 동작구 여의대방로 28

[2] 9월 5일
특별주문제작하여 매입한 기계장치가 완성되어 특수운송전문업체인 쾌속운송을 통해 기계장치를 인도받았다. 운송비 550,000원(부가가치세 포함)을 보통예금 계좌에서 이체하여 지급하고 쾌속운송으로부터 전자세금계산서를 수취하였다.

[3] 9월 6일
정도정밀로부터 제품임가공계약에 따른 제품을 납품받고 전자세금계산서를 수취하였다. 제품임가공비용은 10,000,000원(부가가치세 별도)이며, 전액 보통예금 계좌에서 이체하여 지급하였다(단, 제품임가공비용은 외주가공비 계정으로 처리할 것).

[4] 9월 25일

제조공장 인근 육군부대에 3D프린터기를 외상으로 구입하여 기증하였고, 아래와 같은 전자세금계산서를 발급받았다.

전자세금계산서					승인번호	20250925-15454645-58811889		
공급자	등록번호	220-81-55976	종사업장번호		공급받는자	등록번호	128-81-32658	종사업장번호	
	상호(법인명)	(주)목포전자	성명	정찬호		상호(법인명)	고성상사(주)	성명	현정민
	사업장주소	서울특별시 서초구 명달로 101				사업장주소	서울시 중구 창경궁로5다길 13-4		
	업태	도소매	종목	전자제품		업태	제조, 도소매	종목	가방 등

작성일자	공급가액	세액	수정사유	비고
2025.9.25.	3,500,000원	350,000원	해당 없음	

월	일	품목	규격	수량	단가	공급가액	세액	비고
9	25	3D 프린터		1	3,500,000원	3,500,000원	350,000원	

합계 금액	현금	수표	어음	외상미수금	
3,850,000원				3,850,000원	위 금액을 (청구) 함

[5] 10월 06일

본사 영업부에서 사용할 복합기를 구입하고, 대금은 하나카드로 결제하였다.

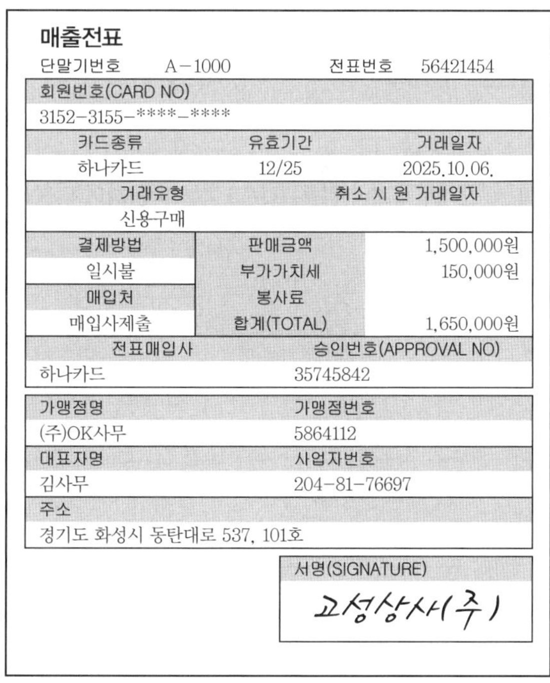

매출전표

단말기번호 A-1000 전표번호 56421454

회원번호(CARD NO)		
3152-3155-****-****		
카드종류	유효기간	거래일자
하나카드	12/25	2025.10.06.
거래유형	취소 시 원 거래일자	
신용구매		

결제방법	판매금액	1,500,000원
일시불	부가가치세	150,000원
매입처	봉사료	
매입사제출	합계(TOTAL)	1,650,000원

전표매입사	승인번호(APPROVAL NO)
하나카드	35745842

가맹점명	가맹점번호
(주)OK사무	5864112
대표자명	사업자번호
김사무	204-81-76697
주소	
경기도 화성시 동탄대로 537, 101호	

서명(SIGNATURE)

고성상사(주)

[6] 12월 1일

(주)국민가죽으로부터 고급핸드백 가방 제품의 원재료인 양가죽을 매입하고, 아래의 전자세금계산서를 수취하였다. 부가가치세는 현금으로 지급하였으며, 나머지는 외상거래이다.

전자세금계산서					승인번호	20251201－15454645－58811886		
공급자	등록번호	204－81－35774	종사업장 번호		공급받는자	등록번호	128－81－32658	종사업장 번호	
	상호(법인명)	(주)국민가죽	성명	김국민		상호(법인명)	고성상사(주)	성명	현정민
	사업장 주소	경기도 안산시 단원구 석수로 555				사업장 주소	서울시 중구 창경궁로5다길 13－4		
	업태	도소매	종목	가죽		업태	제조, 도소매	종목	가방 등

작성일자	공급가액	세액	수정사유	비고
2025.12.1.	2,500,000원	250,000원	해당 없음	

월	일	품목	규격	수량	단가	공급가액	세액	비고
12	1	양가죽			2,500,000원	2,500,000원	250,000원	

합계 금액	현금	수표	어음	외상미수금	위 금액을 (청구) 함
2,750,000원	250,000원			2,500,000원	

정민상사(주) 회사코드: 1094

정민상사(주)(회사코드: 1094)는 전자제품의 제조 및 도 · 소매업을 영위하는 중소기업으로 당기(제11기)의 회계기간은 2025.1.1.～2025.12.31.이다. 전산세무회계 수험용 프로그램을 이용하여 다음 물음에 답하시오.

입력 시 유의사항

- 일반적인 적요의 입력은 생략하지만, 타계정 대체거래는 적요번호를 선택하여 입력한다.
- 채권 · 채무와 관련된 거래는 별도의 요구가 없는 한 반드시 기등록된 거래처코드를 선택하는 방법으로 거래처명을 입력한다.
- 제조경비는 500번대 계정코드를, 판매비와 관리비는 800번대 계정코드를 사용한다.
- 회계처리 시 계정과목은 별도의 제시가 없는 한 등록된 계정과목 중 가장 적절한 과목으로 한다.
- 입력화면 하단의 분개까지 처리하고, 전자세금계산서 및 전자계산서는 전자입력으로 반영한다.

[1] 7월 28일

총무부 직원들의 야식으로 저팔계산업(일반과세자)에서 도시락을 주문하고, 하나카드로 결제하였다.

신용카드매출전표

가 맹 점 명: 저팔계산업
사 업 자 번 호: 127－10－12343
대 표 자 명: 김돈육
주 소: 서울 마포구 상암동 332
거 래 유 형: 신용승인
거 래 일 시: 2025－07－28 20:08:54
카 드 번 호: 3256－6455－****－1324
유 효 기 간: 12/24
가 맹 점 번 호: 123412341
매 입 사: 하나카드(전자서명전표)

상품명	금액
도시락세트	220,000원

공 급 가 액: 200,000원
부 가 세 액: 20,000원
합 계: 220,000원

[2] 9월 3일

공장에서 사용하던 기계장치(취득가액 50,000,000원, 처분 시점까지의 감가상각누계액 38,000,000원)를 보람테크(주)에 처분하고 아래의 전자세금계산서를 발급하였다(당기의 감가상각비는 고려하지 말고 하나의 전표로 입력할 것).

전자세금계산서					승인번호	20250903-145654645-58811657			
공급자	등록번호	680-81-32549	종사업장번호		공급받는자	등록번호	110-81-02129	종사업장번호	
	상호(법인명)	정민상사(주)	성명	최정민		상호(법인명)	보람테크(주)	성명	김종대
	사업장주소	경기도 수원시 권선구 평동로79번길 45				사업장주소	경기도 안산시 단원구 광덕서로 100		
	업태	제조, 도소매	종목	전자제품		업태	제조	종목	반도체

작성일자	공급가액	세액	수정사유	비고
2025.9.3.	13,500,000원	1,350,000원	해당 없음	

월	일	품목	규격	수량	단가	공급가액	세액	비고
9	3	기계장치 매각				13,500,000원	1,350,000원	

합계 금액	현금	수표	어음	외상미수금	위 금액을 (**청구**) 함
14,850,000원	4,850,000원			10,000,000원	

[3] 9월 22일

마산상사로부터 원재료 5,500,000원(부가가치세 포함)을 구입하고 전자세금계산서를 발급받았다. 대금은 (주)서울에 제품을 판매하고 받은 (주)서울 발행 약속어음 2,000,000원을 배서하여 지급하고, 잔액은 외상으로 하다.

[4] 10월 31일

NICE Co.,Ltd의 해외수출을 위한 구매확인서에 따라 전자제품 100개(@700,000원)를 납품하고 영세율전자세금계산서를 발행하였다. 대금 중 50%는 보통예금 계좌로 입금받고 잔액은 1개월 후에 받기로 하다.

[5] 11월 4일

영업부 거래처의 직원에게 선물할 목적으로 선물세트를 외상으로 구입하고 아래와 같은 전자세금계산서를 발급받았다.

전자세금계산서					승인번호	20251104-15454645-58811889			
공급자	등록번호	113-18-77299	종사업장번호		공급받는자	등록번호	680-81-32549	종사업장번호	
	상호(법인명)	손오공상사	성명	황범식		상호(법인명)	정민상사(주)	성명	최정민
	사업장주소	서울특별시 서초구 명달로 102				사업장주소	경기도 수원시 권선구 평동로79번길 45		
	업태	도매	종목	잡화류		업태	제조, 도소매	종목	전자제품

작성일자	공급가액	세액	수정사유	비고
2025.11.4.	1,500,000원	150,000원	해당 없음	

월	일	품목	규격	수량	단가	공급가액	세액	비고
11	4	선물세트		1	1,500,000원	1,500,000원	150,000원	

합계 금액	현금	수표	어음	외상미수금	위 금액을 (**청구**) 함
1,650,000원				1,650,000원	

[6] 12월 5일

공장 신축 목적으로 취득한 토지의 토지정지 등을 위한 토목공사를 하고 (주)만듬건설로부터 아래의 전자세금계산서를 발급받았다. 대금 지급은 기지급한 계약금 5,500,000원을 제외하고 외상으로 하였다.

전자세금계산서						승인번호	20251104-15454645-58811889			
공급자	등록번호	105-81-23608		종사업장번호		공급받는자	등록번호	680-81-32549	종사업장번호	
	상호(법인명)	(주)만듬건설		성명	다만듬		상호(법인명)	정민상사(주)	성명	최정민
	사업장주소	서울특별시 동작구 여의대방로 24가길 28					사업장주소	경기도 수원시 권선구 평동로79번길 45		
	업태	건설	종목	토목공사			업태	제조, 도소매	종목	전자제품

작성일자	공급가액	세액	수정사유	비고
2025.12.5.	50,000,000원	5,000,000원	해당 없음	

월	일	품목	규격	수량	단가	공급가액	세액	비고
12	5	공장토지 토지정지 등			50,000,000원	50,000,000원	5,000,000원	

합계 금액	현금	수표	어음	외상미수금	위 금액을 (청구) 함
55,000,000원		5,500,000원		49,500,000원	

오영상사(주) 회사코드: 1104

오영상사(주)(회사코드: 1104)는 가방 등의 제조 · 도소매업 및 부동산임대업을 영위하는 중소기업으로 당기(제11기) 회계기간은 2025.1.1.~2025.12.31.이다. 전산세무회계 수험용 프로그램을 이용하여 다음 물음에 답하시오.

입력 시 유의사항

- 일반적인 적요의 입력은 생략하지만, 타계정 대체거래는 적요번호를 선택하여 입력한다.
- 채권 · 채무와 관련된 거래는 별도의 요구가 없는 한 반드시 기등록된 거래처코드를 선택하는 방법으로 거래처명을 입력한다.
- 제조경비는 500번대 계정코드를, 판매비와 관리비는 800번대 계정코드를 사용한다.
- 회계처리 시 계정과목은 별도의 제시가 없는 한 등록된 계정과목 중 가장 적절한 과목으로 한다.
- 입력화면 하단의 분개까지 처리하고, 전자세금계산서 및 전자계산서는 전자입력으로 반영한다.

[1] 7월 11일

성심상사에 제품을 판매하고 아래의 전자세금계산서를 발급하였다.

전자세금계산서						승인번호	20250711-1000000-00009329			
공급자	등록번호	124-87-05224		종사업장번호		공급받는자	등록번호	134-86-81692	종사업장번호	
	상호(법인명)	오영상사(주)		성명	김하현		상호(법인명)	성심상사	성명	황성심
	사업장주소	경기도 성남시 분당구 서판교로6번길 24					사업장주소	경기도 화성시 송산면 마도북로 40		
	업태	제조, 도소매	종목	가방			업태	제조	종목	자동차특장

작성일자	공급가액	세액	수정사유	비고
2025.7.11	3,000,000원	300,000원	해당 없음	

월	일	품목	규격	수량	단가	공급가액	세액	비고
7	11	제품				3,000,000원	300,000원	

합계 금액	현금	수표	어음	외상미수금	위 금액을 (영수)/(청구) 함
3,300,000원	1,000,000원			2,300,000원	

[2] 8월 25일

본사 사무실로 사용하기 위하여 (주)대관령으로부터 상가를 취득하고, 대금은 다음과 같이 지급하였다(단, 하나의 전표로 입력할 것).

- 총매매대금은 370,000,000원으로 토지분 매매가액 150,000,000원과 건물분 매매가액 220,000,000원(부가가치세 포함)이다.
- 총매매대금 중 계약금 37,000,000원은 계약일인 7월 25일에 미리 지급하였으며, 잔금은 8월 25일에 보통예금 계좌에서 이체하여 지급하였다.
- 건물분에 대하여 전자세금계산서를 잔금 지급일에 수취하였으며, 토지분에 대하여는 별도의 계산서를 발급받지 않았다.

[3] 9월 15일

총무부가 사용하기 위한 소모품을 골드팜(주)으로부터 총 385,000원에 구매하고 보통예금 계좌에서 이체하였으며, 지출증빙용 현금영수증을 발급받았다. 단, 소모품은 구입 즉시 비용으로 처리한다.

[4] 9월 30일

경하자동차(주)로부터 본사에서 업무용으로 사용할 승용차(5인승, 배기량 998cc, 개별소비세 과세 대상 아님)를 구입하고 아래의 전자세금계산서를 발급받았다.

전자세금계산서					승인번호	20250930-145982301203467			
공급자	등록번호	610-81-51299	종사업장번호		공급받는자	등록번호	124-87-05224	종사업장번호	
	상호(법인명)	경하자동차(주)	성명	정선달		상호(법인명)	오영상사(주)	성명	김하현
	사업장주소	울산 중구 태화동 150				사업장주소	경기도 성남시 분당구 서판교로6번길 24		
	업태	제조, 도소매	종목	자동차		업태	제조, 도소매	종목	가방

작성일자	공급가액	세액	수정사유	비고
2025.9.30	15,000,000원	1,500,000원	해당 없음	

월	일	품목	규격	수량	단가	공급가액	세액	비고
9	30	승용차(배기량 998cc)		1		15,000,000원	1,500,000원	

합계 금액	현금	수표	어음	외상미수금	위 금액을 (청구) 함
16,500,000원				16,500,000원	

[5] 10월 17일

미국에 소재한 MIRACLE사에서 원재료 8,000,000원(부가가치세 별도)을 수입하면서 인천세관으로부터 수입전자세금계산서를 발급받고 부가가치세는 보통예금 계좌에서 지급하였다(단, 재고자산에 대한 회계처리는 생략할 것).

[6] 10월 20일

개인 소비자에게 제품을 판매하고 현금 99,000원(부가가치세 포함)을 받았다(단, 판매와 관련하여 어떠한 증빙도 발급하지 않았음).

CHAPTER

04 오류수정

핵심키워드
- 일반전표입력 수정
- 매입매출전표입력 수정

1회독 2회독 3회독

CHAPTER 04 **오류수정**에서는 [일반전표입력] 또는 [매입매출전표입력] 메뉴에 입력된 내용에 오류가 있는 경우 올바르게 정정하는 방법을 다루며, 별다른 이론 설명 없이 많은 문제를 통해 연습할 수 있도록 하였다.

연습문제

(주)마하7(회사코드: 1051)의 일반전표입력 및 매입매출전표입력 메뉴에 입력된 내용 중 다음과 같은 오류가 발견되었다. 입력된 내용을 확인하여 정정하시오.

[1] 1월 6일

복리후생비로 처리한 100,000원이 당사 영업사원의 부친 회갑이 아닌 공장 직원의 부친 회갑임을 확인하였다.

| 풀이 |

[일반전표입력] 1월 6일

• 수정 전

(차)	복리후생비(판)	100,000	(대)	보통예금	200,000
	기업업무추진비(판)	100,000			

• 수정 후

(차)	복리후생비(제)	100,000	(대)	보통예금	200,000
	기업업무추진비(판)	100,000			

▶ 영업사원에 대한 복리후생비는 판매비와 관리비로, 공장 직원에 대한 복리후생비는 제조원가로 처리한다.

[2] 3월 2일

소모품으로 일반전표에 입력한 당좌예금 200,000원은 나라상사로부터 소모품 매입 계약을 하기 위하여 미리 지급한 계약금으로 확인되었다.

| 풀이 |

[일반전표입력] 3월 2일

• 수정 전

(차)	소모품	200,000	(대)	당좌예금	200,000

• 수정 후

(차)	선급금[나라상사]	200,000	(대)	당좌예금	200,000

[3] 3월 9일

단기차입금 중 일부인 5,000,000원을 보통예금 통장에서 계좌이체하여 상환한 거래는 기업은행이 아닌 국민은행의 단기차입금으로 확인되었다.

| 풀이 |

[일반전표입력] 3월 9일

• 수정 전

(차) 단기차입금[기업은행]	5,000,000	(대) 보통예금	5,000,000

• 수정 후

(차) 단기차입금[국민은행]	5,000,000	(대) 보통예금	5,000,000

[4] 7월 1일

전자세금계산서를 발급한 (주)예준의 제품매출(공급가액 2,000,000원, 부가가치세 별도)에 대한 대금을 현금으로 회수한 것으로 처리하였으나, 대금 중 1,500,000원은 약속어음으로 받고, 나머지는 보통예금으로 이체받은 것으로 확인되었다.

| 풀이 |

[매입매출전표입력] 7월 1일

• 수정 전

구분	품목	수량	단가	공급가액	부가세	공급처명	전자
11.과세	제품			2,000,000	200,000	(주)예준	1.여
분개	[1.현금]	(차) 현금		2,200,000	(대) 부가세예수금 제품매출		200,000 2,000,000

• 수정 후

구분	품목	수량	단가	공급가액	부가세	공급처명	전자
11.과세	제품			2,000,000	200,000	(주)예준	1.여
분개	[3.혼합]	(차) 받을어음 보통예금		1,500,000 700,000	(대) 부가세예수금 제품매출		200,000 2,000,000

[5] 8월 3일

하나상사로부터 당월의 영업부 사무실 임차료에 대한 공급가액 2,000,000원(부가가치세 별도)을 보통예금으로 지급한 것을 착오하여 나라상사에 현금으로 결제한 것으로 매입매출전표에 회계처리하였다.

| 풀이 |

[매입매출전표입력] 8월 3일

• 수정 전

구분	품목	수량	단가	공급가액	부가세	공급처명	전자
51.과세	임차료			2,000,000	200,000	나라상사	1.여
분개	[1.현금]	(차) 부가세대급금 임차료(판)		200,000 2,000,000	(대) 현금		2,200,000

• 수정 후

구분	품목	수량	단가	공급가액	부가세	공급처명	전자
51.과세	임차료			2,000,000	200,000	하나상사	1.여
분개	[3.혼합]	(차) 부가세대급금 임차료(판)		200,000 2,000,000	(대) 보통예금		2,200,000

[6] 1월 9일

나라상사(일반과세자)에 현금으로 지급한 영업용 트럭 수리비 150,000원을 일반전표에 입력하였으나 증빙으로 수기세금계산서를 발급받았음이 확인되었다. 단, 입력된 수리비는 부가가치세가 제외된 금액이다.

| 풀이 |

[일반전표입력] 1월 9일 삭제 후 [매입매출전표입력] 1월 9일 입력

• 수정 전

(차) 차량유지비(판)	150,000	(대) 현금	150,000

• 수정 후

구분	품목	수량	단가	공급가액	부가세	공급처명	전자
51.과세	수리비			150,000	15,000	나라상사	
분개	[1.현금]	(차) 부가세대급금 차량유지비(판)		15,000 150,000	(대) 현금		165,000

합격을 다지는 실전문제

정답 및 해설 p.56

오류수정 – 일반전표입력 연습

(주)플레이그라운드(회사코드: 0113)의 일반전표입력에서 다음과 같은 오류가 발견되었다. 입력된 내용을 확인하여 정정하시오.

[거래처 오류]

[1] 7월 11일
(주)서준으로부터 회수한 것으로 입력된 외상매출금 1,000,000원은 (주)예준으로부터 회수한 것이다.

[계정과목 오류]

[2] 7월 25일
본사 건물에 대한 취득세, 등록세 등 현금 납부액 400,000원을 세금과공과(판)로 처리하였다. 올바르게 수정하시오(단, 고정자산등록은 생략할 것).

[3] 8월 10일
'세금과공과'로 처리한 금액은 7월 30일 직원에게 급여를 지급하면서 원천징수한 소득세를 납부한 것이다.

[회계처리 오류]

[4] 8월 14일
(주)서준에 외상매입금 5,000,000원을 현금으로 지급한 것으로 회계처리되어 있으나, 1,000,000원은 약속어음(2025.12.31. 만기)을 발행하고, 잔액 4,000,000원은 현금으로 지급한 거래가 잘못 입력된 것이다.

[코드번호 오류]

[5] 8월 25일
현금 납부한 전화요금 50,000원 중에는 공장 사용분 20,000원이 포함되어 있다.

오류수정 – 매입매출전표입력 연습

(주)플레이그라운드(회사코드: 0113)의 매입매출전표입력에서 다음과 같은 오류가 발견되었다. 입력된 내용을 확인하여 정정하시오.

[단가, 수량 오류]

[1] 9월 4일
(주)서준에 대한 원재료 매입단가는 50,000원이 아니라 70,000원인 것으로 밝혀졌다(단, 수량은 변화 없음).

[유형 오류]

[2] 9월 25일
본사 업무용 승용차(2,000cc)를 구입하면서 전표 유형을 51.과세로 처리하였다. 올바르게 수정하시오.

[공급가액 오류]

[3] 7월 14일
제품 20,000,000원을 직수출한 거래는 ＄20,000에 대하여 환율이 1,000원/$으로 적용되어 있으나 적용해야 할 기준환율은 1,200원/$이다.

[분개 오류]

[4] 10월 5일
(주)예준에 제품(공급가액 2,200,000원, 부가가치세 220,000원)을 납품하면서 현금으로 회계처리한 거래는 전액 동사발행 어음(2025.12.30. 만기)으로 받은 것이다.

[계정과목 오류]

[5] 10월 24일
공장 건물에 냉난방시설을 설치하고 수익적 지출로 회계처리하였으나 이는 자본적 지출에 해당하며, 대금은 당좌수표가 아니라 당사 지급의 약속어음을 발행하였다.

[거래처 오류]

[6] 12월 6일
(주)상성전자로부터 사무실에서 업무용으로 사용할 목적으로 컴퓨터 1대를 1,500,000원(부가가치세 별도)에 보통예금으로 구입하고 전자세금계산서를 교부받았다. 회사는 동 일자에 (주)예준에서 현금으로 구입한 것으로 처리하였다.

(주)천안테크 회사코드: 1054

(주)천안테크(회사코드: 1054)는 자동차부품을 제조하여 판매하는 중소기업이며, 당기(제10기)의 회계기간은 2025.1.1.~2025.12.31.이다. 전산세무회계 수험용 프로그램을 이용하여 다음 물음에 답하시오. [일반전표입력] 및 [매입매출전표입력] 메뉴에 입력된 내용 중 다음과 같은 오류가 발견되었다. 입력된 내용을 확인하여 정정하시오.

[1] 12월 1일
임시 물류창고로 사용하기 위해 임대업자 나자비씨와 물류창고 임대차계약서를 작성하고 보증금 20,000,000원 전액을 보통예금 계좌에서 이체하였다. 이에 대해 임대보증금으로 회계처리하였다.

[2] 12월 9일
전의카센터에 생산부의 운반용 트럭의 수리비용 990,000원(부가가치세 포함)을 보통예금 계좌에서 지급하고 전자세금계산서를 발급받았으나, 일반전표로 회계처리하였다.

남다른패션(주) 회사코드: 1064

남다른패션(주)(회사코드: 1064)은 스포츠의류 등의 제조업 및 도소매업을 영위하는 중소기업으로 당기(제10기) 회계기간은 2025.1.1. ~ 2025.12.31.이다. 전산세무회계 수험용 프로그램을 이용하여 다음 물음에 답하시오. [일반전표입력] 및 [매입매출전표입력] 메뉴에 입력된 내용 중 다음과 같은 오류가 발견되었다. 입력된 내용을 확인하여 정정하시오.

[1] 8월 2일

보통예금 계좌에서 지급한 800,000원은 외상으로 매입하여 영업부에서 업무용으로 사용 중인 컴퓨터(거래처: 온누리)에 대한 대금 지급액으로 확인되었다. 잘못된 항목을 올바르게 수정하시오.

[2] 11월 19일

차차운송에 현금으로 지급한 운송비 330,000원(부가가치세 포함)은 원재료를 매입하면서 지급한 것으로, 회계팀 신입사원이 실수로 일반전표에 입력하였다. 운송 관련하여 별도의 전자세금계산서를 발급받았다.

세무사랑(주) 회사코드: 1074

세무사랑(주)(회사코드: 1074)은 부동산임대업 및 전자제품의 제조 · 도소매업을 영위하는 중소기업으로 당기(제11기) 회계기간은 2025.1.1. ~ 2025.12.31.이다. 전산세무회계 수험용 프로그램을 이용하여 다음 물음에 답하시오. [일반전표입력] 및 [매입매출전표입력] 메뉴에 입력된 내용 중 다음과 같은 오류가 발견되었다. 입력된 내용을 확인하여 정정하시오.

[1] 7월 6일

(주)상문의 외상매입금 3,000,000원을 보통예금 계좌에서 이체한 것이 아니라 제품을 판매하고 받은 상명상사 발행 약속어음 3,000,000원을 배서하여 지급한 것으로 밝혀졌다.

[2] 12월 13일

영업부 사무실의 전기요금 121,000원(공급대가)을 현금 지급한 것으로 일반전표에 회계처리하였으나 이는 제조공장에서 발생한 전기요금으로, 한국전력공사로부터 전자세금계산서를 수취한 것으로 확인되었다.

고성상사(주) 회사코드: 1084

고성상사(주)(회사코드: 1084)는 가방 등의 제조 · 도소매업 및 부동산임대업을 영위하는 중소기업으로 당기(제10기) 회계기간은 2025.1.1. ~ 2025.12.31.이다. 전산세무회계 수험용 프로그램을 이용하여 다음 물음에 답하시오. [일반전표입력] 및 [매입매출전표입력] 메뉴에 입력된 내용 중 다음과 같은 오류가 발견되었다. 입력된 내용을 확인하여 정정하시오.

[1] 7월 22일

제일자동차로부터 영업부의 업무용승용차(공급가액 15,000,000원, 부가가치세 별도)를 구입하여 대금은 전액 보통예금 계좌에서 지급하고 전자세금계산서를 받았다. 해당 업무용승용차의 배기량은 1,990cc이나 회계담당자는 990cc로 판단하여 부가가치세를 공제받는 것으로 회계처리하였다.

[2] 9월 15일

매출거래처 (주)댕댕오디오의 파산선고로 인하여 외상매출금 3,000,000원을 회수불능으로 판단하고 전액 대손상각비로 대손처리하였으나, 9월 15일 파산선고 당시 외상매출금에 관한 대손충당금 잔액 1,500,000원이 남아있던 것으로 확인되었다.

정민상사(주) 회사코드: 1094

정민상사(주)(회사코드: 1094)는 전자제품의 제조 및 도 · 소매업을 영위하는 중소기업으로 당기(제11기)의 회계기간은 2025.1.1. ~ 2025.12.31.이다. 전산세무회계 수험용 프로그램을 이용하여 다음 물음에 답하시오. [일반전표입력] 및 [매입매출전표입력] 메뉴에 입력된 내용 중 다음과 같은 오류가 발견되었다. 입력된 내용을 확인하여 정정하시오.

[1] 11월 10일

공장 에어컨 수리비로 가나상사에 보통예금 계좌에서 송금한 880,000원을 수선비로 회계처리하였으나, 해당 수선비는 10월 10일 미지급금으로 회계처리한 것을 결제한 것이다.

[2] 12월 15일

당초 제품을 $10,000에 직수출하고 선적일 당시 환율 1,000원/$을 적용하여 제품매출 10,000,000원을 외상판매한 것으로 회계처리하였으나, 수출 관련 서류 검토 결과 직수출이 아니라 내국신용장에 의한 공급으로 (주)강서기술에 전자영세율세금계산서를 발급한 외상매출인 것으로 확인되었다.

오영상사(주) 회사코드: 1104

오영상사(주)(회사코드: 1104)는 가방 등의 제조 · 도소매업 및 부동산임대업을 영위하는 중소기업으로 당기(제11기) 회계기간은 2025.1.1. ~ 2025.12.31.이다. 전산세무회계 수험용 프로그램을 이용하여 다음 물음에 답하시오. [일반전표입력] 및 [매입매출전표입력] 메뉴에 입력된 내용 중 다음과 같은 오류가 발견되었다. 입력된 내용을 확인하여 정정하시오.

[1] 8월 31일

운영자금 조달을 위해 개인으로부터 차입한 부채에 대한 이자비용 362,500원을 보통예금 계좌에서 이체하고 회계처리하였으나, 해당 거래는 이자비용 500,000원에서 원천징수세액 137,500원을 차감하고 지급한 것으로 이에 대한 회계처리가 누락되었다(단, 원천징수세액은 부채로 처리하고, 하나의 전표로 입력할 것).

[2] 11월 30일

제품생산공장 출입문의 잠금장치를 수리하고 영포상회에 지급한 770,000원(부가가치세 포함)을 자본적 지출로 회계처리하였으나 수익적 지출로 처리하는 것이 옳은 것으로 판명되었다.

CHAPTER

고정자산 및 감가상각

핵심키워드
• 고정자산등록
• 감가상각

■1회독 ■2회독 ■3회독

1 고정자산 및 감가상각 개요

고정자산등록은 감가상각대상자산(유·무형 고정자산)을 입력하여 관리하는 곳이다. 여기서는 고정자산등록의 입력사항만으로 감가상각비를 구할 수 있다. 메인화면 [고정자산 및 감가상각]에서 [고정자산등록]을 클릭하면 다음과 같은 화면이 나온다.

2 고정자산등록 입력사항

1. 왼쪽 화면

(1) 자산계정과목

등록할 고정자산의 계정과목 코드번호 3자리를 입력한다. 코드를 모르는 경우, '자산계정과목'란의 [아이콘]를 누르면 '계정과목도움' 창이 나타난다. 해당 고정자산을 선택하고 [확인(Enter)]을 누른다.

(2) 자산코드/명

고정자산의 구체적인 품목명을 입력한다.

(3) 취득연월일

해당 자산의 취득연월일을 입력한다.

(4) 상각방법

감가상각방법([1: 정률법], [2: 정액법])을 선택한다.

▶ 전산세무회계 프로그램은 세법 규정에 따라 운영되므로 건축물과 무형자산은 정액법으로, 그 외 자산은 정액법과 정률법 중 선택이 가능하다.

2. 오른쪽 화면(기본등록사항)

(1) 기초가액

당기 이전에 취득한 취득원가를 입력한다. 단, 무형자산을 직접법으로 상각한 경우에는 전기말 장부가액을 입력한다.

(2) 전기말상각누계액(-)

전기말 현재의 감가상각누계액을 입력한다. 단, 무형자산을 직접법으로 상각한 경우에는 직접 상각한 금액의 누계액을 입력한다.

(3) 전기말장부가액

기초가액에서 전기말상각누계액을 차감한 금액이 자동 반영된다.

(4) 당기중 취득 및 당기증가(+)

당기 중에 취득한 취득원가 또는 당기 중 자본적 지출분을 입력한다.

(5) 내용연수/상각률(월수)

내용연수는 유형자산의 경제적 효익이 발생하는 기간, 즉 취득한 목적대로 이용할 수 있을 것으로 추정되는 기간을 말한다. 기준내용년수도움표를 참고하여 내용연수를 적용하여야 하며, 시험은 내용연수가 제시되므로 그대로 입력하면 된다.

(6) 회사계상액

입력된 자료에 의해 세법상 당기분 감가상각비가 자동으로 계산된다. 감가상각비를 수정하고자 할 경우에는 [사용자수정]을 클릭하고 수정한다.

(7) 경비구분

고정자산의 용도에 따른 경비의 구분을 1.500번대(제조), 6.800번대(판관비) 중 선택하여 입력한다.

(8) 당기말감가상각누계액

전기말상각누계액과 당기분 감가상각비의 합계액이 자동으로 반영된다.

(9) 당기말장부가액

기초가액에서 당기말상각누계액을 차감한 금액이 자동으로 반영된다.

(10) 업종

내용연수의 적정 여부 판단을 위한 업종구분이다. [도움]를 클릭하여 해당 업종을 선택한다.

연습문제

다음을 (주)성수샘(회사코드: 1112)의 고정자산에 등록하고 감가상각비를 구하시오(단, 장부는 무시함).

계정과목	자산명(코드번호)	취득일자	취득가액	전기말 상각누계액	상각방법	내용연수
건물	공장(000001)	2018.8.17.	146,000,000원	28,500,000원	정액법	20년
차량운반구	승용차(본사)(000001)	2023.3.25.	27,000,000원	10,147,500원	정률법	5년
비품	에어컨(본사)(000001)	2025.5.22.	2,000,000원	–	정률법	5년

| 풀이 |

① 건물: 감가상각비 7,300,000원

- 자산계정과목의 [코드] 또는 F2를 눌러서 '건물'을 선택한다.
- 자산코드/명에 '공장', 취득연월일에 '2018-08-17'을 입력한다.
- 건물이므로 상각방법은 정액법으로 설정된다.
- 기초가액에 취득원가 '146,000,000'을 입력하고 전기말상각누계액에 '28,500,000'을 입력한다.
- 상각범위액 7,300,000원이 공장의 2025년 감가상각비이다.
- 공장이므로 경비구분은 '1.500번대/제조'로 선택한다.

② 차량운반구: 감가상각비 7,600,477원

- 자산계정과목에 '차량운반구', 자산코드/명에 '승용차', 취득연월일에 '2023-03-25'를 입력한다.
- 상각방법은 정률법이므로 상각방법에 [1: 정률법]을 입력한다.
- 기초가액에 '27,000,000', 전기말상각누계액에 '10,147,500', 상각기간을 입력 후 조회되는 상각범위액이 당기 비용으로 인정되는 감가상각비이다.
- 경비구분은 '6.800번대/판관비'로 선택한다.

③ 비품: 감가상각비 601,333원

- 자산계정과목에 '비품', 자산코드/명에 '에어컨', 취득연월일에 '2025-05-22'를 입력한다.
- 상각방법은 정률법이므로 상각방법에 [1: 정률법]을 입력한다.
- 당기에 취득한 자산은 '4.당기중 취득 및 당기증가'에 취득가액 '2,000,000'을 입력한다.
- 상각범위액 601,333원이 2025년 감가상각비이다.
- 경비구분은 '6.800번대/판관비'로 선택한다.

CHAPTER

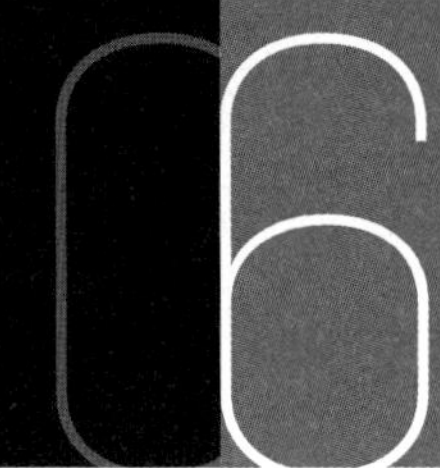

결산자료입력

핵심키워드
- 수동결산
- 자동결산
- 결산자료입력

■ 1회독 ■ 2회독 ■ 3회독

1 결산

결산이란 일정 시점에서 장부를 마감하여 재무상태를 파악하고 경영성과를 계산하는 절차이다. 전산의 결산은 장부마감 등의 절차 없이 자동으로 작성되므로 수정전시산표를 검토하고 기말정리분개를 입력함으로써 재무제표를 확정하는 작업을 말한다. 재무제표 확정을 위한 전표를 12월 31일자의 [일반전표입력] 메뉴에 직접 입력하는 수동결산 또는 [결산자료입력] 메뉴에서 자동결산의 방법으로 결산분개를 한 후 손익계산서, 재무상태표를 확정하는 순서로 결산을 진행한다.

결산방법
- 수동결산: [일반전표입력] 12월 31일 입력
- 자동결산: [결산자료입력] 입력

2 수동결산

[일반전표입력] 메뉴에서 12월 31일자로 결산분개를 직접 입력한다.

수동결산 유형
- 미지급비용 · 미수수익 · 선급비용 · 선수수익
- 소모품 · 소모품비의 정리
- 현금과부족(잡손실, 잡이익)
- 단기매매증권 평가(공정가액법)
- 외화자산 · 외화부채의 평가

1. 미지급비용 · 미수수익 · 선급비용 · 선수수익

기업회계는 발생주의이므로 수익이나 비용이 발생하면 인식한다.

예 미지급비용 – 결산일에 이자비용 1,000,000원을 미계상했다.
– 12월 31일 분개

(차) 이자비용	1,000,000	(대) 미지급비용	1,000,000

예 미수수익 – 결산일에 이자수익 2,000,000원을 미계상했다.
– 12월 31일 분개

(차) 미수수익	2,000,000	(대) 이자수익	2,000,000

예 선급비용 – 2025년 8월 1일 화재보험료 1,200,000원(보험기간: 2025년 8월 1일 ~ 2026년 7월 31일)을 현금으로 지급했다.

[비용처리한 경우]
– 8월 1일 분개

(차) 보험료	1,200,000	(대) 현금	1,200,000

– 12월 31일 분개

(차) 선급비용	700,000	(대) 보험료	700,000

선급비용
- 자산 → 비용(경과분)
- 비용 → 자산(미경과분)

[자산처리한 경우]

– 8월 1일 분개

(차) 선급비용	1,200,000	(대) 현금	1,200,000

– 12월 31일 분개

(차) 보험료	500,000	(대) 선급비용	500,000

예 선수수익–2025년 9월 1일 임대료 1,200,000원(임대기간: 2025년 9월 1일 ~ 2026년 8월 31일)을 현금으로 수령하였다.

[수익처리한 경우]

– 9월 1일 분개

(차) 현금	1,200,000	(대) 임대료	1,200,000

– 12월 31일 분개

(차) 임대료	800,000	(대) 선수수익	800,000

[부채처리한 경우]

– 9월 1일 분개

(차) 현금	1,200,000	(대) 선수수익	1,200,000

– 12월 31일 분개

(차) 선수수익	400,000	(대) 임대료	400,000

선수수익
- 부채 → 수익(경과분)
- 수익 → 부채(미경과분)

2. 소모품 · 소모품비의 정리

소모품 취득 시 '비용(소모품비)'으로 분개했는지 '자산(소모품)'으로 분개했는지 먼저 파악하고, 결산 시 '미사용분'이 주어졌는지 '사용분'이 주어졌는지를 확인하여 결산분개한다.

소모품
- 자산 → 비용(사용분)
- 비용 → 자산(미사용분)

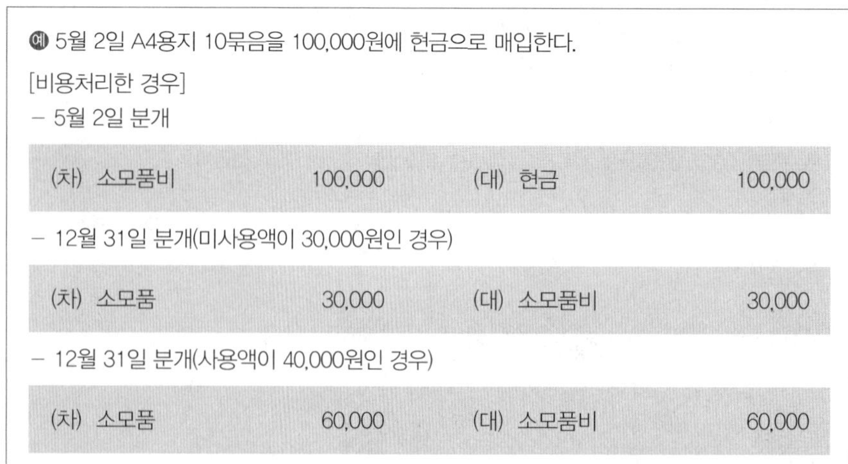

예 5월 2일 A4용지 10묶음을 100,000원에 현금으로 매입한다.

[비용처리한 경우]

– 5월 2일 분개

(차) 소모품비	100,000	(대) 현금	100,000

– 12월 31일 분개(미사용액이 30,000원인 경우)

(차) 소모품	30,000	(대) 소모품비	30,000

– 12월 31일 분개(사용액이 40,000원인 경우)

(차) 소모품	60,000	(대) 소모품비	60,000

[자산처리한 경우]
– 5월 2일 분개

(차) 소모품	100,000	(대) 현금	100,000

– 12월 31일 분개(미사용액이 20,000원인 경우)

(차) 소모품비	80,000	(대) 소모품	80,000

– 12월 31일 분개(사용액이 10,000원인 경우)

(차) 소모품비	10,000	(대) 소모품	10,000

3. 현금과부족(잡손실, 잡이익)

'현금과부족'은 임시 계정이므로 결산 시까지 원인을 밝히지 못했을 때 반드시 '잡손실'이나 '잡이익'으로 대체한다.

현금과부족 회계처리

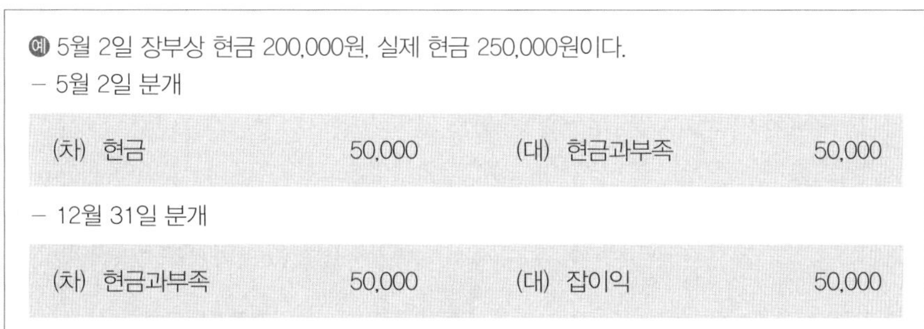
예 5월 2일 장부상 현금 200,000원, 실제 현금 250,000원이다.
– 5월 2일 분개

(차) 현금	50,000	(대) 현금과부족	50,000

– 12월 31일 분개

(차) 현금과부족	50,000	(대) 잡이익	50,000

4. 단기매매증권 평가(공정가액법)

단기매매증권은 기말에 공정가치로 평가한다.

단기매매증권
• 자산 증가: 평가이익
• 자산 감소: 평가손실

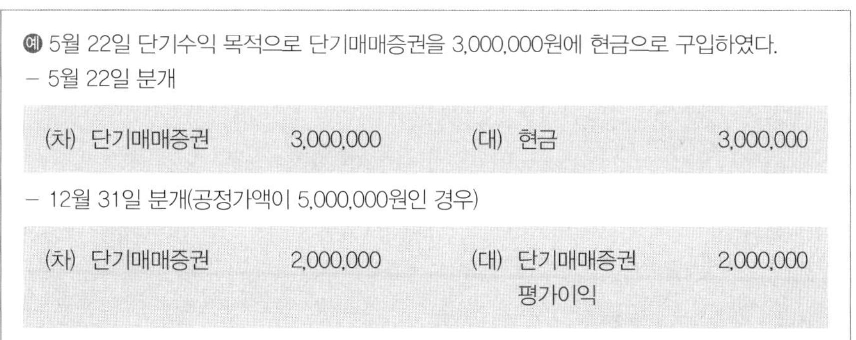
예 5월 22일 단기수익 목적으로 단기매매증권을 3,000,000원에 현금으로 구입하였다.
– 5월 22일 분개

(차) 단기매매증권	3,000,000	(대) 현금	3,000,000

– 12월 31일 분개(공정가액이 5,000,000원인 경우)

(차) 단기매매증권	2,000,000	(대) 단기매매증권평가이익	2,000,000

5. 외화자산 · 외화부채의 평가

외화자산 · 외화부채를 환율 변동에 따라 결산일에 평가한다.

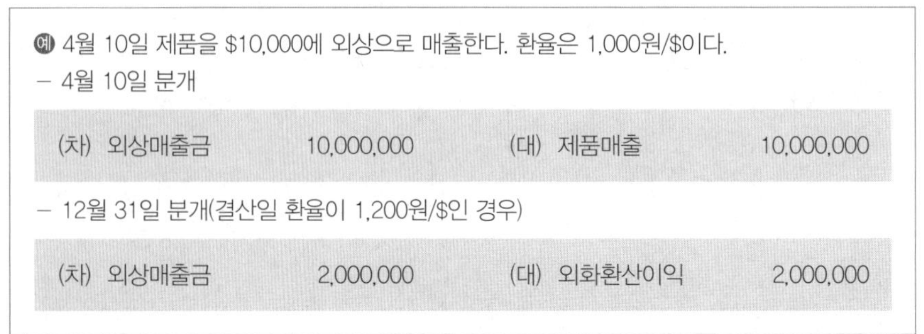

예 4월 10일 제품을 $10,000에 외상으로 매출한다. 환율은 1,000원/$이다.
– 4월 10일 분개

(차) 외상매출금	10,000,000		(대) 제품매출	10,000,000

– 12월 31일 분개(결산일 환율이 1,200원/$인 경우)

(차) 외상매출금	2,000,000		(대) 외화환산이익	2,000,000

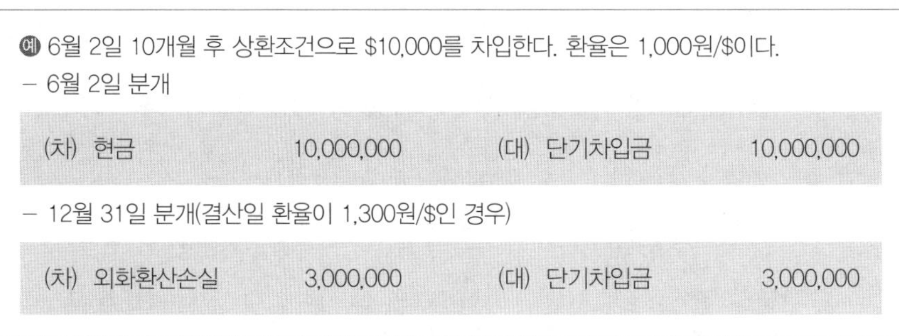

예 6월 2일 10개월 후 상환조건으로 $10,000를 차입한다. 환율은 1,000원/$이다.
– 6월 2일 분개

(차) 현금	10,000,000		(대) 단기차입금	10,000,000

– 12월 31일 분개(결산일 환율이 1,300원/$인 경우)

(차) 외화환산손실	3,000,000		(대) 단기차입금	3,000,000

외화자산과 외화부채
- 외화자산: 환율이 오르면 이익, 환율이 내리면 손실
- 외화부채: 환율이 오르면 손실, 환율이 내리면 이익

3 자동결산

[결산자료입력] 메뉴를 실행한 후 상단의 [F4 원가설정]을 클릭하면 나오는 보조창에서 [자동설정(F3)]을 클릭한다.

매출원가 및 경비선택

사용여부	매출원가코드 및 계정과목		원가경비		화면
부	0455	제품매출원가	1	0500번대	제조
부	0452	도급공사매출원가	2	0600번대	도급
부	0457	보관매출원가	3	0650번대	보관
부	0453	분양공사매출원가	4	0700번대	분양
부	0458	운송매출원가	5	0750번대	운송

[참고사항]
1.편집(tab)을 선택하면 사용여부를 1.여 또는 0.부로 변경하실 수 있습니다.
2.사용여부를 1.여로 입력 되어야만 매출원가코드를 변경하실 수 있습니다.
(편집(tab)을 클릭하신 후에 변경하세요)
3.사용여부가 1.여인 매출원가코드가 중복 입력되어 있는 경우 본 화면에 입력하실 수 없습니다.

확인(Enter) 편집(Tab) 자동설정(F3) 취소(Esc)

아래의 결산자료입력 작업을 마치면 반드시 화면 상단의 [F3 전표추가]를 클릭하여 결산분개를 일반전표에 추가하여야 한다.

자동결산 유형
- 재고자산의 기말재고액 입력(원재료, 재공품, 제품, 상품)
- 감가상각비 입력
- 퇴직급여충당부채
- 대손충당금 설정
- 법인세비용

1. 재고자산의 기말재고액 입력(원재료, 재공품, 제품, 상품)

결산자료입력 해당란에 기말재고액을 각각 입력한다.

2. 감가상각비 입력

화면상단의 F7 감가상각을 누르면 나타나는 창에서 결산금액을 수정 입력한 후 결산반영을 클릭하면 입력된다.

감가상각

코드	계정과목명	경비구분	고정자산등록 감가상각비	감가상각비 감가상각비X(조회기간월수/내용월수)	결산반영금액

새로불러오기 | 결산반영 | 취소(Esc)

3. 대손상각비 입력

대손상각란에 채권별 직접 입력 또는 화면상단의 F8 대손상각을 누르면 나타나는 창에서 대손율을 확인, 수정 후 대손충당금을 설정하지 않을 채권은 추가설정액란에서 삭제한다. 마지막으로 결산반영을 클릭하면 일괄 입력된다.

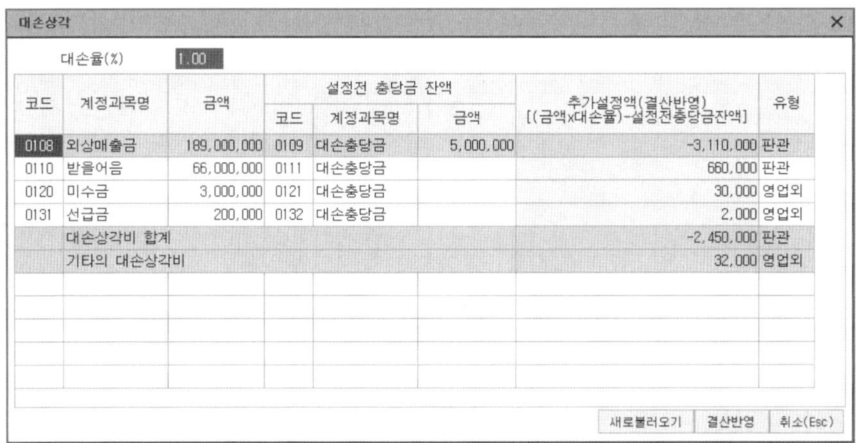

대손상각

대손율(%) 1.00

코드	계정과목명	금액	설정전 충당금 잔액			추가설정액(결산반영) [(금액x대손율)-설정전충당금잔액]	유형
			코드	계정과목명	금액		
0108	외상매출금	189,000,000	0109	대손충당금	5,000,000	-3,110,000	판관
0110	받을어음	66,000,000	0111	대손충당금		660,000	판관
0120	미수금	3,000,000	0121	대손충당금		30,000	영업외
0131	선급금	200,000	0132	대손충당금		2,000	영업외
	대손상각비 합계					-2,450,000	판관
	기타의 대손상각비					32,000	영업외

새로불러오기 | 결산반영 | 취소(Esc)

대손상각비

대손 충당금	설정 전	설정 후
	××	××

+대손상각비
−대손충당금 환입

4. 법인세 등의 입력

법인세추산액에서 선납세금(중간예납세액 또는 원천납부세액)을 차감한 금액(미지급법인세)을 [결산자료입력] 메뉴의 추가계상액란에 입력한다. 이때 결산자료입력 화면에서 결산 전 금액에 있는 선납세금을 결산반영금액란에 입력한다.

법인세 결산방법

- 방법 1: 수동결산
  (차) 법인세비용 ××
  (대) 선납세금 ××
  미지급세금 ××
- 방법 2: 자동결산
  결산자료입력란 하단의 선납세금과 추가계상액란에 입력한다.

연습문제

다음의 거래를 참고하여 (주)에듀윌(회사코드: 1010)의 결산정리 분개를 입력하시오.

[1] 당기에 비용으로 처리한 본사 보험료 중 기간미경과액 120,000원을 계상하다.

| 풀이 |

수동결산–[일반전표입력] 메뉴에서 12월 31일자로 결산분개를 직접 입력한다.

(차) 선급비용	120,000	(대) 보험료(판)	120,000

[2] 결산일 현재 예금에 대한 당기분 이자 미수액은 125,000원이다.

| 풀이 |

수동결산–[일반전표입력] 메뉴에서 12월 31일자로 결산분개를 직접 입력한다.

(차) 미수수익	125,000	(대) 이자수익	125,000

[3] 당기말 현재까지 발생한 단기차입금에 대한 이자 100,000원을 계상하다(거래처 입력은 생략하고, 계정과목은 미지급비용을 사용할 것).

| 풀이 |

수동결산–[일반전표입력] 메뉴에서 12월 31일자로 결산분개를 직접 입력한다.

(차) 이자비용	100,000	(대) 미지급비용	100,000

[4] 기중의 현금과부족 반영분인 10,000원(과잉분)이 결산일까지 원인불명되다.

| 풀이 |

수동결산–[일반전표입력] 메뉴에서 12월 31일자로 결산분개를 직접 입력한다.

(차) 현금과부족	10,000	(대) 잡이익	10,000

* [1]～[4] [일반전표입력] 메뉴에 수동결산이 입력된 화면은 다음과 같다.

2025 년 12 월 31 일 변경 현금잔액: 92,120,000 대차차액:

□	일	번호	구분	계정과목	거래처	적요	차변	대변
□	31	00056	차변	0133 선급비용			120,000	
□	31	00056	대변	0821 보험료				120,000
□	31	00057	차변	0116 미수수익			125,000	
□	31	00057	대변	0901 이자수익				125,000
□	31	00058	차변	0951 이자비용			100,000	
□	31	00058	대변	0262 미지급비용				100,000
□	31	00059	차변	0141 현금과부족			10,000	
□	31	00059	대변	0930 잡이익				10,000

[5] 결산일 현재 재고자산의 기말재고액은 다음과 같다.

• 원재료: 2,500,000원	• 재공품: 1,500,000원	• 제품: 4,000,000원

| 풀이 |

자동결산–[결산자료입력] 메뉴에서 해당 자료를 입력한 후 F3전표추가를 클릭하여 결산분개를 일반전표에 추가한다.

▶ [결산자료입력] 메뉴 상단의 F4 원가설정에서 사용여부를 '여'로 변경한다.

결산자료입력 1010 (주)에듀윌 17기 2025-01-01~2025-12-31 2025

F3 전표추가 F4 원가설정 F6 잔액조회 F7 감가상각 F8 대손상각 CF8 퇴직충당

기 간 2025 년 01 월 ~ 2025 년 12 월

코드	과목	결산분개금액	결산전금액	결산반영금액	결산후금액
	1. 매출액		281,000,000		281,000,000
0404	제품매출		281,000,000		281,000,000
	2. 매출원가		146,590,000		138,590,000
0455	제품매출원가				138,590,000
	1)원재료비		37,900,000		35,400,000
0501	원재료비		37,900,000		35,400,000
0153	① 기초 원재료 재고액		2,900,000		2,900,000
0153	② 당기 원재료 매입액		35,000,000		35,000,000
0153	⑩ 기말 원재료 재고액			2,500,000	2,500,000

코드	과목	결산분개금액	결산전금액	결산반영금액	결산후금액
0455	8)당기 총제조비용		134,690,000		132,190,000
0169	① 기초 재공품 재고액		700,000		700,000
0169	⑩ 기말 재공품 재고액			1,500,000	1,500,000
0150	9)당기완성품제조원가		135,390,000		131,390,000
0150	① 기초 제품 재고액		11,200,000		11,200,000
0150	⑩ 기말 제품 재고액			4,000,000	4,000,000

[6] 당사는 기말 외상매출금 잔액의 1%를 대손추산액으로 반영하고 있다. 보충법에 의하여 대손충당금을 설정하시오.

| 풀이 |

F8 대손상각 클릭 후 화면 상단의 대손율(1%)을 확인한다. 외상매출금 계정 외 계정의 추가설정액란에서 스페이스바를 눌러 금액을 지운 후 결산반영을 클릭한다. 판매비와 관리비의 5).대손상각의 외상매출금란에 300,000을 확인한 후 F3 전표추가 를 클릭하여 전표를 추가한다.

외상매출금의 대손충당금

설정 전	설정 후
1,200,000	150,000,000×1%

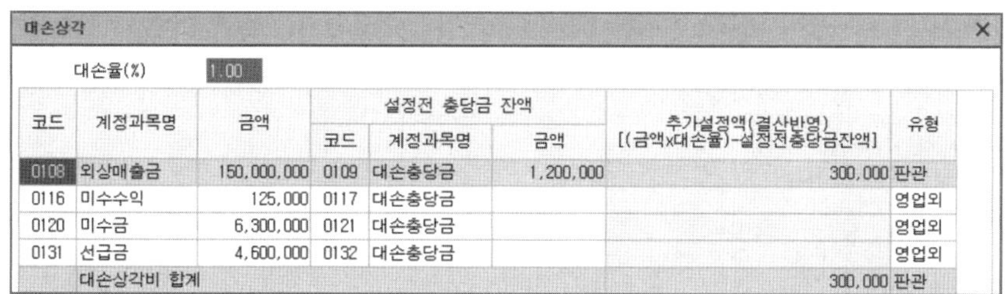

대손상각

대손율(%) 1.00

코드	계정과목명	금액	설정전 충당금 잔액			추가설정액(결산반영) [(금액x대손율)-설정전충당금잔액]	유형
			코드	계정과목명	금액		
0108	외상매출금	150,000,000	0109	대손충당금	1,200,000	300,000	판관
0116	미수수익	125,000	0117	대손충당금			영업외
0120	미수금	6,300,000	0121	대손충당금			영업외
0131	선급금	4,600,000	0132	대손충당금			영업외
	대손상각비 합계					300,000	판관

결산자료입력

기 간 2025 년 01 월 ~ 2025 년 12 월

코드	과 목	결산분개금액	결산전금액	결산반영금액	결산후금액
	4. 판매비와 일반관리비		79,580,000	300,000	79,880,000
	1). 급여 외		30,000,000		30,000,000
0801	급여		30,000,000		30,000,000
0806	2). 퇴직급여(전입액)				
0850	3). 퇴직연금충당금전입액				
0818	4). 감가상각비				
0202	건물				
0206	기계장치				
0212	비품				
0835	5). 대손상각			300,000	300,000
0108	외상매출금			300,000	300,000

[7] 당기 본사 건물의 감가상각비는 1,500,000원이고, 영업부 비품의 감가상각비는 300,000원이다.

| 풀이 |

12월 31일 [일반전표입력] 또는 [결산자료입력] 메뉴에서 결산자료를 입력한 후 전표를 추가한다.

(차)	감가상각비(판)	1,800,000	(대)	감가상각누계액(203)	1,500,000
				감가상각누계액(213)	300,000

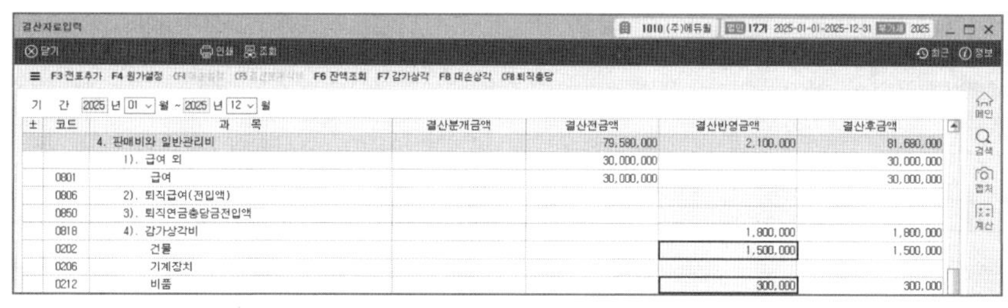

결산자료입력

기 간 2025 년 01 월 ~ 2025 년 12 월

코드	과 목	결산분개금액	결산전금액	결산반영금액	결산후금액
	4. 판매비와 일반관리비		79,580,000	2,100,000	81,680,000
	1). 급여 외		30,000,000		30,000,000
0801	급여		30,000,000		30,000,000
0806	2). 퇴직급여(전입액)				
0850	3). 퇴직연금충당금전입액				
0818	4). 감가상각비			1,800,000	1,800,000
0202	건물			1,500,000	1,500,000
0206	기계장치				
0212	비품			300,000	300,000

4 장부마감순서

(1) [결산/재무제표]-[결산자료입력] 메뉴에서 결산자료를 입력한 후 F3 전표추가 를 클릭하면 12월 31일자로 결산분개가 자동 생성된다.

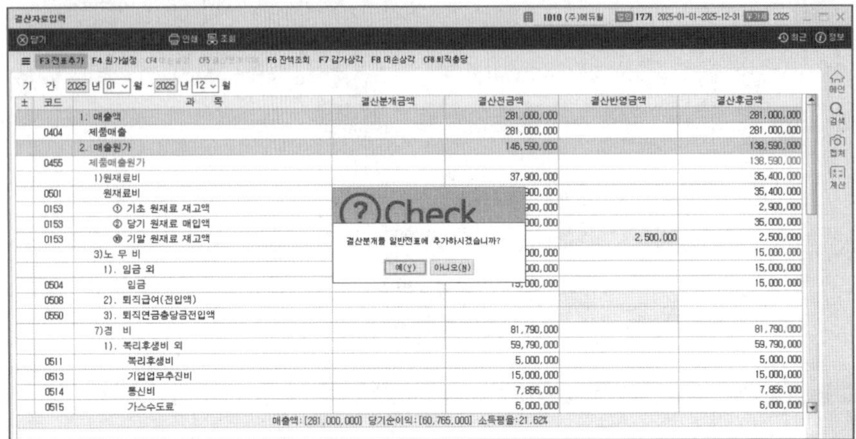

기 간 2025 년 01 월 ~ 2025 년 12 월

코드	과 목	결산분개금액	결산전금액	결산반영금액	결산후금액
	1. 매출액		281,000,000		281,000,000
0404	제품매출		281,000,000		281,000,000
	2. 매출원가		146,590,000		138,590,000
0455	제품매출원가				138,590,000
	1)원재료비		37,900,000		35,400,000
0501	원재료비		[illegible]		35,400,000
0153	① 기초 원재료 재고액		[illegible]		2,900,000
0153	② 당기 원재료 매입액		[illegible]		35,000,000
0153	⑩ 기말 원재료 재고액			2,500,000	2,500,000
	3)노 무 비		[illegible]		15,000,000
	1). 임금 외		[illegible]		15,000,000
0504	임금		[illegible]		15,000,000
0508	2). 퇴직급여(전입액)				
0550	3). 퇴직연금충당금전입액				
	7)경 비		81,790,000		81,790,000
	1). 복리후생비 외		59,790,000		59,790,000
0511	복리후생비		5,000,000		5,000,000
0513	기업업무추진비		15,000,000		15,000,000
0514	통신비		7,856,000		7,856,000
0515	가스수도료		6,000,000		6,000,000

매출액:[281,000,000] 당기순이익:[60,765,000] 소득평율:21.62%

[일반전표입력] 메뉴에 분개가 입력된 화면은 다음과 같다.

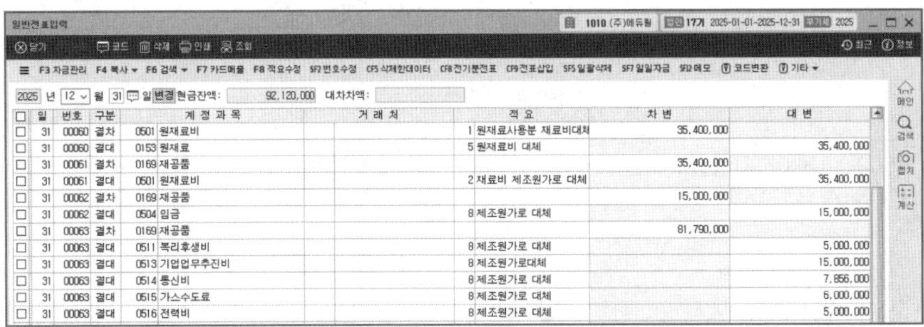

2025 년 12 월 31 일 현금잔액: 92,120,000 대차차액:

일	번호	구분	계정과목	거래처	적요	차변	대변
31	00060	결차	0501 원재료비		1 원재료사용분 재료비대체	35,400,000	
31	00060	결대	0153 원재료		5 원재료비 대체		35,400,000
31	00061	결차	0169 재공품			35,400,000	
31	00061	결대	0501 원재료비		2 재료비 제조원가로 대체		35,400,000
31	00062	결차	0169 재공품			15,000,000	
31	00062	결대	0504 임금		8 제조원가로 대체		15,000,000
31	00063	결차	0169 재공품			81,790,000	
31	00063	결대	0511 복리후생비		8 제조원가로 대체		5,000,000
31	00063	결대	0513 기업업무추진비		8 제조원가로대체		15,000,000
31	00063	결대	0514 통신비		8 제조원가로 대체		7,856,000
31	00063	결대	0515 가스수도료		8 제조원가로 대체		6,000,000
31	00063	결대	0516 전력비		8 제조원가로 대체		5,000,000

(2) [결산/재무제표]-[손익계산서] 메뉴를 조회한다.

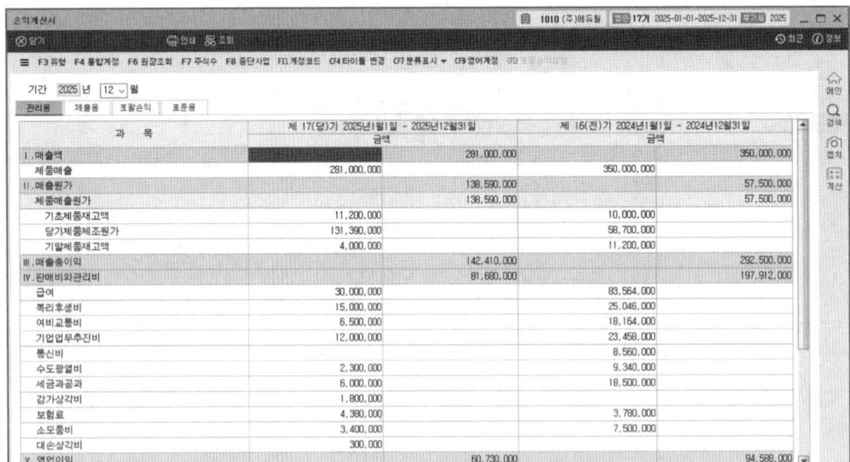

기간 2025 년 12 월

과 목	제 17(당)기 2025년1월1일 ~ 2025년12월31일 금액		제 16(전)기 2024년1월1일 ~ 2024년12월31일 금액	
Ⅰ.매출액		281,000,000		350,000,000
제품매출	281,000,000		350,000,000	
Ⅱ.매출원가		138,590,000		57,500,000
제품매출원가		138,590,000		57,500,000
기초제품재고액	11,200,000		10,000,000	
당기제품제조원가	131,390,000		58,700,000	
기말제품재고액	4,000,000		11,200,000	
Ⅲ.매출총이익		142,410,000		292,500,000
Ⅳ.판매비와관리비		81,680,000		197,912,000
급여	30,000,000		83,564,000	
복리후생비	15,000,000		25,046,000	
여비교통비	6,500,000		18,164,000	
기업업무추진비	12,000,000		23,458,000	
통신비			8,560,000	
수도광열비	2,300,000		9,340,000	
세금과공과	6,000,000		18,500,000	
감가상각비	1,800,000			
보험료	4,380,000		3,780,000	
소모품비	3,400,000		7,500,000	
대손상각비	300,000			
Ⅴ.영업이익		60,730,000		94,588,000

(3) [결산/재무제표]–[재무상태표] 메뉴를 조회하면 당기순이익이 반영된 기말재무상태표가 자동으로 생성된다.

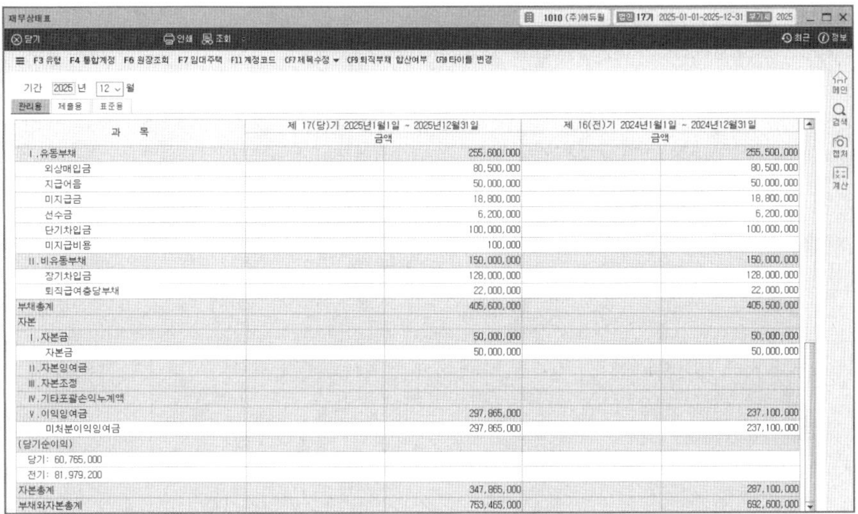

과목	제 17(당)기 2025년1월1일 ~ 2025년12월31일 금액		제 16(전)기 2024년1월1일 ~ 2024년12월31일 금액	
Ⅰ.유동부채		255,600,000		255,500,000
외상매입금		80,500,000		80,500,000
지급어음		50,000,000		50,000,000
미지급금		18,800,000		18,800,000
선수금		6,200,000		6,200,000
단기차입금		100,000,000		100,000,000
미지급비용		100,000		
Ⅱ.비유동부채		150,000,000		150,000,000
장기차입금		128,000,000		128,000,000
퇴직급여충당부채		22,000,000		22,000,000
부채총계		405,600,000		405,500,000
자본				
Ⅰ.자본금		50,000,000		50,000,000
자본금		50,000,000		50,000,000
Ⅱ.자본잉여금				
Ⅲ.자본조정				
Ⅳ.기타포괄손익누계액				
Ⅴ.이익잉여금		297,865,000		237,100,000
미처분이익잉여금		297,865,000		237,100,000
(당기순이익)				
당기: 60,765,000				
전기: 81,979,200				
자본총계		347,865,000		287,100,000
부채와자본총계		753,465,000		692,600,000

5 재무제표 완성하기

재무제표를 완성하는 것은 일정한 순서에 따른다.

> 원가명세서 → 손익계산서 → 이익잉여금처분계산서(전표추가) → 재무상태표

[제조원가명세서]의 당기제품제조원가는 [손익계산서]의 매출원가의 당기제품제조원가를 구성하여 당기순이익이 산출된다. 이 당기순이익은 [이익잉여금처분계산서]의 당기순이익을 구성하여 미처분이익잉여금을 구성하고, 이 미처분이익잉여금은 [재무상태표]의 이월이익잉여금을 구성한다.

1. 제조원가명세서

제조원가명세서를 클릭하여 '12'월을 조회하고 Esc로 나온다.

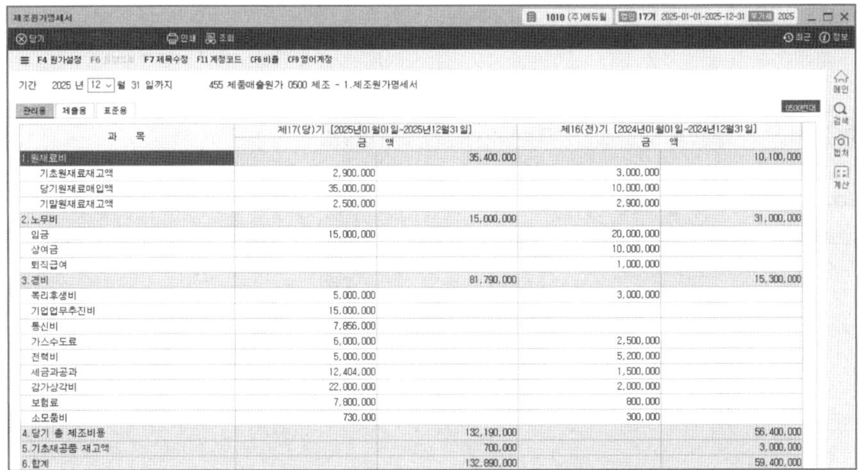

과목	제17(당)기 [2025년01월01일~2025년12월31일] 금액		제16(전)기 [2024년01월01일~2024년12월31일] 금액	
1.원재료비		35,400,000		10,100,000
기초원재료재고액	2,900,000		3,000,000	
당기원재료매입액	35,000,000		10,000,000	
기말원재료재고액	2,500,000		2,900,000	
2.노무비		15,000,000		31,000,000
임금	15,000,000		20,000,000	
상여금			10,000,000	
퇴직급여			1,000,000	
3.경비		81,790,000		15,300,000
복리후생비	5,000,000		3,000,000	
기업업무추진비	15,000,000			
통신비	7,856,000			
가스수도료	6,000,000		2,500,000	
전력비	5,000,000		5,200,000	
세금과공과	12,404,000		1,500,000	
감가상각비	22,000,000		2,000,000	
보험료	7,800,000		800,000	
소모품비	730,000		300,000	
4.당기 총 제조비용		132,190,000		56,400,000
5.기초재공품 재고액		700,000		3,000,000
6.합계		132,890,000		59,400,000

2. 손익계산서

손익계산서를 클릭하여 '12'월을 조회하고 Esc로 나온다.

과목	제 17(당)기 2025년1월1일 ~ 2025년12월31일 금액		제 16(전)기 2024년1월1일 ~ 2024년12월31일 금액	
Ⅰ.매출액		281,000,000		350,000,000
제품매출	281,000,000		350,000,000	
Ⅱ.매출원가		138,590,000		57,500,000
제품매출원가		138,590,000		57,500,000
기초제품재고액	11,200,000		10,000,000	
당기제품제조원가	131,390,000		58,700,000	
기말제품재고액	4,000,000		11,200,000	
Ⅲ.매출총이익		142,410,000		292,500,000
Ⅳ.판매비와관리비		81,680,000		197,912,000
급여	30,000,000		83,564,000	
복리후생비	15,000,000		25,046,000	
여비교통비	6,500,000		18,164,000	
기업업무추진비	12,000,000		23,458,000	
통신비			8,560,000	
수도광열비	2,300,000		9,340,000	
세금과공과	6,000,000		18,500,000	
감가상각비	1,800,000			
보험료	4,380,000		3,780,000	
소모품비	3,400,000		7,500,000	
대손상각비	300,000			
Ⅴ.영업이익		60,730,000		94,588,000

3. 이익잉여금처분계산서

이익잉여금의 결산분개는 [이익잉여금처분계산서]에서 이루어진다. 손익 계정을 마감하고 이익잉여금 잔액을 [재무상태표]에 반영하기 위해 필요하다. [이익잉여금처분계산서]에 들어갈 때 편집된 데이터가 있을 때는 '아니오'를 누르고 들어간다.

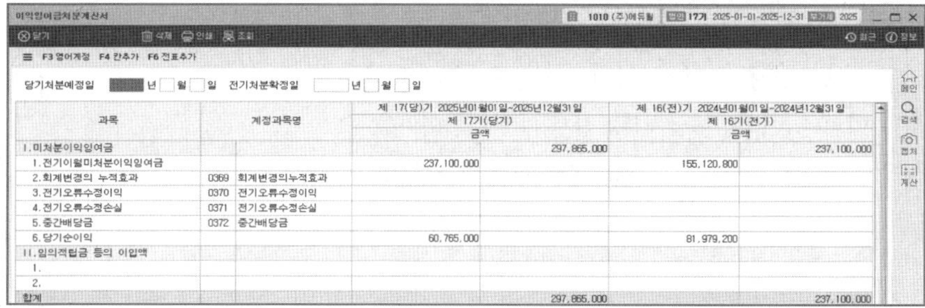

과목	계정과목명		제 17(당)기 2025년01월01일~2025년12월31일 제 17기(당기) 금액		제 16(전)기 2024년01월01일~2024년12월31일 제 16기(전기) 금액	
Ⅰ.미처분이익잉여금				297,865,000		237,100,000
1.전기이월미처분이익잉여금			237,100,000		155,120,800	
2.회계변경의 누적효과	0369	회계변경의누적효과				
3.전기오류수정이익	0370	전기오류수정이익				
4.전기오류수정손실	0371	전기오류수정손실				
5.중간배당금	0372	중간배당금				
6.당기순이익			60,765,000		81,979,200	
Ⅱ.임의적립금 등의 이입액						
1.						
2.						
합계				297,865,000		237,100,000

전기, 당기 처분확정일과 해당 항목을 입력한 후 F6 전표추가 버튼을 클릭하고 '확인'을 클릭하면 이익잉여금처분에 관한 결산분개가 자동으로 처리된다. [일반전표입력] 메뉴에 분개가 입력된 화면은 다음과 같다.

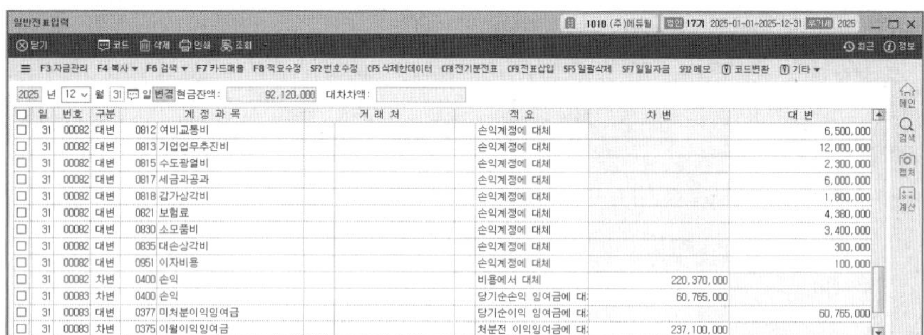

일	번호	구분	계정과목		거래처	적요	차변	대변
31	00082	대변	0812	여비교통비		손익계정에 대체		6,500,000
31	00082	대변	0813	기업업무추진비		손익계정에 대체		12,000,000
31	00082	대변	0815	수도광열비		손익계정에 대체		2,300,000
31	00082	대변	0817	세금과공과		손익계정에 대체		6,000,000
31	00082	대변	0818	감가상각비		손익계정에 대체		1,800,000
31	00082	대변	0821	보험료		손익계정에 대체		4,380,000
31	00082	대변	0830	소모품비		손익계정에 대체		3,400,000
31	00082	대변	0835	대손상각비		손익계정에 대체		300,000
31	00082	대변	0951	이자비용		손익계정에 대체		100,000
31	00082	차변	0400	손익		비용에서 대체	220,370,000	
31	00083	차변	0400	손익		당기순손익 잉여금에 대:	60,765,000	
31	00083	대변	0377	미처분이익잉여금		당기순이익 잉여금에 대:		60,765,000
31	00083	차변	0375	이월이익잉여금		처분전 이익잉여금에 대:	237,100,000	

4. 재무상태표

위의 순서대로 작업을 하면 올바른 재무상태표가 조회된다.

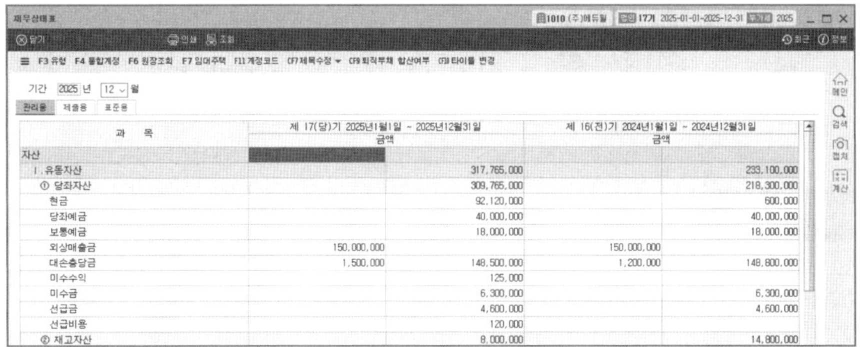

과목	제 17(당)기 2025년1월1일 ~ 2025년12월31일 금액		제 16(전)기 2024년1월1일 ~ 2024년12월31일 금액	
자산				
Ⅰ.유동자산		317,765,000		233,100,000
① 당좌자산		309,765,000		218,300,000
현금		92,120,000		600,000
당좌예금		40,000,000		40,000,000
보통예금		18,000,000		18,000,000
외상매출금	150,000,000		150,000,000	
대손충당금	1,500,000	148,500,000	1,200,000	148,800,000
미수수익		125,000		
미수금		6,300,000		6,300,000
선급금		4,600,000		4,600,000
선급비용		120,000		
② 재고자산		8,000,000		14,800,000

5. 확인 및 수정

장부를 모두 마감하고 결산정리분개가 틀리거나 누락된 것을 발견하면 장부마감을 취소하고 다시 순서대로 결산정리를 한다. 장부마감을 취소하기 위해 [일반전표입력] 메뉴에서 12월로 조회한 후 Shift + F5를 누르면 다음과 같은 '일괄삭제' 보조창이 나타난다.

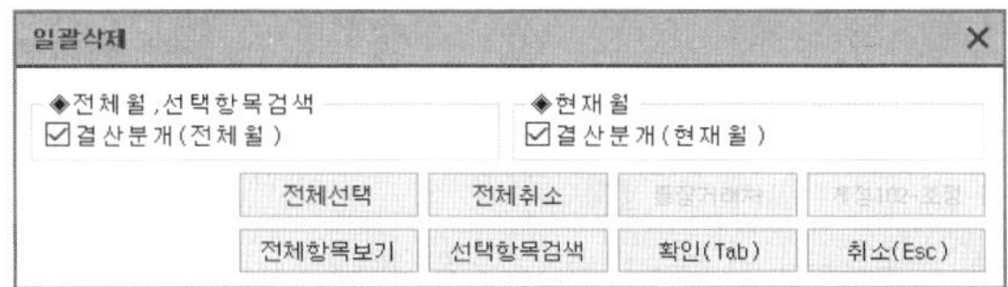

보조창에서 '확인(Tab)'을 누르면 결산분개를 삭제하기 위하여 데이터를 조회할 수 있다.

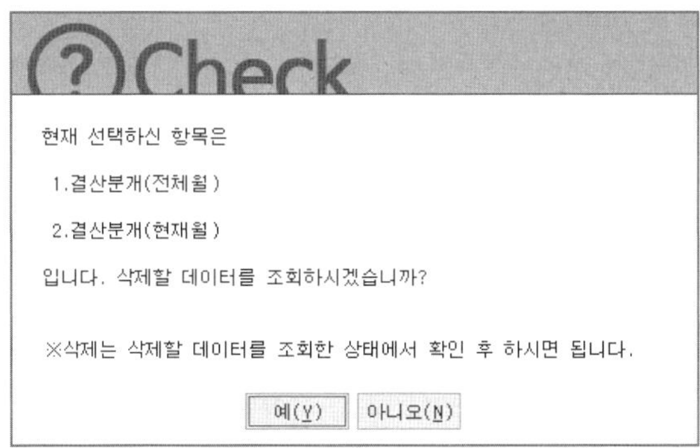

이때 '예'를 누른 후 F5를 누르면 전표를 일괄 삭제할 수 있다.

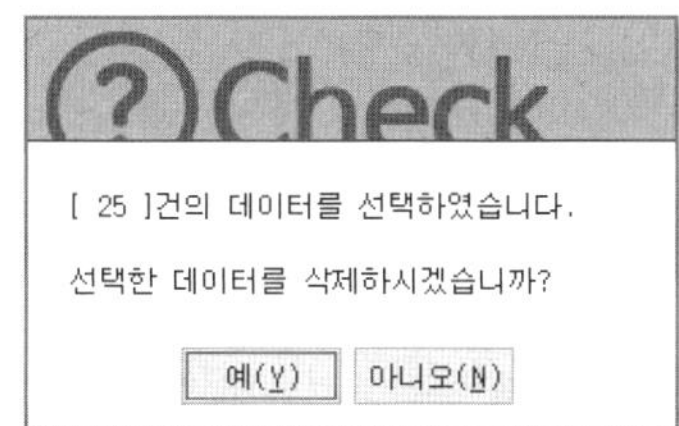

합격을 다지는 실전문제

정답 및 해설 p.72

결산자료입력 – 수동결산 연습

다음은 (주)브이(회사코드: 0643)의 거래 자료이다. 결산자료를 입력하여 결산을 완료하시오.

[현금과부족]

[1] 결산일 현재 현금과부족 계정의 잔액에 대하여 결산일까지 확인되지 않았다.

[미지급비용, 미수수익]

[2] 2026년 2월 2일에 지급할 이자 3,000,000원 중 당기(2025년)에 귀속되는 금액은 2,500,000원이다.

[3] 국민은행의 정기예금에 대하여 당기분 경과이자를 인식하다(예금금액 10,000,000원, 만기 2년, 가입연월일 2025년 7월 1일, 연이자율 1%, 만기일 2027년 6월 30일, 월할 계산으로 할 것).

[소모품, 소모품비]

[4] 본사 사무실에서 구입하여 사용하던 소모품(구입 시 비용처리) 중 미사용 잔액은 200,000원이다.

[5] 공장에서 구입하여 사용하던 소모품(구입 시 자산으로 처리) 중 사용액은 100,000원이다.

[외화자산 · 부채]

[6] 단기대여금 중에는 외화대여금 13,000,000원($10,000)이 포함되어 있다(결산일 현재 환율: 1,000원/$, 거래처등록은 생략함).

[7] 기말 현재 단기차입금(미화 $20,000) 계정 금액이 25,000,000원으로 계상되어 있으며, 결산일 현재 환율은 1,000원/$이다(거래처등록은 생략함).

[선급비용, 선수수익]

[8] 회사소유 본사 차량의 차기에 해당하는 보험료 선급액은 500,000원이다. 당사는 보험료 지급 시 모두 비용으로 회계처리하고 있다.

[9] 공장 건물에 대한 화재보험료 6,000,000원을 4월 1일에 납부하였다. 보험 가입기간은 2025년 4월 1일부터 2026년 3월 31일이다. 회사는 납부 시 보험료를 전액 비용으로 처리했다.

[10] 2025년 9월 1일 일시적으로 건물 중 일부를 임대(임대기간: 2025년 9월 1일 ~ 2026년 8월 31일)하면서 1년분 임대료 6,000,000원을 현금으로 받고 선수수익으로 회계처리하였다. 월할 계산하여 기말수정분개를 하시오.

[부가가치세 정리]

[11] 부가가치세 제2기 확정 신고기간에 대한 부가세예수금 82,430,000원과 부가세대급금 48,320,000원이라 가정하고 부가가치세를 정리하시오. 납부세액은 미지급세금 계정으로 회계처리한다.

[유동성 대체]

[12] 사랑은행으로부터 당기 이전에 차입한 장기차입금 10,000,000원은 결산일 현재 1년 내에 상환기일이 도래하므로 유동성 대체를 한다.

[법인세]

[13] 당기 법인세비용은 8,000,000원이며 선납세금 계정에 1,200,000원이 계상되어 있다.

결산자료입력 – 자동결산 연습

다음은 (주)브이(회사코드: 0643)의 거래 자료이다. 결산자료를 입력하여 결산을 완료하시오.

[감가상각비]

[1] 감가상각비의 계상액은 다음과 같다.

구분	사무실	공장
건물	1,500,000원	500,000원
기계장치	–	400,000원
차량운반구	1,250,000원	–

[2] 무형자산에 대한 당기 상각비는 다음과 같다.

개발비	200,000원

[충당금]

[3] 당사는 기말매출채권 잔액의 1%를 대손추산액으로 반영하고 있다. 보충법에 의하여 대손충당금을 설정하시오(원 단위 미만 절사).

[4] 퇴직급여추계액이 다음과 같을 때 퇴직급여충당부채를 설정하시오. 회사는 퇴직급여추계액의 100%를 퇴직급여충당금으로 설정하고 있다(장부는 무시할 것).

구분	퇴직금추계액	설정 전 퇴직급여충당부채 잔액
생산직 사원	20,000,000원	2,000,000원
사무직 사원	30,000,000원	3,000,000원

[재고자산]

[5] 결산일 현재 기말재고액은 다음과 같다.

- 기말원재료재고액 25,000,000원
- 기말제품재고액 26,000,000원
- 기말재공품재고액 20,000,000원

(주)천안테크　회사코드: 2054

(주)천안테크(회사코드: 2054)는 자동차부품을 제조하여 판매하는 중소기업이며, 당기(제10기)의 회계기간은 2025.1.1. ~ 2025.12.31.이다. 전산세무회계 수험용 프로그램을 이용하여 다음 물음에 답하시오. 결산정리사항은 다음과 같다. 해당 메뉴에 입력하시오.

[1] 부가가치세 제2기 확정신고기간에 대한 부가세예수금은 62,346,500원, 부가세대급금이 52,749,000원일 때 부가가치세를 정리하는 회계처리를 하시오. 단, 납부세액(또는 환급세액)은 미지급세금(또는 미수금)으로 회계처리하고, 불러온 자료는 무시한다.

[2] 단기차입금에는 거래처 아메리칸테크(주)에 대한 외화차입금 30,000,000원(미화 $30,000)이 계상되어 있다(회계기간 종료일 현재 기준환율: 미화 $1당 1,100원).

[3] 당사가 단기시세차익을 목적으로 취득한 (주)삼호산업 주식의 취득가액 및 기말 현재 공정가액은 다음과 같으며, 공정가액으로 평가하기로 한다.

주식명	2025.4.25. 취득가액	2025.12.31. 공정가액
(주)삼호산업	64,000,000원	49,000,000원

남다른패션(주)　회사코드: 2064

남다른패션(주)(회사코드: 2064)은 스포츠의류 등의 제조업 및 도소매업을 영위하는 중소기업으로 당기(제10기) 회계기간은 2025.1.1. ~ 2025.12.31.이다. 전산세무회계 수험용 프로그램을 이용하여 다음 물음에 답하시오. 결산정리사항은 다음과 같다. 해당 메뉴에 입력하시오.

[1] 결산일 현재 재고자산을 실사하던 중 도난, 파손의 사유로 수량 부족이 발생한 제품의 원가는 2,000,000원으로 확인되었다(단, 수량 부족의 원인은 비정상적으로 발생한 것이다).

[2] 홍보용 계산기를 구매하고 전액 광고선전비(판매비와 관리비)로 비용처리하였다. 결산 시 미사용한 2,500,000원에 대해 올바른 회계처리를 하시오(단, 소모품 계정을 사용하며 음수로 입력하지 말 것).

[3] 당기의 법인세등으로 계상할 금액은 10,750,000원이다(법인세 중간예납세액은 선납세금으로 계상되어 있으며, 이를 조회하여 회계처리할 것).

세무사랑(주) 회사코드: 2074

세무사랑(주)(회사코드: 2074)은 부동산임대업 및 전자제품의 제조 · 도소매업을 영위하는 중소기업으로 당기(제11기) 회계기간은 2025.1.1. ~ 2025.12.31.이다. 전산세무회계 수험용 프로그램을 이용하여 다음 물음에 답하시오. 결산정리사항은 다음과 같다. 해당 메뉴에 입력하시오.

[1] 결산일을 기준으로 대한은행의 장기차입금 50,000,000원에 대한 상환기일이 1년 이내에 도래할 것으로 확인되었다.

[2] 무형자산인 특허권(내용연수 5년, 정액법)의 전기 말 상각후잔액은 24,000,000원이다. 특허권은 2024년 1월 10일에 취득하였으며, 매년 법정 상각범위액까지 무형자산상각비로 인식하고 있다. 특허권에 대한 당기분 무형자산상각비(판)를 계상하시오.

[3] 당기 법인세비용은 13,500,000원으로 산출되었다(단, 법인세 중간예납세액은 선납세금을 조회하여 처리할 것).

고성상사(주) 회사코드: 2084

고성상사(주)(회사코드: 2084)는 가방 등의 제조 · 도소매업 및 부동산임대업을 영위하는 중소기업으로 당기(제10기) 회계기간은 2025.1.1. ~ 2025.12.31.이다. 전산세무회계 수험용 프로그램을 이용하여 다음 물음에 답하시오. 결산정리사항은 다음과 같다. 해당 메뉴에 입력하시오.

[1] 2025년 9월 16일에 지급된 2,550,000원은 그 원인을 알 수 없어 가지급금으로 처리하였던 바, 결산일인 12월 31일에 2,500,000원은 하나무역의 외상매입금을 상환한 것으로 확인되었으며 나머지 금액은 그 원인을 알 수 없어 당기 비용(영업외비용)으로 처리하기로 하였다.

[2] 결산일 현재 필립전자에 대한 외화 단기대여금($30,000)의 잔액은 60,000,000원이다. 결산일 현재 기준환율은 1$당 2,200원이다(단, 외화 단기대여금도 단기대여금 계정과목을 사용할 것).

[3] 대손충당금은 결산일 현재 미수금(기타 채권은 제외)에 대하여만 1%를 설정한다. 보충법에 의하여 대손충당금 설정 회계처리를 하시오(단, 대손충당금 설정에 필요한 정보는 관련 데이터를 조회하여 사용할 것).

정민상사(주) 회사코드: 2094

정민상사(주)(회사코드: 2094)는 전자제품의 제조 및 도 · 소매업을 영위하는 중소기업으로 당기(제11기)의 회계기간은 2025.1.1. ~ 2025.12.31.이다. 전산세무회계 수험용 프로그램을 이용하여 다음 물음에 답하시오. 결산정리사항은 다음과 같다. 해당 메뉴에 입력하시오.

[1] 거래처 (주)태명에 4월 1일 대여한 50,000,000원(상환회수일 2027년 3월 31일, 연 이자율 6%)에 대한 기간경과분 이자를 계상하다. 단, 이자는 월할 계산하고, 매년 3월 31일에 받기로 약정하였다.

[2] 제조공장의 창고 임차기간은 2025.4.1.~2026.3.31.으로 임차개시일에 임차료 3,600,000원을 전액 지급하고 즉시 당기 비용으로 처리하였다. 결산정리분개를 하시오.

[3] 당기 중 단기간 시세차익을 목적으로 시장성이 있는 유가증권을 75,000,000원에 취득하였다. 당기말 해당 유가증권의 시가는 73,000,000원이다.

오영상사(주) 회사코드: 2104

오영상사(주)(회사코드: 2104)는 가방 등의 제조 · 도소매업 및 부동산임대업을 영위하는 중소기업으로 당기(제11기) 회계기간은 2025.1.1. ~ 2025.12.31.이다. 전산세무회계 수험용 프로그램을 이용하여 다음 물음에 답하시오. 결산정리사항은 다음과 같다. 해당 메뉴에 입력하시오.

[1] 2월 11일에 소모품 3,000,000원을 구입하고 모두 자산으로 처리하였으며, 12월 31일 현재 창고에 남은 소모품은 500,000원으로 조사되었다. 부서별 소모품 사용 비율은 영업부 25%, 생산부 75%이며, 그 사용 비율에 따라 배부한다.

[2] 기중에 현금시재 잔액이 장부금액보다 부족한 것을 발견하고 현금과부족으로 계상하였던 235,000원 중 150,000원은 영업부 업무용 자동차의 유류대금을 지급한 것으로 확인되었으나 나머지는 결산일까지 그 원인이 파악되지 않아 당기의 비용으로 대체하다.

[3] 12월 31일 결산일 현재 재고자산의 기말재고액은 다음과 같다.

원재료	재공품	제품
• 장부수량 10,000개(단가 1,000원) • 실제수량 9,500개(단가 1,000원) • 단, 수량차이는 모두 정상적으로 발생한 것이다.	8,500,000원	13,450,000원

CHAPTER

장부조회

핵심키워드

- 장부조회
- 부가가치세 신고서
- 세금계산서합계표

■ 1회독 ■ 2회독 ■ 3회독

1 장부조회 대표유형

거래 자료를 입력하면 그 내용이 각종 장부에 자동 반영된다. 전산회계 1급 시험에서는 장부조회와 관련된 문제가 출제되고 있으며, 대표적인 장부는 다음과 같다. CHAPTER 07의 연습문제는 (주)성수샘(회사코드: 1112)으로 풀이한다.

1. 거래처원장

거래처원장은 계정별로 해당 거래처의 잔액을 보여준다. 전표입력 시 거래처를 등록한 계정과목은 거래처별로 조회가 가능하여 거래처별 관리를 위해 쓰인다.

거래처원장
거래처별 계정 잔액 조회

거래처원장을 클릭하면 좌측 상단에 [잔액]과 [내용] 탭이 있다. [잔액] 탭은 조회기간의 마지막 잔액을 거래처별로 보여주고, [내용] 탭은 조회기간 중 특정 거래처의 거래내역을 보여준다. 전산회계 1급 시험에서 거래처원장으로 조회하는 문제가 나오면 [잔액] 탭을 클릭하고 조회하여 답을 빠르게 찾을 수 있다.

▶ [잔액] 탭을 클릭하면 잔액이 많은 순으로 정렬된다.

또한 [잔액] 탭에서 거래처별 잔액을 조회한 후 해당 거래처를 더블클릭을 하면 [내용] 탭으로 이동하여 특정 거래처의 내역만 조회할 수 있다. 거래내역 중 전표를 수정하고자 한다면 내용에서 수정을 요하는 일자의 라인을 더블클릭한 후 하단 전표에서 수정하면 전표에 바로 반영된다.

연습문제

다음은 (주)성수샘(회사코드: 1112)의 자료이다.

[1] 기말 현재 외상매출금이 가장 많이 남아 있는 거래처는 어디인가?

| 풀이 |

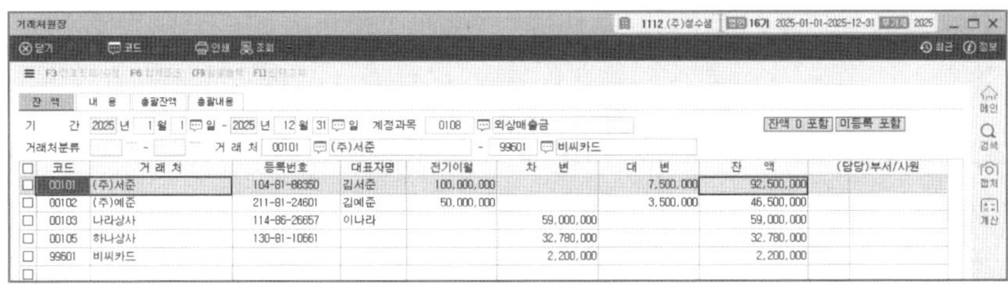

거래처원장 — 1112 (주)성수샘 16기 2025-01-01~2025-12-31 2025

기 간 2025 년 1 월 1 일 ~ 2025 년 12 월 31 일 계정과목 0108 외상매출금
거래처분류 ~ 거 래 처 00101 (주)서준 ~ 99601 비씨카드

코드	거래처	등록번호	대표자명	전기이월	차변	대변	잔액	(담당)부서/사원
00101	(주)서준	104-81-88350	김서준	100,000,000		7,500,000	92,500,000	
00102	(주)예준	211-81-24601	김예준	50,000,000		3,500,000	46,500,000	
00103	나라상사	114-86-26657	이나라		59,000,000		59,000,000	
00105	하나상사	130-81-10661			32,780,000		32,780,000	
99601	비씨카드				2,200,000		2,200,000	

잔액이 92,500,000원으로 가장 많이 남아 있는 거래처는 (주)서준이다.

2. 계정별원장

계정별원장은 현금을 제외한 모든 계정과목의 거래내역을 날짜 순서대로 볼 수 있는 장부이다. 계정별원장을 조회할 때 오류를 발견하였다면 화면 상단의 F3 전표조회/수정을 클릭하여 전표를 수정할 수 있다.

계정별원장
현금 계정을 제외한 계정별 거래내역 파악

연습문제

[2] 5월 31일 현재 외상매입금 잔액은 얼마인가?

| 풀이 |

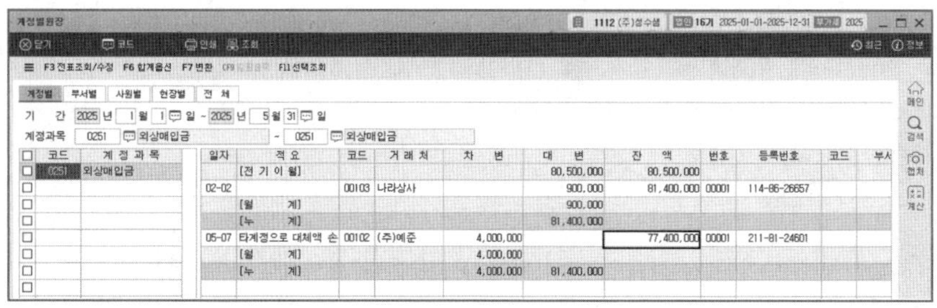

계정별원장

기 간 2025 년 1 월 1 일 ~ 2025 년 5 월 31 일
계정과목 0251 외상매입금 ~ 0251 외상매입금

일자	적 요	코드	거 래 처	차 변	대 변	잔 액	번호	등록번호
	[전 기 이 월]				80,500,000	80,500,000		
02-02		00103	나라상사		900,000	81,400,000	00001	114-86-26657
	[월 계]				900,000			
	[누 계]				81,400,000			
05-07	타계정으로 대체액 손	00102	(주)예준	4,000,000		77,400,000	00001	211-81-24601
	[월 계]			4,000,000				
	[누 계]			4,000,000	81,400,000			

5월 31일 현재 외상매입금 잔액은 77,400,000원이다.

3. 현금출납장

현금 계정의 증감은 계정별원장에서 조회하지 않고 현금출납장에서 조회한다. [월계]란은 해당 월의 증가, 감소 금액의 합계를 의미하며, [누계]란은 1월 1일부터 입금, 출금의 합계 금액이 표시된다.

현금출납장
현금의 증감 파악

연습문제

[3] 9월 30일 현재 현금 잔액은 얼마인가?

| 풀이 |

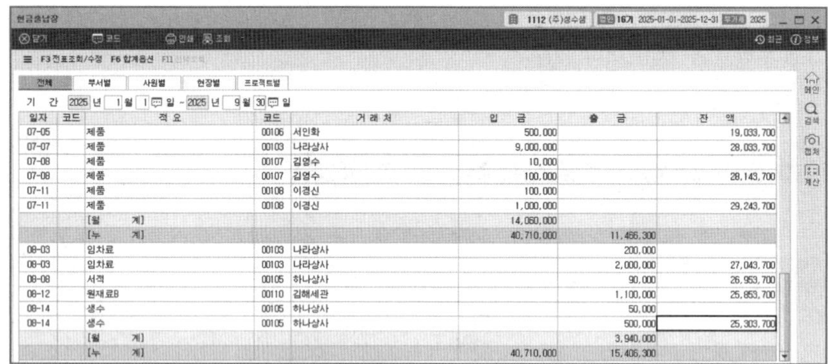

현금출납장

기 간 2025 년 1 월 1 일 ~ 2025 년 9 월 30 일

일자	코드	적 요	코드	거 래 처	입 금	출 금	잔 액
07-05		제품	00106	서인화	500,000		19,033,700
07-07		제품	00103	나라상사	9,000,000		28,033,700
07-08		제품	00107	김영수	10,000		
07-08		제품	00107	김영수	100,000		28,143,700
07-11		제품	00108	이경신	100,000		
07-11		제품	00108	이경신	1,000,000		29,243,700
		[월 계]			14,060,000		
		[누 계]			40,710,000	11,466,300	
08-03		임차료	00103	나라상사		200,000	
08-03		임차료	00103	나라상사		2,000,000	27,043,700
08-08		서적	00105	하나상사		90,000	26,953,700
08-12		원재료B	00110	김해세관		1,100,000	25,853,700
08-14		생수	00105	하나상사		50,000	
08-14		생수	00105	하나상사		500,000	25,303,700
		[월 계]				3,940,000	
		[누 계]			40,710,000	15,406,300	

9월 30일 현재 현금 잔액은 25,303,700원이다.

4. 일/월계표

특정 월의 계정과목 금액 또는 특정일 계정과목 금액을 찾아야 하는 경우 조회한다.

일/월계표
일별/월별 데이터 파악

연습문제

[4] 6월 중 자본금 현금 증가액은 얼마인가?

| 풀이 |

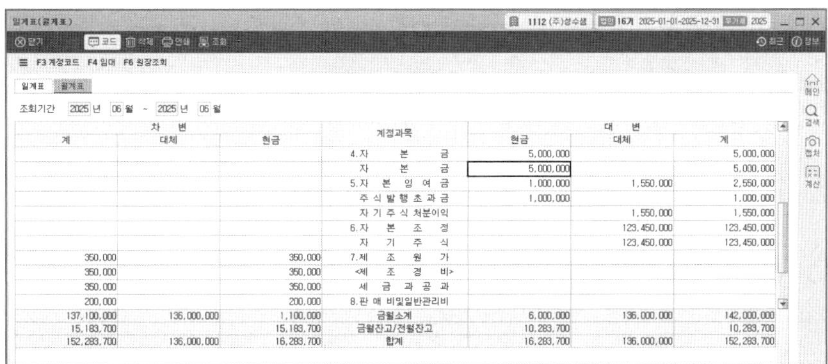

차변 계	차변 대체	차변 현금	계정과목	대변 현금	대변 대체	대변 계
			4.자본금	5,000,000		5,000,000
			자본금	5,000,000		5,000,000
			5.자본잉여금	1,000,000	1,550,000	2,550,000
			주식발행초과금	1,000,000		1,000,000
			자기주식처분이익		1,550,000	1,550,000
			6.자본조정		123,450,000	123,450,000
			자기주식		123,450,000	123,450,000
350,000		350,000	7.제조원가			
350,000		350,000	<제조경비>			
350,000		350,000	세금과공과			
200,000		200,000	8.판매비및일반관리비			
137,100,000	136,000,000	1,100,000	금월소계	6,000,000	136,000,000	142,000,000
15,183,700		15,183,700	금월잔고/전월잔고	10,283,700		10,283,700
152,283,700	136,000,000	16,283,700	합계	16,283,700	136,000,000	152,283,700

[월계표] 탭에서 6월 중 자본금 현금 증가액은 5,000,000원이다.

5. 총계정원장

총계정원장에서는 월별, 일별 조회가 가능하지만 전산회계 1급 시험은 월별 조회가 대부분이다. [월별] 탭을 조회하면 각각의 계정과목에 대해 월별로 발생액, 감소액, 잔액을 한눈에 볼 수 있어서 월별 비교가 가능하다. [일별] 탭도 마찬가지로 일별로 발생액, 감소액, 잔액을 볼 수 있다.

총계정원장
각 계정과목별 월별 또는 일별 증감 금액 파악

연습문제

[5] 1월부터 3월까지 중 당좌예금의 증가액과 감소액이 가장 많은 달은 언제이며 각각의 금액은 얼마인가?

| 풀이 |

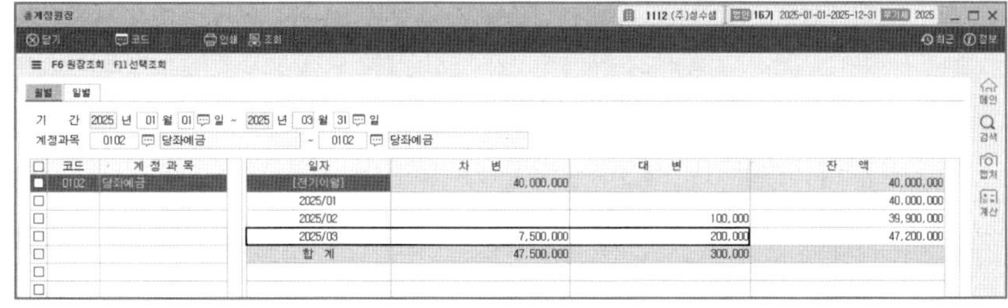

일자	차변	대변	잔액
[전기이월]	40,000,000		40,000,000
2025/01			40,000,000
2025/02		100,000	39,900,000
2025/03	7,500,000	200,000	47,200,000
합계	47,500,000	300,000	

가장 많이 증가한 달은 3월(7,500,000원)이며, 가장 많이 감소한 달도 3월(200,000원)이다.

6. 합계잔액시산표

조회하고자 하는 일자까지 계정과목별 합계와 잔액을 조회할 수 있다. 특정 계정을 더블 클릭하여 조회되는 계정별원장에서 전표수정이 가능하다.

합계잔액시산표
계정과목별 합계와 잔액 조회

연습문제

[6] 9월 30일 현재 외상매출금 잔액은 얼마인가?

| 풀이 |

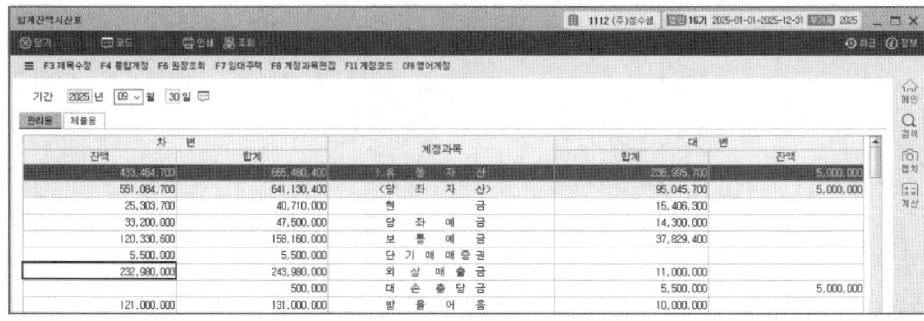

합계잔액시산표 | 1112 (주)성수샘 | 16기 2025-01-01~2025-12-31 | 2025

기간 2025년 09월 30일 | 관리용 | 제출용

차변 잔액	차변 합계	계정과목	대변 합계	대변 잔액
433,464,700	665,460,400	1. 유 동 자 산	236,995,700	5,000,000
551,084,700	641,130,400	<당 좌 자 산>	95,045,700	5,000,000
25,303,700	40,710,000	현 금	15,406,300	
33,200,000	47,500,000	당 좌 예 금	14,300,000	
120,330,600	158,160,000	보 통 예 금	37,829,400	
5,500,000	5,500,000	단 기 매 매 증 권		
232,980,000	243,980,000	외 상 매 출 금	11,000,000	
	500,000	대 손 충 당 금	5,500,000	5,000,000
121,000,000	131,000,000	받 을 어 음	10,000,000	

9월 30일 현재 외상매출금 잔액은 232,980,000원이다.

2 부가가치세

부가가치세는 부가가치세 신고서, 세금계산서합계표, 매입자발행 세금계산서합계표, 내국신용장 · 구매확인서전자발급명세서로 구성되며 매입매출전표에 입력한 내용이 나타난다.

1. 부가가치세 신고서

부가가치세 신고서는 매입매출전표의 유형에 따른 공급가액과 부가세를 반영하고 매출세액에서 매입세액을 차감하는 형식으로 구성되어 있다.

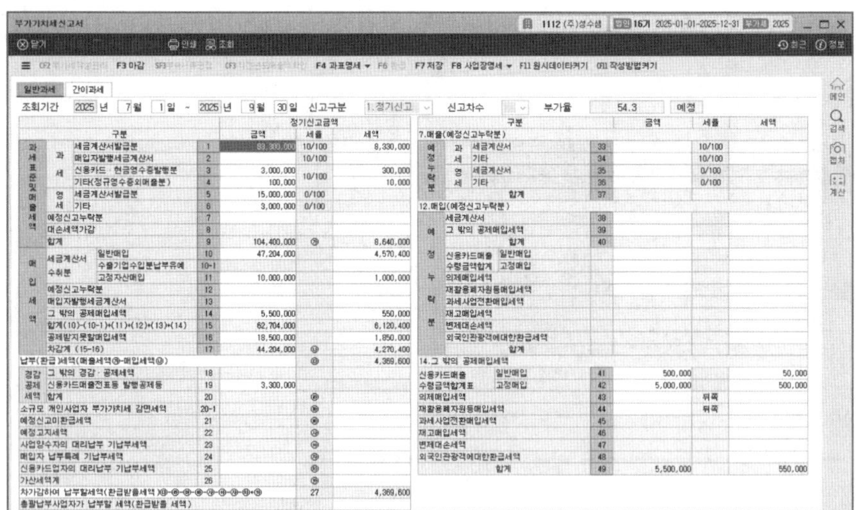

부가가치세신고서 | 1112 (주)성수샘 | 16기 2025-01-01~2025-12-31 | 2025

일반과세 | 간이과세

조회기간 2025년 7월 1일 ~ 2025년 9월 30일 | 신고구분 1.정기신고 | 신고차수 | 부가율 54.3 | 예정

구분				금액	세율	세액
과세표준및매출세액	과세	세금계산서발급분	1	83,300,000	10/100	8,330,000
		매입자발행세금계산서	2		10/100	
		신용카드 · 현금영수증발행분	3	3,000,000	10/100	300,000
		기타(정규영수증외매출분)	4	100,000		10,000
	영세	세금계산서발급분	5	15,000,000	0/100	
		기타	6	3,000,000	0/100	
	예정신고누락분		7			
	대손세액가감		8			
	합계		9	104,400,000	㉮	8,640,000
매입세액	세금계산서수취분	일반매입	10	47,204,000		4,570,400
		수출기업수입분납부유예	10-1			
		고정자산매입	11	10,000,000		1,000,000
	예정신고누락분		12			
	매입자발행세금계산서		13			
	그 밖의 공제매입세액		14	5,500,000		550,000
	합계(10)-(10-1)+(11)+(12)+(13)+(14)		15	62,704,000		6,120,400
	공제받지못할매입세액		16	18,500,000		1,850,000
	차감계 (15-16)		17	44,204,000	㉯	4,270,400
납부(환급)세액(매출세액㉮-매입세액㉯)					㉰	4,369,600
경감공제세액	그 밖의 경감 · 공제세액		18			
	신용카드매출전표등 발행공제등		19	3,300,000		
	합계		20		㉱	
소규모 개인사업자 부가가치세 감면세액			20-1		㉲	
예정신고미환급세액			21		㉳	
예정고지세액			22		㉴	
사업양수자의 대리납부 기납부세액			23		㉵	
매입자 납부특례 기납부세액			24		㉶	
신용카드업자의 대리납부 기납부세액			25		㉷	
가산세액계			26		㉸	
차가감하여 납부할세액(환급받을세액)㉰-㉱-㉲-㉳-㉴-㉵-㉶-㉷+㉸					27	4,369,600
총괄납부사업자가 납부할 세액(환급받을 세액)						

구분				금액	세율	세액
7.매출(예정신고누락분)						
예정누락분	과세	세금계산서	33		10/100	
		기타	34		10/100	
	영세	세금계산서	35		0/100	
		기타	36		0/100	
	합계		37			
12.매입(예정신고누락분)						
예정누락분	세금계산서		38			
	그 밖의 공제매입세액		39			
	합계		40			
	신용카드매출수령금액합계	일반매입				
		고정매입				
	의제매입세액					
	재활용폐자원등매입세액					
	과세사업전환매입세액					
	재고매입세액					
	변제대손세액					
	외국인관광객에대한환급세액					
	합계					
14.그 밖의 공제매입세액						
신용카드매출수령금액합계표		일반매입	41	500,000		50,000
		고정매입	42	5,000,000		500,000
의제매입세액			43		뒤쪽	
재활용폐자원등매입세액			44		뒤쪽	
과세사업전환매입세액			45			
재고매입세액			46			
변제대손세액			47			
외국인관광객에대한환급세액			48			
합계			49	5,500,000		550,000

(1) **[1]세금계산서발급분**

과세매출 중 세금계산서교부분으로, 매입매출전표 유형에서 [11.과세]로 구분한 공급가액을 나타낸다.

(2) **[2], [13]매입자발행세금계산서**

세금계산서는 공급자가 두 장을 발행하여 한 장은 공급자가 보관하고, 한 장은 공급받는 자에게 교부하는 것이 원칙이다. 그러나 공급자가 세금계산서를 교부하지 못한 경우 일정 요건이 충족되면 매입자가 발행할 수 있다. 이를 매입자발행세금계산서라 한다(실무에서 2란은 25.매세, 13란은 64.매세).

(3) **[3]신용카드 · 현금영수증발행분**

과세매출 중 '카드전표'나 '현금영수증' 발행분으로, 매입매출전표 유형에서 [17.카과], [22.현과]로 구분한 공급가액을 나타낸다.

(4) **[4]기타(정규영수증 외 매출분)**

과세매출 중 정규증빙(세금계산서, 카드전표, 현금영수증)이 없는 매출로 매입매출전표 유형에서 [14.건별]로 입력한 공급가액을 나타낸다.

(5) **[5]영세율세금계산서발급분**

과세매출 중 영세율세금계산서를 발행한 것으로, 매입매출전표 유형에서 [12.영세]를 입력한 공급가액을 나타낸다. 영세율이므로 세액은 '0'이다.

(6) **[6]기타 영세율**

과세매출 중 영세율이면서 세금계산서를 발행하지 않는 경우로, 매입매출전표 유형에서 [16.수출]을 선택한 공급가액을 나타낸다. 영세율이므로 세액은 '0'이다.

(7) **[7], [12]예정 신고 누락분**

우측에 상세내역이 나타난다. 확정 신고 시 예정 신고분의 누락분을 신고하는 란이지만, 부가세, 가산세 대상이므로 실무에서는 이런 경우가 일어나지 않도록 주의해야 한다. 전산세무 2급에서 자세히 배울 내용이다.

(8) **[8]대손세액가감**

대손세액가감은 법률상 대손요건을 충족하면 매출세액에서 차가감하는 항목으로 전산세무 2급에서 다룬다.

(9) **[10]세금계산서수취분(일반매입)**

세금계산서수취분으로 매입매출전표 유형에서 [51.과세], [52.영세], [55.수입]을 선택한 공급가액과 세액을 나타낸다.

(10) **[11]세금계산서수취분(고정자산매입)**

고정자산을 수취하면서 세금계산서를 수취한 경우이므로 매입매출전표 유형을 [51.과세], [52.영세], [55.수입]으로 하고, 메뉴 하단 분개 시 200번대 고정자산 계정을 입력하면 반영된다.

(11) **[14]그 밖의 공제매입세액**

우측 하단에 상세내역이 나타난다. 신용카드나 현금영수증의 매입분 중 매입세액공제분은 '신용카드매출전표등수령명세서'를 작성하여 제출한다. [41], [42]는 매입매출전표 유형에서 [57.카과], [61.현과]로 작성한 공급가액과 세액을 나타낸다.

▶ [41], [42]를 제외한 나머지는 전산세무 2급에서 학습한다.

⑿ [16]공제받지 못할 매입세액

'공제받지 못할 매입세액'란에 커서를 놓으면 우측에 상세내역이 나타난다.

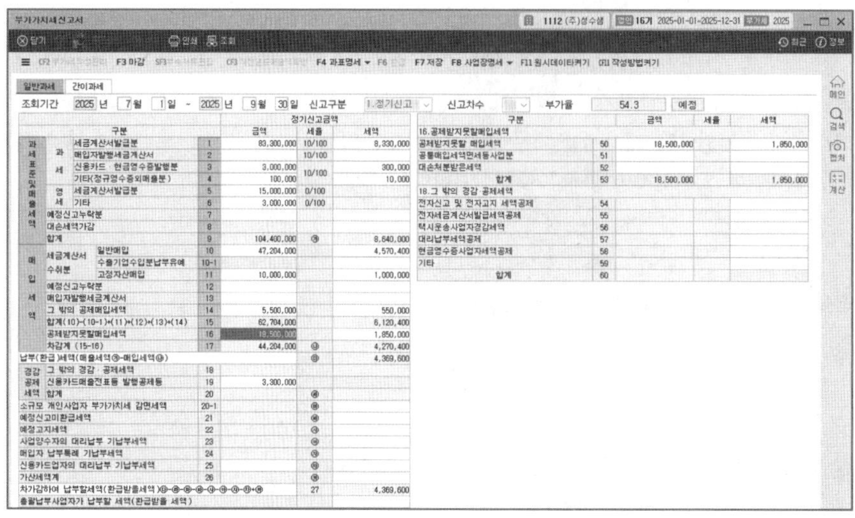

[50.공제받지 못할 매입세액]은 매입매출전표에서 [54.불공]으로 선택하여 입력한 공급가액과 세액을 나타낸다. 나머지는 전산세무 2급에서 학습하기로 한다.

2. 세금계산서합계표

세금계산서합계표는 미제출이나 지연 제출 시 가산세 대상이므로 부가가치세 신고 시 반드시 정확하게 제출해야 한다. [매출] 탭과 [매입] 탭에서 각각 조회할 수 있다.

(1) 매출세금계산서합계표

매출처별로 발행한 세금계산서를 합계한 표이다.

▶ 세금계산서합계표를 열면 기본으로 [매출] 탭이 설정된다.

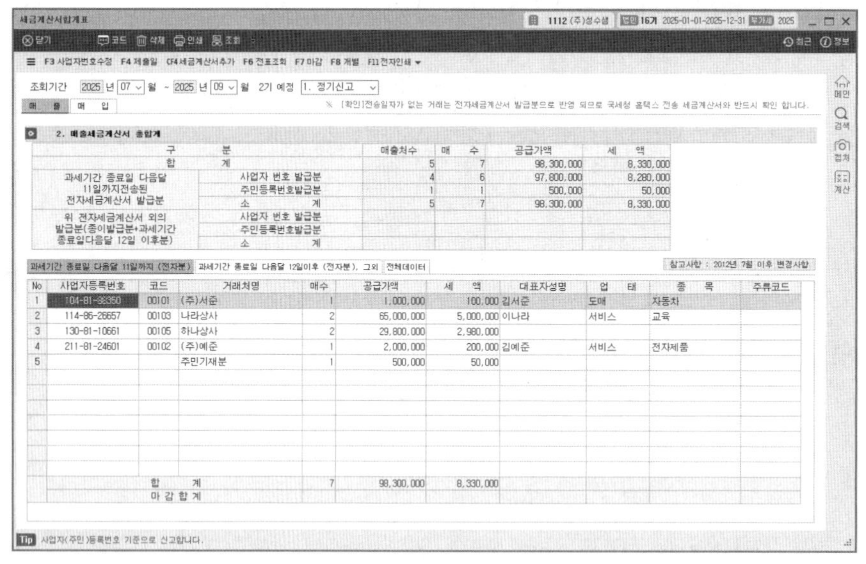

'전자세금계산서'와 '전자세금계산서 외'로 구분되어 있으며 합계표 하단에는 전자세금계산서의 내용이 반영된다.

- (주)성수샘(회사코드: 1112)은 7월부터 9월까지 전자세금계산서는 7매, 공급가액은 98,300,000원을 발행하였다.
- 전자세금계산서 외의 세금계산서 발급분은 0장으로 공급가액은 0원이다.

(2) 매입세금계산서합계표

매입처별로 세금계산서를 수취한 합계표이다. 보는 방법은 매출처별 세금계산서와 동일하다.

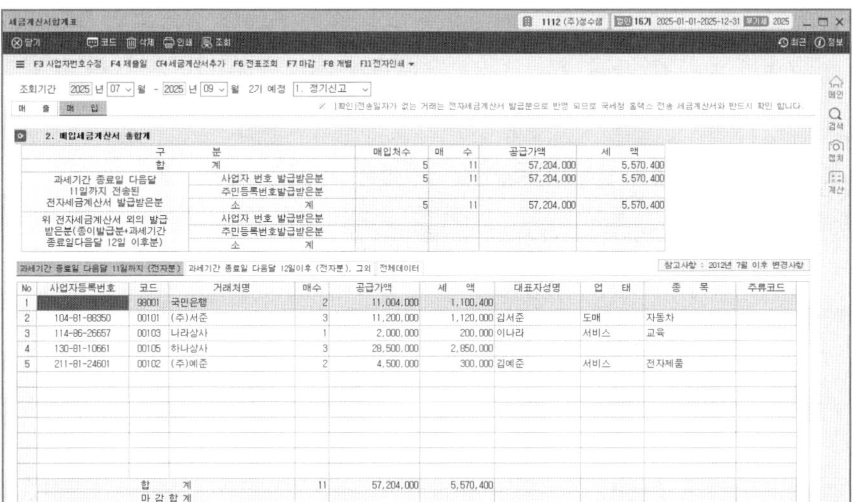

2. 매입세금계산서 총합계

구분		매입처수	매수	공급가액	세액
합계		5	11	57,204,000	5,570,400
과세기간 종료일 다음달 11일까지 전송된 전자세금계산서 발급받은분	사업자 번호 발급받은분	5	11	57,204,000	5,570,400
	주민등록번호발급받은분				
	소계	5	11	57,204,000	5,570,400
위 전자세금계산서 외의 발급받은분(종이발급분+과세기간 종료일다음달 12일 이후분)	사업자 번호 발급받은분				
	주민등록번호발급받은분				
	소계				

No	사업자등록번호	코드	거래처명	매수	공급가액	세액	대표자성명	업태	종목	주류코드
1		98001	국민은행	2	11,004,000	1,100,400				
2	104-81-88350	00101	(주)서준	3	11,200,000	1,120,000	김서준	도매	자동차	
3	114-86-26657	00103	나라상사	1	2,000,000	200,000	이나라	서비스	교육	
4	130-81-10661	00105	하나상사	3	28,500,000	2,850,000				
5	211-81-24601	00102	(주)예준	2	4,500,000	300,000	김예준	서비스	전자제품	
		합계		11	57,204,000	5,570,400				
		마감합계								

연습문제

[1] 제2기 예정 신고기간의 세금계산서를 총 몇 장 발행하였으며, 공급가액은 얼마인가?

| 풀이 |

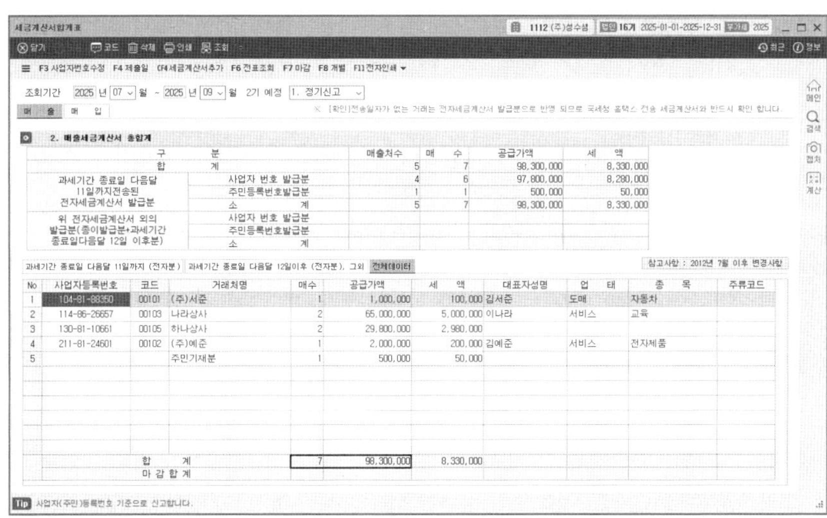

2. 매출세금계산서 총합계

구분		매출처수	매수	공급가액	세액
합계		5	7	98,300,000	8,330,000
과세기간 종료일 다음달 11일까지전송된 전자세금계산서 발급분	사업자 번호 발급분	4	6	97,800,000	8,280,000
	주민등록번호발급분	1	1	500,000	50,000
	소계	5	7	98,300,000	8,330,000
위 전자세금계산서 외의 발급분(종이발급분+과세기간 종료일다음달 12일 이후분)	사업자 번호 발급분				
	주민등록번호발급분				
	소계				

No	사업자등록번호	코드	거래처명	매수	공급가액	세액	대표자성명	업태	종목	주류코드
1	104-81-88350	00101	(주)서준	1	1,000,000	100,000	김서준	도매	자동차	
2	114-86-26657	00103	나라상사	2	65,000,000	5,000,000	이나라	서비스	교육	
3	130-81-10661	00105	하나상사	2	29,800,000	2,980,000				
4	211-81-24601	00102	(주)예준	1	2,000,000	200,000	김예준	서비스	전자제품	
5			주민기재분	1	500,000	50,000				
		합계		7	98,300,000	8,330,000				
		마감합계								

Tip 사업자(주민)등록번호 기준으로 신고합니다.

7장, 98,300,000원

[2] 제2기 예정 신고기간의 전자세금계산서를 수취한 매수와 공급가액은?

| 풀이 |

구분		매입처수	매수	공급가액	세액
합계		5	11	57,204,000	5,570,400
과세기간 종료일 다음달 11일까지 전송된 전자세금계산서 발급받은분	사업자 번호 발급받은분	5	11	57,204,000	5,570,400
	주민등록번호발급받은분				
	소계	5	11	57,204,000	5,570,400
위 전자세금계산서 외의 발급받은분(종이발급분+과세기간 종료일다음달 12일 이후분)	사업자 번호 발급받은분				
	주민등록번호발급받은분				
	소계				

No	사업자등록번호	코드	거래처명	매수	공급가액	세액	대표자성명	업태	종목	주류코드
1		98001	국민은행	2	11,004,000	1,100,400				
2	104-81-88350	00101	(주)서준	3	11,200,000	1,120,000	김서준	도매	자동차	
3	114-86-26657	00103	나라상사	1	2,000,000	200,000	이나라	서비스	교육	
4	130-81-10661	00105	하나상사	3	28,500,000	2,850,000				
5	211-81-24601	00102	(주)예준	2	4,500,000	300,000	김예준	서비스	전자제품	
		합계		11	57,204,000	5,570,400				
		마감합계								

11장, 57,204,000원

합격을 다지는 실전문제

정답 및 해설 p.85

(주)천안테크 회사코드: 3054

(주)천안테크(회사코드: 3054)는 자동차부품을 제조하여 판매하는 중소기업이며, 당기(제10기)의 회계기간은 2025.1.1. ~ 2025.12.31.이다. 전산세무회계 수험용 프로그램을 이용하여 다음 물음에 답하시오. 다음 사항을 조회하여 답안을 이론문제 답안작성 메뉴에 입력하시오.

[1] 부가가치세 제1기 확정신고기간(4월~6월) 중 매입한 사업용 고정자산의 매입세액은 얼마인가?

[2] 2분기(4월~6월) 중 발생한 수수료비용(판매비및관리비)은 얼마인가?

[3] 6월 30일 현재 외상매출금 잔액이 가장 많은 거래처명과 금액은 얼마인가?

남다른패션(주) 회사코드: 3064

남다른패션(주)(회사코드: 3064)은 스포츠의류 등의 제조업 및 도소매업을 영위하는 중소기업으로 당기(제10기) 회계기간은 2025.1.1. ~ 2025.12.31.이다. 전산세무회계 수험용 프로그램을 이용하여 다음 물음에 답하시오. 다음 사항을 조회하여 답안을 이론문제 답안작성 메뉴에 입력하시오.

[1] 6월 말 현재 외상매입금 잔액이 가장 큰 거래처명과 그 금액은 얼마인가?

[2] 부가가치세 제1기 확정신고 기간(4월~6월)의 차가감하여 납부할 부가가치세액은 얼마인가?

[3] 2분기(4월~6월) 중 판매비와 관리비 항목의 광고선전비 지출액이 가장 많이 발생한 월과 그 금액은 얼마인가?

세무사랑(주) 회사코드: 3074

세무사랑(주)(회사코드: 3074)은 부동산임대업 및 전자제품의 제조 · 도소매업을 영위하는 중소기업으로 당기(제11기) 회계기간은 2025.1.1. ~ 2025.12.31.이다. 전산세무회계 수험용 프로그램을 이용하여 다음 물음에 답하시오. 다음 사항을 조회하여 답안을 이론문제 답안작성 메뉴에 입력하시오.

[1] 6월 30일 현재 현금 및 현금성자산의 전기말 현금 및 현금성자산 대비 증감액은 얼마인가? 단, 감소한 경우에도 음의 부호(−)를 제외하고 양수로만 입력하시오.

[2] 2025년 제1기 부가가치세 확정신고기간(4월~6월)의 매출액 중 세금계산서발급분 공급가액의 합계액은 얼마인가?

[3] 6월(6월 1일~6월 30일) 중 지예상사에 대한 외상매입금 결제액은 얼마인가?

고성상사(주) 회사코드: 3084

고성상사(주)(회사코드: 3084)는 가방 등의 제조 · 도소매업 및 부동산임대업을 영위하는 중소기업으로 당기(제10기) 회계기간은 2025.1.1. ~ 2025.12.31.이다. 전산세무회계 수험용 프로그램을 이용하여 다음 물음에 답하시오. 다음 사항을 조회하여 답안을 이론문제 답안작성 메뉴에 입력하시오.

[1] 당해연도 제1기 부가가치세 예정신고기간(1월~3월) 중 카드과세매출의 공급대가 합계액은 얼마인가?

[2] 2025년 6월의 영업외비용 총지출액은 얼마인가?

[3] 2025년 제1기 부가가치세 확정신고기간의 공제받지못할매입세액은 얼마인가?

정민상사(주) 회사코드: 3094

정민상사(주)(회사코드: 3094)는 전자제품의 제조 및 도 · 소매업을 영위하는 중소기업으로 당기(제11기)의 회계기간은 2025.1.1. ~ 2025.12.31.이다. 전산세무회계 수험용 프로그램을 이용하여 다음 물음에 답하시오. 다음 사항을 조회하여 답안을 이론문제 답안작성 메뉴에 입력하시오.

[1] 2025년 상반기(1월~6월) 중 판매비및관리비의 급여 발생액이 가장 많은 월(月)과 가장 적은 월(月)의 차액은 얼마인가? (단, 양수로만 기재할 것)

[2] 일천상사에 대한 제품매출액은 3월 대비 4월에 얼마나 감소하였는가? (단, 음수로 입력하지 말 것)

[3] 2025년 제1기 예정신고기간(1월~3월) 중 (주)서산상사에 발행한 세금계산서의 총발행매수와 공급가액은 얼마인가?

오영상사(주) 회사코드: 3104

오영상사(주)(회사코드: 3104)는 가방 등의 제조 · 도소매업 및 부동산임대업을 영위하는 중소기업으로 당기(제11기) 회계기간은 2025.1.1. ~ 2025.12.31.이다. 전산세무회계 수험용 프로그램을 이용하여 다음 물음에 답하시오. 다음 사항을 조회하여 답안을 이론문제 답안작성 메뉴에 입력하시오.

[1] 2025년 5월 말 외상매출금과 외상매입금의 차액은 얼마인가? (단, 양수로 기재할 것)

[2] 제1기 부가가치세 확정신고기간(4월~6월)의 영세율 적용 대상 매출액은 모두 얼마인가?

[3] 6월에 발생한 판매비 및 일반관리비 중 발생액이 가장 적은 계정과목과 그 금액은 얼마인가?

걸음마를 시작하기 전에
규칙을 먼저 공부하는 사람은 없다.
직접 걸어 보고 계속 넘어지면서
배우는 것이다.

– 리처드 브랜슨(Richard Branson)

P A R T

최신 기출문제

116회 기출문제

(주)태림상사 회사코드 2163

정답 및 해설 p.96

이론시험

다음 문제를 보고 알맞은 것을 골라 이론문제 답안작성 메뉴에 입력하시오. (객관식 문항당 2점)

기본전제

문제에서 한국채택국제회계기준을 적용하도록 하는 전제조건이 없는 경우, 일반기업회계기준을 적용한다.

01 다음 중 일반기업회계기준에 따른 재무제표에 대한 설명으로 가장 옳지 않은 것은?

① 재무상태표는 일정 시점 현재 기업실체가 보유하고 있는 경제적 자원인 자산과 경제적 의무인 부채, 그리고 자본에 대한 정보를 제공하는 재무보고서이다.
② 손익계산서는 일정 시점 현재 기업실체의 경영성과에 대한 정보를 제공하는 재무보고서이다.
③ 현금흐름표는 일정 기간 동안 기업실체에 대한 현금유입과 현금유출에 대한 정보를 제공하는 재무보고서이다.
④ 자본변동표는 기업실체에 대한 자본의 크기와 그 변동에 관한 정보를 제공하는 재무보고서이다.

02 다음 중 단기매매증권 취득 시 발생한 비용을 취득원가에 가산할 경우 재무제표에 미치는 영향으로 옳은 것은?

① 자산의 과소계상
② 부채의 과대계상
③ 자본의 과소계상
④ 당기순이익의 과대계상

03 (주)회계는 2024년 1월 1일 10,000,000원에 유형자산(기계장치)을 취득하여 사용하다가 2025년 6월 30일 4,000,000원에 처분하였다. 해당 기계장치의 처분 시 발생한 유형자산처분손실을 계산하면 얼마인가? (단, 내용연수 5년, 잔존가액 1,000,000원, 정액법(월할상각)의 조건으로 2025년 6월까지 감가상각이 완료되었다고 가정한다)

① 2,400,000원
② 3,300,000원
③ 5,100,000원
④ 6,000,000원

04 다음의 자료를 바탕으로 2025년 12월 31일 현재 현금 및 현금성자산과 단기금융상품의 잔액을 계산한 것으로 옳은 것은?

- 현금시재액: 200,000원
- 당좌예금: 500,000원
- 정기예금: 1,500,000원(만기 2026년 12월 31일)
- 선일자수표: 150,000원
- 외상매입금: 2,000,000원

① 현금 및 현금성자산: 700,000원
② 현금 및 현금성자산: 2,500,000원
③ 단기금융상품: 1,650,000원
④ 단기금융상품: 2,000,000원

05 다음 중 대손충당금에 대한 설명으로 가장 옳지 않은 것은?

① 대손충당금은 유형자산의 차감적 평가 계정이다.
② 회수가 불확실한 채권은 합리적이고 객관적인 기준에 따라 산출한 대손 추산액을 대손충당금으로 설정한다.
③ 미수금도 대손충당금을 설정할 수 있다.
④ 매출 활동과 관련되지 않은 대여금에 대한 대손상각비는 영업외비용에 속한다.

06 다음 중 자본에 영향을 미치지 않는 항목은 무엇인가?

① 당기순이익
② 현금배당
③ 주식배당
④ 유상증자

07 다음 중 일반기업회계기준에 따른 수익 인식 시점에 대한 설명으로 옳지 않은 것은?

① 위탁판매의 경우 수탁자가 위탁품을 소비자에게 판매한 시점에 수익을 인식한다.
② 배당금수익은 배당금을 받을 권리와 금액이 확정되는 시점에 수익을 인식한다.
③ 대가가 분할되어 수취되는 할부판매의 경우 대가를 나누어 받을 때마다 수익으로 인식한다.
④ 설치수수료 수익은 재화가 판매되는 시점에 수익을 인식하는 재화의 판매에 부수되는 설치의 경우를 제외하고는 설치의 진행률에 따라 수익으로 인식한다.

08 다음 중 재고자산에 대한 설명으로 옳지 않은 것은?

① 기업이 생산과정에 사용하거나 판매를 목적으로 보유한 자산이다.
② 취득원가에 매입부대비용은 포함되지 않는다.
③ 기말 평가방법에 따라 기말 재고자산 금액이 다를 수 있다.
④ 수입 시 발생한 관세는 취득원가에 가산하여 재고자산에 포함된다.

09 다음 중 원가에 대한 설명으로 옳지 않은 것은?

① 원가의 발생형태에 따라 재료원가, 노무원가, 제조경비로 분류한다.
② 특정 제품에 대한 직접 추적가능성에 따라 직접원가, 간접원가로 분류한다.
③ 조업도 증감에 따른 원가의 행태로서 변동원가, 고정원가로 분류한다.
④ 기회비용은 과거의 의사결정으로 인해 이미 발생한 원가이며, 대안 간의 차이가 발생하지 않는 원가를 말한다.

10 부문별 원가계산에서 보조부문의 원가를 제조부문에 배분하는 방법 중 보조부문의 배분 순서에 따라 제조간접원가의 배분액이 달라지는 방법은?

① 직접배분법 ② 단계배분법
③ 상호배분법 ④ 총배분법

11 다음 중 제조원가명세서에서 제공하는 정보는 무엇인가?

① 기부금 ② 이자비용
③ 당기총제조원가 ④ 매출원가

12 다음의 자료를 이용하여 평균법에 의한 가공원가 완성품 환산량을 구하시오(단, 재료는 공정 초기에 전량 투입되고 가공원가는 공정 전반에 걸쳐 균등하게 발생한다).

• 당기완성품: 40,000개
• 당기착수량: 60,000개
• 기초재공품: 10,000개(완성도 30%)
• 기말재공품: 30,000개(완성도 60%)

① 52,000개 ② 54,000개
③ 56,000개 ④ 58,000개

13 다음 중 부가가치세법상 납세의무자에 대한 설명으로 틀린 것은?

① 사업의 영리 목적 여부에 관계없이 사업상 독립적으로 재화 및 용역을 공급하는 사업자이다.
② 영세율을 적용받는 사업자는 납세의무자에 해당하지 않는다.
③ 간이과세자도 납세의무자에 포함된다.
④ 재화를 수입하는 자는 그 재화의 수입에 대한 부가가치세를 납부할 의무가 있다.

14 다음 중 부가가치세법상 사업장에 대한 설명으로 옳지 않은 것은?

① 사업장은 사업자가 사업을 하기 위하여 거래의 전부 또는 일부를 하는 고정된 장소로 한다.
② 사업장을 설치하지 않고 사업자등록도 하지 않은 경우에는 과세표준 및 세액을 결정하거나 경정할 당시의 사업자의 주소 또는 거소를 사업장으로 한다.
③ 제조업의 경우 따로 제품 포장만을 하거나 용기에 충전만 하는 장소도 사업장에 포함될 수 있다.
④ 부동산상의 권리만 대여하는 경우에는 그 사업에 관한 업무를 총괄하는 장소를 사업장으로 한다.

15 부가가치세법상 법인사업자가 전자세금계산서를 발급하는 경우 전자세금계산서 발급 명세를 언제까지 국세청장에게 전송해야 하는가?

① 전자세금계산서 발급일의 다음 날
② 전자세금계산서 발급일로부터 1주일 이내
③ 전자세금계산서 발급일이 속하는 달의 다음 달 10일 이내
④ 전자세금계산서 발급일이 속하는 달의 다음 달 25일 이내

실무시험

(주)태림상사(회사코드: 2163)는 자동차부품의 제조 및 도소매업을 영위하는 중소기업으로 당기(제11기) 회계기간은 2025.1.1. ~ 2025.12.31.이다. 전산세무회계 수험용 프로그램을 이용하여 다음 물음에 답하시오.

기본전제

- 문제에서 한국채택국제회계기준을 적용하도록 하는 전제조건이 없는 경우, 일반기업회계기준을 적용한다.
- 문제의 풀이와 답안작성은 제시된 문제의 순서대로 진행한다.

문 1 다음은 [기초정보관리] 및 [전기분재무제표]에 대한 자료이다. 각각의 요구사항에 대하여 답하시오. (10점)

[1] [거래처등록] 메뉴를 이용하여 다음의 신규 거래처를 추가로 등록하시오. (3점)

- 거래처코드: 05000
- 거래처명: (주)대신전자
- 대표자: 김영일
- 사업자등록번호: 108－81－13579
- 업태: 제조
- 종목: 전자제품
- 유형: 매출
- 사업장주소: 경기도 시흥시 정왕대로 56(정왕동)

※ 주소 입력 시 우편번호 입력은 생략해도 무방함.

[2] (주)태림상사의 기초 채권 및 채무의 올바른 잔액은 아래와 같다. [거래처별초기이월] 메뉴의 자료를 검토하여 오류가 있으면 올바르게 삭제 또는 수정, 추가 입력을 하시오. (3점)

계정과목	거래처	금액
외상매출금	(주)동명상사	6,000,000원
받을어음	(주)남북	1,000,000원
지급어음	(주)동서	1,500,000원

[3] 전기분 손익계산서를 검토한 결과 다음과 같은 오류를 발견하였다. 해당 오류사항과 관련된 [전기분원가명세서] 및 [전기분손익계산서]를 수정 및 삭제하시오. (4점)

공장 건물에 대한 재산세 3,500,000원이 판매비와 관리비의 세금과공과금으로 반영되어 있다.

문 2 [일반전표입력] 메뉴를 이용하여 다음의 거래 자료를 입력하시오(일반전표입력의 모든 거래는 부가가치세를 고려하지 말 것). (18점)

입력 시 유의사항

- 일반적인 적요의 입력은 생략하지만, 타계정 대체거래는 적요번호를 선택하여 입력한다.
- 채권 · 채무와 관련된 거래는 별도의 요구가 없는 한 반드시 기 등록되어 있는 거래처코드를 선택하는 방법으로 거래처명을 입력한다.
- 제조경비는 500번대 계정코드를, 판매비와 관리비는 800번대 계정코드를 사용한다.
- 회계처리 시 계정과목은 별도 제시가 없는 한 등록되어 있는 계정과목 중 가장 적절한 과목으로 한다.

[1] 8월 5일

회사는 운영자금 문제를 해결하기 위해서, 보유 중인 (주)기경상사의 받을어음 1,000,000원을 한국은행에 할인하였으며 할인료 260,000원을 공제하고 보통예금 계좌로 입금받았다(단, 매각거래로 간주한다). (3점)

[2] 8월 10일

본사관리부 직원의 국민연금 800,000원과 카드결제수수료 8,000원을 법인카드(하나카드)로 결제하여 일괄 납부하였다. 납부한 국민연금 중 50%는 회사부담분, 50%는 원천징수한 금액으로 회사부담분은 세금과공과로 처리한다. (3점)

[3] 8월 22일

공장에서 사용할 비품(공정가치 5,000,000원)을 대주주로부터 무상으로 받았다. (3점)

[4] 9월 4일

(주)경기로부터 원재료를 구입하기로 계약하고, 계약금 1,000,000원을 보통예금 계좌에서 이체하여 지급하였다. (3점)

[5] 10월 28일

영업부에서 사용할 소모품을 현금으로 구입하고 아래의 간이영수증을 수취하였다(단, 당기 비용으로 처리할 것). (3점)

영 수 증(공급받는자용)

No.		(주)태림상사 귀하			
공급자	사업자등록번호	314-36-87448			
	상 호	솔잎문구	성명	김솔잎 (인)	
	사업장소재지	경기도 양주시 남방동 25			
	업 태	도소매	종목	문구점	
작성년월일		공급대가 총액		비고	
2025.10.28.		70,000원			
위 금액을 정히 영수(청구)함.					

월일	품목	수량	단가	공급가(금액)
10.28.	A4	2	35,000원	70,000원
합계			70,000원	

부가가치세법시행규칙 제25조의 규정에 의한 (영수증)으로 개정

[6] 12월 1일

단기시세차익을 목적으로 (주)ABC(시장성 있는 주권상장법인에 해당)의 주식 100주를 주당 25,000원에 취득하였다. 이와 별도로 발생한 취득 시 수수료 50,000원과 함께 대금은 모두 보통예금 계좌에서 이체하여 지급하였다. (3점)

문 3 [매입매출전표입력] 메뉴를 이용하여 다음의 거래 자료를 입력하시오.

입력 시 유의사항

- 일반적인 적요의 입력은 생략하지만, 타계정 대체거래는 적요번호를 선택하여 입력한다.
- 채권·채무와 관련된 거래는 별도의 요구가 없는 한 반드시 기 등록되어 있는 거래처코드를 선택하는 방법으로 거래처명을 입력한다.
- 제조경비는 500번대 계정코드를, 판매비와 관리비는 800번대 계정코드를 사용한다.
- 회계처리 시 계정과목은 별도 제시가 없는 한 등록되어 있는 계정과목 중 가장 적절한 과목으로 한다.

[1] 7월 5일

제일상사에게 제품을 판매하고 신용카드(삼성카드)로 결제받고 발행한 매출전표는 아래와 같다. (3점)

카드매출전표

카드종류: 삼성카드
회원번호: 951-3578-654
거래일시: 2025.7.5. 11:20:22
거래유형: 신용승인
매　　출: 800,000원
부 가 세: 80,000원
합　　계: 880,000원
결제방법: 일시불
승인번호: 2025070580001
은행확인: 삼성카드사

===========================

－이 하 생 략－

[2] 7월 11일

(주)연분홍상사에게 다음과 같은 제품을 판매하고 1,000,000원은 현금으로, 15,000,000원은 어음으로 받고 나머지는 외상으로 하였다. (3점)

전자세금계산서					승인번호	20250711-1000000-00009329			
공급자	등록번호	215-81-69876	종사업장번호		공급받는자	등록번호	134-86-81692	종사업장번호	
	상호(법인명)	(주)태림상사	성명	정대우		상호(법인명)	(주)연분홍상사	성명	이연홍
	사업장주소	경기도 양주시 양주산성로 85-7				사업장주소	경기도 화성시 송산면 마도북로 40		
	업태	제조, 도소매	종목	자동차부품 외		업태	제조	종목	자동차특장
	이메일	school_01@taelim.kr				이메일	pink01@hanmail.net		

작성일자	공급가액	세액	수정사유	비고
2025.7.11.	30,000,000	3,000,000	해당 없음	

월	일	품목	규격	수량	단가	공급가액	세액	비고
7	11	제품				30,000,000	3,000,000	

합계 금액	현금	수표	어음	외상미수금	위 금액을 (영수)(청구) 함
33,000,000	1,000,000		15,000,000	17,000,000	

[3] 10월 1일

제조공장 직원들의 야근 식사를 위해 대형마트에서 국내산 쌀(면세)을 1,100,000원에 구입하고 대금은 보통예금 계좌에서 이체하였으며, 지출증빙용 현금영수증을 발급받았다. (3점)

현금영수증

승인번호	구매자 발행번호	발행방법
G54782245	215-81-69876	지출증빙
신청구분	발행일자	취소일자
사업자번호	2025.10.1.	-
상품명		
쌀		
구분	주문번호	상품주문번호
일반상품	20251001054897	2025100185414

판매자 정보

판매자상호	대표자명
대형마트	김대인
사업자등록번호	판매자전화번호
201-17-45670	02-788-8888
판매자사업장주소	
서울특별시 종로구 종로동 2-1	

금액

공급가액		1	1	0	0	0	0	0
부가세액								
봉사료								
승인금액		1	1	0	0	0	0	0

[4] 10월 30일

미국의 Nice Planet에 $50,000(수출신고일 10월 25일, 선적일 10월 30일)의 제품을 직수출하였다. 수출대금 중 $20,000는 10월 30일에 보통예금 계좌로 입금받았으며, 나머지 잔액은 11월 3일에 받기로 하였다. 일자별 기준환율은 다음과 같다(단, 수출신고필증은 정상적으로 발급받았으며, 수출신고번호는 고려하지 말 것). (3점)

일자	10월 25일	10월 30일	11월 3일
기준환율	1,380원/$	1,400원/$	1,410원/$

[5] 11월 30일

(주)제니빌딩으로부터 영업부 임차료에 대한 공급가액 3,000,000원(부가가치세 별도)의 전자세금계산서를 수취하고 대금은 다음 달에 지급하기로 한다(단, 미지급금으로 회계처리하시오). (3점)

[6] 12월 10일

건축물이 있는 토지를 취득하여 그 건축물을 철거하고 토지만 사용하고자 한다. 건물 철거비용에 대하여 (주)시온건설로부터 아래의 전자세금계산서를 발급받았다. 대금은 (주)선유자동차로부터 제품 판매대금으로 받아 보관 중인 (주)선유자동차 발행 약속어음으로 전액 지급하였다. (3점)

전자세금계산서					승인번호	20251210-12595557-12569886			
공급자	등록번호	105-81-23608	종사업장번호		공급받는자	등록번호	215-81-69876	종사업장번호	
	상호(법인명)	(주)시온건설	성명	정상임		상호(법인명)	(주)태림상사	성명	정대우
	사업장주소	서울특별시 강남구 도산대로 42				사업장주소	경기도 양주시 양주산성로 85-7		
	업태	건설	종목	토목공사		업태	제조, 도소매	종목	자동차부품 외
	이메일	sion@hanmail.net				이메일	school_01@taelim.kr		

작성일자	공급가액	세액	수정사유	비고
2025.12.10.	60,000,000	6,000,000	해당 없음	

월	일	품목	규격	수량	단가	공급가액	세액	비고
12	10	철거비용			60,000,000	60,000,000	6,000,000	

합계 금액	현금	수표	어음	외상미수금	위 금액을 (영수)함
66,000,000			66,000,000		

문 4 [일반전표입력] 및 [매입매출전표입력] 메뉴에 입력된 내용 중 다음과 같은 오류가 발견되었다. 입력된 내용을 확인하여 정정하시오. (6점)

[1] 9월 1일

(주)가득주유소에서 주유 후 대금은 당일에 현금으로 결제했으며 현금영수증을 수취한 것으로 일반전표에 입력하였다. 그러나 해당 주유 차량은 제조공장의 운반용트럭(배기량 2,500cc)인 것으로 확인되었다. (3점)

[2] 11월 12일

경영관리부서 직원들을 대상으로 확정기여형(DC형) 퇴직연금에 가입하고 보통예금 계좌에서 당기분 퇴직급여 17,000,000원을 이체하였으나, 회계담당자는 확정급여형(DB형) 퇴직연금에 가입한 것으로 알고 회계처리를 하였다(단, 납입 당시 퇴직급여충당부채 잔액은 없는 것으로 가정한다). (3점)

문 5 결산정리사항은 다음과 같다. 관련 메뉴를 이용하여 결산을 완료하시오. (9점)

입력 시 유의사항

- 적요의 입력은 생략한다.
- 채권·채무와 관련된 거래는 별도의 요구가 없는 한 반드시 기등록된 거래처코드를 선택하는 방법으로 거래처명을 입력한다.
- 회계처리 시 계정과목은 별도의 제시가 없는 한 등록된 계정과목 중 가장 적절한 과목으로 한다.

[1] 7월 1일에 가입한 하나은행의 정기예금 10,000,000원(만기 1년, 연 이자율 4.5%)에 대하여 기간 경과분 이자를 계상하였다(단, 이자 계산은 월할 계산하며, 원천징수는 없다고 가정한다). (3점)

[2] 경남은행으로부터 차입한 장기차입금 중 50,000,000원은 2026년 11월 30일에 상환기일이 도래한다. (3점)

[3] 2025년 제2기 부가가치세 확정신고 기간에 대한 부가세예수금은 52,346,500원, 부가세대급금은 52,749,000원일 때 부가가치세를 정리하는 회계처리를 하시오(단, 납부세액(또는 환급세액)은 미지급세금(또는 미수금)으로 회계처리하고, 불러온 자료는 무시한다). (3점)

문 6 다음 사항을 조회하여 알맞은 답안을 [이론문제 답안작성] 메뉴에 입력하시오. (9점)

[1] 3월 말 현재 외상매출금 잔액이 가장 큰 거래처명과 그 금액은 얼마인가? (3점)

[2] 2025년 중 실제로 배당금을 수령한 달은 몇 월인가? (3점)

[3] 2025년 제1기 부가가치세 확정신고서(2025.4.1. ~ 2025.6.30.)의 매출액 중 세금계산서 발급분 공급가액의 합계액은 얼마인가? (3점)

115회 기출문제

다산컴퓨터 회사코드 2153

정답 및 해설 p.109

이론시험

다음 문제를 보고 알맞은 것을 골라 이론문제 답안작성 메뉴에 입력하시오. (객관식 문항당 2점)

기본전제

문제에서 한국채택국제회계기준을 적용하도록 하는 전제조건이 없는 경우, 일반기업회계기준을 적용한다.

01 다음 중 회계순환과정에 있어 기말결산정리의 근거가 되는 가정으로 적절한 것은?

① 발생주의 회계
② 기업실체의 가정
③ 계속기업의 가정
④ 기간별 보고의 가정

02 다음 중 당좌자산에 포함되지 않는 것은 무엇인가?

① 선급비용
② 미수금
③ 미수수익
④ 선수수익

03 다음에서 설명하는 재고자산 단가 결정방법으로 옳은 것은?

실제 물량 흐름과 원가 흐름의 가정이 유사하다는 장점이 있으나, 수익 · 비용 대응의 원칙에 부적합하고, 물가 상승 시 이익이 과대계상되는 단점이 있다.

① 개별법
② 선입선출법
③ 후입선출법
④ 총평균법

04 다음 중 유형자산에 대한 추가적인 지출이 발생했을 경우 발생한 기간의 비용으로 처리하는 거래로 옳은 것은?

① 건물의 피난시설을 설치하기 위한 지출
② 내용연수를 연장시키는 지출
③ 건물 내부 조명기구를 교체하는 지출
④ 상당한 품질 향상을 가져오는 지출

05 다음 중 무형자산에 대한 설명으로 가장 옳지 않은 것은?

① 무형자산은 상각완료 후 잔존가치로 1,000원을 반드시 남겨둔다.
② 무형자산의 상각방법은 정액법, 정률법 둘 다 사용 가능하다.
③ 무형자산을 상각하는 회계처리를 할 때는 일반적으로 직접법으로 처리한다.
④ 무형자산 중 내부에서 창출한 영업권은 무형자산으로 인정되지 않는다.

06 다음 중 일반기업회계기준에 따른 부채가 아닌 것은?

① 임차보증금
② 퇴직급여충당부채
③ 선수금
④ 미지급배당금

07 다음의 자본 항목 중 성격이 다른 하나는?

① 자기주식처분이익
② 감자차익
③ 자기주식
④ 주식발행초과금

08 다음의 자료를 이용하여 영업이익을 구하시오(기초재고는 50,000원, 기말재고는 '0'으로 가정한다).

• 총매출액	500,000원	• 매출할인	10,000원	• 당기총매입액	300,000원
• 매입에누리	20,000원	• 이자비용	30,000원	• 급여	20,000원
• 통신비	5,000원	• 감가상각비	10,000원	• 배당금수익	20,000원
• 임차료	25,000원	• 유형자산처분손실	30,000원		

① 60,000원
② 70,000원
③ 100,000원
④ 130,000원

09 다음 중 보조부문의 원가 배분에 대한 설명으로 옳지 않은 것은?

① 보조부문의 원가 배분방법으로는 직접배분법, 단계배분법 및 상호배분법이 있으며, 이들 배분 방법에 따라 전체 보조부문의 원가에 일부 차이가 있을 수 있다.
② 상호배분법은 부문간 상호수수를 고려하여 계산하기 때문에 다른 배분방법보다 계산이 복잡한 방법이라 할 수 있다.
③ 단계배분법은 보조부문간 배분순서에 따라 각 보조부문에 배분되는 금액에 차이가 있을 수 있다.
④ 직접배분법은 보조부문 원가 배분액의 계산이 상대적으로 간편한 방법이라 할 수 있다.

10 다음의 원가 분류 중 분류 기준이 같은 것으로만 짝지어진 것은?

가. 변동원가	나. 관련원가	다. 직접원가	라. 고정원가	마. 매몰원가	바. 간접원가

① 가, 나
② 나, 다
③ 나, 마
④ 라, 바

11 다음 자료를 참고하여 2025년 제조작업지시서 #200에 대한 제조간접원가 예정배부율과 예정배부액을 계산하면 각각 얼마인가?

> 가. 2024년 연간 제조간접원가 4,200,000원, 총기계작업시간은 100,000시간인 것으로 파악되었다.
> 나. 2025년 연간 예정제조간접원가 3,800,000원, 총예정기계작업시간은 80,000시간으로 예상하고 있다.
> 다. 2025년 제조작업지시서별 실제기계작업시간은 다음과 같다.
> • 제조작업지시서 #200: 11,000시간
> • 제조작업지시서 #300: 20,000시간

	제조간접원가 예정배부율	제조간접원가 예정배부액
①	42원/기계작업시간	462,000원
②	52.5원/기계작업시간	577,500원
③	47.5원/기계작업시간	522,500원
④	46원/기계작업시간	506,000원

12 다음 중 종합원가계산을 적용할 경우 평균법과 선입선출법에 의한 완성품 환산량의 차이를 발생시키는 주요 원인은 무엇인가?

① 기초재공품 차이
② 기초제품 차이
③ 기말제품 차이
④ 기말재공품 차이

13 다음 중 부가가치세법상 납세의무자에 대한 설명으로 가장 옳지 않은 것은?

① 부가가치세법상 사업자는 일반과세자와 간이과세자이다.
② 국가 · 지방자치단체도 납세의무자가 될 수 있다.
③ 사업자단위과세사업자는 모든 사업장의 부가가치세를 총괄하여 신고만 할 수 있다.
④ 영세율을 적용받는 사업자도 부가가치세법상의 사업자등록의무가 있다.

14 다음 중 부가가치세법상 매입세액공제가 가능한 경우는?

① 면세사업에 관련된 매입세액
② 개별소비세법 제1조 제2항 제3호에 따른 자동차의 유지와 관련된 매입세액
③ 토지의 형질변경과 관련된 매입세액
④ 제조업을 영위하는 사업자가 농민으로부터 구입한 면세 농산물의 의제매입세액

15 다음 중 부가가치세법상 세금계산서 발급 의무가 면제되지 않는 경우는?

① 택시운송사업자가 공급하는 재화 또는 용역
② 미용업자가 공급하는 재화 또는 용역
③ 제조업자가 구매확인서에 의하여 공급하는 재화
④ 부동산임대업자의 부동산임대용역 중 간주임대료

실무시험

다산컴퓨터(주)(회사코드: 2153)는 컴퓨터 등의 제조 및 도소매업을 영위하는 중소기업으로 당기(제11기) 회계기간은 2025.1.1. ~ 2025.12.31.이다. 전산세무회계 수험용 프로그램을 이용하여 다음 물음에 답하시오.

기본전제

- 문제에서 한국채택국제회계기준을 적용하도록 하는 전제조건이 없는 경우, 일반기업회계기준을 적용한다.
- 문제의 풀이와 답안작성은 제시된 문제의 순서대로 진행한다.

문 1 다음은 [기초정보관리] 및 [전기분재무제표]에 대한 자료이다. 각각의 요구사항에 대하여 답하시오. (10점)

[1] 다음 자료를 보고 [거래처등록] 메뉴에서 신규 거래처를 등록하시오(단, 주어진 자료 외의 다른 항목은 입력할 필요 없음). (3점)

- 거래처코드: 02411
- 거래처구분: 일반거래처
- 거래처명: (주)구동컴퓨터
- 유형: 동시
- 사업자등록번호: 189-86-70759
- 대표자성명: 이주연
- 업태: 제조
- 종목: 컴퓨터 및 주변장치

※ 사업장주소: 울산광역시 울주군 온산읍 종동길 102

[2] 기초정보관리의 [계정과목및적요등록] 메뉴에서 821.보험료 계정과목에 아래의 적요를 추가로 등록하시오. (3점)

- 현금적요 7번: 경영인 정기보험료 납부
- 대체적요 5번: 경영인 정기보험료 미지급
- 대체적요 6번: 경영인 정기보험료 상계

[3] 다음은 다산컴퓨터(주)의 올바른 선급금, 선수금의 전체 기초잔액이다. [거래처별초기이월] 메뉴의 자료를 검토하여 오류가 있으면 올바르게 삭제 또는 수정, 추가 입력을 하시오. (4점)

계정과목	거래처명	금액
선급금	해원전자(주)	2,320,000원
	공상(주)	1,873,000원
선수금	(주)유수전자	2,100,000원
	(주)신곡상사	500,000원

문 2 [일반전표입력] 메뉴를 이용하여 다음의 거래 자료를 입력하시오(일반전표입력의 모든 거래는 부가가치세를 고려하지 말 것). (18점)

입력 시 유의사항

- 일반적인 적요의 입력은 생략하지만, 타계정 대체거래는 적요번호를 선택하여 입력한다.
- 채권 · 채무와 관련된 거래는 별도의 요구가 없는 한 반드시 기 등록되어 있는 거래처코드를 선택하는 방법으로 거래처명을 입력한다.
- 제조경비는 500번대 계정코드를, 판매비와 관리비는 800번대 계정코드를 사용한다.
- 회계처리 시 계정과목은 별도 제시가 없는 한 등록되어 있는 계정과목 중 가장 적절한 과목으로 한다.

[1] 7월 28일

거래처 (주)경재전자의 외상매입금 2,300,000원 중 2,000,000원은 당사에서 어음을 발행하여 지급하고 나머지는 면제받았다. (3점)

[2] 9월 3일

하나은행에서 차입한 단기차입금 82,000,000원과 이에 대한 이자 2,460,000원을 보통예금계좌에서 이체하여 지급하였다. (3점)

[3] 9월 12일

중국의 DOKY사에 대한 제품 수출 외상매출금 10,000$(선적일 기준환율: 1,400원/$)를 회수하여 즉시 원화 보통예금 계좌로 입금하였다(단, 입금일의 기준환율은 1,380원/$이다). (3점)

[4] 10월 7일

주당 액면가액이 5,000원인 보통주 1,000주를 주당 7,000원에 발행하였고, 발행가액 전액이 보통예금 계좌로 입금되었다(단, 하나의 전표로 처리하며, 신주 발행 전 주식할인발행차금 잔액은 1,000,000원이고 신주발행비용은 없다고 가정한다). (3점)

[5] 10월 28일

당기분 DC형 퇴직연금 불입액 12,000,000원이 자동이체 방식으로 보통예금 계좌에서 출금되었다. 불입액 12,000,000원 중 4,000,000원은 영업부에서 근무하는 직원들에 대한 금액이고 나머지는 생산부에서 근무하는 직원들에 대한 금액이다. (3점)

[6] 11월 12일

전기에 회수불능으로 일부 대손처리한 (주)은상전기의 외상매출금이 회수되었으며, 대금은 하나은행 보통예금 계좌로 입금되었다. (3점)

[보통예금(하나)] 거래 내용

행	연월일	내용	찾으신 금액	맡기신 금액	잔액	거래점
		계좌번호 120-99-80481321				
1	2025-11-12	(주)은상전기		₩2,500,000	******	1111

문 3 [매입매출전표입력] 메뉴를 이용하여 다음의 거래 자료를 입력하시오. (18점)

입력 시 유의사항

- 일반적인 적요의 입력은 생략하지만, 타계정 대체거래는 적요번호를 선택하여 입력한다.
- 채권 · 채무와 관련된 거래는 별도의 요구가 없는 한 반드시 기등록된 거래처코드를 선택하는 방법으로 거래처명을 입력한다.
- 제조경비는 500번대 계정코드를, 판매비와 관리비는 800번대 계정코드를 사용한다.
- 회계처리 시 계정과목은 별도의 제시가 없는 한 등록된 계정과목 중 가장 적절한 과목으로 한다.
- 입력화면 하단의 분개까지 처리하고, 전자세금계산서 및 전자계산서는 전자입력으로 반영한다.

[1] 7월 3일

회사 영업부 야유회를 위해 도시락 10개를 구입하고 현대카드로 결제하였다. (3점)

신용카드매출전표

가 맹 점 명: 맛나도시락
사업자번호: 127-10-12343
대 표 자 명: 김도식
주 소: 서울 마포구 마포대로 2
거 래 유 형: 신용승인
거 래 일 시: 2025-7-3 11:08:54
카 드 번 호: 3256-6455-****-1329
유 효 기 간: 12/26
가맹점번호: 123412341
매 입 사: 현대카드(전자서명전표)

상품명	금액
한식도시락세트	330,000

공 급 가 액: 300,000
부 가 세 액: 30,000
합 계: 330,000

[2] 8월 6일

제품을 만들고 난 후 나온 철 스크랩을 비사업자인 최한솔에게 판매하고, 판매대금 1,320,000원(부가가치세 포함)을 수취하였다. 대금은 현금으로 받고, 해당 거래에 대한 증빙은 아무것도 발급하지 않았다(계정과목은 잡이익으로 하고, 거래처를 조회하여 입력할 것). (3점)

[3] 8월 29일

(주)선월재에게 내국신용장에 의해 제품을 판매하고 전자세금계산서를 발급하였다. 대금 중 500,000원은 현금으로 받고 나머지는 외상으로 하였다(단, 서류번호 입력은 생략할 것). (3점)

영세율전자세금계산서					승인번호		20250829-100028100-484650		
공급자	등록번호	129-81-50101	종사업장 번호		공급받는자	등록번호	601-81-25803	종사업장 번호	
	상호(법인명)	다산컴퓨터(주)	성명	박새은		상호(법인명)	(주)선월재	성명	정일원
	사업장 주소	경기도 남양주시 가운로 3-28				사업장 주소	경상남도 사천시 사천대로 11		
	업태	제조, 도소매	종목	컴퓨터		업태	도소매	종목	컴퓨터 및 기기장치
	이메일					이메일			

작성일자	공급가액	세액	수정사유	비고
2025.8.29.	5,200,000			

월	일	품목	규격	수량	단가	공급가액	세액	비고
8	29	제품A		1	5,200,000	5,200,000		

합계 금액	현금	수표	어음	외상미수금	
5,200,000	500,000			4,700,000	위 금액을 **(청구)** 함

[4] 10월 15일

(주)우성유통에 제품을 판매하고 다음과 같이 전자세금계산서를 발급하였다. 대금 중 8,000,000원은 하움공업이 발행한 어음을 배서양도 받고, 나머지는 다음 달에 받기로 하였다. (3점)

전자세금계산서					승인번호		20251015-100028100-484650		
공급자	등록번호	129-81-50101	종사업장 번호		공급받는자	등록번호	105-86-50416	종사업장 번호	
	상호(법인명)	다산컴퓨터(주)	성명	박새은		상호(법인명)	(주)우성유통	성명	김성길
	사업장 주소	경기도 남양주시 가운로 3-28				사업장 주소	서울시 강남구 강남대로 292		
	업태	제조, 도소매	종목	컴퓨터		업태	도소매	종목	기기장치
	이메일					이메일			

작성일자	공급가액	세액	수정사유	비고
2025.10.15.	10,000,000	1,000,000	해당 없음	

월	일	품목	규격	수량	단가	공급가액	세액	비고
10	15	컴퓨터				10,000,000	1,000,000	

합계 금액	현금	수표	어음	외상미수금	
11,000,000			8,000,000	3,000,000	위 금액을 **(청구)** 함

[5] 10월 30일

미국의 MARK사로부터 수입한 업무용 컴퓨터(공급가액 6,000,000원)와 관련하여 인천세관장으로부터 수입세금계산서를 발급받고, 해당 부가가치세를 당좌예금 계좌에서 이체하여 납부하였다(단, 부가가치세만 회계처리할 것). (3점)

[6] 12월 2일

공장 직원들의 휴게공간에 간식을 비치하기 위해 두나과일로부터 샤인머스캣 등을 구매하면서 구매대금 275,000원을 현금으로 지급하고, 지출증빙용 현금영수증을 발급받았다. (3점)

Hometax, 국세청홈택스 현금영수증

• 거래정보

거래일시	2025.12.2.
승인번호	G12458265
거래구분	승인거래
거래용도	지출증빙
발급수단번호	129-81-50101

• 거래금액

공급가액	부가세	봉사료	총 거래금액
275,000	-	-	275,000

• 가맹점 정보

상호	두나과일
사업자번호	221-90-43529
대표자명	이두나
주소	경북 고령군 대가야읍 왕릉로 35

• 익일 홈택스에서 현금영수증 발급 여부를 반드시 확인하시기 바랍니다.
• 홈페이지 (http : //www.hometax.go.kr)
- 조회/발급 > 현금영수증 조회 > 사용내역(소득공제) 조회
> 매입내역(지출증빙) 조회
• 관련문의는 국세상담센터(☎126-1-1)

문 4 [일반전표입력] 및 [매입매출전표입력] 메뉴에 입력된 내용 중 다음과 같은 오류가 발견되었다. 입력된 내용을 확인하여 정정하시오. (6점)

[1] 11월 1일

(주)호수의 주식 1,000주를 단기간 차익을 목적으로 1주당 12,000원(1주당 액면가 5,000원)에 현금으로 취득하고 발생한 수수료 120,000원을 취득원가에 포함하였다. (3점)

[2] 11월 26일

원재료 매입 거래처의 워크숍을 지원하기 위해 (주)산들바람으로부터 현금으로 구매한 선물세트 800,000원(부가가치세 별도, 종이세금계산서 수취)을 소모품비로 회계처리하였다. (3점)

문 5 결산정리사항은 다음과 같다. 관련 메뉴를 이용하여 결산을 완료하시오. (9점)

[1] 12월 31일 제2기 부가가치세 확정신고기간의 부가가치세 매출세액은 14,630,000원, 매입세액은 22,860,000원, 환급세액은 8,230,000원이다. 관련된 결산 회계처리를 하시오(단, 환급세액은 미수금으로 처리한다). (3점)

[2] 10월 1일에 로배전자에 30,000,000원(상환기일 2026년 9월 30일)을 대여하고, 연 7%의 이자를 상환일에 원금과 함께 수취하기로 약정하였다. 결산정리분개를 하시오(이자는 월할계산할 것). (3점)

[3] 12월 31일 현재 신한은행의 장기차입금 중 일부인 13,000,000원의 만기상환기일이 1년 이내에 도래할 것으로 예상되었다. (3점)

문 6 다음 사항을 조회하여 알맞은 답안을 이론문제 답안작성 메뉴에 입력하시오. (9점)

[1] 6월 말 현재 외상매입금 잔액이 가장 많은 거래처명과 그 금액은 얼마인가? (3점)

[2] 1분기(1월~3월) 중 판매비와 관리비 항목의 소모품비 지출액이 가장 적게 발생한 월과 그 금액은 얼마인가? (3점)

[3] 2025년 제1기 확정신고기간(4월~6월) 중 (주)하이일렉으로부터 발급받은 세금계산서의 총 매수와 매입세액은 얼마인가? (3점)

114회 기출문제

(주)하나전자 | 회사코드 2143

정답 및 해설 p.121

이론시험

다음 문제를 보고 알맞은 것을 골라 [이론문제 답안작성] 메뉴에 입력하시오. (객관식 문항당 2점)

기본전제

문제에서 한국채택국제회계기준을 적용하도록 하는 전제조건이 없는 경우, 일반기업회계기준을 적용한다.

01 다음 중 거래내용에 대한 거래요소의 결합관계를 바르게 표시한 것은?

거래요소의 결합관계	거래내용
① 자산의 증가 – 자산의 증가	외상매출금 4,650,000원을 보통예금으로 수령하다.
② 자산의 증가 – 부채의 증가	기계장치를 27,500,000원에 구입하고 구입대금은 미지급하다.
③ 비용의 발생 – 자산의 증가	보유 중인 건물을 임대하여 임대료 1,650,000원을 보통예금으로 수령하다.
④ 부채의 감소 – 자산의 감소	장기차입금에 대한 이자 3,000,000원을 보통예금에서 이체하는 방식으로 지급하다.

02 다음 중 재고자산이 아닌 것은?

① 약국의 일반의약품 및 전문의약품
② 제조업 공장의 생산 완제품
③ 부동산매매업을 주업으로 하는 기업의 판매 목적 토지
④ 병원 사업장소재지의 토지 및 건물

03 다음은 (주)한국이 신규 취득한 기계장치 관련 자료이다. 아래의 기계장치를 연수합계법으로 감가상각할 경우, (주)한국의 당기(회계연도: 매년 1월 1일~12월 31일) 말 현재 기계장치의 장부금액은 얼마인가?

- 기계장치 취득원가: 3,000,000원
- 취득일: 2025.1.1.
- 잔존가치: 300,000원
- 내용연수: 5년

① 2,000,000원　② 2,100,000원
③ 2,400,000원　④ 2,460,000원

04 다음은 (주)서울의 당기 지출 내역 중 일부이다. 아래의 자료에서 무형자산으로 기록할 수 있는 금액은 모두 얼마인가?

• 신제품 특허권 취득 비용	30,000,000원
• 신제품의 연구단계에서 발생한 재료 구입 비용	1,500,000원
• A기업이 가지고 있는 상표권 구입 비용	22,000,000원

① 22,000,000원 ② 30,000,000원
③ 52,000,000원 ④ 53,500,000원

05 다음 중 매도가능증권에 대한 설명으로 옳지 않은 것은?

① 기말 평가손익은 기타포괄손익누계액에 반영한다.
② 취득 시 발생한 수수료는 당기 비용으로 처리한다.
③ 처분 시 발생한 처분손익은 당기손익에 반영한다.
④ 보유 목적에 따라 당좌자산 또는 투자자산으로 분류한다.

06 다음 중 채권 관련 계정의 차감적 평가 항목으로 옳은 것은?

① 감가상각누계액 ② 재고자산평가충당금
③ 사채할인발행차금 ④ 대손충당금

07 다음 중 자본잉여금 항목에 포함되는 것을 모두 고른 것은?

가. 주식발행초과금	다. 주식할인발행차금
나. 자기주식처분손실	라. 감자차익

① 가, 라 ② 나, 다
③ 가, 나, 다 ④ 가, 다, 라

08 다음은 현금배당에 관한 회계처리이다. 아래의 괄호 안에 각각 들어갈 회계처리 일자로 옳은 것은?

(가)	(차)	이월이익잉여금	×××	(대) 이익준비금	×××
				(대) 미지급배당금	×××
(나)	(차)	미지급배당금	×××	(대) 보통예금	×××

	(가)	(나)
①	회계종료일	배당결의일
②	회계종료일	배당지급일
③	배당결의일	배당지급일
④	배당결의일	회계종료일

09 원가의 분류 중 원가행태(行態)에 따른 분류에 해당하는 것은?

① 변동원가　　② 기회원가
③ 관련원가　　④ 매몰원가

10 다음은 제조업을 영위하는 (주)인천의 당기 원가 관련 자료이다. (주)인천의 당기총제조원가는 얼마인가? (단, 기초재고자산은 없다고 가정한다.)

• 기말재공품재고액	300,000원	• 기말제품재고액	500,000원
• 매출원가	2,000,000원	• 기말원재료재고액	700,000원
• 제조간접원가	600,000원	• 직접재료원가	1,200,000원

① 1,900,000원　　② 2,200,000원
③ 2,500,000원　　④ 2,800,000원

11 평균법에 따른 종합원가계산을 채택하고 있는 (주)대전의 당기 물량 흐름은 다음과 같다. 재료원가는 공정 초기에 전량 투입되며, 가공원가는 공정 전반에 걸쳐 균등하게 발생한다. 아래의 자료를 이용하여 재료원가 완성품 환산량을 계산하면 몇 개인가?

• 기초재공품 수량: 1,000개(완성도 20%)	• 당기완성품 수량: 8,000개
• 당기착수량: 10,000개	• 기말재공품 수량: 3,000개(완성도 60%)

① 8,000개　　② 9,000개
③ 9,800개　　④ 11,000개

12 다음 중 개별원가계산에 대한 설명으로 옳지 않은 것은?

① 항공기 제조업은 종합원가계산보다는 개별원가계산이 더 적합하다.
② 제품원가를 제조공정별로 집계한 후 이를 생산량으로 나누어 단위당 원가를 계산한다.
③ 직접원가와 제조간접원가의 구분이 중요하다.
④ 단일 종류의 제품을 대량으로 생산하는 업종에는 적합하지 않은 방법이다.

13 다음 중 우리나라 부가가치세법의 특징으로 틀린 것은?

① 국세
② 인세(人稅)
③ 전단계 세액공제법
④ 다단계거래세

14 다음 중 부가가치세법상 주된 사업에 부수되는 재화 · 용역의 공급으로서 면세 대상이 아닌 것은?

① 은행업을 영위하는 면세사업자가 매각한 사업용 부동산인 건물
② 약국을 양수 · 양도하는 경우로서 해당 영업권 중 면세 매출에 해당하는 비율의 영업권
③ 가구제조업을 영위하는 사업자가 매각한 사업용 부동산 중 토지
④ 부동산임대업자가 매각한 부동산임대 사업용 부동산 중 상가 건물

15 다음 중 부가가치세법상 아래의 빈칸 안에 공통으로 들어갈 내용으로 옳은 것은?

> 가. 부가가치세 매출세액은 (　　　　)에 세율을 곱하여 계산한 금액이다.
> 나. 재화 또는 용역의 공급에 대한 부가가치세의 (　　　　)(은)는 해당 과세기간에 공급한 재화 또는 용역의 공급가액을 합한 금액으로 한다.
> 다. 재화의 수입에 대한 부가가치세의 (　　　　)(은)는 그 재화에 대한 관세의 과세가격과 관세, 개별소비세, 주세, 교육세, 농어촌특별세 및 교통 · 에너지 · 환경세를 합한 금액으로 한다.

① 공급대가
② 간주공급
③ 과세표준
④ 납부세액

실무시험

(주)하나전자(회사코드: 2143)는 전자부품의 제조 및 도소매업을 영위하는 중소기업으로 당기(제10기) 회계기간은 2025.1.1. ~ 2025.12.31.이다. 전산세무회계 수험용 프로그램을 이용하여 다음 물음에 답하시오.

기본전제

- 문제에서 한국채택국제회계기준을 적용하도록 하는 전제조건이 없는 경우, 일반기업회계기준을 적용한다.
- 문제의 풀이와 답안작성은 제시된 문제의 순서대로 진행한다.

문 1 다음은 [기초정보관리] 및 [전기분재무제표]에 대한 자료이다. 각각의 요구사항에 대하여 답하시오. (10점)

[1] 다음의 자료를 이용하여 [거래처등록] 메뉴에서 신규 거래처를 추가로 등록하시오. (3점)

- 거래처코드: 00500
- 거래처명: 한국개발
- 거래처구분: 일반거래처
- 유형: 동시
- 사업자등록번호: 134-24-91004
- 대표자성명: 김한국
- 업태: 정보통신업
- 종목: 소프트웨어개발
- 주소: 경기도 성남시 분당구 판교역로192번길 12 (삼평동) ※ 주소 입력 시 우편번호 입력은 생략함

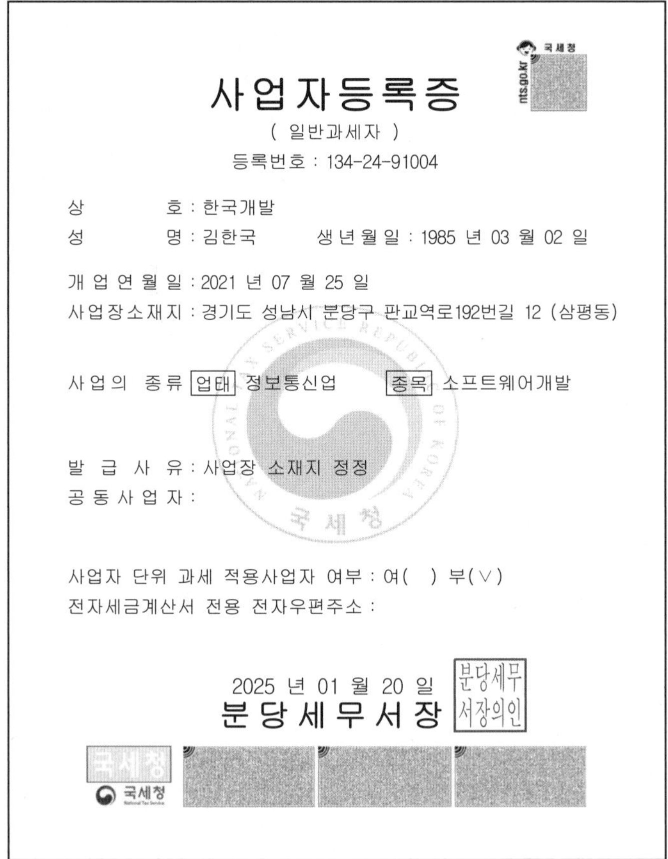

사업자등록증

(일반과세자)

등록번호 : 134-24-91004

상 호 : 한국개발
성 명 : 김한국 생 년 월 일 : 1985 년 03 월 02 일

개 업 연 월 일 : 2021 년 07 월 25 일
사업장소재지 : 경기도 성남시 분당구 판교역로192번길 12 (삼평동)

사 업 의 종 류 업태 정보통신업 종목 소프트웨어개발

발 급 사 유 : 사업장 소재지 정정
공 동 사 업 자 :

사업자 단위 과세 적용사업자 여부 : 여( ) 부(∨)
전자세금계산서 전용 전자우편주소 :

2025 년 01 월 20 일
분 당 세 무 서 장 분당세무서장의인

[2] 다음 자료를 이용하여 [계정과목및적요등록]에 반영하시오. (3점)

- 코드: 862
- 계정과목: 행사지원비
- 성격: 경비
- 현금적요 1번: 행사지원비 현금 지급
- 대체적요 1번: 행사지원비 어음 발행

[3] 전기분 원가명세서를 검토한 결과 다음과 같은 오류가 발견되었다. 이와 관련된 전기분 재무제표(재무상태표, 손익계산서, 원가명세서, 잉여금처분계산서)를 모두 적절하게 수정하시오. (4점)

해당 연도(2024년)에 외상으로 매입한 부재료비 3,000,000원이 누락된 것으로 확인된다.

문 2 [일반전표입력] 메뉴를 이용하여 다음의 거래 자료를 입력하시오(일반전표입력의 모든 거래는 부가가치세를 고려하지 말 것). (18점)

입력 시 유의사항

- 일반적인 적요의 입력은 생략하지만, 타계정 대체거래는 적요번호를 선택하여 입력한다.
- 채권 · 채무와 관련된 거래는 별도의 요구가 없는 한 반드시 기 등록되어 있는 거래처코드를 선택하는 방법으로 거래처명을 입력한다.
- 제조경비는 500번대 계정코드를, 판매비와 관리비는 800번대 계정코드를 사용한다.
- 회계처리 시 계정과목은 별도 제시가 없는 한 등록되어 있는 계정과목 중 가장 적절한 과목으로 한다.

[1] 7월 5일

영업팀 직원들에 대한 확정기여형(DC형) 퇴직연금 납입액 1,400,000원을 보통예금 계좌에서 이체하여 납입하였다. (3점)

[2] 7월 25일

(주)고운상사의 외상매출금 중 5,500,000원은 약속어음으로 받고, 나머지 4,400,000원은 보통예금 계좌로 입금받았다. (3점)

[3] 8월 30일

자금 부족으로 인하여 (주)재원에 대한 받을어음 50,000,000원을 만기일 전에 은행에서 할인받고, 할인료 5,000,000원을 차감한 잔액이 보통예금 계좌로 입금되었다(단, 본 거래는 매각거래이다). (3점)

[4] 10월 3일

단기 투자 목적으로 보유하고 있는 (주)미학건설의 주식으로부터 배당금 2,300,000원이 확정되어 즉시 보통예금 계좌로 입금되었다. (3점)

[5] 10월 31일

재무팀 강가연 팀장의 10월분 급여를 농협 보통예금 계좌에서 이체하여 지급하였다(단, 공제합계액은 하나의 계정과목으로 회계처리할 것). (3점)

<table>
<tr><th colspan="4">2025년 10월 급여명세서</th></tr>
<tr><td>이름</td><td>강가연</td><td>지급일</td><td>2025년 10월 31일</td></tr>
<tr><td>기본급</td><td>4,500,000원</td><td>소득세</td><td>123,000원</td></tr>
<tr><td>식대</td><td>200,000원</td><td>지방소득세</td><td>12,300원</td></tr>
<tr><td>자가운전보조금</td><td>200,000원</td><td>국민연금</td><td>90,500원</td></tr>
<tr><td></td><td></td><td>건강보험</td><td>55,280원</td></tr>
<tr><td></td><td></td><td>고용보험</td><td>100,000원</td></tr>
<tr><td rowspan="2">급여계</td><td rowspan="2">4,900,000원</td><td>공제합계</td><td>381,080원</td></tr>
<tr><td>지급총액</td><td>4,518,920원</td></tr>
</table>

[6] 12월 21일

자금 조달을 위하여 사채(액면금액 8,000,000원, 3년 만기)를 8,450,000원에 발행하고, 납입금은 당좌예금 계좌로 입금하였다. (3점)

문 3 다음 거래 자료를 [매입매출전표입력] 메뉴에 입력하시오. (18점)

입력 시 유의사항

- 일반적인 적요의 입력은 생략하지만, 타계정 대체거래는 적요번호를 선택하여 입력한다.
- 채권 · 채무와 관련된 거래는 별도의 요구가 없는 한 반드시 기등록된 거래처코드를 선택하는 방법으로 거래처명을 입력한다.
- 제조경비는 500번대 계정코드를, 판매비와 관리비는 800번대 계정코드를 사용한다.
- 회계처리 시 계정과목은 별도의 제시가 없는 한 등록된 계정과목 중 가장 적절한 과목으로 한다.
- 입력화면 하단의 분개까지 처리하고, 전자세금계산서 및 전자계산서는 전자입력으로 반영한다.

[1] 7월 20일

미국 소재법인 NDVIDIA에 직수출하는 제품의 선적을 완료하였으며, 수출대금 $5,000는 차후에 받기로 하였다. 제품수출 계약은 7월 1일에 체결하였으며, 일자별 기준환율은 아래와 같다(단, 수출신고번호 입력은 생략할 것). (3점)

일자	계약일 2025.7.1.	선적일 2025.7.20.
기준환율	1,100원/$	1,200원/$

[2] 7월 23일

당사가 소유하던 토지(취득원가 62,000,000원)를 돌상상회에 65,000,000원에 매각하기로 계약하면서 동시에 전자계산서를 발급하였다. 대금 중 30,000,000원은 계약 당일 보통예금 계좌로 입금받았으며, 나머지는 다음 달에 받기로 약정하였다. (3점)

[3] 8월 10일

영업팀에서 회사 제품을 홍보하기 위해 광고닷컴에서 홍보용 수첩을 제작하고 현대카드로 결제하였다. (3점)

카드번호 (9876-****-****-1230)	
승인번호	28516480
거래일자	2025년08월10일15:29:44
결제방법	일시불
가맹점명	광고닷컴
가맹점번호	23721275
대표자명	김광고
사업자등록번호	305-35-65424
전화번호	02-651-1212
주소	서울특별시 서초구 명달로 100
공급가액	4,000,000원
부가세액	400,000원
승인금액	4,400,000원

고객센터(1577-8398) | www.hyundaicard.com

Hyundai Card 현대카드

[4] 8월 17일

제품 생산에 필요한 원재료를 구입하고, 아래의 전자세금계산서를 발급받았다. (3점)

전자세금계산서					승인번호	20250817-15454645-58811889			
공급자	등록번호	139-81-54313	종사업장번호		공급받는자	등록번호	125-86-65247	종사업장번호	
	상호(법인명)	(주)고철상사	성명	황영민		상호(법인명)	(주)하나전자	성명	김영순
	사업장주소	서울특별시 서초구 명달로 3				사업장주소	경기도 남양주시 덕릉로 1067		
	업태	도소매	종목	전자부품		업태	제조, 도소매	종목	전자부품
	이메일					이메일			

작성일자	공급가액	세액	수정사유	비고
2025.8.17.	12,000,000	1,200,000	해당 없음	

월	일	품목	규격	수량	단가	공급가액	세액	비고
8	17	k-312 벨브		200	60,000	12,000,000	1,200,000	

합계 금액	현금	수표	어음	외상미수금	위 금액을 (**청구**) 함
13,200,000			5,000,000	8,200,000	

[5] 8월 28일

(주)와마트에서 업무용으로 사용하는 냉장고를 5,500,000원(부가가치세 포함)에 현금으로 구입하고, 현금영수증(지출증빙용)을 수취하였다(단, 자산으로 처리할 것). (3점)

(주)와마트

133-81-05134 류예린
서울특별시 구로구 구로동로 10 TEL : 02-117-2727
홈페이지 http://www.kacpta.or.kr

현금영수증(지출증빙용)

구매 2025/8/28/17:27 거래번호 : 0031-0027

상품명	수량	단가	금액
냉장고	1	5,500,000원	5,500,000원
		과세물품가액	5,000,000원
		부가가치세액	500,000원
		합계	5,500,000원
		받은금액	5,500,000원

[6] 11월 8일

대표이사 김영순(거래처코드: 375)의 호텔 결혼식장 대관료(업무관련성 없음)를 당사의 보통예금 계좌에서 이체하여 지급하고, 아래의 전자세금계산서를 수취하였다. (3점)

전자세금계산서 승인번호 20251108-27620200-4651260

구분	항목	내용	항목	내용
공급자	등록번호	511-81-53215	종사업장번호	
공급자	상호(법인명)	대박호텔(주)	성명	김대박
공급자	사업장주소	서울특별시 강남구 도산대로 104		
공급자	업태	숙박, 서비스	종목	호텔, 장소대여
공급자	이메일			
공급받는자	등록번호	125-86-65247	종사업장번호	
공급받는자	상호(법인명)	(주)하나전자	성명	김영순
공급받는자	사업장주소	경기도 남양주시 덕릉로 1067		
공급받는자	업태	제조, 도소매	종목	전자부품
공급받는자	이메일			

작성일자	공급가액	세액	수정사유	비고
2025.11.8.	25,000,000	2,500,000	해당 없음	

월	일	품목	규격	수량	단가	공급가액	세액	비고
11	8	파라다이스 홀 대관			25,000,000	25,000,000	2,500,000	

합계 금액	현금	수표	어음	외상미수금	위 금액을 (영수) 함
27,500,000	27,500,000				

문 4 [일반전표입력] 및 [매입매출전표입력] 메뉴에 입력된 내용 중 다음과 같은 오류가 발견되었다. 입력된 내용을 확인하여 정정하시오. (6점)

[1] 11월 12일

호호꽃집에서 영업부 사무실에 비치할 목적으로 구입한 공기정화식물(소모품비)의 대금 100,000원을 보통예금 계좌에서 송금하고 전자계산서를 받았으나 전자세금계산서로 처리하였다. (3점)

[2] 12월 12일

본사 건물에 엘리베이터를 설치하고 (주)베스트디자인에 지급한 88,000,000원(부가가치세 포함)을 비용으로 처리하였으나, 건물의 자본적 지출로 처리하는 것이 옳은 것으로 판명되었다. (3점)

문 5 결산정리사항은 다음과 같다. 관련 메뉴를 이용하여 결산을 완료하시오. (9점)

[1] 당기 중 단기시세차익을 목적으로 (주)눈사람의 주식 100주(1주당 액면금액 100원)를 10,000,000원에 취득하였으나, 기말 현재 시장가격은 12,500,000원이다(단, (주)눈사람의 주식은 시장성이 있다). (3점)

[2] 기말 현재 미국 GODS사에 대한 장기대여금 $2,000가 계상되어 있다. 장부금액은 2,100,000원이며, 결산일 현재 기준환율은 1,120원/$이다. (3점)

[3] 기말 현재 당기분 법인세(지방소득세 포함)는 15,000,000원으로 산출되었다. 관련된 결산 회계처리를 하시오(단, 당기분 법인세 중간예납세액 5,700,000원과 이자소득 원천징수세액 1,300,000원은 선납세금으로 계상되어 있다). (3점)

문 6 다음 사항을 조회하여 답안을 이론문제 답안작성 메뉴에 입력하시오. (9점)

[1] 3월에 발생한 판매비와 관리비 중 발생액이 가장 적은 계정과목과 그 금액은 얼마인가? (3점)

[2] 2025년 2월 말 현재 미수금과 미지급금의 차액은 얼마인가? (단, 반드시 양수로 기재할 것) (3점)

[3] 2025년 제1기 부가가치세 확정신고기간(4월~6월)의 공제받지못할매입세액은 얼마인가? (3점)

113회 기출문제

(주)혜송상사 | 회사코드 2133

정답 및 해설 p.136

이론시험

다음 문제를 보고 알맞은 것을 골라 이론문제 답안작성 메뉴에 입력하시오. (객관식 문항당 2점)

기본전제

문제에서 한국채택국제회계기준을 적용하도록 하는 전제조건이 없는 경우, 일반기업회계기준을 적용한다.

01 다음 중 회계의 기본가정과 특징이 아닌 것은?

① 기업의 관점에서 경제활동에 대한 정보를 측정 · 보고한다.
② 기업이 예상 가능한 기간 동안 영업을 계속할 것이라 가정한다.
③ 기업은 수익과 비용을 인식하는 시점을 현금이 유입 · 유출될 때로 본다.
④ 기업의 존속기간을 일정한 기간 단위로 분할하여 각 기간 단위별로 정보를 측정 · 보고한다.

02 다음 중 상품의 매출원가 계산 시 총매입액에서 차감해야 할 항목은?

① 기초재고액
② 매입수수료
③ 매입환출 및 매입에누리
④ 매입 시 운반비

03 건물 취득 시에 발생한 금액들이 다음과 같을 때, 건물의 취득원가는 얼마인가?

• 건물 매입금액	2,000,000,000원	• 자본화 대상 차입원가	150,000,000원
• 건물 취득세	200,000,000원	• 관리 및 기타 일반간접원가	16,000,000원

① 21억 5,000만원
② 22억원
③ 23억 5,000만원
④ 23억 6,600만원

04 다음 중 무형자산에 대한 설명으로 틀린 것은?

① 물리적인 실체는 없지만 식별이 가능한 비화폐성 자산이다.
② 무형자산을 통해 발생하는 미래 경제적 효익을 기업이 통제할 수 있어야 한다.
③ 무형자산은 자산의 정의를 충족하면서 다른 자산들과 분리하여 거래를 할 수 있거나 계약상 또는 법적 권리로부터 발생하여야 한다.
④ 일반기업회계기준은 무형자산의 회계처리와 관련하여 영업권을 포함한 무형자산의 내용연수를 원칙적으로 40년을 초과하지 않도록 한정하고 있다.

05 다음 중 재무제표에 해당하지 않는 것은?

① 기업의 계정별 합계와 잔액을 나타내는 시산표
② 일정 시점 현재 기업의 재무상태(자산, 부채, 자본)을 나타내는 보고서
③ 기업의 자본에 관하여 일정 기간 동안의 변동 흐름을 파악하기 위해 작성하는 보고서
④ 재무제표의 과목이나 금액에 기호를 붙여 해당 항목에 대한 추가 정보를 나타내는 별지

06 다음 중 유동부채와 비유동부채의 분류가 적절하지 않은 것은?

	유동부채	비유동부채
①	단기차입금	사채
②	외상매입금	유동성 장기부채
③	미지급비용	장기차입금
④	지급어음	퇴직급여충당부채

07 다음의 자본 항목 중 포괄손익계산서에 영향을 미치는 항목은?

① 감자차손
② 주식발행초과금
③ 자기주식처분이익
④ 매도가능증권평가이익

08 다음 자료 중 빈칸 (A)에 들어갈 금액으로 적당한 것은?

기초상품 재고액	매입액	기말상품 재고액	매출원가	매출액	매출총이익	판매비와 관리비	당기순손익
219,000원	350,000원	110,000원		290,000원		191,000원	(A)

① 당기순손실 360,000원
② 당기순손실 169,000원
③ 당기순이익 290,000원
④ 당기순이익 459,000원

09 다음 중 원가행태에 따라 변동원가와 고정원가로 분류할 때 이에 대한 설명으로 틀린 것은?

① 고정원가는 조업도가 증가할수록 단위당 원가도 증가한다.
② 고정원가는 조업도가 증가하여도 총원가는 일정하다.
③ 변동원가는 조업도가 증가하여도 단위당 원가는 일정하다.
④ 변동원가는 조업도가 증가할수록 총원가도 증가한다.

10 다음 중 보조부문원가를 배분하는 방법 중 옳지 않은 것은?

① 상호배분법은 보조부문 상호 간의 용역수수관계를 완전히 반영하는 방법이다.
② 단계배분법은 보조부문 상호 간의 용역수수관계를 전혀 반영하지 않는 방법이다.
③ 직접배분법은 보조부문 상호 간의 용역수수관계를 전혀 반영하지 않는 방법이다.
④ 상호배분법, 단계배분법, 직접배분법 어떤 방법을 사용하더라도 보조부문의 총원가는 제조부문에 모두 배분된다.

11 다음 자료에 의한 당기총제조원가는 얼마인가? 단, 노무원가는 발생주의에 따라 계산한다.

• 기초원재료	300,000원	• 당기지급임금액	350,000원
• 기말원재료	450,000원	• 당기원재료매입액	1,300,000원
• 전기미지급임금액	150,000원	• 제조간접원가	700,000원
• 당기미지급임금액	250,000원	• 기초재공품	200,000원

① 2,100,000원
② 2,300,000원
③ 2,450,000원
④ 2,500,000원

12 다음 중 종합원가계산에 대한 설명으로 옳지 않은 것은?

① 소품종 대량 생산하는 업종에 적용하기에 적합하다.
② 공정 과정에서 발생하는 공손 중 정상공손은 제품의 원가에 가산한다.
③ 평균법을 적용하는 경우 기초재공품원가를 당기에 투입한 것으로 가정한다.
④ 제조원가 중 제조간접원가는 실제 조업도에 예정배부율을 반영하여 계산한다.

13 다음 중 부가가치세법상 세금계산서를 발급할 수 있는 자는?

① 면세사업자로 등록한 자
② 사업자등록을 하지 않은 자
③ 사업자등록을 한 일반과세자
④ 간이과세자 중 직전 사업연도 공급대가가 4,800만원 미만인 자

14 다음 중 부가가치세법상 대손사유에 해당하지 않는 것은?

① 소멸시효가 완성된 어음 · 수표
② 특수관계인과의 거래로 인해 발생한 중소기업의 외상매출금으로서 회수기일이 2년 이상 지난 외상매출금
③ 채무자의 파산, 강제집행, 형의 집행, 사업의 폐지, 사망, 실종, 행방불명으로 인하여 회수할 수 없는 채권
④ 부도발생일부터 6개월 이상 지난 외상매출금(중소기업의 외상매출금으로서 부도발생일 이전의 것에 한정한다)

15 다음 중 부가가치세법상 공급시기로 옳지 않은 것은?

① 폐업 시 잔존재화의 경우: 폐업하는 때
② 내국물품을 외국으로 수출하는 경우: 수출재화의 선적일
③ 무인판매기로 재화를 공급하는 경우: 무인판매기에서 현금을 인취하는 때
④ 위탁판매의 경우(위탁자 또는 본인을 알 수 있는 경우): 위탁자가 판매를 위탁한 때

실무시험

(주)혜송상사(회사코드: 2133)는 자동차부품 등의 제조 및 도소매업을 영위하는 중소기업으로 당기(제14기) 회계기간은 2025.1.1. ~ 2025.12.31.이다. 전산세무회계 수험용 프로그램을 이용하여 다음 물음에 답하시오.

기본전제

- 문제에서 한국채택국제회계기준을 적용하도록 하는 전제조건이 없는 경우, 일반기업회계기준을 적용한다.
- 문제의 풀이와 답안작성은 제시된 문제의 순서대로 진행한다.

문 1 다음은 [기초정보관리] 및 [전기분재무제표]에 대한 자료이다. 각각의 요구사항에 대하여 답하시오. (10점)

[1] 다음의 자료를 이용하여 [거래처등록] 메뉴에서 신규거래처를 추가로 등록하시오. (3점)

- 거래처코드: 00777
- 거래처구분: 일반거래처
- 거래처명: 슬기로운(주)
- 유형: 동시
- 사업자등록번호: 253-81-13578
- 대표자: 김슬기
- 업태: 도매
- 종목: 금속
- 사업장주소: 부산광역시 부산진구 중앙대로 663(부전동)

※ 주소 입력 시 우편번호는 생략해도 무방함

[2] 다음 자료를 이용하여 [계정과목및적요등록] 메뉴에서 대체적요를 등록하시오. (3점)

- 코드: 134
- 계정과목: 가지급금
- 대체적요: 8. 출장비 가지급금 정산

[3] 전기분 손익계산서를 검토한 결과 다음과 같은 오류가 발견되었다. 해당 오류와 관련된 [전기분원가명세서] 및 [전기분손익계산서]를 수정하시오. (4점)

공장 일부 직원의 임금 2,200,000원이 판매비및일반관리비 항목의 급여(801)로 반영되어 있다.

문 2 [일반전표입력] 메뉴를 이용하여 다음의 거래 자료를 입력하시오(일반전표입력의 모든 거래는 부가가치세를 고려하지 말 것). (18점)

입력 시 유의사항

- 일반적인 적요의 입력은 생략하지만, 타계정 대체거래는 적요번호를 선택하여 입력한다.
- 채권 · 채무와 관련된 거래는 별도의 요구가 없는 한 반드시 기등록된 거래처코드를 선택하는 방법으로 거래처명을 입력한다.
- 제조경비는 500번대 계정코드를, 판매비와 관리비는 800번대 계정코드를 사용한다.
- 회계처리 시 계정과목은 별도의 제시가 없는 한 등록된 계정과목 중 가장 적절한 과목으로 한다.

[1] 7월 15일

(주)상수로부터 원재료를 구입하기로 계약하고, 당좌수표를 발행하여 계약금 3,000,000원을 지급하였다. (3점)

[2] 8월 5일

사옥 취득을 위한 자금 900,000,000원(만기 6개월)을 우리은행으로부터 차입하고, 선이자 36,000,000원(이자율 연 8%)을 제외한 나머지 금액을 보통예금 계좌로 입금받았다(단, 하나의 전표로 입력하고, 선이자지급액은 선급비용으로 회계처리할 것). (3점)

[3] 9월 10일

창고 임차보증금 10,000,000원(거래처: (주)대운) 중에서 미지급금으로 계상되어 있는 작년분 창고 임차료 1,000,000원을 차감하고 나머지 임차보증금만 보통예금으로 돌려받았다. (3점)

[4] 10월 20일

(주)영광상사에 대한 외상매출금 2,530,000원 중 1,300,000원이 보통예금 계좌로 입금되었다. (3점)

[5] 11월 29일

장기투자 목적으로 (주)콘프상사의 보통주 2,000주를 1주당 10,000원(1주당 액면가액 5,000원)에 취득하고 대금은 매입수수료 240,000원과 함께 보통예금 계좌에서 이체하여 지급하였다. (3점)

[6] 12월 8일

수입한 상품에 부과된 관세 7,560,000원을 보통예금 계좌에서 이체하여 납부하였다. (3점)

납부영수증서[납부자용]

File No : 사업자과세
B/L No. : 45241542434

사업자번호 : 312-86-12548

회계구분	관세청소관 일반회계
회계연도	2025

납부기한	2025년 12월 8일
발행일자	2025년 12월 2일

수입징수관 계좌번호	110288	납부자 번호	0127 040-11-17-6-178461-8	납기내 금액	7,560,000
				납기후 금액	

※ 수납기관에서는 위의 굵은 선 안의 내용을 즉시 전산입력하여 수입징수관에 EDI방식으로 통지될 수 있도록 하시기 바랍니다.

수입신고번호	41209-17-B11221W		수입징수관서	인천세관
납부자	성명	황동규	상호	(주)혜송상사
	주소	경기도 용인시 기흥구 갈곡로 6(구갈동)		

2025년 12월 2일
수입징수관 인천세관

문 3 다음 거래 자료를 [매입매출전표입력] 메뉴에 입력하시오. (18점)

입력 시 유의사항

- 일반적인 적요의 입력은 생략하지만, 타계정 대체거래는 적요번호를 선택하여 입력한다.
- 채권·채무와 관련된 거래는 별도의 요구가 없는 한 반드시 기등록된 거래처코드를 선택하는 방법으로 거래처명을 입력한다.
- 제조경비는 500번대 계정코드를, 판매비와 관리비는 800번대 계정코드를 사용한다.
- 회계처리 시 계정과목은 별도의 제시가 없는 한 등록된 계정과목 중 가장 적절한 과목으로 한다.
- 입력화면 하단의 분개까지 처리하고, 전자세금계산서 및 전자계산서는 전자입력으로 반영한다.

[1] 8월 10일

(주)산양산업으로부터 영업부에서 사용할 소모품(공급가액 950,000원, 부가가치세 별도)을 현금으로 구입하고 전자세금계산서를 발급받았다(단, 소모품은 자산으로 처리한다). (3점)

[2] 8월 22일

내국신용장으로 수출용 제품의 원재료 34,000,000원을 (주)로띠상사에서 매입하고 아래의 영세율전자세금계산서를 발급받았다. 대금은 당사가 발행한 3개월 만기 약속어음으로 지급하였다. (3점)

<table>
<tr><td colspan="4">영세율전자세금계산서</td><td>승인번호</td><td colspan="4">20250822-14258645-58811657</td></tr>
<tr><td rowspan="5">공급자</td><td>등록번호</td><td>124-86-15012</td><td>종사업장번호</td><td></td><td rowspan="5">공급받는자</td><td>등록번호</td><td>312-86-12548</td><td>종사업장번호</td><td></td></tr>
<tr><td>상호(법인명)</td><td>(주)로띠상사</td><td>성명</td><td>이로운</td><td>상호(법인명)</td><td>(주)혜송상사</td><td>성명</td><td>황동규</td></tr>
<tr><td>사업장주소</td><td colspan="3">대전광역시 대덕구 대전로1019번길 28-10</td><td>사업장주소</td><td colspan="3">경기도 용인시 기흥구 갈곡로 6</td></tr>
<tr><td>업태</td><td>제조</td><td>종목</td><td>부품</td><td>업태</td><td>제조, 도소매</td><td>종목</td><td>자동차부품</td></tr>
<tr><td>이메일</td><td colspan="3"></td><td>이메일</td><td colspan="3">hyesong@hscorp.co.kr</td></tr>
</table>

<table>
<tr><td>작성일자</td><td>공급가액</td><td>세액</td><td>수정사유</td><td>비고</td></tr>
<tr><td>2025.8.22.</td><td>34,000,000원</td><td></td><td></td><td></td></tr>
</table>

월	일	품목	규격	수량	단가	공급가액	세액	비고
8	22	부품 kT_01234				34,000,000원		

<table>
<tr><td>합계 금액</td><td>현금</td><td>수표</td><td>어음</td><td>외상미수금</td><td rowspan="2">위 금액을 (청구) 함</td></tr>
<tr><td>34,000,000원</td><td></td><td></td><td>34,000,000원</td><td></td></tr>
</table>

[3] 8월 25일

송강수산으로부터 영업부 직원선물로 마른멸치세트 500,000원, 영업부 거래처선물로 마른멸치세트 300,000원을 구매하였다. 대금은 보통예금 계좌에서 이체하여 지급하고 아래의 전자계산서를 발급받았다(단, 하나의 거래로 작성할 것). (3점)

<table>
<tr><td colspan="4">전자세금계산서</td><td>승인번호</td><td colspan="4">20250825-1832324-1635032</td></tr>
<tr><td rowspan="5">공급자</td><td>등록번호</td><td>850-91-13586</td><td>종사업장번호</td><td></td><td rowspan="5">공급받는자</td><td>등록번호</td><td>312-86-12548</td><td>종사업장번호</td><td></td></tr>
<tr><td>상호(법인명)</td><td>송강수산</td><td>성명</td><td>송강</td><td>상호(법인명)</td><td>(주)혜송상사</td><td>성명</td><td>황동규</td></tr>
<tr><td>사업장주소</td><td colspan="3">경상남도 남해군 남해읍 남해대로 2751</td><td>사업장주소</td><td colspan="3">경기도 용인시 기흥구 갈곡로 6</td></tr>
<tr><td>업태</td><td>도소매</td><td>종목</td><td>건어물</td><td>업태</td><td>제조, 도소매</td><td>종목</td><td>자동차부품</td></tr>
<tr><td>이메일</td><td colspan="3"></td><td>이메일</td><td colspan="3">hyesong@hscorp.co.kr</td></tr>
</table>

<table>
<tr><td>작성일자</td><td>공급가액</td><td>세액</td><td>수정사유</td><td>비고</td></tr>
<tr><td>2025.8.25.</td><td>800,000원</td><td></td><td></td><td></td></tr>
</table>

월	일	품목	규격	수량	단가	공급가액	세액	비고
8	25	마른멸치세트		5	100,000원	500,000원		
8	25	마른멸치세트		3	100,000원	300,000원		

<table>
<tr><td>합계 금액</td><td>현금</td><td>수표</td><td>어음</td><td>외상미수금</td><td rowspan="2">위 금액을 (영수) 함</td></tr>
<tr><td>800,000원</td><td>800,000원</td><td></td><td></td><td></td></tr>
</table>

[4] 10월 16일

업무와 관련없이 대표이사 황동규가 개인적으로 사용하기 위하여 상해전자(주)에서 노트북 1대를 2,100,000원(부가가치세 별도)에 외상으로 구매하고 아래의 전자세금계산서를 발급받았다(단, 가지급금 계정을 사용하고, 거래처를 입력할 것). (3점)

전자세금계산서					승인번호	20251016-15454645-58811886			
공급자	등록번호	501-81-12347	종사업장번호		공급받는자	등록번호	312-86-12548	종사업장번호	
	상호(법인명)	상해전자(주)	성명	김은지		상호(법인명)	(주)혜송상사	성명	황동규
	사업장주소	서울특별시 동작구 여의대방로 28				사업장주소	경기도 용인시 기흥구 갈곡로 6		
	업태	도소매	종목	전자제품		업태	제조, 도소매	종목	자동차부품
	이메일					이메일	hyesong@hscorp.co.kr		

작성일자	공급가액	세액	수정사유	비고
2025.10.16.	2,100,000원	210,000원	해당 없음	

월	일	품목	규격	수량	단가	공급가액	세액	비고
10	16	노트북		1	2,100,000원	2,100,000원	210,000원	

합계 금액	현금	수표	어음	외상미수금	위 금액을 (청구) 함
2,310,000원				2,310,000원	

[5] 11월 4일

개인소비자 김은우에게 제품을 770,000원(부가가치세 포함)에 판매하고, 대금은 김은우의 신한카드로 수취하였다(단, 신용카드 결제대금은 외상매출금으로 회계처리할 것). (3점)

[6] 12월 4일

제조부가 사용하는 기계장치의 원상회복을 위한 수선비 880,000원을 하나카드로 결제하고 다음의 매출전표를 수취하였다. (3점)

하나카드 승인전표

카드번호	4140-0202-3245-9959
거래유형	국내일반
결제방법	일시불
거래일시	2025.12.4. 15:35:45
취소일시	
승인번호	98421149
공급가액	800,000원
부가세	80,000원
봉사료	
승인금액	880,000원
가맹점명	(주)뚝딱수선
가맹점번호	00990218110
가맹점 전화번호	031-828-8624
가맹점 주소	경기도 성남시 수정구 성남대로 1169
사업자등록번호	204-81-76697
대표자명	이은샘

하나카드

문 4 [일반전표입력] 및 [매입매출전표입력] 메뉴에 입력된 내용 중 다음과 같은 오류가 발견되었다. 입력된 내용을 확인하여 정정하시오. (6점)

[1] 9월 9일

(주)초록산업으로부터 5,000,000원을 차입하고 이를 모두 장기차입금으로 회계처리하였으나, 그중 2,000,000원의 상환기일은 2025년 12월 8일로 확인되었다. (3점)

[2] 10월 15일

바로카센터에서 영업부의 영업용 화물차량을 점검 및 수리하고 차량유지비 250,000원(부가세 별도)을 현금으로 지급하였으며, 전자세금계산서를 발급받았다. 그러나 회계 담당 직원의 실수로 이를 일반전표에 입력하였다. (3점)

문 5 결산정리사항은 다음과 같다. 관련 메뉴를 이용하여 결산을 완료하시오.

[1] 결산일 현재 외상매입금 잔액은 2025년 1월 2일 미국에 소재한 원재료 공급거래처 NOVONO로부터 원재료 $5,500를 외상으로 매입하고 미지급한 잔액 $2,000가 포함되어 있다(단, 매입 시 기준환율은 1,100원/$, 결산 시 기준환율은 1,200원/$이다). (3점)

[2] 12월 31일 결산일 현재 단기매매 목적으로 보유 중인 지분증권에 대한 자료는 다음과 같다. 적절한 결산 분개를 하시오. (3점)

종목	취득원가	결산일 공정가치	비고
(주)가은	56,000,000원	54,000,000원	단기매매 목적

[3] 2025년 5월 1일 제조부 공장의 1년치 화재보험료(2025년 5월 1일~2026년 4월 30일) 3,600,000원을 보통예금 계좌에서 이체하여 납부하고 전액 보험료(제조경비)로 회계처리하였다(단, 보험료는 월할 계산하고, 거래처입력은 생략할 것). (3점)

문 6 다음 사항을 조회하여 답안을 이론문제 답안작성 메뉴에 입력하시오. (9점)

[1] 2025년 제1기 부가가치세 확정신고(2025.4.1.~2025.6.30.)에 반영된 예정신고누락분 매출의 공급가액과 매출세액은 각각 얼마인가? (3점)

[2] 2분기(4월~6월) 중 제조원가 항목의 복리후생비 지출액이 가장 많이 발생한 월(月)과 그 금액을 각각 기재하시오. (3점)

[3] 4월 말 현재 미지급금 잔액이 가장 큰 거래처명과 그 금액은 얼마인가? (3점)

112회 기출문제

(주)유미기계 회사코드 2123

정답 및 해설 p.147

이론시험

다음 문제를 보고 알맞은 것을 골라 이론문제 답안작성 메뉴에 입력하시오. (객관식 문항당 2점)

기본전제

문제에서 한국채택국제회계기준을 적용하도록 하는 전제조건이 없는 경우, 일반기업회계기준을 적용한다.

01 다음 중 일반기업회계기준에 따른 재무제표의 종류에 해당하지 않는 것은?

① 현금흐름표
② 주석
③ 제조원가명세서
④ 재무상태표

02 다음 중 정액법으로 감가상각을 계산할 때 관련이 없는 것은?

① 잔존가치
② 취득원가
③ 내용연수
④ 생산량

03 다음 중 이익잉여금처분계산서에 나타나지 않는 항목은?

① 이익준비금
② 자기주식
③ 현금배당
④ 주식배당

04 다음 중 수익인식기준에 대한 설명으로 잘못된 것은?

① 위탁매출은 위탁자가 수탁자로부터 판매대금을 지급받는 때에 수익을 인식한다.
② 상품권매출은 물품 등을 제공하거나 판매하면서 상품권을 회수하는 때에 수익을 인식한다.
③ 단기할부매출은 상품 등을 판매(인도)한 날에 수익을 인식한다.
④ 용역매출은 진행기준에 따라 수익을 인식한다.

05 다음 중 계정과목의 분류가 나머지 계정과목과 다른 하나는 무엇인가?

① 임차보증금
② 산업재산권
③ 프랜차이즈
④ 소프트웨어

06 다음 중 자본의 분류 항목의 성격이 다른 것은?

① 자기주식
② 주식할인발행차금
③ 자기주식처분이익
④ 감자차손

07 실제 기말재고자산의 가액은 50,000,000원이지만 장부상 기말재고자산의 가액이 45,000,000원으로 기재된 경우, 해당 오류가 재무제표에 미치는 영향으로 다음 중 옳지 않은 것은?

① 당기순이익이 실제보다 5,000,000원 감소한다.
② 매출원가가 실제보다 5,000,000원 증가한다.
③ 자산총계가 실제보다 5,000,000원 감소한다.
④ 자본총계가 실제보다 5,000,000원 증가한다.

08 다음의 거래를 회계처리할 경우에 사용되는 계정과목으로 옳은 것은?

> 7월 1일 투자 목적으로 영업활동에 사용할 예정이 없는 토지를 5,000,000원에 취득하고 대금은 3개월 후에 지급하기로 하다. 단, 중개수수료 200,000원은 타인이 발행한 당좌수표로 지급하다.

① 외상매입금
② 당좌예금
③ 수수료비용
④ 투자부동산

09 다음 중 원가 개념에 관한 설명으로 옳지 않은 것은?

① 관련 범위 밖에서 총고정원가는 일정하다.
② 매몰원가는 의사결정에 영향을 주지 않는다.
③ 관련 범위 내에서 단위당 변동원가는 일정하다.
④ 관련원가는 대안 간에 차이가 나는 미래원가로서 의사결정에 영향을 준다.

10 다음 중 제조원가명세서에서 제공하는 정보가 아닌 것은?

① 기말재공품재고액
② 당기제품제조원가
③ 당기총제조원가
④ 매출원가

11 다음 중 보조부문 원가의 배부기준으로 적합하지 않은 것은?

	보조부문원가	배부기준
①	건물 관리 부문	점유 면적
②	공장 인사관리 부문	급여 총액
③	전력 부문	전력 사용량
④	수선 부문	수선 횟수

12 다음 자료를 토대로 선입선출법에 의한 직접재료원가 및 가공원가의 완성품 환산량을 각각 계산하면 얼마인가?

- 기초재공품 5,000개(완성도 70%)
- 당기착수량 35,000개
- 기말재공품 10,000개(완성도 30%)
- 당기완성품 30,000개
- 재료는 공정 초기에 전량 투입되며, 가공원가는 공정 전반에 걸쳐 균등하게 발생한다.

	직접재료원가	가공원가
①	35,000개	29,500개
②	35,000개	34,500개
③	40,000개	34,500개
④	45,000개	29,500개

13 다음 중 우리나라 부가가치세법의 특징으로 옳지 않은 것은?

① 소비지국과세원칙
② 생산지국과세원칙
③ 전단계 세액공제법
④ 간접세

14 다음 중 부가가치세법상 과세기간 등에 대한 설명으로 옳지 않은 것은?

① 사업개시일 이전에 사업자등록을 신청한 경우에 최초의 과세기간은 그 신청한 날부터 그 신청일이 속하는 과세기간의 종료일까지로 한다.
② 사업자가 폐업하는 경우의 과세기간은 폐업일이 속하는 과세기간의 개시일부터 폐업일까지로 한다.
③ 폐업자의 경우 폐업일이 속하는 과세기간 종료일부터 25일 이내에 확정신고를 하여야 한다.
④ 간이과세자의 과세기간은 1월 1일부터 12월 31일까지로 한다.

15 다음 중 부가가치세법상 매입세액공제가 가능한 것은?

① 사업과 관련하여 접대용 물품을 구매하고 발급받은 신용카드매출전표상의 매입세액
② 제조업을 영위하는 법인이 업무용 소형승용차(1,998cc)의 유지비용을 지출하고 발급받은 현금영수증상의 매입세액
③ 제조부서의 화물차 수리를 위해 지출하고 발급받은 세금계산서상의 매입세액
④ 회계부서에서 사용할 물품을 구매하고 발급받은 간이영수증에 포함되어 있는 매입세액

실무시험

(주)유미기계(회사코드: 2123)는 기계부품 등의 제조 · 도소매업 및 부동산임대업을 영위하는 중소기업으로 당기(제10기) 회계기간은 2025.1.1. ~ 2025.12.31.이다. 전산세무회계 수험용 프로그램을 이용하여 다음 물음에 답하시오.

기본전제

- 문제에서 한국채택국제회계기준을 적용하도록 하는 전제조건이 없는 경우, 일반기업회계기준을 적용한다.
- 문제의 풀이와 답안작성은 제시된 문제의 순서대로 진행한다.

문 1 다음은 [기초정보관리] 및 [전기분재무제표]에 대한 자료이다. 각각의 요구사항에 대하여 답하시오. (10점)

[1] 다음의 신규 거래처를 [거래처등록] 메뉴를 이용하여 추가로 등록하시오. (3점)

- 거래처코드: 5230
- 거래처명: (주)대영토이
- 유형: 동시
- 사업자등록번호: 108-86-13574
- 대표자: 박완구
- 업태: 제조
- 종목: 완구제조
- 사업장주소: 경기도 광주시 오포읍 왕림로 139 ※ 주소입력 시 우편번호 입력은 생략해도 무방함.

[2] (주)유미기계의 기초 채권 및 채무의 올바른 잔액은 다음과 같다. [거래처별초기이월] 자료를 검토하여 잘못된 부분은 오류를 정정하고, 누락된 부분은 추가하여 입력하시오. (3점)

계정과목	거래처	금액
외상매출금	알뜰소모품	5,000,000원
	튼튼사무기	3,800,000원
받을어음	(주)클래식상사	7,200,000원
	(주)강림상사	2,000,000원
외상매입금	(주)해원상사	4,600,000원

[3] 전기분재무상태표를 검토한 결과 기말 재고자산에서 다음과 같은 오류가 발견되었다. 관련된 [전기분재무제표]를 모두 수정하시오. (4점)

계정과목	틀린 금액	올바른 금액	내용
원재료(153)	73,600,000원	75,600,000원	입력 오류

문 2 [일반전표입력] 메뉴를 이용하여 다음의 거래 자료를 입력하시오(일반전표입력의 모든 거래는 부가가치세를 고려하지 말 것). (18점)

입력 시 유의사항

- 일반적인 적요의 입력은 생략하지만, 타계정 대체거래는 적요번호를 선택하여 입력한다.
- 채권 · 채무와 관련된 거래는 별도의 요구가 없는 한 반드시 기등록된 거래처코드를 선택하는 방법으로 거래처명을 입력한다.
- 제조경비는 500번대 계정코드를, 판매비와 관리비는 800번대 계정코드를 사용한다.
- 회계처리 시 계정과목은 별도의 제시가 없는 한 등록된 계정과목 중 가장 적절한 과목으로 한다.

[1] 8월 10일

제조부서의 7월분 건강보험료 680,000원을 보통예금으로 납부하였다. 납부한 건강보험료 중 50%는 회사부담분이며, 회사부담분 건강보험료는 복리후생비로 처리한다. (3점)

[2] 8월 23일

(주)애플전자로부터 받아 보관하던 받을어음 3,500,000원의 만기가 되어 지급제시하였으나, 잔고 부족으로 지급이 거절되어 부도처리하였다(단, 부도난 어음은 부도어음과수표 계정으로 관리하고 있다). (3점)

[3] 9월 14일

영업부서에서 고용한 일용직 직원들의 일당 420,000원을 현금으로 지급하였다(단, 일용직에 대한 고용보험료 등의 원천징수액은 발생하지 않는 것으로 가정한다). (3점)

[4] 9월 26일

영업부서의 사원이 퇴직하여 퇴직연금 5,000,000원을 확정급여형(DB) 퇴직연금에서 지급하였다(단, 퇴직급여충당부채 감소로 회계처리하기로 한다). (3점)

[5] 10월 16일

단기 시세 차익을 목적으로 2025년 5월 3일 취득하였던 (주)더푸른컴퓨터의 주식 전부를 37,000,000원에 처분하고 대금은 보통예금 계좌로 입금받았다. 단, 취득 당시 관련 내용은 아래와 같다. (3점)

- 취득 수량: 5,000주
- 1주당 취득가액: 7,000원
- 취득 시 거래수수료: 35,000원

[6] 11월 29일

액면금액 50,000,000원의 사채(만기 3년)를 49,000,000원에 발행하였다. 대금은 보통예금 계좌로 입금되었다. (3점)

문 3 다음 거래 자료를 [매입매출전표입력] 메뉴에 입력하시오. (18점)

입력 시 유의사항

- 일반적인 적요의 입력은 생략하지만, 타계정 대체거래는 적요번호를 선택하여 입력한다.
- 채권 · 채무와 관련된 거래는 별도의 요구가 없는 한 반드시 기등록된 거래처코드를 선택하는 방법으로 거래처명을 입력한다.
- 제조경비는 500번대 계정코드를, 판매비와 관리비는 800번대 계정코드를 사용한다.
- 회계처리 시 계정과목은 별도의 제시가 없는 한 등록된 계정과목 중 가장 적절한 과목으로 한다.
- 입력화면 하단의 분개까지 처리하고, 전자세금계산서 및 전자계산서는 전자입력으로 반영한다.

[1] 9월 2일

(주)신도기전에 제품을 판매하고 다음의 전자세금계산서를 발급하였다. 대금 중 어음은 (주)신도기전이 발행한 것이다. (3점)

전자세금계산서					승인번호	2025090214652823-1603488			
공급자	등록번호	138-81-61276	종사업장 번호		공급받는자	등록번호	130-81-95054	종사업장 번호	
	상호(법인명)	(주)유미기계	성명	정현욱		상호(법인명)	(주)신도기전	성명	윤현진
	사업장 주소	서울특별시 강남구 압구정로 347				사업장 주소	울산 중구 태화로 150		
	업태	제조, 도소매	종목	기계부품		업태	제조	종목	전자제품 외
	이메일					이메일			

작성일자	공급가액	세액	수정사유	비고
2025.9.2.	10,000,000	1,000,000		

월	일	품목	규격	수량	단가	공급가액	세액	비고
9	2	제품		2	5,000,000	10,000,000	1,000,000	

합계 금액	현금	수표	어음	외상미수금	위 금액을 (청구) 함
11,000,000			8,000,000	3,000,000	

[2] 9월 12일

제조부서의 생산직 직원들에게 제공할 작업복 10벌을 인천상회로부터 구입하고 우리카드(법인)로 결제하였다(단, 회사는 작업복 구입 시 즉시 전액 비용으로 처리한다). (3점)

우리 마음속 첫 번째 금융, 우리카드
2025.9.12.(화) 14:03:54

495,000원
정상승인 | 일시불

결제 정보	
카드	우리카드(법인)
회원번호	2245-1223-****-1534
승인번호	76993452
이용구분	일시불
결제 금액	495,000원
공급가액	450,000원
부가세	45,000원
봉사료	0원
가맹점 정보	
가맹점명	인천상회
사업자등록번호	126-86-21617
대표자명	김연서

위 거래 사실을 확인합니다.

[3] 10월 5일

미국의 PYBIN사에 제품 100개(1개당 판매금액 $1,000)를 직접 수출하고 대금은 보통예금 계좌로 송금받았다(단, 선적일인 10월 5일의 기준환율은 1,000원/$이며, 수출신고번호의 입력은 생략한다). (3점)

[4] 10월 22일

영업부서 직원들의 직무역량 강화를 위한 도서를 영건서점에서 현금으로 구매하고 전자계산서를 발급받았다. (3점)

전자계산서					승인번호	20251022-15454645-58811886		
공급자	등록번호	112-60-61264	종사업장번호		공급받는자	등록번호	138-81-61276	종사업장번호	
	상호(법인명)	영건서점	성명	김종인		상호(법인명)	(주)유미기계	성명	정현욱
	사업장주소	인천시 남동구 남동대로 8				사업장주소	서울특별시 강남구 압구정로 347		
	업태	소매	종목	도서		업태	제조, 도소매	종목	기계부품
	이메일					이메일			

작성일자	공급가액	세액	수정사유	비고
2025.10.22.	1,375,000	해당 없음		

월	일	품목	규격	수량	단가	공급가액	세액	비고
10	22	도서(슬기로운 직장 생활 외)				1,375,000		

합계 금액	현금	수표	어음	외상미수금	위 금액을 (청구) 함
1,375,000	1,375,000				

[5] 11월 2일

개인소비자에게 제품을 8,800,000원(부가가치세 포함)에 판매하고 현금영수증(소득공제용)을 발급하였다. 판매대금은 보통예금 계좌로 받았다. (3점)

[6] 12월 19일

매출거래처에 보낼 연말 선물로 홍성백화점에서 생활용품세트를 구입하고 아래 전자세금계산서를 발급받았으며, 대금은 국민카드(법인카드)로 결제하였다. (3점)

전자세금계산서					승인번호	20251219-451542154-542124512		
공급자	등록번호	124-86-09276	종사업장번호		공급받는자	등록번호	138-81-61276	종사업장번호	
	상호(법인명)	홍성백화점	성명	조재광		상호(법인명)	(주)유미기계	성명	정현욱
	사업장주소	서울 강남구 테헤란로 101				사업장주소	서울특별시 강남구 압구정로 347		
	업태	도소매	종목	잡화		업태	제조, 도소매	종목	기계부품
	이메일					이메일			

작성일자	공급가액	세액	수정사유	비고
2025.12.19.	500,000	50,000		

월	일	품목	규격	수량	단가	공급가액	세액	비고
12	19	생활용품세트		10	50,000	500,000	50,000	

합계 금액	현금	수표	어음	외상미수금	위 금액을 (청구) 함
550,000				550,000	

문 4 [일반전표입력] 및 [매입매출전표입력] 메뉴에 입력된 내용 중 다음과 같은 오류가 발견되었다. 입력된 내용을 확인하여 정정하시오. (6점)

[1] 7월 31일

경영관리부서 직원을 위하여 확정급여형(DB형) 퇴직연금에 가입하고 보통예금 계좌에서 14,000,000원을 이체하였으나, 회계담당자는 확정기여형(DC형) 퇴직연금에 가입한 것으로 알고 회계처리를 하였다. (3점)

[2] 10월 28일

영업부서의 매출거래처에 선물하기 위하여 다다마트에서 현금으로 구입한 선물 세트 5,000,000원(부가가치세 별도, 전자세금계산서 수취)을 복리후생비로 회계처리를 하였다. (3점)

문 5 결산정리사항은 다음과 같다. 관련 메뉴를 이용하여 결산을 완료하시오. (9점)

[1] 7월 1일에 가입한 토스은행의 정기예금 5,000,000원(만기 1년, 연 이자율 6%)에 대하여 기간 경과분 이자를 계상하다. 단, 이자 계산은 월할 계산하며, 원천징수는 없다고 가정한다. (3점)

[2] 외상매입금 계정에는 중국에 소재한 거래처 상하이에 대한 외상매입금 2,000,000원($2,000)이 포함되어 있다(결산일 현재 기준환율: 1,040원/$). (3점)

[3] 매출채권 잔액에 대하여만 1%의 대손충당금을 보충법으로 설정한다(단, 기중의 충당금에 대한 회계처리는 무시하고 아래 주어진 자료에 의해서만 처리한다). (3점)

구 분	기말채권 잔액	기말충당금 잔액	추가설정(△환입)액
외상매출금	15,000,000원	70,000원	80,000원
받을어음	12,000,000원	150,000원	△30,000원

문 6 다음 사항을 조회하여 답안을 이론문제 답안작성 메뉴에 입력하시오. (9점)

[1] 제1기 부가가치세 예정신고에 반영된 자료 중 현금영수증이 발행된 과세매출의 공급가액은? (3점)

[2] 6월 한 달 동안 발생한 제조원가 중 현금으로 지급한 금액은 얼마인가? (3점)

[3] 6월 30일 현재 외상매입금 잔액이 가장 작은 거래처명과 외상매입금 잔액은 얼마인가? (3점)

111회 기출문제

예은상사(주) 회사코드 2113

정답 및 해설 p.162

이론시험

다음 문제를 보고 알맞은 것을 골라 이론문제 답안작성 메뉴에 입력하시오. (객관식 문항당 2점)

기본전제

문제에서 한국채택국제회계기준을 적용하도록 하는 전제조건이 없는 경우, 일반기업회계기준을 적용한다.

01 다음 중 아래의 자료에서 설명하고 있는 재무정보의 질적특성에 해당하지 않는 것은?

재무정보가 정보이용자의 의사결정에 유용하게 활용되기 위해서는 그 정보가 의사결정의 목적과 관련이 있어야 한다.

① 예측가치
② 피드백가치
③ 적시성
④ 중립성

02 다음 중 일반기업회계기준에 따른 재무상태표의 표시에 관한 설명으로 가장 적절하지 않은 것은?

① 비유동자산은 당좌자산, 유형자산, 무형자산으로 구분된다.
② 단기차입금은 유동부채로 분류된다.
③ 자산과 부채는 유동성 배열법에 따라 작성된다.
④ 재고자산은 유동자산에 포함된다.

03 다음은 재고자산 단가 결정방법에 대한 설명이다. 어느 방법에 대한 설명인가?

- 실제의 물량 흐름에 대한 원가흐름의 가정이 대체로 유사하다.
- 현재의 수익과 과거의 원가가 대응하여 수익 · 비용 대응의 원칙에 부적합하다.
- 물가 상승 시 이익이 과대 계상된다.

① 개별법
② 선입선출법
③ 후입선출법
④ 총평균법

04 다음 중 현금 및 현금성자산에 해당하는 항목의 총합계액은 얼마인가?

• 선일자수표	500,000원	• 배당금지급통지서	500,000원
• 타인발행수표	500,000원	• 만기 6개월 양도성예금증서	300,000원

① 1,000,000원
② 1,300,000원
③ 1,500,000원
④ 1,800,000원

05 다음 중 자본에 대한 설명으로 옳지 않은 것은?

① 자본금은 발행주식수에 액면가액을 곱한 금액이다.
② 주식발행초과금과 감자차익은 자본잉여금이다.
③ 자본조정에는 주식할인발행차금, 감자차손 등이 있다.
④ 주식배당과 무상증자는 순자산의 증가가 발생한다.

06 다음 중 손익계산서에 나타나는 계정과목으로만 짝지어진 것은?

가. 대손상각비	나. 현금	다. 기부금
라. 퇴직급여	마. 이자수익	바. 외상매출금

① 가, 나
② 가, 다
③ 나, 바
④ 다, 바

07 다음은 12월 말 결산법인인 (주)한국의 기계장치 관련 자료이다. (주)한국이 2025년 12월 31일에 계상할 감가상각비는 얼마인가? (단, 월할상각할 것)

• 취득일: 2024년 7월 1일	• 상각방법: 정률법	• 내용연수: 5년
• 상각률: 45%	• 취득원가: 10,000,000원	• 잔존가치: 500,000원

① 4,500,000원
② 3,487,500원
③ 2,475,000원
④ 2,250,000원

08 다음 중 손익계산서상 표시되는 매출원가를 증가시키는 영향을 주지 않는 것은?

① 판매 이외 목적으로 사용된 재고자산의 타계정 대체액
② 재고자산의 시가가 장부금액 이하로 하락하여 발생한 재고자산평가손실
③ 정상적으로 발생한 재고자산감모손실
④ 원재료 구입 시 지급한 운반비

09 다음 중 원가에 대한 설명으로 가장 옳지 않은 것은?

① 기초원가이면서 가공원가에 해당하는 원가는 직접노무원가이다.
② 직접원가란 특정 제품의 생산에 직접적으로 사용되어 명확하게 추적할 수 있는 원가이다.
③ 변동원가는 생산량이 증가할 때마다 단위당 원가도 증가하는 원가이다.
④ 매몰원가는 과거에 발생하여 현재 의사결정에 영향을 미치지 않는 원가를 말한다.

10 다음 중 개별원가계산의 적용이 가능한 업종은 무엇인가?

① 제분업 ② 정유업
③ 건설업 ④ 식품가공업

11 다음 중 공손 등에 대한 설명으로 옳지 않은 것은?

① 공손은 생산과정에서 발생하는 원재료의 찌꺼기를 말한다.
② 정상공손은 효율적인 생산과정에서 발생하는 공손을 말한다.
③ 비정상공손원가는 영업외비용으로 처리한다.
④ 정상공손은 원가에 포함한다.

12 (주)서울은 직접노무시간을 기준으로 제조간접원가를 배부하고 있다. 당해연도 초의 예상 직접노무시간은 50,000시간이고, 제조간접원가 예상액은 2,500,000원이었다. 6월의 제조간접원가 실제 발생액은 300,000원이고, 실제 직접노무시간이 5,000시간인 경우, 6월의 제조간접원가 배부차이는 얼마인가?

① 과대배부 40,000원 ② 과소배부 40,000원
③ 과대배부 50,000원 ④ 과소배부 50,000원

13 다음 중 부가가치세법상 세부담의 역진성을 완화하기 위한 목적으로 도입한 제도는 무엇인가?

① 영세율제도
② 사업자단위과세제도
③ 면세제도
④ 대손세액공제제도

14 다음 중 부가가치세법상 '재화의 공급으로 보지 않는 특례'에 해당하지 않는 것은?

① 담보의 제공
② 제품의 외상판매
③ 조세의 물납
④ 법률에 따른 수용

15 다음 중 부가가치세법상 과세표준에 포함하지 않는 것은?

① 할부판매 시의 이자상당액
② 개별소비세
③ 매출할인액
④ 대가의 일부로 받는 운송비

실무시험

예은상사(주)(회사코드: 2113)는 사무용가구의 제조 · 도소매업 및 부동산임대업을 영위하는 중소기업으로 당기(제16기) 회계기간은 2025.1.1. ~ 2025.12.31.이다. 전산세무회계 수험용 프로그램을 이용하여 다음 물음에 답하시오.

기본전제

- 문제에서 한국채택국제회계기준을 적용하도록 하는 전제조건이 없는 경우, 일반기업회계기준을 적용한다.
- 문제의 풀이와 답안작성은 제시된 문제의 순서대로 진행한다.

문 1 다음은 [기초정보관리] 및 [전기분재무제표]에 대한 자료이다. 각각의 요구사항에 대하여 답하시오. (10점)

[1] 다음 자료를 이용하여 아래의 계정과목에 대한 적요를 추가로 등록하시오. (3점)

- 계정과목: 831. 수수료비용
- 현금적요: (적요NO.8) 결제 대행 수수료

[2] 당사는 여유자금 활용을 위하여 아래와 같이 신규 계좌를 개설하였다. [거래처등록] 메뉴를 이용하여 해당 사항을 추가로 입력하시오. (3점)

- 코드번호: 98005
- 거래처명: 수협은행
- 계좌번호: 110-146-980558
- 유형: 정기적금

[3] 다음의 자료를 토대로 각 계정과목의 거래처별 초기이월 금액을 올바르게 정정하시오. (4점)

계정과목	거래처명	수정 전 금액	수정 후 금액
지급어음	천일상사	9,300,000원	6,500,000원
	모닝상사	5,900,000원	8,700,000원
미지급금	대명(주)	8,000,000원	4,500,000원
	(주)한울	4,400,000원	7,900,000원

문 2 [일반전표입력] 메뉴를 이용하여 다음의 거래 자료를 입력하시오(일반전표입력의 모든 거래는 부가가치세를 고려하지 말 것). (18점)

입력 시 유의사항

- 일반적인 적요의 입력은 생략하지만, 타계정 대체거래는 적요번호를 선택하여 입력한다.
- 채권 · 채무와 관련된 거래는 별도의 요구가 없는 한 반드시 기등록된 거래처코드를 선택하는 방법으로 거래처명을 입력한다.
- 제조경비는 500번대 계정코드를, 판매비와 관리비는 800번대 계정코드를 사용한다.
- 회계처리 시 계정과목은 별도의 제시가 없는 한 등록된 계정과목 중 가장 적절한 과목으로 한다.

[1] 7월 10일

회사는 6월에 관리부 직원의 급여를 지급하면서 원천징수한 근로소득세 20,000원과 지방소득세 2,000원을 보통예금 계좌에서 이체하여 납부하였다. (3점)

[2] 7월 16일

(주)홍명으로부터 원재료를 구입하기로 계약하고, 계약금 1,000,000원은 당좌수표를 발행하여 지급하였다. (3점)

[3] 8월 10일

비씨카드 7월분 결제대금 2,000,000원이 보통예금 계좌에서 인출되었다. 단, 회사는 신용카드 사용대금을 미지급금으로 처리하고 있다. (3점)

[4] 8월 20일

영업부 김시성 과장이 대구세계가구박람회 참가를 위한 출장에서 복귀하여 아래의 지출결의서와 출장비 600,000원(출장비 인출 시 전도금으로 회계처리함) 중 잔액을 현금으로 반납하였다. (3점)

지출결의서	
• 왕복항공권 350,000원	• 식대 30,000원

[5] 9월 12일

제조공장의 기계장치를 우리기계에 처분하고 매각대금으로 받은 약속어음 8,000,000원의 만기가 도래하여 우리기계가 발행한 당좌수표로 회수하였다. (3점)

[6] 10월 28일

중국의 'lailai co. ltd'에 대한 제품 수출 외상매출금 30,000달러(선적일 기준환율: ₩1,300/$)를 회수하여 즉시 원화 보통예금으로 입금하였다(단, 입금일의 기준환율은 ₩1,380/$이다). (3점)

문 3 다음 거래 자료를 [매입매출전표입력] 메뉴에 입력하시오. (18점)

입력 시 유의사항

- 일반적인 적요의 입력은 생략하지만, 타계정 대체거래는 적요번호를 선택하여 입력한다.
- 채권 · 채무와 관련된 거래는 별도의 요구가 없는 한 반드시 기등록된 거래처코드를 선택하는 방법으로 거래처명을 입력한다.
- 제조경비는 500번대 계정코드를, 판매비와 관리비는 800번대 계정코드를 사용한다.
- 회계처리 시 계정과목은 별도의 제시가 없는 한 등록된 계정과목 중 가장 적절한 과목으로 한다.
- 입력화면 하단의 분개까지 처리하고, 전자세금계산서 및 전자계산서는 전자입력으로 반영한다.

[1] 7월 6일

(주)아이닉스에 제품을 판매하고 다음과 같이 전자세금계산서를 발급하였으며, 대금은 한 달 뒤에 받기로 하였다. (3점)

전자세금계산서					승인번호	20250706-121221589148			
공급자	등록번호	142-81-05759	종사업장번호		공급받는자	등록번호	214-87-00556	종사업장번호	
	상호(법인명)	예은상사(주)	성명	한태양		상호(법인명)	(주)아이닉스	성명	이소방
	사업장주소	경기도 고양시 덕양구 통일로 101				사업장주소	서울시 용산구 한남대로 12		
	업태	제조 · 도소매	종목	사무용가구		업태	도매 외	종목	의약외품 외
	이메일					이메일			

작성일자	공급가액	세액	수정사유	비고
2025.7.6.	23,000,000	2,300,000	해당 없음	

월	일	품목	규격	수량	단가	공급가액	세액	비고
7	6	사무용책상 등		1,000	23,000	23,000,000	2,300,000	

합계 금액	현금	수표	어음	외상미수금	위 금액을 (청구) 함
25,300,000				25,300,000	

[2] 8월 10일

원재료 매입 거래처에 접대 목적으로 당사의 제품(원가 300,000원)을 무상으로 제공하였다. 단, 해당 제품의 시가는 500,000원이다. (3점)

[3] 9월 16일

팔팔물산에 제품을 9,000,000원(부가가치세 별도)에 판매하고 전자세금계산서를 발급하였으며, 대금으로 팔팔물산이 발행한 당좌수표를 받았다. (3점)

[4] 9월 26일

회사 건물에 부착할 간판을 잘나가광고에서 주문 제작하였다. 대금 5,500,000원(부가가치세 포함)은 보통예금 계좌에서 송금하고 전자세금계산서를 발급받았다(단, 비품으로 처리할 것). (3점)

[5] 10월 15일

메타가구에서 원재료(50단위, @50,000원, 부가가치세 별도)를 매입하고 아래의 전자세금계산서를 발급받았다. 대금 중 1,000,000원은 (주)은성가구로부터 제품 판매대금으로 받아 보관 중인 (주)은성가구 발행 약속어음을 배서양도하고 잔액은 1개월 뒤에 지급하기로 하였다.(3점)

전자세금계산서				승인번호	20251015-154215452154		
공급자	등록번호	305-81-13428	종사업장번호	공급받는자	등록번호	142-81-05759	종사업장번호
	상호(법인명)	메타가구	성명: 윤은영		상호(법인명)	예은상사(주)	성명: 한태양
	사업장주소	전북 김제시 금산면 청도7길 9			사업장주소	경기도 고양시 덕양구 통일로 101	
	업태	제조	종목: 가구		업태	제조·도소매	종목: 사무용가구
	이메일				이메일		
작성일자	공급가액	세액		수정사유	비고		
2025.10.15.	2,500,000	250,000		해당 없음			

월	일	품목	규격	수량	단가	공급가액	세액	비고
10	15	원재료	PC-5	50	50,000	2,500,000	250,000	

합계 금액	현금	수표	어음	외상미수금	위 금액을 (청구) 함
2,750,000			1,000,000	1,750,000	

[6] 12월 20일

대표이사 한태양은 본인 자녀의 대학교 입학 축하 선물로 니캉전자에서 디지털카메라를 3,800,000원(부가가치세 별도)에 구매하면서 당사 명의로 전자세금계산서를 발급받고, 대금은 보통예금 계좌에서 지급하였다(단, 대표이사 한태양의 가지급금으로 회계처리할 것). (3점)

문 4 [일반전표입력] 및 [매입매출전표입력] 메뉴에 입력된 내용 중 다음과 같은 오류가 발견되었다. 입력된 내용을 확인하여 정정하시오. (6점)

[1] 8월 17일

사거리주유소에서 영업부가 사용하는 비영업용 소형승용차(800cc, 매입세액공제 가능 차량)에 경유를 주유하고 유류대 44,000원를 비씨카드(법인카드)로 결제한 건에 대하여 회계담당자는 매입세액을 공제받지 못하는 것으로 판단하였으며, 이를 매입매출전표에 카드면세로 입력하였다. (3점)

[2] 11월 12일

매출거래처 직원의 결혼축하금으로 현금 500,000원을 지급한 것으로 회계처리하였으나 이는 당사의 공장 제조부 직원의 결혼축하금인 것으로 밝혀졌다. (3점)

문 5 결산정리사항은 다음과 같다. 관련 메뉴를 이용하여 결산을 완료하시오. (9점)

[1] 제2기 부가가치세 확정신고기간에 대한 부가세예수금은 49,387,500원, 부가세대급금은 34,046,000원이다. 부가가치세를 정리하는 회계처리를 하시오(단, 불러온 자료는 무시하고, 납부세액은 미지급세금, 환급세액은 미수금으로 회계처리할 것). (3점)

[2] 2025년 7월 1일 제조부 공장의 화재보험료 1년분(2025년 7월 1일~2026년 6월 30일) 7,200,000원을 전액 납부하고 즉시 비용으로 회계처리하였다. 이에 대한 기간 미경과분 보험료를 월할계산하여 결산정리분개를 하시오. (3점)

[3] 다음은 2025년 4월 15일 제조부에서 사용하기 위하여 취득한 화물차에 대한 자료이다. 아래 주어진 자료에 대해서만 감가상각을 하시오. (3점)

취득일	취득원가	자산코드/명	잔존가치	내용연수	상각방법
2025.4.15.	30,000,000원	[101]/포터	0원	5	정액법

문 6 다음 사항을 조회하여 답안을 [이론문제 답안작성] 메뉴에 입력하시오. (9점)

[1] 4월(4월 1일~4월 30일)의 외상매출금 회수액은 얼마인가? (3점)

[2] 상반기(1월~6월) 중 제품매출액이 가장 많은 월(月)과 가장 작은 월(月)의 차액은 얼마인가? (단, 양수로 표시할 것) (3점)

[3] 2025년 제1기 부가가치세 확정신고기간(4월~6월)에 세금계산서를 받은 고정자산매입세액은 얼마인가? (3점)

삶의 순간순간이
아름다운 마무리이며
새로운 시작이어야 한다.

– 법정 스님

memo

memo

memo

memo

여러분의 작은 소리
에듀윌은 크게 듣겠습니다.

본 교재에 대한 여러분의 목소리를 들려주세요.
공부하시면서 어려웠던 점, 궁금한 점,
칭찬하고 싶은 점, 개선할 점, 어떤 것이라도 좋습니다.

에듀윌은 여러분께서 나누어 주신 의견을
통해 끊임없이 발전하고 있습니다.

에듀윌 도서몰 book.eduwill.net
- 부가학습자료 및 정오표: 에듀윌 도서몰 → 도서자료실
- 교재 문의: 에듀윌 도서몰 → 문의하기 → 교재(내용, 출간) / 주문 및 배송

2025 에듀윌 전산회계 1급 최신기출 12회분 + 기출특강

발행일	2025년 1월 21일
편저자	김성수
펴낸이	양형남
개발	정상욱, 신은빈
펴낸곳	(주)에듀윌
등록번호	제25100-2002-000052호
주소	08378 서울특별시 구로구 디지털로34길 55 코오롱싸이언스밸리 2차 3층
ISBN	979-11-360-3608-7

www.eduwill.net
대표전화 1600-6700

에듀윌 합격생 98%가 2개월 내 단기합격!

왕초보도 한 번에 합격시키는 단기패스

업계 유일 더블 커리큘럼	전 강사 X 전 강의 무한 수강	AT, IT 자격증 강의 무료 추가 혜택

듀윌 전산세무회계(전급수) 97회, 98회 환급자 대상 설문조사 결과 (2021년 9월~2021년 10월)

업계 최초 대통령상 3관왕,
정부기관상 19관왕 달성!

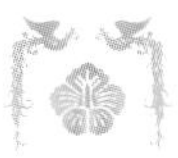
2010 대통령상

2019 대통령상

2019 대통령상

대한민국 브랜드대상
국무총리상

국무총리상

문화체육관광부
장관상

농림축산식품부
장관상

과학기술정보통신부
장관상

여성가족부장관상

서울특별시장상

과학기술부장관상

정보통신부장관상

산업자원부장관상

고용노동부장관상

미래창조과학부장관상

법무부장관상

2004
서울특별시장상 우수벤처기업 대상

2006
부총리 겸 과학기술부장관 표창 국가 과학 기술 발전 유공

2007
정보통신부장관상 디지털콘텐츠 대상
산업자원부장관 표창 대한민국 e비즈니스대상

2010
대통령 표창 대한민국 IT 이노베이션 대상

2013
고용노동부장관 표창 일자리 창출 공로

2014
미래창조과학부장관 표창 ICT Innovation 대상

2015
법무부장관 표창 사회공헌 유공

2017
여성가족부장관상 사회공헌 유공
2016 합격자 수 최고 기록 KRI 한국기록원 공식 인증

2018
2017 합격자 수 최고 기록 KRI 한국기록원 공식 인증

2019
대통령 표창 범죄예방대상
대통령 표창 일자리 창출 유공
과학기술정보통신부장관상 대한민국 ICT 대상

2020
국무총리상 대한민국 브랜드대상
2019 합격자 수 최고 기록 KRI 한국기록원 공식 인증

2021
고용노동부장관상 일·생활 균형 우수 기업 공모전 대상
문화체육관광부장관 표창 근로자휴가지원사업 우수 참여 기업
농림축산식품부장관상 대한민국 사회공헌 대상
문화체육관광부장관 표창 여가친화기업 인증 우수 기업

2022
국무총리 표창 일자리 창출 유공
농림축산식품부장관상 대한민국 ESG 대상

YES24 수험서 자격증 경제/금융/회계/물류 세무/회계(세무사회) 전산회계 1급 베스트셀러 1위
(2016년 1월 5주, 2월 3주, 8월 3주, 2017년 9월 1주~2주, 2018년 9월 2주~3주, 2019년 1월 2주~3주, 2월 1주, 7월 2주, 4주, 8월 1주~3주, 9월 1주, 12월 2주~5주, 2020년 1월 1주~3주, 5주, 10월 4주, 12월 2주, 2021년 1월 2주, 4월 2주, 7월 4주, 8월 5주, 9월 4주, 10월 1주, 2022년 1월 1주~2주, 6월 1주, 10월 4주, 12월 1주 주별 베스트)
2023, 2022, 2021 대한민국 브랜드만족도 전산세무회계 교육 1위 (한경비즈니스)
2020, 2019 한국브랜드만족지수 전산세무회계 교육 1위(주간동아, G밸리뉴스)

2025 에듀윌 전산회계 1급

최신기출 12회분+기출특강

최신기출(이론+실무)
12회분 기출해설 무료 특강

수강경로
에듀윌 도서몰(book.eduwill.net) 로그인
▶ 동영상강의실 ▶ '전산회계 1급' 검색

기초부터 탄탄하게!
기초회계 특강(7일간)

수강경로
에듀윌(eduwill.net) 로그인 ▶ 전산세무회계
▶ 무료특강 ▶ 기초회계 특강

최신 개정세법 완벽 정리!
개정세법 특강(3일간)

수강경로
에듀윌(eduwill.net) 로그인 ▶ 전산세무회계
▶ 무료특강 ▶ 개정세법 특강

핵심이론&빈출 분개 155선(PDF)+
빈출유형&분개특강

(왼쪽) 핵심이론 & 빈출분개 155선
(오른쪽) 빈출유형 & 분개특강

고객의 꿈, 직원의 꿈, 지역사회의 꿈을 실현한다

에듀윌 도서몰
book.eduwill.net

• 부가학습자료 및 정오표: 에듀윌 도서몰 > 도서자료실
• 교재 문의: 에듀윌 도서몰 > 문의하기 > 교재(내용, 출간) / 주문 및 배송

에듀윌 전산회계 1급

실무편 & 최신기출

정답 및 해설

CHAPTER 01 기초정보관리

p.34

(주)천안테크 회사코드: 1054

[1] [전기분재무상태표]

– 토지 20,000,000원 → 31,000,000원으로 수정
– 건물 150,000,000원 → 139,000,000원으로 수정
– 대차차액 0원 확인

[2] [계정과목및적요등록]

824.운반비 계정에 현금적요 '4. 택배운송비 지급' 입력

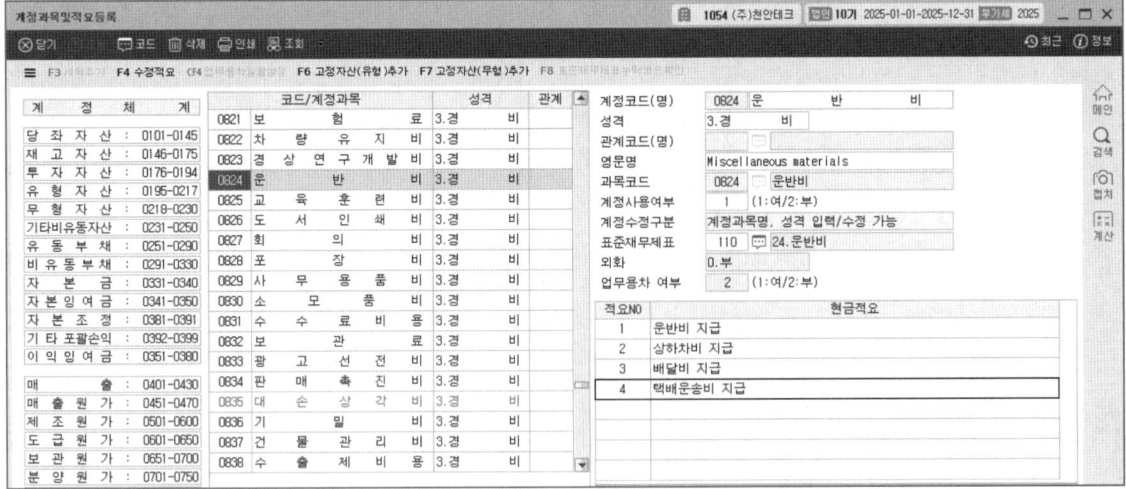

[3] [거래처별초기이월]

- 외상매출금
  - (주)보령전자 12,000,000원 → 10,200,000원으로 수정
  - 대전전자(주): 12,000,000원
  - 평택전자(주): 3,680,000원 → 36,800,000원으로 수정
  - 차액 0원 확인

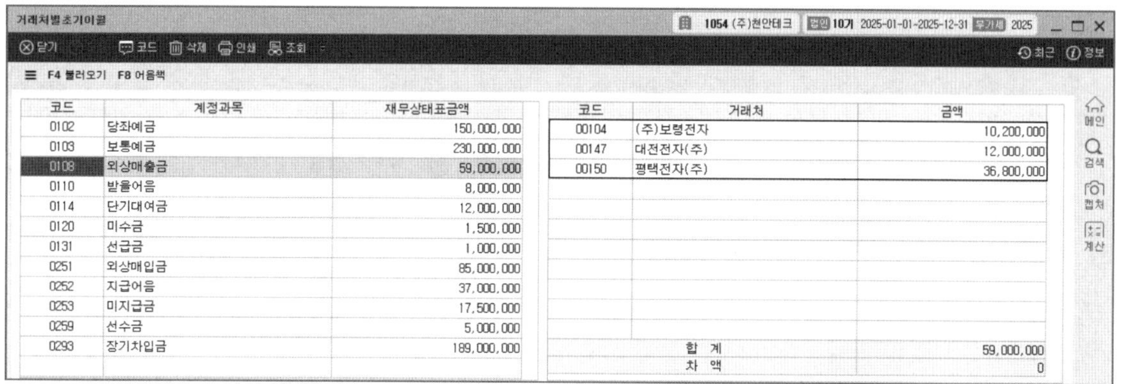

코드	계정과목	재무상태표금액
0102	당좌예금	150,000,000
0103	보통예금	230,000,000
0108	외상매출금	59,000,000
0110	받을어음	8,000,000
0114	단기대여금	12,000,000
0120	미수금	1,500,000
0131	선급금	1,000,000
0251	외상매입금	85,000,000
0252	지급어음	37,000,000
0253	미지급금	17,500,000
0259	선수금	5,000,000
0293	장기차입금	189,000,000

코드	거래처	금액
00104	(주)보령전자	10,200,000
00147	대전전자(주)	12,000,000
00150	평택전자(주)	36,800,000
	합 계	59,000,000
	차 액	0

- 지급어음
  - 대덕전자부품(주) 1,000,000원 → 10,000,000원으로 수정
  - 명성전자(주) 20,000,000원 → 27,000,000원으로 수정
  - 차액 0원 확인

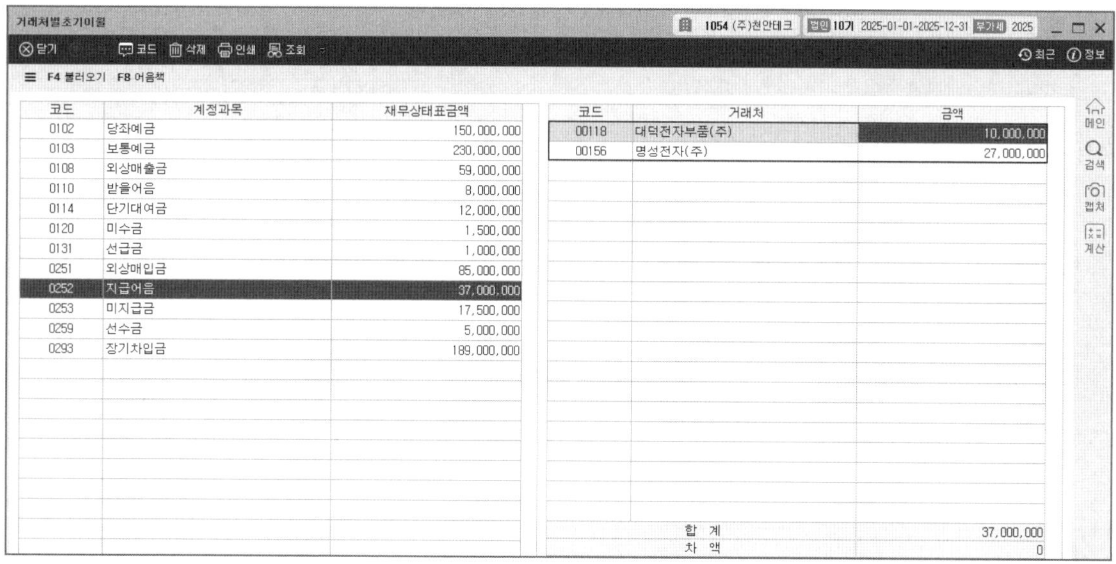

코드	계정과목	재무상태표금액
0102	당좌예금	150,000,000
0103	보통예금	230,000,000
0108	외상매출금	59,000,000
0110	받을어음	8,000,000
0114	단기대여금	12,000,000
0120	미수금	1,500,000
0131	선급금	1,000,000
0251	외상매입금	85,000,000
0252	지급어음	37,000,000
0253	미지급금	17,500,000
0259	선수금	5,000,000
0293	장기차입금	189,000,000

코드	거래처	금액
00118	대덕전자부품(주)	10,000,000
00156	명성전자(주)	27,000,000
	합 계	37,000,000
	차 액	0

남다른패션(주) 회사코드: 1064

[1] [계정과목및적요등록]

511. 복리후생비 계정 적요에 다음과 같이 입력

– 현금적요 9. 생산직원 독감 예방접종비 지급

– 대체적요 3. 직원 휴가비 보통예금 인출

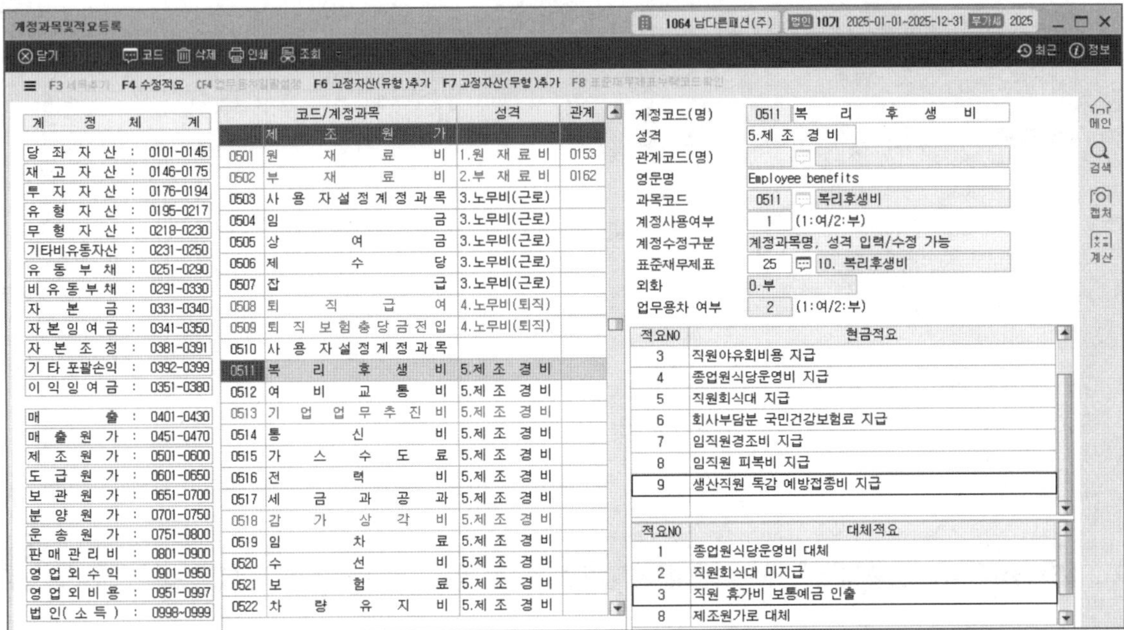

[2] [거래처등록] – [일반거래처] 탭

거래처 '450. (주)대박' 등록

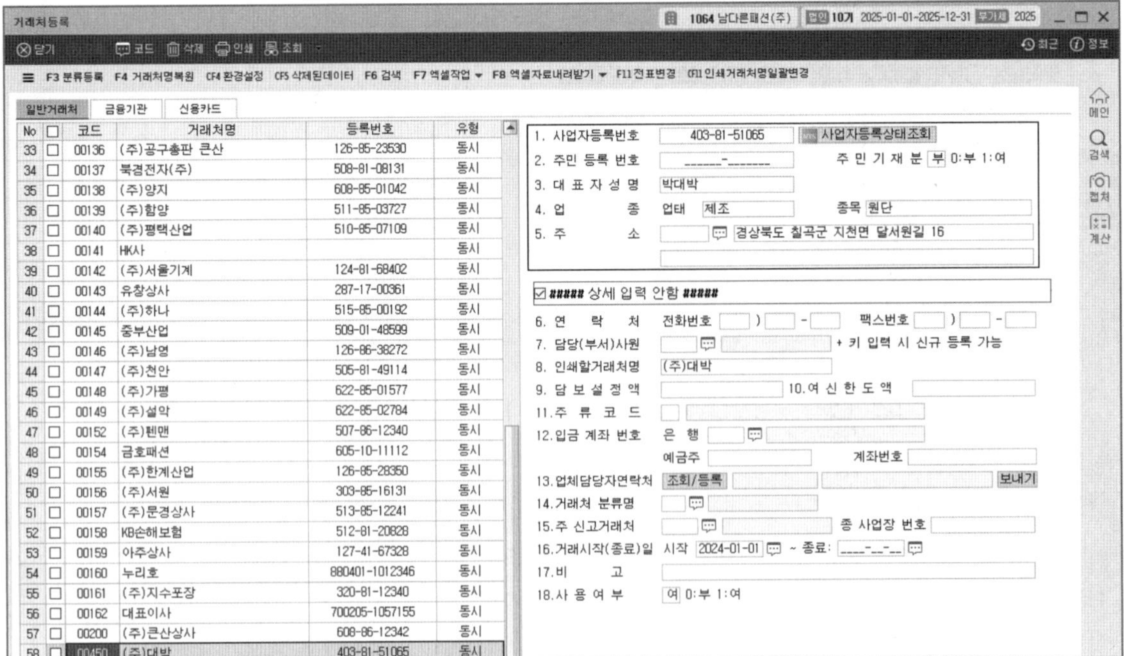

[3] • [전기분 손익계산서]

– 광고선전비 3,800,000원 → 5,300,000원으로 수정

– 당기순이익88,020,000원 → 86,520,000원 확인

전기분손익계산서 1064 남다른패션(주) 법인 10기 2025-01-01~2025-12-31 부가세 2025

닫기 코드 삭제 인쇄 조회 최근 정보

F4 중단 F11 주식수

전기 제 009 기 2024 년 01 월 01 일 ~ 2024 년 12 월 31 일

코드	계정과목	금액
0401	상품매출	26,456,000
0404	제품매출	846,850,000
0451	상품매출원가	17,759,000
0455	제품매출원가	550,900,000
0801	급여	158,500,000
0803	상여금	5,000,000
0811	복리후생비	13,650,000
0813	기업업무추진비	6,000,000
0814	통신비	1,500,000
0815	수도광열비	3,000,000
0817	세금과공과	2,500,000
0818	감가상각비	2,000,000
0819	임차료	4,500,000
0822	차량유지비	550,000
0824	운반비	5,577,000
0831	수수료비용	1,500,000
0833	광고선전비	5,300,000
0848	잡비	850,000
0901	이자수익	550,000
0951	이자비용	5,500,000
0980	잡손실	1,500,000
0998	법인세등	1,250,000

계정별합계	
1.매출	873,306,000
2.매출원가	568,659,000
3.매출총이익(1-2)	304,647,000
4.판매비와관리비	210,427,000
5.영업이익(3-4)	94,220,000
6.영업외수익	550,000
7.영업외비용	7,000,000
8.법인세비용차감전순이익(5+6-7)	87,770,000
9.법인세비용	1,250,000
10.당기순이익(8-9)	86,520,000
11.주당이익(10/주식수)	

• [전기분 잉여금처분계산서]

– 당기순이익 88,020,000원 → 86,520,000원으로 수정

– 미처분이익잉여금 164,900,000원 → 163,400,000원 확인

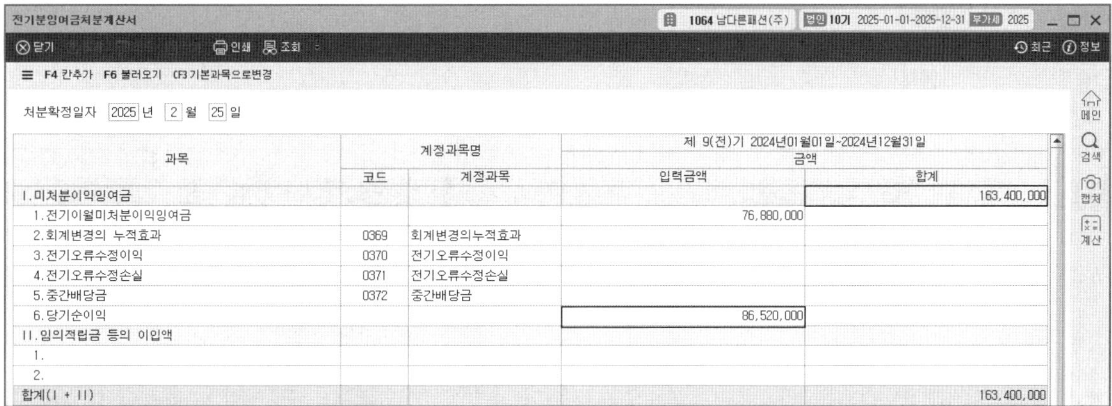

전기분잉여금처분계산서 1064 남다른패션(주) 법인 10기 2025-01-01~2025-12-31 부가세 2025

닫기 인쇄 조회 최근 정보

F4 칸추가 F6 불러오기 CF3 기본과목으로변경

처분확정일자 2025 년 2 월 25 일

과목	계정과목명		제 9(전)기 2024년01월01일~2024년12월31일 금액	
	코드	계정과목	입력금액	합계
I.미처분이익잉여금				163,400,000
1.전기이월미처분이익잉여금			76,880,000	
2.회계변경의 누적효과	0369	회계변경의누적효과		
3.전기오류수정이익	0370	전기오류수정이익		
4.전기오류수정손실	0371	전기오류수정손실		
5.중간배당금	0372	중간배당금		
6.당기순이익			86,520,000	
II.임의적립금 등의 이입액				
1.				
2.				
합계(I + II)				163,400,000

- [전기분 재무상태표]
  - 이월이익잉여금 164,900,000원 → 163,400,000원으로 수정
  - 대차차액 0원 확인

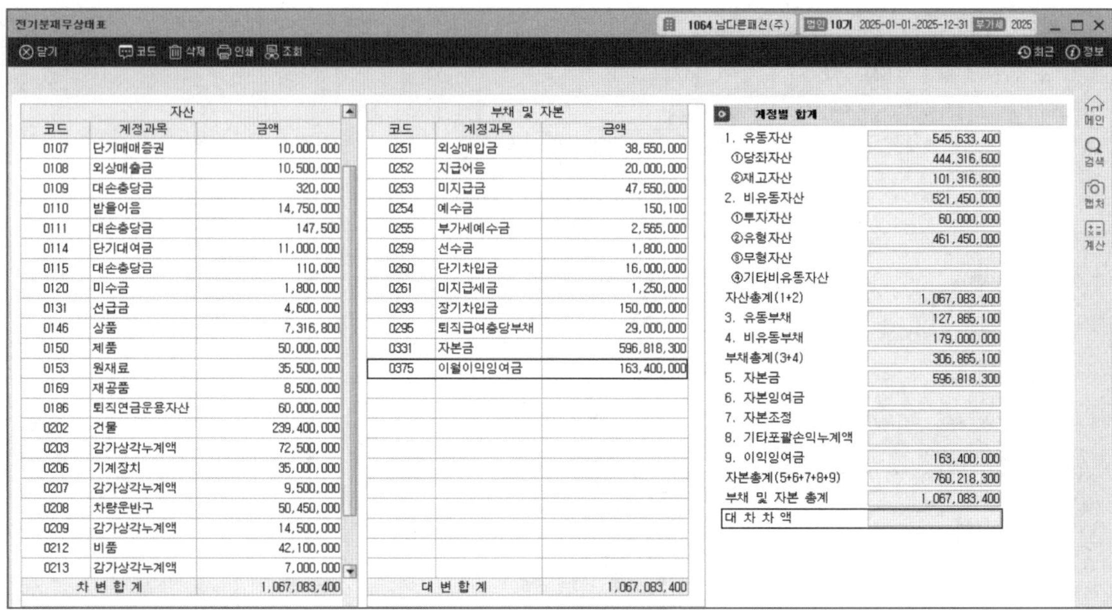

전기분재무상태표 — 1064 남다른패션(주) 법인 10기 2025-01-01~2025-12-31 부가세 2025

코드	계정과목	금액
0107	단기매매증권	10,000,000
0108	외상매출금	10,500,000
0109	대손충당금	320,000
0110	받을어음	14,750,000
0111	대손충당금	147,500
0114	단기대여금	11,000,000
0115	대손충당금	110,000
0120	미수금	1,800,000
0131	선급금	4,600,000
0146	상품	7,316,800
0150	제품	50,000,000
0153	원재료	35,500,000
0169	재공품	8,500,000
0186	퇴직연금운용자산	60,000,000
0202	건물	239,400,000
0203	감가상각누계액	72,500,000
0206	기계장치	35,000,000
0207	감가상각누계액	9,500,000
0208	차량운반구	50,450,000
0209	감가상각누계액	14,500,000
0212	비품	42,100,000
0213	감가상각누계액	7,000,000
	차 변 합 계	1,067,083,400

코드	계정과목	금액
0251	외상매입금	38,550,000
0252	지급어음	20,000,000
0253	미지급금	47,550,000
0254	예수금	150,100
0255	부가세예수금	2,565,000
0259	선수금	1,800,000
0260	단기차입금	16,000,000
0261	미지급세금	1,250,000
0293	장기차입금	150,000,000
0295	퇴직급여충당부채	29,000,000
0331	자본금	596,818,300
0375	이월이익잉여금	163,400,000
	대 변 합 계	1,067,083,400

계정별 합계	
1. 유동자산	545,633,400
①당좌자산	444,316,600
②재고자산	101,316,800
2. 비유동자산	521,450,000
①투자자산	60,000,000
②유형자산	461,450,000
③무형자산	
④기타비유동자산	
자산총계(1+2)	1,067,083,400
3. 유동부채	127,865,100
4. 비유동부채	179,000,000
부채총계(3+4)	306,865,100
5. 자본금	596,818,300
6. 자본잉여금	
7. 자본조정	
8. 기타포괄손익누계액	
9. 이익잉여금	163,400,000
자본총계(5+6+7+8+9)	760,218,300
부채 및 자본 총계	1,067,083,400
대 차 차 액	

세무사랑(주) 회사코드: 1074

[1] [계정과목및적요등록]

842.견본비 계정에 현금적요 '2. 전자제품 샘플 제작비 지급' 등록

계정과목및적요등록 — 1074 세무사랑(주) 법인 11기 2025-01-01~2025-12-31 부가세 2025

코드	계정과목	성격
0833	광고선전비	3.경비
0834	판매촉진비	3.경비
0835	대손상각비	3.경비
0836	기밀비	3.경비
0837	건물관리비	3.경비
0838	수출제비용	3.경비
0839	판매수수료	3.경비
0840	무형자산상각비	3.경비
0841	환가료	3.경비
0842	견본비	3.경비
0843	해외기업업무추진비	3.경비
0844	해외시장개척비	3.경비
0845	미분양주택관리비	3.경비
0846	수주비	3.경비
0847	하자보수충당금전입	3.경비
0848	잡비	3.경비
0849	명예퇴직금	2.인건비(퇴직)
0850	퇴직연금충당금전입	2.인건비(퇴직)

- 계정코드(명): 0842 견본비
- 성격: 3.경비
- 영문명: Samples expenses
- 과목코드: 0842 견본비
- 계정사용여부: 1 (1:여/2:부)
- 계정수정구분: 계정과목명, 성격 입력/수정 가능
- 표준재무제표: 92 12.견본비
- 외화: 0.부
- 업무용차 여부: 2 (1:여/2:부)

적요NO	현금적요
1	샘플제작대 지급
2	전자제품 샘플 제작비 지급

[2] [거래처별초기이월]

- 외상매출금
  - (주)홍금전기 3,000,000원 → 30,000,000원으로 수정
  - 차액 0원 확인

거래처별초기이월 | 1074 세무사랑(주) | 법인 11기 2025-01-01-2025-12-31 | 부가세 2025

닫기 | 코드 | 삭제 | 인쇄 | 조회 | 최근 | 정보

F4 불러오기 F8 어음책

코드	계정과목	재무상태표금액
0102	당좌예금	86,500,000
0103	보통예금	6,100,000
0105	정기예금	50,000,000
0108	외상매출금	40,000,000
0110	받을어음	25,000,000
0131	선급금	2,500,000
0251	외상매입금	56,000,000
0252	지급어음	28,000,000
0253	미지급금	3,800,000
0259	선수금	3,500,000
0260	단기차입금	50,000,000
0293	장기차입금	202,000,000

코드	거래처	금액
00176	(주)홍금전기	30,000,000
00177	(주)금강기업	10,000,000
	합 계	40,000,000
	차 액	0

- 외상매입금
  - 하나무역 12,000,000원 → 26,000,000원으로 수정
  - 차액 0원 확인

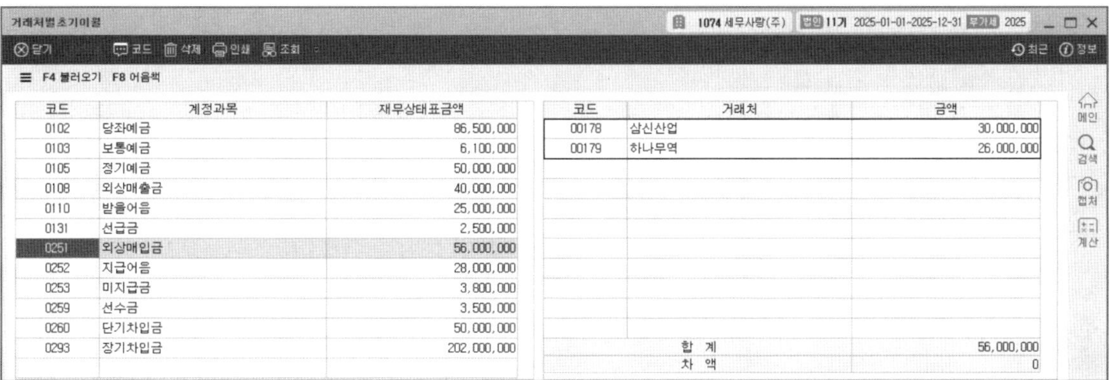

거래처별초기이월 | 1074 세무사랑(주) | 법인 11기 2025-01-01-2025-12-31 | 부가세 2025

닫기 | 코드 | 삭제 | 인쇄 | 조회 | 최근 | 정보

F4 불러오기 F8 어음책

코드	계정과목	재무상태표금액
0102	당좌예금	86,500,000
0103	보통예금	6,100,000
0105	정기예금	50,000,000
0108	외상매출금	40,000,000
0110	받을어음	25,000,000
0131	선급금	2,500,000
0251	외상매입금	56,000,000
0252	지급어음	28,000,000
0253	미지급금	3,800,000
0259	선수금	3,500,000
0260	단기차입금	50,000,000
0293	장기차입금	202,000,000

코드	거래처	금액
00178	삼신산업	30,000,000
00179	하나무역	26,000,000
	합 계	56,000,000
	차 액	0

- 받을어음
  - (주)대호전자 25,000,000원 입력
  - 차액 0원 확인

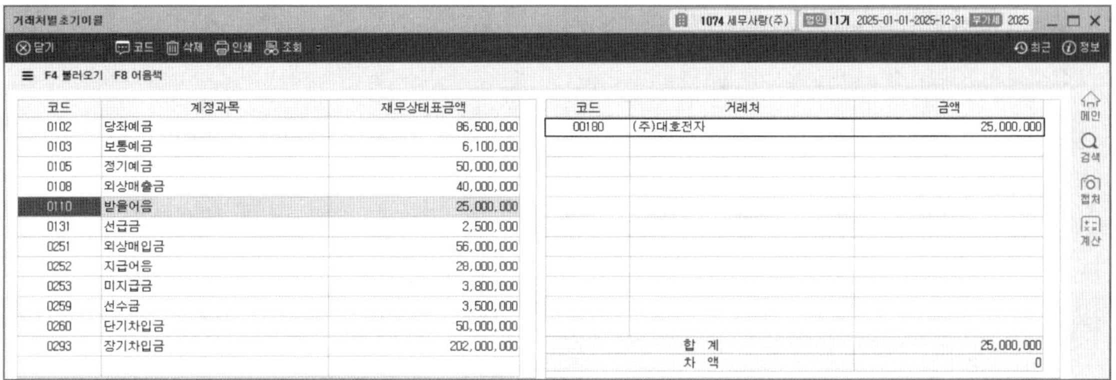

거래처별초기이월 | 1074 세무사랑(주) | 법인 11기 2025-01-01-2025-12-31 | 부가세 2025

닫기 | 코드 | 삭제 | 인쇄 | 조회 | 최근 | 정보

F4 불러오기 F8 어음책

코드	계정과목	재무상태표금액
0102	당좌예금	86,500,000
0103	보통예금	6,100,000
0105	정기예금	50,000,000
0108	외상매출금	40,000,000
0110	받을어음	25,000,000
0131	선급금	2,500,000
0251	외상매입금	56,000,000
0252	지급어음	28,000,000
0253	미지급금	3,800,000
0259	선수금	3,500,000
0260	단기차입금	50,000,000
0293	장기차입금	202,000,000

코드	거래처	금액
00180	(주)대호전자	25,000,000
	합 계	25,000,000
	차 액	0

[3] • [전기분 원가명세서]

– 전력비 2,000,000원 → 4,200,000원으로 수정

– 당기제품제조원가 96,500,000원 확인

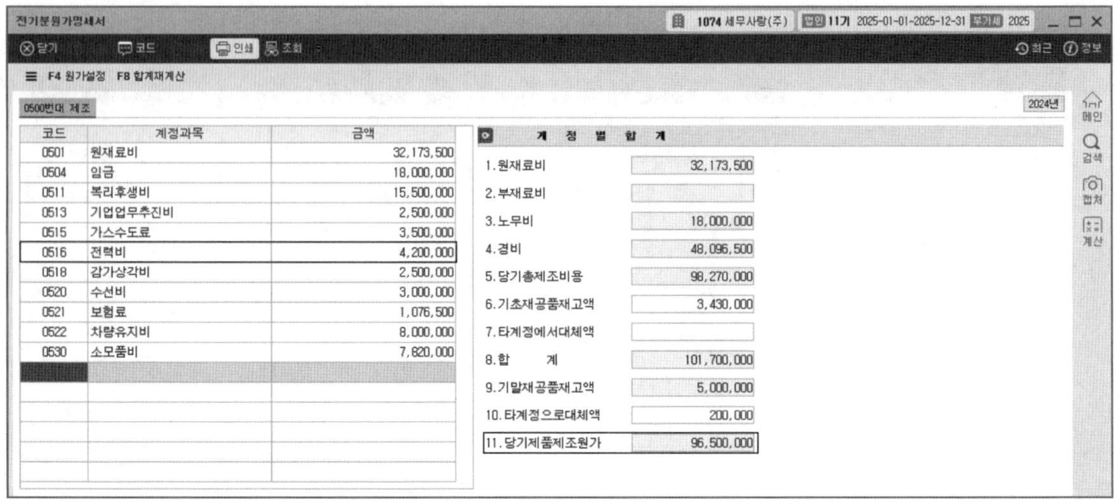

전기분원가명세서　1074 세무사랑(주)　법인 11기 2025-01-01~2025-12-31　부가세 2025

닫기　코드　인쇄　조회　최근　정보

F4 원가설정　F8 합계재계산

0500번대 제조　2024년

코드	계정과목	금액
0501	원재료비	32,173,500
0504	임금	18,000,000
0511	복리후생비	15,500,000
0513	기업업무추진비	2,500,000
0515	가스수도료	3,500,000
0516	전력비	4,200,000
0518	감가상각비	2,500,000
0520	수선비	3,000,000
0521	보험료	1,076,500
0522	차량유지비	8,000,000
0530	소모품비	7,820,000

계정별합계	
1.원재료비	32,173,500
2.부재료비	
3.노무비	18,000,000
4.경비	48,096,500
5.당기총제조비용	98,270,000
6.기초재공품재고액	3,430,000
7.타계정에서대체액	
8.합계	101,700,000
9.기말재공품재고액	5,000,000
10.타계정으로대체액	200,000
11.당기제품제조원가	96,500,000

• [전기분 손익계산서]

– 제품매출원가 탭에서 당기제품제조원가 94,300,000원 → 96,500,000원으로 수정

매출원가

기초제품재고액		50,000,000
당기제품제조원가	+	96,500,000
매입환출및에누리	-	
매입할인	-	
타계정에서대체액	+	
타계정으로대체액	-	
관세환급금	-	
제품평가손실	+	
제품평가손실환입	-	
기말제품재고액	-	22,650,000
매출원가	=	123,850,000

확인(Tab)

– 수도광열비 3,000,000원 → 1,100,000원으로 수정

– 당기순이익 88,200,000원 → 87,900,000원 확인

전기분손익계산서　1074 세무사랑(주)　법인 11기 2025-01-01~2025-12-31　부가세 2025

닫기　코드　삭제　인쇄　조회　최근　정보

F4 중단　F11 주식수

전기 제 010 기 2024 년 01 월 01 일 ~ 2024 년 12 월 31 일

코드	계정과목	금액
0404	제품매출	372,900,000
0455	제품매출원가	123,850,000
0801	급여	85,000,000
0811	복리후생비	28,000,000
0813	기업업무추진비	19,560,000
0814	통신비	3,500,000
0815	수도광열비	1,100,000
0817	세금과공과	2,000,000
0818	감가상각비	2,500,000
0819	임차료	8,810,000
0820	수선비	850,000
0822	차량유지비	5,500,000
0824	운반비	1,500,000
0826	도서인쇄비	1,000,000
0831	수수료비용	800,000
0848	잡비	350,000

계정별합계	
1.매출	372,900,000
2.매출원가	123,850,000
3.매출총이익(1-2)	249,050,000
4.판매비와관리비	160,470,000
5.영업이익(3-4)	88,580,000
6.영업외수익	700,000
7.영업외비용	1,380,000
8.법인세비용차감전순이익(5+6-7)	87,900,000
9.법인세비용	
10.당기순이익(8-9)	87,900,000
11.주당이익(10/주식수)	

- [전기분 잉여금처분계산서]
  - 당기순이익 88,200,000원 → 87,900,000원으로 수정
  - 미처분이익잉여금 134,800,000원 → 134,500,000원 확인

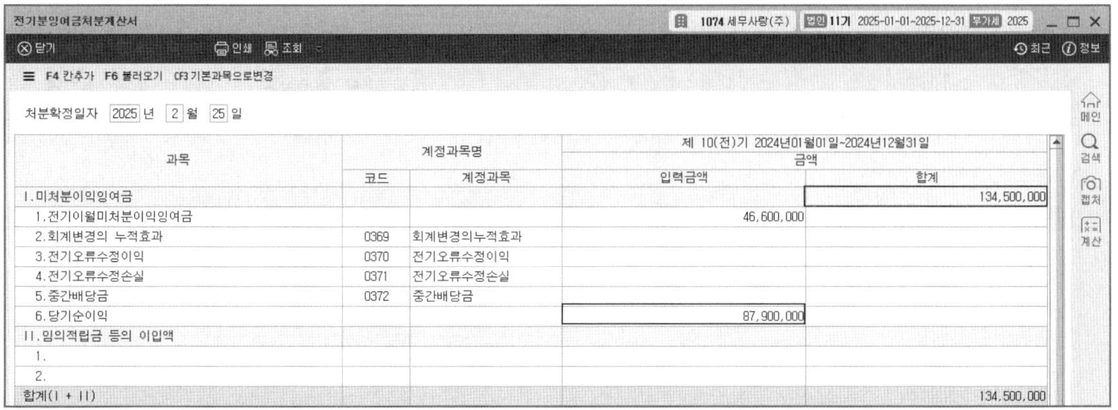

전기분잉여금처분계산서 | 1074 세무사랑(주) | 법인 11기 2025-01-01~2025-12-31 | 부가세 2025

처분확정일자 2025 년 2 월 25 일

과목	코드	계정과목	제 10(전)기 2024년01월01일~2024년12월31일 금액 입력금액	합계
Ⅰ.미처분이익잉여금				134,500,000
1.전기이월미처분이익잉여금			46,600,000	
2.회계변경의 누적효과	0369	회계변경의누적효과		
3.전기오류수정이익	0370	전기오류수정이익		
4.전기오류수정손실	0371	전기오류수정손실		
5.중간배당금	0372	중간배당금		
6.당기순이익			87,900,000	
Ⅱ.임의적립금 등의 이입액				
1.				
2.				
합계(Ⅰ + Ⅱ)				134,500,000

- [전기분 재무상태표]
  - 이월이익잉여금 134,500,000원 수정
  - 대차차액 0원 확인

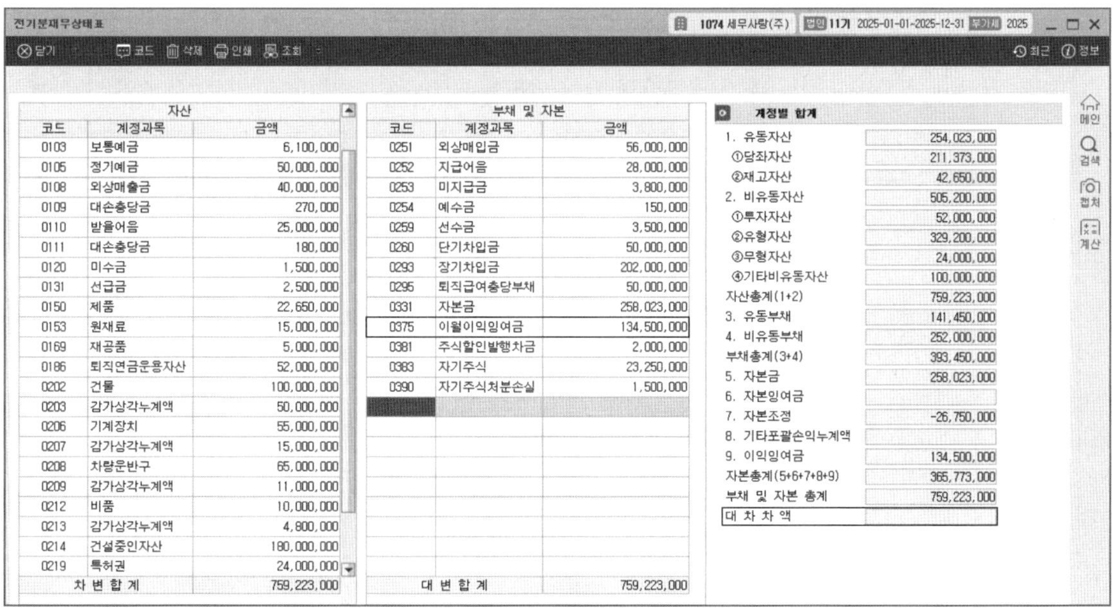

전기분재무상태표 | 1074 세무사랑(주) | 법인 11기 2025-01-01~2025-12-31 | 부가세 2025

자산 코드	계정과목	금액	부채 및 자본 코드	계정과목	금액
0103	보통예금	6,100,000	0251	외상매입금	56,000,000
0105	정기예금	50,000,000	0252	지급어음	28,000,000
0108	외상매출금	40,000,000	0253	미지급금	3,800,000
0109	대손충당금	270,000	0254	예수금	150,000
0110	받을어음	25,000,000	0259	선수금	3,500,000
0111	대손충당금	180,000	0260	단기차입금	50,000,000
0120	미수금	1,500,000	0293	장기차입금	202,000,000
0131	선급금	2,500,000	0295	퇴직급여충당부채	50,000,000
0150	제품	22,650,000	0331	자본금	258,023,000
0153	원재료	15,000,000	0375	이월이익잉여금	134,500,000
0169	재공품	5,000,000	0381	주식할인발행차금	2,000,000
0186	퇴직연금운용자산	52,000,000	0383	자기주식	23,250,000
0202	건물	100,000,000	0390	자기주식처분손실	1,500,000
0203	감가상각누계액	50,000,000			
0206	기계장치	55,000,000			
0207	감가상각누계액	15,000,000			
0208	차량운반구	65,000,000			
0209	감가상각누계액	11,000,000			
0212	비품	10,000,000			
0213	감가상각누계액	4,800,000			
0214	건설중인자산	180,000,000			
0219	특허권	24,000,000			
차 변 합 계		759,223,000	대 변 합 계		759,223,000

계정별 합계	
1. 유동자산	254,023,000
①당좌자산	211,373,000
②재고자산	42,650,000
2. 비유동자산	505,200,000
①투자자산	52,000,000
②유형자산	329,200,000
③무형자산	24,000,000
④기타비유동자산	100,000,000
자산총계(1+2)	759,223,000
3. 유동부채	141,450,000
4. 비유동부채	252,000,000
부채총계(3+4)	393,450,000
5. 자본금	258,023,000
6. 자본잉여금	
7. 자본조정	-26,750,000
8. 기타포괄손익누계액	
9. 이익잉여금	134,500,000
자본총계(5+6+7+8+9)	365,773,000
부채 및 자본 총계	759,223,000
대 차 차 액	

고성상사(주) 회사코드: 1084

[1] [거래처등록] – [일반거래처] 탭

– 03000 (주)나우전자 등록

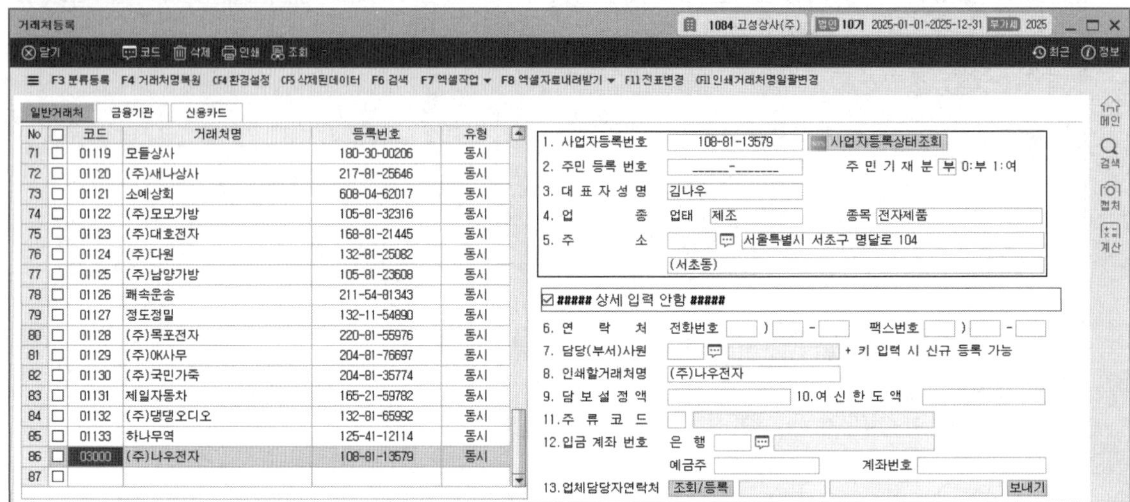

[2] [계정과목및적요등록]

186.퇴직연금운용자산의 대체적요에 '1. 제조 관련 임직원 확정급여형 퇴직연금부담금 납입' 입력

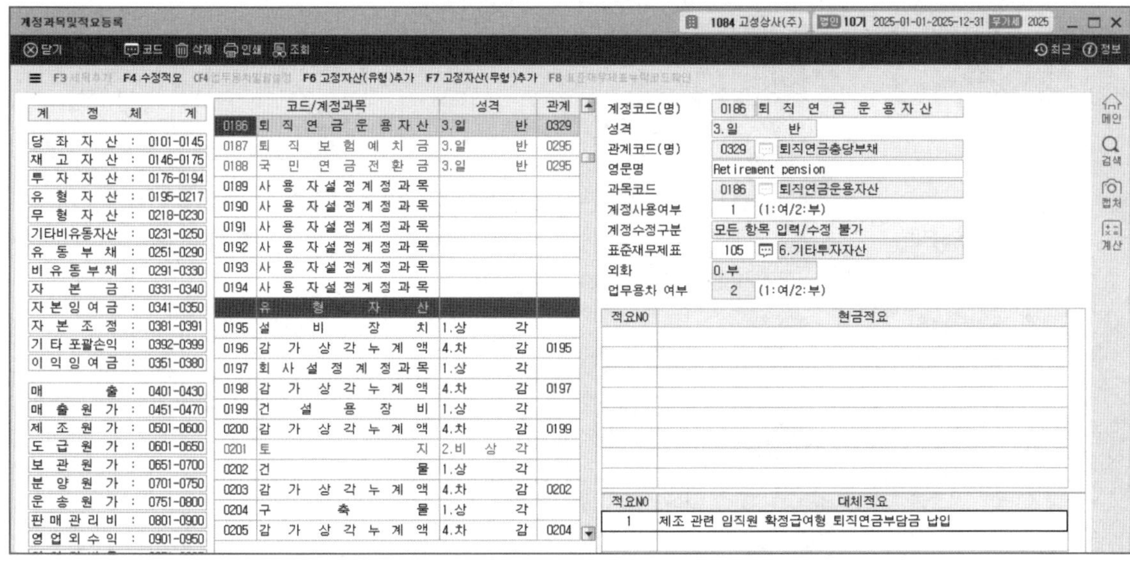

[3] • [거래처별초기이월]

장기차입금 신한은행 20,000,000원 삭제

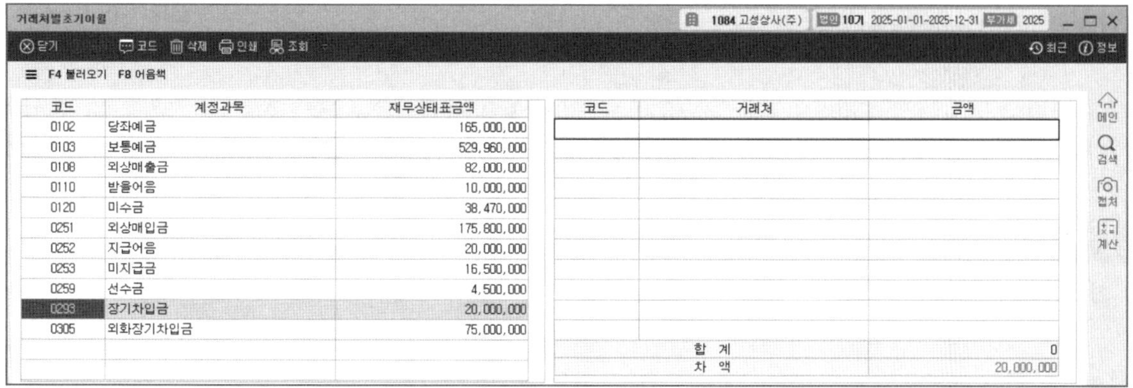

코드	계정과목	재무상태표금액
0102	당좌예금	165,000,000
0103	보통예금	529,960,000
0108	외상매출금	82,000,000
0110	받을어음	10,000,000
0120	미수금	38,470,000
0251	외상매입금	175,800,000
0252	지급어음	20,000,000
0253	미지급금	16,500,000
0259	선수금	4,500,000
0293	장기차입금	20,000,000
0305	외화장기차입금	75,000,000

코드	거래처	금액
	합 계	0
	차 액	20,000,000

• [전기분 재무상태표]

장기차입금 20,000,000원 → 단기차입금 20,000,000원으로 수정

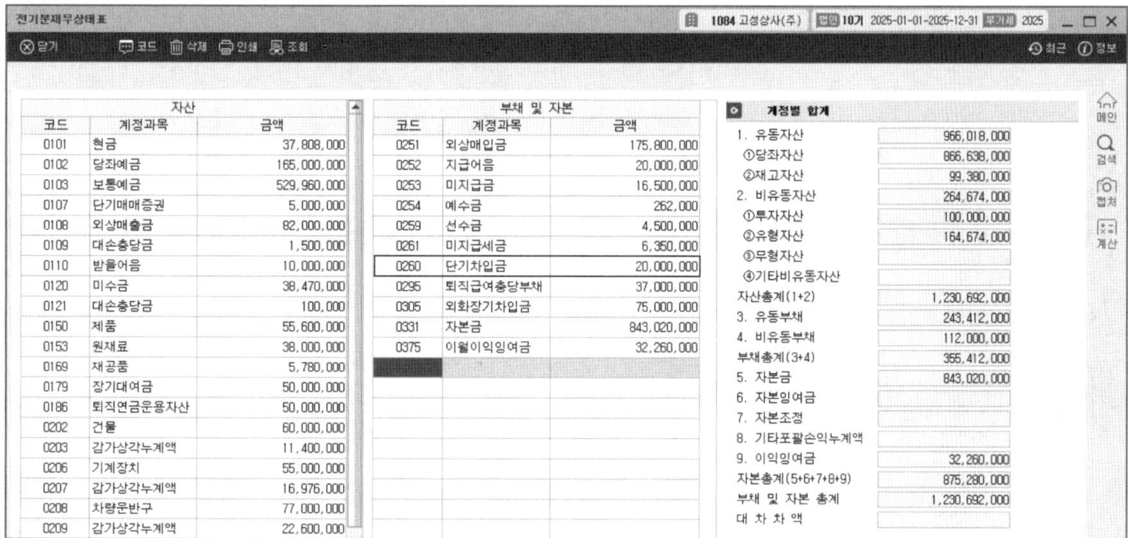

코드	계정과목	금액
0101	현금	37,808,000
0102	당좌예금	165,000,000
0103	보통예금	529,960,000
0107	단기매매증권	5,000,000
0108	외상매출금	82,000,000
0109	대손충당금	1,500,000
0110	받을어음	10,000,000
0120	미수금	38,470,000
0121	대손충당금	100,000
0150	제품	55,600,000
0153	원재료	38,000,000
0169	재공품	5,780,000
0179	장기대여금	50,000,000
0186	퇴직연금운용자산	50,000,000
0202	건물	60,000,000
0203	감가상각누계액	11,400,000
0206	기계장치	55,000,000
0207	감가상각누계액	16,976,000
0208	차량운반구	77,000,000
0209	감가상각누계액	22,600,000

코드	계정과목	금액
0251	외상매입금	175,800,000
0252	지급어음	20,000,000
0253	미지급금	16,500,000
0254	예수금	262,000
0259	선수금	4,500,000
0261	미지급세금	6,350,000
0260	단기차입금	20,000,000
0295	퇴직급여충당부채	37,000,000
0305	외화장기차입금	75,000,000
0331	자본금	843,020,000
0375	이월이익잉여금	32,260,000

계정별 합계	
1. 유동자산	966,018,000
①당좌자산	866,638,000
②재고자산	99,380,000
2. 비유동자산	264,674,000
①투자자산	100,000,000
②유형자산	164,674,000
③무형자산	
④기타비유동자산	
자산총계(1+2)	1,230,692,000
3. 유동부채	243,412,000
4. 비유동부채	112,000,000
부채총계(3+4)	355,412,000
5. 자본금	843,020,000
6. 자본잉여금	
7. 자본조정	
8. 기타포괄손익누계액	
9. 이익잉여금	32,260,000
자본총계(5+6+7+8+9)	875,280,000
부채 및 자본 총계	1,230,692,000
대 차 차 액	

• [거래처별초기이월]

– F4 불러오기 버튼을 눌러서 계정과목에 260.단기차입금이 나오도록 수정

– 단기차입금 내역에 '98005.기업은행 20,000,000원' 입력

– 차액 0원 확인

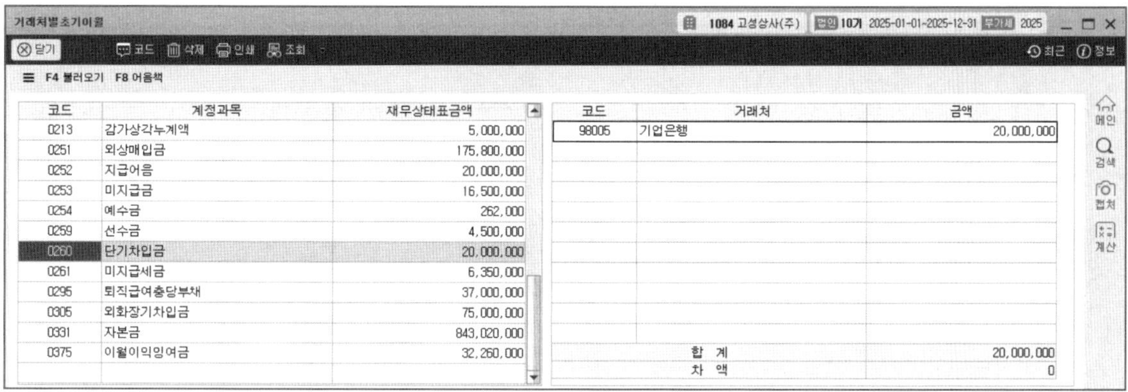

코드	계정과목	재무상태표금액
0213	감가상각누계액	5,000,000
0251	외상매입금	175,800,000
0252	지급어음	20,000,000
0253	미지급금	16,500,000
0254	예수금	262,000
0259	선수금	4,500,000
0260	단기차입금	20,000,000
0261	미지급세금	6,350,000
0295	퇴직급여충당부채	37,000,000
0305	외화장기차입금	75,000,000
0331	자본금	843,020,000
0375	이월이익잉여금	32,260,000

코드	거래처	금액
98005	기업은행	20,000,000
	합 계	20,000,000
	차 액	0

정민상사(주) 회사코드: 1094

[1] [거래처등록] – [일반거래처] 탭

– 1230. 태형상사 등록

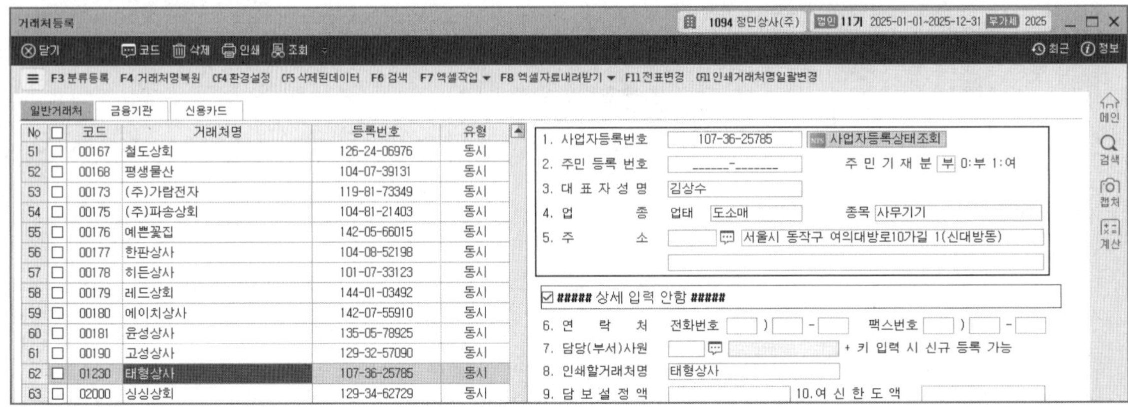

거래처등록 | 1094 정민상사(주) | 법인 11기 2025-01-01~2025-12-31 | 부가세 2025

일반거래처 | 금융기관 | 신용카드

No	코드	거래처명	등록번호	유형
51	00167	철도상회	126-24-06976	동시
52	00168	평생물산	104-07-39131	동시
53	00173	(주)가람전자	119-81-73349	동시
54	00175	(주)파송상회	104-81-21403	동시
55	00176	예쁜꽃집	142-05-66015	동시
56	00177	한판상사	104-08-52198	동시
57	00178	히든상사	101-07-33123	동시
58	00179	레드상회	144-01-03492	동시
59	00180	에이치상사	142-07-55910	동시
60	00181	윤성상사	135-05-78925	동시
61	00190	고성상사	129-32-57090	동시
62	01230	태형상사	107-36-25785	동시
63	02000	싱싱상회	129-34-62729	동시

1. 사업자등록번호 107-36-25785 사업자등록상태조회
2. 주민 등록 번호 ______-_______ 주 민 기 재 분 부 0:부 1:여
3. 대 표 자 성 명 김상수
4. 업 종 업태 도소매 종목 사무기기
5. 주 소 서울시 동작구 여의대방로10가길 1(신대방동)

상세 입력 안함

6. 연 락 처 전화번호 ( ) - 팩스번호 ( ) -
7. 담당(부서)사원 + 키 입력 시 신규 등록 가능
8. 인쇄할거래처명 태형상사
9. 담 보 설 정 액 10.여 신 한 도 액

[2] [거래처별초기이월]

- 받을어음
  - (주)원수 10,000,000원 → 15,000,000원으로 수정
  - 차액 0원 확인

거래처별초기이월 | 1094 정민상사(주) | 법인 11기 2025-01-01~2025-12-31 | 부가세 2025

F4 불러오기 F8 어음책

코드	계정과목	재무상태표금액
0102	당좌예금	47,903,000
0103	보통예금	6,100,000
0105	정기예금	50,000,000
0108	외상매출금	5,000,000
0110	받을어음	17,000,000
0131	선급금	2,500,000
0251	외상매입금	2,300,000
0252	지급어음	28,000,000
0253	미지급금	1,200,000
0259	선수금	3,500,000
0260	단기차입금	35,000,000

코드	거래처	금액
02002	(주)원수	15,000,000
02018	(주)케스터	2,000,000

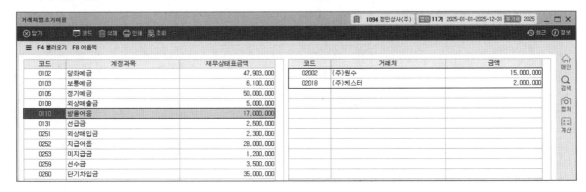

- 단기차입금
  - (주)이태백 10,000,000원 입력
  - (주)빛날통신 3,000,000원 → 13,000,000원으로 수정
  - 차액 0원 확인

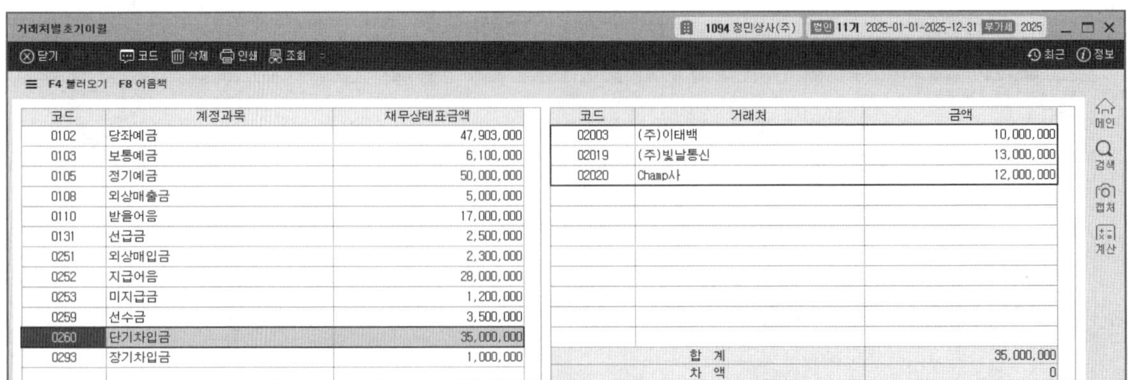

거래처별초기이월 | 1094 정민상사(주) | 법인 11기 2025-01-01~2025-12-31 | 부가세 2025

F4 불러오기 F8 어음책

코드	계정과목	재무상태표금액
0102	당좌예금	47,903,000
0103	보통예금	6,100,000
0105	정기예금	50,000,000
0108	외상매출금	5,000,000
0110	받을어음	17,000,000
0131	선급금	2,500,000
0251	외상매입금	2,300,000
0252	지급어음	28,000,000
0253	미지급금	1,200,000
0259	선수금	3,500,000
0260	단기차입금	35,000,000
0293	장기차입금	1,000,000

코드	거래처	금액
02003	(주)이태백	10,000,000
02019	(주)빛날통신	13,000,000
02020	Champ사	12,000,000
	합 계	35,000,000
	차 액	0

[3] • [전기분 원가명세서]

– 보험료 1,000,000원 입력

– 당기제품제조원가 94,000,000원 확인

전기분원가명세서 | 1094 정민상사(주) | 법인 11기 2025-01-01~2025-12-31 | 부가세 2025

0500번대 제조 | 2024년

코드	계정과목	금액
0501	원재료비	23,150,000
0504	임금	38,000,000
0511	복리후생비	8,800,000
0513	기업업무추진비	2,500,000
0515	가스수도료	3,500,000
0516	전력비	2,676,000
0518	감가상각비	2,500,000
0520	수선비	3,944,000
0522	차량유지비	4,500,000
0530	소모품비	5,000,000
0521	보험료	1,000,000

계정별합계	
1. 원재료비	23,150,000
2. 부재료비	
3. 노무비	38,000,000
4. 경비	34,620,000
5. 당기총제조비용	95,770,000
6. 기초재공품재고액	3,430,000
7. 타계정에서대체액	
8. 합계	99,200,000
9. 기말재공품재고액	5,000,000
10. 타계정으로대체액	200,000
11. 당기제품제조원가	94,000,000

• [전기분 손익계산서]

– 제품매출원가 탭에서 당기제품제조원가 93,000,000원 → 94,000,000원으로 수정

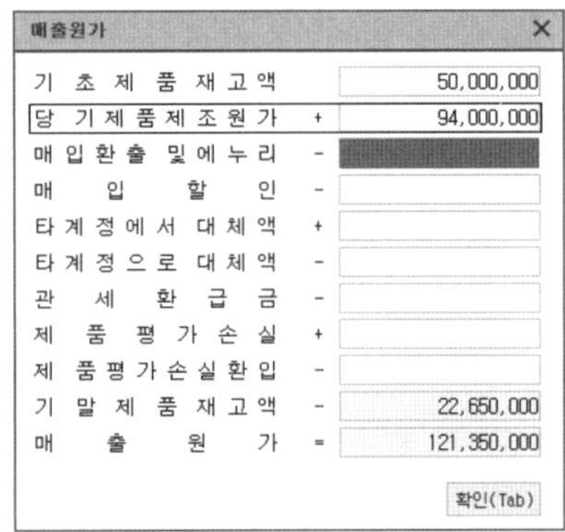

매출원가

기초제품재고액		50,000,000
당기제품제조원가	+	94,000,000
매입환출및에누리	-	
매입할인	-	
타계정에서대체액	+	
타계정으로대체액	-	
관세환급금	-	
제품평가손실	+	
제품평가손실환입	-	
기말제품재고액	-	22,650,000
매출원가	=	121,350,000

확인(Tab)

– 보험료 3,000,000원 → 2,000,000원으로 수정

– 당기순이익 356,150,000원 확인

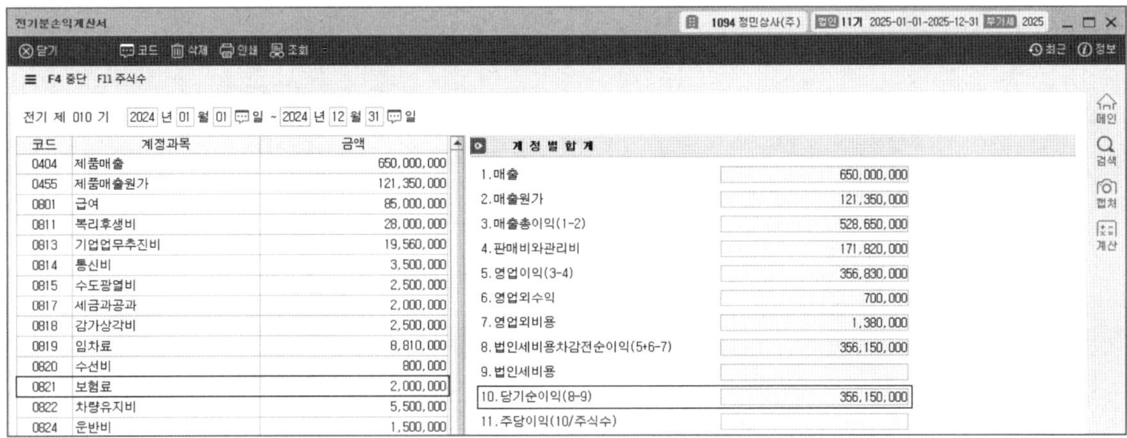

전기분손익계산서 | 1094 정민상사(주) | 법인 11기 2025-01-01~2025-12-31 | 부가세 2025

전기 제 010 기 2024 년 01 월 01 일 ~ 2024 년 12 월 31 일

코드	계정과목	금액
0404	제품매출	650,000,000
0455	제품매출원가	121,350,000
0801	급여	85,000,000
0811	복리후생비	28,000,000
0813	기업업무추진비	19,560,000
0814	통신비	3,500,000
0815	수도광열비	2,500,000
0817	세금과공과	2,000,000
0818	감가상각비	2,500,000
0819	임차료	8,810,000
0820	수선비	800,000
0821	보험료	2,000,000
0822	차량유지비	5,500,000
0824	운반비	1,500,000

계정별합계	
1. 매출	650,000,000
2. 매출원가	121,350,000
3. 매출총이익(1-2)	528,650,000
4. 판매비와관리비	171,820,000
5. 영업이익(3-4)	356,830,000
6. 영업외수익	700,000
7. 영업외비용	1,380,000
8. 법인세비용차감전순이익(5+6-7)	356,150,000
9. 법인세비용	
10. 당기순이익(8-9)	356,150,000
11. 주당이익(10/주식수)	

* 당기순이익의 변화가 없으므로 전기분 잉여금처분계산서 및 전기분 재무상태표도 변동이 없다.

오영상사(주) 회사코드: 1104

[1] [거래처등록] – [신용카드] 탭

– 99850. 하나카드 등록

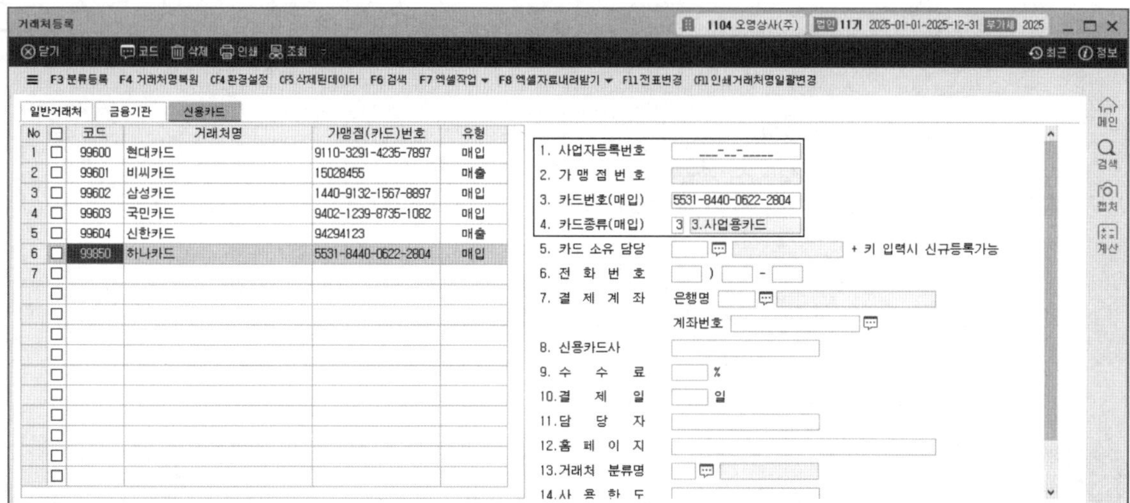

[2] [계정과목및적요등록]

- 812.여비교통비 계정에 다음과 같이 입력
  – 현금적요 6. 야근 시 퇴근택시비 지급
  – 대체적요 3. 야근 시 퇴근택시비 정산 인출

[3] • [전기분 원가명세서]

– 복리후생비 9,000,000원 → 10,000,000원으로 수정

– 당기제품제조원가 95,200,000원 확인

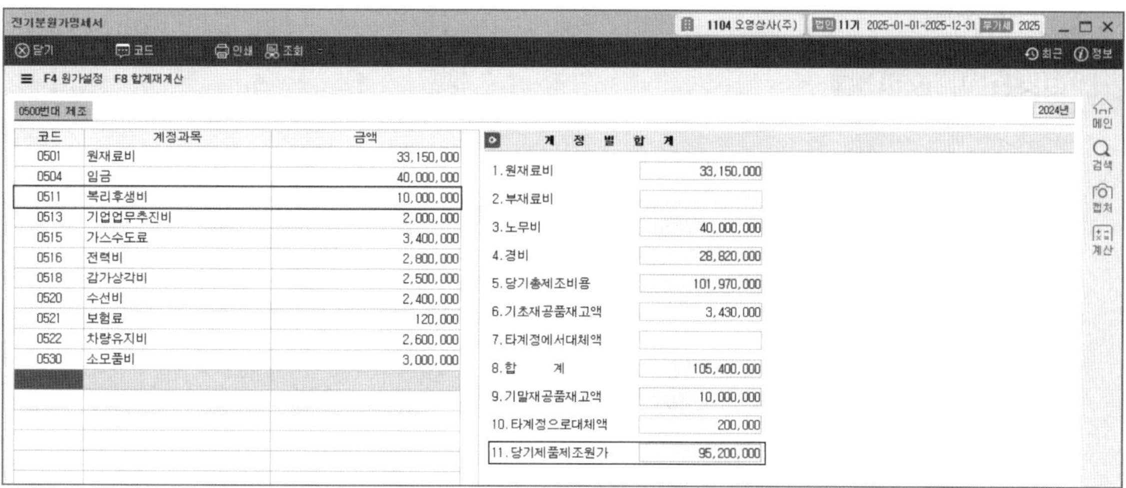

전기분원가명세서 | 1104 오영상사(주) | 법인 11기 2025-01-01~2025-12-31 | 부가세 2025

닫기 | 코드 | 인쇄 | 조회 | 최근 | 정보

F4 원가설정 | F8 합계재계산

0500번대 제조 | 2024년

코드	계정과목	금액
0501	원재료비	33,150,000
0504	임금	40,000,000
0511	복리후생비	10,000,000
0513	기업업무추진비	2,000,000
0515	가스수도료	3,400,000
0516	전력비	2,800,000
0518	감가상각비	2,500,000
0520	수선비	2,400,000
0521	보험료	120,000
0522	차량유지비	2,600,000
0530	소모품비	3,000,000

계정별 합계	
1. 원재료비	33,150,000
2. 부재료비	
3. 노무비	40,000,000
4. 경비	28,820,000
5. 당기총제조비용	101,970,000
6. 기초재공품재고액	3,430,000
7. 타계정에서대체액	
8. 합계	105,400,000
9. 기말재공품재고액	10,000,000
10. 타계정으로대체액	200,000
11. 당기제품제조원가	95,200,000

• [전기분 손익계산서]

– 당기제품제조원가: 95,200,000원으로 수정

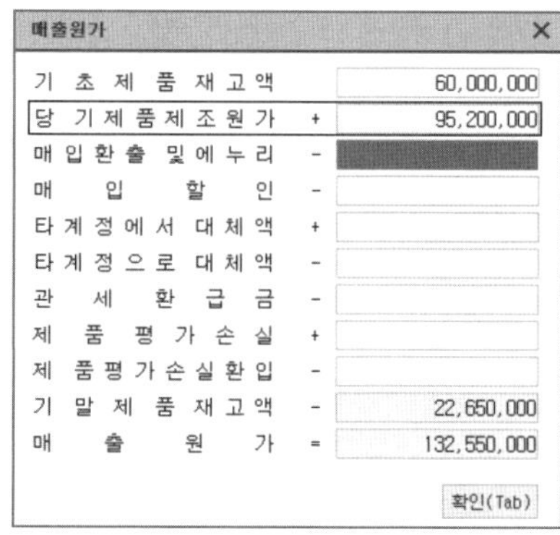

매출원가

기초제품재고액		60,000,000
당기제품제조원가	+	95,200,000
매입환출및에누리	-	
매입할인	-	
타계정에서대체액	+	
타계정으로대체액	-	
관세환급금	-	
제품평가손실	+	
제품평가손실환입	-	
기말제품재고액	-	22,650,000
매출원가	=	132,550,000

확인(Tab)

– 복리후생비 30,000,000원 → 29,000,000원으로 수정

– 당기순이익 61,390,000원 확인

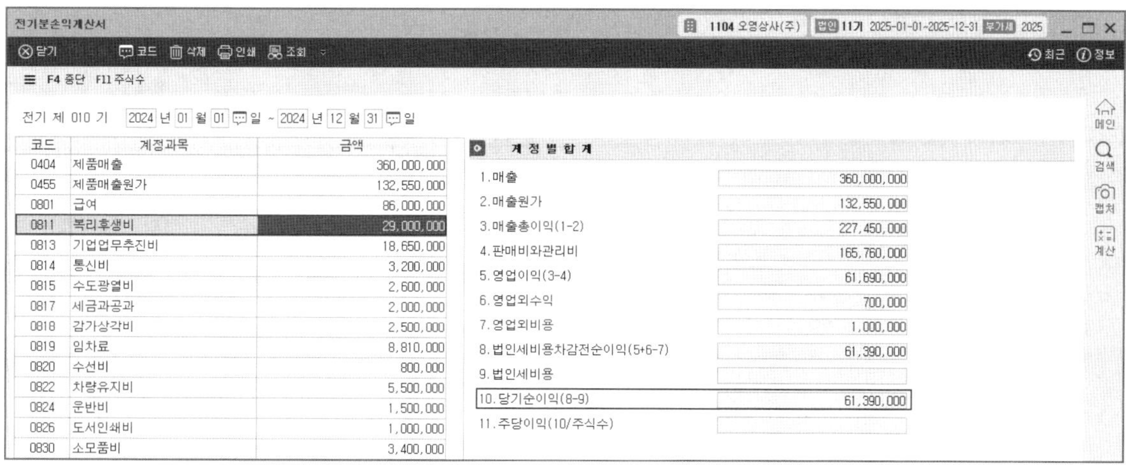

전기분손익계산서 | 1104 오영상사(주) | 법인 11기 2025-01-01~2025-12-31 | 부가세 2025

닫기 | 코드 | 삭제 | 인쇄 | 조회 | 최근 | 정보

F4 중단 | F11 주식수

전기 제 010 기 2024 년 01 월 01 일 ~ 2024 년 12 월 31 일

코드	계정과목	금액
0404	제품매출	360,000,000
0455	제품매출원가	132,550,000
0801	급여	86,000,000
0811	복리후생비	29,000,000
0813	기업업무추진비	18,650,000
0814	통신비	3,200,000
0815	수도광열비	2,600,000
0817	세금과공과	2,000,000
0818	감가상각비	2,500,000
0819	임차료	8,810,000
0820	수선비	800,000
0822	차량유지비	5,500,000
0824	운반비	1,500,000
0826	도서인쇄비	1,000,000
0830	소모품비	3,400,000

계정별 합계	
1. 매출	360,000,000
2. 매출원가	132,550,000
3. 매출총이익(1-2)	227,450,000
4. 판매비와관리비	165,760,000
5. 영업이익(3-4)	61,690,000
6. 영업외수익	700,000
7. 영업외비용	1,000,000
8. 법인세비용차감전순이익(5+6-7)	61,390,000
9. 법인세비용	
10. 당기순이익(8-9)	61,390,000
11. 주당이익(10/주식수)	

* 당기순이익의 변동이 없으므로 전기분 잉여금처분계산서 및 전기분 재무상태표 역시 변동이 없다.

CHAPTER 02 일반전표입력

p.67

일반전표입력 연습

[1] [일반전표입력] 1월 2일

(차) 원재료 4,000,000 (대) 선급금[(주)서준] 400,000
지급어음[(주)서준] 3,600,000

2025 년 01 월 2 일 변경 현금잔액: 600,000 대차차액:

일	번호	구분	계정과목		거래처		적요		차변	대변
2	00001	차변	0153	원재료					4,000,000	
2	00001	대변	0131	선급금	00101	(주)서준				400,000
2	00001	대변	0252	지급어음	00101	(주)서준				3,600,000

[2] [일반전표입력] 1월 3일

(차) 이자비용 150,000 (대) 보통예금 150,000

2025 년 01 월 3 일 변경 현금잔액: 600,000 대차차액:

일	번호	구분	계정과목		거래처		적요		차변	대변
3	00001	차변	0951	이자비용					150,000	
3	00001	대변	0103	보통예금						150,000

[3] [일반전표입력] 1월 4일

(차) 건물 10,200,000 (대) 현금 2,000,000
미지급금[나라상사] 8,000,000
보통예금 200,000

2025 년 01 월 4 일 변경 현금잔액: -1,400,000 대차차액:

일	번호	구분	계정과목		거래처		적요		차변	대변
4	00001	차변	0202	건물					10,200,000	
4	00001	대변	0101	현금						2,000,000
4	00001	대변	0253	미지급금	00103	나라상사				8,000,000
4	00001	대변	0103	보통예금						200,000

[4] [일반전표입력] 1월 5일

(차) 선급금[(주)예준] 600,000 (대) 보통예금 600,000

2025 년 01 월 5 일 변경 현금잔액: -1,400,000 대차차액:

일	번호	구분	계정과목		거래처		적요		차변	대변
5	00001	차변	0131	선급금	00102	(주)예준			600,000	
5	00001	대변	0103	보통예금						600,000

[5] [일반전표입력] 1월 6일

(차) 복리후생비(판) 100,000 (대) 보통예금 200,000
기업업무추진비(판) 100,000

2025 년 01 월 6 일 변경 현금잔액: -1,400,000 대차차액:

일	번호	구분	계정과목		거래처		적요		차변	대변
6	00001	차변	0811	복리후생비					100,000	
6	00001	차변	0813	기업업무추진비					100,000	
6	00001	대변	0103	보통예금						200,000

[6] [일반전표입력] 1월 7일

(차) 현금과부족 110,000 (대) 현금 110,000

2025 년 01 월 7 일 변경 현금잔액: -1,510,000 대차차액:

□	일	번호	구분	계 정 과 목	거 래 처	적 요	차 변	대 변
□	7	00001	차변	0141 현금과부족			110,000	
□	7	00001	대변	0101 현금				110,000

[7] [일반전표입력] 1월 8일

(차) 급여(판) 1,800,000 (대) 예수금 160,000
보통예금 1,640,000

2025 년 01 월 8 일 변경 현금잔액: -1,510,000 대차차액:

□	일	번호	구분	계 정 과 목	거 래 처	적 요	차 변	대 변
□	8	00001	차변	0801 급여			1,800,000	
□	8	00001	대변	0254 예수금				160,000
□	8	00001	대변	0103 보통예금				1,640,000

[8] [일반전표입력] 1월 9일

(차) 차량유지비(판) 150,000 (대) 현금 150,000

2025 년 01 월 9 일 변경 현금잔액: -1,660,000 대차차액:

□	일	번호	구분	계 정 과 목	거 래 처	적 요	차 변	대 변
□	9	00001	차변	0822 차량유지비			150,000	
□	9	00001	대변	0101 현금				150,000

[9] [일반전표입력] 2월 1일

(차) 선급금[나라상사] 100,000 (대) 당좌예금 100,000

2025 년 02 월 1 일 변경 현금잔액: -1,660,000 대차차액:

□	일	번호	구분	계 정 과 목	거 래 처	적 요	차 변	대 변
□	1	00001	차변	0131 선급금	00103 나라상사		100,000	
□	1	00001	대변	0102 당좌예금				100,000

[10] [일반전표입력] 2월 2일

(차) 원재료 1,030,000 (대) 선급금[나라상사] 100,000
외상매입금[나라상사] 900,000
현금 30,000

2025 년 02 월 2 일 변경 현금잔액: -1,690,000 대차차액:

□	일	번호	구분	계 정 과 목	거 래 처	적 요	차 변	대 변
□	2	00001	차변	0153 원재료			1,030,000	
□	2	00001	대변	0131 선급금	00103 나라상사			100,000
□	2	00001	대변	0251 외상매입금	00103 나라상사			900,000
□	2	00001	대변	0101 현금				30,000

[11] [일반전표입력] 2월 3일

(차) 보통예금 2,940,000 (대) 외상매출금[(주)예준] 3,000,000
매출할인(406) 60,000

2025 년 02 월 3 일 변경 현금잔액: -1,690,000 대차차액:

□	일	번호	구분	계 정 과 목	거 래 처	적 요	차 변	대 변
□	3	00001	차변	0103 보통예금			2,940,000	
□	3	00001	차변	0406 매출할인			60,000	
□	3	00001	대변	0108 외상매출금	00102 (주)예준			3,000,000

[12] [일반전표입력] 2월 4일

(차) 가수금 1,500,000 (대) 선수금[(주)서준] 1,000,000

외상매출금[(주)예준] 500,000

2025 년 02 월 4 일 변경 현금잔액: -1,690,000 대차차액:

□	일	번호	구분	계정과목		거래처		적요		차변	대변
□	4	00001	차변	0257	가수금					1,500,000	
□	4	00001	대변	0259	선수금	00101	(주)서준				1,000,000
□	4	00001	대변	0108	외상매출금	00102	(주)예준				500,000

[13] [일반전표입력] 2월 5일

(차) 세금과공과(제) 120,000 (대) 현금 120,000

2025 년 02 월 5 일 변경 현금잔액: -1,810,000 대차차액:

□	일	번호	구분	계정과목		거래처		적요		차변	대변
□	5	00001	차변	0517	세금과공과					120,000	
□	5	00001	대변	0101	현금						120,000

[14] [일반전표입력] 2월 6일

(차) 건물 6,000,000 (대) 현금 6,500,000

수선비(판) 500,000

2025 년 02 월 6 일 변경 현금잔액: -8,310,000 대차차액:

□	일	번호	구분	계정과목		거래처		적요		차변	대변
□	6	00001	차변	0202	건물					6,000,000	
□	6	00001	차변	0820	수선비					500,000	
□	6	00001	대변	0101	현금						6,500,000

[15] [일반전표입력] 2월 7일

(차) 광고선전비(판) 1,000,000 (대) 보통예금 1,000,000

2025 년 02 월 7 일 변경 현금잔액: -8,310,000 대차차액:

□	일	번호	구분	계정과목		거래처		적요		차변	대변
□	7	00001	차변	0833	광고선전비					1,000,000	
□	7	00001	대변	0103	보통예금						1,000,000

[16] [일반전표입력] 3월 2일

(차) 소모품 200,000 (대) 당좌예금 200,000

2025 년 03 월 2 일 변경 현금잔액: 대차차액:

□	일	번호	구분	계정과목		거래처		적요		차변	대변
□	2	00001	차변	0173	소모품					200,000	
□	2	00001	대변	0102	당좌예금						200,000

[17] [일반전표입력] 3월 4일

(차) 당좌예금 7,500,000 (대) 받을어음[나라상사] 8,000,000

매출채권처분손실 500,000

2025 년 03 월 4 일 변경 현금잔액: -8,310,000 대차차액:

□	일	번호	구분	계정과목		거래처		적요		차변	대변
□	4	00001	차변	0102	당좌예금					7,500,000	
□	4	00001	차변	0956	매출채권처분손실					500,000	
□	4	00001	대변	0110	받을어음	00103	나라상사				8,000,000

[18] [일반전표입력] 3월 5일

(차) 여비교통비(판) 350,000 (대) 가지급금[임성종] 400,000
현금 50,000

2025 년 03 월 5 일 변경 현금잔액: -8,260,000 대차차액:								
☐	일	번호	구분	계 정 과 목	거 래 처	적 요	차 변	대 변
☐	5	00001	차변	0812 여비교통비			350,000	
☐	5	00001	차변	0101 현금			50,000	
☐	5	00001	대변	0134 가지급금	00104 임성종			400,000

[19] [일반전표입력] 3월 6일

(차) 지급어음[(주)서준] 900,000 (대) 보통예금 900,000

2025 년 03 월 6 일 변경 현금잔액: -8,260,000 대차차액:								
☐	일	번호	구분	계 정 과 목	거 래 처	적 요	차 변	대 변
☐	6	00001	차변	0252 지급어음	00101 (주)서준		900,000	
☐	6	00001	대변	0103 보통예금				900,000

[20] [일반전표입력] 3월 7일

(차) 통신비(판) 6,300 (대) 현금 6,300

2025 년 03 월 7 일 변경 현금잔액: -8,266,300 대차차액:								
☐	일	번호	구분	계 정 과 목	거 래 처	적 요	차 변	대 변
☐	7	00001	차변	0814 통신비			6,300	
☐	7	00001	대변	0101 현금				6,300

[21] [일반전표입력] 3월 8일

(차) 선수금[(주)서준] 650,000 (대) 제품매출 1,650,000
보통예금 1,000,000

2025 년 03 월 8 일 변경 현금잔액: -8,266,300 대차차액:								
☐	일	번호	구분	계 정 과 목	거 래 처	적 요	차 변	대 변
☐	8	00001	차변	0259 선수금	00101 (주)서준		650,000	
☐	8	00001	차변	0103 보통예금			1,000,000	
☐	8	00001	대변	0404 제품매출				1,650,000

[22] [일반전표입력] 3월 9일

(차) 단기차입금[기업은행] 5,000,000 (대) 보통예금 5,000,000

2025 년 03 월 9 일 변경 현금잔액: -8,266,300 대차차액:								
☐	일	번호	구분	계 정 과 목	거 래 처	적 요	차 변	대 변
☐	9	00001	차변	0260 단기차입금	98000 기업은행		5,000,000	
☐	9	00001	대변	0103 보통예금				5,000,000

[23] [일반전표입력] 3월 10일

(차) 단기매매증권 1,500,000 (대) 보통예금 1,515,000
수수료비용(984) 15,000

2025 년 03 월 10 일 변경 현금잔액: -8,266,300 대차차액:								
☐	일	번호	구분	계 정 과 목	거 래 처	적 요	차 변	대 변
☐	10	00001	차변	0107 단기매매증권			1,500,000	
☐	10	00001	차변	0984 수수료비용			15,000	
☐	10	00001	대변	0103 보통예금				1,515,000

[24] [일반전표입력] 4월 1일

(차) 현금	20,000,000	(대) 제품매출	140,000,000
받을어음[나라상사]	70,000,000		
외상매출금[나라상사]	50,000,000		

2025 년 04 월 1 일 변경 현금잔액: 11,733,700 대차차액:

□	일	번호	구분	계정과목		거래처		적요		차변	대변
□	1	00001	차변	0101	현금					20,000,000	
□	1	00001	차변	0110	받을어음	00103	나라상사			70,000,000	
□	1	00001	차변	0108	외상매출금	00103	나라상사			50,000,000	
□	1	00001	대변	0404	제품매출						140,000,000

[25] [일반전표입력] 4월 2일

(차) 보험료(판)	3,600,000	(대) 당좌예금	3,600,000

2025 년 04 월 2 일 변경 현금잔액: 11,733,700 대차차액:

□	일	번호	구분	계정과목		거래처		적요		차변	대변
□	2	00001	차변	0821	보험료					3,600,000	
□	2	00001	대변	0102	당좌예금						3,600,000

[26] [일반전표입력] 4월 3일

(차) 임차료(제)	500,000	(대) 당좌예금	900,000
임차료(판)	400,000		

2025 년 04 월 3 일 변경 현금잔액: 11,733,700 대차차액:

□	일	번호	구분	계정과목		거래처		적요		차변	대변
□	3	00001	차변	0519	임차료					500,000	
□	3	00001	차변	0819	임차료					400,000	
□	3	00001	대변	0102	당좌예금						900,000

[27] [일반전표입력] 4월 4일

(차) 토지	50,000,000	(대) 자산수증이익	50,000,000

2025 년 04 월 4 일 변경 현금잔액: 11,733,700 대차차액:

□	일	번호	구분	계정과목		거래처		적요		차변	대변
□	4	00001	차변	0201	토지					50,000,000	
□	4	00001	대변	0917	자산수증이익						50,000,000

[28] [일반전표입력] 4월 5일

(차) 복리후생비(판)	60,000	(대) 현금과부족	110,000
통신비(판)	50,000		

2025 년 04 월 5 일 변경 현금잔액: 11,733,700 대차차액:

□	일	번호	구분	계정과목		거래처		적요		차변	대변
□	5	00001	차변	0811	복리후생비					60,000	
□	5	00001	차변	0814	통신비					50,000	
□	5	00001	대변	0141	현금과부족						110,000

[29] [일반전표입력] 4월 6일

(차) 임차보증금[나라상사]	3,000,000	(대) 현금	1,000,000
		당좌예금	2,000,000

2025 년 04 월 6 일 변경 현금잔액: 10,733,700 대차차액:

□	일	번호	구분	계정과목		거래처		적요		차변	대변
□	6	00001	차변	0232	임차보증금	00103	나라상사			3,000,000	
□	6	00001	대변	0101	현금						1,000,000
□	6	00001	대변	0102	당좌예금						2,000,000

[30] [일반전표입력] 5월 1일

(차) 도서인쇄비(제) 450,000 (대) 현금 450,000

2025 년 05 월 1 일 변경 현금잔액: 10,283,700 대차차액:

일	번호	구분	계정과목	거래처	적요	차변	대변
1	00001	차변	0526 도서인쇄비			450,000	
1	00001	대변	0101 현금				450,000

[31] [일반전표입력] 5월 4일

(차) 보통예금 1,970,000 (대) 받을어음[(주)예준] 2,000,000
수수료비용(판) 30,000

2025 년 05 월 4 일 변경 현금잔액: 10,283,700 대차차액:

일	번호	구분	계정과목	거래처	적요	차변	대변
4	00001	차변	0103 보통예금			1,970,000	
4	00001	차변	0831 수수료비용			30,000	
4	00001	대변	0110 받을어음	00102 (주)예준			2,000,000

[32] [일반전표입력] 5월 5일

(차) 대손충당금(109) 500,000 (대) 외상매출금[(주)서준] 2,000,000
대손상각비(판) 1,500,000

2025 년 05 월 5 일 변경 현금잔액: 10,283,700 대차차액:

일	번호	구분	계정과목	거래처	적요	차변	대변
5	00001	차변	0109 대손충당금			500,000	
5	00001	차변	0835 대손상각비			1,500,000	
5	00001	대변	0108 외상매출금	00101 (주)서준			2,000,000

[33] [일반전표입력] 5월 6일

(차) 견본비(판) 300,000 (대) 제품(적요 8. 타계정으로 대체) 300,000

2025 년 05 월 6 일 변경 현금잔액: 10,283,700 대차차액:

일	번호	구분	계정과목	거래처	적요	차변	대변
6	00001	차변	0842 견본비			300,000	
6	00001	대변	0150 제품		8 타계정으로 대체액 손익		300,000

[34] [일반전표입력] 5월 7일

(차) 외상매입금[(주)예준] 4,000,000 (대) 당좌예금 2,000,000
채무면제이익 2,000,000

2025 년 05 월 7 일 변경 현금잔액: 10,283,700 대차차액:

일	번호	구분	계정과목	거래처	적요	차변	대변
7	00001	차변	0251 외상매입금	00102 (주)예준		4,000,000	
7	00001	대변	0102 당좌예금				2,000,000
7	00001	대변	0918 채무면제이익				2,000,000

[35] [일반전표입력] 5월 8일

(차) 보통예금 5,250,000 (대) 외상매출금[(주)서준] 5,500,000
외환차손 250,000

2025 년 05 월 8 일 변경 현금잔액: 10,283,700 대차차액:

일	번호	구분	계정과목	거래처	적요	차변	대변
8	00001	차변	0103 보통예금			5,250,000	
8	00001	차변	0952 외환차손			250,000	
8	00001	대변	0108 외상매출금	00101 (주)서준			5,500,000

[36] [일반전표입력] 6월 1일

(차) 감가상각누계액(209)	3,200,000	(대) 차량운반구	7,000,000
미수금[나라상사]	3,000,000		
유형자산처분손실	800,000		

2025 년 06 월 1 일 변경 현금잔액: 10,283,700 대차차액:

일	번호	구분	계 정 과 목	거 래 처	적 요	차 변	대 변
1	00001	차변	0209 감가상각누계액			3,200,000	
1	00001	차변	0120 미수금	00103 나라상사		3,000,000	
1	00001	차변	0970 유형자산처분손실			800,000	
1	00001	대변	0208 차량운반구				7,000,000

[37] [일반전표입력] 6월 2일

(차) 현금	6,000,000	(대) 자본금	5,000,000
		주식발행초과금	1,000,000

2025 년 06 월 2 일 변경 현금잔액: 16,283,700 대차차액:

일	번호	구분	계 정 과 목	거 래 처	적 요	차 변	대 변
2	00001	차변	0101 현금			6,000,000	
2	00001	대변	0331 자본금				5,000,000
2	00001	대변	0341 주식발행초과금				1,000,000

[38] [일반전표입력] 6월 3일

(차) 보통예금	125,000,000	(대) 자기주식	123,450,000
		자기주식처분이익	1,550,000

2025 년 06 월 3 일 변경 현금잔액: 16,283,700 대차차액:

일	번호	구분	계 정 과 목	거 래 처	적 요	차 변	대 변
3	00001	차변	0103 보통예금			125,000,000	
3	00001	대변	0383 자기주식				123,450,000
3	00001	대변	0343 자기주식처분이익				1,550,000

[39] [일반전표입력] 6월 4일

(차) 복리후생비(제)	350,000	(대) 현금	1,100,000
복리후생비(판)	200,000		
예수금	550,000		

2025 년 06 월 4 일 변경 현금잔액: 15,183,700 대차차액:

일	번호	구분	계 정 과 목	거 래 처	적 요	차 변	대 변
4	00001	차변	0511 복리후생비			350,000	
4	00001	차변	0811 복리후생비			200,000	
4	00001	차변	0254 예수금			550,000	
4	00001	대변	0101 현금				1,100,000

[40] [일반전표입력] 6월 6일

(차) 보통예금	4,000,000	(대) 대손충당금(109)	4,000,000

2025 년 06 월 6 일 변경 현금잔액: 15,183,700 대차차액:

일	번호	구분	계 정 과 목	거 래 처	적 요	차 변	대 변
6	00001	차변	0103 보통예금			4,000,000	
6	00001	대변	0109 대손충당금				4,000,000

(주)천안테크 회사코드: 1054

[1] [일반전표입력] 8월 16일

(차) 수선비(판)	2,800,000	(대) 당좌예금	2,800,000

2025 년 08 월 16 일 변경 현금잔액: 62,923,976 대차차액:

일	번호	구분	계 정 과 목	거 래 처	적 요	차 변	대 변
16	00001	차변	0820 수선비			2,800,000	
16	00001	대변	0102 당좌예금				2,800,000

[2] [일반전표입력] 9월 30일

(차) 보통예금	9,700,000	(대) 외상매출금[(주)창창기계산업]	10,000,000
매출할인(406)	300,000		

2025 년 09 월 30 일 변경 현금잔액: 51,143,256 대차차액:

일	번호	구분	계 정 과 목	거 래 처	적 요	차 변	대 변
30	00001	차변	0103 보통예금			9,700,000	
30	00001	차변	0406 매출할인			300,000	
30	00001	대변	0108 외상매출금	00102 (주)창창기계산업			10,000,000

[3] [일반전표입력] 10월 27일

(차) 보통예금	25,600,000	(대) 자본금	20,000,000
		주식발행초과금	5,600,000

2025 년 10 월 27 일 변경 현금잔액: 71,051,786 대차차액:

일	번호	구분	계 정 과 목	거 래 처	적 요	차 변	대 변
27	00001	차변	0103 보통예금			25,600,000	
27	00001	대변	0331 자본금				20,000,000
27	00001	대변	0341 주식발행초과금				5,600,000

[4] 일반전표입력 10월 28일

(차) 원재료	2,000,000	(대) 보통예금	2,000,000

2025 년 10 월 28 일 변경 현금잔액: 71,051,786 대차차액:

일	번호	구분	계 정 과 목	거 래 처	적 요	차 변	대 변
28	00001	차변	0153 원재료			2,000,000	
28	00001	대변	0103 보통예금				2,000,000

[5] [일반전표입력] 10월 29일

(차) 광고선전비(판)	510,000	(대) 미지급금[국민카드]	510,000
		(또는 미지급비용)	

2025 년 10 월 29 일 변경 현금잔액: 71,051,786 대차차액:

일	번호	구분	계 정 과 목	거 래 처	적 요	차 변	대 변
29	00001	차변	0833 광고선전비			510,000	
29	00001	대변	0253 미지급금	99602 국민카드(법인)			510,000

[6] [일반전표입력] 11월 30일

(차) 대손충당금(115)	660,000	(대) 단기대여금[(주)동행기업]	3,000,000
기타의대손상각비(954)	2,340,000		

2025 년 11 월 30 일 변경 현금잔액: 48,446,286 대차차액:

일	번호	구분	계 정 과 목	거 래 처	적 요	차 변	대 변
30	00001	차변	0115 대손충당금			660,000	
30	00001	차변	0954 기타의대손상각비			2,340,000	
30	00001	대변	0114 단기대여금	00141 (주)동행기업			3,000,000

남다른패션(주) 회사코드: 1064

[1] [일반전표입력] 7월 18일

(차) 외상매입금[(주)괴안공구] 33,000,000 (대) 지급어음[(주)괴안공구] 23,000,000
보통예금 10,000,000

2025 년 07 월 18 일 변경 현금잔액: 17,028,006 대차차액:

□	일	번호	구분	계 정 과 목		거 래 처		적 요		차 변	대 변
□	18	00001	차변	0251	외상매입금	00130	(주)괴안공구			33,000,000	
□	18	00001	대변	0252	지급어음	00130	(주)괴안공구				23,000,000
□	18	00001	대변	0103	보통예금						10,000,000

[2] [일반전표입력] 7월 30일

(차) 대손충당금(109) 320,000 (대) 외상매출금[(주)지수포장] 1,800,000
대손상각비(판) 1,480,000

2025 년 07 월 30 일 변경 현금잔액: 29,375,096 대차차액:

□	일	번호	구분	계 정 과 목		거 래 처		적 요		차 변	대 변
□	30	00001	차변	0109	대손충당금					320,000	
□	30	00001	차변	0835	대손상각비					1,480,000	
□	30	00001	대변	0108	외상매출금	00161	(주)지수포장				1,800,000

[3] [일반전표입력] 8월 30일

(차) 임차보증금[형제상사] 5,000,000 (대) 선급금[형제상사] 1,500,000
보통예금 3,500,000

2025 년 08 월 30 일 변경 현금잔액: 30,608,356 대차차액:

□	일	번호	구분	계 정 과 목		거 래 처		적 요		차 변	대 변
□	30	00001	차변	0232	임차보증금	00104	형제상사			5,000,000	
□	30	00001	대변	0131	선급금	00104	형제상사				1,500,000
□	30	00001	대변	0103	보통예금						3,500,000

[4] [일반전표입력] 10월 18일

(차) 단기차입금[대표이사] 19,500,000 (대) 채무면제이익 19,500,000

2025 년 10 월 18 일 변경 현금잔액: 49,367,556 대차차액:

□	일	번호	구분	계 정 과 목		거 래 처		적 요		차 변	대 변
□	18	00001	차변	0260	단기차입금	00162	대표이사			19,500,000	
□	18	00001	대변	0918	채무면제이익						19,500,000

[5] [일반전표입력] 10월 25일

(차) 여비교통비(판) 2,850,000 (대) 가지급금[누리호] 3,000,000
현금 150,000

2025 년 10 월 25 일 변경 현금잔액: 49,001,956 대차차액:

□	일	번호	구분	계 정 과 목		거 래 처		적 요		차 변	대 변
□	25	00001	차변	0812	여비교통비					2,850,000	
□	25	00001	차변	0101	현금					150,000	
□	25	00001	대변	0134	가지급금	00160	누리호				3,000,000

[6] [일반전표입력] 11월 4일

(차) 퇴직급여(판) 2,000,000 (대) 보통예금 5,000,000
퇴직급여(제) 3,000,000

2025 년 11 월 4 일 변경 현금잔액: 48,640,956 대차차액:

□	일	번호	구분	계 정 과 목		거 래 처		적 요		차 변	대 변
□	4	00001	차변	0806	퇴직급여					2,000,000	
□	4	00001	차변	0508	퇴직급여					3,000,000	
□	4	00001	대변	0103	보통예금						5,000,000

세무사랑(주) 회사코드: 1074

[1] [일반전표입력] 7월 3일

(차) 선급금[세무빌딩]	600,000	(대) 보통예금	600,000

2025 년 07 월 3 일 변경 현금잔액: 115,568,000 대차차액:

일	번호	구분	계정과목		거래처		적요	차변	대변
3	00001	차변	0131	선급금	00191	세무빌딩		600,000	
3	00001	대변	0103	보통예금					600,000

[2] [일반전표입력] 8월 1일

(차) 보통예금	3,430,000	(대) 외상매출금[하나카드]	3,500,000
수수료비용(판)	70,000		

2025 년 08 월 1 일 변경 현금잔액: 103,991,500 대차차액:

일	번호	구분	계정과목		거래처		적요	차변	대변
1	00001	차변	0103	보통예금				3,430,000	
1	00001	차변	0831	수수료비용				70,000	
1	00001	대변	0108	외상매출금	99604	하나카드			3,500,000

[3] [일반전표입력] 8월 16일

(차) 퇴직급여(판)	8,800,000	(대) 퇴직연금운용자산	8,800,000

2025 년 08 월 16 일 변경 현금잔액: 96,639,500 대차차액:

일	번호	구분	계정과목		거래처		적요	차변	대변
16	00001	차변	0806	퇴직급여				8,800,000	
16	00001	대변	0186	퇴직연금운용자산					8,800,000

[4] [일반전표입력] 8월 23일

(차) 장기차입금[나라은행]	20,000,000	(대) 보통예금	20,200,000
이자비용	200,000		

2025 년 08 월 23 일 변경 현금잔액: 92,862,270 대차차액:

일	번호	구분	계정과목		거래처		적요	차변	대변
23	00001	차변	0293	장기차입금	98004	나라은행		20,000,000	
23	00001	차변	0951	이자비용				200,000	
23	00001	대변	0103	보통예금					20,200,000

[5] [일반전표입력] 11월 5일

(차) 받을어음[(주)다원]	3,000,000	(대) 외상매출금[(주)다원]	4,000,000
단기대여금[(주)다원]	1,000,000		

2025 년 11 월 5 일 변경 현금잔액: 79,755,100 대차차액:

일	번호	구분	계정과목		거래처		적요	차변	대변
5	00001	차변	0110	받을어음	00181	(주)다원		3,000,000	
5	00001	차변	0114	단기대여금	00181	(주)다원		1,000,000	
5	00001	대변	0108	외상매출금	00181	(주)다원			4,000,000

[6] [일반전표입력] 11월 20일

(차) 차량운반구	400,000	(대) 현금	400,000

2025 년 11 월 20 일 변경 현금잔액: 114,099,100 대차차액:

일	번호	구분	계정과목		거래처		적요	차변	대변
20	00001	차변	0208	차량운반구				400,000	
20	00001	대변	0101	현금					400,000

고성상사(주) 회사코드: 1084

[1] [일반전표입력] 8월 1일

(차) 외화장기차입금[미국은행]	37,500,000	(대) 보통예금	39,000,000
외환차손	1,500,000		

2025 년 08 월 1 일 변경 현금잔액: 87,640,442 대차차액:

일	번호	구분	계정과목		거래처		적요		차변	대변
1	00001	차변	0305	외화장기차입금	98006	미국은행			37,500,000	
1	00001	차변	0952	외환차손					1,500,000	
1	00001	대변	0103	보통예금						39,000,000

[2] [일반전표입력] 8월 12일

(차) 부도어음과수표[(주)모모가방]	50,000,000	(대) 받을어음[(주)모모가방]	50,000,000

2025 년 08 월 12 일 변경 현금잔액: 74,227,442 대차차액:

일	번호	구분	계정과목		거래처		적요		차변	대변
12	00001	차변	0246	부도어음과수표	01122	(주)모모가방			50,000,000	
12	00001	대변	0110	받을어음	01122	(주)모모가방				50,000,000

[3] [일반전표입력] 8월 23일

(차) 미지급배당금	10,000,000	(대) 보통예금	8,460,000
		예수금	1,540,000

2025 년 08 월 23 일 변경 현금잔액: 70,323,202 대차차액:

일	번호	구분	계정과목		거래처		적요		차변	대변
23	00001	차변	0265	미지급배당금					10,000,000	
23	00001	대변	0103	보통예금						8,460,000
23	00001	대변	0254	예수금						1,540,000

[4] [일반전표입력] 8월 31일

(차) 기계장치	5,500,000	(대) 자산수증이익	5,500,000

2025 년 08 월 31 일 변경 현금잔액: 63,328,502 대차차액:

일	번호	구분	계정과목		거래처		적요		차변	대변
31	00001	차변	0206	기계장치					5,500,000	
31	00001	대변	0917	자산수증이익						5,500,000

[5] [일반전표입력] 9월 11일

(차) 단기매매증권	4,000,000	(대) 보통예금	4,010,000
수수료비용(984)	10,000		

2025 년 09 월 11 일 변경 현금잔액: 64,697,502 대차차액:

일	번호	구분	계정과목		거래처		적요		차변	대변
11	00001	차변	0107	단기매매증권					4,000,000	
11	00001	차변	0984	수수료비용					10,000	
11	00001	대변	0103	보통예금						4,010,000

* 단기매매증권의 취득과 직접 관련된 거래원가는 비용(일반적인 상거래에 해당하지 않으므로 영업외비용 항목의 수수료비용)으로 처리한다.

[6] [일반전표입력] 9월 13일

(차) 현금	1,000,000	(대) 외상매출금[(주)다원]	4,000,000
받을어음[(주)다원]	3,000,000		

2025 년 09 월 13 일 변경 현금잔액: 65,672,502 대차차액:

일	번호	구분	계정과목		거래처		적요		차변	대변
13	00001	차변	0101	현금					1,000,000	
13	00001	차변	0110	받을어음	01124	(주)다원			3,000,000	
13	00001	대변	0108	외상매출금	01124	(주)다원				4,000,000

정민상사(주) 회사코드: 1094

[1] [일반전표입력] 8월 20일

(차) 기부금	2,000,000	(대) 제품(적요 8. 타계정으로 대체액)	2,000,000

2025 년 08 월 20 일 변경 현금잔액: 48,769,789 대차차액:

□	일	번호	구분	계정과목		거래처		적요		차변	대변
□	20	00001	차변	0953	기부금					2,000,000	
□	20	00001	대변	0150	제품			8	타계정으로 대체액 손익		2,000,000

* 제품을 기부하였을 경우 해당 비용은 원가의 금액으로 하며, 적요는 8. 타계정으로 대체 처리한다.

[2] [일반전표입력] 9월 2일

(차) 단기차입금[전마나]	20,000,000	(대) 보통예금	15,000,000
		채무면제이익	5,000,000

2025 년 09 월 2 일 변경 현금잔액: 37,317,929 대차차액:

□	일	번호	구분	계정과목		거래처		적요		차변	대변
□	2	00001	차변	0260	단기차입금	02004	전마나			20,000,000	
□	2	00001	대변	0103	보통예금						15,000,000
□	2	00001	대변	0918	채무면제이익						5,000,000

[3] [일반전표입력] 10월 19일

(차) 외상매입금[(주)용인]	2,500,000	(대) 현금	1,500,000
		받을어음[(주)수원]	1,000,000

2025 년 10 월 19 일 변경 현금잔액: 69,709,109 대차차액:

□	일	번호	구분	계정과목		거래처		적요		차변	대변
□	19	00001	차변	0251	외상매입금	02005	(주)용인			2,500,000	
□	19	00001	대변	0101	현금						1,500,000
□	19	00001	대변	0110	받을어음	02006	(주)수원				1,000,000

[4] [일반전표입력] 11월 6일

(차) 예수금	270,000	(대) 현금	601,500
보험료(제)	221,000		
보험료(판)	110,500		

2025 년 11 월 6 일 변경 현금잔액: 61,070,609 대차차액:

□	일	번호	구분	계정과목		거래처		적요		차변	대변
□	6	00001	차변	0254	예수금					270,000	
□	6	00001	차변	0521	보험료					221,000	
□	6	00001	차변	0821	보험료					110,500	
□	6	00001	대변	0101	현금						601,500

[5] [일반전표입력] 11월 11일

(차) 퇴직급여(판)	6,800,000	(대) 보통예금	7,000,000
수수료비용(판)	200,000		

2025 년 11 월 11 일 변경 현금잔액: 60,108,609 대차차액:

□	일	번호	구분	계정과목		거래처		적요		차변	대변
□	11	00001	차변	0806	퇴직급여					6,800,000	
□	11	00001	차변	0831	수수료비용					200,000	
□	11	00001	대변	0103	보통예금						7,000,000

[6] [일반전표입력] 12월 3일

(차) 보통예금 4,750,000 (대) 단기매매증권 4,000,000
단기매매증권처분이익 750,000

일	번호	구분	계정과목		거래처		적요		차변	대변
3	00001	차변	0103	보통예금					4,750,000	
3	00001	대변	0107	단기매매증권						4,000,000
3	00001	대변	0906	단기매매증권처분이익						750,000

(2025 년 12 월 3 일 변경 현금잔액: 71,009,409 대차차액:)

* 처분금액: 10,000원×500주－처분수수료 250,000원＝4,750,000원
* 장부금액: 8,000원×500주＝4,000,000원
* 처분손익: 처분금액 4,750,000원－장부금액 4,000,000원＝처분이익 750,000원

오영상사(주) 회사코드: 1104

[1] [일반전표입력] 7월 4일

(차) 외상매입금[나노컴퓨터] 5,000,000 (대) 외상매출[나노컴퓨터] 3,000,000
당좌예금 2,000,000

(2025 년 07 월 4 일 변경 현금잔액: 116,819,500 대차차액:)

일	번호	구분	계정과목		거래처		적요		차변	대변
4	00001	차변	0251	외상매입금	00104	나노컴퓨터			5,000,000	
4	00001	대변	0108	외상매출금	00104	나노컴퓨터				3,000,000
4	00001	대변	0102	당좌예금						2,000,000

[2] [일반전표입력] 9월 15일

(차) 보통예금 1,000,000 (대) 배당금수익 1,000,000

(2025 년 09 월 15 일 변경 현금잔액: 84,531,720 대차차액:)

일	번호	구분	계정과목		거래처		적요		차변	대변
15	00001	차변	0103	보통예금					1,000,000	
15	00001	대변	0903	배당금수익						1,000,000

[3] [일반전표입력] 10월 5일

(차) 보통예금 4,945,000 (대) 받을어음 [(주)영춘] 5,000,000
매출채권처분손실 55,000

(2025 년 10 월 5 일 변경 현금잔액: 72,826,600 대차차액:)

일	번호	구분	계정과목		거래처		적요		차변	대변
5	00001	차변	0103	보통예금					4,945,000	
5	00001	차변	0956	매출채권처분손실					55,000	
5	00001	대변	0110	받을어음	00111	(주)영춘				5,000,000

[4] [일반전표입력] 10월 30일

(차) 세금과공과(판) 500,000 (대) 보통예금 500,000

(2025 년 10 월 30 일 변경 현금잔액: 66,243,600 대차차액:)

일	번호	구분	계정과목		거래처		적요		차변	대변
30	00001	차변	0817	세금과공과					500,000	
30	00001	대변	0103	보통예금						500,000

[5] [일반전표입력] 12월 12일

(차) 사채	10,000,000	(대) 보통예금	9,800,000
		사채상환이익	200,00

2025 년 12 월 12 일 변경 현금잔액: 68,506,400 대차차액:

□	일	번호	구분	계정과목		거래처		적요		차변	대변
□	12	00001	차변	0291	사채					10,000,000	
□	12	00001	대변	0103	보통예금						9,800,000
□	12	00001	대변	0911	사채상환이익						200,000

[6] [일반전표입력] 12월 21일

(차) 보통예금	423,000	(대) 이자수익	500,000
선납세금	77,000		

2025 년 12 월 21 일 변경 현금잔액: 67,728,500 대차차액:

□	일	번호	구분	계정과목		거래처		적요		차변	대변
□	21	00001	차변	0103	보통예금					423,000	
□	21	00001	차변	0136	선납세금					77,000	
□	21	00001	대변	0901	이자수익						500,000

CHAPTER 03 매입매출전표입력

p.97

매입매출전표입력 연습

[1] [매입매출전표입력] 7월 2일

유형	공급가액	부가세	공급처명	전자	분개
11.과세	10,000,000	1,000,000	장암상사	1.여	3.혼합
분개	(차) 선수금[장암상사] 5,000,000 받을어음 6,000,000		(대) 부가세예수금 1,000,000 제품매출 10,000,000		

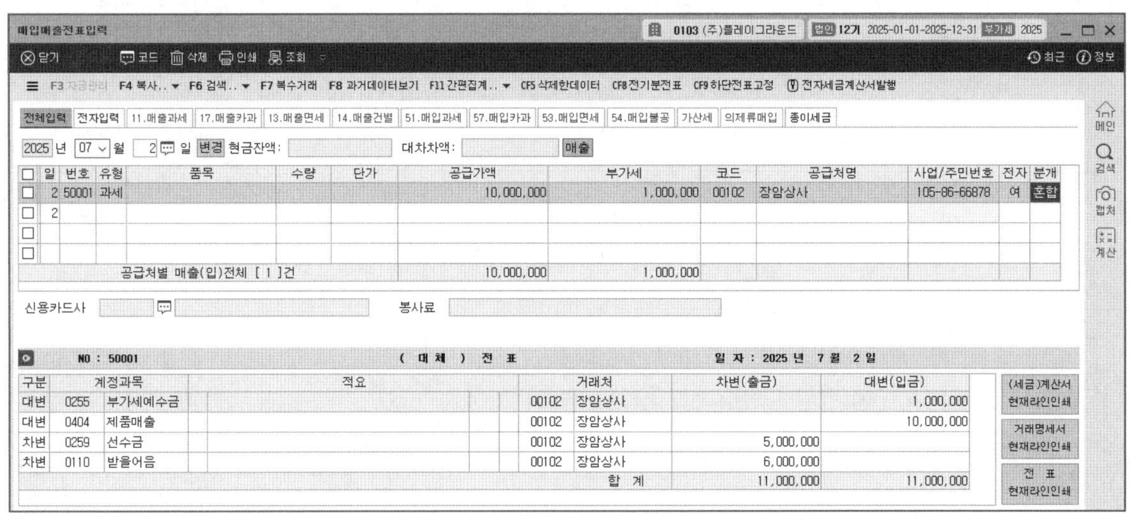

[2] [매입매출전표입력] 7월 15일

유형	공급가액	부가세	공급처명	전자	분개
11.과세	14,000,000	1,400,000	강남자동차매매센터	1.여	3.혼합

분개				
(차) 현금	5,000,000	(대) 부가세예수금	1,400,000
미수금[강남자동차매매센터]	10,400,000	차량운반구	25,000,000
감가상각누계액(209)	14,000,000	유형자산처분이익	3,000,000

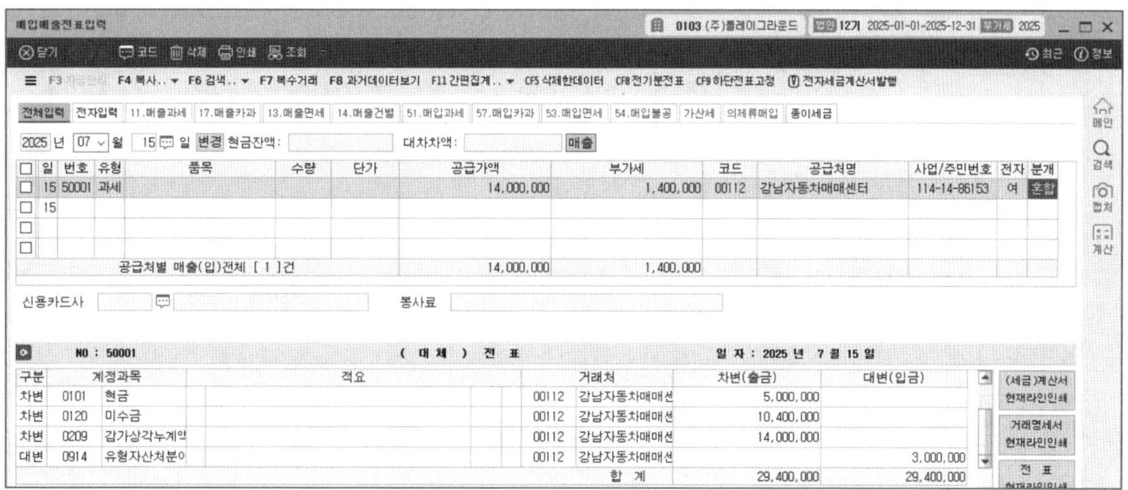

[3] [매입매출전표입력] 7월 22일

유형	공급가액	부가세	공급처명	전자	분개
51.과세	5,000,000	500,000	(주)서준	1.여	3.혼합

분개			
(차) 부가세대급금	500,000	(대) 받을어음[(주)예준]	2,000,000
원재료	5,000,000	외상매입금[(주)서준]	3,500,000

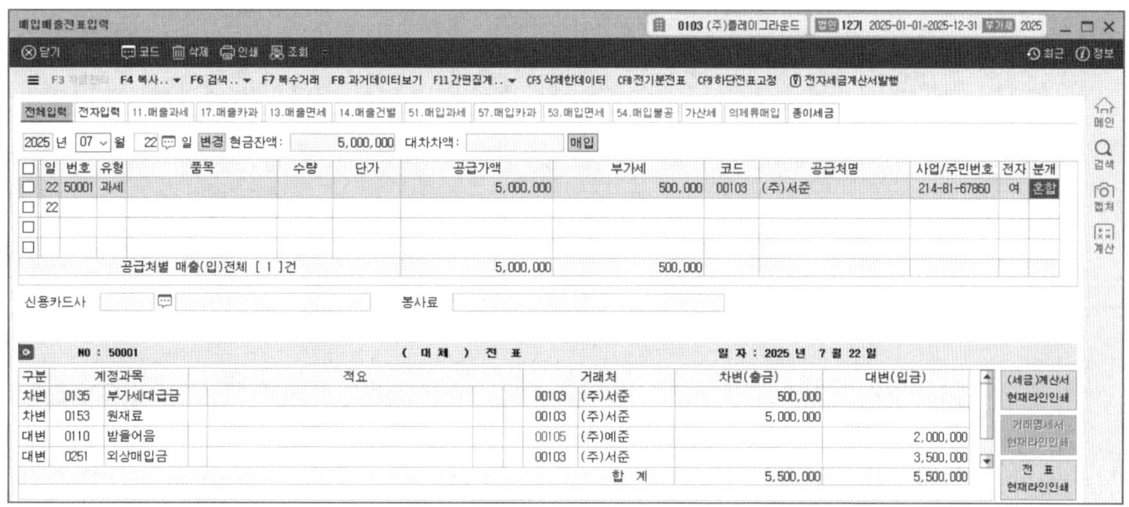

[4] [매입매출전표입력] 7월 26일

유형	공급가액	부가세	공급처명	전자	분개
11.과세	3,000,000	300,000	(주)미르		4.카드 또는 3.혼합
신용카드사	99600.국민카드				
분개	(차) 외상매출금[국민카드] 3,300,000		(대) 부가세예수금 300,000 제품매출 3,000,000		

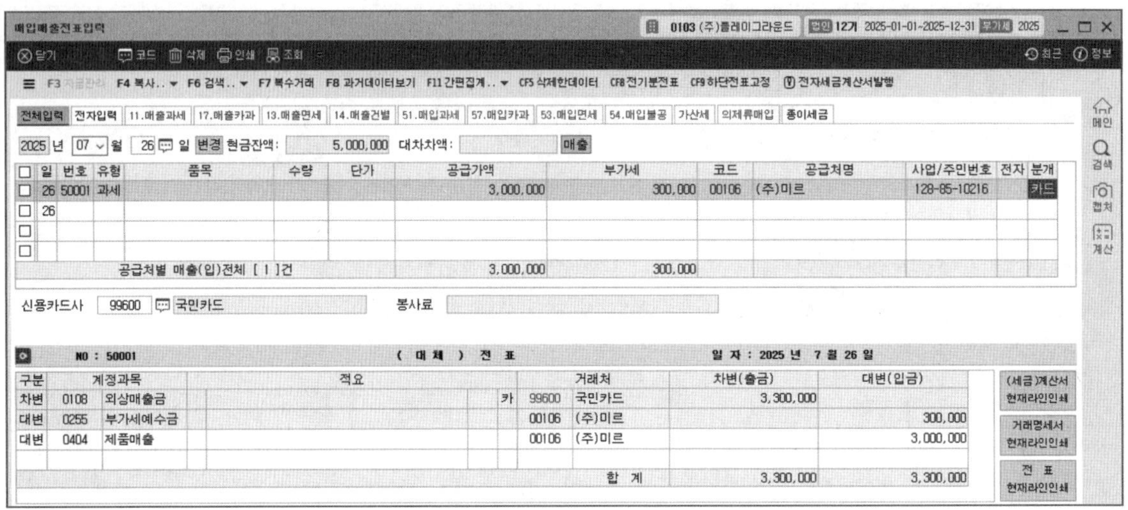

[5] [매입매출전표입력] 7월 28일

유형	공급가액	부가세	공급처명	전자	분개
12.영세	13,000,000		(주)서준	1.여	2.외상 또는 3.혼합
영세율 구분	③ 내국신용장 · 구매확인서에 의하여 공급하는 재화				
분개	(차) 외상매출금[(주)서준] 13,000,000		(대) 제품매출 13,000,000		

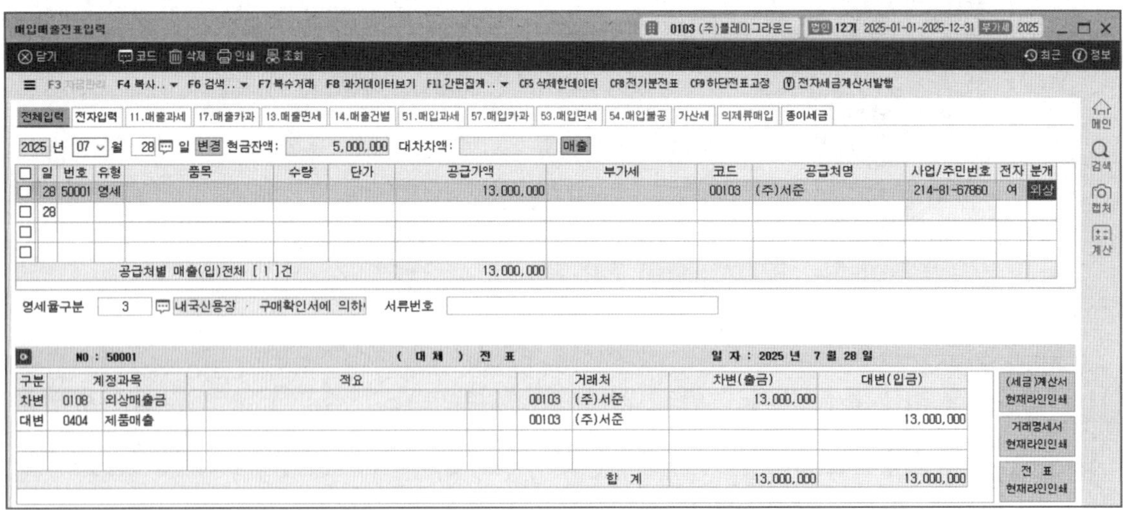

[6] [매입매출전표입력] 7월 30일

유형	공급가액	부가세	공급처명	전자	분개
14.건별	300,000	30,000	김예준		1.현금 또는 3.혼합
분개	(차) 현금	330,000	(대) 부가세예수금 제품매출		30,000 300,000

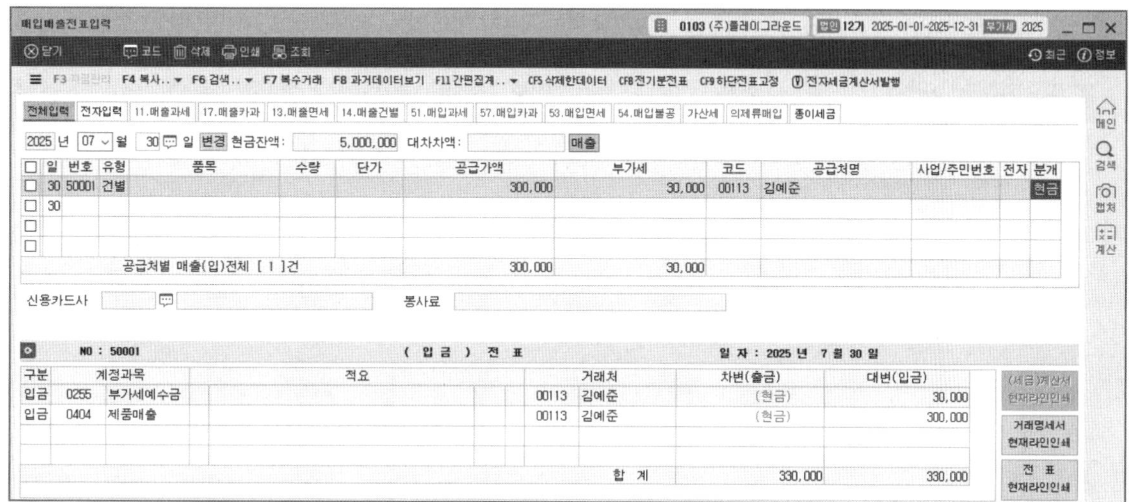

[7] [매입매출전표입력] 8월 4일

유형	공급가액	부가세	공급처명	전자	분개
11.과세	−800,000	−80,000	롯데백화점	1.여	2.외상 또는 3.혼합
분개	(차) 외상매출금[롯데백화점]	−880,000	(대) 부가세예수금 제품매출		−80,000 −800,000

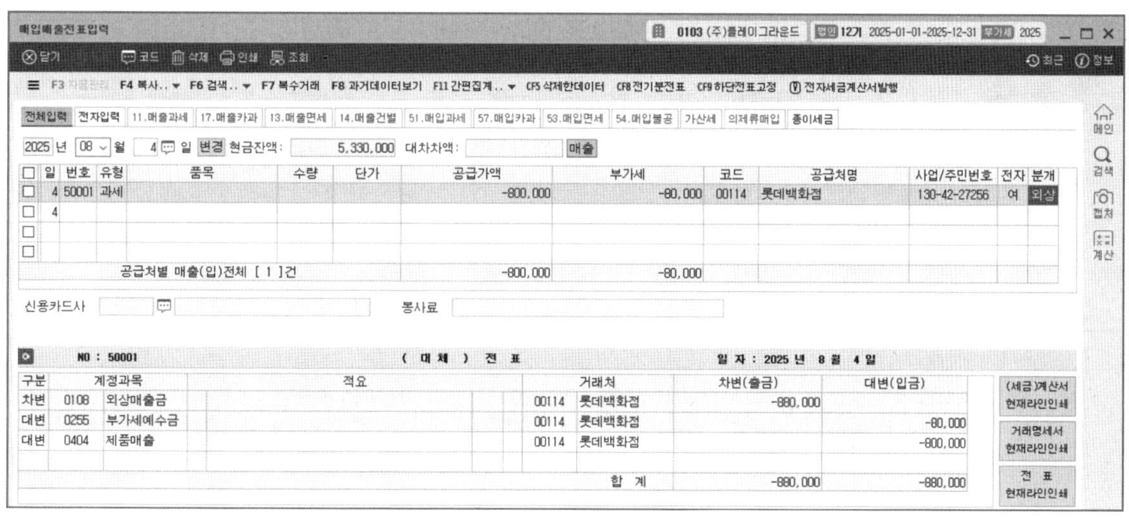

[8] [매입매출전표입력] 8월 10일

유형	공급가액	부가세	공급처명	전자	분개
16.수출	20,000,000		혼다이		3.혼합
영세율 구분	① 직접수출(대행수출 포함)				
분개	(차) 선수금[혼다이] 4,000,000 외상매출금[혼다이] 16,000,000		(대) 제품매출 20,000,000		

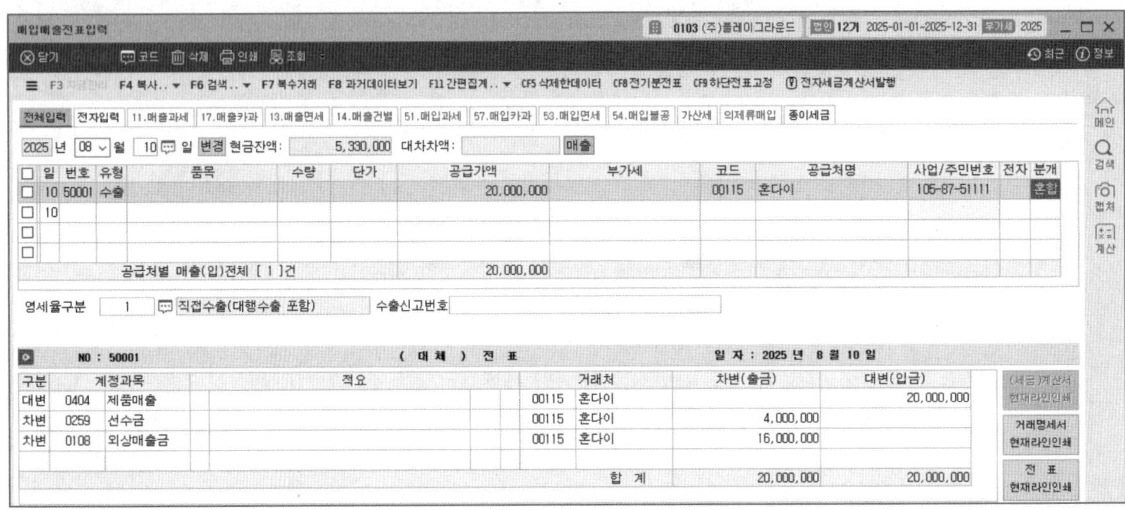

[9] [매입매출전표입력] 8월 12일

유형	공급가액	부가세	공급처명	전자	분개
22.현과	1,000,000	100,000	이경신		1.현금 또는 3.혼합
분개	(차) 현금 1,100,000		(대) 부가세예수금 100,000 제품매출 1,000,000		

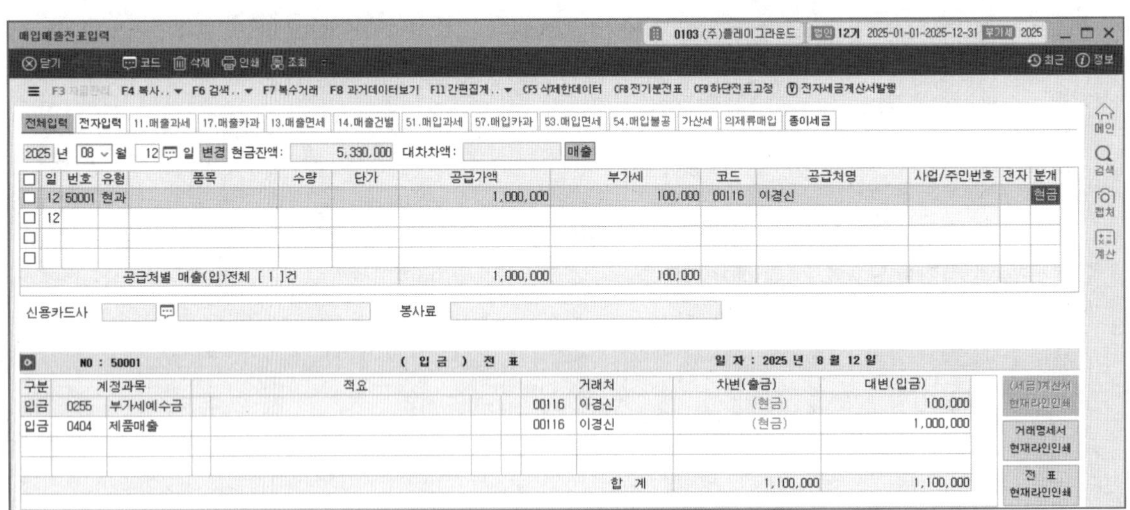

[10] [매입매출전표입력] 8월 17일

유형	공급가액	부가세	공급처명	전자	분개
54.불공	1,500,000	150,000	롯데백화점	1.여	3.혼합
불공제 사유	④ 기업업무추진비 및 이와 유사한 비용 관련				
분개	(차) 기업업무추진비(제)	1,650,000	(대) 보통예금		1,650,000

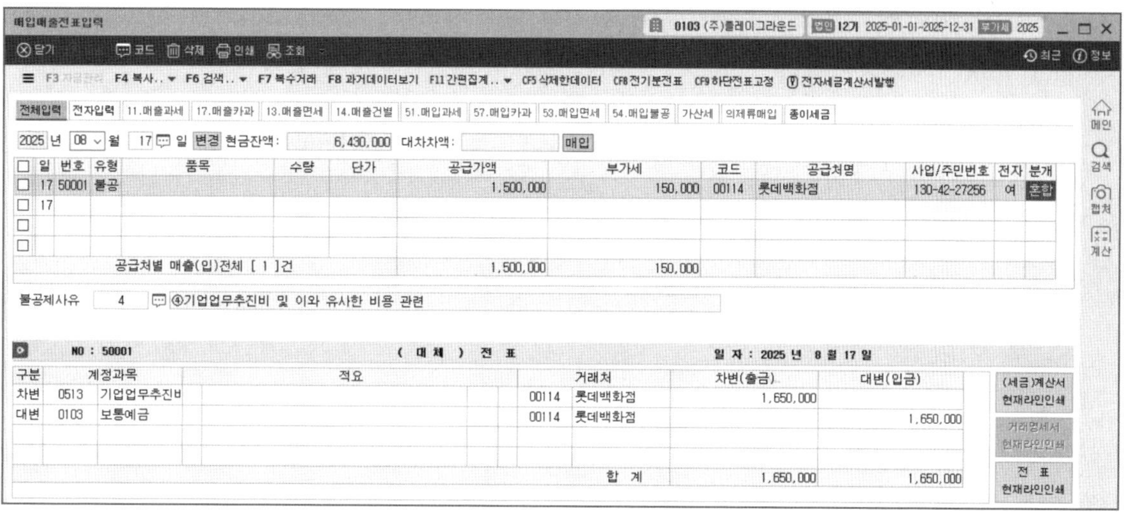

[11] [매입매출전표입력] 8월 20일

유형	공급가액	부가세	공급처명	전자	분개
53.면세	700,000		롯데백화점	1.여	3.혼합
분개	(차) 복리후생비(제)	700,000	(대) 미지급금[롯데백화점]		700,000

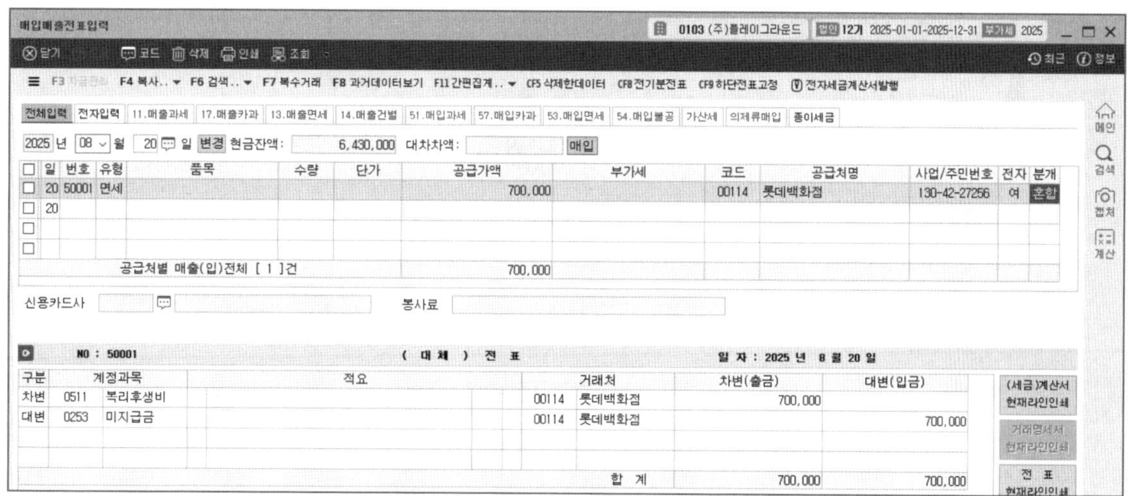

[12] [매입매출전표입력] 8월 25일

유형	공급가액	부가세	공급처명	전자	분개
55.수입	10,000,000	1,000,000	인천세관	1.여	1.현금 또는 3.혼합
분개	(차) 부가세대급금	1,000,000	(대) 현금		1,000,000

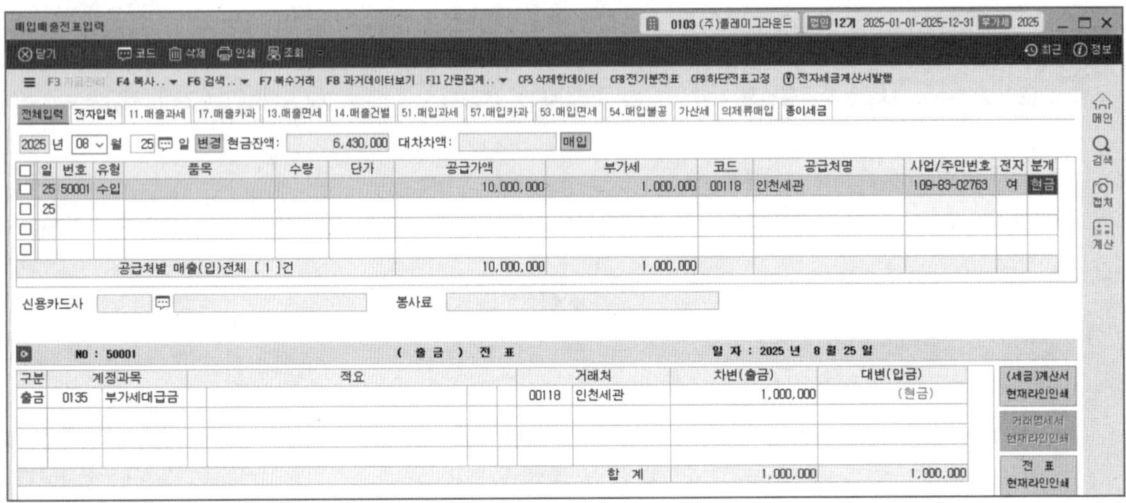

[13] [매입매출전표입력] 8월 27일

유형	공급가액	부가세	공급처명	전자	분개
53.면세	200,000		이든플라워		1.현금 또는 3.혼합
분개	(차) 기업업무추진비(판)	200,000	(대) 현금		200,000

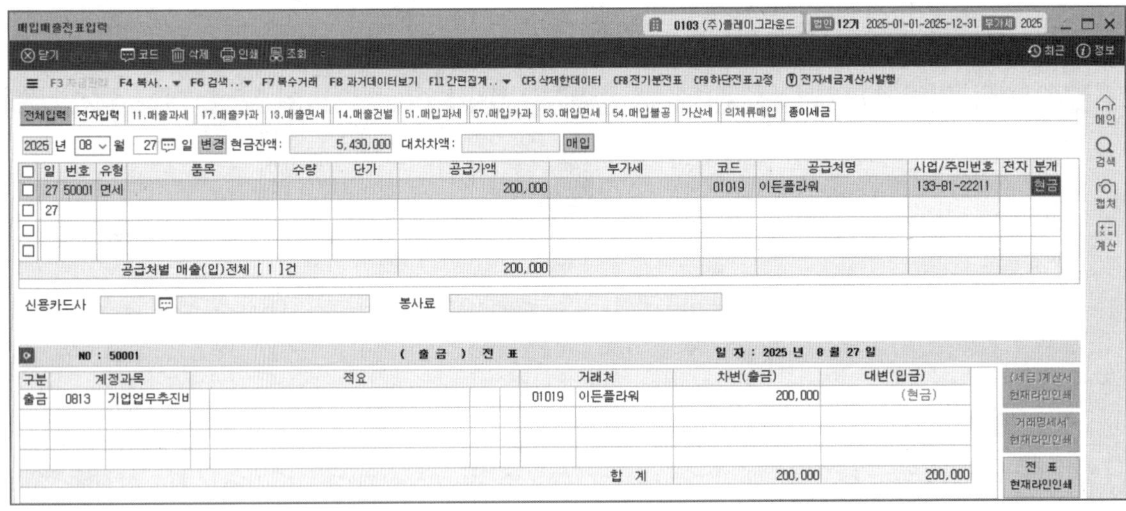

[14] [매입매출전표입력] 8월 29일

유형	공급가액	부가세	공급처명	전자	분개
58.카면	500,000		(주)국민마트		4.카드 또는 3.혼합
신용카드사	99601.하나카드				
분개	(차) 복리후생비(제)	500,000	(대) 미지급금[하나카드]		500,000

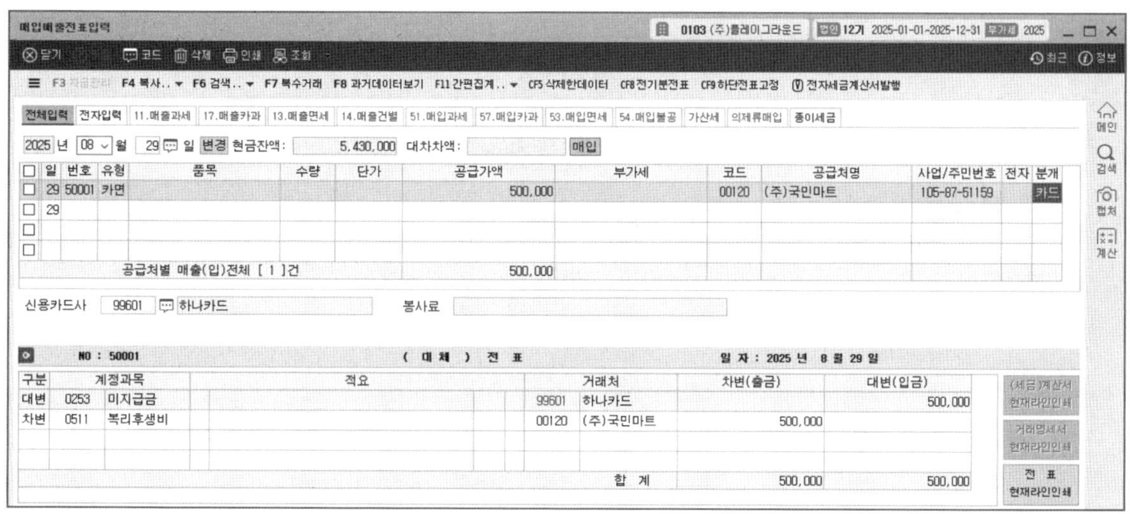

[15] [매입매출전표입력] 9월 6일

유형	공급가액	부가세	공급처명	전자	분개
54.불공	24,000,000	2,400,000	(주)상성전자	1.여	3.혼합
불공제 사유	② 사업과 직접 관련 없는 지출				
분개	(차) 기부금	26,400,000	(대) 미지급금[(주)상성전자]		26,400,000

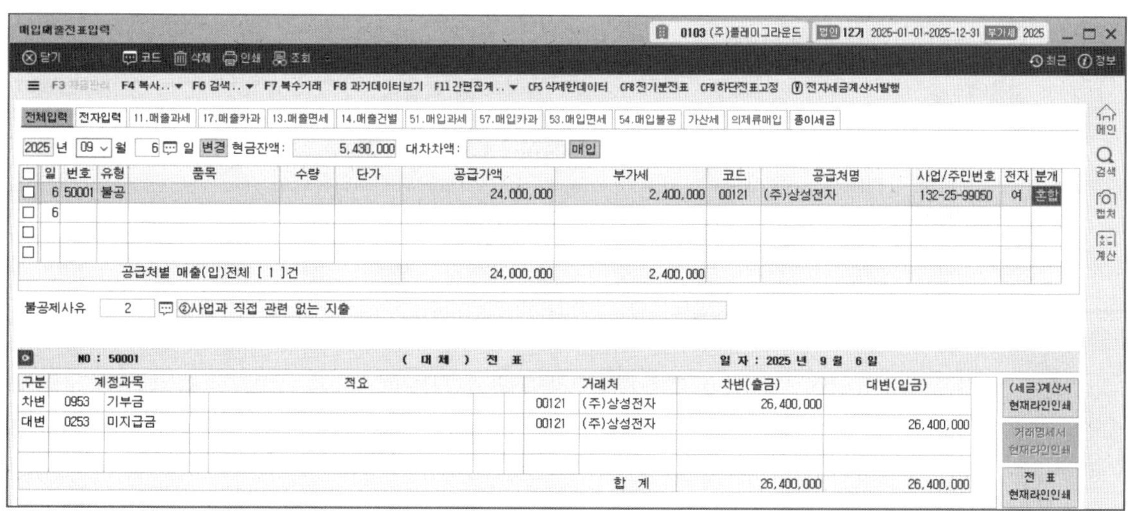

천안테크(주) 회사코드: 1054

[1] [매입매출전표입력] 7월 20일

유형	공급가액	부가세	공급처명	전자	분개
61.현과	30,000	3,000	상록택배		혼합
분개	(차) 부가세대급금 원재료	3,000 30,000	(대) 보통예금		33,000

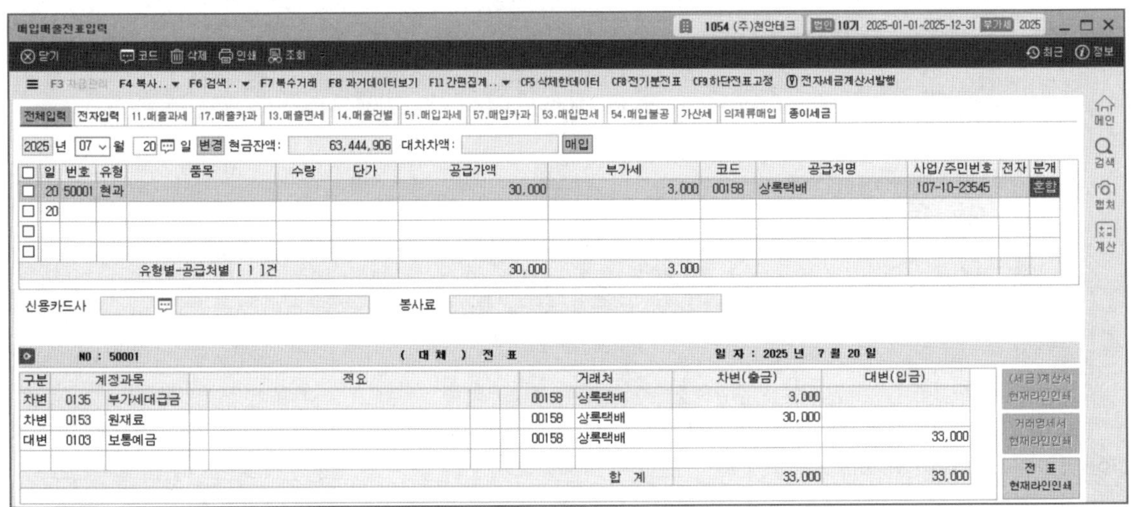

[2] [매입매출전표입력] 9월 30일

유형	공급가액	부가세	공급처명	전자	분개
11. 과세	25,000,000	2,500,000	(주)청주자동차	1.여	3.혼합
분개	(차) 외상매출금((주)청주자동차) 받을어음((주)청주자동차)	2,500,000 25,000,000	(대) 부가세예수금 제품매출		2,500,000 25,000,000

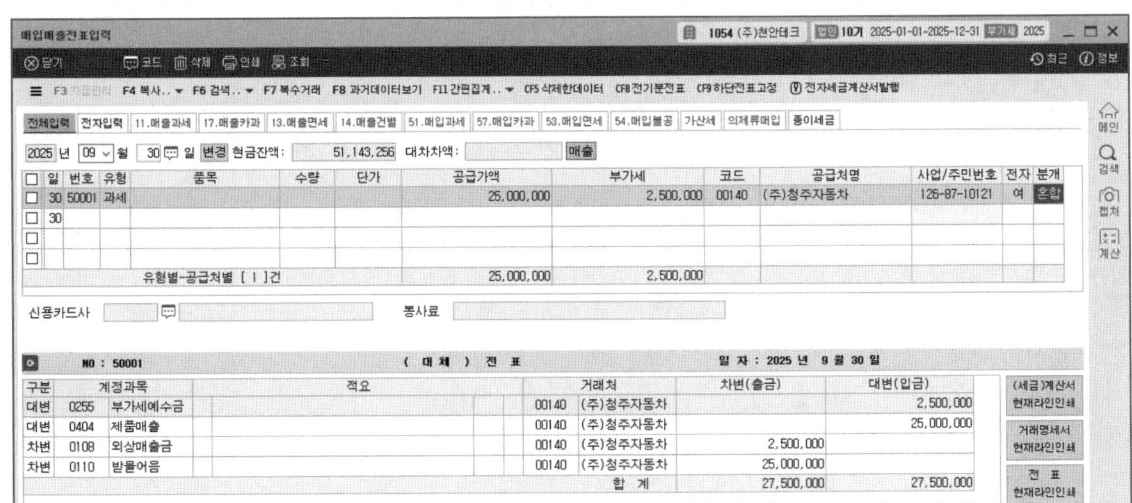

[3] [매입매출전표입력] 11월 7일

유형	공급가액	부가세	공급처명	전자	분개
16.수출	50,400,000		글로벌인더스트리		2.외상
영세율구분	① 직접수출(대행수출 포함)				
분개	(차) 외상매출금(글로벌인더스트리) 50,400,000		(대) 제품매출 50,400,000		

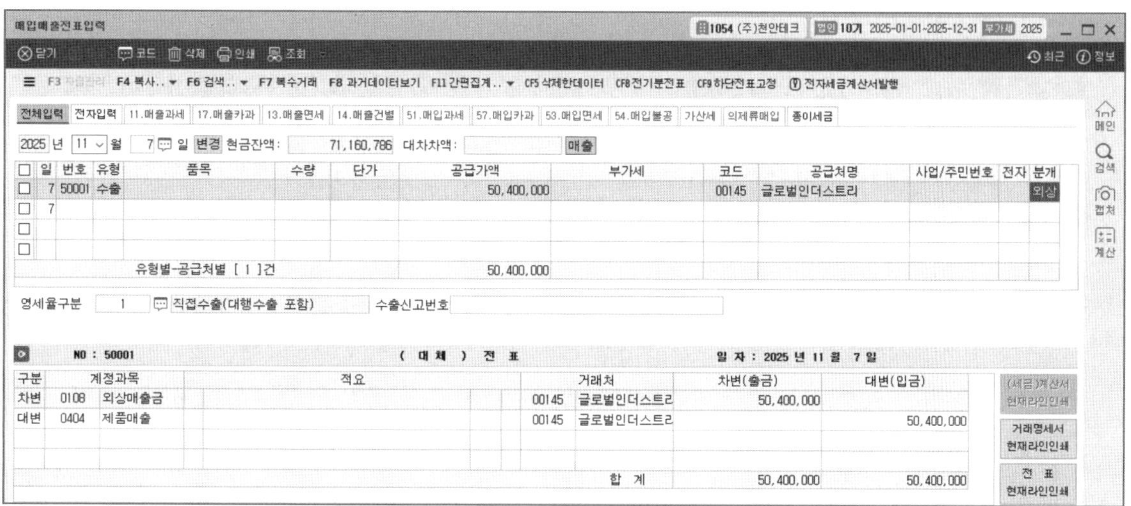

[4] [매입매출전표입력] 12월 7일

유형	공급가액	부가세	공급처명	전자	분개
14.건별	100,000	10,000	강태오		1.현금
분개	(차) 현금 110,000		(대) 부가세예수금 10,000 제품매출 100,000		

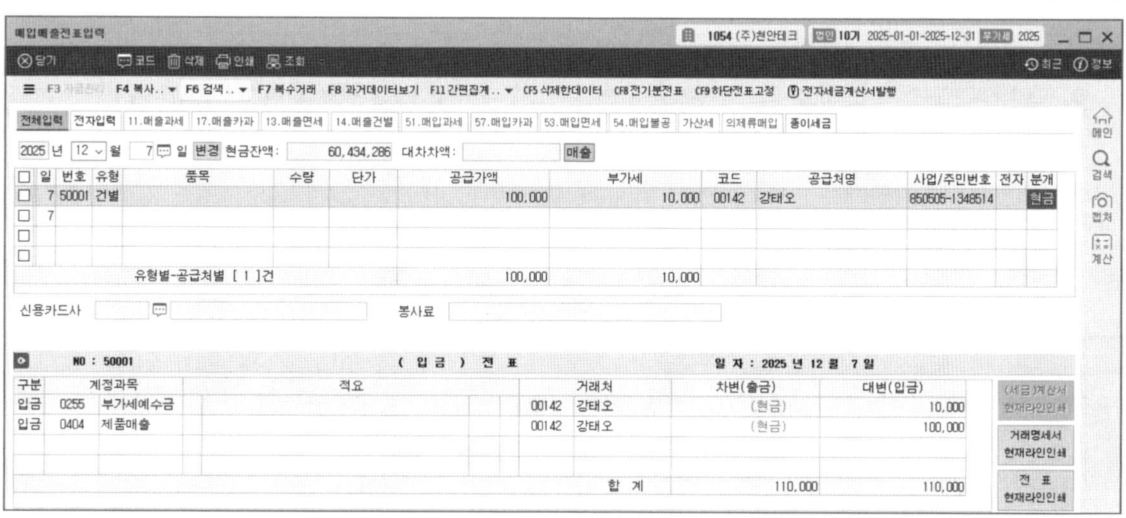

[5] [매입매출전표입력] 12월 20일

유형	공급가액	부가세	공급처명	전자	분개
57.카과	600,000	60,000	커피프린스		4.카드
신용카드사	99613. 신한카드				
분개	(차) 부가세대급금 60,000 복리후생비(제) 600,000		(대) 미지급금[신한카드] 660,000 (또는 미지급비용)		

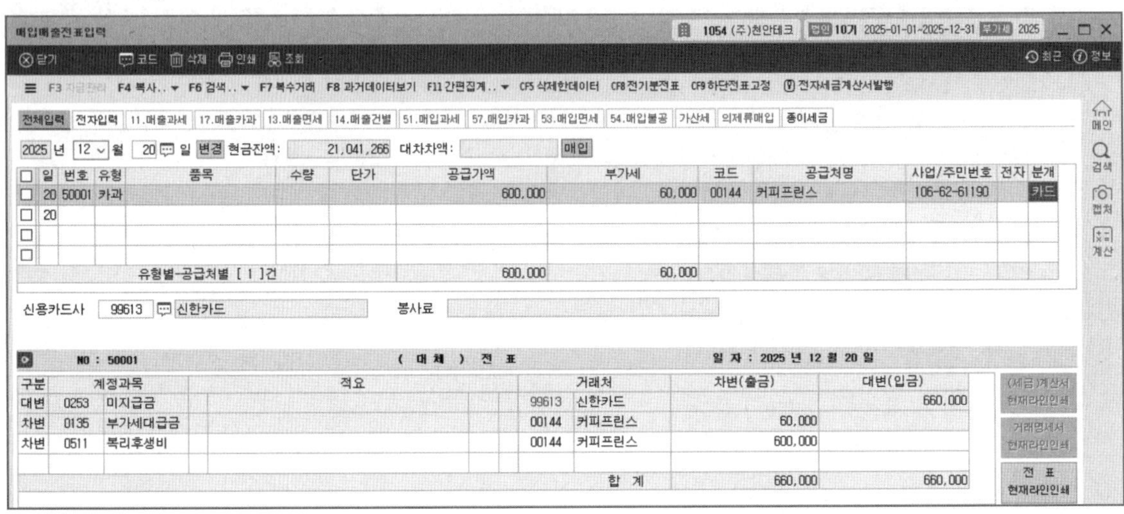

[6] [매입매출전표입력] 12월 30일

유형	공급가액	부가세	공급처명	전자	분개
54.불공	2,000,000	200,000	두리상사	1.여	3.혼합
불공제사유	④ 기업업무추진비 및 이와 유사한 비용 관련				
분개	(차) 기업업무추진비(판) 2,200,000		(대) 보통예금 2,200,000		

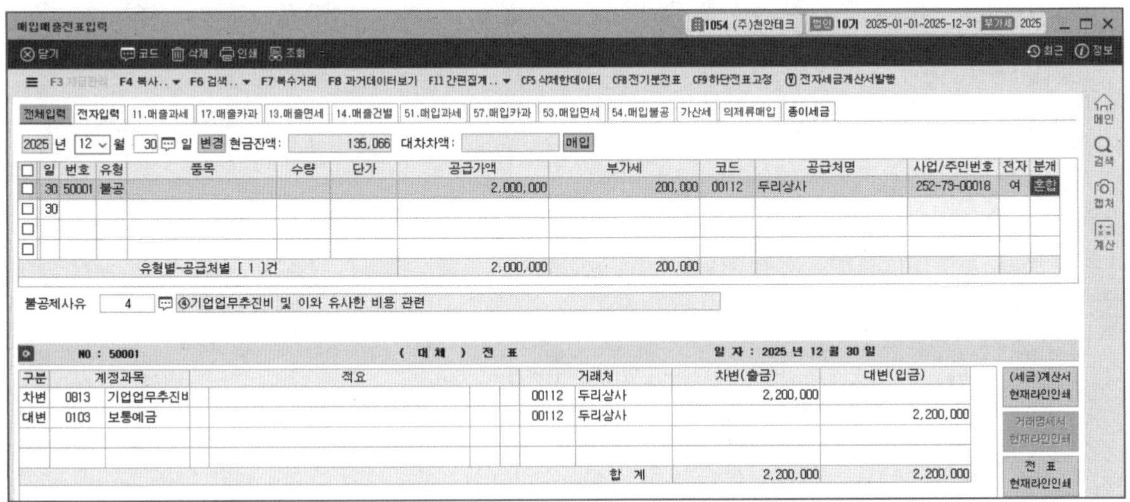

남다른패션(주) 회사코드: 1064

[1] [매입매출전표입력] 7월 14일

유형	공급가액	부가세	공급처명	전자	분개
16.수출	50,000,000		HK사		3.혼합
영세율구분	① 직접수출(대행수출 포함)				
분개	(차) 선수금[HK사] 외상매출금	10,000,000 40,000,000	(대) 제품매출	50,000,000	

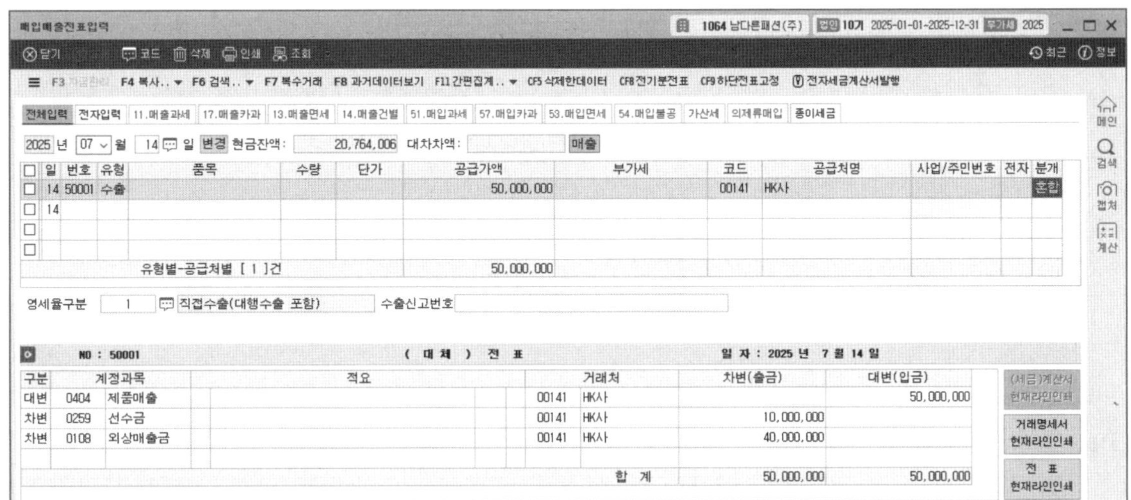

[2] [매입매출전표입력] 8월 5일

유형	공급가액	부가세	공급처명	전자	분개
11.과세	10,000,000	1,000,000	(주)동도유통	1.여.	3.혼합
분개	(차) 받을어음[(주)서도상사] 외상매출금[(주)동도유통]	10,000,000 1,000,000	(대) 부가세예수금 제품매출	1,000,000 10,000,000	

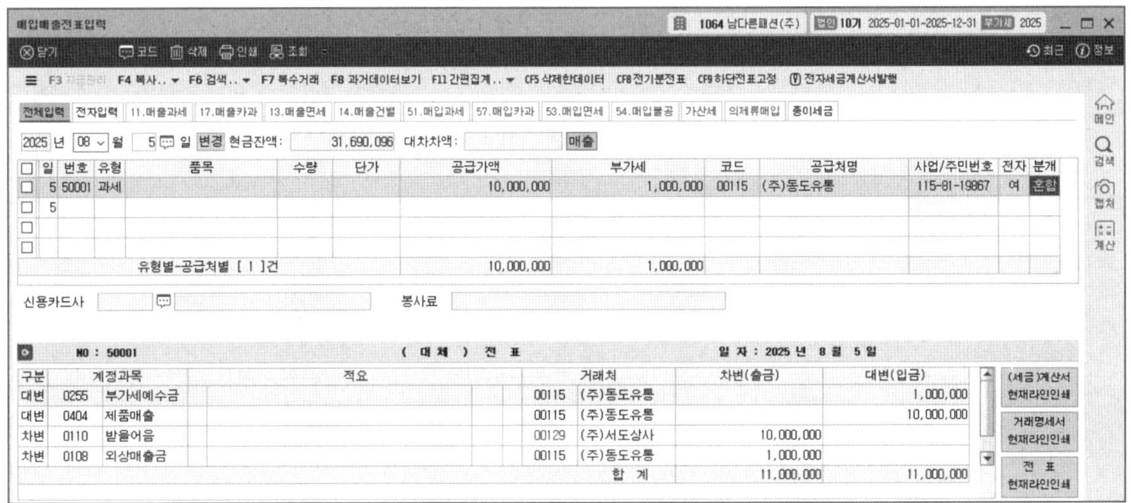

[3] [매입매출전표입력] 8월 20일

유형	공급가액	부가세	공급처명	전자	분개
57.카과	4,400,000	440,000	함안전자		4.카드
신용카드사	99602. 국민카드				
분개	(차) 부가세대급금 440,000 비품 4,400,000		(대) 미지급금[국민카드] 4,840,000		

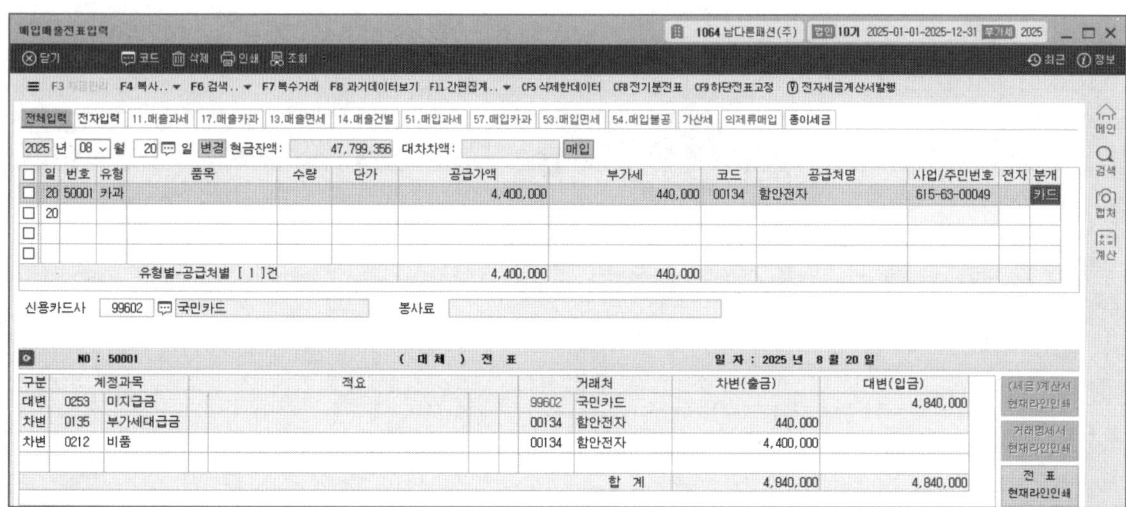

[4] [매입매출전표입력] 11월 11일

유형	공급가액	부가세	공급처명	전자	분개
53.면세	5,000,000		(주)더람	1.여	3.혼합
분개	(차) 교육훈련비(판) 5,000,000		(대) 선급금[(주)더람] 1,000,000 보통예금 4,000,000		

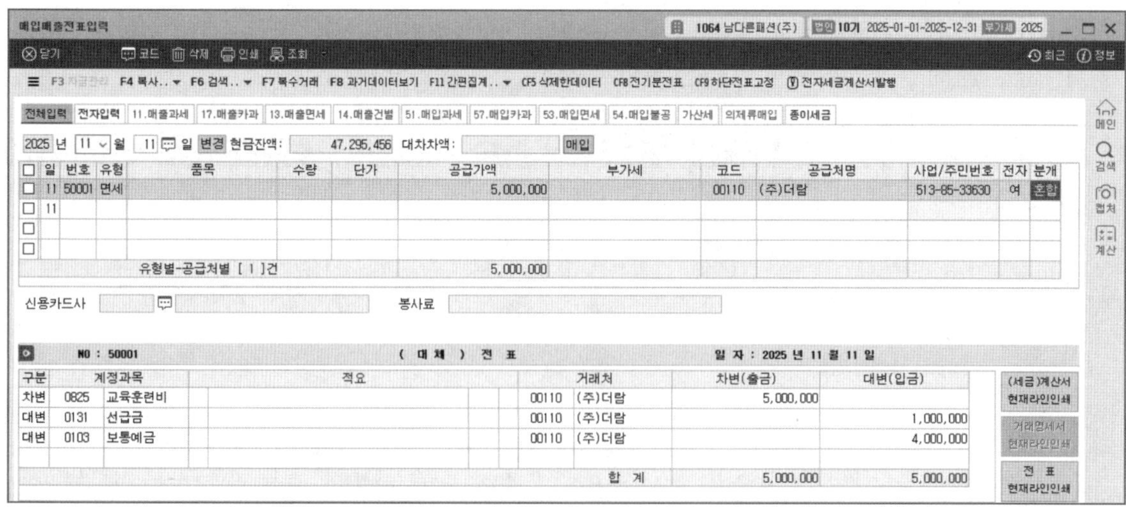

[5] [매입매출전표입력] 11월 26일

유형	공급가액	부가세	공급처명	전자	분개
51.과세	10,000,000	1,000,000	(주)미래상사	1.여	3.혼합
분개	(차) 부가세대급금 개발비	1,000,000 10,000,000	(대) 보통예금	11,000,000	

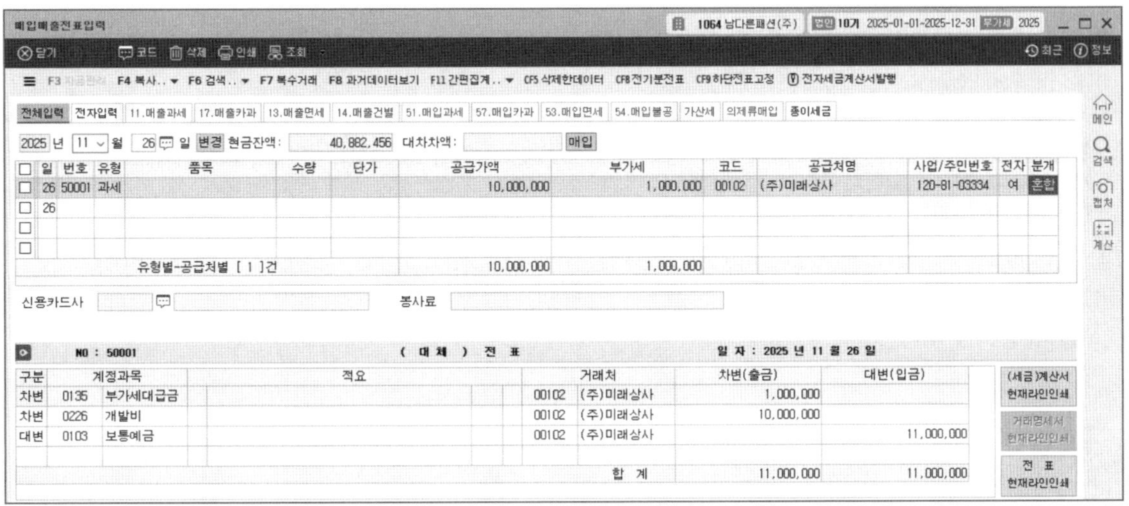

[6] [매입매출전표입력] 12월 4일

유형	공급가액	부가세	공급처명	전자	분개
54.불공	750,000	75,000	차차카센터	1.여	3.혼합
불공제사유	③ 개별소비세법 제1조제2항제3호에 따른 자동차 구입 · 유지 및 임차				
분개	(차) 차량유지비(제)	825,000	(대) 보통예금	825,000	

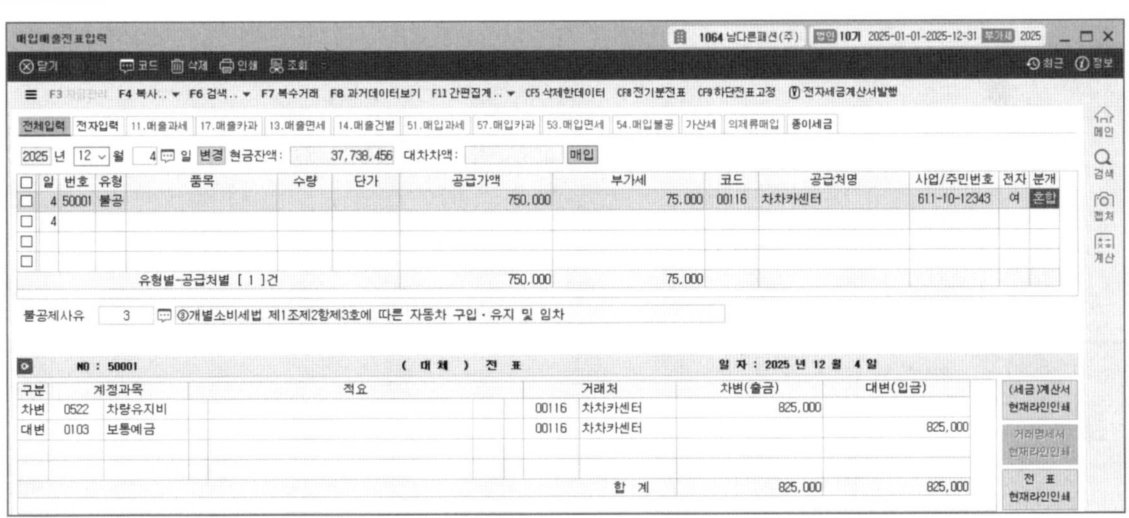

[1] [매입매출전표입력] 8월 17일

유형	공급가액	부가세	공급처명	전자	분개
52.영세	15,000,000		(주)직지상사	1.여	3.혼합
분개	(차) 원재료	15,000,000	(대) 지급어음[(주)직지상사] 외상매입금[(주)직지상사]		5,000,000 10,000,000

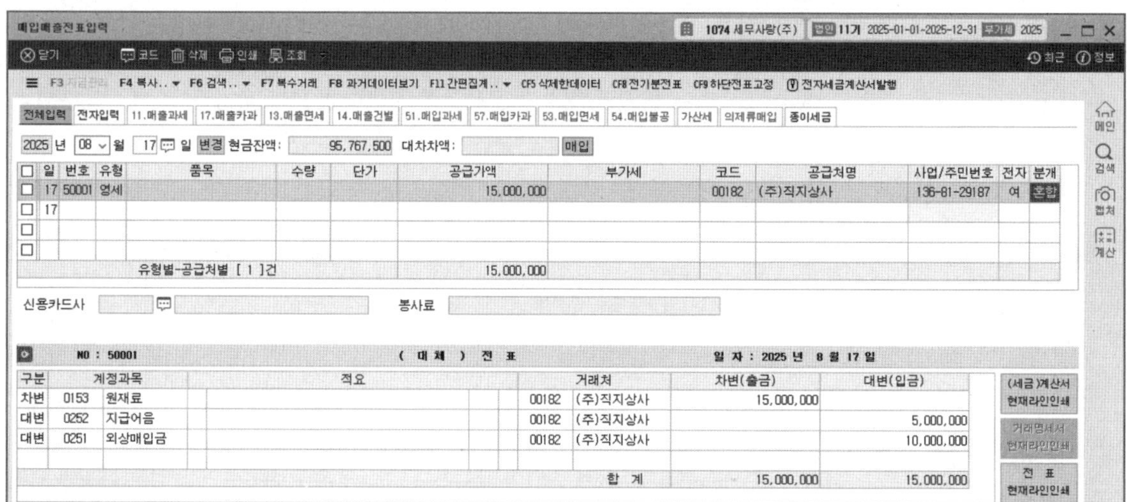
매입매출전표입력 | 1074 세무사랑(주) | 법인 11기 2025-01-01-2025-12-31 | 부가세 2025

2025 년 08 월 17 일 변경 현금잔액: 95,767,500 대차차액: 매입

일	번호	유형	품목	수량	단가	공급가액	부가세	코드	공급처명	사업/주민번호	전자	분개
17	50001	영세				15,000,000		00182	(주)직지상사	136-81-29187	여	혼합
17												
			유형별-공급처별 [1]건			15,000,000						

NO : 50001 (대 체) 전 표 일 자 : 2025 년 8 월 17 일

구분	계정과목		적요	거래처		차변(출금)	대변(입금)
차변	0153	원재료		00182	(주)직지상사	15,000,000	
대변	0252	지급어음		00182	(주)직지상사		5,000,000
대변	0251	외상매입금		00182	(주)직지상사		10,000,000
					합 계	15,000,000	15,000,000

[2] [매입매출전표입력] 8월 28일

유형	공급가액	부가세	공급처명	전자	분개
51.과세	1,000,000	100,000	이진컴퍼니	0.부	3.혼합
분개	(차) 부가세대급금 복리후생비(제)	100,000 1,000,000	(대) 미지급금[이진컴퍼니] (또는 미지급비용)		1,100,000

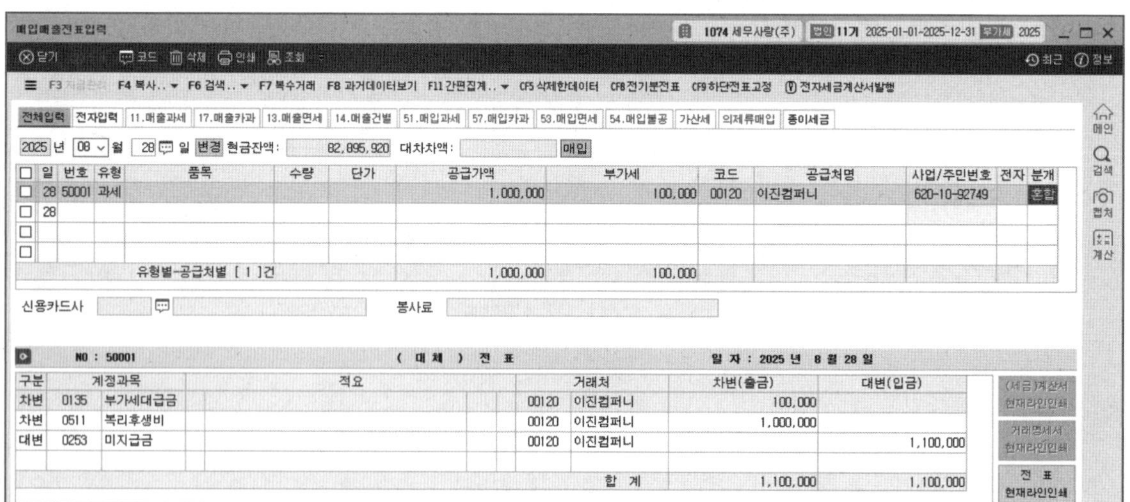
매입매출전표입력 | 1074 세무사랑(주) | 법인 11기 2025-01-01-2025-12-31 | 부가세 2025

2025 년 08 월 28 일 변경 현금잔액: 82,895,920 대차차액: 매입

일	번호	유형	품목	수량	단가	공급가액	부가세	코드	공급처명	사업/주민번호	전자	분개
28	50001	과세				1,000,000	100,000	00120	이진컴퍼니	620-10-92749		혼합
28												
			유형별-공급처별 [1]건			1,000,000	100,000					

NO : 50001 (대 체) 전 표 일 자 : 2025 년 8 월 28 일

구분	계정과목		적요	거래처		차변(출금)	대변(입금)
차변	0135	부가세대급금		00120	이진컴퍼니	100,000	
차변	0511	복리후생비		00120	이진컴퍼니	1,000,000	
대변	0253	미지급금		00120	이진컴퍼니		1,100,000
					합 계	1,100,000	1,100,000

[3] [매입매출전표입력] 9월 15일

유형	공급가액	부가세	공급처명	전자	분개
61.현과	220,000	22,000	우리카센타		1.현금
분개	(차) 부가세대급금 차량유지비(제)	22,000 220,000	(대) 현금		242,000

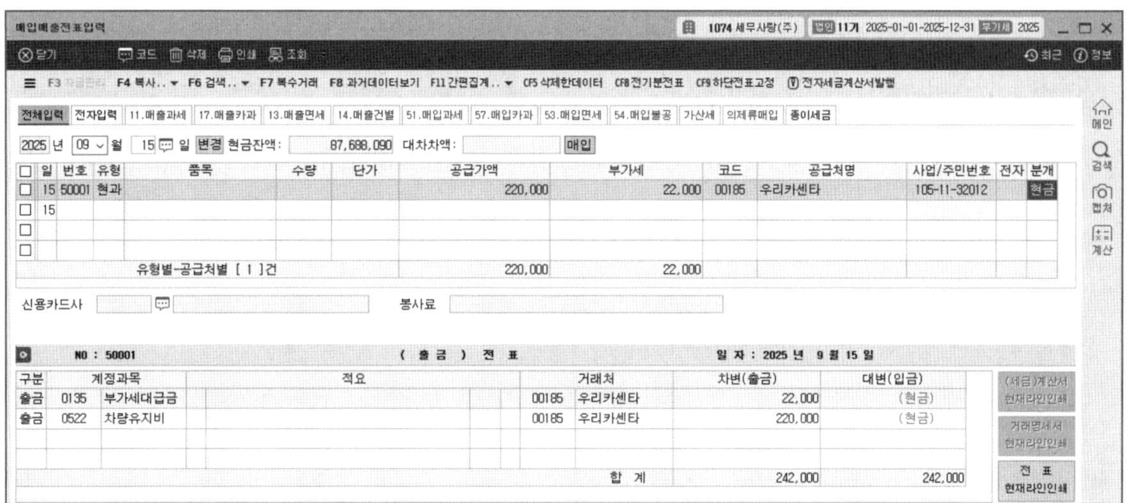

[4] [매입매출전표입력] 9월 27일

유형	공급가액	부가세	공급처명	전자	분개
53.면세	200,000		(주)대한도서	1.여	3.혼합
분개	(차) 도서인쇄비(판) (또는 교육훈련비(판))	200,000	(대) 미지급금[(주)대한도서] (또는 미지급비용)		200,000

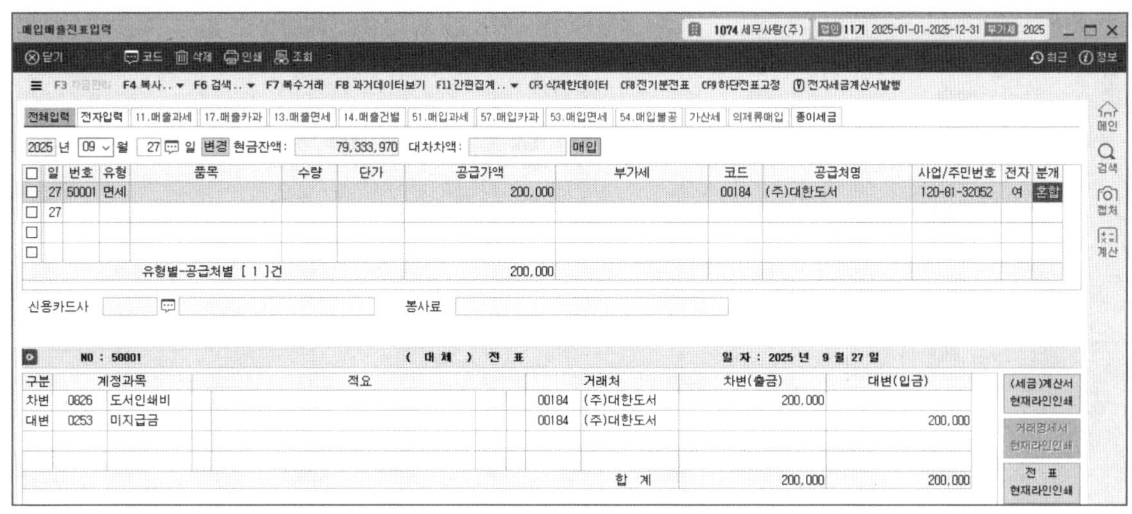

[5] [매입매출전표입력] 9월 30일

유형	공급가액	부가세	공급처명	전자	분개
54.불공	700,000	70,000	(주)세무렌트	1.여	3.혼합
불공제사유	③ 개별소비세법 제1조제2항제3호에 따른 자동차 구입 · 유지 및 임차				
분개	(차) 임차료(판)	770,000	(대) 미지급금[(주)세무렌트] (또는 미지급비용)		770,000

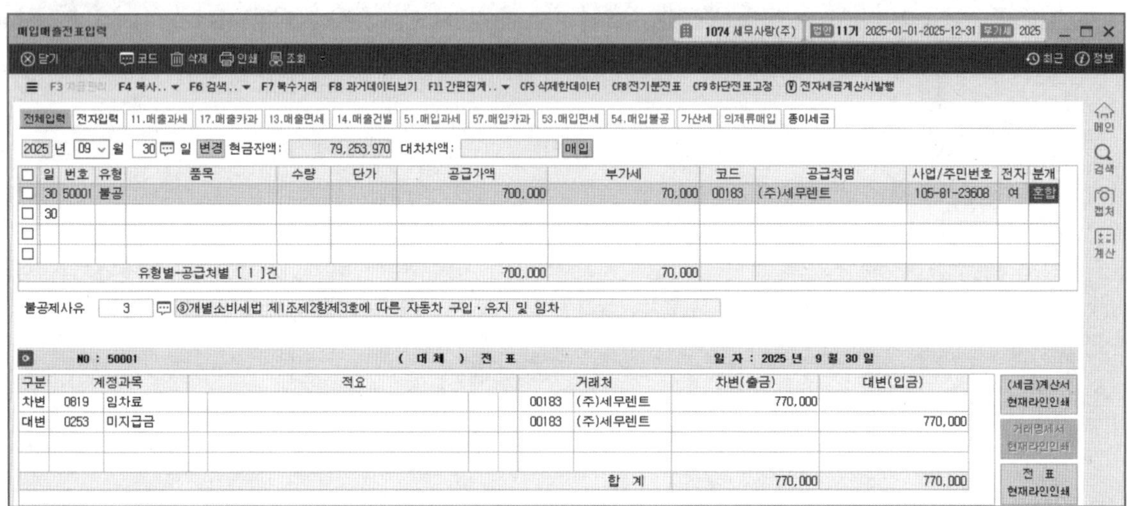

[6] [매입매출전표입력] 10월 15일

유형	공급가액	부가세	공급처명	전자	분개
11.과세	−10,000,000	−1,000,000	우리자동차(주)	1.여	외상
분개	(차) 외상매출금[우리자동차(주)]	−11,000,000	(대) 부가세예수금 제품매출 (또는 매출환입및에누리(405))		−1,000,000 −10,000,000

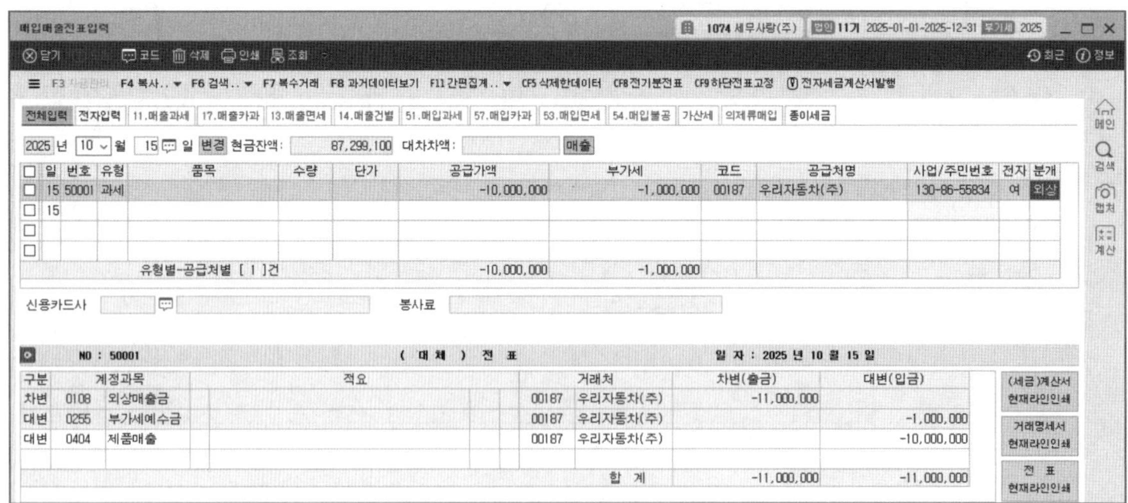

고성상사(주) 회사코드: 1084

[1] [매입매출전표입력] 7월 13일

유형	공급가액	부가세	공급처명	전자	분개
17.카과	5,000,000	500,000	(주)남양가방		4.카드
신용카드사	99614. 비씨카드				
분개	(차) 외상매출금[비씨카드]	5,500,000	(대) 부가세예수금 제품매출		500,000 5,000,000

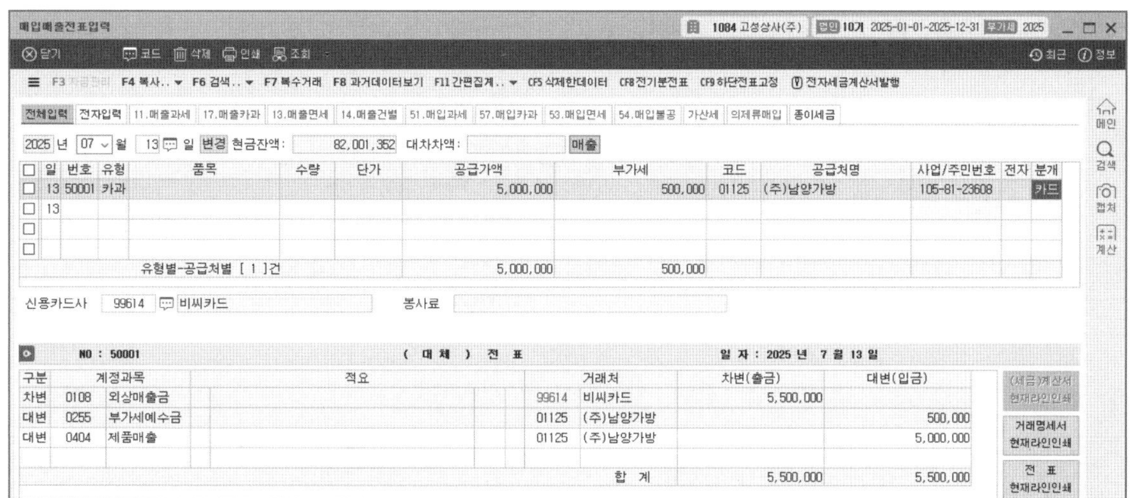

[2] [매입매출전표입력] 9월 5일

유형	공급가액	부가세	공급처명	전자	분개
51.과세	500,000	50,000	쾌속운송	1.여	3.혼합
분개	(차) 부가세대급금 기계장치	50,000 500,000	(대) 보통예금		550,000

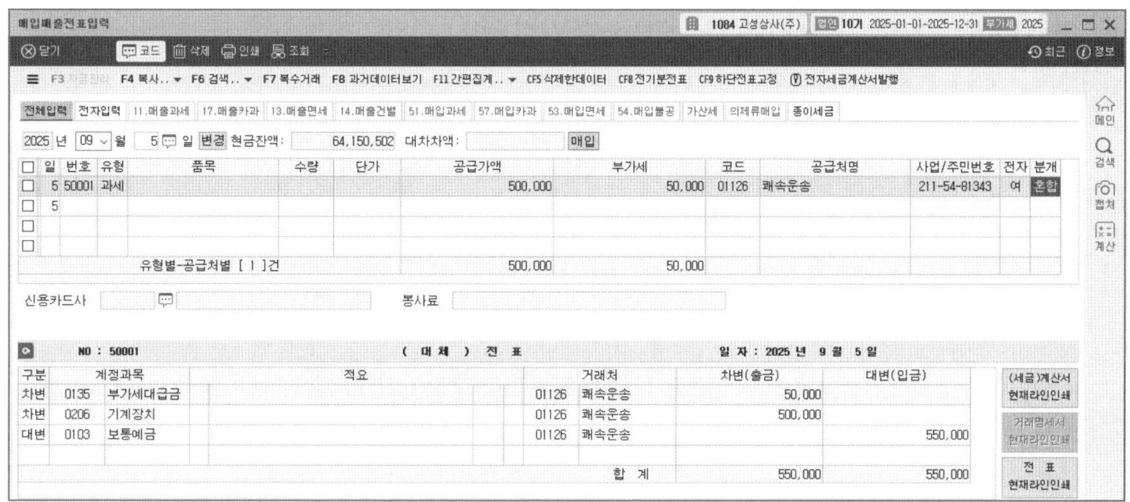

[3] [매입매출전표입력] 9월 6일

유형	공급가액	부가세	공급처명	전자	분개
51.과세	10,000,000	1,000,000	정도정밀	1.여	3.혼합
분개	(차) 부가세대급금 외주가공비(제)	1,000,000 10,000,000	(대) 보통예금		11,000,000

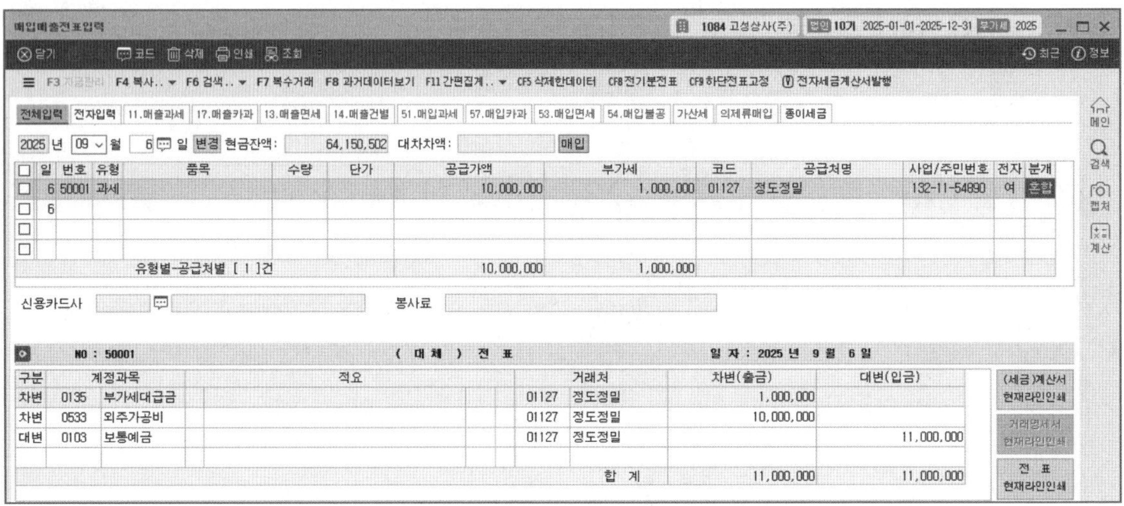

[4] [매입매출전표입력] 9월 25일

유형	공급가액	부가세	공급처명	전자	분개
54.불공	3,500,000	350,000	(주)목포전자	1.여	3.혼합
불공제 사유	② 사업과 직접 관련 없는 지출				
분개	(차) 기부금	3,850,000	(대) 미지급금[(주)목포전자]		3,850,000

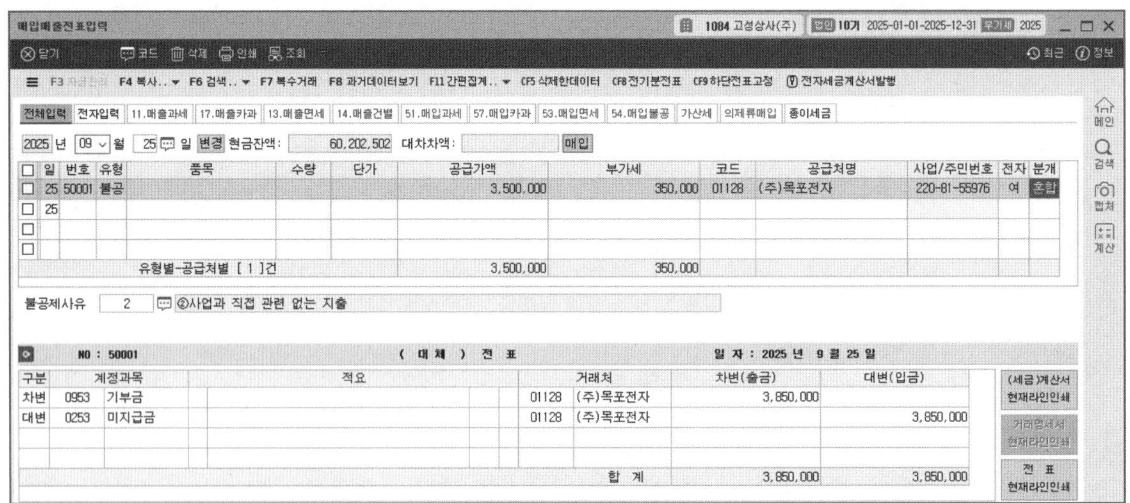

* 국가 및 지방자치단체에 무상으로 공급하는 재화의 경우, 취득 당시 사업과 관련하여 취득한 재화이면 매입세액을 공제하고, 사업과 무관하게 취득한 재화이면 매입세액을 공제하지 아니한다.

[5] [매입매출전표입력] 10월 6일

유형	공급가액	부가세	공급처명	전자	분개
57.카과	1,500,000	150,000	(주)OK사무		4.카드
신용카드사	99601. 하나카드				
분개	(차) 부가세대급금 150,000 비품 1,500,000		(대) 미지급금(하나카드) 1,650,000		

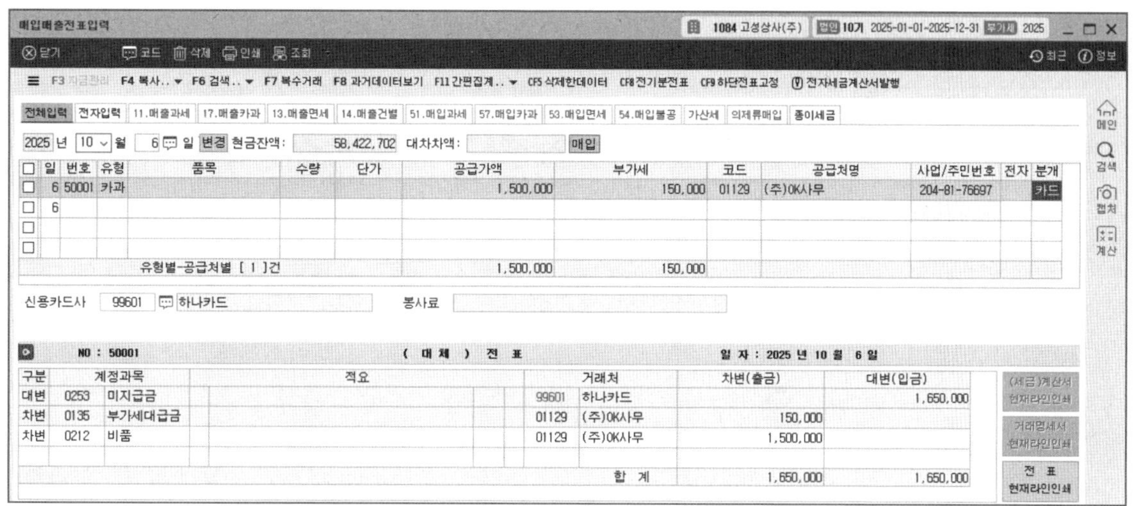

[6] [매입매출전표입력] 12월 1일

유형	공급가액	부가세	공급처명	전자	분개
51.과세	2,500,000	250,000	(주)국민가죽	1.여	3.혼합
분개	(차) 부가세대급금 250,000 원재료 2,500,000		(대) 현금 250,000 외상매입금[(주)국민가죽] 2,500,000		

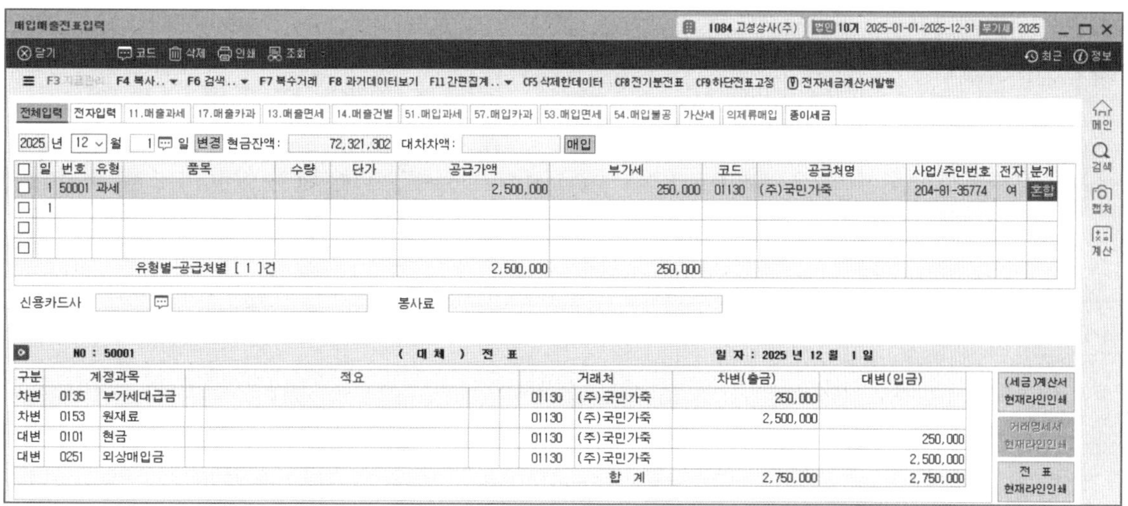

정민상사(주)　회사코드: 1094

[1] [매입매출전표입력] 7월 28일

유형	공급가액	부가세	공급처명	전자	분개
57.카과	200,000	20,000	저팔계산업		4.카드
신용카드사	99602. 하나카드				
분개	(차) 부가세대급금 20,000 복리후생비(판) 200,000		(대) 미지급금[하나카드] 220,000 (또는 미지급비용)		

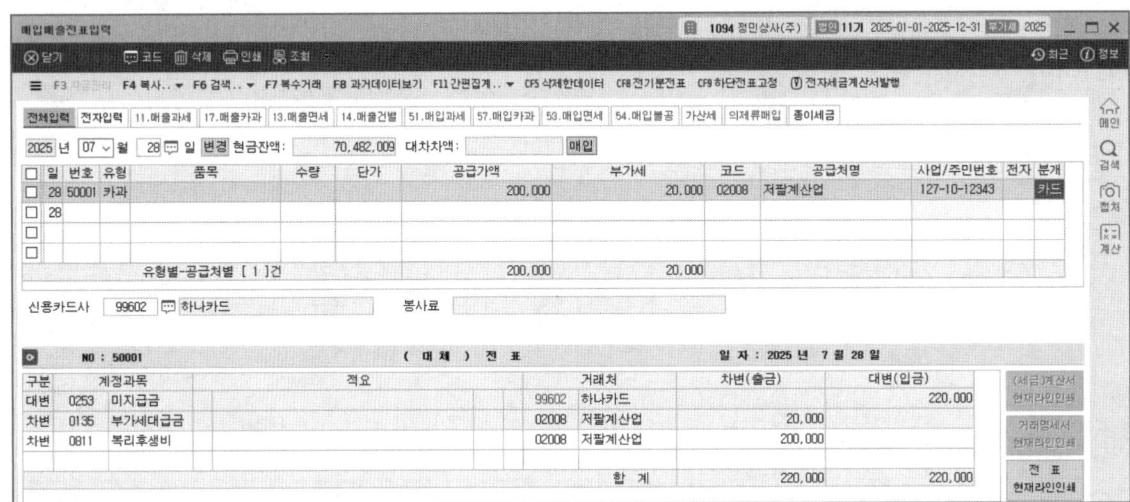

[2] [매입매출전표입력] 9월 3일

유형	공급가액	부가세	공급처명	전자	분개
11.과세	13,500,000	1,350,000	보람테크(주)	1.여	혼합
분개	(차) 감가상각누계액 38,000,000 현금 4,850,000 미수금[보람테크(주)] 10,000,000		(대) 부가세예수금 1,350,000 기계장치 50,000,000 유형자산처분이익 1,500,000		

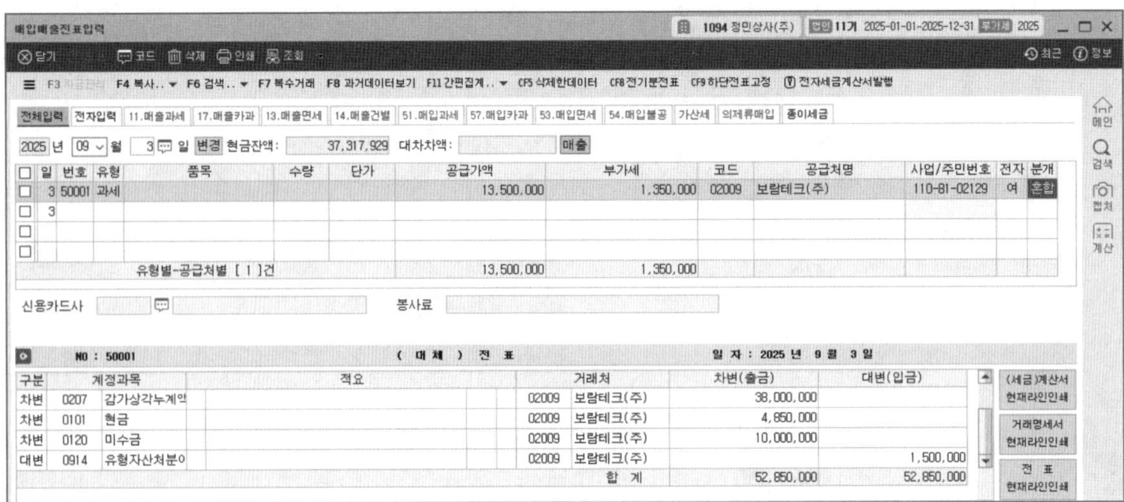

[3] [매입매출전표입력] 9월 22일

유형	공급가액	부가세	공급처명	전자	분개
51.과세	5,000,000	500,000	마산상사	1.여	3.혼합
분개	(차) 부가세대급금 원재료	500,000 5,000,000	(대) 받을어음[(주)서울] 외상매입금[마산상사]		2,000,000 3,500,000

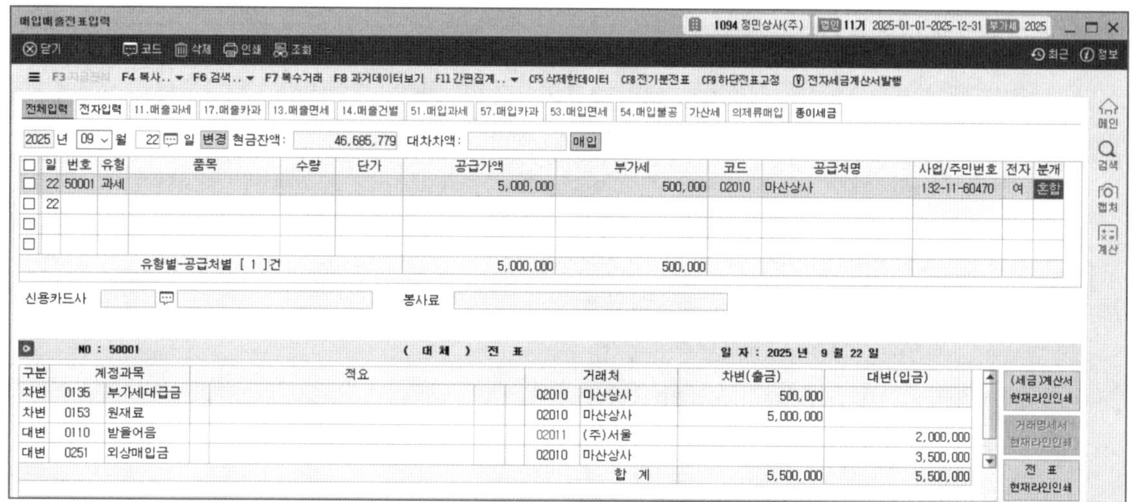

[4] [매입매출전표입력] 10월 31일

유형	공급가액	부가세	공급처명	전자	분개
12.영세	70,000,000		NICE Co.,Ltd	1.여	3.혼합
영세율구분	③ 내국신용장 · 구매확인서에 의하여 공급하는 재화				
분개	(차) 외상매출금[NICE Co.,Ltd] 보통예금	35,000,000 35,000,000	(대) 제품매출		70,000,000

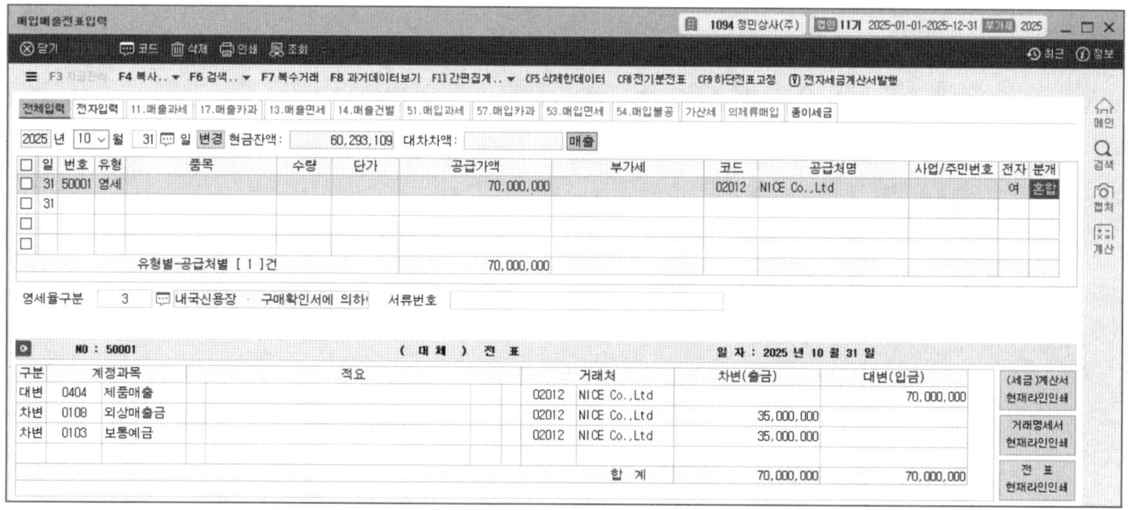

[5] [매입매출전표입력] 11월 4일

유형	공급가액	부가세	공급처명	전자	분개
54.불공	1,500,000	150,000	손오공상사	1.여	3.혼합
불공제사유	④ 기업업무추진비 및 이와 유사한 비용 관련				
분개	(차) 기업업무추진비(판)	1,650,000	(대) 미지급금[손오공상사] (또는 미지급비용)	1,650,000	

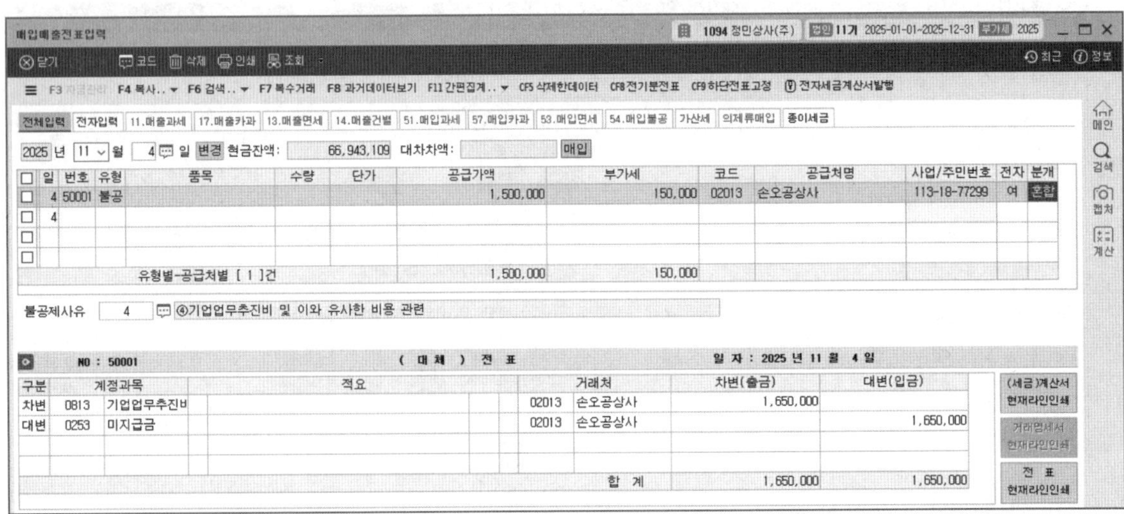

[6] [매입매출전표입력] 12월 5일

유형	공급가액	부가세	공급처명	전자	분개
54.불공	50,000,000	5,000,000	(주)만듬건설	여	혼합
불공제사유	⑥ 토지의 자본적 지출 관련				
분개	(차) 토지	55,000,000	(대) 선급금[(주)만듬건설] 미지급금[(주)만듬건설]	5,500,000 49,500,000	

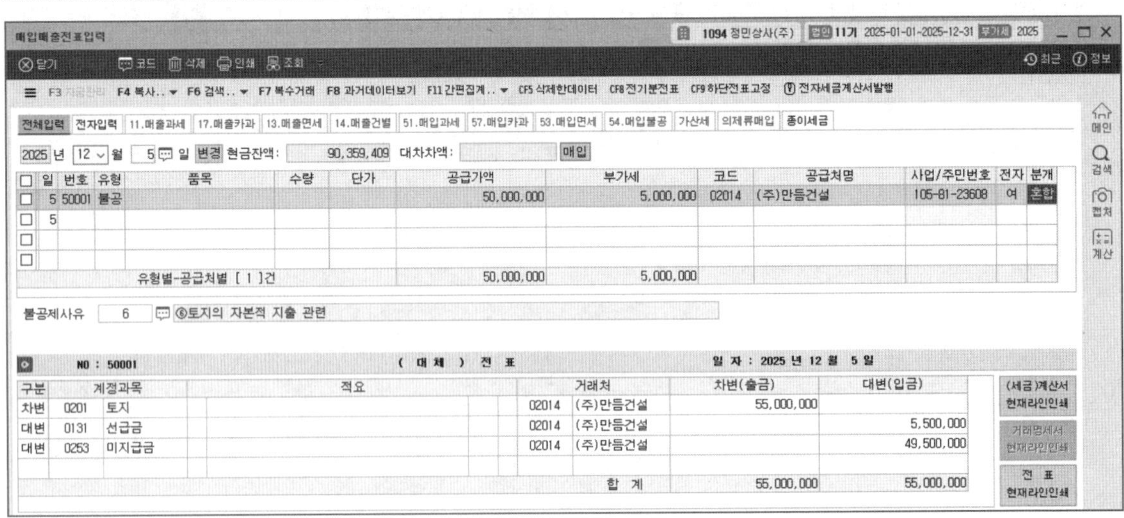

오영상사(주) 회사코드: 1104

[1] [매입매출전표입력] 7월 11일

유형	공급가액	부가세	공급처명	전자	분개
11.과세	3,000,000	300,000	성심상사	1.여	3.혼합
분개	(차) 외상매출금[성심상사] 현금	2,300,000 1,000,000	(대) 부가세예수금 제품매출		300,000 3,000,000

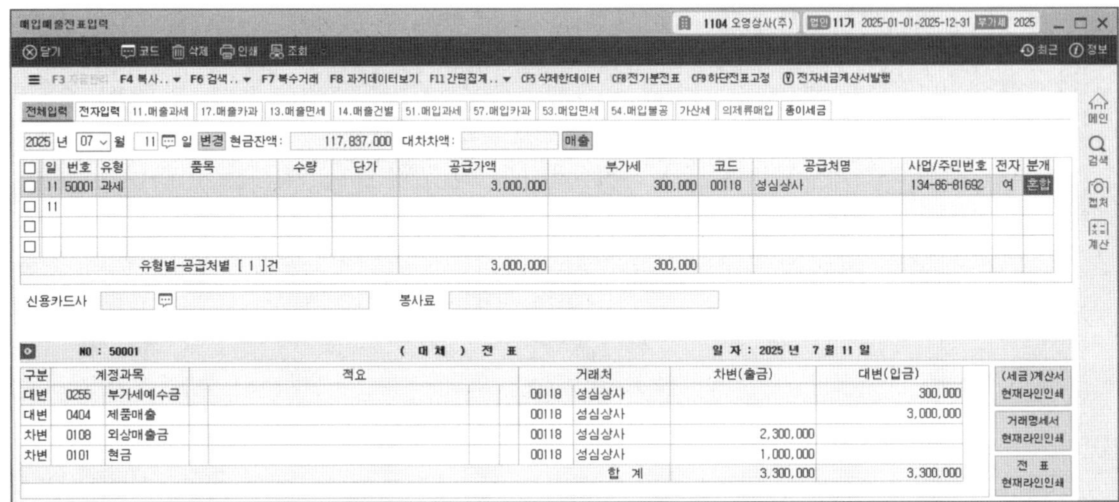

[2] [매입매출전표입력] 8월 25일

유형	공급가액	부가세	공급처명	전자	분개
51.과세	200,000,000	20,000,000	(주)대관령	1.여	3.혼합
분개	(차) 부가세대급금 토지 건물	20,000,000 150,000,000 200,000,000	(대) 선급금[(주)대관령] 보통예금		37,000,000 333,000,000

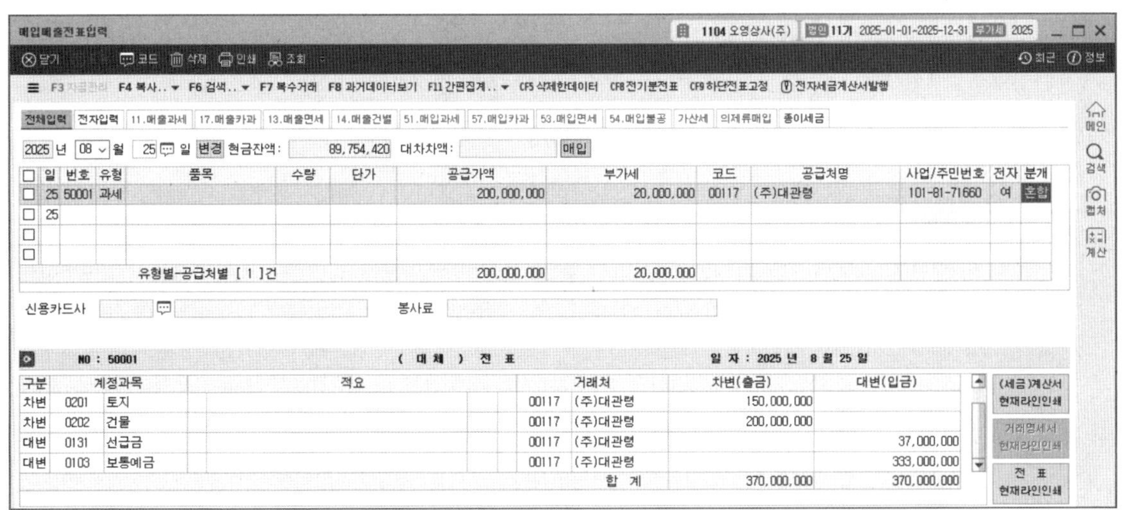

[3] [매입매출전표입력] 9월 15일

유형	공급가액	부가세	공급처명	전자	분개
61.현과	350,000	35,000	골드팜(주)		3.혼합
분개	(차) 부가세대급금 소모품비(판)	35,000 350,000	(대) 보통예금		385,000

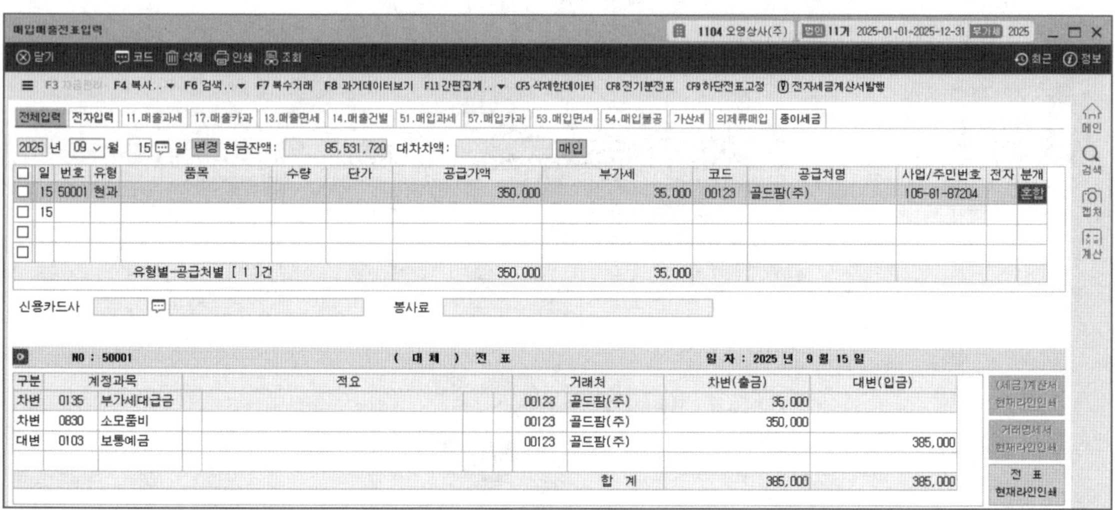

[4] [매입매출전표입력] 9월 30일

유형	공급가액	부가세	공급처명	전자	분개
51.과세	15,000,000	1,500,000	경하자동차(주)	1.여	3.혼합
분개	(차) 부가세대급금 차량운반구	1,500,000 15,000,000	(대) 미지급금[경하자동차(주)]		16,500,000

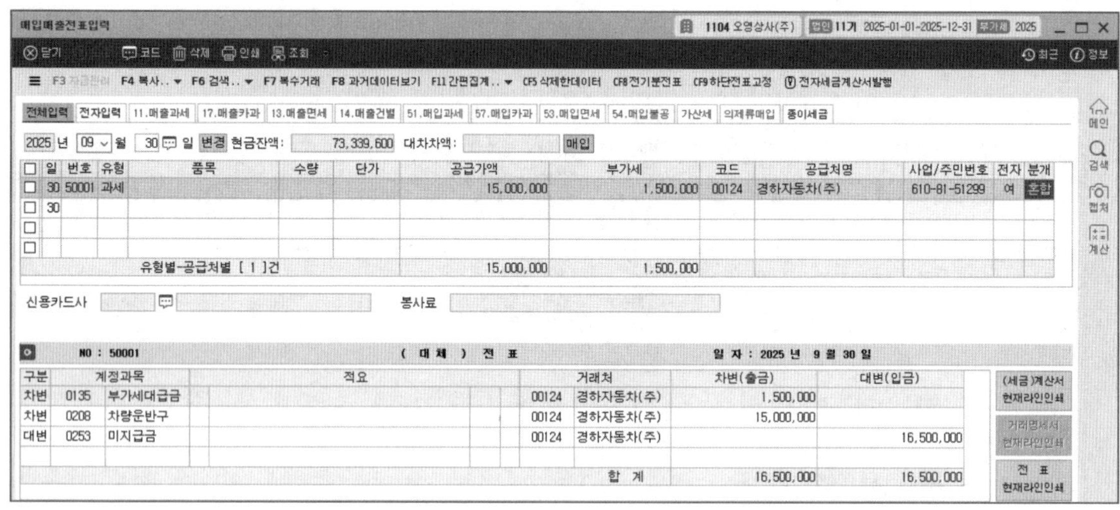

※ 개별소비세 과세 대상 차량이 아닌 승용차는 매입세액 공제 대상이다.

[5] [매입매출전표입력] 10월 17일

유형	공급가액	부가세	공급처명	전자	분개
55.수입	8,000,000	800,000	인천세관	1.여	3.혼합
분개	(차) 부가세대급금	800,000	(대) 보통예금		800,000

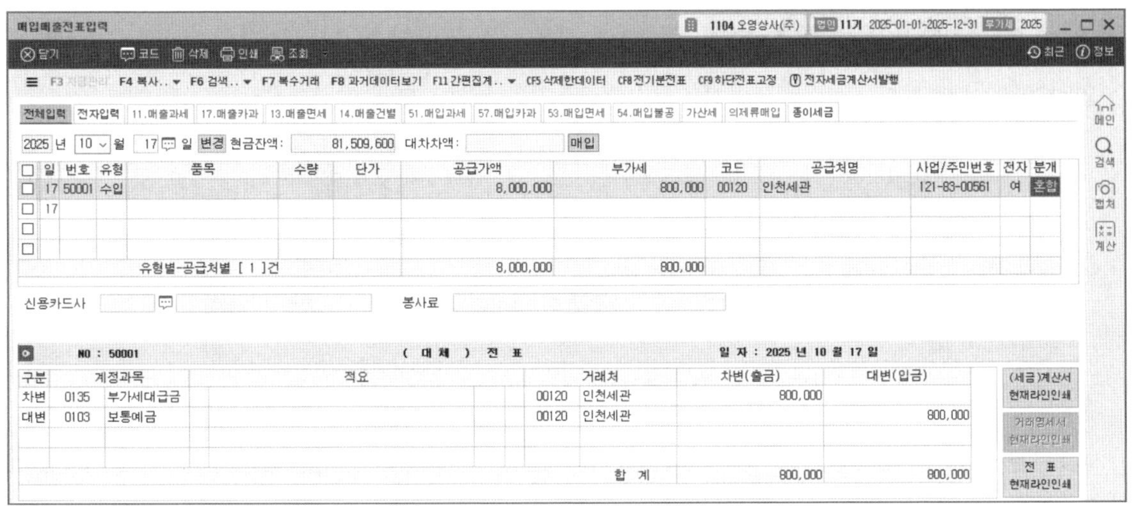

[6] [매입매출전표입력] 10월 20일

유형	공급가액	부가세	공급처명	전자	분개
14.건별	90,000	9,000			1.현금
분개	(차) 현금	99,000	(대) 부가세예수금		9,000
			제품매출		90,000

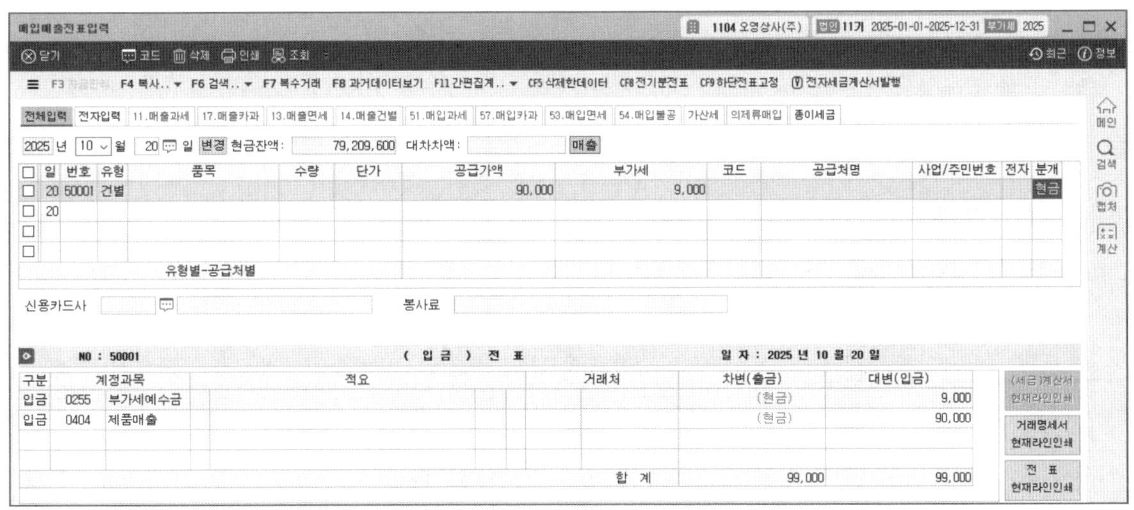

CHAPTER 04 오류수정

p.113

오류수정 – 일반전표입력 연습

[1] [일반전표입력] 7월 11일

• 수정 전

(차) 현금 1,000,000 (대) 외상매출금[(주)서준] 1,000,000

2025 년 07 월 11 일 변경 현금잔액: 1,000,000 대차차액:

□	일	번호	구분	계 정 과 목	거 래 처	적 요	차 변	대 변
□	11	00001	입금	0108 외상매출금	00101 (주)서준		(현금)	1,000,000

• 수정 후

(차) 현금 1,000,000 (대) 외상매출금[(주)예준] 1,000,000

2025 년 07 월 11 일 변경 현금잔액: 1,000,000 대차차액:

□	일	번호	구분	계 정 과 목	거 래 처	적 요	차 변	대 변
□	11	00001	입금	0108 외상매출금	00102 (주)예준		(현금)	1,000,000

[2] [일반전표입력] 7월 25일

• 수정 전

(차) 세금과공과(판) 400,000 (대) 현금 400,000

2024 년 07 월 25 일 변경 현금잔액: 600,000 대차차액:

□	일	번호	구분	계 정 과 목	거 래 처	적 요	차 변	대 변
□	25	00001	출금	0817 세금과공과			400,000	(현금)

• 수정 후

(차) 건물 400,000 (대) 현금 400,000

2025 년 07 월 25 일 변경 현금잔액: 600,000 대차차액:

□	일	번호	구분	계 정 과 목	거 래 처	적 요	차 변	대 변
□	25	00001	출금	0202 건물			400,000	(현금)

[3] [일반전표입력] 8월 10일

• 수정 전

(차) 세금과공과(판) 200,000 (대) 현금 200,000

2025 년 08 월 10 일 변경 현금잔액: 400,000 대차차액:

□	일	번호	구분	계 정 과 목	거 래 처	적 요	차 변	대 변
□	10	00001	출금	0817 세금과공과			200,000	(현금)

• 수정 후

(차) 예수금 200,000 (대) 현금 200,000

2025 년 08 월 10 일 변경 현금잔액: 400,000 대차차액:

□	일	번호	구분	계 정 과 목	거 래 처	적 요	차 변	대 변
□	10	00001	출금	0254 예수금			200,000	(현금)

[4] [일반전표입력] 8월 14일

• 수정 전

(차) 외상매입금[(주)서준] 5,000,000 (대) 현금 5,000,000

2025 년 08 월 14 일 변경 현금잔액: -4,600,000 대차차액:

□	일	번호	구분	계 정 과 목		거 래 처		적 요		차 변	대 변
□	14	00001	차변	0251	외상매입금	00101	(주)서준			5,000,000	
□	14	00001	대변	0101	현금						5,000,000

• 수정 후

(차) 외상매입금[(주)서준] 5,000,000 (대) 현금 4,000,000

지급어음[(주)서준] 1,000,000

2025 년 08 월 14 일 변경 현금잔액: -3,600,000 대차차액:

□	일	번호	구분	계 정 과 목		거 래 처		적 요		차 변	대 변
□	14	00001	차변	0251	외상매입금	00101	(주)서준			5,000,000	
□	14	00001	대변	0101	현금						4,000,000
□	14	00001	대변	0252	지급어음	00101	(주)서준				1,000,000

[5] [일반전표입력] 8월 25일

• 수정 전

(차) 통신비(판) 50,000 (대) 현금 50,000

2025 년 08 월 25 일 변경 현금잔액: -3,650,000 대차차액:

□	일	번호	구분	계 정 과 목		거 래 처		적 요		차 변	대 변
□	25	00001	출금	0814	통신비					50,000	(현금)

• 수정 후

(차) 통신비(판) 30,000 (대) 현금 50,000

통신비(제) 20,000

2025 년 08 월 25 일 변경 현금잔액: -3,650,000 대차차액:

□	일	번호	구분	계 정 과 목		거 래 처		적 요		차 변	대 변
□	25	00001	차변	0814	통신비					30,000	
□	25	00001	차변	0514	통신비					20,000	
□	25	00001	대변	0101	현금						50,000

오류수정 – 매입매출전표입력 연습

[1] [매입매출전표입력] 9월 4일

• 수정 전

유형	공급가액	부가세	공급처명	전자	분개
51.과세	500,000	50,000	(주)서준	1.여	2.외상 또는 3.혼합
분개	(차) 부가세대급금 원재료	50,000 500,000	(대) 외상매입금[(주)서준]		550,000

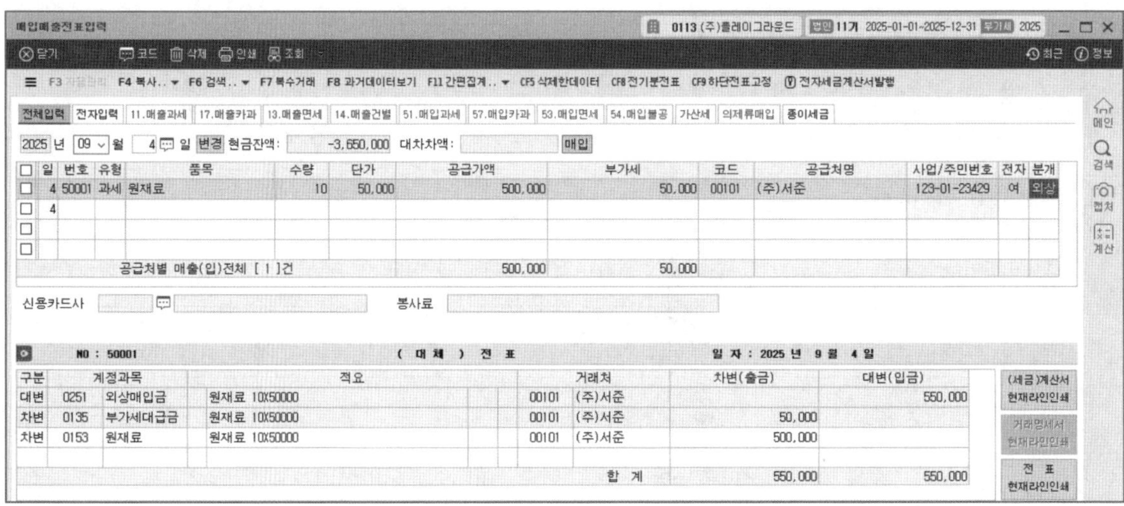

• 수정 후

유형	공급가액	부가세	공급처명	전자	분개
51.과세	700,000	70,000	(주)서준	1.여	2.외상 또는 3.혼합
분개	(차) 부가세대급금 원재료	70,000 700,000	(대) 외상매입금[(주)서준]		770,000

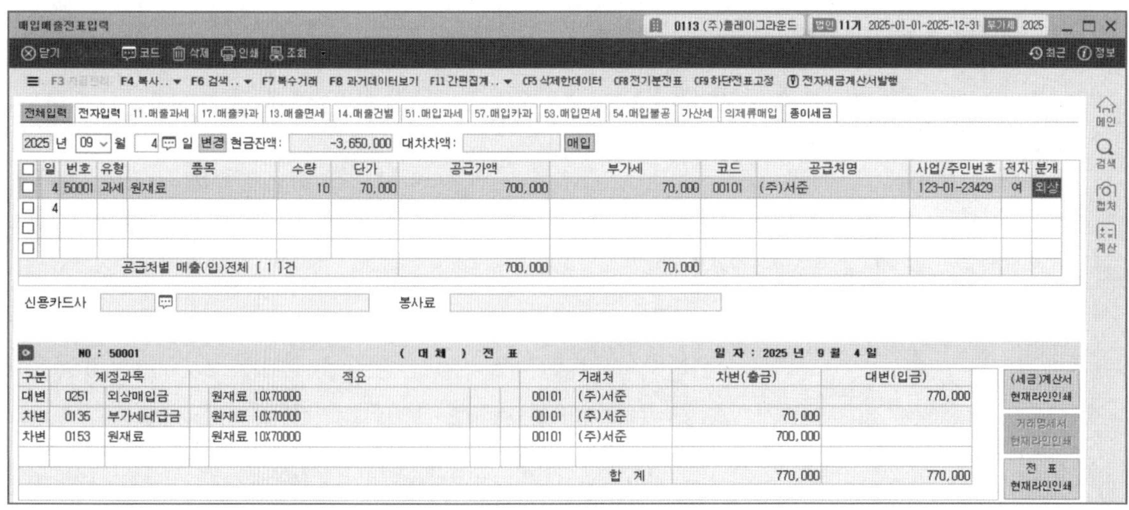

[2] [매입매출전표입력] 9월 25일

• 수정 전

유형	공급가액	부가세	공급처명	전자	분개
51.과세	20,000,000	2,000,000	강남자동차매매센터	1.여	3.혼합
분개	(차) 부가세대급금 차량운반구	2,000,000 20,000,000	(대) 미지급금[강남자동차매매센터]		22,000,000

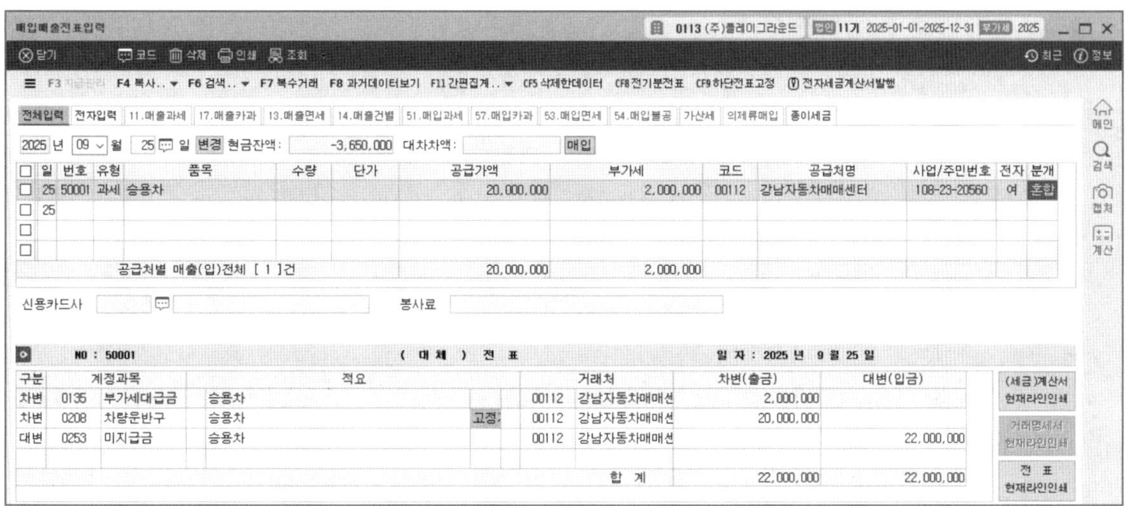

• 수정 후

유형	공급가액	부가세	공급처명	전자	분개
54.불공	20,000,000	2,000,000	강남자동차매매센터	1.여	3.혼합
불공제 사유	③ 개별소비세법 제1조제2항제3호에 따른 자동차 구입 · 유지 및 임차				
분개	(차) 차량운반구	22,000,000	(대) 미지급금[강남자동차매매센터]		22,000,000

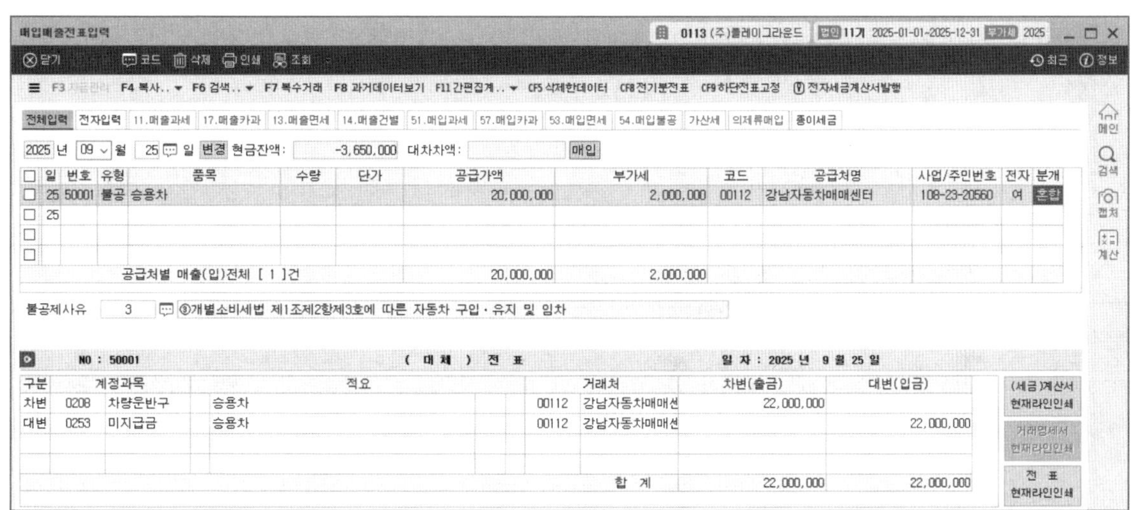

[3] [매입매출전표입력] 7월 14일

• 수정 전

유형	공급가액	부가세	공급처명	전자	분개
16.수출	20,000,000		혼다이		2.외상 또는 3.혼합
영세율 구분	① 직접수출(대행수출 포함)				
분개	(차) 외상매출금[혼다이]	20,000,000	(대) 제품매출		20,000,000

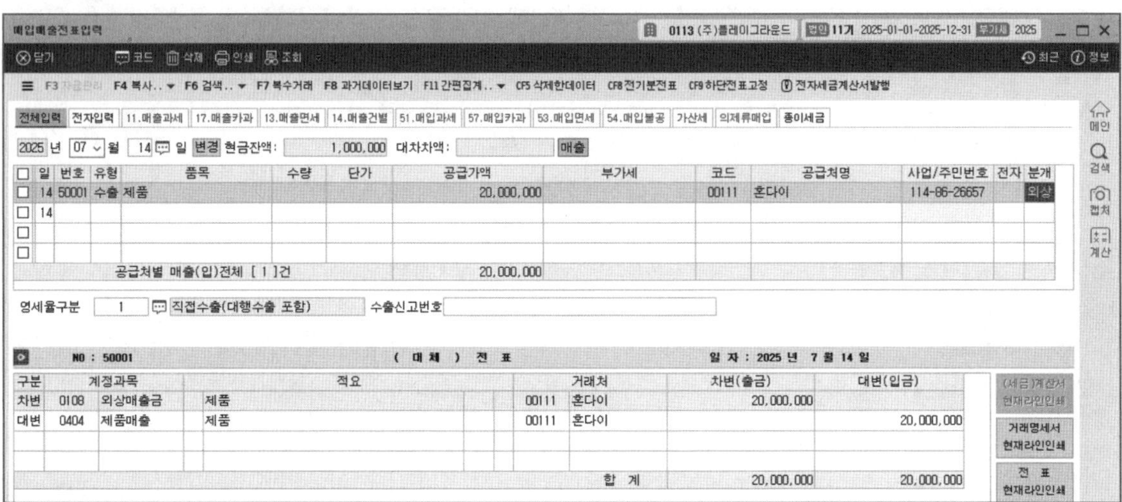

• 수정 후

유형	공급가액	부가세	공급처명	전자	분개
16.수출	24,000,000		혼다이		2.외상 또는 3.혼합
영세율 구분	① 직접수출(대행수출 포함)				
분개	(차) 외상매출금[혼다이]	24,000,000	(대) 제품매출		24,000,000

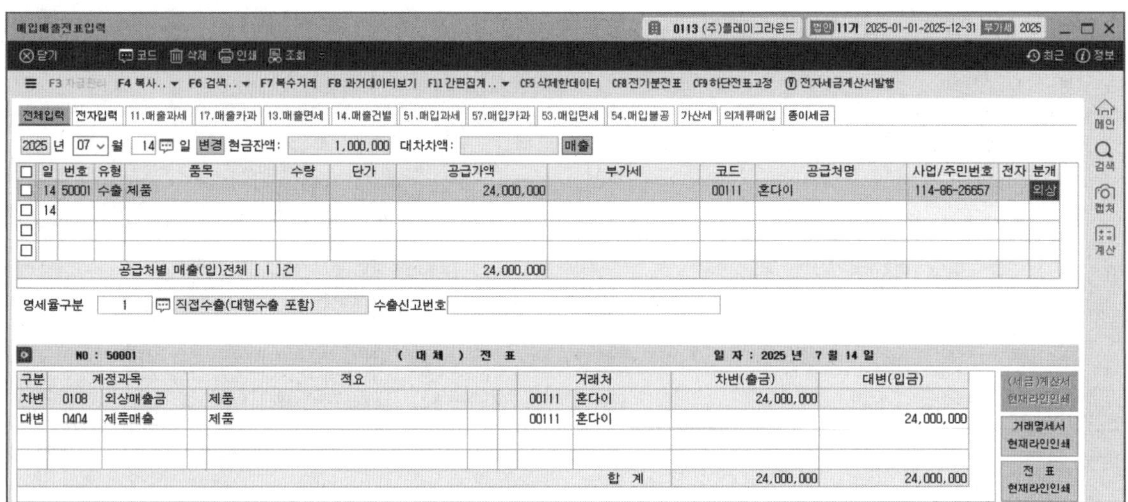

[4] [매입매출전표입력] 10월 5일

• 수정 전

유형	공급가액	부가세	공급처명	전자	분개
11.과세	2,200,000	220,000	(주)예준	1.여	1.현금
분개	(차) 현금	2,420,000	(대) 부가세예수금 제품매출		220,000 2,200,000

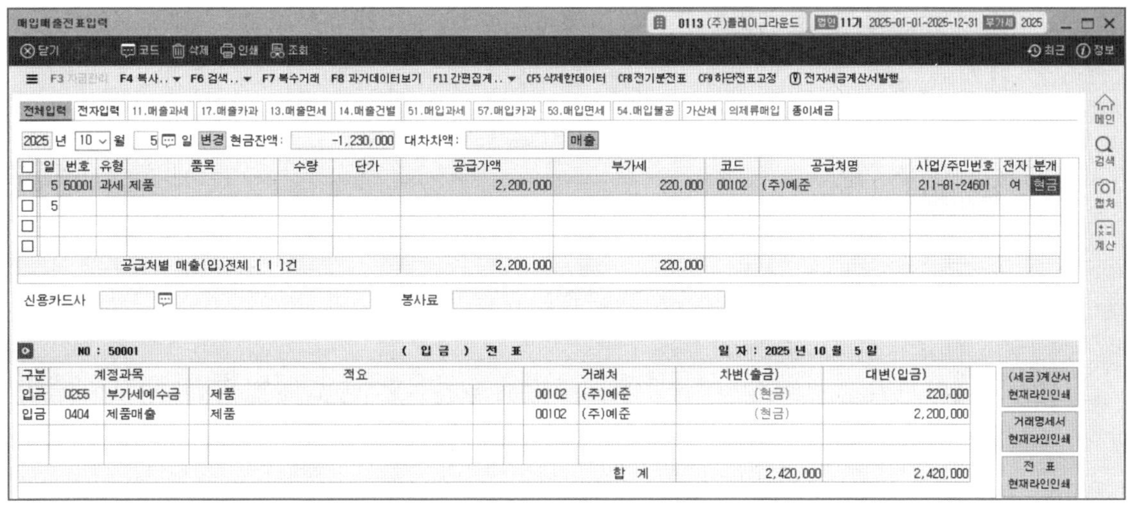

• 수정 후

유형	공급가액	부가세	공급처명	전자	분개
11.과세	2,200,000	220,000	(주)예준	1.여	3.혼합
분개	(차) 받을어음[(주)예준]	2,420,000	(대) 부가세예수금 제품매출		220,000 2,200,000

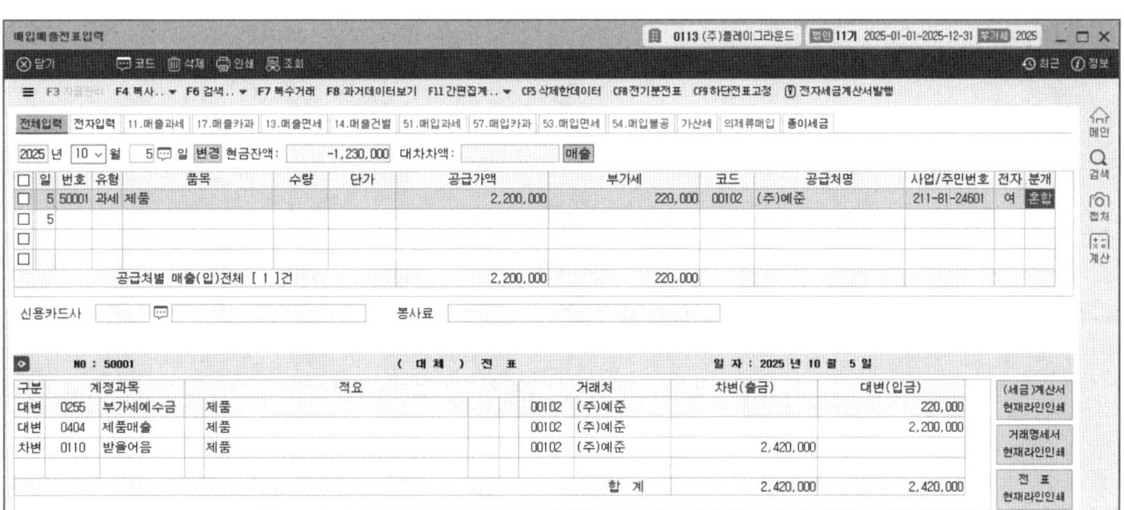

[5] [매입매출전표입력] 10월 24일

• 수정 전

유형	공급가액	부가세	공급처명	전자	분개
51.과세	1,000,000	100,000	(주)더블루K	1.여	3.혼합
분개	(차) 부가세대급금 수선비(제)	100,000 1,000,000	(대) 당좌예금		1,100,000

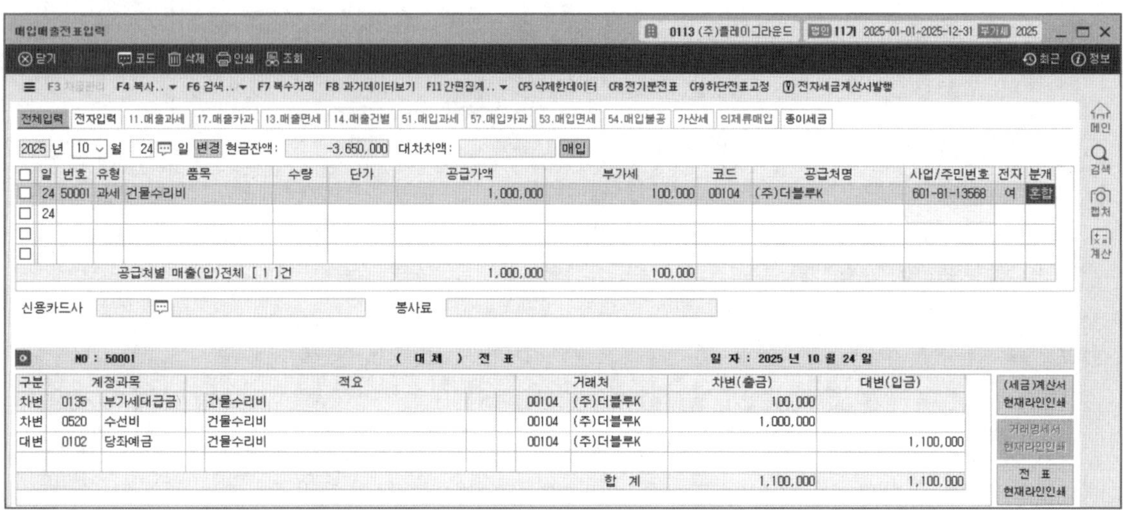

• 수정 후

유형	공급가액	부가세	공급처명	전자	분개
51.과세	1,000,000	100,000	(주)더블루K	1.여	3.혼합
분개	(차) 부가세대급금 건물	100,000 1,000,000	(대) 미지급금[(주)더블루K]		1,100,000

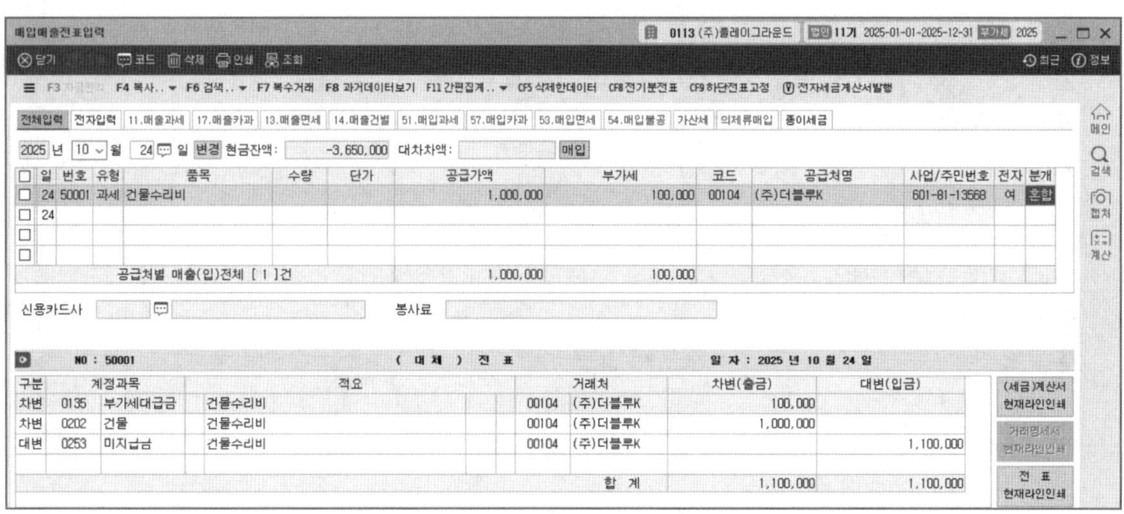

[6] [매입매출전표입력] 12월 6일

• 수정 전

유형	공급가액	부가세	공급처명	전자	분개
51.과세	1,500,000	150,000	(주)예준	1.여	1.현금 또는 3.혼합
분개	(차) 부가세대급금 비품	150,000 1,500,000	(대) 현금		1,650,000

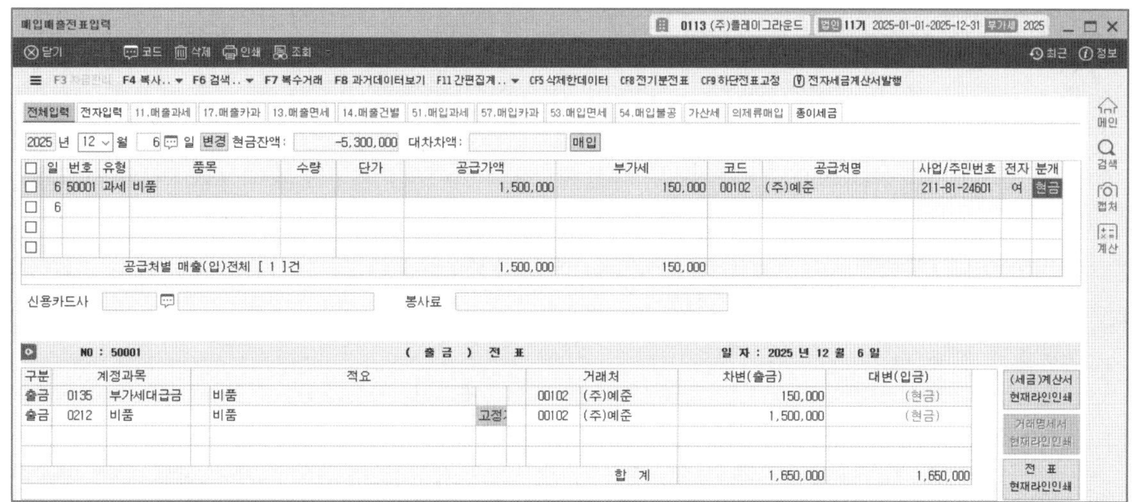

• 수정 후

유형	공급가액	부가세	공급처명	전자	분개
51.과세	1,500,000	150,000	(주)상성전자	1.여	3.혼합
분개	(차) 부가세대급금 비품	150,000 1,500,000	(대) 보통예금		1,650,000

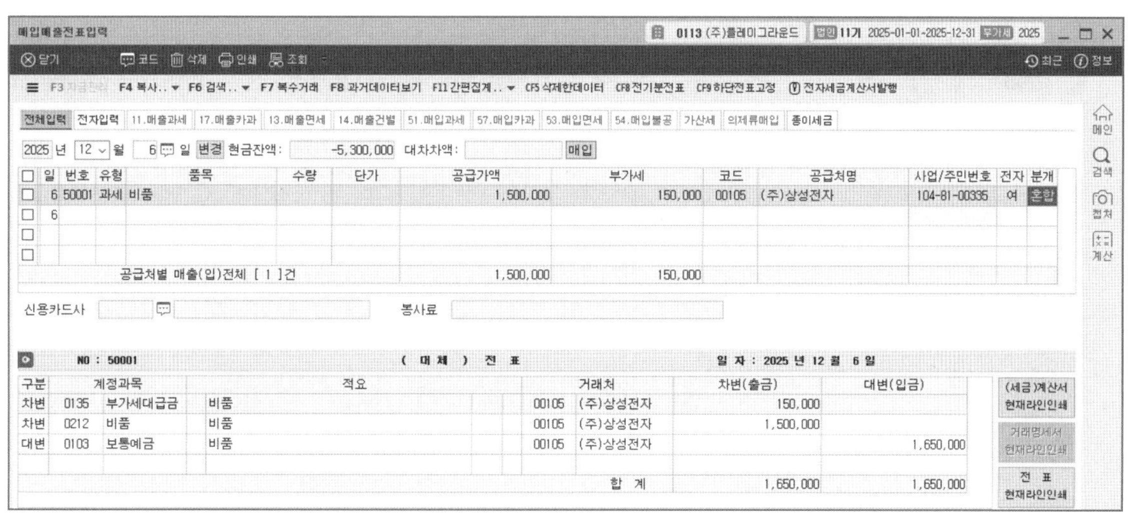

(주)천안테크 회사코드: 1054

[1] [일반전표입력] 12월 1일

- 수정 전

(차) 임대보증금[나자비] 20,000,000 (대) 보통예금 20,000,000

2025 년 12 월 1 일 변경 현금잔액: 48,446,286 대차차액:

□	일	번호	구분	계 정 과 목	거 래 처	적 요	차 변	대 변
□	1	00001	차변	0294 임대보증금	00157 나자비	보증금 지급	20,000,000	
□	1	00001	대변	0103 보통예금	98002 수협은행	보증금 지급		20,000,000

- 수정 후

(차) 임차보증금[나자비] 20,000,000 (대) 보통예금 20,000,000

2025 년 12 월 1 일 변경 현금잔액: 48,446,286 대차차액:

□	일	번호	구분	계 정 과 목	거 래 처	적 요	차 변	대 변
□	1	00001	차변	0232 임차보증금	00157 나자비	보증금 지급	20,000,000	
□	1	00001	대변	0103 보통예금	98002 수협은행	보증금 지급		20,000,000

[2] [일반전표입력] 12월 9일 삭제 후 [매입매출전표입력] 입력

- 수정 전

(차) 차량유지비(판) 990,000 (대) 보통예금 990,000

2025 년 12 월 9 일 변경 현금잔액: 60,544,286 대차차액:

□	일	번호	구분	계 정 과 목	거 래 처	적 요	차 변	대 변
□	9	00001	차변	0822 차량유지비	00159 전의카센터	화물용 트럭 수리비	990,000	
□	9	00001	대변	0103 보통예금	98002 수협은행	화물용 트럭 수리비		990,000

- 수정 후

유형	공급가액	부가세	공급처명	전자	분개
51.과세	900,000	90,000	전의카센터	1.여	3.혼합
분개	(차) 부가세대급금 90,000 차량유지비(제) 900,000		(대) 보통예금 990,000		

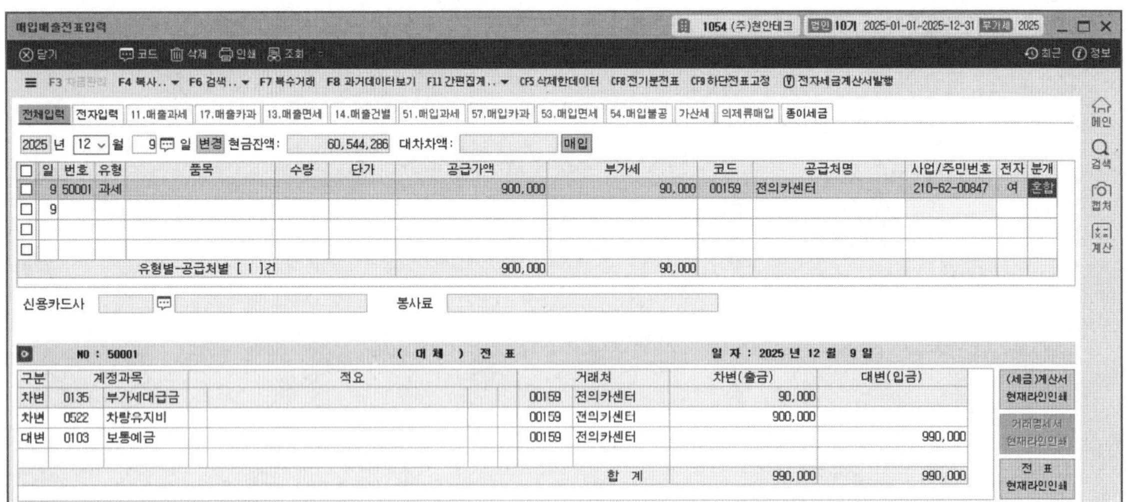

매입매출전표입력 1054 (주)천안테크 법인 10기 2025-01-01~2025-12-31 부가세 2025

2025 년 12 월 9 일 변경 현금잔액: 60,544,286 대차차액: 매입

□	일	번호	유형	품목	수량	단가	공급가액	부가세	코드	공급처명	사업/주민번호	전자	분개
□	9	50001	과세				900,000	90,000	00159	전의카센터	210-62-00847	여	혼합
□	9												
				유형별-공급처별 [1]건			900,000	90,000					

NO : 50001 (대 체) 전 표 일 자 : 2025 년 12 월 9 일

구분	계정과목		적요	거래처		차변(출금)	대변(입금)
차변	0135	부가세대급금		00159	전의카센터	90,000	
차변	0522	차량유지비		00159	전의카센터	900,000	
대변	0103	보통예금		00159	전의카센터		990,000
					합 계	990,000	990,000

남다른패션(주) 회사코드: 1064

[1] [일반전표입력] 8월 2일

- 수정 전

(차) 외상매입금[온누리] 800,000 (대) 보통예금 800,000

2025 년 08 월 2 일 변경 현금잔액: 29,375,096 대차차액:

일	번호	구분	계정과목	거래처	적요	차변	대변
2	00001	차변	0251 외상매입금	00123 온누리	컴퓨터미지급결제	800,000	
2	00001	대변	0103 보통예금	98001 국민은행	컴퓨터미지급결제		800,000

- 수정 후

(차) 미지급금[온누리] 800,000 (대) 보통예금 800,000

2025 년 08 월 2 일 변경 현금잔액: 29,375,096 대차차액:

일	번호	구분	계정과목	거래처	적요	차변	대변
2	00001	차변	0253 미지급금	00123 온누리	컴퓨터미지급결제	800,000	
2	00001	대변	0103 보통예금	98001 국민은행	컴퓨터미지급결제		800,000

[2] [일반전표입력] 11월 19일 삭제하고 [매입매출전표입력] 입력

- 수정 전

(차) 운반비(판) 330,000 (대) 현금 330,000

2025 년 11 월 19 일 변경 현금잔액: 47,942,456 대차차액:

일	번호	구분	계정과목	거래처	적요	차변	대변
19	00001	차변	0824 운반비	00132 차차운송	운임지급	330,000	
19	00001	대변	0101 현금		운임지급		330,000

- 수정 후

유형	공급가액	부가세	공급처명	전자	분개
51.과세	300,000	30,000	차차운송	1.여	1.현금
분개	(차) 부가세대급금 30,000 원재료* 300,000		(대) 현금 330,000		

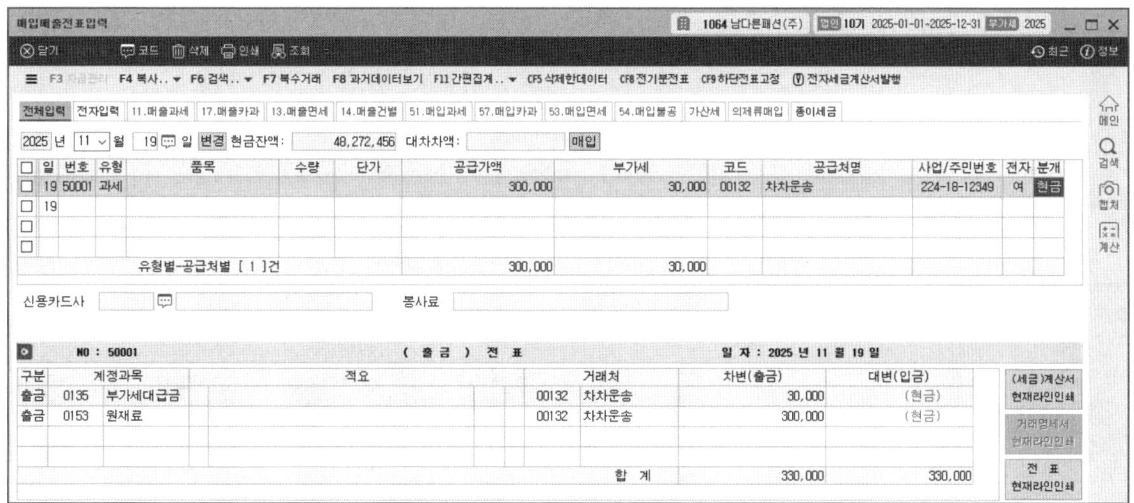

매입매출전표입력 | 1064 남다른패션(주) 법인 10기 2025-01-01~2025-12-31 부가세 2025

2025 년 11 월 19 일 변경 현금잔액: 48,272,456 대차차액: 매입

일	번호	유형	품목	수량	단가	공급가액	부가세	코드	공급처명	사업/주민번호	전자	분개
19	50001	과세				300,000	30,000	00132	차차운송	224-18-12349	여	현금
19												
			유형별-공급처별 [1]건			300,000	30,000					

NO : 50001 (출금) 전 표 일 자 : 2025 년 11 월 19 일

구분	계정과목	적요	거래처	차변(출금)	대변(입금)
출금	0135 부가세대급금		00132 차차운송	30,000	(현금)
출금	0153 원재료		00132 차차운송	300,000	(현금)
			합 계	330,000	330,000

* 재고자산 취득 시 발생한 부대비용은 취득원가에 가산하므로, 계정과목을 원재료로 한다.

세무사랑(주) 회사코드: 1074

[1] [일반전표입력] 7월 6일

- 수정 전

(차) 외상매입금[(주)상문] 3,000,000 (대) 보통예금 3,000,000

2025 년 07 월 6 일 변경 현금잔액: 113,867,000 대차차액:

일	번호	구분	계정과목		거래처		적요	차변	대변
6	00001	차변	0251	외상매입금	00188	(주)상문	외상매입금 지급	3,000,000	
6	00001	대변	0103	보통예금	98001	하나은행	외상매입금 지급		3,000,000

- 수정 후

(차) 외상매입금[(주)상문] 3,000,000 (대) 받을어음[상명상사] 3,000,000

2025 년 07 월 6 일 변경 현금잔액: 113,867,000 대차차액:

일	번호	구분	계정과목		거래처		적요	차변	대변
6	00001	차변	0251	외상매입금	00188	(주)상문	외상매입금 지급	3,000,000	
6	00001	대변	0110	받을어음	00189	상명상사	외상매입금 지급		3,000,000

[2] [일반전표입력] 12월 13일 삭제하고 [매입매출전표입력] 입력

- 수정 전

(차) 수도광열비(판) 121,000 (대) 현금 121,000

2025 년 12 월 13 일 변경 현금잔액: 110,009,900 대차차액:

일	번호	구분	계정과목		거래처		적요	차변	대변
13	00001	차변	0815	수도광열비			제조공장 전기요금	121,000	
13	00001	대변	0101	현금			제조공장 전기요금		121,000

- 수정 후

유형	공급가액	부가세	공급처명	전자	분개
51.과세	110,000	11,000	한국전력공사	1.여	1.현금
분개	(차) 부가세대급금 11,000 전력비(제) 110,000		(대) 현금 121,000		

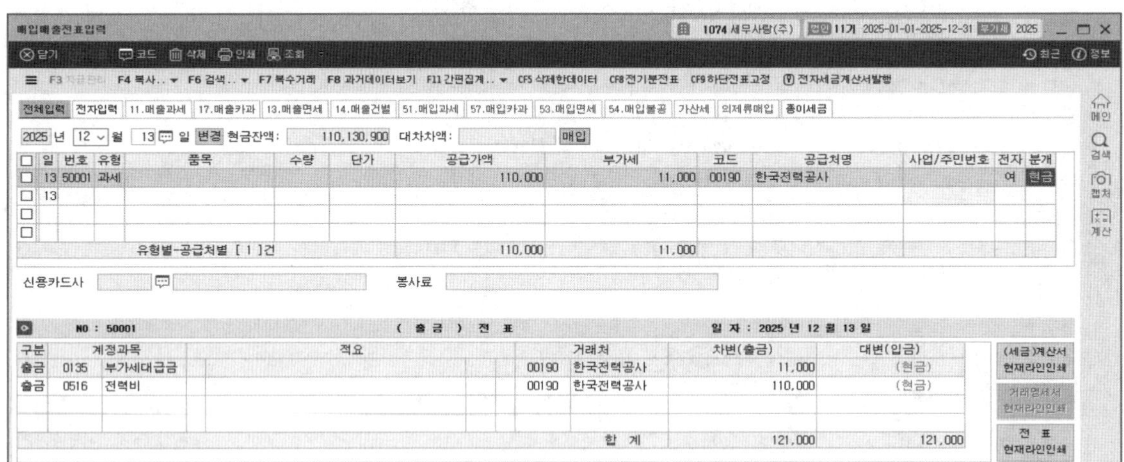

매입매출전표입력 1074 세무사랑(주) 11기 2025-01-01~2025-12-31 2025

2025 년 12 월 13 일 변경 현금잔액: 110,130,900 대차차액: 매입

일	번호	유형	품목	수량	단가	공급가액	부가세	코드	공급처명	사업/주민번호	전자	분개
13	50001	과세				110,000	11,000	00190	한국전력공사		여	현금
13												
			유형별-공급처별 [1]건			110,000	11,000					

신용카드사 봉사료

NO : 50001 (출금) 전 표 일 자 : 2025 년 12 월 13 일

구분	계정과목		적요	거래처		차변(출금)	대변(입금)
출금	0135	부가세대급금		00190	한국전력공사	11,000	(현금)
출금	0516	전력비		00190	한국전력공사	110,000	(현금)
				합 계		121,000	121,000

고성상사(주) 회사코드: 1084

[1] [매입매출전표입력] 7월 22일

- 수정 전

유형	공급가액	부가세	공급처명	전자	분개
51.과세	15,000,000	1,500,000	제일자동차	1.여	3.혼합
분개	(차) 부가세대급금 차량운반구	1,500,000 15,000,000	(대) 보통예금		16,500,000

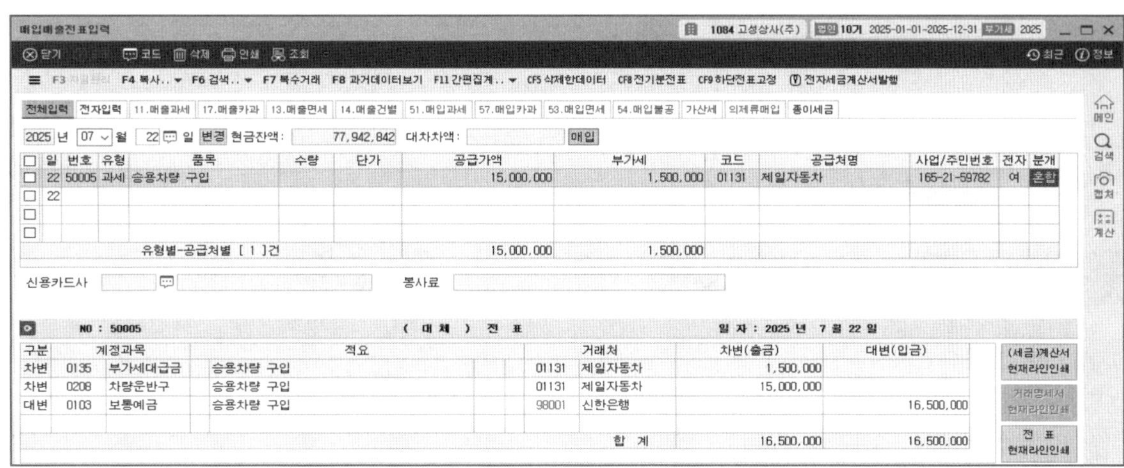

- 수정 후

유형	공급가액	부가세	공급처명	전자	분개
54.불공	15,000,000	1,500,000	제일자동차	1.여	3.혼합
불공제사유	③ 개별소비세법 제1조제2항제3호에 따른 자동차 구입 · 유지 및 임차				
분개	(차) 차량운반구	16,500,000	(대) 보통예금		16,500,000

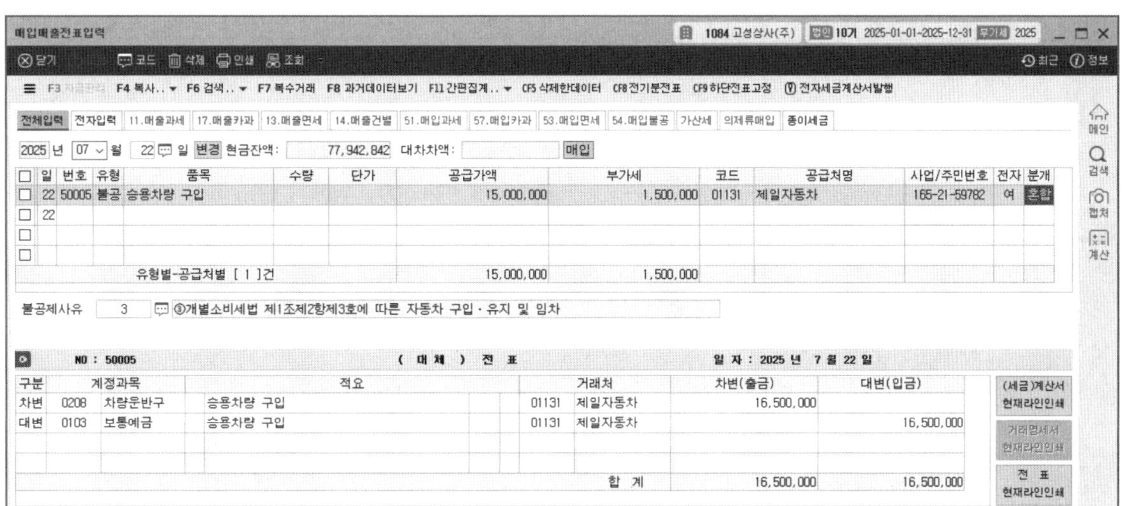

매입매출전표입력
1084 고성상사(주) 법인 10기 2025-01-01~2025-12-31 부가세 2025
2025 년 07 월 22 일 변경 현금잔액: 77,942,842 대차차액: 매입
일 번호 유형 품목 수량 단가 공급가액 부가세 코드 공급처명 사업/주민번호 전자 분개
22 50005 불공 승용차량 구입 15,000,000 1,500,000 01131 제일자동차 165-21-59782 여 혼합
유형별-공급처별 [1]건 15,000,000 1,500,000
불공제사유 3 ⑧개별소비세법 제1조제2항제3호에 따른 자동차 구입 · 유지 및 임차
NO : 50005 (대 체) 전 표 일 자 : 2025 년 7 월 22 일
구분 계정과목 적요 거래처 차변(출금) 대변(입금)
차변 0208 차량운반구 승용차량 구입 01131 제일자동차 16,500,000
대변 0103 보통예금 승용차량 구입 01131 제일자동차 16,500,000
합 계 16,500,000 16,500,000

[2] 일반전표입력 9월 15일

• 수정 전

(차) 대손상각비 3,000,000 (대) 외상매출금[(주)댕댕오디오] 3,000,000

2025 년 09 월 15 일 변경 현금잔액: 66,242,502 대차차액:

□	일	번호	구분	계 정 과 목		거 래 처		적 요	차 변	대 변
□	15	00001	차변	0835	대손상각비			거래처파산으로인한 대손	3,000,000	
□	15	00001	대변	0108	외상매출금	01132	(주)댕댕오디오	거래처파산으로인한 대손		3,000,000

• 수정 후

(차) 대손충당금(109) 1,500,000 (대) 외상매출금[(주)댕댕오디오] 3,000,000

대손상각비(판) 1,500,000

2025 년 09 월 15 일 변경 현금잔액: 66,242,502 대차차액:

□	일	번호	구분	계 정 과 목		거 래 처		적 요	차 변	대 변
□	15	00001	차변	0109	대손충당금				1,500,000	
□	15	00001	차변	0835	대손상각비				1,500,000	
□	15	00001	대변	0108	외상매출금	01132	(주)댕댕오디오			3,000,000

정민상사(주) 회사코드: 1094

[1] [일반전표입력] 11월 10일

• 수정 전

(차) 수선비(제) 880,000 (대) 보통예금 880,000

2025 년 11 월 10 일 변경 현금잔액: 64,958,609 대차차액:

□	일	번호	구분	계 정 과 목		거 래 처		적 요	차 변	대 변
□	10	00001	차변	0520	수선비			공장에어컨 수선	880,000	
□	10	00001	대변	0103	보통예금			공장에어컨 수선		880,000

• 수정 후

(차) 미지급금[가나상사] 880,000 (대) 보통예금 880,000

2025 년 11 월 10 일 변경 현금잔액: 64,958,609 대차차액:

□	일	번호	구분	계 정 과 목		거 래 처		적 요	차 변	대 변
□	10	00001	차변	0253	미지급금	02015	가나상사		880,000	
□	10	00001	대변	0103	보통예금					880,000

[2] [매입매출전표입력] 12월 15일

• 수정 전

유형	공급가액	부가세	공급처명	전자	분개
16.수출	10,000,000		(주)강서기술	0.부	3.혼합
영세율구분	① 직접수출(대행수출 포함)				
분개	(차) 외상매출금[(주)강서기술]	10,000,000	(대) 제품매출		10,000,000

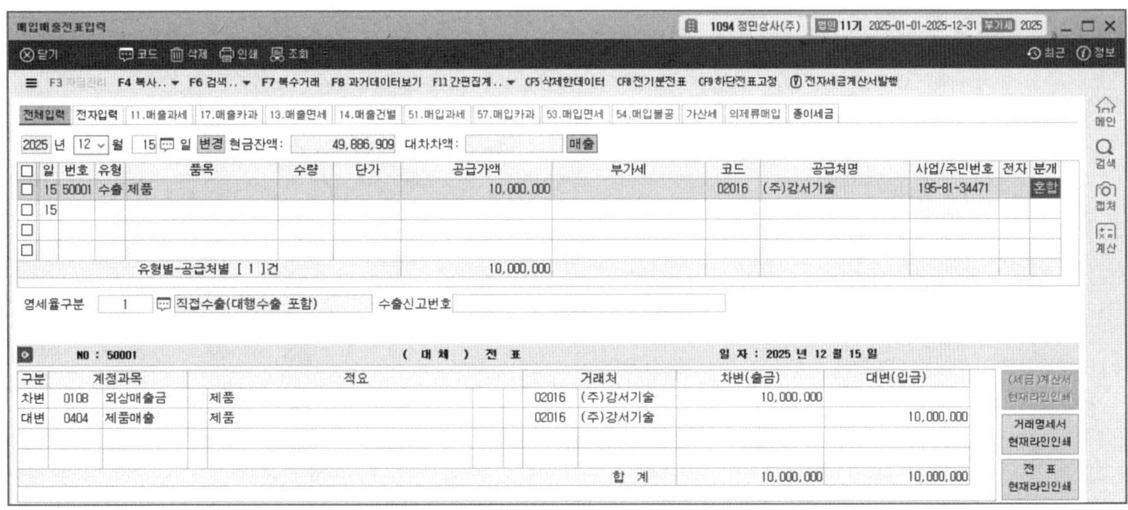

• 수정 후

유형	공급가액	부가세	공급처명	전자	분개
12.영세	10,000,000		(주)강서기술	1.여	혼합
영세율구분	③ 내국신용장 · 구매확인서에 의하여 공급하는 재화				
분개	(차) 외상매출금[(주)강서기술]	10,000,000	(대) 제품매출		10,000,000

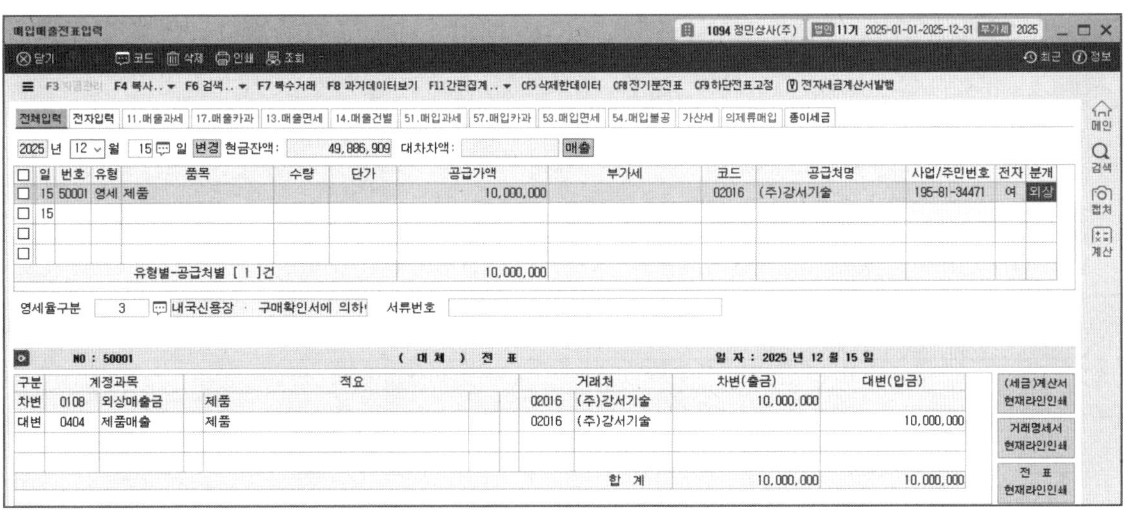

오영상사(주) 회사코드: 1104

[1] [일반전표입력] 8월 31일

• 수정 전

(차) 이자비용	362,500	(대) 보통예금	362,500

2025 년 08 월 31 일 변경 현금잔액: 87,277,420 대차차액:

□	일	번호	구분	계정과목		거래처		적요	차변	대변
□	31	00001	차변	0951	이자비용			운영자금에 대한 이자비	362,500	
□	31	00001	대변	0103	보통예금			운영자금에 대한 이자비		362,500

• 수정 후

(차) 이자비용	500,000	(대) 보통예금	362,500
		예수금	137,500

2025 년 08 월 31 일 변경 현금잔액: 87,277,420 대차차액:

□	일	번호	구분	계정과목		거래처		적요	차변	대변
□	31	00001	차변	0951	이자비용				500,000	
□	31	00001	대변	0103	보통예금					362,500
□	31	00001	대변	0254	예수금					137,500

[2] [매입매출전표입력] 11월 30일

• 수정 전

유형	공급가액	부가세	공급처명	전자	분개
51.과세	700,000	70,000	영포상회	1.여	3.혼합
분개	(차) 부가세대급금 70,000 건물 700,000		(대) 보통예금 770,000		

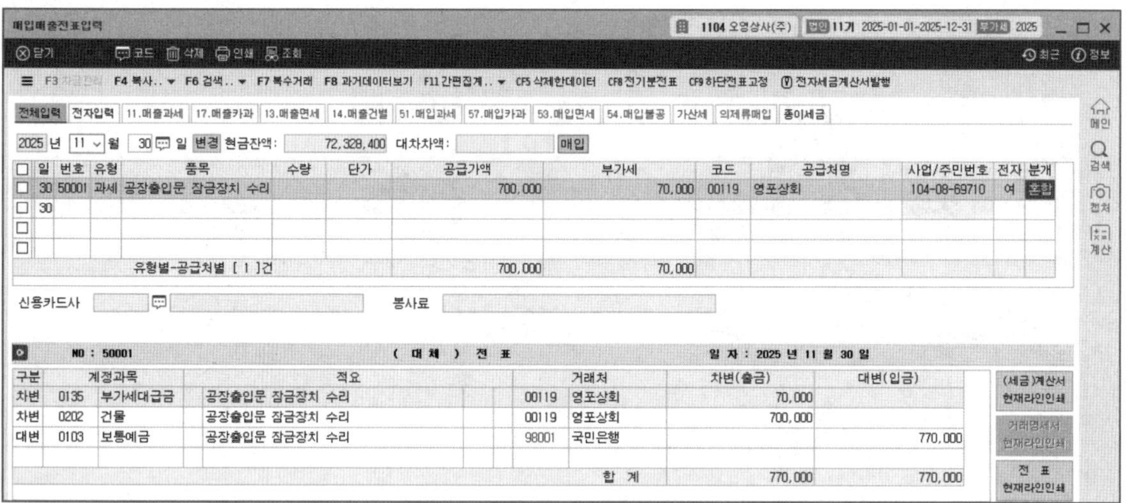

매입매출전표입력 | 1104 오영상사(주) | 법인 11기 2025-01-01~2025-12-31 | 부가세 2025

닫기 | 코드 | 삭제 | 인쇄 | 조회 | 최근 | 정보

F3 자금관리 | F4 복사.. | F6 검색.. | F7 복수거래 | F8 과거데이터보기 | F11 간편집계.. | CF5 삭제한데이터 | CF8 전기분전표 | CF9 하단전표고정 | 전자세금계산서발행

전체입력 | 전자입력 | 11.매출과세 | 17.매출카과 | 13.매출면세 | 14.매출건별 | 51.매입과세 | 57.매입카과 | 53.매입면세 | 54.매입불공 | 가산세 | 의제류매입 | 종이세금

2025 년 11 월 30 일 변경 현금잔액: 72,328,400 대차차액: 매입

□	일	번호	유형	품목	수량	단가	공급가액	부가세	코드	공급처명	사업/주민번호	전자	분개
□	30	50001	과세	공장출입문 잠금장치 수리			700,000	70,000	00119	영포상회	104-08-69710	여	혼합
□	30												
□													
□													
				유형별-공급처별 [1]건			700,000	70,000					

신용카드사 | 봉사료

NO : 50001 (대체) 전표 일 자 : 2025 년 11 월 30 일

구분	계정과목		적요	거래처		차변(출금)	대변(입금)
차변	0135	부가세대급금	공장출입문 잠금장치 수리	00119	영포상회	70,000	
차변	0202	건물	공장출입문 잠금장치 수리	00119	영포상회	700,000	
대변	0103	보통예금	공장출입문 잠금장치 수리	98001	국민은행		770,000
					합 계	770,000	770,000

(세금)계산서 현재라인인쇄 | 거래명세서 현재라인인쇄 | 전표 현재라인인쇄

• 수정 후

유형	공급가액	부가세	공급처명	전자	분개
51.과세	700,000	70,000	영포상회	1.여	3.혼합
분개	(차) 부가세대급금 수선비	70,000 700,000	(대) 보통예금		770,000

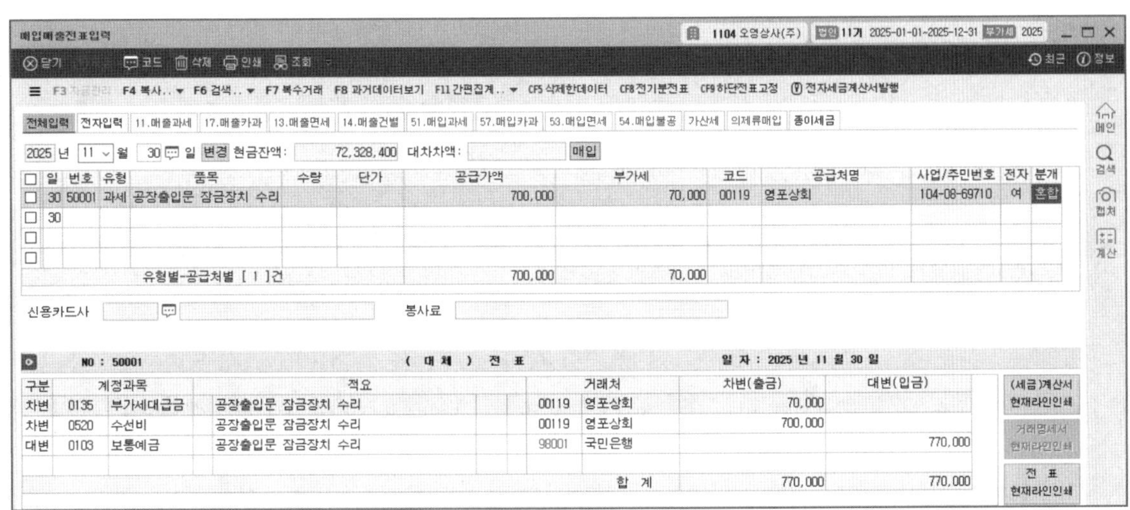

CHAPTER 06 결산자료입력

p.132

결산자료입력 – 수동결산 연습

[1] [일반전표입력] 12월 31일

(차) 잡손실 50,000 (대) 현금과부족 50,000*

* [합계잔액시산표] 12월 31일 현금과부족 계정을 조회하여 현금과부족 계정 위에 커서를 두고 더블클릭하면 원장조회가 가능하다. 5월 1일에 '(차) 현금과부족 50,000 (대) 현금 50,000'의 회계처리를 확인하고 이를 잡손실로 대체하는 분개를 한다.

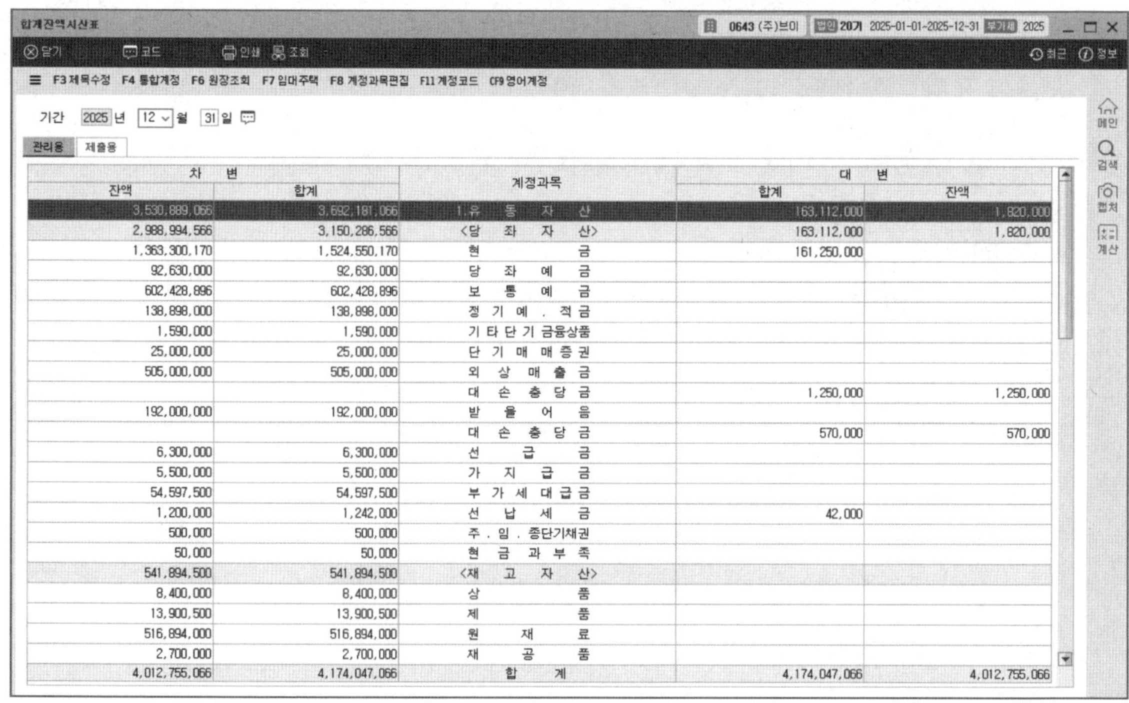

합계잔액시산표 0643 (주)브이 법인 20기 2025-01-01~2025-12-31 부가세 2025

닫기 코드 인쇄 조회 최근 정보

F3 제목수정 F4 통합계정 F6 원장조회 F7 임대주택 F8 계정과목편집 F11 계정코드 CF9 영어계정

기간 2025 년 12 월 31 일

관리용 제출용

차변 잔액	차변 합계	계정과목	대변 합계	대변 잔액
3,530,889,066	3,692,181,066	1.유동자산	163,112,000	1,820,000
2,988,994,566	3,150,286,566	<당좌자산>	163,112,000	1,820,000
1,363,300,170	1,524,550,170	현금	161,250,000	
92,630,000	92,630,000	당좌예금		
602,428,896	602,428,896	보통예금		
138,898,000	138,898,000	정기예.적금		
1,590,000	1,590,000	기타단기금융상품		
25,000,000	25,000,000	단기매매증권		
505,000,000	505,000,000	외상매출금		
		대손충당금	1,250,000	1,250,000
192,000,000	192,000,000	받을어음		
		대손충당금	570,000	570,000
6,300,000	6,300,000	선급금		
5,500,000	5,500,000	가지급금		
54,597,500	54,597,500	부가세대급금		
1,200,000	1,242,000	선납세금	42,000	
500,000	500,000	주.임.종단기채권		
50,000	50,000	현금과부족		
541,894,500	541,894,500	<재고자산>		
8,400,000	8,400,000	상품		
13,900,500	13,900,500	제품		
516,894,000	516,894,000	원재료		
2,700,000	2,700,000	재공품		
4,012,755,066	4,174,047,066	합계	4,174,047,066	4,012,755,066

2025 년 12 월 31 일 변경 현금잔액: 1,363,300,170 대차차액:

일	번호	구분	계정과목	거래처	적요	차변	대변
31	00003	차변	0980 잡손실			50,000	
31	00003	대변	0141 현금과부족				50,000

[2] [일반전표입력] 12월 31일

(차) 이자비용 2,500,000* (대) 미지급비용 2,500,000

* 2026년 2월 2일에 지급할 이자 중 2025년에 해당하는 이자비용

2025 년 12 월 31 일 변경 현금잔액: 1,363,300,170 대차차액:

일	번호	구분	계정과목	거래처	적요	차변	대변
31	00004	차변	0951 이자비용			2,500,000	
31	00004	대변	0262 미지급비용				2,500,000

[3] [일반전표입력] 12월 31일

(차) 미수수익[국민은행] 50,000* (대) 이자수익 50,000

* 당기에 발생한 이자수익: 10,000,000원×1%×6개월/12개월=50,000원

2025 년 12 월 31 일 변경 현금잔액: 1,363,300,170 대차차액:

□	일	번호	구분	계정과목		거래처		적요		차변	대변
□	31	00005	차변	0116	미수수익	98003	국민은행			50,000	
□	31	00005	대변	0901	이자수익						50,000

[4] [일반전표입력] 12월 31일

(차) 소모품 200,000 (대) 소모품비(판) 200,000

2025 년 12 월 31 일 변경 현금잔액: 1,363,300,170 대차차액:

□	일	번호	구분	계정과목		거래처		적요		차변	대변
□	31	00012	차변	0122	소모품					200,000	
□	31	00012	대변	0830	소모품비						200,000

[5] [일반전표입력] 12월 31일

(차) 소모품비(제) 100,000 (대) 소모품 100,000

2025 년 12 월 31 일 변경 현금잔액: 1,363,300,170 대차차액:

□	일	번호	구분	계정과목		거래처		적요		차변	대변
□	31	00007	차변	0530	소모품비					100,000	
□	31	00007	대변	0122	소모품						100,000

[6] [일반전표입력] 12월 31일

(차) 외화환산손실 3,000,000 (대) 단기대여금 3,000,000

2025 년 12 월 31 일 변경 현금잔액: 1,363,300,170 대차차액:

□	일	번호	구분	계정과목		거래처		적요		차변	대변
□	31	00008	차변	0955	외화환산손실					3,000,000	
□	31	00008	대변	0114	단기대여금						3,000,000

[7] [일반전표입력] 12월 31일

(차) 단기차입금 5,000,000 (대) 외화환산이익 5,000,000

2025 년 12 월 31 일 변경 현금잔액: 1,363,300,170 대차차액:

□	일	번호	구분	계정과목		거래처		적요		차변	대변
□	31	00009	차변	0260	단기차입금					5,000,000	
□	31	00009	대변	0910	외화환산이익						5,000,000

[8] [일반전표입력] 12월 31일

(차) 선급비용 500,000 (대) 보험료(판) 500,000

2025 년 12 월 31 일 변경 현금잔액: 1,363,300,170 대차차액:

□	일	번호	구분	계정과목		거래처		적요		차변	대변
□	31	00010	차변	0133	선급비용					500,000	
□	31	00010	대변	0821	보험료						500,000

[9] [일반전표입력] 12월 31일

(차) 선급비용 1,500,000* (대) 보험료(제) 1,500,000

* 6,000,000원×3개월/12개월=1,500,000원

2025 년 12 월 31 일 변경 현금잔액: 1,363,300,170 대차차액:

□	일	번호	구분	계정과목		거래처		적요		차변	대변
□	31	00011	차변	0133	선급비용					1,500,000	
□	31	00011	대변	0521	보험료						1,500,000

[10] [일반전표입력] 12월 31일

(차) 선수수익	2,000,000*	(대) 임대료	2,000,000

* 6,000,000원×4개월/12개월=2,000,000원

2025 년 12 월 31 일 변경 현금잔액: 1,363,300,170 대차차액:

일	번호	구분	계 정 과 목	거 래 처	적 요	차 변	대 변
31	00013	차변	0263 선수수익			2,000,000	
31	00013	대변	0904 임대료				2,000,000

[11] [일반전표입력] 12월 31일

(차) 부가세예수금	82,430,000	(대) 부가세대급금	48,320,000
		미지급세금	34,110,000

2025 년 12 월 31 일 변경 현금잔액: 1,363,300,170 대차차액:

일	번호	구분	계 정 과 목	거 래 처	적 요	차 변	대 변
31	00014	차변	0255 부가세예수금			82,430,000	
31	00014	대변	0135 부가세대급금				48,320,000
31	00014	대변	0261 미지급세금				34,110,000

[12] [일반전표입력] 12월 31일

(차) 장기차입금[사랑은행]	10,000,000	(대) 유동성 장기부채[사랑은행]	10,000,000

2025 년 12 월 31 일 변경 현금잔액: 1,363,300,170 대차차액:

일	번호	구분	계 정 과 목	거 래 처	적 요	차 변	대 변
31	00015	차변	0293 장기차입금	98001 사랑은행		10,000,000	
31	00015	대변	0264 유동성장기부채	98001 사랑은행			10,000,000

[13] • 방법 1: 수동결산–[일반전표입력] 12월 31일

(차) 법인세등	8,000,000	(대) 선납세금	1,200,000
		미지급세금	6,800,000

2025 년 12 월 31 일 변경 현금잔액: 1,363,300,170 대차차액:

일	번호	구분	계 정 과 목	거 래 처	적 요	차 변	대 변
31	00016	차변	0998 법인세등			8,000,000	
31	00016	대변	0136 선납세금				1,200,000
31	00016	대변	0261 미지급세금				6,800,000

• 방법 2: 자동결산–[결산자료입력]

– 9.법인세등–1).선납세금란에 1,200,000원 입력

– 9.법인세등–2).추가계상액란에 6,800,000원 입력

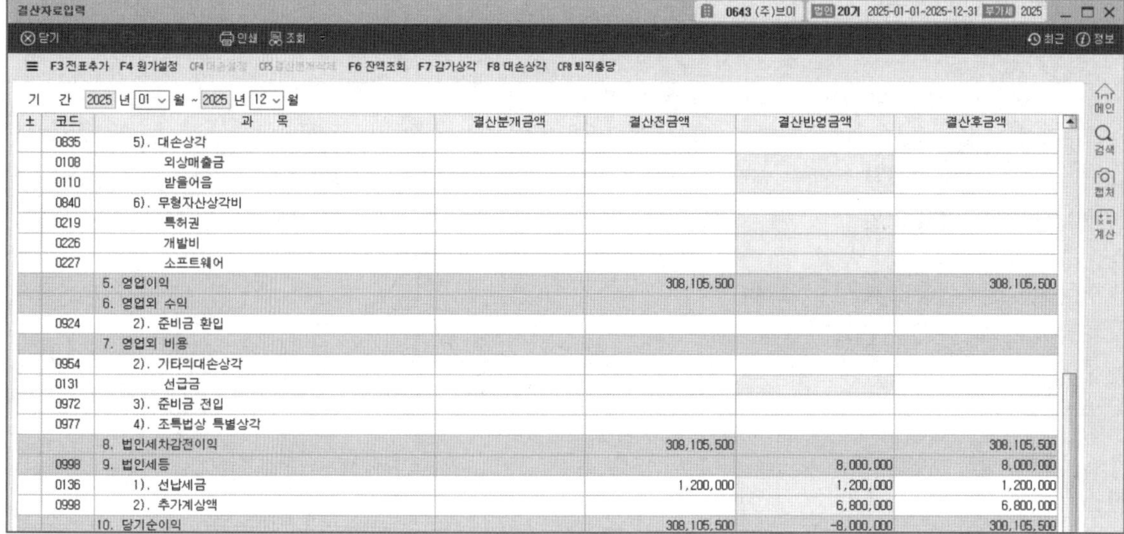

결산자료입력 0643 (주)브이 법인 20기 2025-01-01~2025-12-31 부가세 2025

닫기 인쇄 조회 최근 정보

F3 전표추가 F4 원가설정 CF4 대손설정 CF5 결산분개삭제 F6 잔액조회 F7 감가상각 F8 대손상각 CF8 퇴직충당

기 간 2025 년 01 월 ~ 2025 년 12 월

±	코드	과 목	결산분개금액	결산전금액	결산반영금액	결산후금액
	0835	5). 대손상각				
	0108	외상매출금				
	0110	받을어음				
	0840	6). 무형자산상각비				
	0219	특허권				
	0226	개발비				
	0227	소프트웨어				
		5. 영업이익		308,105,500		308,105,500
		6. 영업외 수익				
	0924	2). 준비금 환입				
		7. 영업외 비용				
	0954	2). 기타의대손상각				
	0131	선급금				
	0972	3). 준비금 전입				
	0977	4). 조특법상 특별상각				
		8. 법인세차감전이익		308,105,500		308,105,500
	0998	9. 법인세등			8,000,000	8,000,000
	0136	1). 선납세금		1,200,000	1,200,000	1,200,000
	0998	2). 추가계상액			6,800,000	6,800,000
		10. 당기순이익		308,105,500	-8,000,000	300,105,500

- F3 전표추가 를 눌러 [일반전표입력] 12월 31일자에 결산전표 생성

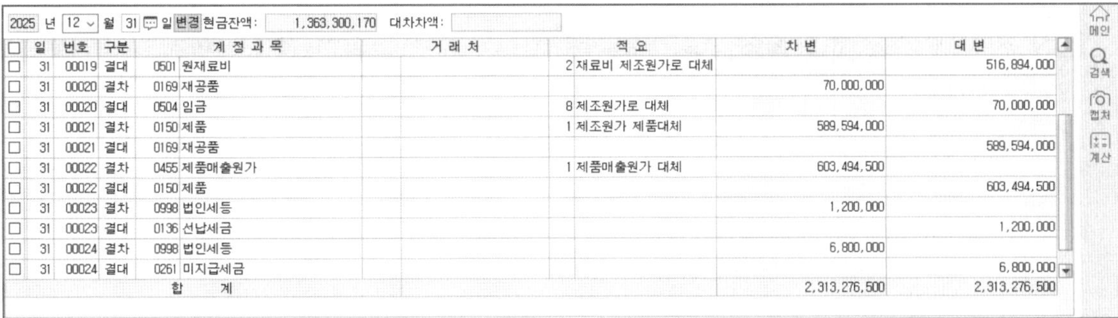

2025 년 12 월 31 일 변경 현금잔액: 1,363,300,170 대차차액:

일	번호	구분	계정과목	거래처	적요	차변	대변
31	00019	결대	0501 원재료비		2 재료비 제조원가로 대체		516,894,000
31	00020	결차	0169 재공품			70,000,000	
31	00020	결대	0504 임금		8 제조원가로 대체		70,000,000
31	00021	결차	0150 제품		1 제조원가 제품대체	589,594,000	
31	00021	결대	0169 재공품				589,594,000
31	00022	결차	0455 제품매출원가		1 제품매출원가 대체	603,494,500	
31	00022	결대	0150 제품				603,494,500
31	00023	결차	0998 법인세등			1,200,000	
31	00023	결대	0136 선납세금				1,200,000
31	00024	결차	0998 법인세등			6,800,000	
31	00024	결대	0261 미지급세금				6,800,000
			합 계			2,313,276,500	2,313,276,500

결산자료입력 – 자동결산 연습

[1] [결산자료입력] 메뉴에 다음과 같이 입력한 후 F3 전표추가 를 클릭하여 전표 추가

- 4.판매비와 일반관리비 – 4).감가상각비란에 사무실분 입력
- 7)경비 – 2).일반감가상각비에 공장분 입력

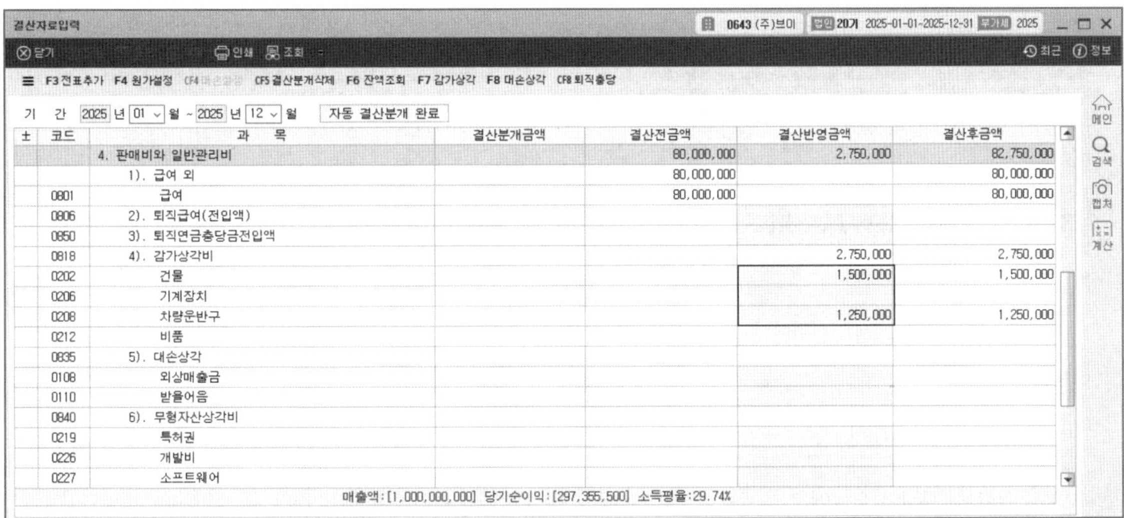

결산자료입력 0643 (주)브이 법인 20기 2025-01-01~2025-12-31 부가세 2025

F3 전표추가 F4 원가설정 CF4 대손설정 CF5 결산분개삭제 F6 잔액조회 F7 감가상각 F8 대손상각 CF8 퇴직충당

기 간 2025 년 01 월 ~ 2025 년 12 월 자동 결산분개 완료

코드	과 목	결산분개금액	결산전금액	결산반영금액	결산후금액
	4. 판매비와 일반관리비		80,000,000	2,750,000	82,750,000
	1). 급여 외		80,000,000		80,000,000
0801	급여		80,000,000		80,000,000
0806	2). 퇴직급여(전입액)				
0850	3). 퇴직연금충당금전입액				
0818	4). 감가상각비			2,750,000	2,750,000
0202	건물			1,500,000	1,500,000
0206	기계장치				
0208	차량운반구			1,250,000	1,250,000
0212	비품				
0835	5). 대손상각				
0108	외상매출금				
0110	받을어음				
0840	6). 무형자산상각비				
0219	특허권				
0226	개발비				
0227	소프트웨어				

매출액:[1,000,000,000] 당기순이익:[297,355,500] 소득평율:29.74%

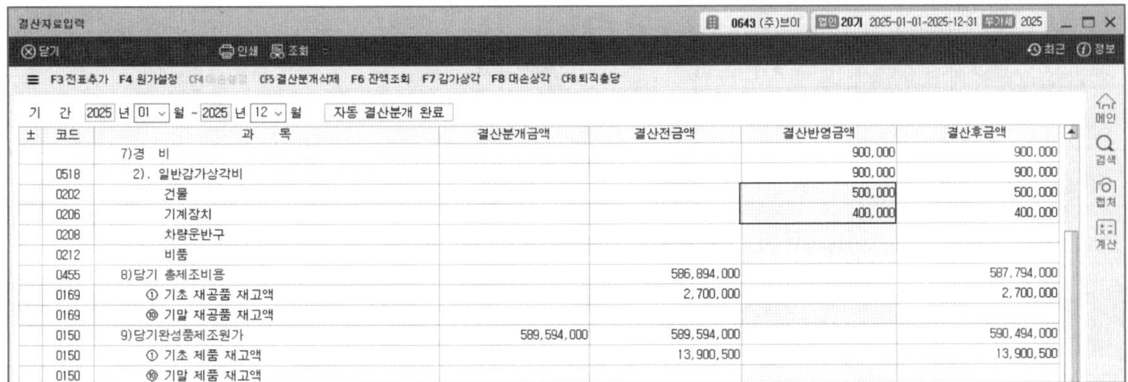

결산자료입력 0643 (주)브이 법인 20기 2025-01-01~2025-12-31 부가세 2025

F3 전표추가 F4 원가설정 CF4 대손설정 CF5 결산분개삭제 F6 잔액조회 F7 감가상각 F8 대손상각 CF8 퇴직충당

기 간 2025 년 01 월 ~ 2025 년 12 월 자동 결산분개 완료

코드	과 목	결산분개금액	결산전금액	결산반영금액	결산후금액
	7)경 비			900,000	900,000
0518	2). 일반감가상각비			900,000	900,000
0202	건물			500,000	500,000
0206	기계장치			400,000	400,000
0208	차량운반구				
0212	비품				
0455	8)당기 총제조비용		586,894,000		587,794,000
0169	① 기초 재공품 재고액		2,700,000		2,700,000
0169	⑩ 기말 재공품 재고액				
0150	9)당기완성품제조원가	589,594,000	589,594,000		590,494,000
0150	① 기초 제품 재고액		13,900,500		13,900,500
0150	⑩ 기말 제품 재고액				

[2] [결산자료입력] 메뉴에서 6).무형자산상각비–개발비란에 입력한 후 F3전표추가를 클릭하여 전표 추가

결산자료입력 | 0643 (주)브이 | 법인 20기 2025-01-01~2025-12-31 | 부가세 2025

닫기 | 인쇄 | 조회

F3 전표추가 | F4 원가설정 | CF4 대손설정 | CF5 결산분개삭제 | F6 잔액조회 | F7 감가상각 | F8 대손상각 | CF8 퇴직충당

기 간 2025 년 01 월 ~ 2025 년 12 월 | 자동 결산분개 완료

±	코드	과 목	결산분개금액	결산전금액	결산반영금액	결산후금액
		4. 판매비와 일반관리비		80,000,000	2,950,000	82,950,000
		1). 급여 외		80,000,000		80,000,000
	0801	급여		80,000,000		80,000,000
	0806	2). 퇴직급여(전입액)				
	0850	3). 퇴직연금충당금전입액				
	0818	4). 감가상각비			2,750,000	2,750,000
	0202	건물			1,500,000	1,500,000
	0206	기계장치				
	0208	차량운반구			1,250,000	1,250,000
	0212	비품				
	0835	5). 대손상각				
	0108	외상매출금				
	0110	받을어음				
	0840	6). 무형자산상각비			200,000	200,000
	0219	특허권				
	0226	개발비			200,000	200,000
	0227	소프트웨어				

[3] • 방법 1: [결산자료입력] 메뉴에서 5).대손상각에 각각 입력한 후 F3전표추가를 클릭하여 전표 추가

– 외상매출금: 505,000,000원×1% – 1,250,000원=3,800,000원*

– 받을어음: 192,000,000원×1%–570,000원=1,350,000원*

* [합계잔액시산표] 메뉴 매출채권(외상매출금, 받을어음)의 잔액과 대손충당금의 잔액 조회

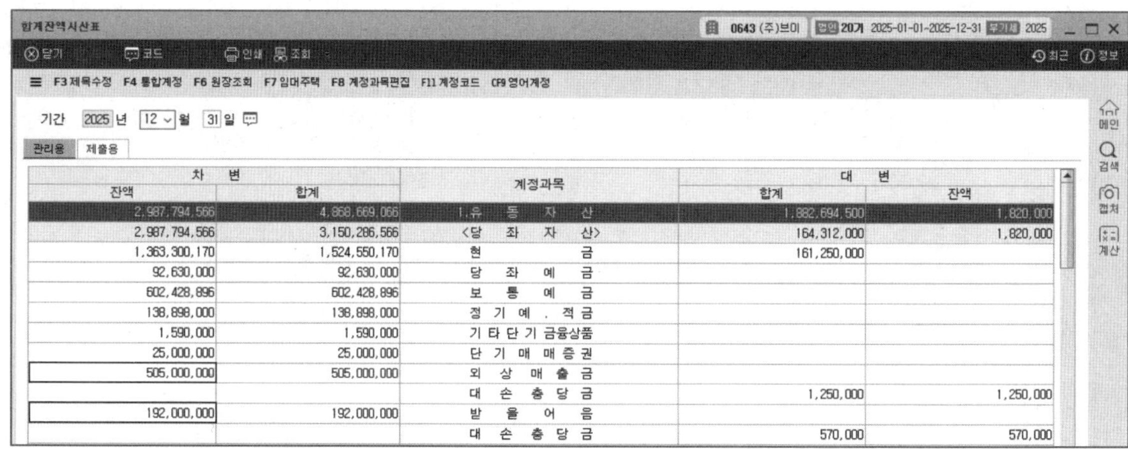

합계잔액시산표 | 0643 (주)브이 | 법인 20기 2025-01-01~2025-12-31 | 부가세 2025

기간 2025 년 12 월 31 일 | 관리용 | 제출용

차변 잔액	차변 합계	계정과목	대변 합계	대변 잔액
2,987,794,566	4,868,669,066	1.유 동 자 산	1,882,694,500	1,820,000
2,987,794,566	3,150,286,566	<당 좌 자 산>	164,312,000	1,820,000
1,363,300,170	1,524,550,170	현 금	161,250,000	
92,630,000	92,630,000	당 좌 예 금		
602,428,896	602,428,896	보 통 예 금		
138,898,000	138,898,000	정 기 예 . 적 금		
1,590,000	1,590,000	기 타 단 기 금융상품		
25,000,000	25,000,000	단 기 매 매 증 권		
505,000,000	505,000,000	외 상 매 출 금		
		대 손 충 당 금	1,250,000	1,250,000
192,000,000	192,000,000	받 을 어 음		
		대 손 충 당 금	570,000	570,000

• 방법 2: [결산자료입력] 메뉴에서 F8 대손상각을 클릭하여 다음 내용을 확인한 후 전표 추가

– 상단의 대손율 1%로 설정

– 매출채권 외 계정의 잔액은 스페이스바를 눌러 지운 후 결산반영 클릭

대손상각

대손율(%) 1.00

코드	계정과목명	금액	설정전 충당금 잔액			추가설정액(결산반영) [(금액x대손율)-설정전충당금잔액]	유형
			코드	계정과목명	금액		
0108	외상매출금	505,000,000	0109	대손충당금	1,250,000	3,800,000	판관
0110	받을어음	192,000,000	0111	대손충당금	570,000	1,350,000	판관
0131	선급금	6,300,000	0132	대손충당금			영업외
	대손상각비 합계					5,150,000	판관

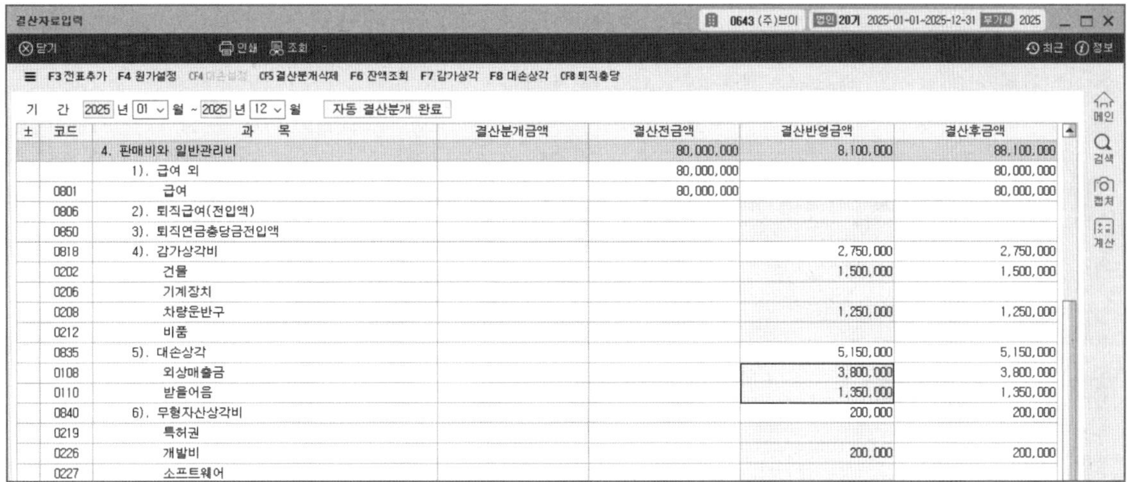

결산자료입력

기 간 2025 년 01 월 ~ 2025 년 12 월 자동 결산분개 완료

코드	과 목	결산분개금액	결산전금액	결산반영금액	결산후금액
	4. 판매비와 일반관리비		80,000,000	8,100,000	88,100,000
	1). 급여 외		80,000,000		80,000,000
0801	급여		80,000,000		80,000,000
0806	2). 퇴직급여(전입액)				
0850	3). 퇴직연금충당금전입액				
0818	4). 감가상각비			2,750,000	2,750,000
0202	건물			1,500,000	1,500,000
0206	기계장치				
0208	차량운반구			1,250,000	1,250,000
0212	비품				
0835	5). 대손상각			5,150,000	5,150,000
0108	외상매출금			3,800,000	3,800,000
0110	받을어음			1,350,000	1,350,000
0840	6). 무형자산상각비			200,000	200,000
0219	특허권				
0226	개발비			200,000	200,000
0227	소프트웨어				

[4] [결산자료입력] 메뉴에 다음과 같이 입력한 후 F3전표추가를 클릭하여 전표 추가

- 3)노무비−2).퇴직급여(전입액)란에 생산직분 18,000,000원* 입력

  * 20,000,000원×100% − 2,000,000원 = 18,000,000원

- 4.판매비와 일반관리비−2).퇴직급여(전입액)란에 사무직분 27,000,000원* 입력

  * 30,000,000원×100% − 3,000,000원 = 27,000,000원

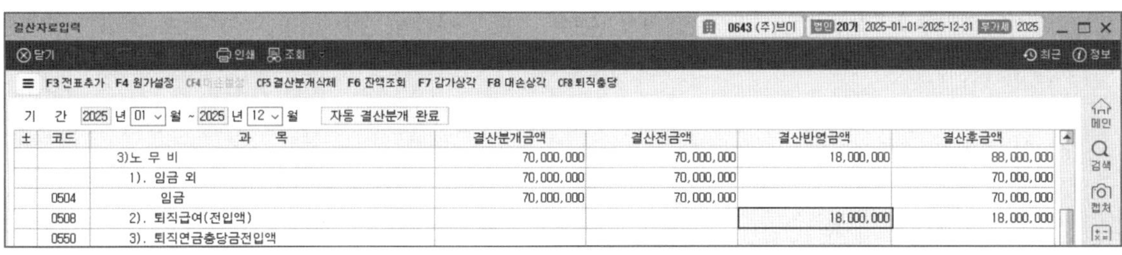

코드	과 목	결산분개금액	결산전금액	결산반영금액	결산후금액
	3)노 무 비	70,000,000	70,000,000	18,000,000	88,000,000
	1). 임금 외	70,000,000	70,000,000		70,000,000
0504	임금	70,000,000	70,000,000		70,000,000
0508	2). 퇴직급여(전입액)			18,000,000	18,000,000
0550	3). 퇴직연금충당금전입액				

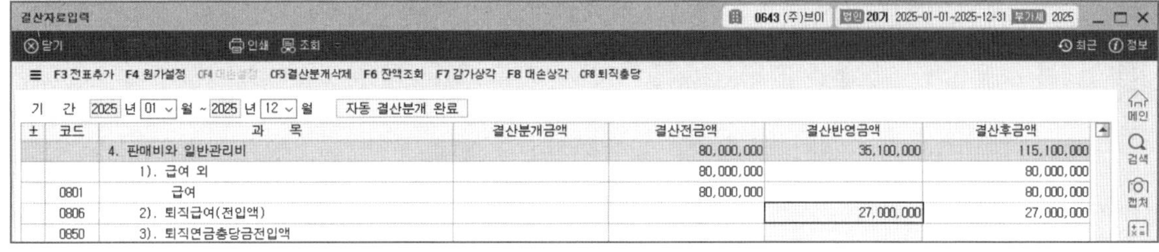

코드	과 목	결산분개금액	결산전금액	결산반영금액	결산후금액
	4. 판매비와 일반관리비		80,000,000	35,100,000	115,100,000
	1). 급여 외		80,000,000		80,000,000
0801	급여		80,000,000		80,000,000
0806	2). 퇴직급여(전입액)			27,000,000	27,000,000
0850	3). 퇴직연금충당금전입액				

[5] [결산자료입력] 메뉴에 다음과 같이 입력한 후 F3전표추가 를 클릭하여 전표 추가

- 1)원재료비 – ⑩ 기말원재료재고액란에 25,000,000원 입력
- 8)당기 총제조비용 – ⑩ 기말재공품재고액란에 20,000,000원 입력
- 9)당기완성품제조원가 – ⑩ 기말제품재고액란에 26,000,000원 입력

결산자료입력 | 0643 (주)브이 | 법인 20기 2025-01-01~2025-12-31 | 부가세 2025

F3 전표추가 F4 원가설정 CF4 대손설정 CF5 결산분개삭제 F6 잔액조회 F7 감가상각 F8 대손상각 CF8 퇴직충당

기 간 2025 년 01 월 ~ 2025 년 12 월 자동 결산분개 완료

코드	과 목	결산분개금액	결산전금액	결산반영금액	결산후금액
	1. 매출액		1,000,000,000		1,000,000,000
0404	제품매출		1,000,000,000		1,000,000,000
	2. 매출원가	611,894,500	611,894,500		605,794,500
0451	상품매출원가	8,400,000			8,400,000
0146	① 기초 상품 재고액		8,400,000		8,400,000
0146	⑩ 기말 상품 재고액				
0455	제품매출원가	603,494,500			597,394,500
	1)원재료비	516,894,000	516,894,000		491,894,000
0501	원재료비	516,894,000	516,894,000		491,894,000
0153	① 기초 원재료 재고액		506,894,000		506,894,000
0153	② 당기 원재료 매입액		10,000,000		10,000,000
0153	⑩ 기말 원재료 재고액			25,000,000	25,000,000
	3)노 무 비	70,000,000	70,000,000	18,000,000	88,000,000
	1). 임금 외	70,000,000	70,000,000		70,000,000
0504	임금	70,000,000	70,000,000		70,000,000
0508	2). 퇴직급여(전입액)			18,000,000	18,000,000

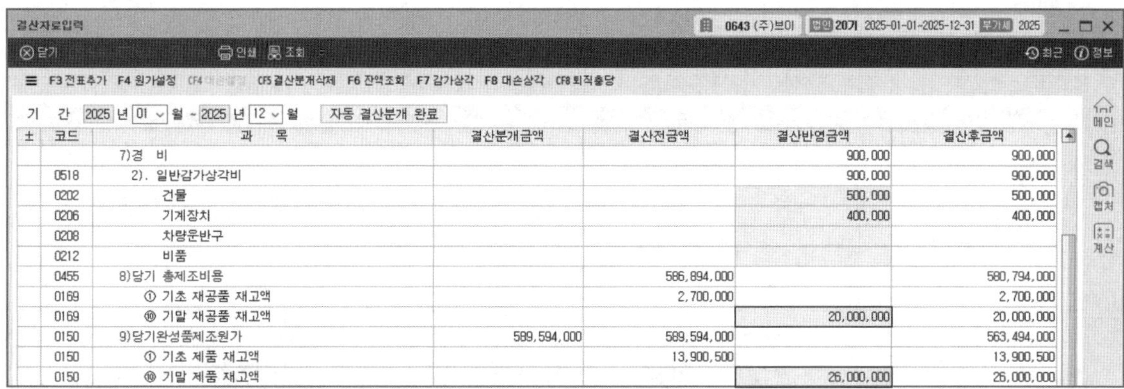

결산자료입력 | 0643 (주)브이 | 법인 20기 2025-01-01~2025-12-31 | 부가세 2025

F3 전표추가 F4 원가설정 CF4 대손설정 CF5 결산분개삭제 F6 잔액조회 F7 감가상각 F8 대손상각 CF8 퇴직충당

기 간 2025 년 01 월 ~ 2025 년 12 월 자동 결산분개 완료

코드	과 목	결산분개금액	결산전금액	결산반영금액	결산후금액
	7)경 비			900,000	900,000
0518	2). 일반감가상각비			900,000	900,000
0202	건물			500,000	500,000
0206	기계장치			400,000	400,000
0208	차량운반구				
0212	비품				
0455	8)당기 총제조비용		586,894,000		580,794,000
0169	① 기초 재공품 재고액		2,700,000		2,700,000
0169	⑩ 기말 재공품 재고액			20,000,000	20,000,000
0150	9)당기완성품제조원가	589,594,000	589,594,000		563,494,000
0150	① 기초 제품 재고액		13,900,500		13,900,500
0150	⑩ 기말 제품 재고액			26,000,000	26,000,000

(주)천안테크 회사코드: 2054

[1] [일반전표입력] 12월 31일

(차) 부가세예수금 62,346,500 (대) 부가세대급금 52,749,000
미지급세금 9,597,500

2025 년 12 월 31 일 변경 현금잔액: 135,066 대차차액:

일	번호	구분	계정과목		거래처		적요		차변	대변
31	00001	차변	0255	부가세예수금					62,346,500	
31	00001	대변	0135	부가세대급금						52,749,000
31	00001	대변	0261	미지급세금						9,597,500

[2] [일반전표입력] 12월 31일

(차) 외화환산손실 3,000,000 (대) 단기차입금[아메리칸테크(주)] 3,000,000

2025 년 12 월 31 일 변경 현금잔액: 135,066 대차차액:

일	번호	구분	계정과목		거래처		적요		차변	대변
31	00002	차변	0955	외화환산손실					3,000,000	
31	00002	대변	0260	단기차입금	00163	아메리칸테크(주)				3,000,000

[3] [일반전표입력] 12월 31일

(차) 단기매매증권평가손실 15,000,000 (대) 단기매매증권 15,000,000

* 15,000,000원(평가손실) = 49,000,000원(2025년 12월 31일 공정가액) − 64,000,000원(2025년 4월 25일 취득가액)

2025 년 12 월 31 일 변경 현금잔액: 135,066 대차차액:

일	번호	구분	계정과목		거래처		적요		차변	대변
31	00003	차변	0957	단기매매증권평가손실					15,000,000	
31	00003	대변	0107	단기매매증권						15,000,000

남다른패션(주) 회사코드: 2064

[1] [일반전표입력] 12월 31일

(차) 재고자산감모손실 2,00,000 (대) 제품(적요8.타계정으로 대체액) 2,000,000

2025 년 12 월 31 일 변경 현금잔액: 723,236 대차차액:

일	번호	구분	계정과목		거래처		적요		차변	대변
31	00001	차변	0959	재고자산감모손실					2,000,000	
31	00001	대변	0150	제품			8	타계정으로 대체액 손익		2,000,000

[2] [일반전표입력] 12월 31일

(차) 소모품 2,500,000 (대) 광고선전비(판) 2,500,000

2025 년 12 월 31 일 변경 현금잔액: 723,236 대차차액:

일	번호	구분	계정과목		거래처		적요		차변	대변
31	00002	차변	0173	소모품					2,500,000	
31	00002	대변	0833	광고선전비						2,500,000

[3] [결산자료입력]

- 1) 선납세금: 결산반영금액 6,500,000원 입력
- 2) 추가계상액 결산반영금액: 4,250,000원 입력하고 F3 전표추가

결산자료입력 2064 남다른패션(주) 법인 10기 2025-01-01~2025-12-31 부가세 2025

닫기 인쇄 조회 최근 정보

F3 전표추가 F4 원가설정 CF4 대손설정 CF5 결산분개삭제 F6 잔액조회 F7 감가상각 F8 대손상각 CF8 퇴직충당

기간 2025 년 01 월 ~ 2025 년 12 월 자동 결산분개 완료

±	코드	과목	결산분개금액	결산전금액	결산반영금액	결산후금액
	0954	2). 기타의대손상각				
	0114	단기대여금				
	0120	미수금				
	0131	선급금				
+	0972	3). 준비금 전입				
+	0977	4). 조특법상 특별상각				
		5). 기타영업외비용		2,450,000		2,450,000
	0956	매출채권처분손실		200,000		200,000
	0959	재고자산감모손실		2,000,000		2,000,000
	0970	유형자산처분손실		250,000		250,000
		8. 법인세차감전이익		-1,884,045		-1,884,045
	0998	9. 법인세등	10,750,000		10,750,000	10,750,000
	0136	1). 선납세금		6,500,000	6,500,000	6,500,000
	0998	2). 추가계상액	10,750,000		4,250,000	4,250,000
		10. 당기순이익		-1,884,045	-10,750,000	-12,634,045
		11. 주당이익				
		주식수				

매출액:[1,255,952,819] 당기순이익:[-12,634,045] 소득평율:-1.01%

세무사랑(주) 회사코드: 2074

[1] [일반전표입력] 12월 31일

(차) 장기차입금[대한은행] 50,000,000 (대) 유동성 장기부채[대한은행] 50,000,000

2025 년 12 월 31 일 변경 현금잔액: 209,800 대차차액:

□	일	번호	구분	계정과목	거래처	적요	차변	대변
□	31	00001	차변	0293 장기차입금	98005 대한은행		50,000,000	
□	31	00001	대변	0264 유동성장기부채	98005 대한은행			50,000,000

[2] [결산자료입력]

특허권 결산반영금액란에 6,000,000원 입력하고 F3 전표추가

* 특허권 취득가액: 전기말 상각후잔액 24,000,000원×5/4=30,000,000원
* 무형자산상각비: 30,000,000원×1/5=6,000,000원

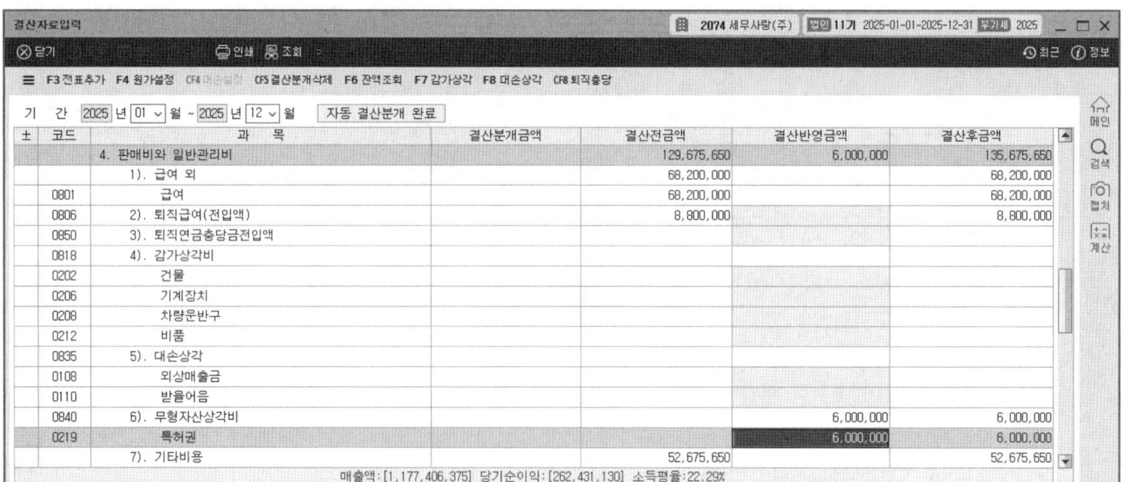

결산자료입력 2074 세무사랑(주) 법인 11기 2025-01-01~2025-12-31 부가세 2025

닫기 인쇄 조회 최근 정보

F3 전표추가 F4 원가설정 CF4 대손설정 CF5 결산분개삭제 F6 잔액조회 F7 감가상각 F8 대손상각 CF8 퇴직충당

기간 2025 년 01 월 ~ 2025 년 12 월 자동 결산분개 완료

±	코드	과목	결산분개금액	결산전금액	결산반영금액	결산후금액
		4. 판매비와 일반관리비		129,675,650	6,000,000	135,675,650
		1). 급여 외		68,200,000		68,200,000
	0801	급여		68,200,000		68,200,000
	0806	2). 퇴직급여(전입액)		8,800,000		8,800,000
	0850	3). 퇴직연금충당금전입액				
	0818	4). 감가상각비				
	0202	건물				
	0206	기계장치				
	0208	차량운반구				
	0212	비품				
	0835	5). 대손상각				
	0108	외상매출금				
	0110	받을어음				
	0840	6). 무형자산상각비			6,000,000	6,000,000
	0219	특허권			6,000,000	6,000,000
		7). 기타비용		52,675,650		52,675,650

매출액:[1,177,406,375] 당기순이익:[262,431,130] 소득평율:22.29%

[3] [결산자료입력]

- 1) 선납세금 6,800,000원 입력
- 2) 추가계상액 6,700,000원 입력하고 F3 전표추가

결산자료입력 | 2074 세무사랑(주) | 법인 11기 2025-01-01~2025-12-31 | 부가세 2025

닫기 | 인쇄 | 조회 | 최근 | 정보

F3 전표추가 | F4 원가설정 | CF4 대손설정 | CF5 결산분개삭제 | F6 잔액조회 | F7 감가상각 | F8 대손상각 | CF8 퇴직충당

기 간 2025 년 01 월 ~ 2025 년 12 월

±	코드	과 목	결산분개금액	결산전금액	결산반영금액	결산후금액
	0114	단기대여금				
	0120	미수금				
	0131	선급금				
+	0972	3). 준비금 전입				
+	0977	4). 조특법상 특별상각				
		5). 기타영업외비용		3,100,000		3,100,000
	0952	외환차손		500,000		500,000
	0956	매출채권처분손실		2,000,000		2,000,000
	0970	유형자산처분손실		600,000		600,000
		8. 법인세차감전이익		281,931,130	-6,000,000	275,931,130
	0998	9. 법인세등			13,500,000	13,500,000
	0136	1). 선납세금		6,800,000	6,800,000	6,800,000
	0998	2). 추가계상액			6,700,000	6,700,000

고성상사(주) 회사코드: 2084

[1] [일반전표입력] 12월 31일

(차) 외상매입금[하나무역]	2,500,000	(대) 가지급금	2,550,000
잡손실	50,000		

2025 년 12 월 31 일 변경 현금잔액: 903,582 대차차액:

□	일	번호	구분	계 정 과 목	거 래 처	적 요	차 변	대 변
□	31	00001	차변	0251 외상매입금	01133 하나무역		2,500,000	
□	31	00001	차변	0980 잡손실			50,000	
□	31	00001	대변	0134 가지급금				2,550,000

[2] [일반전표입력] 12월 31일

(차) 단기대여금[필립전자]	6,000,00	(대) 외화환산이익	6,000,00

* 대여일 기준환율: 60,000,000원÷$30,000=2,000원/$

* 외화환산이익: $30,000×(결산일 기준환율 2,200원−대여일 기준환율 2,000원)=6,000,000원

2025 년 12 월 31 일 변경 현금잔액: 903,582 대차차액:

□	일	번호	구분	계 정 과 목	거 래 처	적 요	차 변	대 변
□	31	00002	차변	0114 단기대여금	01111 필립전자		6,000,000	
□	31	00002	대변	0910 외화환산이익				6,000,000

[3] [결산자료입력] – F8 대손상각

- 대손율(%): 1.00 입력
- 미수금 외 채권: 추가설정액 0원 입력

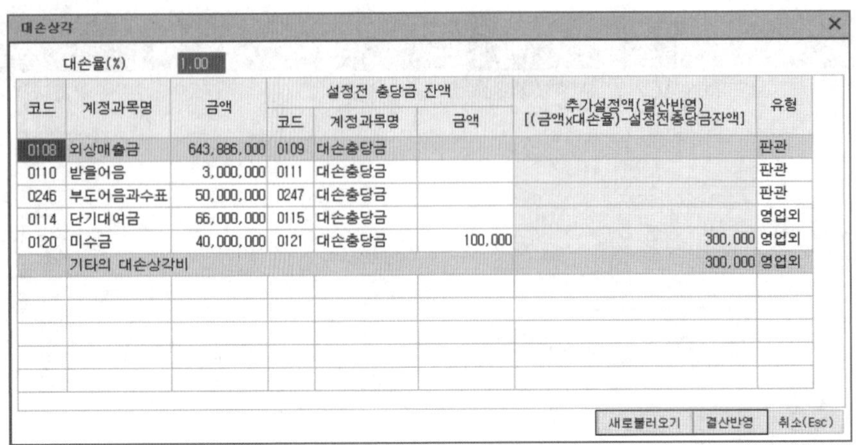

대손상각

대손율(%) 1.00

코드	계정과목명	금액	설정전 충당금 잔액			추가설정액(결산반영) [(금액x대손율)-설정전충당금잔액]	유형
			코드	계정과목명	금액		
0108	외상매출금	643,886,000	0109	대손충당금			판관
0110	받을어음	3,000,000	0111	대손충당금			판관
0246	부도어음과수표	50,000,000	0247	대손충당금			판관
0114	단기대여금	66,000,000	0115	대손충당금			영업외
0120	미수금	40,000,000	0121	대손충당금	100,000	300,000	영업외
	기타의 대손상각비					300,000	영업외

새로불러오기 결산반영 취소(Esc)

→ 결산반영 버튼 클릭

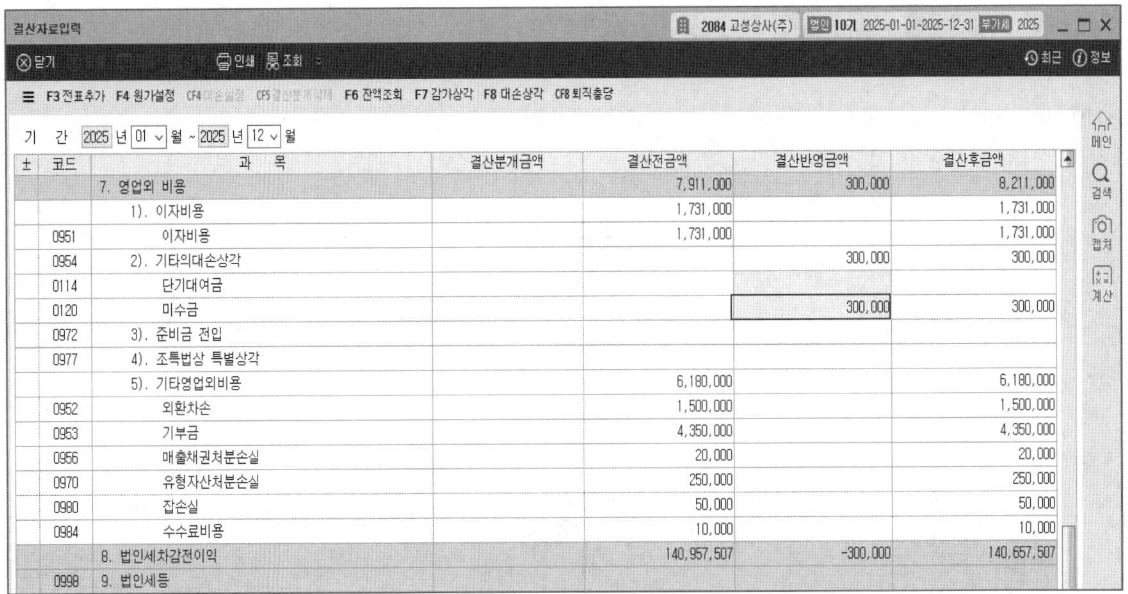

결산자료입력 2084 고성상사(주) 법인 10기 2025-01-01~2025-12-31 부가세 2025

닫기 인쇄 조회 최근 정보

F3 전표추가 F4 원가설정 CF4 대손설정 CF5 결산분개삭제 F6 잔액조회 F7 감가상각 F8 대손상각 CF8 퇴직충당

기 간 2025 년 01 월 ~ 2025 년 12 월

±	코드	과 목	결산분개금액	결산전금액	결산반영금액	결산후금액
		7. 영업외 비용		7,911,000	300,000	8,211,000
		1). 이자비용		1,731,000		1,731,000
	0951	이자비용		1,731,000		1,731,000
	0954	2). 기타의대손상각			300,000	300,000
	0114	단기대여금				
	0120	미수금			300,000	300,000
	0972	3). 준비금 전입				
	0977	4). 조특법상 특별상각				
		5). 기타영업외비용		6,180,000		6,180,000
	0952	외환차손		1,500,000		1,500,000
	0953	기부금		4,350,000		4,350,000
	0956	매출채권처분손실		20,000		20,000
	0970	유형자산처분손실		250,000		250,000
	0980	잡손실		50,000		50,000
	0984	수수료비용		10,000		10,000
		8. 법인세차감전이익		140,957,507	-300,000	140,657,507
	0998	9. 법인세등				

- 2). 기타의대손상각의 미수금란에 300,000을 확인 후 F3 전표추가

정민상사(주) 회사코드: 2094

[1] [일반전표입력] 12월 31일

(차) 미수수익 2,250,000 (대) 이자수익* 2,250,000

2025 년 12 월 31 일 변경 현금잔액: 306,309 대차차액:							
일	번호	구분	계 정 과 목	거 래 처	적 요	차 변	대 변
31	00001	차변	0116 미수수익			2,250,000	
31	00001	대변	0901 이자수익				2,250,000

* 이자수익: $50,000,000 \times 6\% \times \frac{9}{12} = 2,250,000$

[2] [일반전표입력] 12월 31일

(차) 선급비용* 900,000 (대) 임차료 900,000

2025 년 12 월 31 일 변경 현금잔액: 306,309 대차차액:							
일	번호	구분	계 정 과 목	거 래 처	적 요	차 변	대 변
31	00002	차변	0133 선급비용			900,000	
31	00002	대변	0519 임차료				900,000

* 선급비용: $3,600,000 \times \frac{3}{12} = 900,000$

[3] [일반전표입력] 12월 31일

(차) 단기매매증권평가손실* 2,000,000 (대) 단기매매증권 2,000,000

2025 년 12 월 31 일 변경 현금잔액: 306,309 대차차액:							
일	번호	구분	계 정 과 목	거 래 처	적 요	차 변	대 변
31	00003	차변	0957 단기매매증권평가손실			2,000,000	
31	00003	대변	0107 단기매매증권				2,000,000

* 단기매매증권평가손실: 73,000,000 − 75,000,000 = (−)2,000,000

오영상사(주) 회사코드: 2104

[1] [일반전표입력] 12월 31일

(차) 소모품비(제) 1,875,000 (대) 소모품 2,500,000
소모품비(판) 625,000

2025 년 12 월 31 일 변경 현금잔액: 1,605,300 대차차액:							
일	번호	구분	계 정 과 목	거 래 처	적 요	차 변	대 변
31	00001	차변	0530 소모품비			1,875,000	
31	00001	차변	0830 소모품비			625,000	
31	00001	대변	0173 소모품				2,500,000

- 소모품비(제): 2,500,000 × 75% = 1,875,000
- 소모품비(판): 2,500,000 × 25% = 625,000

[2] [일반전표입력] 12월 31일

(차) 차량유지비(판) 150,000 (대) 현금과부족 235,000
잡손실 85,000

2025 년 12 월 31 일 변경 현금잔액: 1,605,300 대차차액:							
일	번호	구분	계 정 과 목	거 래 처	적 요	차 변	대 변
31	00002	차변	0822 차량유지비			150,000	
31	00002	차변	0980 잡손실			85,000	
31	00002	대변	0141 현금과부족				235,000

[3] [결산자료입력] 메뉴에 다음과 같이 입력한 후 F3전표추가 를 클릭하여 전표 추가

- 1)원재료비 – ⑩ 기말원재료재고액란에 9,500,000원 입력
- 8)당기 총제조비용 – ⑩ 기말재공품재고액란에 8,500,000원 입력
- 9)당기완성품제조원가 – ⑩ 기말제품재고액란에 13,450,000원 입력

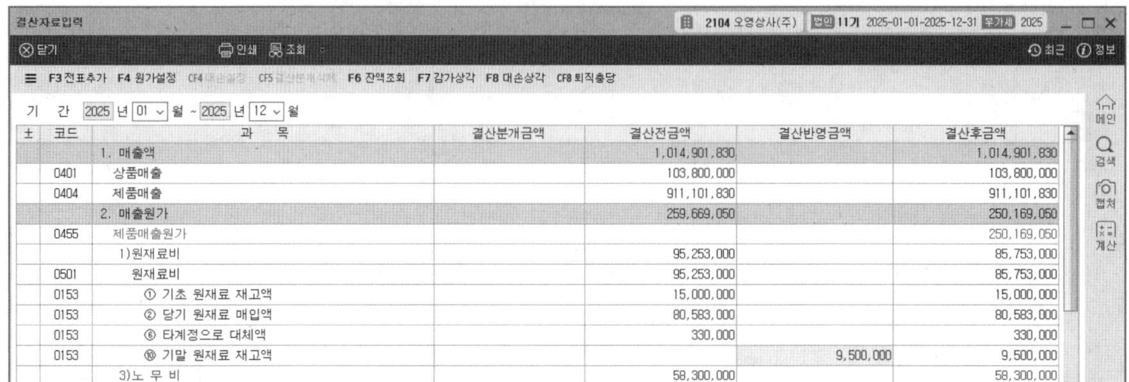

결산자료입력 | 2104 오영상사(주) | 법인 11기 2025-01-01~2025-12-31 | 부가세 2025

닫기 | 인쇄 | 조회 | 최근 | 정보

F3 전표추가 | F4 원가설정 | CF4 대손설정 | CF5 결산분개삭제 | F6 잔액조회 | F7 감가상각 | F8 대손상각 | CF8 퇴직충당

기 간 2025 년 01 월 ~ 2025 년 12 월

±	코드	과 목	결산분개금액	결산전금액	결산반영금액	결산후금액
		1. 매출액		1,014,901,830		1,014,901,830
	0401	상품매출		103,800,000		103,800,000
	0404	제품매출		911,101,830		911,101,830
		2. 매출원가		259,669,050		250,169,050
	0455	제품매출원가				250,169,050
		1)원재료비		95,253,000		85,753,000
	0501	원재료비		95,253,000		85,753,000
	0153	① 기초 원재료 재고액		15,000,000		15,000,000
	0153	② 당기 원재료 매입액		80,583,000		80,583,000
	0153	⑥ 타계정으로 대체액		330,000		330,000
	0153	⑩ 기말 원재료 재고액			9,500,000	9,500,000
		3)노 무 비		58,300,000		58,300,000

기 간 2025 년 01 월 ~ 2025 년 12 월

±	코드	과 목	결산분개금액	결산전금액	결산반영금액	결산후금액
	0208	차량운반구				
	0212	비품				
	0455	8)당기 총제조비용		228,894,050		219,394,050
	0169	① 기초 재공품 재고액		10,000,000		10,000,000
	0169	⑩ 기말 재공품 재고액			8,500,000	8,500,000
	0150	9)당기완성품제조원가		238,894,050		220,894,050
	0150	① 기초 제품 재고액		22,650,000		22,650,000
	0150	⑩ 기말 제품 재고액			13,450,000	13,450,000
		3. 매출총이익		753,357,780	31,450,000	784,807,780
		4. 판매비와 일반관리비		132,960,650		132,960,650

* 재고자산정상감모손실에 대해서는 일반전표에 입력하지 않는다.
결산자료입력에는 실제재고자산을 입력한다.

CHAPTER 07 장부조회

p.145

(주)천안테크 회사코드: 3054

[1] [부가가치세신고서] 4월 1일 ~ 6월 30일 조회

- 고정자산매입(11)란의 세액 확인

부가가치세신고서 / 3054 (주)천안테크 / 법인 10기 2025-01-01-2025-12-31 부가세 2025

조회기간 2025년 4월 1일 ~ 2025년 6월 30일 신고구분 1.정기신고 신고차수 부가율 29.83 확정

구분				번호	금액	세율	세액
과세표준및매출세액	과세	세금계산서발급분		1	358,000,000	10/100	35,800,000
		매입자발행세금계산서		2		10/100	
		신용카드·현금영수증발행분		3	2,000,000	10/100	200,000
		기타(정규영수증외매출분)		4			
	영세	세금계산서발급분		5		0/100	
		기타		6		0/100	
	예정신고누락분			7			
	대손세액가감			8			
	합계			9	360,000,000	㉮	36,000,000
매입세액	세금계산서 수취분	일반매입		10	252,590,000		25,259,000
		수출기업수입분납부유예		10-1			
		고정자산매입		11	25,000,000		2,500,000
	예정신고누락분			12			
	매입자발행세금계산서			13			
	그 밖의 공제매입세액			14			
	합계(10)-(10-1)+(11)+(12)+(13)+(14)			15	277,590,000		27,759,000
	공제받지못할매입세액			16	30,600,000		3,060,000
	차감계 (15-16)			17	246,990,000	㉯	24,699,000
납부(환급)세액(매출세액㉮-매입세액㉯)						㉰	11,301,000
경감공제세액	그 밖의 경감·공제세액			18			
	신용카드매출전표등 발행공제등			19	2,200,000		
	합계			20		㉱	
소규모 개인사업자 부가가치세 감면세액				20-1		㉲	
예정신고미환급세액				21		㉳	
예정고지세액				22		㉴	
사업양수자의 대리납부 기납부세액				23		㉵	
매입자 납부특례 기납부세액				24		㉶	
신용카드업자의 대리납부 기납부세액				25		㉷	
가산세액계				26		㉸	
차가감하여 납부할세액(환급받을세액)㉰-㉱-㉲-㉳-㉴-㉵-㉶-㉷+㉸						27	11,301,000
총괄납부사업자가 납부할 세액(환급받을 세액)							

구분			번호	금액	세율	세액
7.매출(예정신고누락분)						
예정누락분	과세	세금계산서	33		10/100	
		기타	34		10/100	
	영세	세금계산서	35		0/100	
		기타	36		0/100	
	합계		37			
12.매입(예정신고누락분)						
예정누락분	세금계산서		38			
	그 밖의 공제매입세액		39			
	합계		40			
	신용카드매출 수령금액합계	일반매입				
		고정매입				
	의제매입세액					
	재활용폐자원등매입세액					
	과세사업전환매입세액					
	재고매입세액					
	변제대손세액					
	외국인관광객에대한환급세액					
	합계					
14.그 밖의 공제매입세액						
신용카드매출 수령금액합계표		일반매입	41			
		고정매입	42			
의제매입세액			43		뒤쪽	
재활용폐자원등매입세액			44		뒤쪽	
과세사업전환매입세액			45			
재고매입세액			46			
변제대손세액			47			
외국인관광객에대한환급세액			48			
합계			49			

답안 **2,500,000원**

[2] [총계정원장] – [월별] 4월 ~ 6월 조회

- 계정과목: 831.수수료비용 조회

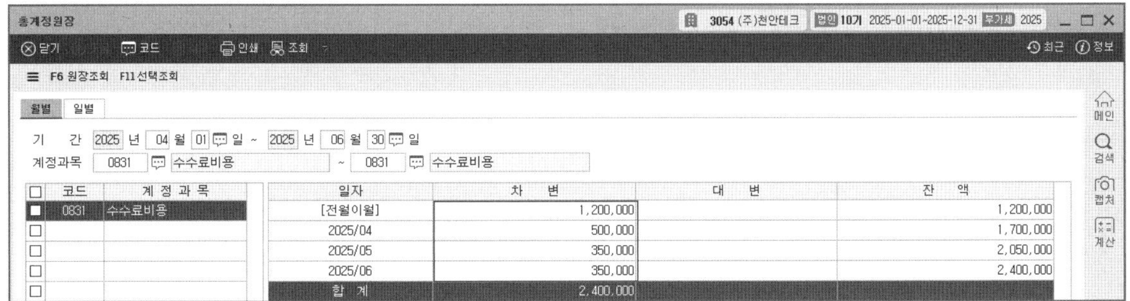

총계정원장 / 3054 (주)천안테크 / 법인 10기 2025-01-01-2025-12-31 부가세 2025

기간 2025년 04월 01일 ~ 2025년 06월 30일
계정과목 0831 수수료비용 ~ 0831 수수료비용

코드	계정과목
0831	수수료비용

일자	차변	대변	잔액
[전월이월]	1,200,000		1,200,000
2025/04	500,000		1,700,000
2025/05	350,000		2,050,000
2025/06	350,000		2,400,000
합계	2,400,000		

답안 **1,200,000원(=2분기 합계액 2,400,000원 – 전월이월 2,400,000원)**

[3] [거래처원장] 1월 1일 ~ 6월 30일 조회

• 계정과목: 108.외상매출금 조회

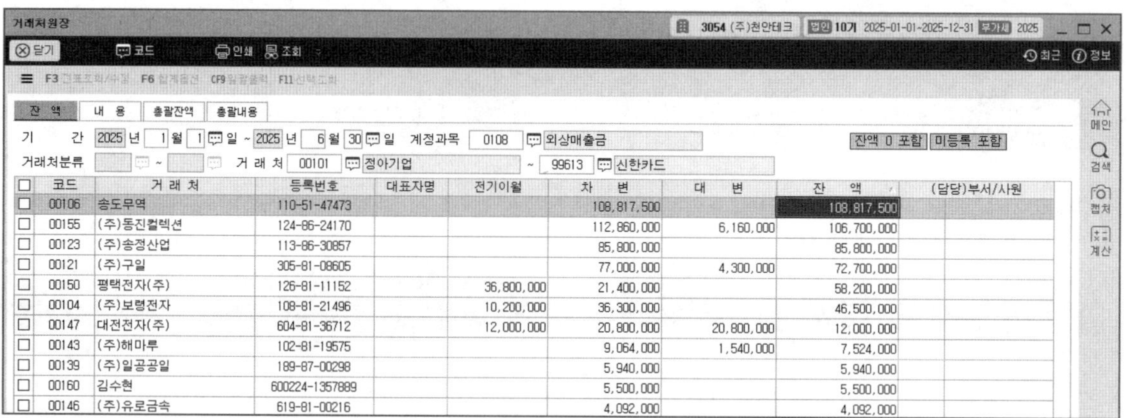

거래처원장

기간 2025년 1월 1일 ~ 2025년 6월 30일 계정과목 0108 외상매출금

거래처분류 ~ 거래처 00101 정아기업 ~ 99613 신한카드

코드	거래처	등록번호	대표자명	전기이월	차변	대변	잔액	(담당)부서/사원
00106	송도무역	110-51-47473			108,817,500		108,817,500	
00155	(주)동진컬렉션	124-86-24170			112,860,000	6,160,000	106,700,000	
00123	(주)송정산업	113-86-30857			85,800,000		85,800,000	
00121	(주)구일	305-81-08605			77,000,000	4,300,000	72,700,000	
00150	평택전자(주)	126-81-11152		36,800,000	21,400,000		58,200,000	
00104	(주)보령전자	108-81-21496		10,200,000	36,300,000		46,500,000	
00147	대전전자(주)	604-81-36712		12,000,000	20,800,000	20,800,000	12,000,000	
00143	(주)해마루	102-81-19575			9,064,000	1,540,000	7,524,000	
00139	(주)일공공일	189-87-00298			5,940,000		5,940,000	
00160	김수현	600224-1357889			5,500,000		5,500,000	
00146	(주)유로금속	619-81-00216			4,092,000		4,092,000	

답안 **송도무역, 108,817,500원**

남다른패션(주) 회사코드: 3064

[1] [거래처원장] 1월 1일 ~ 6월 30일 조회

- 계정과목: 251.외상매입금 조회

거래처원장 | 3064 남다른패션(주) | 법인 10기 2025-01-01~2025-12-31 | 부가세 2025

잔액 | 내용 | 총괄잔액 | 총괄내용

기간 2025 년 1 월 1 일 ~ 2025 년 6 월 30 일 계정과목 0251 외상매입금 | 잔액 0 포함 | 미등록 포함

거래처분류 ~ 거래처 00101 너트버애드(주) ~ 99602 국민카드

코드	거래처	등록번호	대표자명	전기이월	차변	대변	잔액	(담당)부서/사원
00118	다솜상사	508-06-12341			990,000	63,990,000	63,000,000	
00107	(주)애플	264-85-00159			1,000,000	50,500,000	49,500,000	
00113	(주)바이오	226-85-25987			25,420,000	63,920,000	38,500,000	
00156	(주)서원	303-85-16131		15,000,000	5,440,000	22,440,000	32,000,000	
00101	너트버애드(주)	127-81-12343		10,000,000		12,973,400	22,973,400	
00135	(주)영월산업	514-85-28144		13,550,000	18,753,000	22,000,000	16,797,000	
00147	(주)천안	505-81-49114				5,800,000	5,800,000	
00138	(주)양지	608-85-01042			88,000,000	88,000,000		
00122	삼아텍스타일	509-06-61883			44,330,000	44,330,000		

답안 **다솜상사, 63,000,000원**

[2] [부가가치세신고서] 4월 1일 ~ 6월 30일 조회

- 차가감하여 납부할세액(환급받을세액) 확인

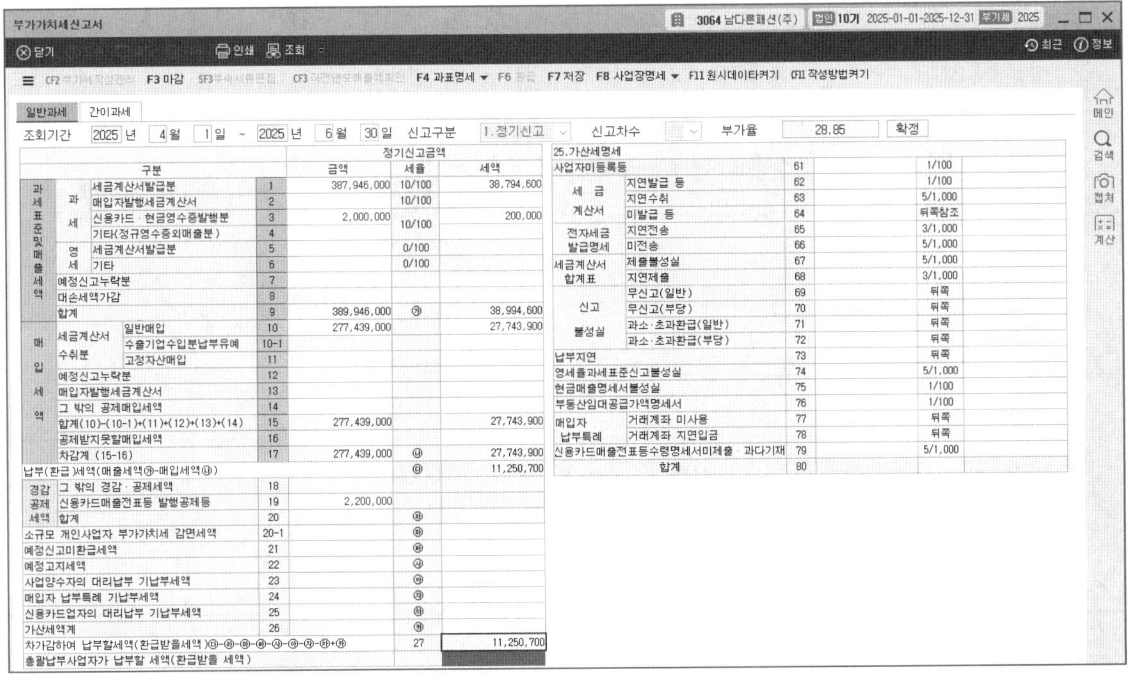

부가가치세신고서 | 3064 남다른패션(주) | 법인 10기 2025-01-01~2025-12-31 | 부가세 2025

일반과세 | 간이과세

조회기간 2025 년 4 월 1 일 ~ 2025 년 6 월 30 일 신고구분 1.정기신고 신고차수 부가율 28.85 확정

구분		번호	금액	세율	세액
과세표준및매출세액	과세 세금계산서발급분	1	387,946,000	10/100	38,794,600
	과세 매입자발행세금계산서	2		10/100	
	과세 신용카드·현금영수증발행분	3	2,000,000	10/100	200,000
	과세 기타(정규영수증외매출분)	4			
	영세 세금계산서발급분	5		0/100	
	영세 기타	6		0/100	
	예정신고누락분	7			
	대손세액가감	8			
	합계	9	389,946,000	㉮	38,994,600
매입세액	세금계산서수취분 일반매입	10	277,439,000		27,743,900
	세금계산서수취분 수출기업수입분납부유예	10-1			
	세금계산서수취분 고정자산매입	11			
	예정신고누락분	12			
	매입자발행세금계산서	13			
	그 밖의 공제매입세액	14			
	합계(10)-(10-1)+(11)+(12)+(13)+(14)	15	277,439,000		27,743,900
	공제받지못할매입세액	16			
	차감계 (15-16)	17	277,439,000	㉯	27,743,900
납부(환급)세액(매출세액㉮-매입세액㉯)				㉰	11,250,700
경감공제세액	그 밖의 경감·공제세액	18			
	신용카드매출전표등 발행공제등	19	2,200,000		
	합계	20		㉱	
소규모 개인사업자 부가가치세 감면세액		20-1		㉲	
예정신고미환급세액		21		㉳	
예정고지세액		22		㉴	
사업양수자의 대리납부 기납부세액		23		㉵	
매입자 납부특례 기납부세액		24		㉶	
신용카드업자의 대리납부 기납부세액		25		㉷	
가산세액계		26		㉸	
차가감하여 납부할세액(환급받을세액)㉰-㉱-㉲-㉳-㉴-㉵-㉶-㉷+㉸		27			11,250,700
총괄납부사업자가 납부할 세액(환급받을 세액)					

25.가산세명세

구분		번호	금액	세율	세액
사업자미등록등		61		1/100	
세금계산서	지연발급 등	62		1/100	
	지연수취	63		5/1,000	
	미발급 등	64		뒤쪽참조	
전자세금발급명세	지연전송	65		3/1,000	
	미전송	66		5/1,000	
세금계산서합계표	제출불성실	67		5/1,000	
	지연제출	68		3/1,000	
신고불성실	무신고(일반)	69		뒤쪽	
	무신고(부당)	70		뒤쪽	
	과소·초과환급(일반)	71		뒤쪽	
	과소·초과환급(부당)	72		뒤쪽	
납부지연		73		뒤쪽	
영세율과세표준신고불성실		74		5/1,000	
현금매출명세서불성실		75		1/100	
부동산임대공급가액명세서		76		1/100	
매입자납부특례	거래계좌 미사용	77		뒤쪽	
	거래계좌 지연입금	78		뒤쪽	
신용카드매출전표등수령명세서미제출·과다기재		79		5/1,000	
합계		80			

답안 **11,250,700원**

[3] [총계정원장] 4월 1일 ~ 6월 30일 조회

• 계정과목: 833.광고선전비 조회

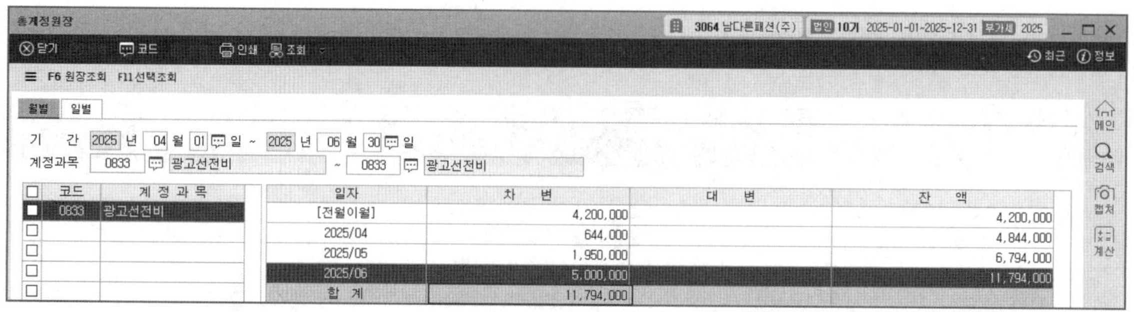

기간 2025년 04월 01일 ~ 2025년 06월 30일
계정과목 0833 광고선전비 ~ 0833 광고선전비

코드	계정과목
0833	광고선전비

일자	차변	대변	잔액
[전월이월]	4,200,000		4,200,000
2025/04	644,000		4,844,000
2025/05	1,950,000		6,794,000
2025/06	5,000,000		11,794,000
합계	11,794,000		

답안 **6월, 5,000,000원**

세무사랑(주) 회사코드: 3074

[1] [재무상태표] 6월 조회 – [제출용] 탭

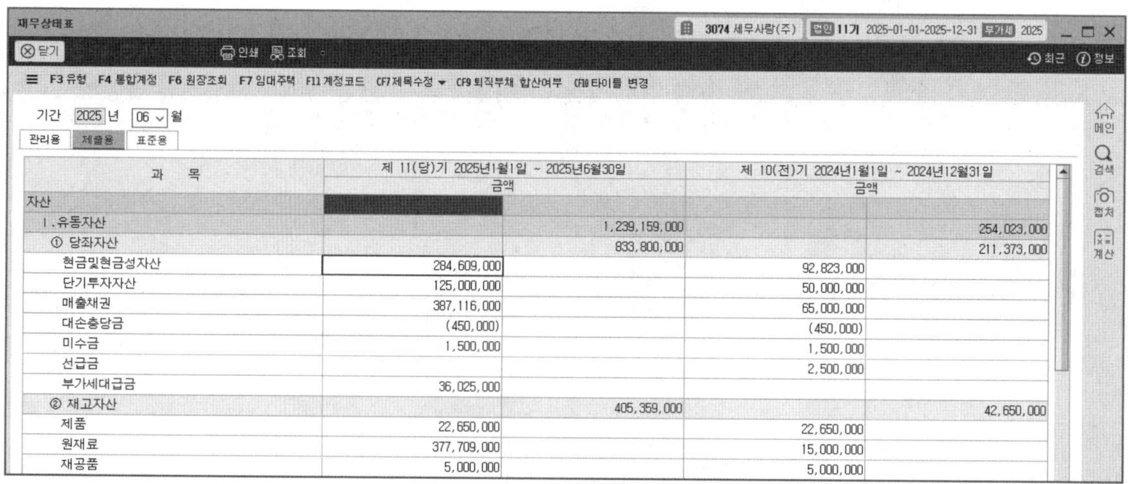

기간 2025년 06월

과목	제 11(당)기 2025년1월1일 ~ 2025년6월30일 금액		제 10(전)기 2024년1월1일 ~ 2024년12월31일 금액	
자산				
Ⅰ.유동자산		1,239,159,000		254,023,000
① 당좌자산		833,800,000		211,373,000
현금및현금성자산	284,609,000		92,823,000	
단기투자자산	125,000,000		50,000,000	
매출채권	387,116,000		65,000,000	
대손충당금	(450,000)		(450,000)	
미수금	1,500,000		1,500,000	
선급금			2,500,000	
부가세대급금	36,025,000			
② 재고자산		405,359,000		42,650,000
제품	22,650,000		22,650,000	
원재료	377,709,000		15,000,000	
재공품	5,000,000		5,000,000	

답안 191,786,000원(=6월 30일 284,609,000원 – 전기말 92,823,000원)

[2] [부가가치세신고서] 4월 1일 ~ 6월 30일 조회

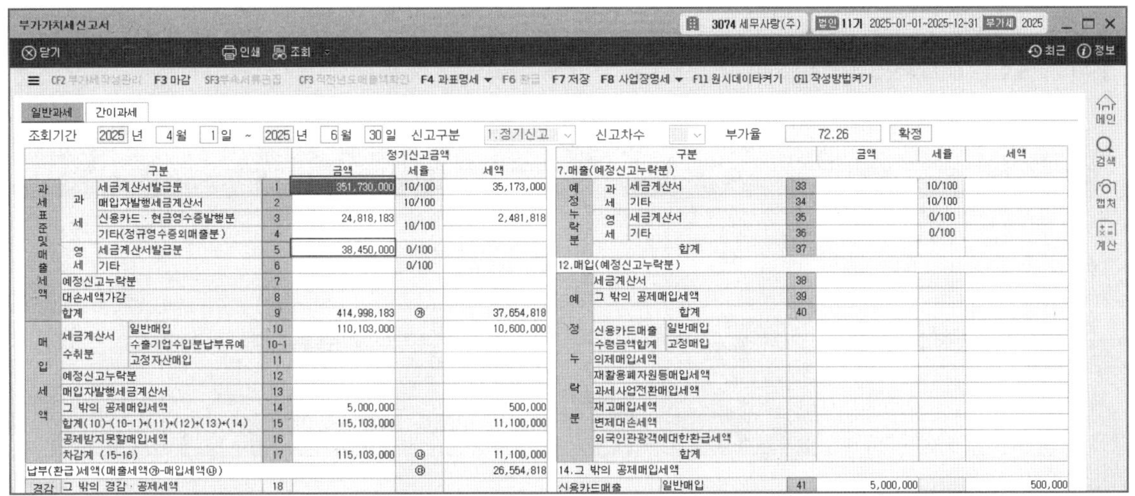

조회기간 2025년 4월 1일 ~ 2025년 6월 30일 신고구분 1.정기신고 신고차수 부가율 72.26

구분			번호	금액	세율	세액
과세표준및매출세액	과세	세금계산서발급분	1	351,730,000	10/100	35,173,000
		매입자발행세금계산서	2		10/100	
		신용카드 · 현금영수증발행분	3	24,818,183	10/100	2,481,818
		기타(정규영수증외매출분)	4			
	영세	세금계산서발급분	5	38,450,000	0/100	
		기타	6		0/100	
	예정신고누락분		7			
	대손세액가감		8			
	합계		9	414,998,183	㉮	37,654,818
매입세액	세금계산서수취분	일반매입	10	110,103,000		10,600,000
		수출기업수입분납부유예	10-1			
		고정자산매입	11			
	예정신고누락분		12			
	매입자발행세금계산서		13			
	그 밖의 공제매입세액		14	5,000,000		500,000
	합계(10)-(10-1)+(11)+(12)+(13)+(14)		15	115,103,000		11,100,000
	공제받지못할매입세액		16			
	차감계 (15-16)		17	115,103,000	㉯	11,100,000
납부(환급)세액(매출세액㉮-매입세액㉯)					㉰	26,554,818
경감	그 밖의 경감 · 공제세액		18			

구분			번호	금액	세율	세액
7.매출(예정신고누락분)						
예정누락분	과세	세금계산서	33		10/100	
		기타	34		10/100	
	영세	세금계산서	35		0/100	
		기타	36		0/100	
	합계		37			
12.매입(예정신고누락분)						
예정누락분	세금계산서		38			
	그 밖의 공제매입세액		39			
	합계		40			
	신용카드매출수령금액합계	일반매입				
		고정매입				
	의제매입세액					
	재활용폐자원등매입세액					
	과세사업전환매입세액					
	재고매입세액					
	변제대손세액					
	외국인관광객에대한환급세액					
	합계					
14.그 밖의 공제매입세액						
신용카드매출	일반매입		41	5,000,000		500,000

답안 390,180,000원(=과세 세금계산서 발급분 공급가액 351,730,000원+영세 세금계산서발급분 공급가액 38,450,000원)

[3] [거래처원장] 6월 1일 ~ 6월 30일

• 계정과목: 251.외상매입금 조회 후 지예상사의 차변 금액 확인

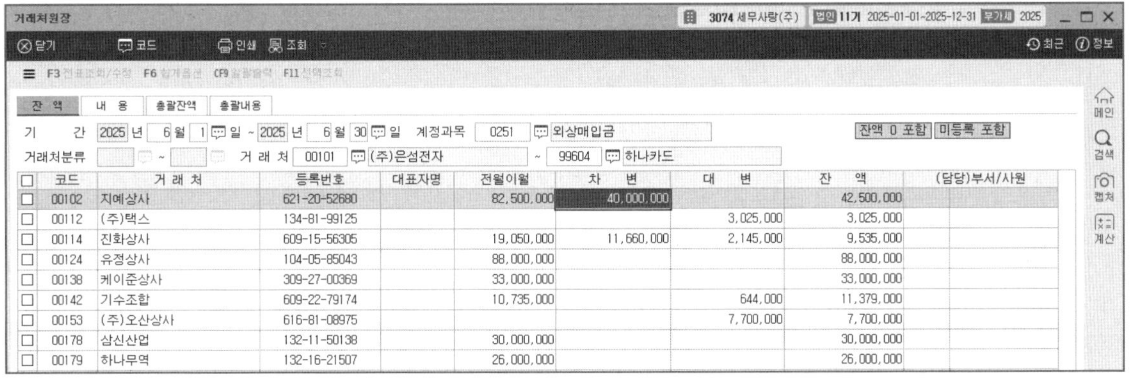

기간 2025년 6월 1일 ~ 2025년 6월 30일 계정과목 0251 외상매입금
거래처 00101 (주)은섬전자 ~ 99604 하나카드

코드	거래처	등록번호	대표자명	전월이월	차변	대변	잔액	(담당)부서/사원
00102	지예상사	621-20-52680		82,500,000	40,000,000		42,500,000	
00112	(주)택스	134-81-99125				3,025,000	3,025,000	
00114	진화상사	609-15-56305		19,050,000	11,660,000	2,145,000	9,535,000	
00124	유정상사	104-05-85043		88,000,000			88,000,000	
00138	케이준상사	309-27-00369		33,000,000			33,000,000	
00142	기수조합	609-22-79174		10,735,000		644,000	11,379,000	
00153	(주)오산상사	616-81-08975				7,700,000	7,700,000	
00178	삼신산업	132-11-50138		30,000,000			30,000,000	
00179	하나무역	132-16-21507		26,000,000			26,000,000	

답안 40,000,000원

고성상사(주) 회사코드: 3084

[1] [매입매출장] 1월 1일 ~ 3월 31일 조회

- 구분: 2.매출, 유형 17.카과, 분기계 합계 금액 확인

매입매출장 | 3084 고성상사(주) | 법인 10기 2025-01-01~2025-12-31 | 부가세 2025

조회기간 2025 년 01 월 01 일 ~ 2025 년 03 월 31 일
구 분 2 1.전체 2.매출 3.매입 유형: 17.카과

유형	일자	품목	공급가액	부가세	합계	예정신고	코드	거래처	전자	분개유형	계정코드	계정과목명	코
카과	2025-01-28	상품	300,000	30,000	330,000		00124	상명전자		카드	0404	제품매출	996
월	계 [	1건-매수 1매]	300,000	30,000	330,000								
누	계 [	1건-매수 1매]	300,000	30,000	330,000								
카과	2025-02-26	상품	909,091	90,909	1,000,000		00119	신일가구		현금	0401	상품매출	996
월	계 [	1건-매수 1매]	909,091	90,909	1,000,000								
분 기	계 [	2건-매수 2매]	1,209,091	120,909	1,330,000								
반 기	계 [	2건-매수 2매]	1,209,091	120,909	1,330,000								
누	계 [	2건-매수 2매]	1,209,091	120,909	1,330,000								

답안 1,330,000원

[2] [일계표/월계표] – [월계표] 탭

- 조회기간: 6월 ~ 6월
- 8.영업외비용 차변 계 확인

일계표(월계표) | 3084 고성상사(주) | 법인 10기 2025-01-01~2025-12-31 | 부가세 2025

조회기간 2025 년 6 월 01 일 ~ 2025 년 6 월 30 일

차변 계	차변 대체	차변 현금	계정과목	대변 현금	대변 대체	대변 계
191,000	35,000	156,000	복 리 후 생 비			
10,000		10,000	여 비 교 통 비			
500,000		500,000	기 업 업 무 추 진 비			
55,000		55,000	통 신 비			
60,000		60,000	수 도 광 열 비			
55,000		55,000	수 선 비			
43,000		43,000	차 량 유 지 비			
29,000		29,000	운 반 비			
360,000		360,000	소 모 품 비			
131,000		131,000	8.영 업 외 비 용			
131,000		131,000	이 자 비 용			
286,655,800	278,630,000	8,025,800	금일소계	19,041,000	278,630,000	297,671,000
52,892,352		52,892,352	금일잔고/전일잔고	41,877,152		41,877,152
339,548,152	278,630,000	60,918,152	합계	60,918,152	278,630,000	339,548,152

답안 131,000원

[3] [부가가치세신고서] 4월 1일 ~ 6월 30일

- 16.세액(공제받지못할매입세액) 금액 확인

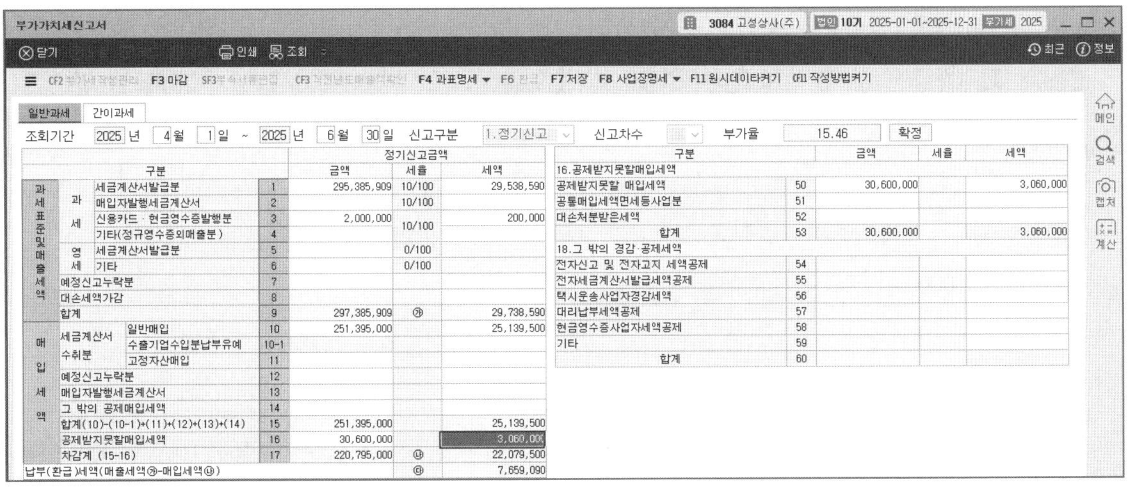

부가가치세신고서 | 3084 고성상사(주) | 법인 10기 2025-01-01~2025-12-31 | 부가세 2025

조회기간 2025 년 4 월 1 일 ~ 2025 년 6 월 30 일 신고구분 1.정기신고 신고차수 부가율 15.46

구분				정기신고금액 금액	세율	세액
과세표준및매출세액	과세	세금계산서발급분	1	295,385,909	10/100	29,538,590
		매입자발행세금계산서	2		10/100	
		신용카드 · 현금영수증발행분	3	2,000,000	10/100	200,000
		기타(정규영수증외매출분)	4			
	영세	세금계산서발급분	5		0/100	
		기타	6		0/100	
	예정신고누락분		7			
	대손세액가감		8			
	합계		9	297,385,909	㉮	29,738,590
매입세액	세금계산서수취분	일반매입	10	251,395,000		25,139,500
		수출기업수입분납부유예	10-1			
		고정자산매입	11			
	예정신고누락분		12			
	매입자발행세금계산서		13			
	그 밖의 공제매입세액		14			
	합계(10)-(10-1)+(11)+(12)+(13)+(14)		15	251,395,000		25,139,500
	공제받지못할매입세액		16	30,600,000		3,060,000
	차감계 (15-16)		17	220,795,000	㉯	22,079,500
납부(환급)세액(매출세액㉮-매입세액㉯)					㉰	7,659,090

구분		금액	세율	세액
16.공제받지못할매입세액				
공제받지못할 매입세액	50	30,600,000		3,060,000
공통매입세액면세등사업분	51			
대손처분받은세액	52			
합계	53	30,600,000		3,060,000
18.그 밖의 경감·공제세액				
전자신고 및 전자고지 세액공제	54			
전자세금계산서발급세액공제	55			
택시운송사업자경감세액	56			
대리납부세액공제	57			
현금영수증사업자세액공제	58			
기타	59			
합계	60			

답안 **3,060,000원**

정민상사(주) 회사코드: 3094

[1] [총계정원장] 1월 1일 ~ 6월 30일

- 계정과목: 801.급여 조회

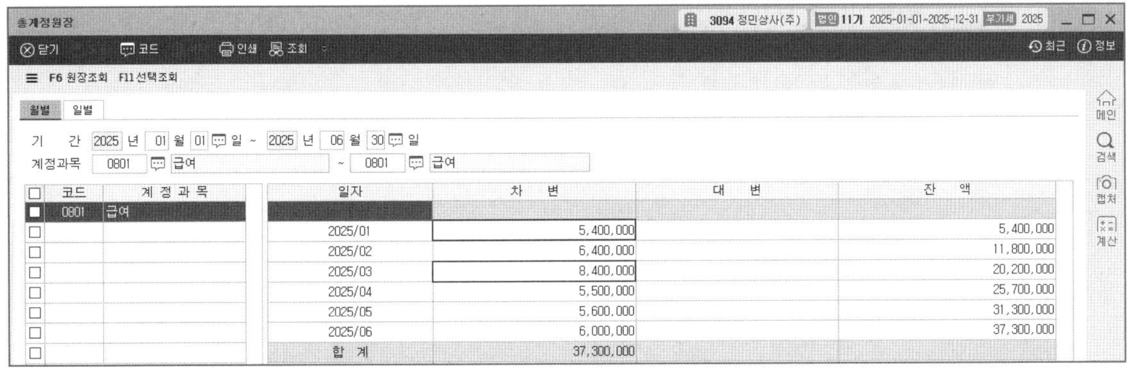

총계정원장 | 3094 정민상사(주) | 법인 11기 2025-01-01~2025-12-31 | 부가세 2025

기간 2025 년 01 월 01 일 ~ 2025 년 06 월 30 일 계정과목 0801 급여 ~ 0801 급여

코드	계정과목
0801	급여

일자	차변	대변	잔액
2025/01	5,400,000		5,400,000
2025/02	6,400,000		11,800,000
2025/03	8,400,000		20,200,000
2025/04	5,500,000		25,700,000
2025/05	5,600,000		31,300,000
2025/06	6,000,000		37,300,000
합계	37,300,000		

답안 **3,000,000원 = 3월 8,400,000원 – 1월 5,400,000원**

[2] [거래처원장]

- 3월 1일～3월 31일
- 계정과목: 404.제품매출, 거래처: 일천상사 조회 후 대변합계

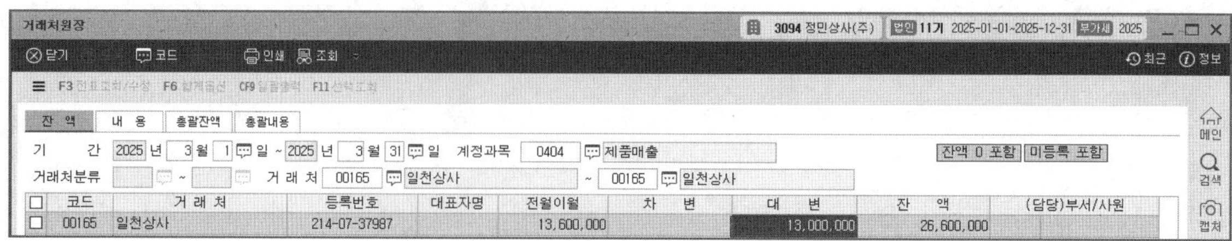

답안 13,000,000원

- 4월 1일 ～ 4월 30일
- 계정과목: 404.제품매출, 거래처: 일천상사 조회 후 대변합계

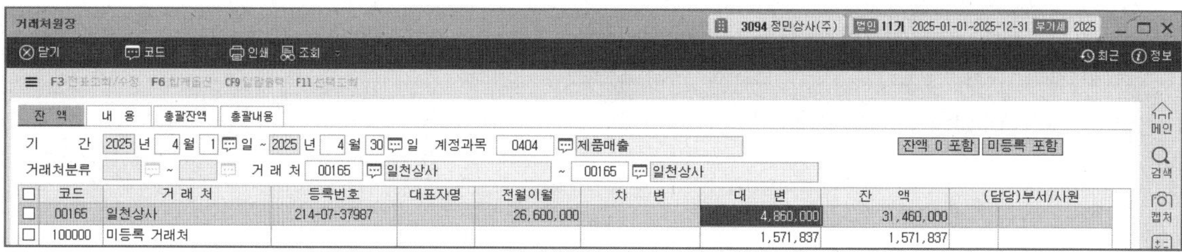

답안 8,140,000원＝3월 13,000,000원－4월 4,860,000원

[3] [세금계산서합계표]－ [매출] 탭

- 기간: 1월 ～ 3월 조회

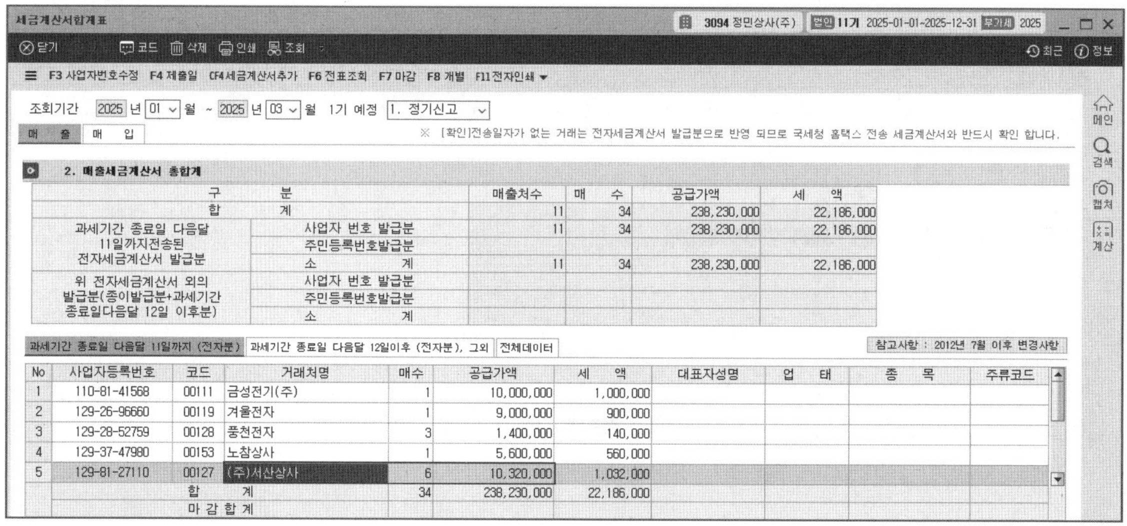

답안 6매, 10,320,000원

오영상사(주) 회사코드: 3104

[1] [재무상태표] 5월 조회

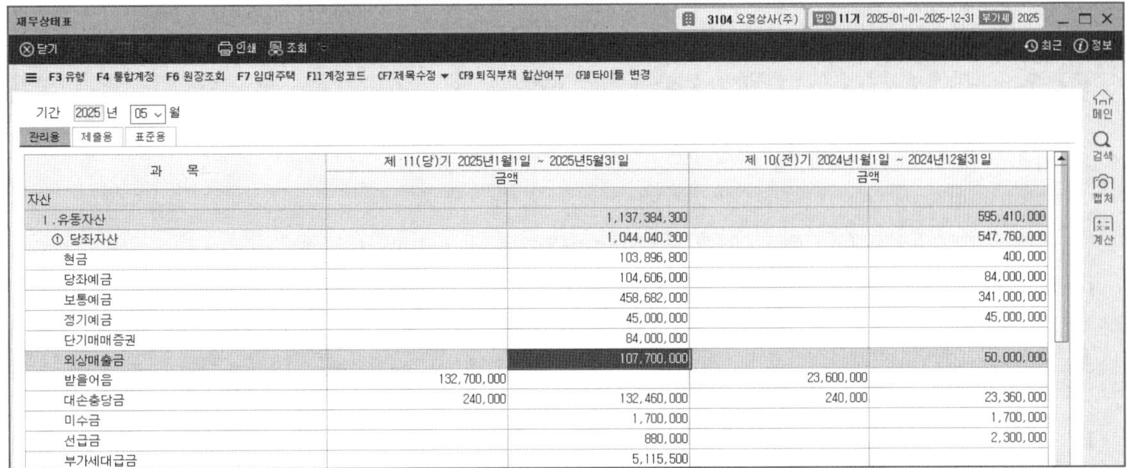

재무상태표 — 3104 오영상사(주) 11기 2025-01-01~2025-12-31

기간 2025 년 05 월 (관리용)

과 목	제 11(당)기 2025년1월1일 ~ 2025년5월31일 금액		제 10(전)기 2024년1월1일 ~ 2024년12월31일 금액	
자산				
Ⅰ.유동자산		1,137,384,300		595,410,000
① 당좌자산		1,044,040,300		547,760,000
현금		103,896,800		400,000
당좌예금		104,606,000		84,000,000
보통예금		458,682,000		341,000,000
정기예금		45,000,000		45,000,000
단기매매증권		84,000,000		
외상매출금		107,700,000		50,000,000
받을어음	132,700,000		23,600,000	
대손충당금	240,000	132,460,000	240,000	23,360,000
미수금		1,700,000		1,700,000
선급금		880,000		2,300,000
부가세대급금		5,115,500		

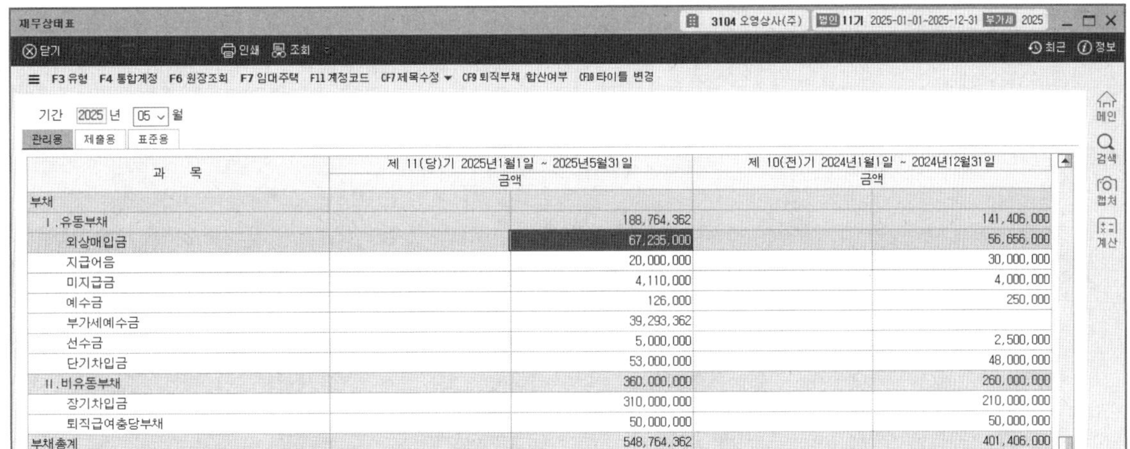

재무상태표 — 3104 오영상사(주) 11기 2025-01-01~2025-12-31

기간 2025 년 05 월 (관리용)

과 목	제 11(당)기 2025년1월1일 ~ 2025년5월31일 금액		제 10(전)기 2024년1월1일 ~ 2024년12월31일 금액	
부채				
Ⅰ.유동부채		188,764,362		141,406,000
외상매입금		67,235,000		56,656,000
지급어음		20,000,000		30,000,000
미지급금		4,110,000		4,000,000
예수금		126,000		250,000
부가세예수금		39,293,362		
선수금		5,000,000		2,500,000
단기차입금		53,000,000		48,000,000
Ⅱ.비유동부채		360,000,000		260,000,000
장기차입금		310,000,000		210,000,000
퇴직급여충당부채		50,000,000		50,000,000
부채총계		548,764,362		401,406,000

답안 40,465,000원(=외상매출금 107,700,000원－외상매입금 67,235,000원)

[2] [매입매출장]

– 조회기간: 4월 1일 ~ 6월 30일

– 구분: 2.매출

- 유형: 12.영세, ⓪ 전체, 분기계 합계 금액 확인
- 유형: 16.수출, 분기계 합계 금액 확인

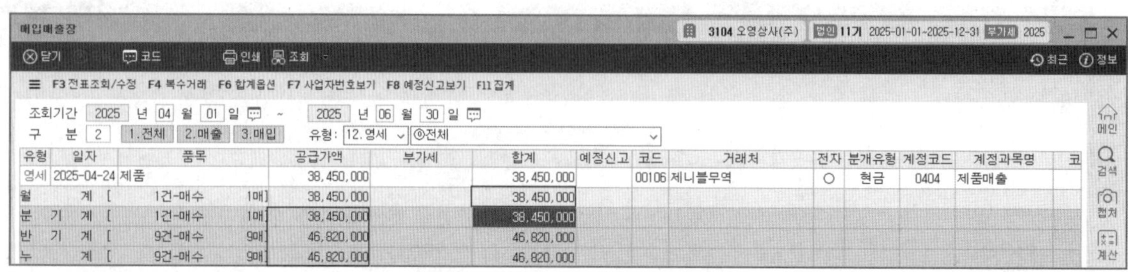

매입매출장 | 3104 오영상사(주) | 법인 11기 2025-01-01~2025-12-31 | 부가세 2025

조회기간 2025 년 04 월 01 일 ~ 2025 년 06 월 30 일
구분 2 | 1.전체 | 2.매출 | 3.매입 | 유형: 12.영세 | ⓪전체

유형	일자	품목	공급가액	부가세	합계	예정신고	코드	거래처	전자	분개유형	계정코드	계정과목명
영세	2025-04-24	제품	38,450,000		38,450,000		00106	제니블무역	○	현금	0404	제품매출
월 계	[1건-매수	1매]	38,450,000		38,450,000							
분 기 계	[1건-매수	1매]	38,450,000		38,450,000							
반 기 계	[9건-매수	9매]	46,820,000		46,820,000							
누 계	[9건-매수	9매]	46,820,000		46,820,000							

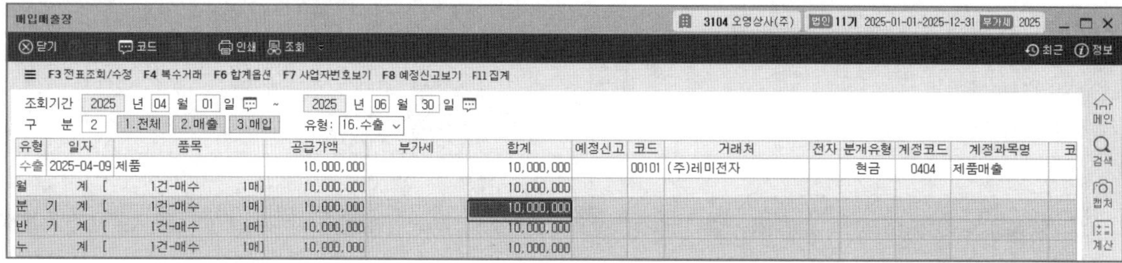

매입매출장 | 3104 오영상사(주) | 법인 11기 2025-01-01~2025-12-31 | 부가세 2025

조회기간 2025 년 04 월 01 일 ~ 2025 년 06 월 30 일
구분 2 | 1.전체 | 2.매출 | 3.매입 | 유형: 16.수출

유형	일자	품목	공급가액	부가세	합계	예정신고	코드	거래처	전자	분개유형	계정코드	계정과목명
수출	2025-04-09	제품	10,000,000		10,000,000		00101	(주)레미전자		현금	0404	제품매출
월 계	[1건-매수	1매]	10,000,000		10,000,000							
분 기 계	[1건-매수	1매]	10,000,000		10,000,000							
반 기 계	[1건-매수	1매]	10,000,000		10,000,000							
누 계	[1건-매수	1매]	10,000,000		10,000,000							

- [부가가치세신고서] 4월 1일 ~ 6월 30일 조회
- 세금계산서발급분 금액
- 기타 금액

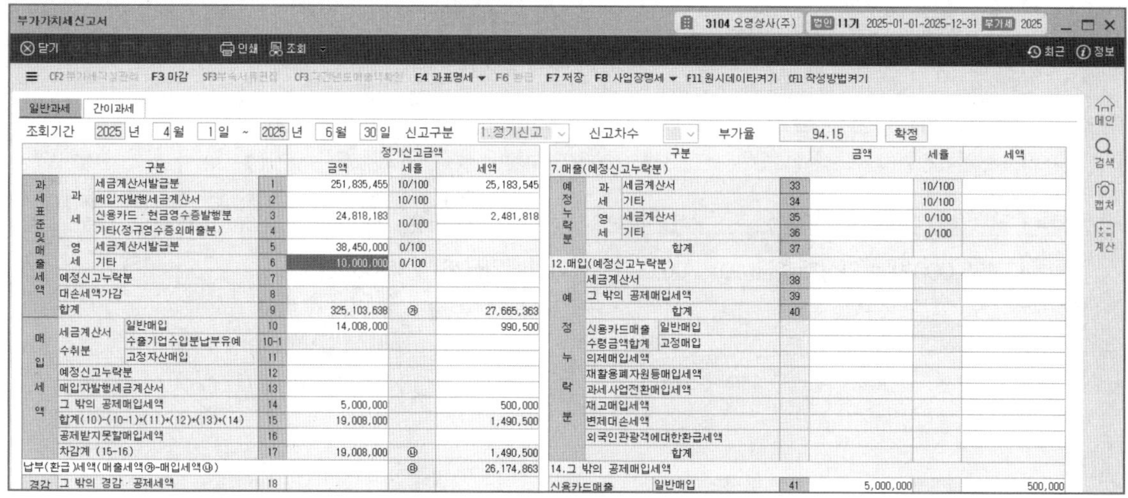

부가가치세신고서 | 3104 오영상사(주) | 법인 11기 2025-01-01~2025-12-31 | 부가세 2025

일반과세 | 간이과세

조회기간 2025 년 4 월 1 일 ~ 2025 년 6 월 30 일 신고구분 1.정기신고 신고차수 부가율 94.15 확정

구분			번호	금액	세율	세액
과세표준및매출세액	과세	세금계산서발급분	1	251,835,455	10/100	25,183,545
		매입자발행세금계산서	2		10/100	
		신용카드 · 현금영수증발행분	3	24,818,183	10/100	2,481,818
		기타(정규영수증외매출분)	4			
	영세	세금계산서발급분	5	38,450,000	0/100	
		기타	6	10,000,000	0/100	
	예정신고누락분		7			
	대손세액가감		8			
	합계		9	325,103,638	㉮	27,665,363
매입세액	세금계산서수취분	일반매입	10	14,008,000		990,500
		수출기업수입분납부유예	10-1			
		고정자산매입	11			
	예정신고누락분		12			
	매입자발행세금계산서		13			
	그 밖의 공제매입세액		14	5,000,000		500,000
	합계(10)-(10-1)+(11)+(12)+(13)+(14)		15	19,008,000		1,490,500
	공제받지못할매입세액		16			
	차감계 (15-16)		17	19,008,000	㉯	1,490,500
납부(환급)세액(매출세액㉮-매입세액㉯)					㉰	26,174,863
경감	그 밖의 경감 · 공제세액		18			

구분			번호	금액	세율	세액
7.매출(예정신고누락분)						
예정누락분	과세	세금계산서	33		10/100	
		기타	34		10/100	
	영세	세금계산서	35		0/100	
		기타	36		0/100	
	합계		37			
12.매입(예정신고누락분)						
예정누락분	세금계산서		38			
	그 밖의 공제매입세액		39			
	합계		40			
	신용카드매출수령금액합계	일반매입				
		고정매입				
	의제매입세액					
	재활용폐자원등매입세액					
	과세사업전환매입세액					
	재고매입세액					
	변제대손세액					
	외국인관광객에대한환급세액					
	합계					
14.그 밖의 공제매입세액						
신용카드매출		일반매입	41	5,000,000		500,000

답안 48,450,000원(=12.영세 38,450,000원+16.수출 10,000,000원)

[3] 일계표(월계표)] – [월계표] 탭

• 조회기간: 2025년 6월 ~ 2025년 6월

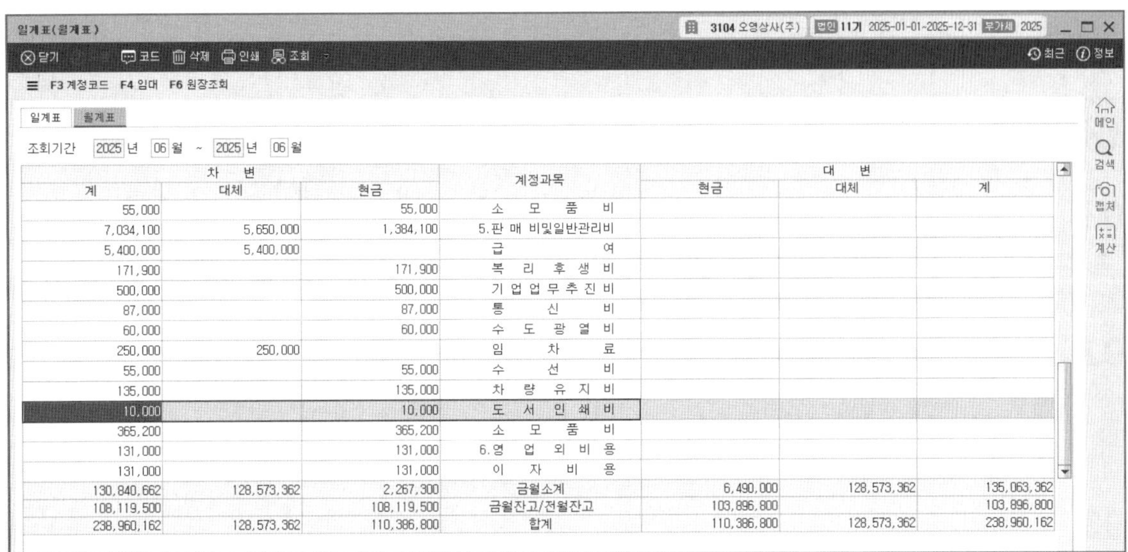

일계표(월계표)

일계표 | 월계표

조회기간 2025 년 06 월 ~ 2025 년 06 월

차변			계정과목	대변		
계	대체	현금		현금	대체	계
55,000		55,000	소모품비			
7,034,100	5,650,000	1,384,100	5.판매비및일반관리비			
5,400,000	5,400,000		급여			
171,900		171,900	복리후생비			
500,000		500,000	기업업무추진비			
87,000		87,000	통신비			
60,000		60,000	수도광열비			
250,000	250,000		임차료			
55,000		55,000	수선비			
135,000		135,000	차량유지비			
10,000		10,000	도서인쇄비			
365,200		365,200	소모품비			
131,000		131,000	6.영업외비용			
131,000		131,000	이자비용			
130,840,662	128,573,362	2,267,300	금월소계	6,490,000	128,573,362	135,063,362
108,119,500		108,119,500	금월잔고/전월잔고	103,896,800		103,896,800
238,960,162	128,573,362	110,386,800	합계	110,386,800	128,573,362	238,960,162

답안 **도서인쇄비, 10,000원**

116회 기출문제 (주)태림상사(회사코드: 2163)

p.150

이론시험

01 ②
상중하 손익계산서는 일정 시점이 아닌 일정 기간 동안 기업실체의 경영성과에 대한 정보를 제공하는 재무보고서이다.

02 ④
상중하 단기매매증권 취득 시 발생한 수수료 등의 거래비용은 당기비용으로 처리한다. 만약 취득원가에 가산하면 자산의 과대계상으로 이어지고 이는 자본 및 당기순이익의 과대계상을 초래한다.

03 ②
상중하
- 2024년 감가상각비: (10,000,000원 – 1,000,000원)/5년 = 1,800,000원
- 2025년 감가상각비: (10,000,000원 – 1,000,000원)/5년 × 6/12 = 900,000원
- 처분손실: (10,000,000원 – 1,800,000원 – 900,000원) – 4,000,000원 = 3,300,000원

04 ①
상중하
- 현금 및 현금성자산: 현금시재액 200,000원 + 당좌예금 500,000원 = 700,000원
- 단기금융상품: 정기예금 1,500,000원(보고기간 종료일로부터 1년 이내에 만기가 도래)

05 ①
상중하 대손충당금은 채권의 차감적 평가 계정이다.

06 ③
상중하 주식배당은 미처분이익잉여금을 감소시킴과 동시에 자본금을 증가시키므로 자본총계는 변동 없다. 즉, 자본에 영향을 미치지 않는다.
① 당기순이익: 미처분이익잉여금을 증가시킨다(자본의 증가).
② 현금배당: 미처분이익잉여금을 감소시킨다(자본의 감소).
④ 유상증자: 자본금 및 자본잉여금을 증가시킨다(자본의 증가).

07 ③
상중하 대가가 분할되어 수취되는 할부판매의 경우에는 이자부분을 제외한 판매가격에 해당하는 수익을 판매시점에 인식한다. 판매가격은 대가의 현재가치로, 수취할 할부금액을 내재이자율로 할인한 금액이다.

08 ②
상중하 매입부대비용은 취득원가에 포함된다.

09 ④

상중하 매몰비용(매몰원가)에 대한 설명이다. 기회비용은 자원을 다른 대체적인 용도로 사용할 경우 얻을 수 있는 최대금액 혹은 최대이익이다.

10 ②

상중하 단계배분법은 보조부문원가의 배분순서를 정하여 그 순서에 따라 보조부문원가를 다른 보조부문과 제조부문에 단계적으로 배분하는 방법으로, 원가배분의 우선순위가 중요하다.

11 ③

상중하 나머지는 손익계산서에서 제공하는 정보이다.

12 ④

상중하 가공원가 완성품 환산량: 당기완성품 40,000개 + 기말재공품 30,000개 × 60%(완성도) = 58,000개

13 ②

상중하 영세율을 적용받는 사업자도 납세의무자에 해당한다.

14 ③

상중하 제조업의 경우 따로 제품 포장만을 하거나 용기에 충전만 하는 장소는 사업장에서 제외한다.

15 ①

상중하 전자세금계산서는 발급일의 익일까지 국세청장에게 전송하여야 한다.

문 1 기초정보관리 및 전기분 재무제표

[1] [거래처등록]-[일반거래처] 탭

- 코드: 05000
- 거래처명: (주)대신전자
- 사업자등록번호: 108-81-13579
- 유형: 1.매출
- 대표자성명: 김영일
- 업태: 제조
- 종목: 전자제품
- 사업장주소: 경기도 시흥시 정왕대로 56(정왕동)

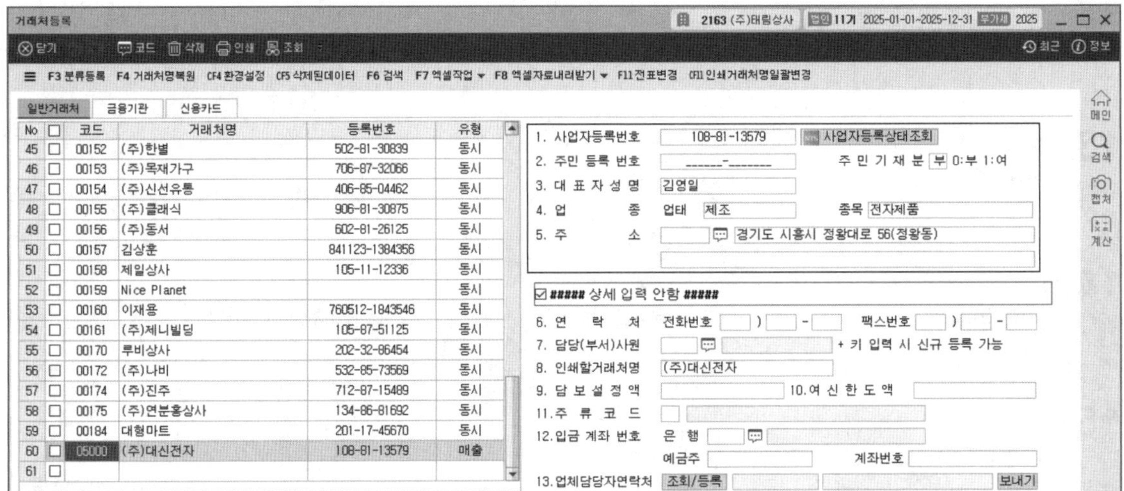

No	코드	거래처명	등록번호	유형
45	00152	(주)한별	502-81-30839	동시
46	00153	(주)목재가구	706-87-32066	동시
47	00154	(주)신선유통	406-85-04462	동시
48	00155	(주)클래식	906-81-30875	동시
49	00156	(주)동서	602-81-26125	동시
50	00157	김상훈	841123-1384356	동시
51	00158	제일상사	105-11-12336	동시
52	00159	Nice Planet		동시
53	00160	이재용	760512-1843546	동시
54	00161	(주)제니빌딩	105-87-51125	동시
55	00170	루비상사	202-32-86454	동시
56	00172	(주)나비	532-85-73569	동시
57	00174	(주)진주	712-87-15489	동시
58	00175	(주)연분홍상사	134-86-81692	동시
59	00184	대형마트	201-17-45670	동시
60	05000	(주)대신전자	108-81-13579	매출
61				

1. 사업자등록번호 108-81-13579
2. 주민 등록 번호
3. 대 표 자 성 명 김영일
4. 업 종 업태 제조 종목 전자제품
5. 주 소 경기도 시흥시 정왕대로 56(정왕동)

8. 인쇄할거래처명 (주)대신전자

[2] [거래처별초기이월]

- 외상매출금
  - (주)동명상사 5,000,000원 → 6,000,000원으로 수정

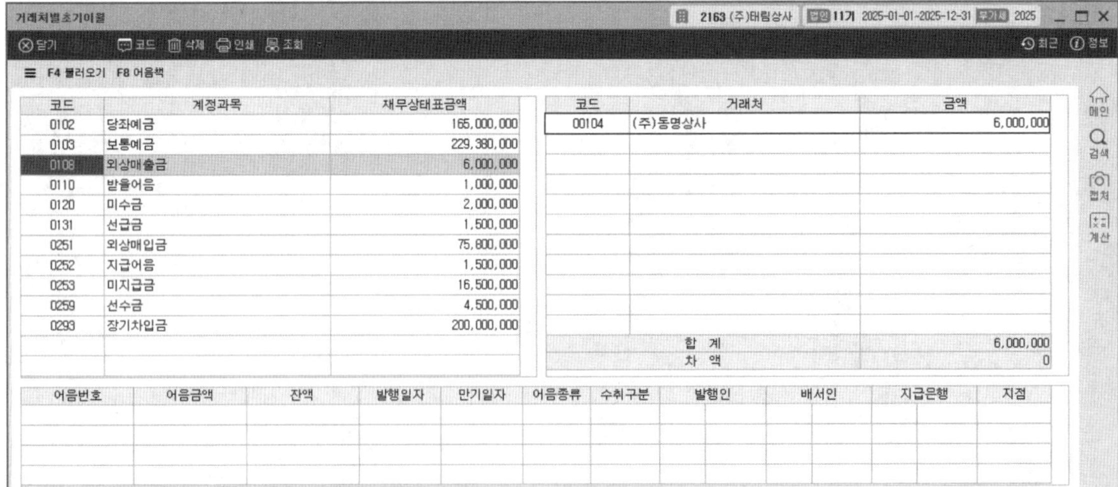

코드	계정과목	재무상태표금액
0102	당좌예금	165,000,000
0103	보통예금	229,380,000
0108	외상매출금	6,000,000
0110	받을어음	1,000,000
0120	미수금	2,000,000
0131	선급금	1,500,000
0251	외상매입금	75,800,000
0252	지급어음	1,500,000
0253	미지급금	16,500,000
0259	선수금	4,500,000
0293	장기차입금	200,000,000

코드	거래처	금액
00104	(주)동명상사	6,000,000
	합 계	6,000,000
	차 액	0

• 받을어음

– (주)남북 2,500,000원 → 1,000,000원으로 수정

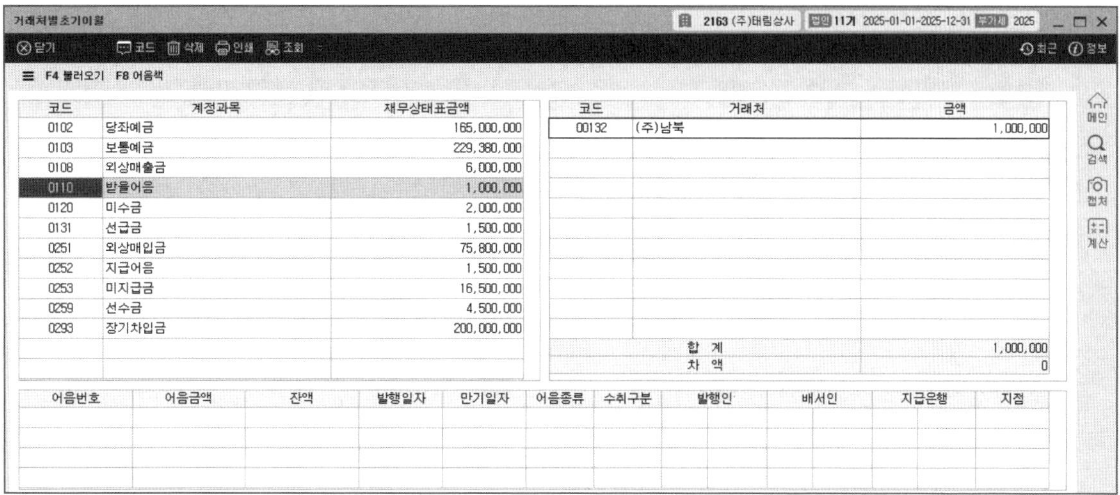

거래처별초기이월 2163 (주)태림상사 법인 11기 2025-01-01~2025-12-31 부가세 2025

닫기 코드 삭제 인쇄 조회 최근 정보

F4 불러오기 F8 어음책

코드	계정과목	재무상태표금액
0102	당좌예금	165,000,000
0103	보통예금	229,380,000
0108	외상매출금	6,000,000
0110	받을어음	1,000,000
0120	미수금	2,000,000
0131	선급금	1,500,000
0251	외상매입금	75,800,000
0252	지급어음	1,500,000
0253	미지급금	16,500,000
0259	선수금	4,500,000
0293	장기차입금	200,000,000

코드	거래처	금액
00132	(주)남북	1,000,000
	합 계	1,000,000
	차 액	0

어음번호	어음금액	잔액	발행일자	만기일자	어음종류	수취구분	발행인	배서인	지급은행	지점

메인 검색 캡처 계산

• 지급어음

– (주)동서 1,500,000원 추가 입력

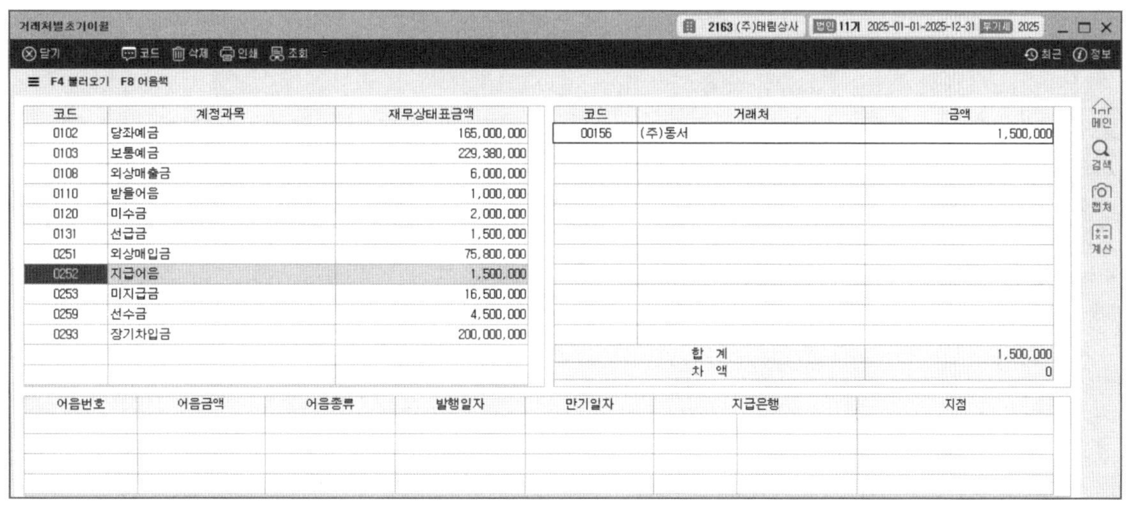

거래처별초기이월 2163 (주)태림상사 법인 11기 2025-01-01~2025-12-31 부가세 2025

닫기 코드 삭제 인쇄 조회 최근 정보

F4 불러오기 F8 어음책

코드	계정과목	재무상태표금액
0102	당좌예금	165,000,000
0103	보통예금	229,380,000
0108	외상매출금	6,000,000
0110	받을어음	1,000,000
0120	미수금	2,000,000
0131	선급금	1,500,000
0251	외상매입금	75,800,000
0252	지급어음	1,500,000
0253	미지급금	16,500,000
0259	선수금	4,500,000
0293	장기차입금	200,000,000

코드	거래처	금액
00156	(주)동서	1,500,000
	합 계	1,500,000
	차 액	0

어음번호	어음금액	어음종류	발행일자	만기일자	지급은행	지점

메인 검색 캡처 계산

[3] • [전기분원가명세서]

– 세금과공과 3,500,000원 입력

– 당기제품제조원가 104,150,000원 → 107,650,000원으로 수정 확인

전기분원가명세서

2163 (주)태림상사 법인 11기 2025-01-01-2025-12-31 부가세 2025

닫기 코드 삭제 인쇄 조회

F4 원가설정 F8 합계재계산

0500번대 제조 2024년

코드	계정과목	금액
0501	원재료비	45,110,000
0504	임금	33,000,000
0511	복리후생비	4,120,000
0513	기업업무추진비	1,680,000
0515	가스수도료	2,865,000
0518	감가상각비	1,800,000
0520	수선비	2,140,000
0521	보험료	2,500,000
0522	차량유지비	8,890,000
0530	소모품비	4,595,000
0517	세금과공과	3,500,000

계정별합계	
1.원재료비	45,110,000
2.부재료비	
3.노무비	33,000,000
4.경비	32,090,000
5.당기총제조비용	110,200,000
6.기초재공품재고액	3,430,000
7.타계정에서대체액	
8.합계	113,630,000
9.기말재공품재고액	5,780,000
10.타계정으로대체액	200,000
11.당기제품제조원가	107,650,000

- [전기분손익계산서]
  - 당기제품제조원가 107,650,000원으로 수정
  - 판매비와 관리비 세금과공과 3,500,000원 삭제
    (또는 세금과공과 금액을 0원으로 수정)
  - 당기순이익 18,530,000원 변동 없음 확인

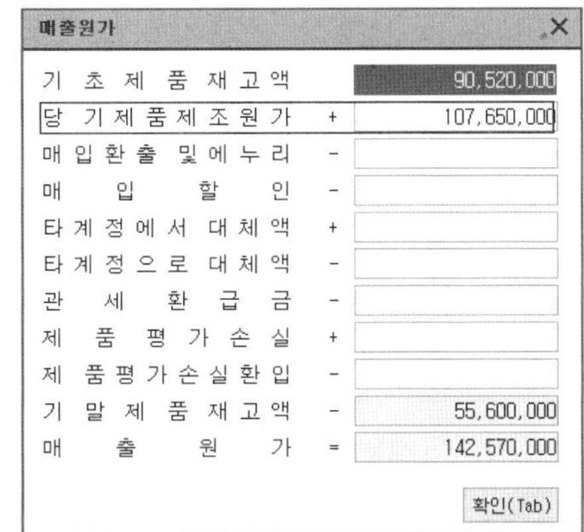

매출원가

기초제품재고액		90,520,000
당기제품제조원가	+	107,650,000
매입환출및에누리	-	
매입할인	-	
타계정에서대체액	+	
타계정으로대체액	-	
관세환급금	-	
제품평가손실	+	
제품평가손실환입	-	
기말제품재고액	-	55,600,000
매출원가	=	142,570,000

확인(Tab)

전기분손익계산서 — 2163 (주)태림상사 법인 11기 2025-01-01~2025-12-31 부가세 2025

닫기 코드 삭제 인쇄 조회 최근 정보

F4 중단 F11 주식수

전기 제 010 기 2024 년 01 월 01 일 ~ 2024 년 12 월 31 일

코드	계정과목	금액
0404	제품매출	351,000,000
0455	제품매출원가	142,570,000
0801	급여	99,750,000
0803	상여금	50,000,000
0811	복리후생비	7,700,000
0813	기업업무추진비	6,100,000
0814	통신비	1,600,000
0815	수도광열비	3,000,000
0817	세금과공과	
0818	감가상각비	2,000,000
0819	임차료	4,500,000
0822	차량유지비	2,000,000
0824	운반비	1,500,000
0826	도서인쇄비	1,000,000
0831	수수료비용	1,500,000
0833	광고선전비	3,000,000
0901	이자수익	550,000
0951	이자비용	5,500,000
0980	잡손실	50,000
0998	법인세등	1,250,000

계정별합계	
1.매출	351,000,000
2.매출원가	142,570,000
3.매출총이익(1-2)	208,430,000
4.판매비와관리비	183,650,000
5.영업이익(3-4)	24,780,000
6.영업외수익	550,000
7.영업외비용	5,550,000
8.법인세비용차감전순이익(5+6-7)	19,780,000
9.법인세비용	1,250,000
10.당기순이익(8-9)	18,530,000
11.주당이익(10/주식수)	

문 2 일반전표입력

[1] [일반전표입력] 8월 5일

(차) 보통예금	740,000	(대) 받을어음[(주)기경상사]	1,000,000
매출채권처분손실	260,000		

2025 년 08 월 5 일 변경 현금잔액: 47,441,442 대차차액:

□	일	번호	구분	계 정 과 목		거 래 처		적 요		차 변	대 변
□	5	00001	차변	0103	보통예금					740,000	
□	5	00001	차변	0956	매출채권처분손실					260,000	
□	5	00001	대변	0110	받을어음	00139	(주)기경상사				1,000,000

[2] [일반전표입력] 8월 10일

(차) 세금과공과(판)	400,000	(대) 미지급금[하나카드]	808,000
수수료비용(판)	8,000	(또는 미지급비용)	
예수금	400,000		

2025 년 08 월 10 일 변경 현금잔액: 48,035,942 대차차액:

□	일	번호	구분	계 정 과 목		거 래 처		적 요		차 변	대 변
□	10	00001	차변	0817	세금과공과					400,000	
□	10	00001	차변	0831	수수료비용					8,000	
□	10	00001	차변	0254	예수금					400,000	
□	10	00001	대변	0253	미지급금	99600	하나카드				808,000

[3] [일반전표입력] 8월 22일

(차) 비품	5,000,000	(대) 자산수증이익	5,000,000

2025 년 08 월 22 일 변경 현금잔액: 43,862,202 대차차액:

□	일	번호	구분	계 정 과 목		거 래 처		적 요		차 변	대 변
□	22	00001	차변	0212	비품					5,000,000	
□	22	00001	대변	0917	자산수증이익						5,000,000

[4] [일반전표입력] 9월 4일

(차) 선급금[(주)경기]	1,000,000	(대) 보통예금	1,000,000

2025 년 09 월 4 일 변경 현금잔액: 36,367,502 대차차액:

□	일	번호	구분	계 정 과 목		거 래 처		적 요		차 변	대 변
□	4	00001	차변	0131	선급금	00118	(주)경기			1,000,000	
□	4	00001	대변	0103	보통예금						1,000,000

[5] [일반전표입력] 10월 28일

(차) 소모품비(판)	70,000	(대) 현금	70,000

2025 년 10 월 28 일 변경 현금잔액: 49,628,232 대차차액:

□	일	번호	구분	계 정 과 목		거 래 처		적 요		차 변	대 변
□	28	00001	차변	0830	소모품비					70,000	
□	28	00001	대변	0101	현금						70,000

[6] [일반전표입력] 12월 1일

(차) 단기매매증권	2,500,000	(대) 보통예금	2,550,000
수수료비용(984)	50,000		

2025 년 12 월 1 일 변경 현금잔액: 44,753,302 대차차액:

□	일	번호	구분	계 정 과 목		거 래 처		적 요		차 변	대 변
□	1	00001	차변	0107	단기매매증권					2,500,000	
□	1	00001	차변	0984	수수료비용					50,000	
□	1	00001	대변	0103	보통예금						2,550,000

문 3 매입매출전표입력

[1] [매입매출전표입력] 7월 5일

유형	공급가액	부가세	공급처명	전자	분개
17.카과	800,000	80,000	제일상사		4.카드 또는 3.혼합
신용카드사	99601.삼성카드				
분개	(차) 외상매출금[삼성카드]	880,000	(대) 제품매출 부가세예수금		800,000 80,000

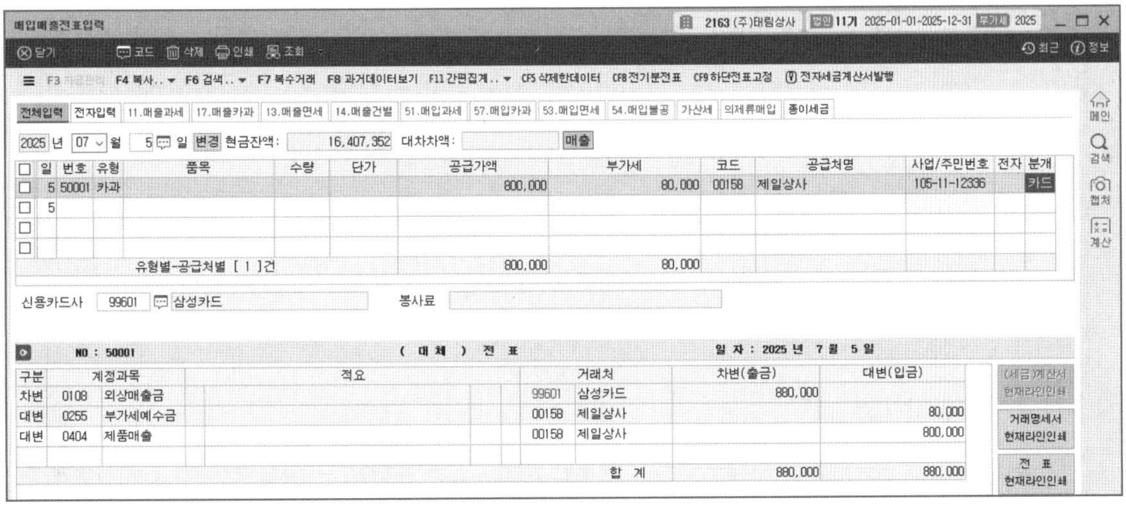

매입매출전표입력
2163 (주)태림상사 법인 11기 2025-01-01~2025-12-31 부가세 2025
닫기 코드 삭제 인쇄 조회
최근 정보
F3 자금관리 F4 복사.. F6 검색.. F7 복수거래 F8 과거데이터보기 F11 간편집계.. CF5 삭제한데이터 CF8 전기분전표 CF9 하단전표고정 전자세금계산서발행
전체입력 전자입력 11.매출과세 17.매출카과 13.매출면세 14.매출건별 51.매입과세 57.매입카과 53.매입면세 54.매입불공 가산세 의제류매입 종이세금
2025 년 07 월 5 일 변경 현금잔액: 16,407,352 대차차액: 매출
일 번호 유형 품목 수량 단가 공급가액 부가세 코드 공급처명 사업/주민번호 전자 분개
5 50001 카과 800,000 80,000 00158 제일상사 105-11-12336 카드
5
유형별-공급처별 [1]건 800,000 80,000
신용카드사 99601 삼성카드 봉사료
NO : 50001 (대 체) 전 표 일 자 : 2025 년 7 월 5 일
구분 계정과목 적요 거래처 차변(출금) 대변(입금)
차변 0108 외상매출금 99601 삼성카드 880,000
대변 0255 부가세예수금 00158 제일상사 80,000
대변 0404 제품매출 00158 제일상사 800,000
합 계 880,000 880,000
(세금)계산서 현재라인인쇄
거래명세서 현재라인인쇄
전 표 현재라인인쇄
메인 검색 캡처 계산

[2] [매입매출전표입력] 7월 11일

유형	공급가액	부가세	공급처명	전자	분개
11.과세	30,000,000	3,000,000	(주)연분홍상사	1.여	3.혼합
분개	(차) 외상매출금[(주)연분홍상사] 받을어음 현금	17,000,000 15,000,000 1,000,000	(대) 제품매출 부가세예수금		30,000,000 3,000,000

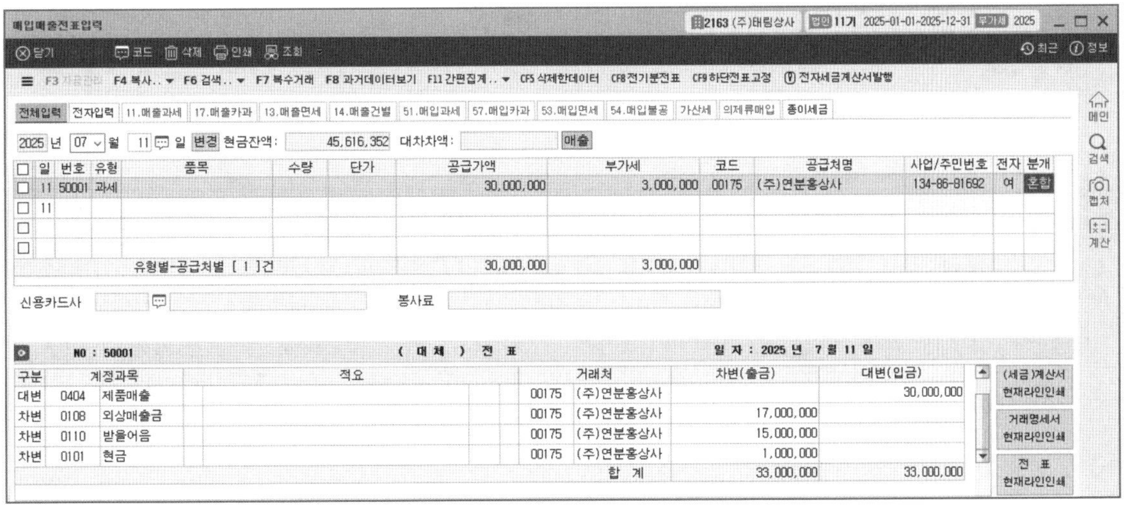

매입매출전표입력
2163 (주)태림상사 법인 11기 2025-01-01~2025-12-31 부가세 2025
닫기 코드 삭제 인쇄 조회
최근 정보
F3 자금관리 F4 복사.. F6 검색.. F7 복수거래 F8 과거데이터보기 F11 간편집계.. CF5 삭제한데이터 CF8 전기분전표 CF9 하단전표고정 전자세금계산서발행
전체입력 전자입력 11.매출과세 17.매출카과 13.매출면세 14.매출건별 51.매입과세 57.매입카과 53.매입면세 54.매입불공 가산세 의제류매입 종이세금
2025 년 07 월 11 일 변경 현금잔액: 45,616,352 대차차액: 매출
일 번호 유형 품목 수량 단가 공급가액 부가세 코드 공급처명 사업/주민번호 전자 분개
11 50001 과세 30,000,000 3,000,000 00175 (주)연분홍상사 134-86-81692 여 혼합
11
유형별-공급처별 [1]건 30,000,000 3,000,000
신용카드사 봉사료
NO : 50001 (대 체) 전 표 일 자 : 2025 년 7 월 11 일
구분 계정과목 적요 거래처 차변(출금) 대변(입금)
대변 0404 제품매출 00175 (주)연분홍상사 30,000,000
차변 0108 외상매출금 00175 (주)연분홍상사 17,000,000
차변 0110 받을어음 00175 (주)연분홍상사 15,000,000
차변 0101 현금 00175 (주)연분홍상사 1,000,000
합 계 33,000,000 33,000,000
(세금)계산서 현재라인인쇄
거래명세서 현재라인인쇄
전 표 현재라인인쇄
메인 검색 캡처 계산

[3] [매입매출전표입력] 10월 1일

유형	공급가액		부가세	공급처명	전자	분개
62.현면	1,100,000			대형마트		3.혼합
분개	(차) 복리후생비(제)	1,100,000		(대) 보통예금		1,100,000

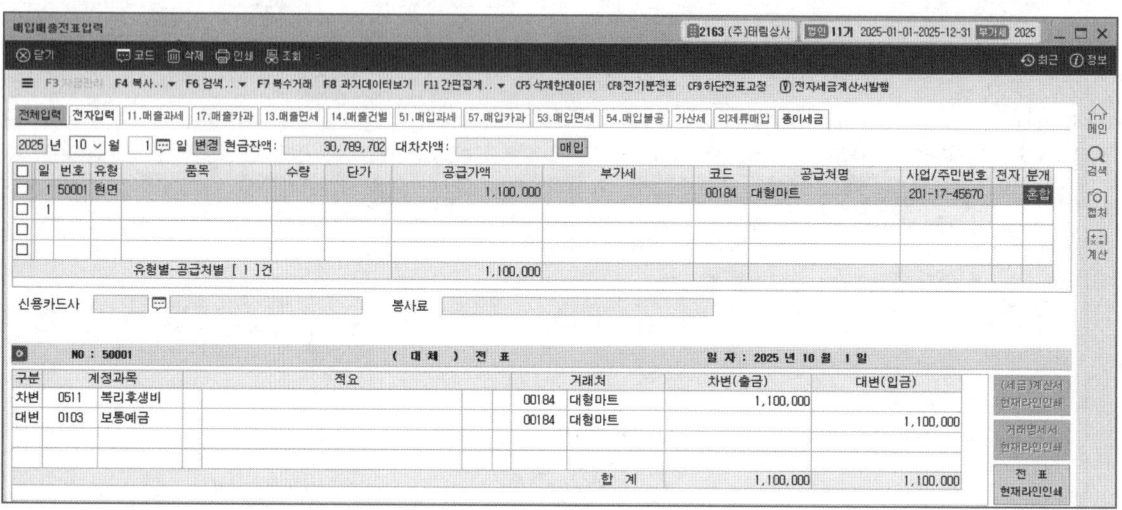

[4] [매입매출전표입력] 10월 30일

유형	공급가액		부가세	공급처명	전자	분개
16.수출	70,000,000			Nice Planet		3.혼합
영세율구분	① 직접수출(대행수출 포함)					
분개	(차) 보통예금 외상매출금[Nice Planet]	28,000,000 42,000,000		(대) 제품매출		70,000,000

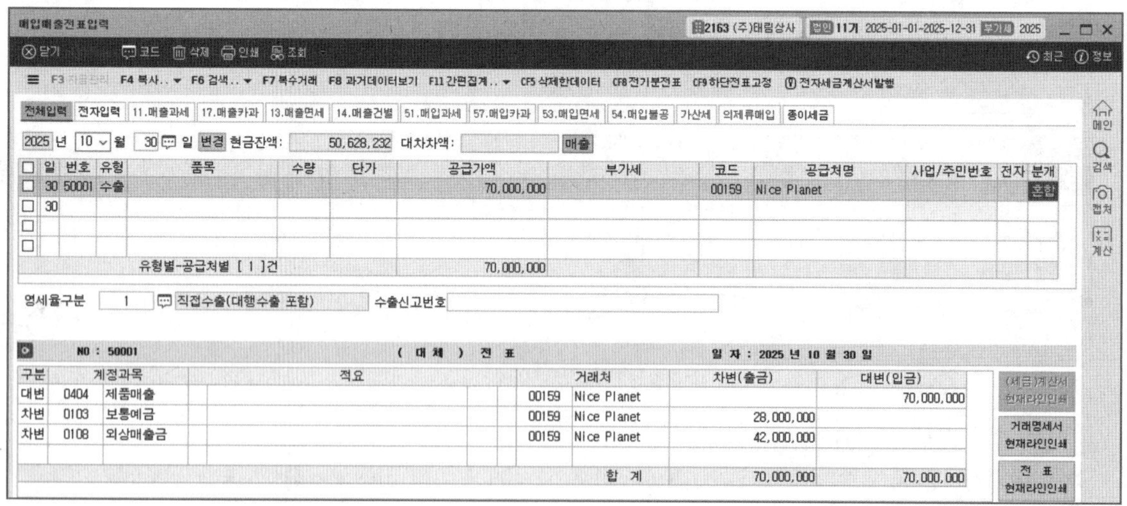

[5] [매입매출전표입력] 11월 30일

유형	공급가액	부가세	공급처명	전자	분개
51.과세	3,000,000	300,000	(주)제니빌딩	1.여	3.혼합
분개	(차) 임차료(판) 부가세대급금	3,000,000 300,000	(대) 미지급금[(주)제니빌딩]	3,300,000	

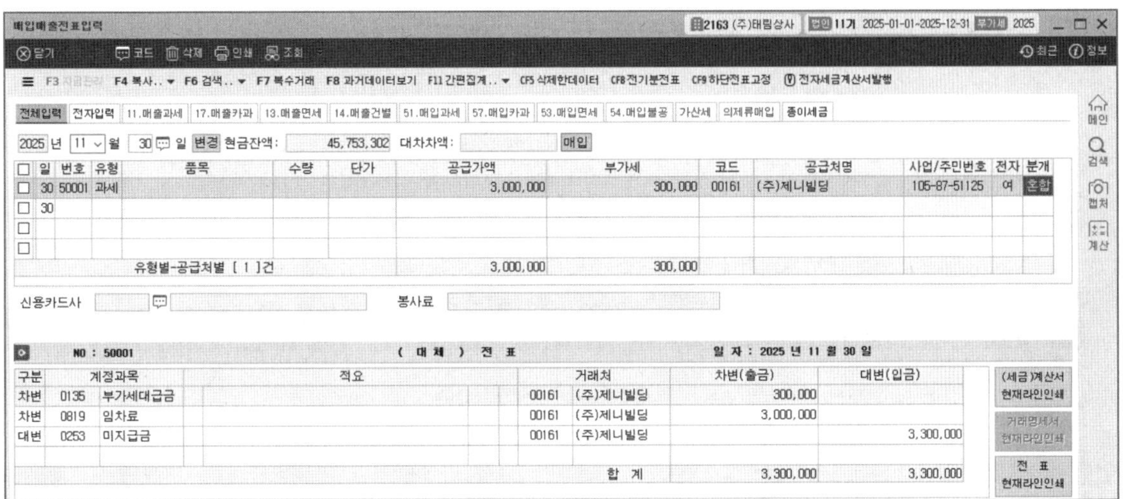

[6] [매입매출전표입력] 12월 10일

유형	공급가액	부가세	공급처명	전자	분개
54.불공	60,000,000	6,000,000	(주)시온건설	1.여	3.혼합
불공제 사유	⑥ 토지의 자본적 지출 관련				
분개	(차) 토지	66,000,000	(대) 받을어음[(주)선유자동차]	66,000,000	

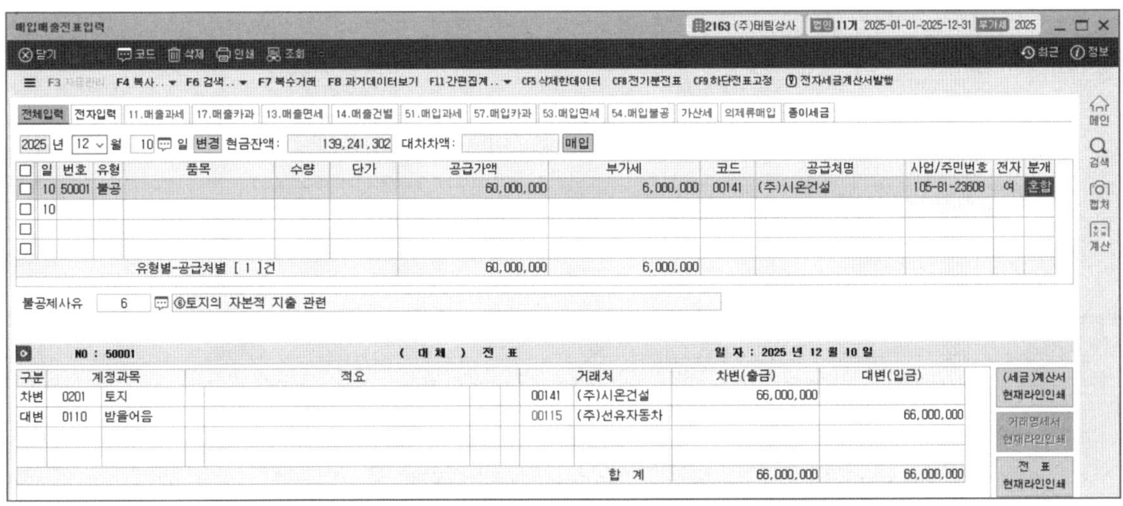

문 4 오류수정

[1] [일반전표입력] 9월 1일 삭제 후 [매입매출전표입력] 9월 1일 입력

• 수정 전

(차) 차량유지비(판)	110,000	(대) 현금	110,000

2025 년 09 월 1 일 변경 현금잔액: 37,757,502 대차차액:

□	일	번호	구분	계정과목		거래처		적요	차변	대변
□	1	00001	출금	0822	차량유지비	00136	(주)가득주유소	유류대	110,000	(현금)

• 수정 후

유형	공급가액	부가세	공급처명	전자	분개
61.현과	100,000	10,000	(주)가득주유소	1.여	1.현금 또는 3.혼합
분개	(차) 차량유지비(제) 부가세대급금	100,000 10,000	(대) 현금	110,000	

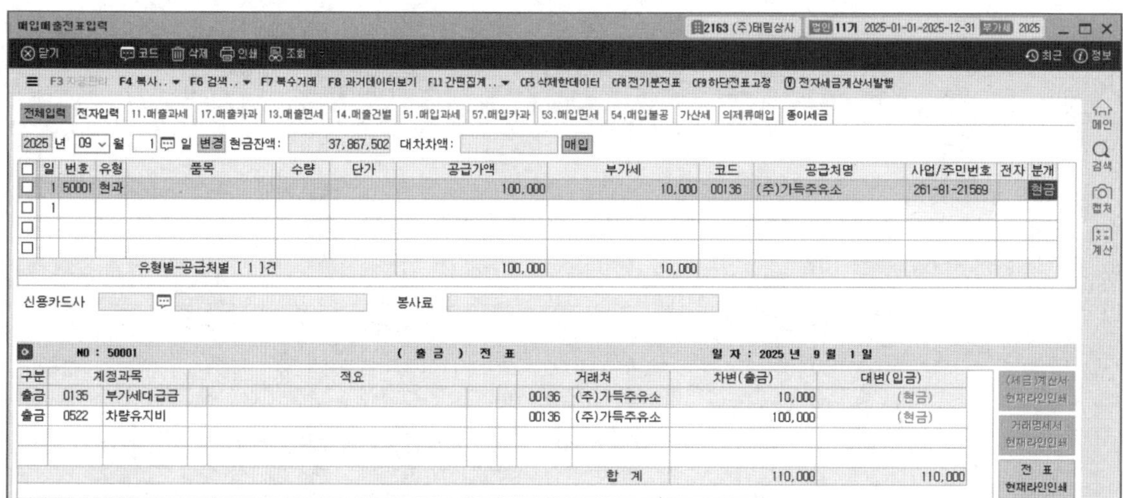

[2] [일반전표입력] 11월 12일 수정

• 수정 전

(차) 퇴직연금운용자산	17,000,000	(대) 보통예금	17,000,000

2025 년 11 월 12 일 변경 현금잔액: 49,144,302 대차차액:

□	일	번호	구분	계정과목		거래처		적요	차변	대변
□	12	00001	차변	0186	퇴직연금운용자산			퇴직연금 이체	17,000,000	
□	12	00001	대변	0103	보통예금			퇴직연금 이체		17,000,000

• 수정 후

(차) 퇴직급여(판)	17,000,000	(대) 보통예금	17,000,000

2025 년 11 월 12 일 변경 현금잔액: 49,144,302 대차차액:

□	일	번호	구분	계정과목		거래처		적요	차변	대변
□	12	00001	차변	0806	퇴직급여			퇴직연금 이체	17,000,000	
□	12	00001	대변	0103	보통예금			퇴직연금 이체		17,000,000

문 5 결산자료입력

[1] [일반전표입력] 12월 31일

(차) 미수수익 225,000 (대) 이자수익 225,000*

* 당기분 이자: 10,000,000원×4.5%×6/12=225,000원

2025 년 12 월 31 일 변경 현금잔액: 1,085,582 대차차액:

□	일	번호	구분	계 정 과 목	거 래 처	적 요	차 변	대 변
□	31	00001	차변	0116 미수수익			225,000	
□	31	00001	대변	0901 이자수익				225,000

[2] [일반전표입력] 12월 31일

(차) 장기차입금[경남은행] 50,000,000 (대) 유동성 장기부채[경남은행] 50,000,000

2025 년 12 월 31 일 변경 현금잔액: 1,085,582 대차차액:

□	일	번호	구분	계 정 과 목	거 래 처	적 요	차 변	대 변
□	31	00002	차변	0293 장기차입금	98003 경남은행		50,000,000	
□	31	00002	대변	0264 유동성장기부채	98003 경남은행			50,000,000

[3] [일반전표입력] 12월 31일

(차) 부가세예수금 52,346,500 (대) 부가세대급금 52,749,000
미수금 402,500

2025 년 12 월 31 일 변경 현금잔액: 1,085,582 대차차액:

□	일	번호	구분	계 정 과 목	거 래 처	적 요	차 변	대 변
□	31	00003	차변	0255 부가세예수금			52,346,500	
□	31	00003	차변	0120 미수금			402,500	
□	31	00003	대변	0135 부가세대급금				52,749,000

문 6 장부조회

[1] [거래처원장] – [잔액] 탭, 1월 1일~3월 31일, 108.외상매출금 조회

거래처원장 — 기간 2025년 1월 1일 ~ 2025년 3월 31일, 계정과목 0108 외상매출금, 거래처 00101 (주)하남물류 ~ 99708 국민카드

코드	거래처	등록번호	대표자명	전기이월	차변	대변	잔액	(담당)부서/사원
00121	양주기업	306-12-12348	홍석주		55,000,000	5,000,000	50,000,000	
00104	(주)동명상사	173-81-38045		6,000,000	25,300,000		31,300,000	
00147	도도상회	154-12-65448			20,800,000		20,800,000	
00155	(주)클래식	906-81-30875			6,160,000		6,160,000	
00139	(주)기경상사	706-87-03843			5,940,000		5,940,000	
00123	(주)초롱	245-86-16583			2,200,000		2,200,000	
00143	(주)튼튼건설	664-85-08536			1,540,000	1,540,000		

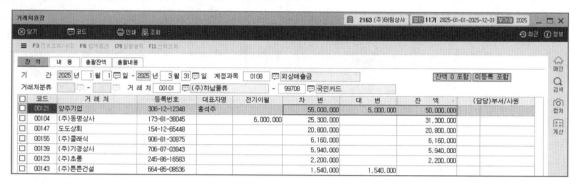

답안 양주기업 50,000,000

[2] [계정별원장] – [계정별] 탭, 903.배당금수익 조회

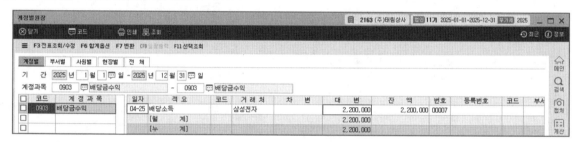

계정별원장 — 기간 2025년 1월 1일 ~ 2025년 12월 31일, 계정과목 0903 배당금수익 ~ 0903 배당금수익

코드	계정과목	일자	적요	코드	거래처	차변	대변	잔액	번호	등록번호
0903	배당금수익	04-25	배당소득		삼성전자		2,200,000	2,200,000	00007	
			[월 계]				2,200,000			
			[누 계]				2,200,000			

답안 4월

[3] [부가가치세신고서] 4월 1일 ~ 6월 30일 조회

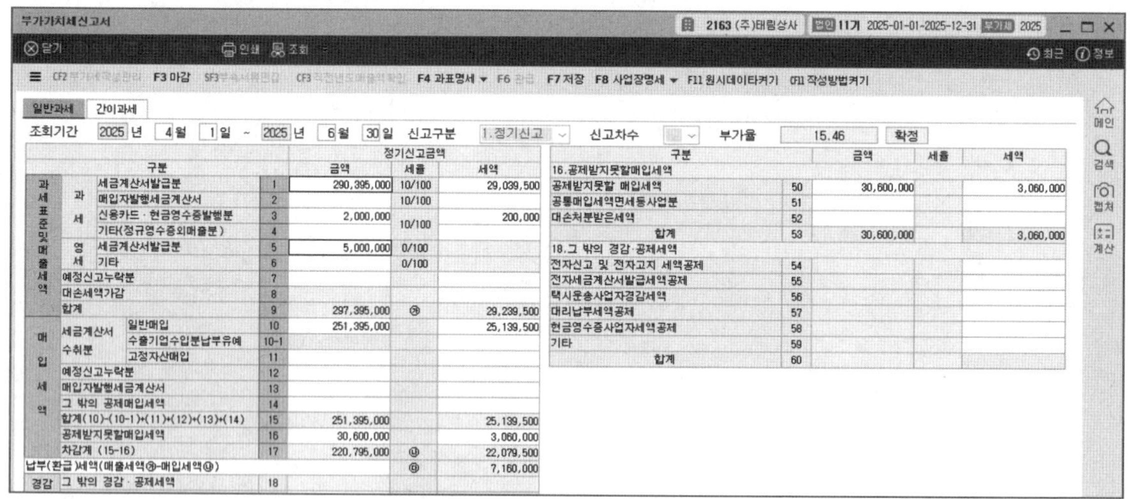

부가가치세신고서 — 조회기간 2025년 4월 1일 ~ 2025년 6월 30일, 신고구분 1.정기신고, 부가율 15.46

구분			번호	금액	세율	세액
과세표준및매출세액	과세	세금계산서발급분	1	290,395,000	10/100	29,039,500
	과세	매입자발행세금계산서	2		10/100	
	과세	신용카드 · 현금영수증발행분	3	2,000,000	10/100	200,000
	과세	기타(정규영수증외매출분)	4			
	영세	세금계산서발급분	5	5,000,000	0/100	
	영세	기타	6		0/100	
	예정신고누락분		7			
	대손세액가감		8			
	합계		9	297,395,000	㉮	29,239,500
매입세액	세금계산서수취분	일반매입	10	251,395,000		25,139,500
	세금계산서수취분	수출기업수입분납부유예	10-1			
	세금계산서수취분	고정자산매입	11			
	예정신고누락분		12			
	매입자발행세금계산서		13			
	그 밖의 공제매입세액		14			
	합계(10)-(10-1)+(11)+(12)+(13)+(14)		15	251,395,000		25,139,500
	공제받지못할매입세액		16	30,600,000		3,060,000
	차감계 (15-16)		17	220,795,000	㉯	22,079,500
납부(환급)세액(매출세액㉮-매입세액㉯)					㉰	7,160,000
경감	그 밖의 경감 · 공제세액		18			

구분	번호	금액	세율	세액
16.공제받지못할매입세액				
공제받지못할 매입세액	50	30,600,000		3,060,000
공통매입세액면세등사업분	51			
대손처분받은세액	52			
합계	53	30,600,000		3,060,000
18.그 밖의 경감·공제세액				
전자신고 및 전자고지 세액공제	54			
전자세금계산서발급세액공제	55			
택시운송사업자경감세액	56			
대리납부세액공제	57			
현금영수증사업자세액공제	58			
기타	59			
합계	60			

답안 295,395,000원[=290,395,000원(과세)+5,000,000원(영세)]

115회 기출문제 다산컴퓨터(주)(회사코드: 2153)

p.159

이론시험

01 ④
상중하 기간별 보고의 가정이 기말결산정리의 근거가 되는 가정이다.

02 ④
상중하 선수수익은 유동부채 항목이다.

03 ②
상중하 선입선출법은 먼저 입고된 자산이 먼저 출고된 자산이 먼저 출고된 것으로 가정하여 입고 일자가 빠른 원가를 출고 수량에 먼저 적용한다. 따라서 실제 물량 흐름과 원가 흐름의 가정이 유사하다는 장점이 있으나, 수익·비용 대응의 원칙에 부적합하고, 물가 상승 시 이익이 과대계상된다.

04 ③
상중하 건물 내부 조명기구를 교체하는 지출은 자산의 가치를 올리는 것이 아니라 수선유지를 위한 지출에 해당하며, 발생한 기간의 비용으로 인식한다.

05 ①
상중하 무형자산의 잔존가치는 원칙적으로 '0'인 것으로 본다.

06 ①
상중하 임차보증금은 기타비유동자산으로, 자산 계정에 해당한다.

07 ③
상중하 자기주식은 자본조정 항목이고, 자기주식처분이익과 감자차익, 주식발행초과금은 자본잉여금 항목이다.

08 ③
상중하
- 순매출액: 총매출액 500,000원 – 매출할인 10,000원 = 490,000원
- 매출원가: 기초재고 50,000원 + (당기총매입액 300,000원 – 매입에누리 20,000원) = 330,000원
- 판매비와 관리비: 급여 20,000원 + 통신비 5,000원 + 감가상각비 10,000원 + 임차료 25,000원 = 60,000원

∴ 영업이익: 순매출액 490,000원 – 매출원가 330,000원 – 판매비와 관리비 60,000원 = 100,000원

*이자비용과 유형자산처분손실은 영업외비용, 배당금수익은 영업외수익이다.

09 ①

상중하 보조부문의 원가 배분방법으로는 직접배분법, 단계배분법 및 상호배분법이 있으며, 이들 배분 방법에 관계없이 전체 보조부문의 원가는 동일하다.

10 ③

상중하
- 가, 라: 원가행태에 따른 분류
- 나, 마: 의사결정의 관련성에 따른 분류
- 다, 바: 원가 추적가능성에 따른 분류

11 ③

상중하
- 제조간접원가 예정배부율: 3,800,000원/80,000시간 = 47.5원/기계작업시간
- 제조간접원가 예정배부액: 11,000시간(#200 실제기계작업시간) × 47.5원/기계작업시간 = 522,500원

12 ①

상중하 평균법과 선입선출법에 의한 완성품 환산량의 차이는 기초재공품의 차이에서 발생한다.

13 ③

상중하 사업자단위과세사업자는 모든 사업장의 부가가치세를 총괄하여 신고 및 납부할 수 있다.

14 ④

상중하 사업자가 부가가치세를 면제받아 공급받거나 수입한 농 · 축 · 수산물 또는 임산물을 원재료로 하여 제조 · 가공한 재화 또는 창출한 용역의 공급에 대하여 부가가치세가 과세되는 경우, 면세 농산물 등에 매입세액이 있는 것으로 보아 매입세액을 공제할 수 있다.

15 ③

상중하 내국신용장 또는 구매확인서에 의하여 공급하는 재화는 세금계산서 발급 의무가 있다.

실무시험

문 1 기초정보관리 및 전기분재무제표

[1] [거래처등록]–[일반거래처] 탭

- 거래처코드: 02411
- 거래처명: (주)구동컴퓨터
- 등록번호: 189–86–70759
- 유형: 3.동시
- 대표자: 이주연
- 업태: 제조
- 종목: 컴퓨터 및 주변장치
- 사업장주소: 울산광역시 울주군 온산읍 중동길 102

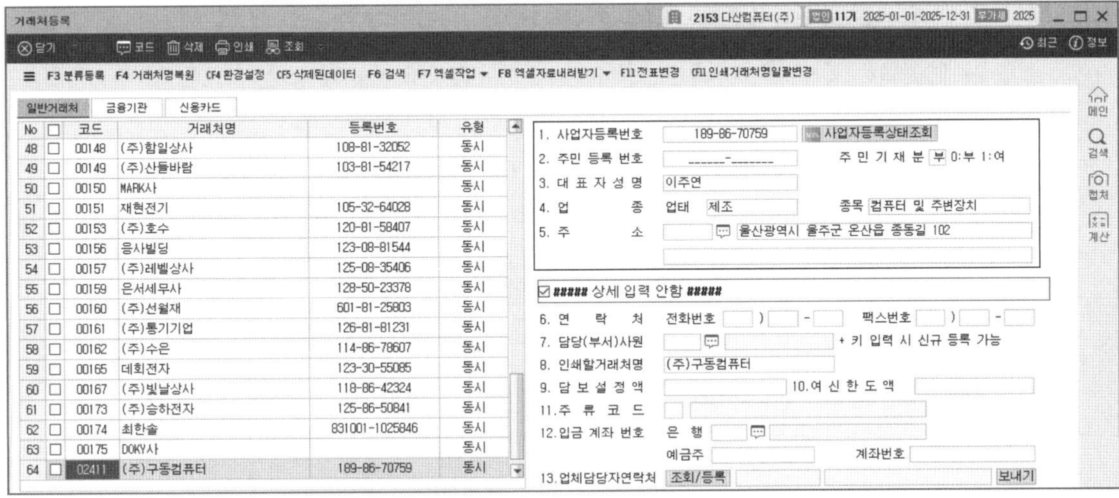

[2] [계정과목및적요등록]

821.보험료 계정에 다음과 같이 입력
- 현금적요 7. 경영인 정기보험료 납부
- 대체적요 5. 경영인 정기보험료 미지급, 대체적요 6. 경영인 정기보험료 상계 입력

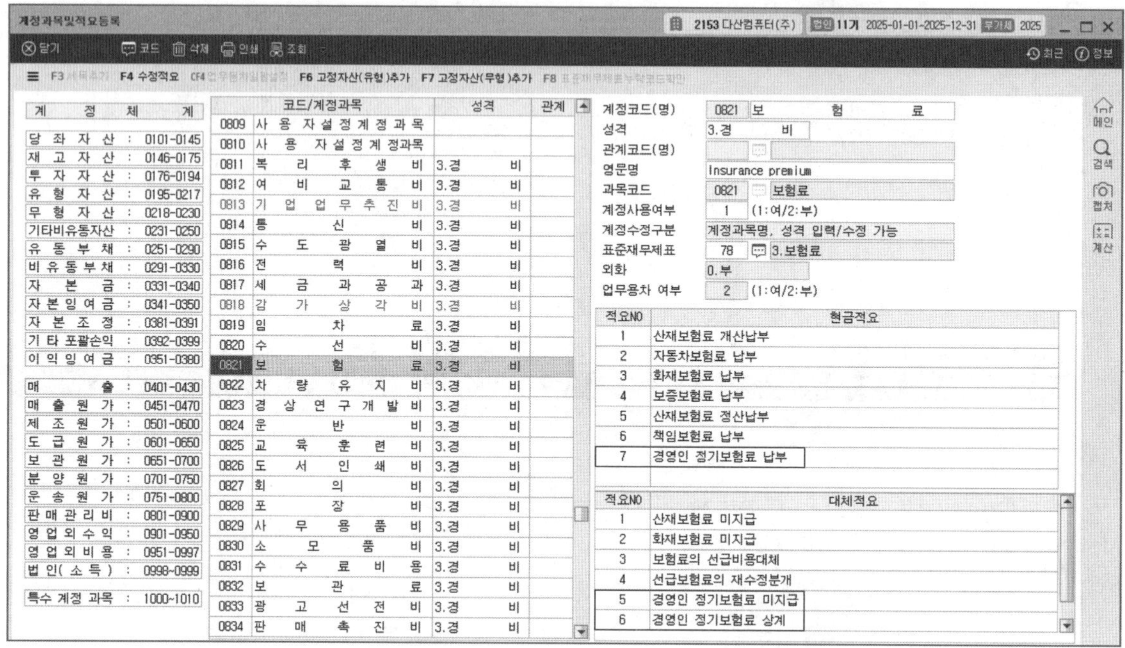

[3] [거래처별초기이월]

• 선급금
  - 해원전자(주) 1,320,000원 → 2,320,000원으로 수정
  - 공상(주) 1,873,000원 추가 입력

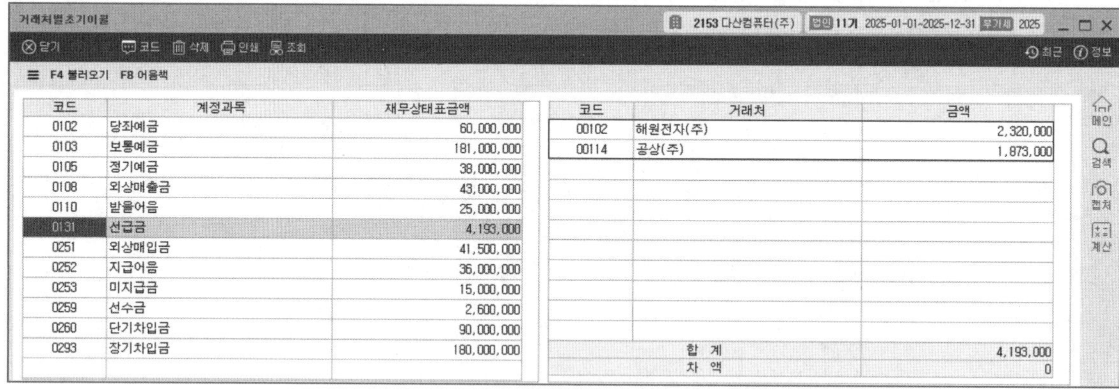

- 선수금
  - (주)유수전자 210,000원 → 2,100,000원으로 수정
  - 데회전자 500,000원 삭제(또는 금액을 0원으로 수정)

거래처별초기이월 | 2153 다산컴퓨터(주) | 법인 11기 2025-01-01~2025-12-31 | 부가세 2025

코드	계정과목	재무상태표금액
0102	당좌예금	60,000,000
0103	보통예금	181,000,000
0105	정기예금	38,000,000
0108	외상매출금	43,000,000
0110	받을어음	25,000,000
0131	선급금	4,193,000
0251	외상매입금	41,500,000
0252	지급어음	36,000,000
0253	미지급금	15,000,000
0259	선수금	2,600,000
0260	단기차입금	90,000,000
0293	장기차입금	180,000,000

코드	거래처	금액
00103	(주)유수전자	2,100,000
00110	(주)신곡상사	500,000
00165	데회전자	
	합 계	2,600,000
	차 액	0

문 2 일반전표입력

[1] [일반전표입력] 7월 28일

(차) 외상매입금[(주)경재전자]	2,300,000	(대) 지급어음[(주)경재전자]	2,000,000
		채무면제이익	300,000

2025 년 07 월 28 일 변경 현금잔액: 125,710,000 대차차액:

일	번호	구분	계 정 과 목	거 래 처	적 요	차 변	대 변
28	00001	차변	0251 외상매입금	00109 (주)경재전자		2,300,000	
28	00001	대변	0252 지급어음	00109 (주)경재전자			2,000,000
28	00001	대변	0918 채무면제이익				300,000

[2] [일반전표입력] 9월 3일

(차) 단기차입금[하나은행]	82,000,000	(대) 보통예금	84,460,000
이자비용	2,460,000		

2025 년 09 월 3 일 변경 현금잔액: 87,100,920 대차차액:

일	번호	구분	계 정 과 목	거 래 처	적 요	차 변	대 변
3	00001	차변	0260 단기차입금	98002 하나은행		82,000,000	
3	00001	차변	0951 이자비용			2,460,000	
3	00001	대변	0103 보통예금				84,460,000

[3] [일반전표입력] 9월 12일

(차) 보통예금	13,800,000	(대) 외상매출금[DOKY사]	14,000,000
외환차손	200,000		

2025 년 09 월 12 일 변경 현금잔액: 82,630,220 대차차액:

일	번호	구분	계 정 과 목	거 래 처	적 요	차 변	대 변
12	00001	차변	0103 보통예금			13,800,000	
12	00001	차변	0952 외환차손			200,000	
12	00001	대변	0108 외상매출금	00175 DOKY사			14,000,000

[4] [일반전표입력] 10월 7일

(차) 보통예금	7,000,000	(대) 자본금	5,000,000
		주식할인발행차금	1,000,000
		주식발행초과금	1,000,000

2025 년 10 월 7 일 변경 현금잔액: 29,868,100 대차차액:

□	일	번호	구분	계 정 과 목	거 래 처	적 요	차 변	대 변
□	7	00001	차변	0103 보통예금			7,000,000	
□	7	00001	대변	0331 자본금				5,000,000
□	7	00001	대변	0381 주식할인발행차금				1,000,000
□	7	00001	대변	0341 주식발행초과금				1,000,000

[5] [일반전표입력] 10월 28일

(차) 퇴직급여(제)	8,000,000	(대) 보통예금	12,000,000
퇴직급여(판)	4,000,000		

2025 년 10 월 28 일 변경 현금잔액: 27,115,100 대차차액:

□	일	번호	구분	계 정 과 목	거 래 처	적 요	차 변	대 변
□	28	00001	차변	0508 퇴직급여			8,000,000	
□	28	00001	차변	0806 퇴직급여			4,000,000	
□	28	00001	대변	0103 보통예금				12,000,000

[6] [일반전표입력] 11월 12일

(차) 보통예금	2,500,000	(대) 대손충당금(109)	2,500,000

2025 년 11 월 12 일 변경 현금잔액: 10,262,100 대차차액:

□	일	번호	구분	계 정 과 목	거 래 처	적 요	차 변	대 변
□	12	00001	차변	0103 보통예금			2,500,000	
□	12	00001	대변	0109 대손충당금				2,500,000

문 3 매입매출전표입력

[1] [매입매출전표입력] 7월 3일

유형	공급가액	부가세	공급처명	전자	분개
57.카과	300,000	30,000	맛나도시락		4.카드 또는 3.혼합
신용카드사	99604.현대카드				
분개	(차) 복리후생비(판) 300,000 부가세대급금 30,000		(대) 미지급금[현대카드] 330,000 (또는 미지급비용)		

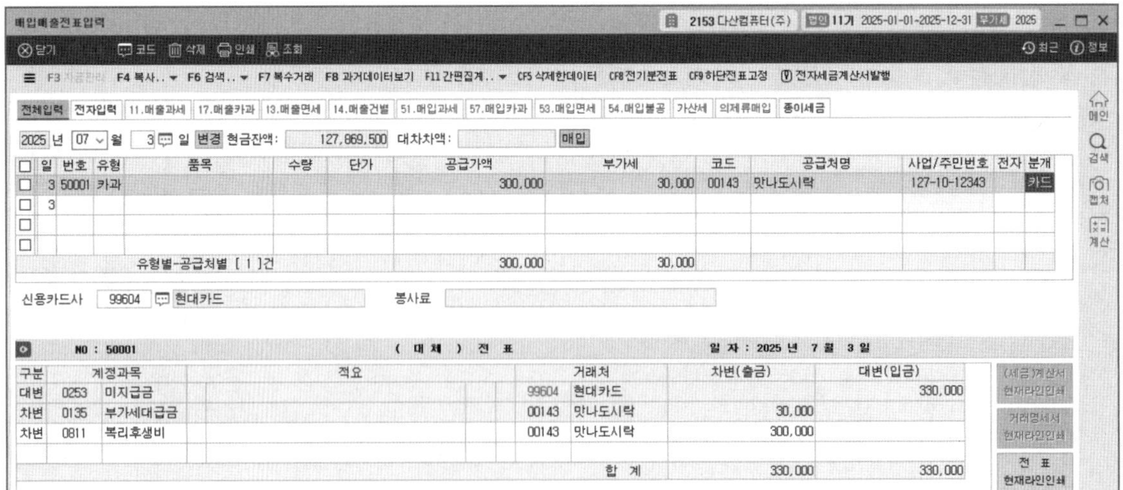
매입매출전표입력 2153 다산컴퓨터(주) 법인 11기 2025-01-01~2025-12-31 부가세 2025

2025 년 07 월 3 일 변경 현금잔액: 127,869,500 대차차액: 매입

일	번호	유형	품목	수량	단가	공급가액	부가세	코드	공급처명	사업/주민번호	전자	분개
3	50001	카과				300,000	30,000	00143	맛나도시락	127-10-12343		카드
			유형별-공급처별 [1]건			300,000	30,000					

신용카드사 99604 현대카드 봉사료

NO : 50001 (대 체) 전 표 일 자 : 2025 년 7 월 3 일

구분	계정과목		적요	거래처		차변(출금)	대변(입금)
대변	0253	미지급금		99604	현대카드		330,000
차변	0135	부가세대급금		00143	맛나도시락	30,000	
차변	0811	복리후생비		00143	맛나도시락	300,000	
					합 계	330,000	330,000

[2] [매입매출전표입력] 8월 6일

유형	공급가액	부가세	공급처명	전자	분개
14.건별	1,200,000	120,000	최한솔		1.현금 또는 3.혼합
분개	(차) 현금	1,320,000	(대) 부가세예수금 잡이익		120,000 1,200,000

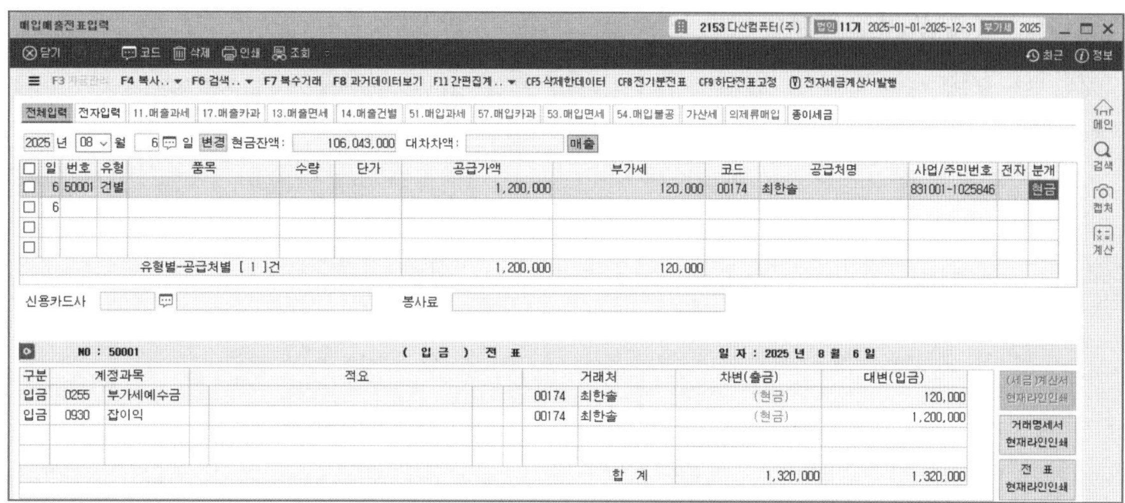

[3] [매입매출전표입력] 8월 29일

유형	공급가액	부가세	공급처명	전자	분개
12.영세	5,200,000		(주)선월재	1.여	3.혼합
영세율구분	③ 내국신용장 · 구매확인서에 의하여 공급하는 재화				
분개	(차) 외상매출금 현금	4,700,000 500,000	(대) 제품매출		5,200,000

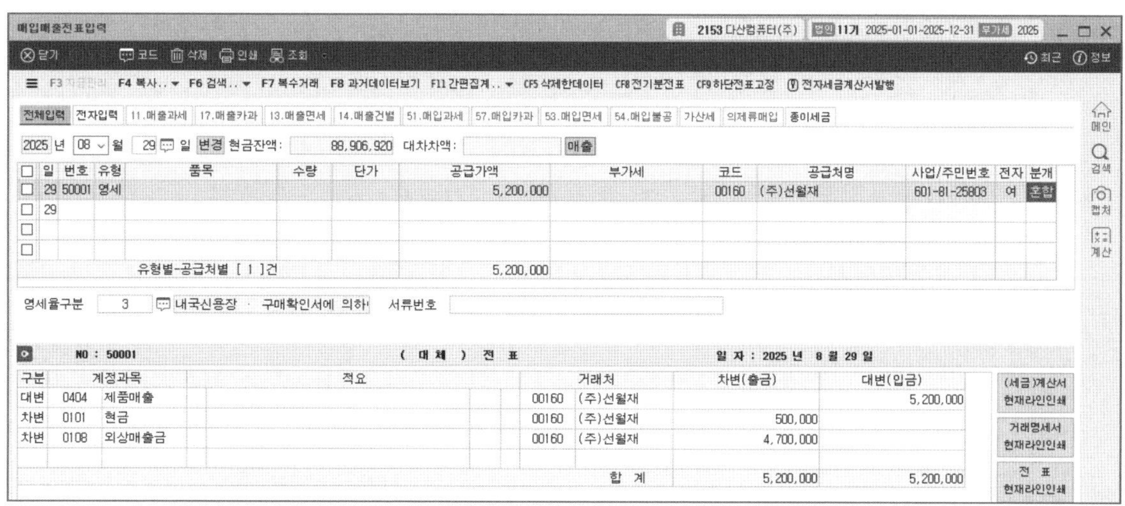

[4] [매입매출전표입력] 10월 15일

유형	공급가액		부가세	공급처명	전자	분개
11.과세	10,000,000		1,000,000	(주)우성유통	1.여	3.혼합
분개	(차) 받을어음[하움공업]	8,000,000	(대) 부가세예수금		1,000,000	
	외상매출금[(주)우성유통]	3,000,000	제품매출		10,000,000	

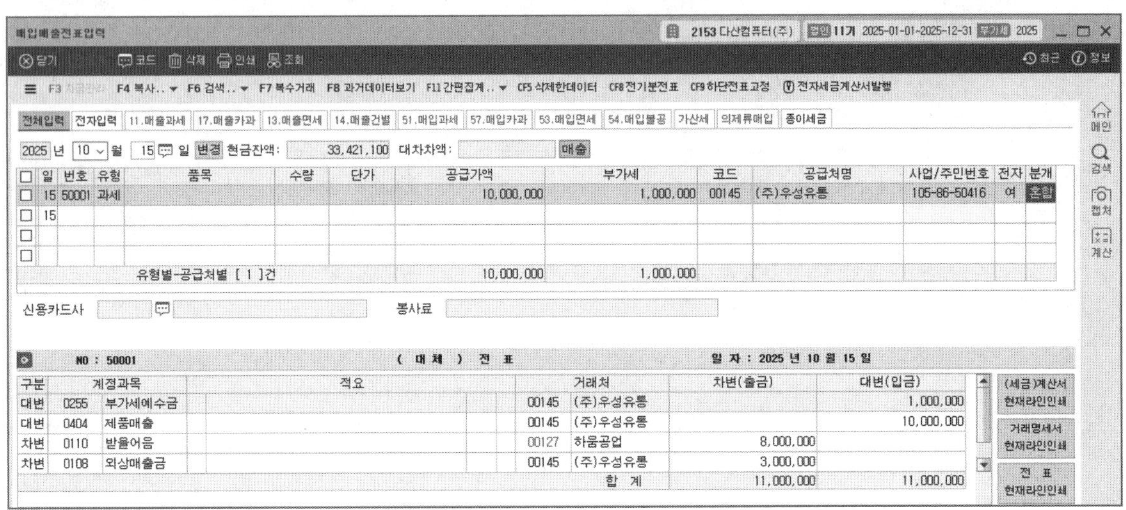

[5] [매입매출전표입력] 10월 30일

유형	공급가액		부가세	공급처명	전자	분개
55.수입	6,000,000		600,000	인천세관	1.여	3.혼합
분개	(차) 부가세대급금	600,000	(대) 당좌예금		600,000	

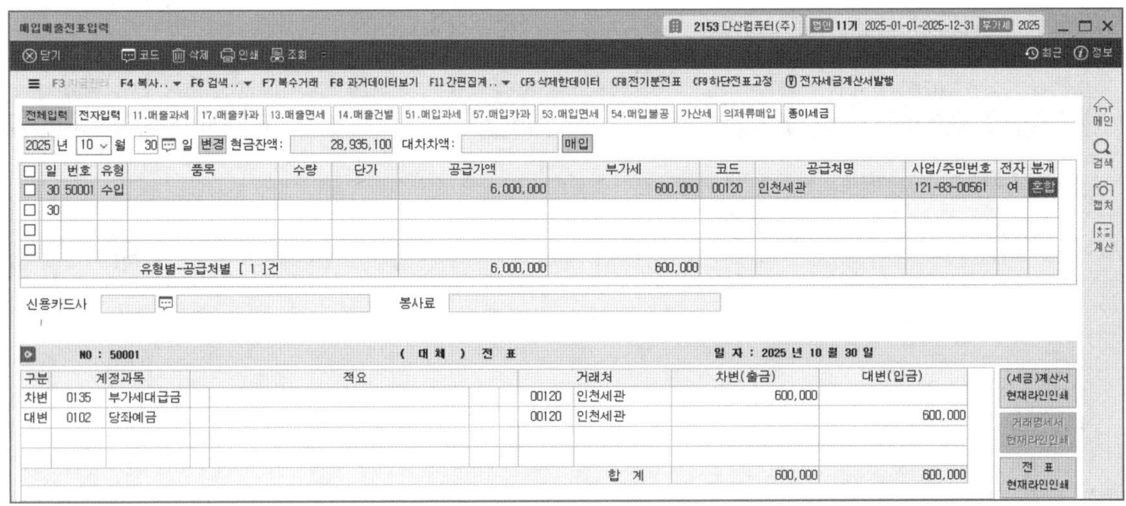

[6] [매입매출전표입력] 12월 2일

유형	공급가액	부가세	공급처명	전자	분개
62.현면	275,000		두나과일		1.현금 또는 3.혼합
분개	(차) 복리후생비(제)	275,000	(대) 현금		275,000

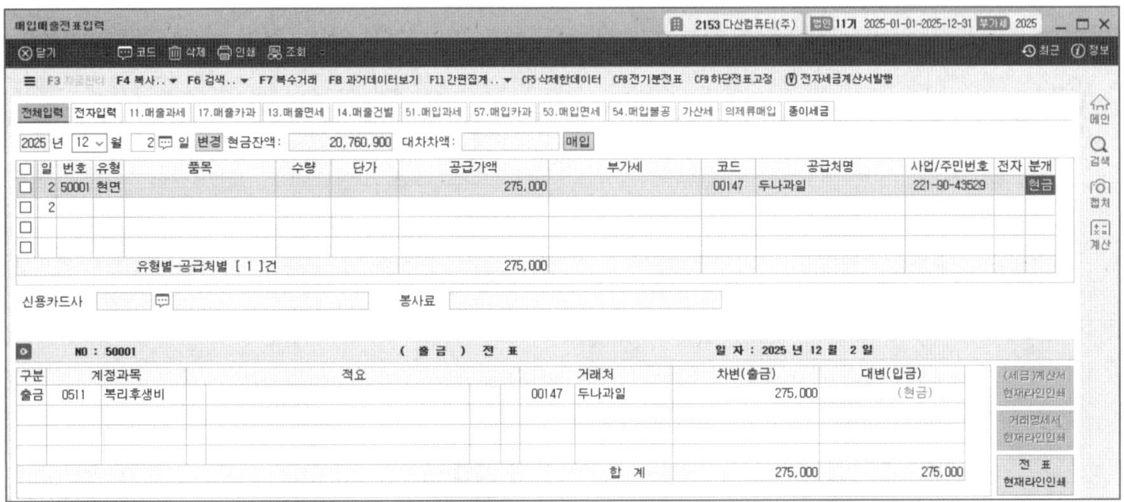

매입매출전표입력 | 2153 다산컴퓨터(주) | 법인 11기 2025-01-01~2025-12-31 | 부가세 2025

2025 년 12 월 2 일 변경 현금잔액: 20,760,900 대차차액: 매입

일	번호	유형	품목	수량	단가	공급가액	부가세	코드	공급처명	사업/주민번호	전자	분개
2	50001	현면				275,000		00147	두나과일	221-90-43529		현금
2												
			유형별-공급처별 [1]건			275,000						

NO : 50001 (출금) 전 표 일 자 : 2025 년 12 월 2 일

구분	계정과목		적요	거래처		차변(출금)	대변(입금)
출금	0511	복리후생비		00147	두나과일	275,000	(현금)
					합 계	275,000	275,000

문 4 오류수정

[1] [일반전표입력] 11월 1일

• 수정 전

(차) 단기매매증권 12,120,000 (대) 현금 12,120,000

2025 년 11 월 1 일 변경 현금잔액: 16,815,100 대차차액:

일	번호	구분	계 정 과 목	거 래 처	적 요	차 변	대 변
1	00001	차변	0107 단기매매증권		(주)호수 주식 취득	12,120,000	
1	00001	대변	0101 현금		(주)호수 주식 취득		12,120,000

• 수정 후

(차) 단기매매증권 12,000,000 (대) 현금 12,120,000
수수료비용(984) 120,000

2025 년 11 월 1 일 변경 현금잔액: 14,995,100 대차차액:

일	번호	구분	계 정 과 목	거 래 처	적 요	차 변	대 변
1	00001	차변	0107 단기매매증권		(주)호수 주식 취득	12,000,000	
1	00001	차변	0984 수수료비용		(주)호수 주식 취득	120,000	
1	00001	대변	0101 현금				12,120,000

[2] [매입매출전표입력] 11월 26일

• 수정 전

유형	공급가액	부가세	공급처명	전자	분개
51.과세	800,000	80,000	(주)산들바람	0.부	3.혼합
분개	(차) 소모품비(제) 부가세대급금	800,000 80,000	(대) 현금		880,000

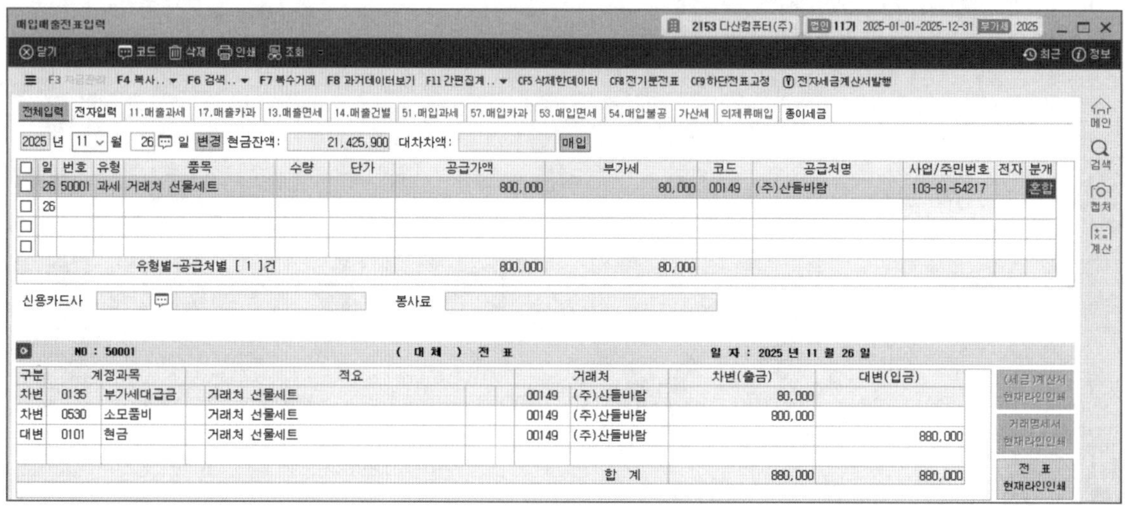

매입매출전표입력
2153 다산컴퓨터(주) 법인 11기 2025-01-01~2025-12-31 부가세 2025
2025 년 11 월 26 일 변경 현금잔액: 21,425,900 대차차액: 매입
일 번호 유형 품목 수량 단가 공급가액 부가세 코드 공급처명 사업/주민번호 전자 분개
26 50001 과세 거래처 선물세트 800,000 80,000 00149 (주)산들바람 103-81-54217 혼합
유형별-공급처별 [1]건 800,000 80,000
신용카드사 봉사료
NO : 50001 (대 체) 전 표 일 자 : 2025 년 11 월 26 일
구분 계정과목 적요 거래처 차변(출금) 대변(입금)
차변 0135 부가세대급금 거래처 선물세트 00149 (주)산들바람 80,000
차변 0530 소모품비 거래처 선물세트 00149 (주)산들바람 800,000
대변 0101 현금 거래처 선물세트 00149 (주)산들바람 880,000
합 계 880,000 880,000

• 수정 후

유형	공급가액	부가세	공급처명	전자	분개
54.불공	800,000	80,000	(주)산들바람	0.부	1.현금
불공제 사유	④ 기업업무추진비 및 이와 유사한 비용 관련				
분개	(차) 기업업무추진비(제)	880,000	(대) 현금		880,000

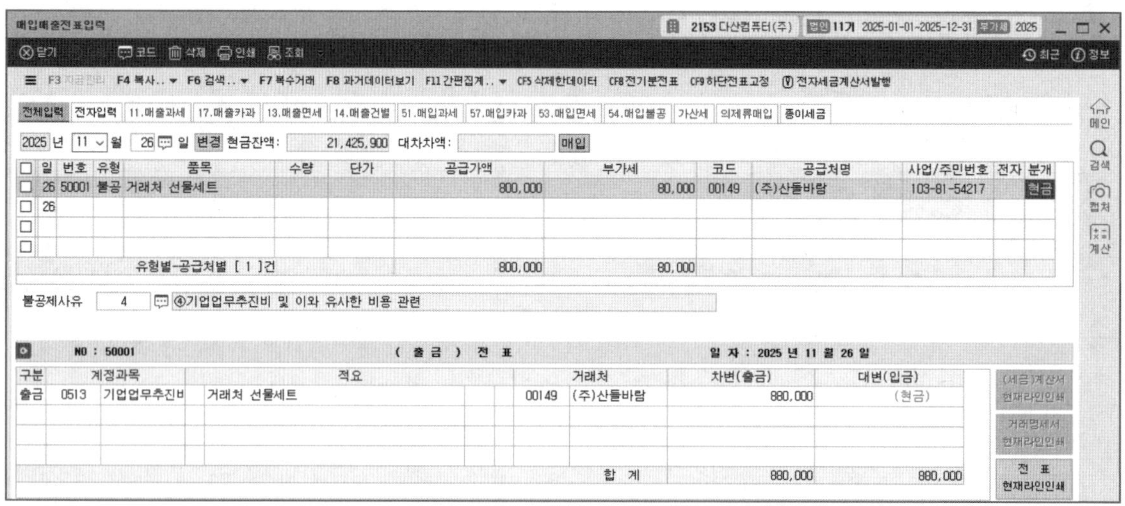

문 5 결산자료입력

[1] [일반전표입력] 12월 31일

(차) 부가세예수금	14,630,000	(대) 부가세대급금	22,860,000
미수금	8,230,000		

2025 년 12 월 31 일 변경 현금잔액: 2,505,800 대차차액:

□	일	번호	구분	계 정 과 목	거 래 처	적 요	차 변	대 변
□	31	00001	차변	0255 부가세예수금			14,630,000	
□	31	00001	대변	0135 부가세대급금				22,860,000
□	31	00001	차변	0120 미수금			8,230,000	

[2] [일반전표입력] 12월 31일

(차) 미수수익	525,000	(대) 이자수익	525,000*

* 당기분 이자: 30,000,000원×7%×3/12=525,000원

2025 년 12 월 31 일 변경 현금잔액: 2,505,800 대차차액:

□	일	번호	구분	계 정 과 목	거 래 처	적 요	차 변	대 변
□	31	00002	차변	0116 미수수익			525,000	
□	31	00002	대변	0901 이자수익				525,000

[3] [일반전표입력] 12월 31일

(차) 장기차입금[신한은행]	13,000,000	(대) 유동성 장기부채[신한은행]	13,000,000

2025 년 12 월 31 일 변경 현금잔액: 2,505,800 대차차액:

□	일	번호	구분	계 정 과 목	거 래 처	적 요	차 변	대 변
□	31	00003	차변	0293 장기차입금	98005 신한은행		13,000,000	
□	31	00003	대변	0264 유동성장기부채	98005 신한은행			13,000,000

문 6 장부조회

[1] [거래처원장] – [잔액] 탭, 1월 1일~6월 30일, 251.외상매입금 조회

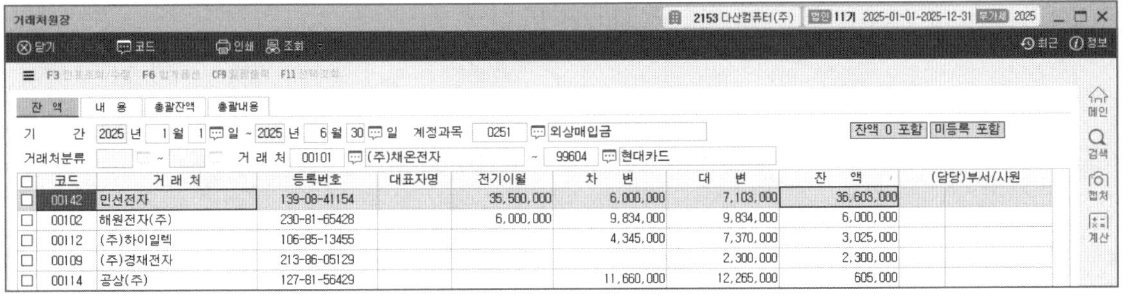

거래처원장　2153 다산컴퓨터(주)　법인 11기 2025-01-01~2025-12-31　부가세 2025

닫기　코드　인쇄　조회　최근　정보

잔 액 | 내 용 | 총괄잔액 | 총괄내용

기 간 2025 년 1 월 1 일 ~ 2025 년 6 월 30 일　계정과목 0251 외상매입금　잔액 0 포함　미등록 포함

거래처분류 ~　거 래 처 00101 (주)채온전자 ~ 99604 현대카드

□	코드	거 래 처	등록번호	대표자명	전기이월	차 변	대 변	잔 액	(담당)부서/사원
□	00142	민선전자	139-08-41154		35,500,000	6,000,000	7,103,000	36,603,000	
□	00102	해원전자(주)	230-81-65428		6,000,000	9,834,000	9,834,000	6,000,000	
□	00112	(주)하이일렉	106-85-13455			4,345,000	7,370,000	3,025,000	
□	00109	(주)경재전자	213-86-05129				2,300,000	2,300,000	
□	00114	공상(주)	127-81-56429			11,660,000	12,265,000	605,000	

답안 **민선전자, 36,603,000원**

[2] [총계정원장] – [월별] 탭, 1월 1일～3월 31일, 830.소모품비 조회

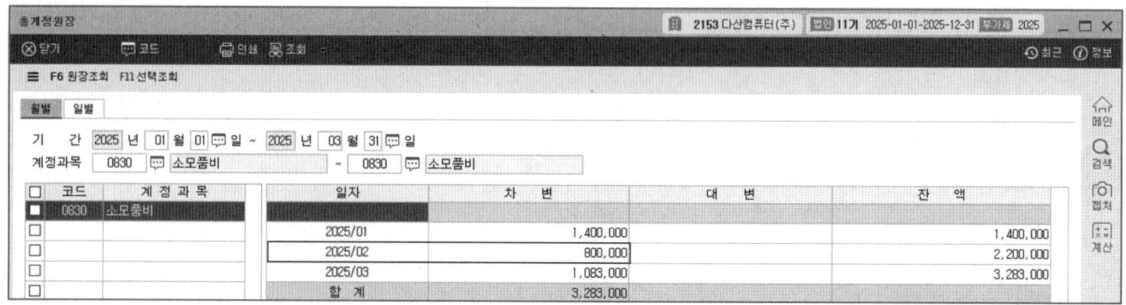

총계정원장 | 2153 다산컴퓨터(주) | 법인 11기 2025-01-01~2025-12-31 | 부가세 2025

월별 | 일별

기간 2025 년 01 월 01 일 ~ 2025 년 03 월 31 일
계정과목 0830 소모품비 ~ 0830 소모품비

코드	계정과목
0830	소모품비

일자	차변	대변	잔액
2025/01	1,400,000		1,400,000
2025/02	800,000		2,200,000
2025/03	1,083,000		3,283,000
합계	3,283,000		

답안 2월, 800,000원

[3] [세금계산서합계표] – [매입] 탭, 4월～6월 조회

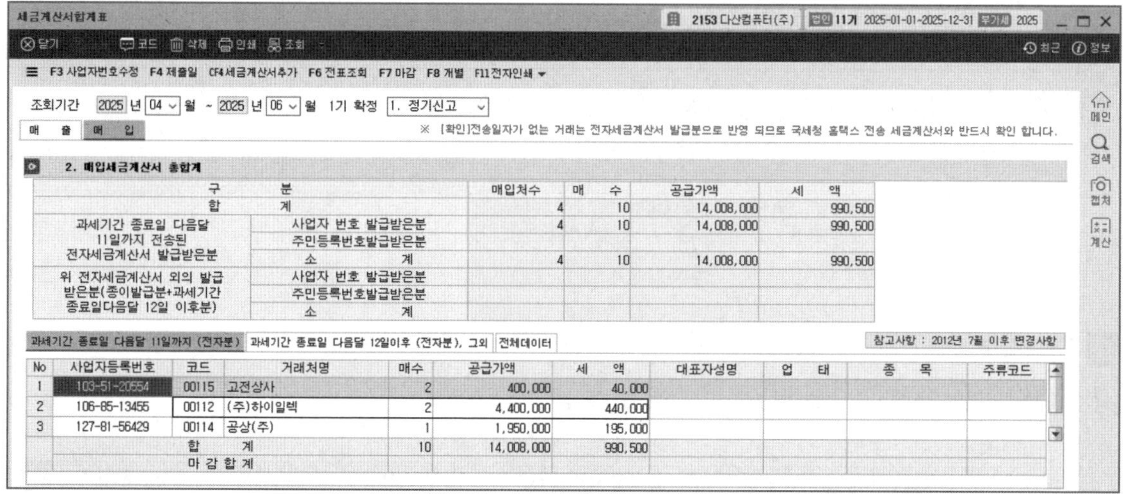

세금계산서합계표 | 2153 다산컴퓨터(주) | 법인 11기 2025-01-01~2025-12-31 | 부가세 2025

조회기간 2025 년 04 월 ~ 2025 년 06 월 1기 확정 1. 정기신고

매출 | 매입

※ [확인]전송일자가 없는 거래는 전자세금계산서 발급분으로 반영 되므로 국세청 홈택스 전송 세금계산서와 반드시 확인 합니다.

2. 매입세금계산서 총합계

구분		매입처수	매수	공급가액	세액
합계		4	10	14,008,000	990,500
과세기간 종료일 다음달 11일까지 전송된 전자세금계산서 발급받은분	사업자 번호 발급받은분	4	10	14,008,000	990,500
	주민등록번호발급받은분				
	소계	4	10	14,008,000	990,500
위 전자세금계산서 외의 발급받은분(종이발급분+과세기간 종료일다음달 12일 이후분)	사업자 번호 발급받은분				
	주민등록번호발급받은분				
	소계				

과세기간 종료일 다음달 11일까지 (전자분) | 과세기간 종료일 다음달 12일이후 (전자분), 그외 | 전체데이터 | 참고사항 : 2012년 7월 이후 변경사항

No	사업자등록번호	코드	거래처명	매수	공급가액	세액	대표자성명	업태	종목	주류코드
1	103-51-20554	00115	고전상사	2	400,000	40,000				
2	106-85-13455	00112	(주)하이일렉	2	4,400,000	440,000				
3	127-81-56429	00114	공상(주)	1	1,950,000	195,000				
		합계		10	14,008,000	990,500				
		마감합계								

답안 2매, 440,000원

114회 기출문제 (주)하나전자(회사코드: 2143)

p.168

이론시험

01 ②

상중하

(차) 기계장치 27,500,000 (자산의 증가) (대) 미지급금 27,500,000 (부채의 증가)

02 ④

상중하

병원 사업장소재지의 토지 및 건물은 병원의 유형자산이다.

03 ②

상중하

- 1차연도 감가상각비: (취득원가 3,000,000원－잔존가치 300,000원)×5/(5+4+3+2+1)=900,000원
- 취득원가 3,000,000원－감가상각누계액 900,000원=2,100,000원

04 ③

상중하

- 신제품 특허권 구입 비용 30,000,000원+A기업의 상표권 구입 비용 22,000,000원=52,000,000원
- 연구단계에서 발생한 비용은 기간 비용으로 처리한다.

05 ②

상중하

매도가능증권을 취득 시 발생한 수수료는 취득원가에 가산한다.

06 ④

상중하

대손충당금은 자산의 채권 관련 계정의 차감적 평가 항목이다.

07 ①

상중하

- 자본잉여금: 주식발행초과금, 감자차익
- 자본조정: 자기주식처분손실, 주식할인발행차금

08 ③

상중하

(가)는 배당결의일의 회계처리이고, (나)는 배당지급일의 회계처리이다.

09 ①

상중하

원가행태에 따른 분류에는 변동원가, 고정원가, 준변동원가, 준고정원가가 있다.

10 ④

상중하

- 당기제품제조원가: 기말제품 500,000원+매출원가 2,000,000원-기초제품 0원=2,500,000원
- 당기총제조원가: 당기제품제조원가 2,500,000원+기말재공품 300,000원-기초재공품 0원=2,800,000원

11 ④

상중하 당기완성품 수량 8,000개+기말재공품 완성품 환산량 3,000개=11,000개

12 ②

상중하 제조공정별로 집계하는 것은 종합원가계산에 대한 설명이다.

13 ②

상중하 부가가치세법은 인적사항을 고려하지 않는 물세(物稅)이다.

14 ④

상중하 부동산임대업자가 해당 사업에 사용하던 건물을 매각하는 경우는 과세 대상이다.

15 ③

상중하 빈칸 안에 들어갈 단어는 과세표준이다. 부가가치세는 상품 혹은 재화의 거래나 용역(서비스)의 제공 과정에서 얻어지는 부가가치(이윤)에 대해 과세하는 세금의 하나로, 과세표준에 세율을 곱해 부과하는 비례세이다. 납부세액을 결정짓는 만큼 부가가치세에서 과세표준의 기준은 중요하다.

실무시험

문 1 기초정보관리 및 전기분 재무제표

[1] [거래처등록] – [일반거래처] 탭

- 코드: 00500
- 거래처명: 한국개발
- 유형: 3.동시
- 사업자등록번호: 134–24–91004
- 대표자성명: 김한국
- 업태: 정보통신업
- 종목: 소프트웨어개발
- 주소: 경기도 성남시 분당구 판교역로192번길 12 (삼평동)

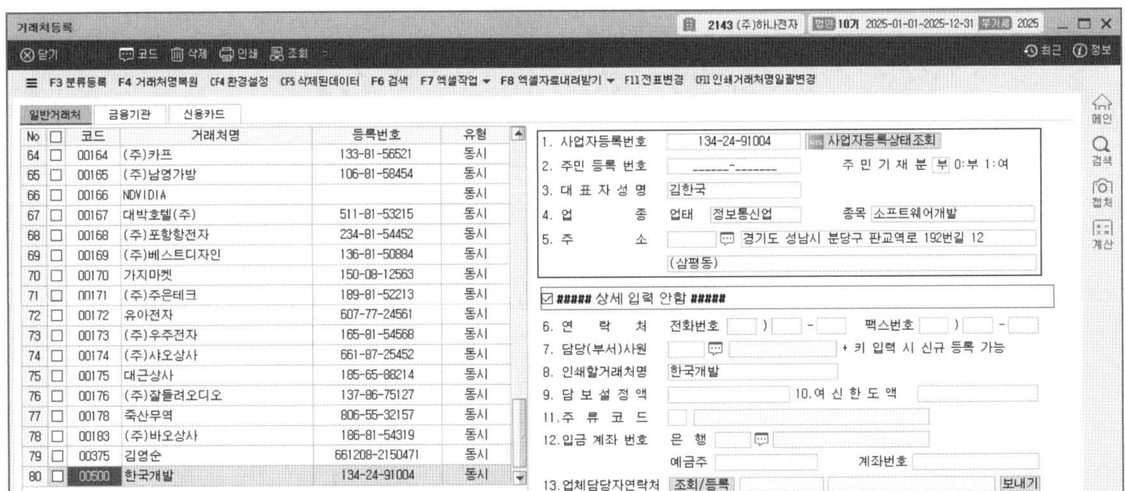

[2] [계정과목및적요등록]

862.행사지원비 계정을 성격 3.경비로 선택하고, 현금적요 1. 행사지원비 현금 지급, 대체적요 1. 행사지원비 어음 발행 입력

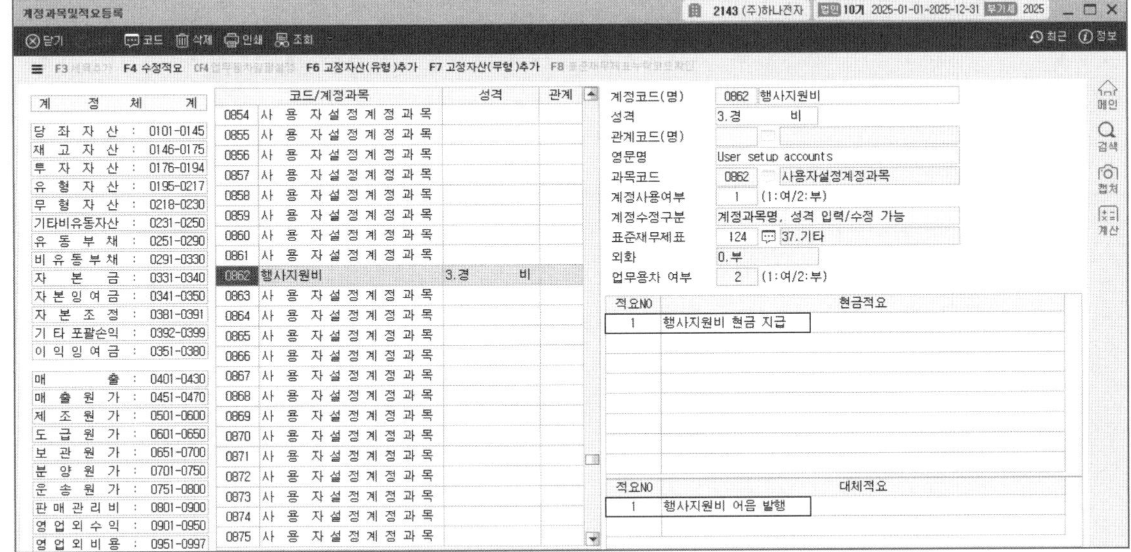

[3] • [전기분재무상태표]

- 부재료비 → 당기부재료매입액 3,000,000원 추가 입력
- 당기제품제조원가 87,250,000원 → 90,250,000원으로 변경 확인

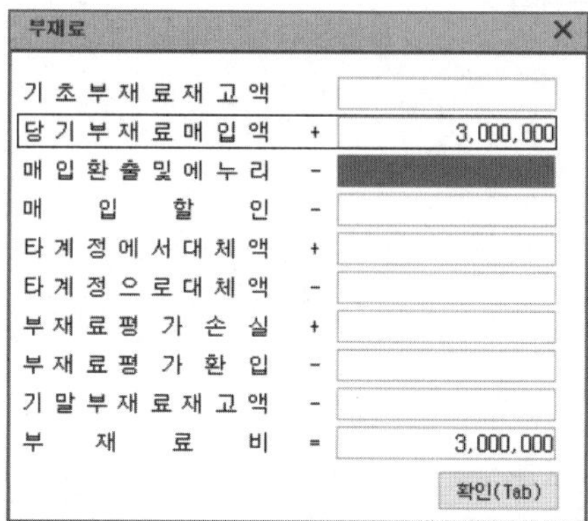

부재료

항목	부호	금액
기초부재료재고액		
당기부재료매입액	+	3,000,000
매입환출및에누리	-	
매입할인	-	
타계정에서대체액	+	
타계정으로대체액	-	
부재료평가손실	+	
부재료평가환입	-	
기말부재료재고액	-	
부재료비	=	3,000,000

확인(Tab)

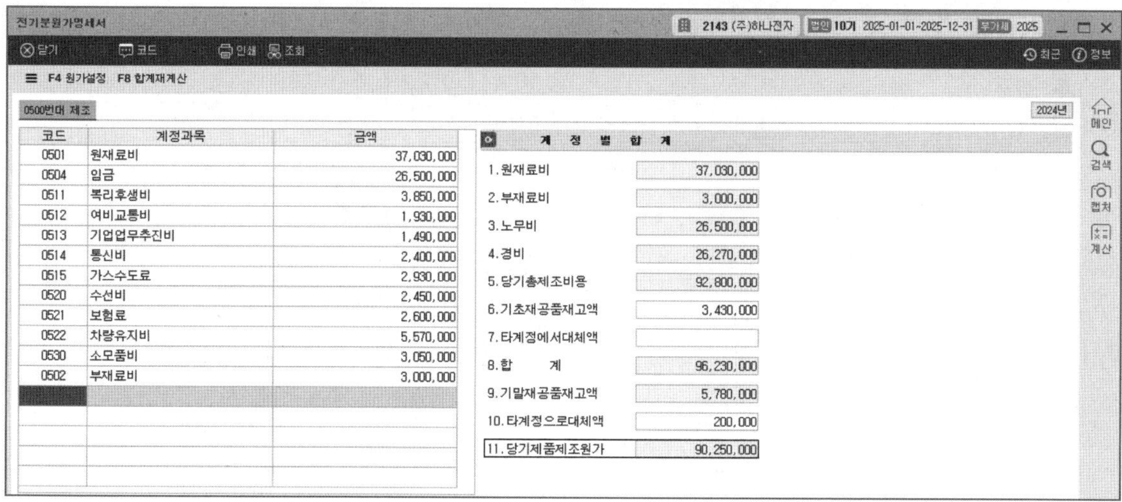

전기분원가명세서

2143 (주)하나전자 법인 10기 2025-01-01~2025-12-31 부가세 2025

닫기 코드 인쇄 조회 최근 정보

F4 원가설정 F8 합계재계산

0500번대 제조 2024년

코드	계정과목	금액
0501	원재료비	37,030,000
0504	임금	26,500,000
0511	복리후생비	3,850,000
0512	여비교통비	1,930,000
0513	기업업무추진비	1,490,000
0514	통신비	2,400,000
0515	가스수도료	2,930,000
0520	수선비	2,450,000
0521	보험료	2,600,000
0522	차량유지비	5,570,000
0530	소모품비	3,050,000
0502	부재료비	3,000,000

계정별합계

1. 원재료비	37,030,000
2. 부재료비	3,000,000
3. 노무비	26,500,000
4. 경비	26,270,000
5. 당기총제조비용	92,800,000
6. 기초재공품재고액	3,430,000
7. 타계정에서대체액	
8. 합계	96,230,000
9. 기말재공품재고액	5,780,000
10. 타계정으로대체액	200,000
11. 당기제품제조원가	90,250,000

메인 검색 캡처 계산

- [전기분손익계산서]
  - 당기제품제조원가 87,250,000원 → 90,250,000원으로 수정
  - 당기순이익 81,210,000원 → 78,210,000원으로 변경 확인

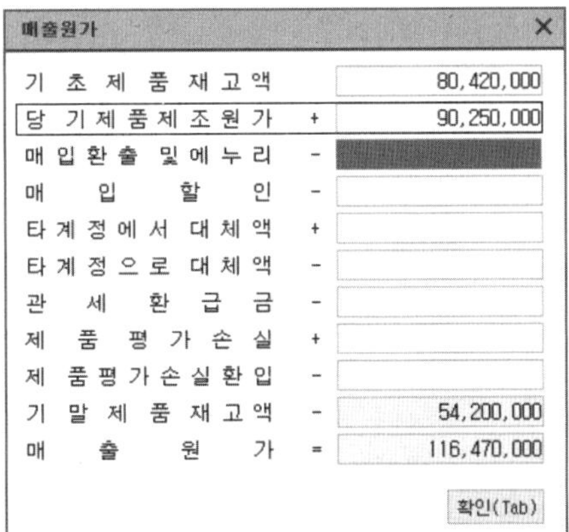

매출원가

기초제품재고액		80,420,000
당기제품제조원가	+	90,250,000
매입환출및에누리	-	
매입할인	-	
타계정에서대체액	+	
타계정으로대체액	-	
관세환급금	-	
제품평가손실	+	
제품평가손실환입	-	
기말제품재고액	-	54,200,000
매출원가	=	116,470,000

확인(Tab)

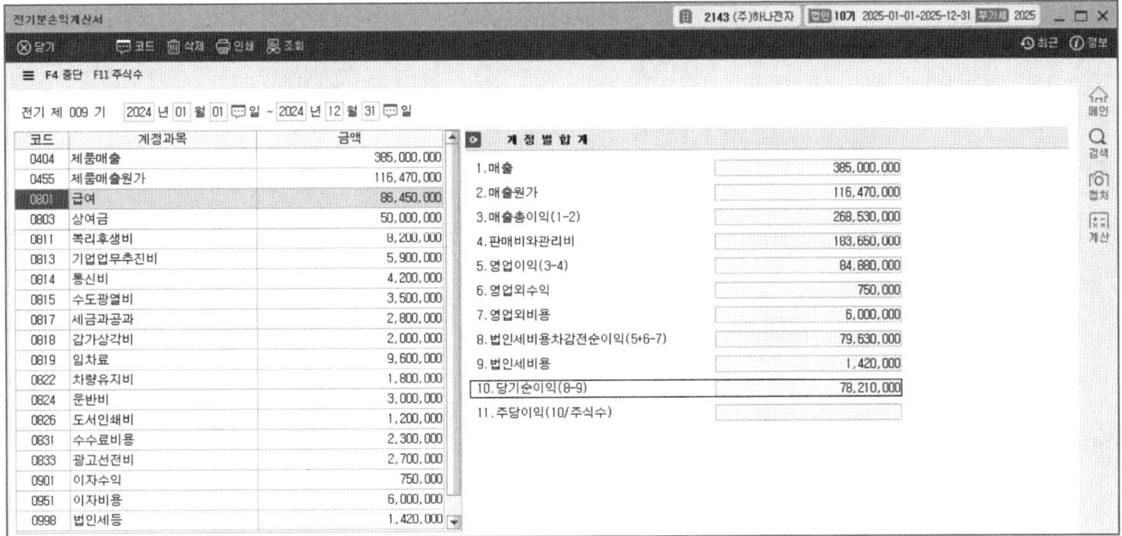

전기분손익계산서 2143 (주)하나전자 법인 10기 2025-01-01~2025-12-31 부가세 2025

닫기 코드 삭제 인쇄 조회 최근 정보

F4 중단 F11 주식수

전기 제 009 기 2024 년 01 월 01 일 ~ 2024 년 12 월 31 일

코드	계정과목	금액
0404	제품매출	385,000,000
0455	제품매출원가	116,470,000
0801	급여	86,450,000
0803	상여금	50,000,000
0811	복리후생비	8,200,000
0813	기업업무추진비	5,900,000
0814	통신비	4,200,000
0815	수도광열비	3,500,000
0817	세금과공과	2,800,000
0818	감가상각비	2,000,000
0819	임차료	9,600,000
0822	차량유지비	1,800,000
0824	운반비	3,000,000
0826	도서인쇄비	1,200,000
0831	수수료비용	2,300,000
0833	광고선전비	2,700,000
0901	이자수익	750,000
0951	이자비용	6,000,000
0998	법인세등	1,420,000

계정별합계	
1.매출	385,000,000
2.매출원가	116,470,000
3.매출총이익(1-2)	268,530,000
4.판매비와관리비	183,650,000
5.영업이익(3-4)	84,880,000
6.영업외수익	750,000
7.영업외비용	6,000,000
8.법인세비용차감전순이익(5+6-7)	79,630,000
9.법인세비용	1,420,000
10.당기순이익(8-9)	78,210,000
11.주당이익(10/주식수)	

- [전기분잉여금처분계산서]
  - F6 불러오기
  - 미처분이익잉여금 93,940,000원 → 90,940,000원으로 변경 확인
  - 당기순이익 81,210,000원 → 78,210,000원으로 변경 확인

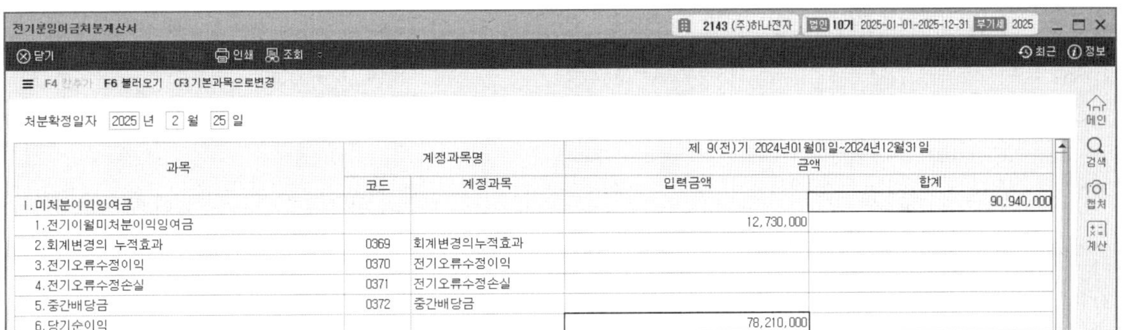

전기분잉여금처분계산서 2143 (주)하나전자 법인 10기 2025-01-01~2025-12-31 부가세 2025

닫기 인쇄 조회 최근 정보

F4 칸추가 F6 불러오기 CF3 기본과목으로변경

처분확정일자 2025 년 2 월 25 일

과목	계정과목명 코드	계정과목명 계정과목	제 9(전)기 2024년01월01일~2024년12월31일 금액 입력금액	합계
Ⅰ.미처분이익잉여금				90,940,000
1.전기이월미처분이익잉여금			12,730,000	
2.회계변경의 누적효과	0369	회계변경의누적효과		
3.전기오류수정이익	0370	전기오류수정이익		
4.전기오류수정손실	0371	전기오류수정손실		
5.중간배당금	0372	중간배당금		
6.당기순이익			78,210,000	

• [전기분재무상태표]

– 이월이익잉여금 90,940,000원으로 수정

– 외상매입금 90,000,000원으로 수정

전기분재무상태표　　2143 (주)하나전자　법인 10기 2025-01-01-2025-12-31　부가세 2025

⊗닫기　코드　삭제　인쇄　조회　　최근　정보

자산			부채 및 자본		
코드	계정과목	금액	코드	계정과목	금액
0101	현금	6,200,000	0251	외상매입금	90,000,000
0102	당좌예금	123,000,000	0252	지급어음	14,600,000
0103	보통예금	409,400,000	0253	미지급금	14,300,000
0107	단기매매증권	8,300,000	0254	예수금	324,000
0108	외상매출금	69,000,000	0259	선수금	5,000,000
0109	대손충당금	1,640,000	0261	미지급세금	6,350,000
0110	받을어음	14,000,000	0293	장기차입금	23,000,000
0120	미수금	24,000,000	0305	외화장기차입금	43,000,000
0150	제품	54,200,000	0331	자본금	614,526,000
0153	원재료	41,000,000	0375	이월이익잉여금	90,940,000
0169	재공품	5,780,000			
0179	장기대여금	2,100,000			
0201	토지	62,000,000			
0206	기계장치	41,000,000			
0207	감가상각누계액	11,600,000			
0208	차량운반구	56,000,000			
0209	감가상각누계액	23,500,000			
0212	비품	27,000,000			
0213	감가상각누계액	4,200,000			
차 변 합 계		902,040,000	대 변 합 계		902,040,000

계정별 합계	
1. 유동자산	753,240,000
①당좌자산	652,260,000
②재고자산	100,980,000
2. 비유동자산	148,800,000
①투자자산	2,100,000
②유형자산	146,700,000
③무형자산	
④기타비유동자산	
자산총계(1+2)	902,040,000
3. 유동부채	130,574,000
4. 비유동부채	66,000,000
부채총계(3+4)	196,574,000
5. 자본금	614,526,000
6. 자본잉여금	
7. 자본조정	
8. 기타포괄손익누계액	
9. 이익잉여금	90,940,000
자본총계(5+6+7+8+9)	705,466,000
부채 및 자본 총계	902,040,000
대 차 차 액	

문 2 일반전표입력

[1] [일반전표입력] 7월 5일

(차) 퇴직급여(판)	1,400,000	(대) 보통예금	1,400,000

2025 년 07 월 5 일 변경 현금잔액: 21,052,352 대차차액:

일	번호	구분	계정과목	거래처	적요	차변	대변
5	00001	차변	0806 퇴직급여			1,400,000	
5	00001	대변	0103 보통예금				1,400,000

[2] [일반전표입력] 7월 25일

(차) 보통예금	4,400,000	(대) 외상매출금[(주)고운상사]	9,900,000
받을어음[(주)고운상사]	5,500,000		

2025 년 07 월 25 일 변경 현금잔액: 64,106,442 대차차액:

일	번호	구분	계정과목	거래처	적요	차변	대변
25	00001	차변	0103 보통예금			4,400,000	
25	00001	차변	0110 받을어음	00101 (주)고운상사		5,500,000	
25	00001	대변	0108 외상매출금	00101 (주)고운상사			9,900,000

[3] [일반전표입력] 8월 30일

(차) 보통예금	45,000,000	(대) 받을어음[(주)재원]	50,000,000
매출채권처분손실	5,000,000		

2025 년 08 월 30 일 변경 현금잔액: 35,888,502 대차차액:

일	번호	구분	계정과목	거래처	적요	차변	대변
30	00001	차변	0103 보통예금			45,000,000	
30	00001	차변	0956 매출채권처분손실			5,000,000	
30	00001	대변	0110 받을어음	00162 (주)재원			50,000,000

[4] [일반전표입력] 10월 3일

(차) 보통예금 2,300,000 (대) 배당금수익 2,300,000

2025 년 10 월 3 일 변경 현금잔액: 29,990,702 대차차액:

일	번호	구분	계 정 과 목	거 래 처	적 요	차 변	대 변
3	00001	차변	0103 보통예금			2,300,000	
3	00001	대변	0903 배당금수익				2,300,000

[5] [일반전표입력] 10월 31일

(차) 급여(판) 4,900,000 (대) 예수금 381,080
보통예금 4,518,920

2025 년 10 월 31 일 변경 현금잔액: 48,986,232 대차차액:

일	번호	구분	계 정 과 목	거 래 처	적 요	차 변	대 변
31	00001	차변	0801 급여			4,900,000	
31	00001	대변	0254 예수금				381,080
31	00001	대변	0103 보통예금				4,518,920

[6] [일반전표입력] 12월 21일

(차) 당좌예금 8,450,000 (대) 사채 8,000,000
사채할증발행차금 450,000

2025 년 12 월 21 일 변경 현금잔액: 97,908,782 대차차액:

일	번호	구분	계 정 과 목	거 래 처	적 요	차 변	대 변
21	00001	차변	0102 당좌예금			8,450,000	
21	00001	대변	0291 사채				8,000,000
21	00001	대변	0313 사채할증발행차금				450,000

문 3 매입매출전표입력

[1] [매입매출전표입력] 7월 20일

유형	공급가액	부가세	공급처명	전자	분개
16.수출	6,000,000		NDVIDIA		2.외상 또는 3.혼합
영세율구분	① 직접수출(대행수출 포함)				
분개	(차) 외상매출금[NDVIDIA] 6,000,000	(대) 제품매출 6,000,000			

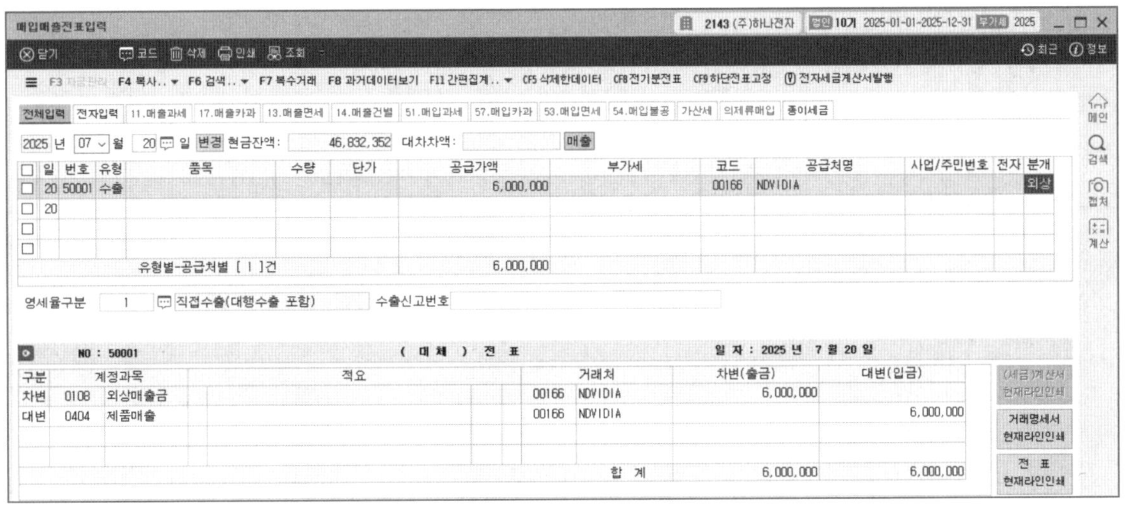

매입매출전표입력 2143 (주)하나전자 법인 10기 2025-01-01-2025-12-31 부가세 2025

2025 년 07 월 20 일 변경 현금잔액: 46,832,352 대차차액: 매출

일	번호	유형	품목	수량	단가	공급가액	부가세	코드	공급처명	사업/주민번호	전자	분개
20	50001	수출				6,000,000		00166	NDVIDIA			외상
20												
			유형별-공급처별 [1]건			6,000,000						

영세율구분 1 직접수출(대행수출 포함) 수출신고번호

NO : 50001 (대 체) 전 표 일 자 : 2025 년 7 월 20 일

구분	계정과목		적요	거래처		차변(출금)	대변(입금)
차변	0108	외상매출금		00166	NDVIDIA	6,000,000	
대변	0404	제품매출		00166	NDVIDIA		6,000,000
					합 계	6,000,000	6,000,000

[2] [매입매출전표입력] 7월 23일

유형	공급가액	부가세	공급처명	전자	분개
13.면세	65,000,000		돌상상회	1.여	3.혼합
분개	(차) 보통예금 미수금	30,000,000 35,000,000	(대) 토지 유형자산처분이익		62,000,000 3,000,000

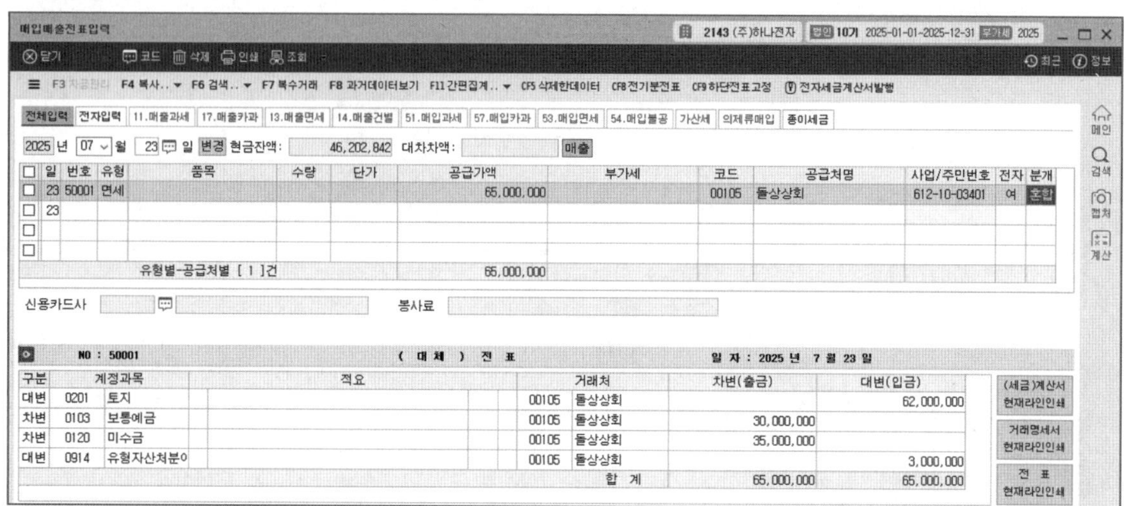

[3] [매입매출전표입력] 8월 10일

유형	공급가액	부가세	공급처명	전자	분개
57.카과	4,000,000	400,000	광고닷컴		4.카드 또는 3.혼합
신용카드사	99603.현대카드				
분개	(차) 부가세대급금 광고선전비(판)	400,000 4,000,000	(대) 미지급금[현대카드] (또는 미지급비용)		4,400,000

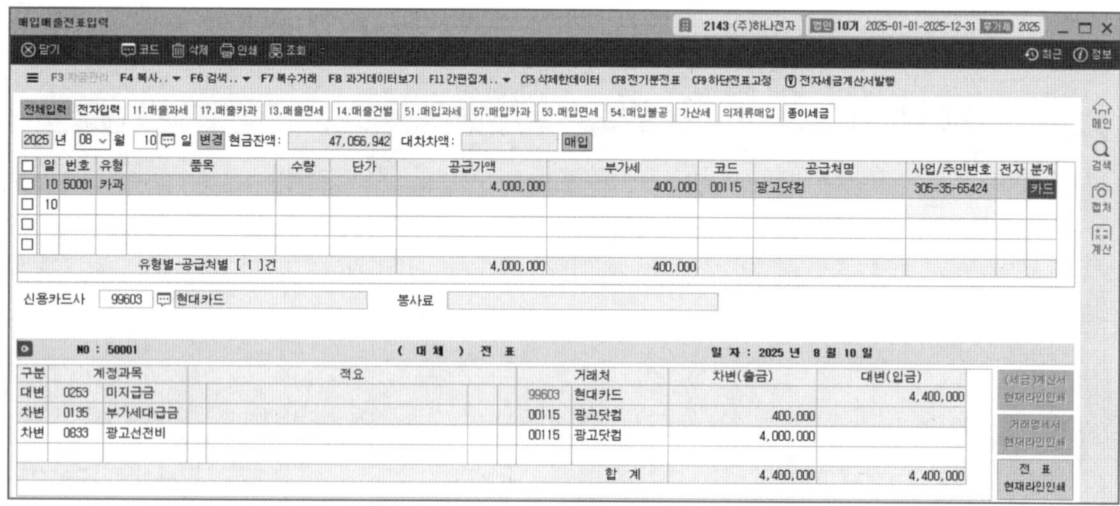

[4] [매입매출전표입력] 8월 17일

유형	공급가액	부가세	공급처명	전자	분개
51.과세	12,000,000	1,200,000	(주)고철상사	1.여	3.혼합
분개	(차) 원재료 부가세대급금	12,000,000 1,200,000	(대) 지급어음[(주)고철상사] 외상매입금		5,000,000 8,200,000

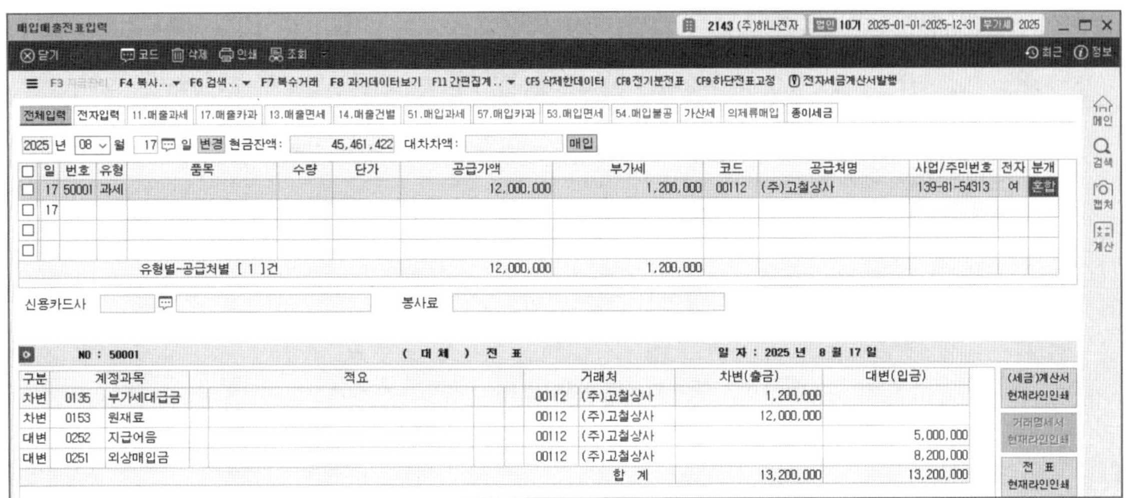

[5] [매입매출전표입력] 8월 28일

유형	공급가액	부가세	공급처명	전자	분개
61.현과	5,000,000	500,000	(주)와마트		3.혼합
분개	(차) 비품 부가세대급금	5,000,000 500,000	(대) 현금		5,500,000

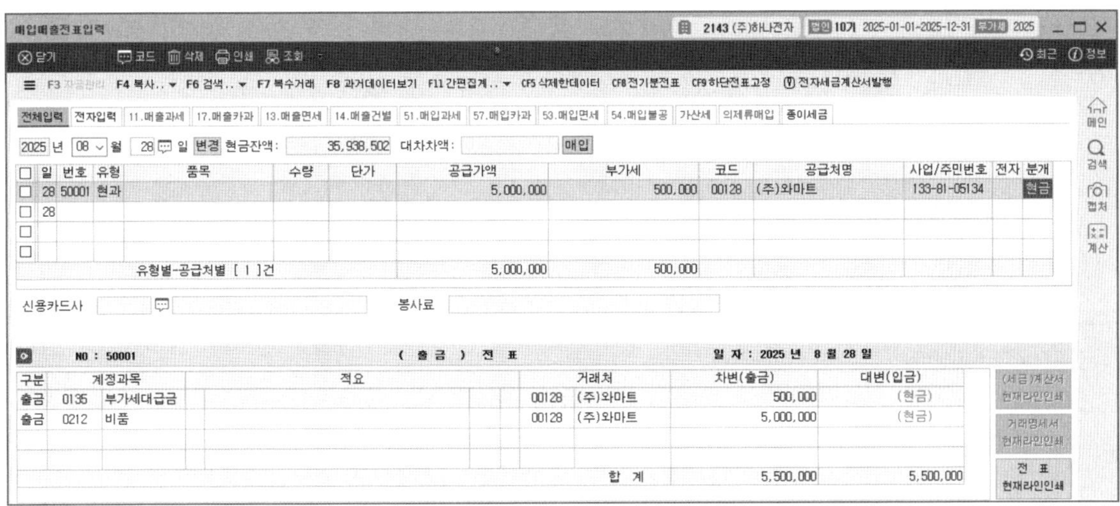

[6] [매입매출전표입력] 11월 8일

유형	공급가액	부가세	공급처명	전자	분개
54.불공	25,000,000	2,500,000	대박호텔(주)	1.여	3.혼합
불공제사유	② 사업과 직접 관련 없는 지출				
분개	(차) 가지급금[김영순]	27,500,000	(대) 보통예금		27,500,000

* 해당 거래는 사업과 관련없는 거래로 불공제 처리하고 가지급금으로 처리한다.

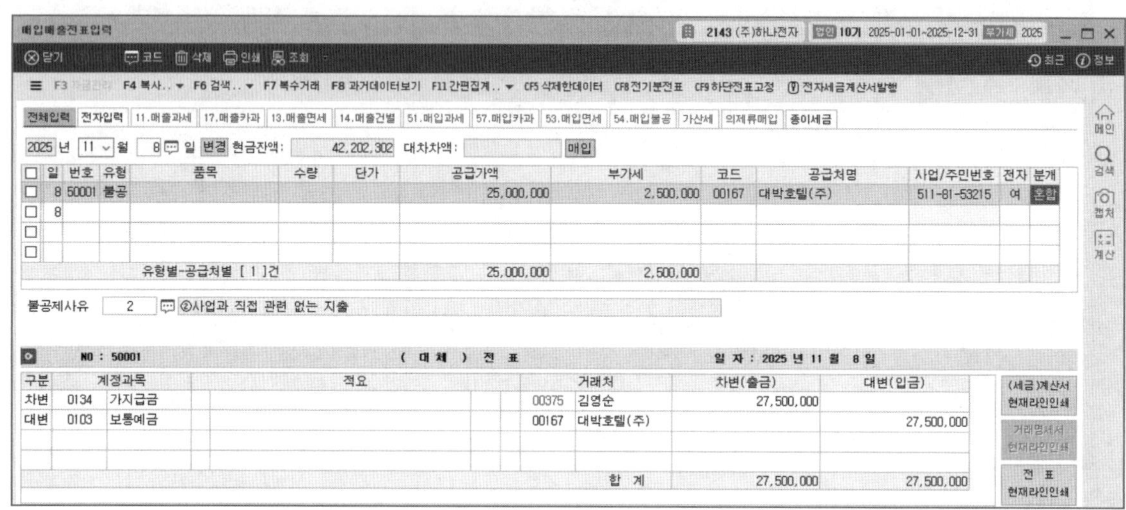

문 4 오류수정

[1] [매입매출전표입력] 11월 12일 수정

• 수정 전

유형	공급가액	부가세	공급처명	전자	분개
51.과세	90,909	9,091	호호꽃집	1.여	3.혼합
분개	(차) 부가세대급금 소모품비(판)	9,091 90,909	(대) 보통예금		100,000

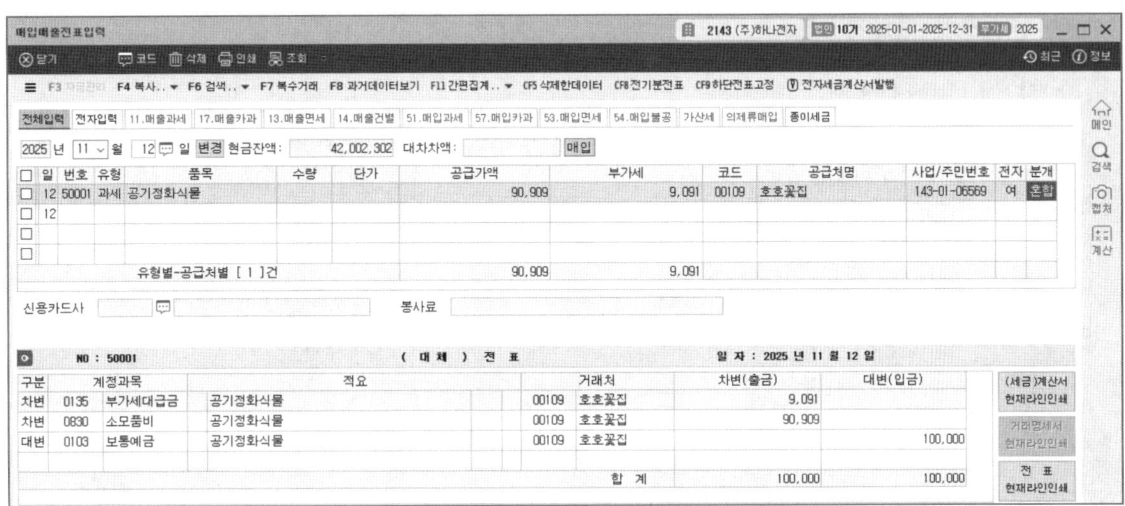

• 수정 후

유형	공급가액	부가세	공급처명	전자	분개
53.면세	100,000		호호꽃집	1.여	3.혼합
분개	(차) 소모품비(판)	100,000	(대) 보통예금		100,000

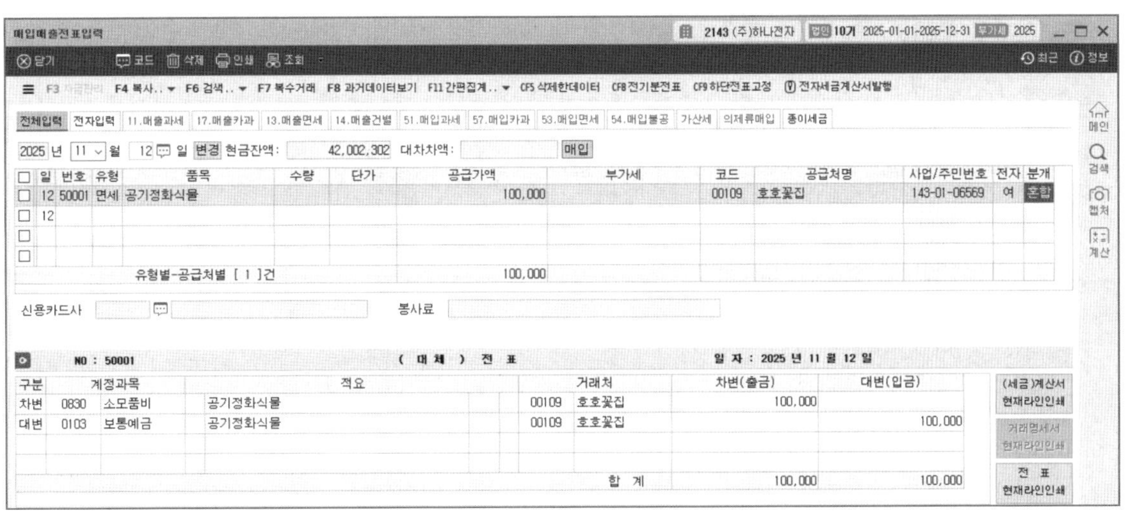

[2] [매입매출전표입력] 12월 12일 수정

• 수정 전

유형	공급가액	부가세	공급처명	전자	분개
51.과세	80,000,000	8,000,000	(주)베스트디자인	1.여	3.혼합
분개	(차) 수선비(판) 부가세대급금	80,000,000 8,000,000	(대) 보통예금		88,000,000

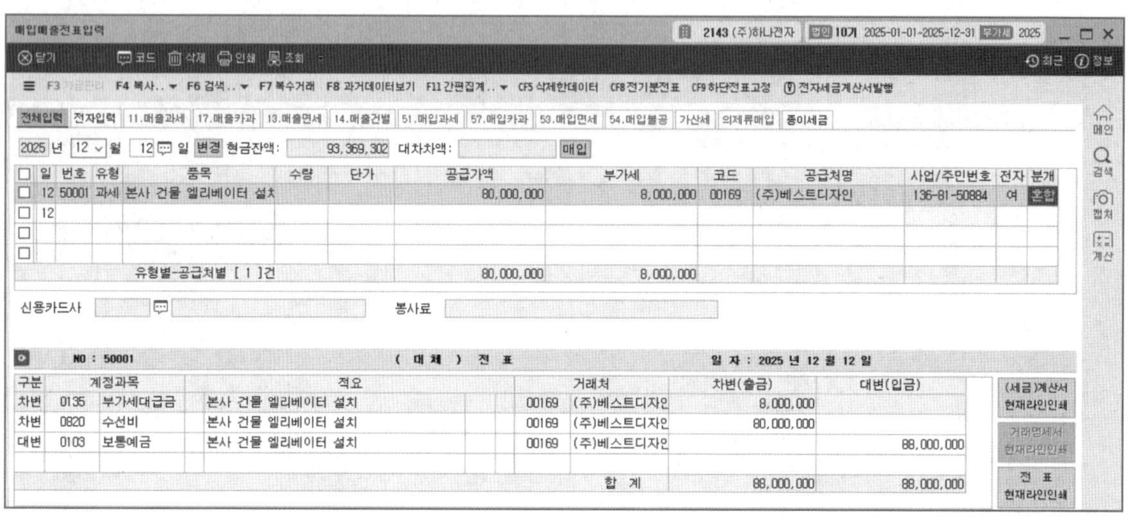

• 수정 후

유형	공급가액	부가세	공급처명	전자	분개
51.과세	80,000,000	8,000,000	(주)베스트디자인	1.여	3.혼합
분개	(차) 건물 부가세대급금	80,000,000 8,000,000	(대) 보통예금		88,000,000

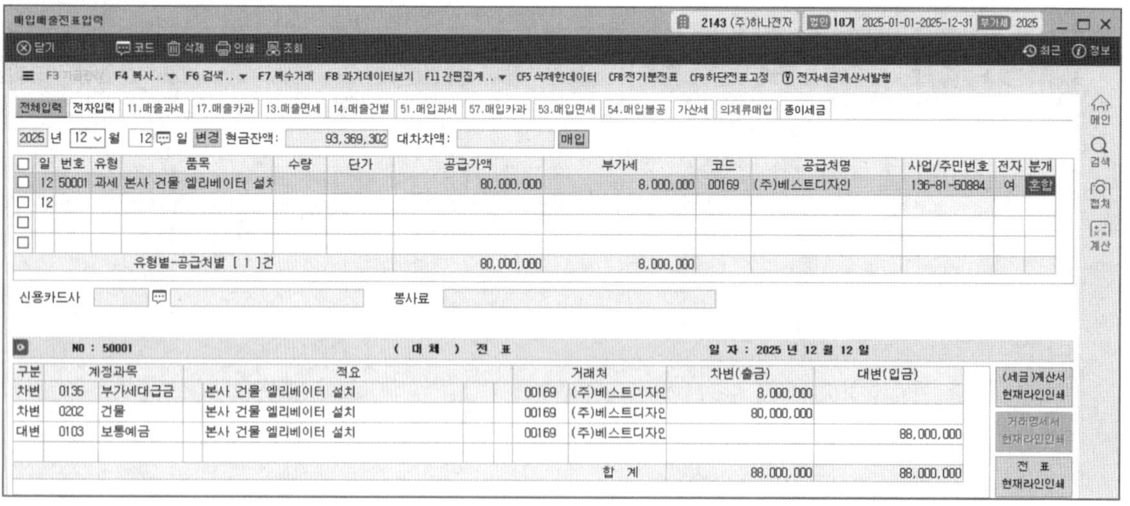

문 5 결산자료입력

[1] [일반전표입력] 12월 31일

(차) 단기매매증권 2,500,000 (대) 단기매매증권평가이익 2,500,000

2025 년 12 월 31 일 변경 현금잔액: 413,582 대차차액:

□	일	번호	구분	계 정 과 목	거 래 처	적 요	차 변	대 변
□	31	00001	차변	0107 단기매매증권			2,500,000	
□	31	00001	대변	0905 단기매매증권평가이익				2,500,000

[2] [일반전표입력] 12월 31일

(차) 장기대여금[미국 GODS사] 140,000* (대) 외화환산이익 140,000

* ($2,000 × 1,120원) − 2,100,000원 = 140,000원

2025 년 12 월 31 일 변경 현금잔액: 413,582 대차차액:

□	일	번호	구분	계 정 과 목	거 래 처	적 요	차 변	대 변
□	31	00002	차변	0179 장기대여금	00154 미국 GODS사		140,000	
□	31	00002	대변	0910 외화환산이익				140,000

[3] [결산자료입력]

– 선납세금 결산반영금액 7,000,000원 입력
– 추가계상액 결산반영금액 8,000,000원 입력
– F3 전표추가

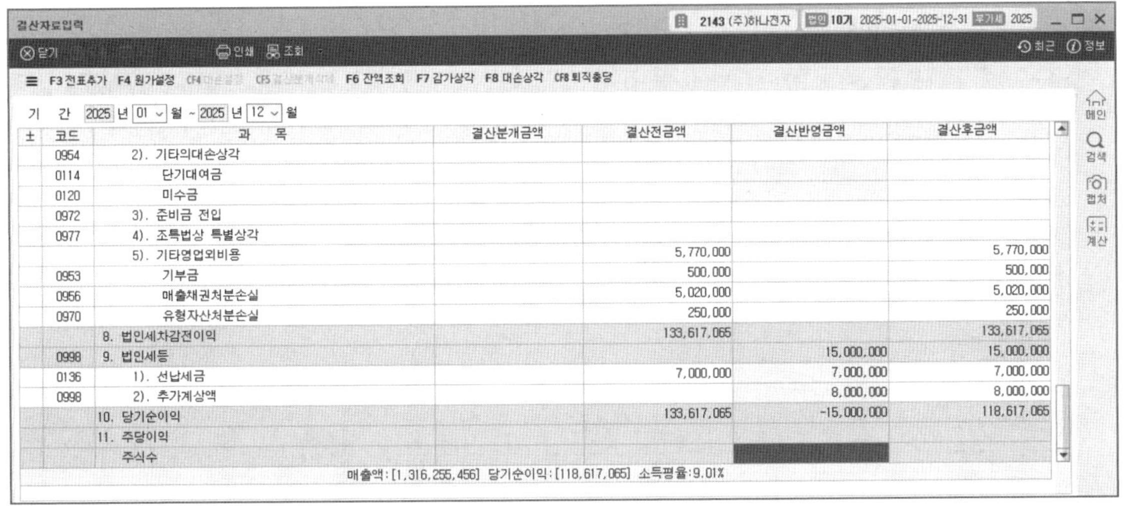

결산자료입력 2143 (주)하나전자 법인 10기 2025-01-01~2025-12-31 부가세 2025

닫기 인쇄 조회 최근 정보

F3 전표추가 F4 원가설정 CF4 CF5 F6 잔액조회 F7 감가상각 F8 대손상각 CF8 퇴직충당

기 간 2025 년 01 월 ~ 2025 년 12 월

±	코드	과 목	결산분개금액	결산전금액	결산반영금액	결산후금액
	0954	2). 기타의대손상각				
	0114	단기대여금				
	0120	미수금				
	0972	3). 준비금 전입				
	0977	4). 조특법상 특별상각				
		5). 기타영업외비용		5,770,000		5,770,000
	0953	기부금		500,000		500,000
	0956	매출채권처분손실		5,020,000		5,020,000
	0970	유형자산처분손실		250,000		250,000
		8. 법인세차감전이익		133,617,065		133,617,065
	0998	9. 법인세등			15,000,000	15,000,000
	0136	1). 선납세금		7,000,000	7,000,000	7,000,000
	0998	2). 추가계상액			8,000,000	8,000,000
		10. 당기순이익		133,617,065	-15,000,000	118,617,065
		11. 주당이익				
		주식수				

매출액:[1,316,255,456] 당기순이익:[118,617,065] 소득평율:9.01%

또는 [일반전표입력] 12월 31일

(차) 법인세등 15,000,000 (대) 선납세금 7,000,000
미지급세금 8,000,000

문 6 장부조회

[1] [일계표(월계표)]–[월계표] 탭, 3월~3월 조회

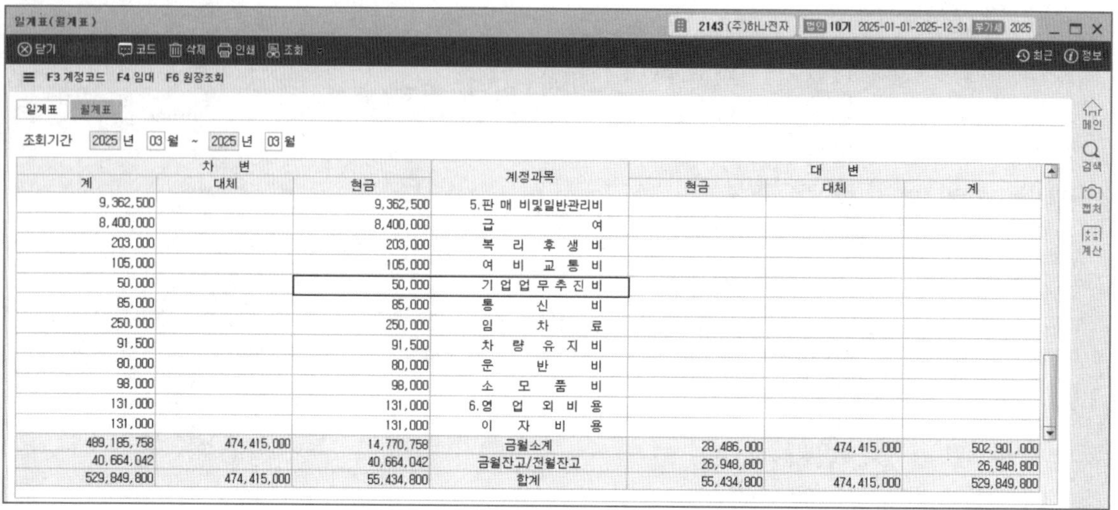

조회기간 2025 년 03 월 ~ 2025 년 03 월

차변 계	차변 대체	차변 현금	계정과목	대변 현금	대변 대체	대변 계
9,362,500		9,362,500	5.판 매 비및일반관리비			
8,400,000		8,400,000	급 여			
203,000		203,000	복 리 후 생 비			
105,000		105,000	여 비 교 통 비			
50,000		50,000	기 업 업 무 추 진 비			
85,000		85,000	통 신 비			
250,000		250,000	임 차 료			
91,500		91,500	차 량 유 지 비			
80,000		80,000	운 반 비			
98,000		98,000	소 모 품 비			
131,000		131,000	6.영 업 외 비 용			
131,000		131,000	이 자 비 용			
489,185,758	474,415,000	14,770,758	금월소계	28,486,000	474,415,000	502,901,000
40,664,042		40,664,042	금월잔고/전월잔고	26,948,800		26,948,800
529,849,800	474,415,000	55,434,800	합계	55,434,800	474,415,000	529,849,800

답안 기업업무추진비, 50,000원

[2] [재무상태표] 2025년 2월 조회

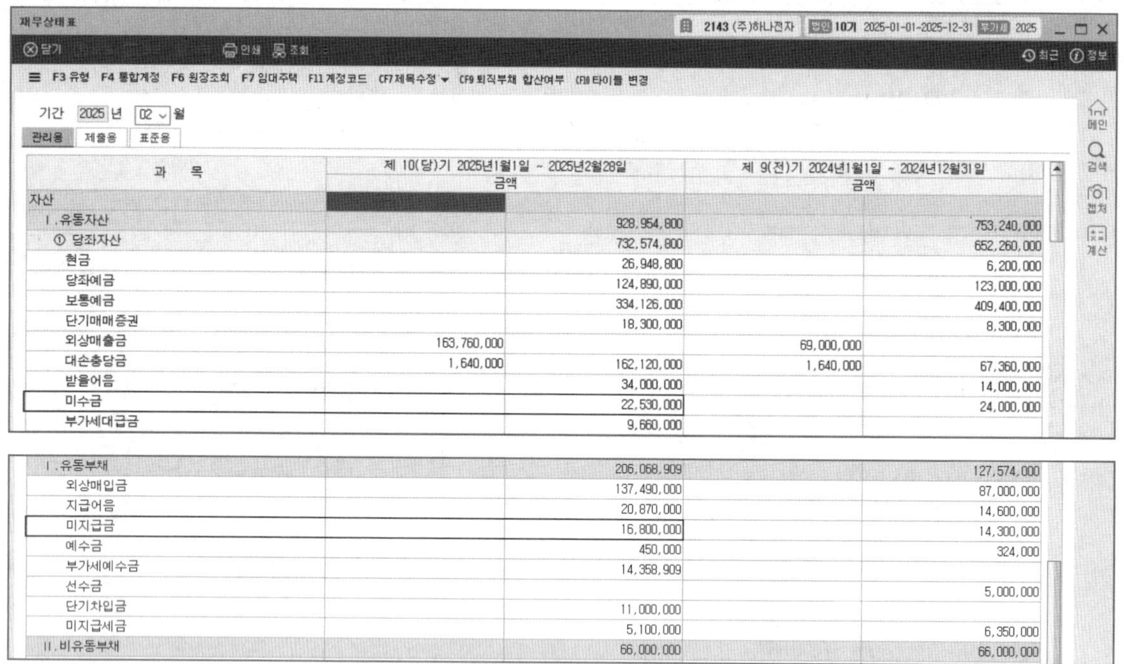

기간 2025 년 02 월

과목	제 10(당)기 2025년1월1일 ~ 2025년2월28일 금액		제 9(전)기 2024년1월1일 ~ 2024년12월31일 금액	
자산				
Ⅰ.유동자산		928,954,800		753,240,000
① 당좌자산		732,574,800		652,260,000
현금		26,948,800		6,200,000
당좌예금		124,890,000		123,000,000
보통예금		334,126,000		409,400,000
단기매매증권		18,300,000		8,300,000
외상매출금	163,760,000		69,000,000	
대손충당금	1,640,000	162,120,000	1,640,000	67,360,000
받을어음		34,000,000		14,000,000
미수금		22,530,000		24,000,000
부가세대급금		9,660,000		
Ⅰ.유동부채		206,068,909		127,574,000
외상매입금		137,490,000		87,000,000
지급어음		20,870,000		14,600,000
미지급금		16,800,000		14,300,000
예수금		450,000		324,000
부가세예수금		14,358,909		
선수금				5,000,000
단기차입금		11,000,000		
미지급세금		5,100,000		6,350,000
Ⅱ.비유동부채		66,000,000		66,000,000

답안 5,730,000원(= 미수금 22,530,000원 – 미지급금 16,800,000원)

[3] [부가가치세 신고서] 4월 1일~6월 30일 조회

– 공제받지못할매입세액(16)란의 세액 확인

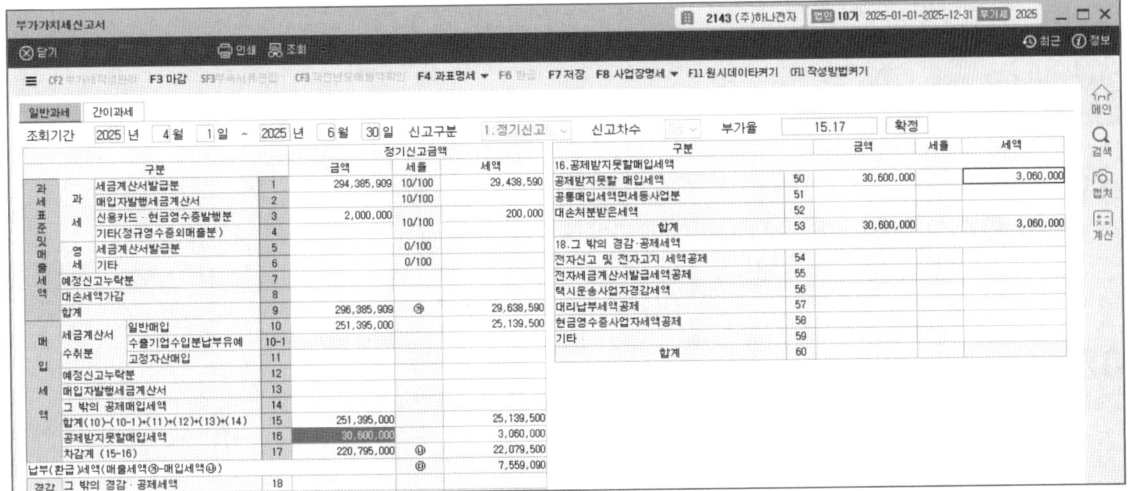

부가가치세신고서

일반과세 | 간이과세

조회기간 2025 년 4 월 1 일 ~ 2025 년 6 월 30 일 신고구분 1.정기신고 신고차수 부가율 15.17 확정

구분			번호	정기신고금액 금액	세율	세액
과세표준및매출세액	과세	세금계산서발급분	1	294,385,909	10/100	29,438,590
		매입자발행세금계산서	2		10/100	
		신용카드 · 현금영수증발행분	3	2,000,000	10/100	200,000
		기타(정규영수증외매출분)	4			
	영세	세금계산서발급분	5		0/100	
		기타	6		0/100	
	예정신고누락분		7			
	대손세액가감		8			
	합계		9	296,385,909	㉮	29,638,590
매입세액	세금계산서 수취분	일반매입	10	251,395,000		25,139,500
		수출기업수입분납부유예	10-1			
		고정자산매입	11			
	예정신고누락분		12			
	매입자발행세금계산서		13			
	그 밖의 공제매입세액		14			
	합계(10)-(10-1)+(11)+(12)+(13)+(14)		15	251,395,000		25,139,500
	공제받지못할매입세액		16	30,600,000		3,060,000
	차감계 (15-16)		17	220,795,000	㉯	22,079,500
납부(환급)세액(매출세액㉮-매입세액㉯)					㉰	7,559,090
경감	그 밖의 경감 · 공제세액		18			

구분		금액	세율	세액
16.공제받지못할매입세액				
공제받지못할 매입세액	50	30,600,000		3,060,000
공통매입세액면세등사업분	51			
대손처분받은세액	52			
합계	53	30,600,000		3,060,000
18.그 밖의 경감·공제세액				
전자신고 및 전자고지 세액공제	54			
전자세금계산서발급세액공제	55			
택시운송사업자경감세액	56			
대리납부세액공제	57			
현금영수증사업자세액공제	58			
기타	59			
합계	60			

답안 3,060,000원

113회 기출문제 (주)혜송상사(회사코드: 2133)

p.178

이론시험

01 ③

상중하

발생주의에 따라 수익과 비용을 인식하는 것이 기업회계의 대전제이다. ③은 현금주의에 대한 설명이다.
①은 기업실체의 가정, ②는 계속기업의 가정, ④는 기간별 보고의 가정에 대한 설명이다.

02 ③

상중하

상품의 매입환출 및 매입에누리는 매출원가 계산 시 총매입액에서 차감하는 항목이다.

03 ③

상중하

- 취득원가: 매입금액 20억원+자본화차입원가 1억 5,000만원+취득세 2억원=23억 5,000만원
- 관리 및 기타 일반간접원가는 판매비와 관리비로서 당기 비용처리한다.

04 ④

상중하

일반기업회계기준은 무형자산의 회계처리와 관련하여 영업권을 포함한 무형자산의 내용연수를 원칙적으로 20년을 초과하지 않도록 한정하고 있다.

05 ①

상중하

합계잔액시산표에 관한 설명으로 합계잔액시산표는 재무제표에 해당하지 않는다. 재무제표는 재무상태표, 손익계산서, 현금흐름표 및 자본변동표와 주석으로 구성되어 있다.
②는 재무상태표, ③은 자본변동표, ④는 주석에 대한 설명이다.

06 ②

상중하

유동성 장기부채는 비유동부채였으나 보고기간 종료일 현재 만기가 1년 이내 도래하는 부채이므로 영업주기와 관계없이 유동부채로 분류한다.

07 ④

상중하

매도가능증권평가이익은 기타포괄손익누계액에 포함되는 항목으로 매도가능증권평가이익의 증감은 포괄손익계산서상의 기타포괄손익에 영향을 미친다.

08 ①

상중하

- 매출원가: 기초상품재고액 219,000원+매입액 350,000원−기말상품재고액 110,000원=459,000원
- 매출총이익: 매출액 290,000원−매출원가 459,000원=−169,000원
- 당기순손익: 매출총이익 −169,000원−판매비와 관리비 191,000원=−360,000원

∴당기순손실 360,000원

09 ①

상중하 고정원가는 조업도가 증가할수록 단위당 원가는 감소한다.

10 ②

상중하 단계배분법은 보조부문 상호 간의 용역수수관계를 일부 인식하는 방법이다.

11 ②

상중하
- 직접재료원가: 기초원재료 300,000원 + 당기원재료매입액 1,300,000원 – 기말원재료 450,000원 = 1,150,000원
- 직접노무원가: 당기지급임금액 350,000원 + 당기미지급임금액 250,000원 – 전기미지급임금액 150,000원 = 450,000원

∴ 당기총제조원가: 직접재료원가 1,150,000원 + 직접노무원가 450,000원 + 제조간접원가 700,000원=2,300,000원

12 ④

상중하 개별원가계산에 대한 설명이다.

13 ③

상중하 사업자등록을 한 일반과세자가 세금계산서를 발급할 수 있다.

14 ②

상중하 중소기업의 외상매출금 및 미수금(이상 "외상매출금 등"이라 한다)으로서 회수기일이 2년 이상 지난 외상매출금 등은 부가가치세법상 대손 사유에 해당한다. 다만, 특수관계인과의 거래로 인하여 발생한 외상매출금 등은 제외한다.

15 ④

상중하 위탁판매의 경우 부가가치세법상 공급시기는 위탁받은 수탁자 또는 대리인이 실제로 판매한 때이다.

실무시험

문 1 기초정보관리 및 전기분 재무제표

[1] [거래처등록] – [일반거래처] 탭

- 코드: 00777
- 거래처명: 슬기로운(주)
- 유형: 3.동시
- 사업자번호: 253－81－13578
- 대표자성명: 김슬기
- 업태: 도매
- 종목: 금속
- 사업장주소: 부산광역시 부산진구 중앙대로 663(부전동)

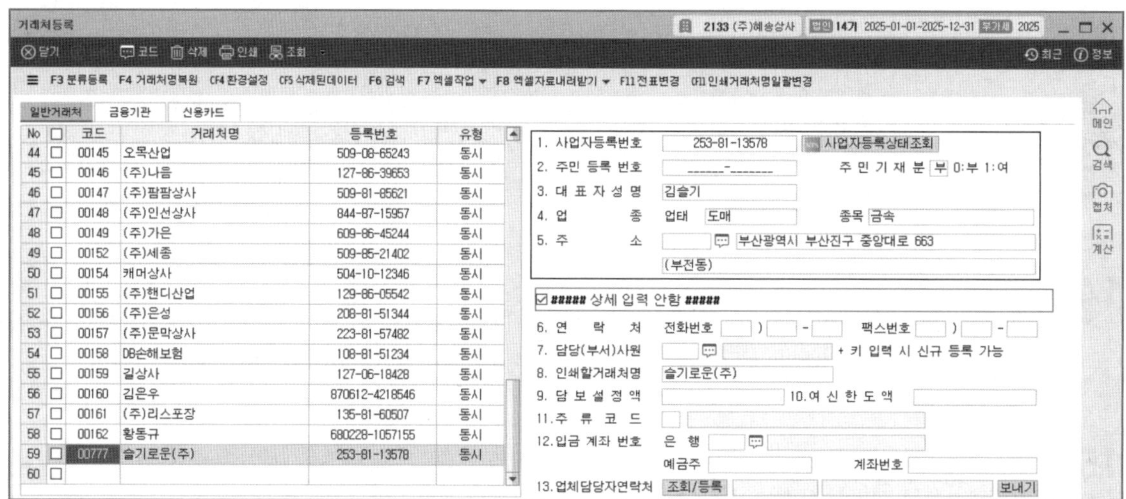

No	코드	거래처명	등록번호	유형
44	00145	오목산업	509-08-65243	동시
45	00146	(주)나음	127-86-39653	동시
46	00147	(주)팜팜상사	509-81-85621	동시
47	00148	(주)인선상사	844-87-15957	동시
48	00149	(주)가은	609-86-45244	동시
49	00152	(주)세종	509-85-21402	동시
50	00154	캐머상사	504-10-12346	동시
51	00155	(주)햄디산업	129-86-05542	동시
52	00156	(주)은성	208-81-51344	동시
53	00157	(주)문막상사	223-81-57482	동시
54	00158	DB손해보험	108-81-51234	동시
55	00159	길상사	127-06-18428	동시
56	00160	김은우	870612-4218546	동시
57	00161	(주)리스포장	135-81-60507	동시
58	00162	황동규	680228-1057155	동시
59	00777	슬기로운(주)	253-81-13578	동시
60				

1. 사업자등록번호 253-81-13578 사업자등록상태조회
2. 주민 등록 번호 ______-_______ 주민기재분 부 0:부 1:여
3. 대표자성명 김슬기
4. 업종 업태 도매 종목 금속
5. 주소 부산광역시 부산진구 중앙대로 663 (부전동)
8. 인쇄할거래처명 슬기로운(주)

[2] [계정과목및적요등록]

134.가지급금 계정에서 대체적요 8.출장비 가지급금 정산 입력

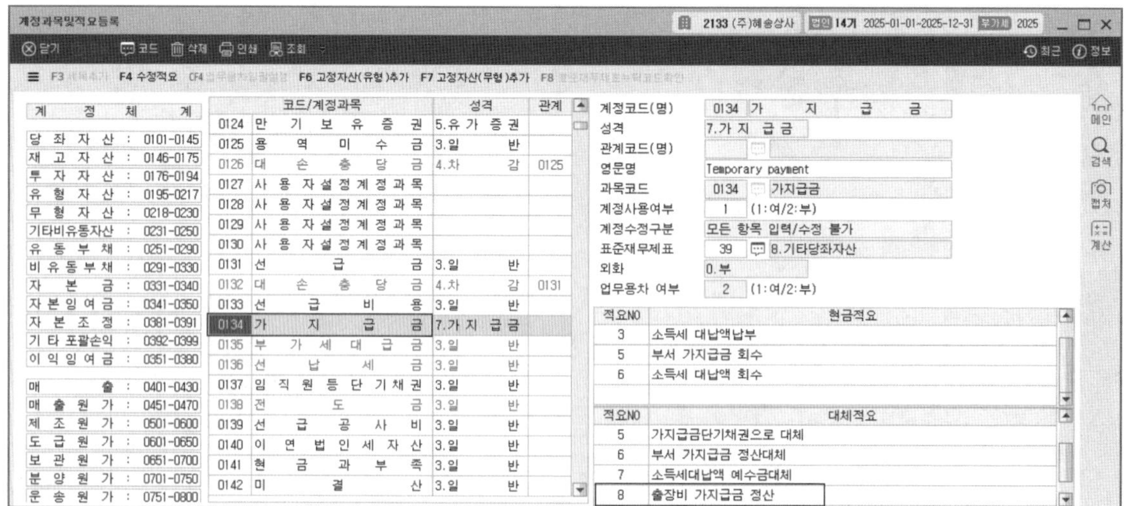

코드	계정과목	성격	관계
0124	만기보유증권	5.유가증권	
0125	용역미수금	3.일반	
0126	대손충당금	4.차감	0125
0127	사용자설정계정과목		
0128	사용자설정계정과목		
0129	사용자설정계정과목		
0130	사용자설정계정과목		
0131	선급금	3.일반	
0132	대손충당금	4.차감	0131
0133	선급비용	3.일반	
0134	가지급금	7.가지급금	
0135	부가세대급금	3.일반	
0136	선납세금	3.일반	
0137	임직원등단기채권	3.일반	
0138	전도금	3.일반	
0139	선급공사비	3.일반	
0140	이연법인세자산	3.일반	
0141	현금과부족	3.일반	
0142	미결산	3.일반	

적요NO	대체적요
5	가지급금단기채권으로 대체
6	부서 가지급금 정산대체
7	소득세대납액 예수금대체
8	출장비 가지급금 정산

[3] • [전기분원가명세서]

- 504.임금 45,000,000원 → 47,200,000원으로 수정
- 당기제품제조원가 400,780,000원 확인

전기분원가명세서 — 2133 (주)혜송상사 법인 14기 2025-01-01~2025-12-31 부가세 2025

닫기 | 삭제 | 인쇄 | 조회

F4 원가설정 F8 합계재계산

0500번대 제조 — 2024년

코드	계정과목	금액
0501	원재료비	297,300,000
0504	임금	47,200,000
0511	복리후생비	3,700,000
0512	여비교통비	1,800,000
0513	기업업무추진비	3,200,000
0515	가스수도료	4,300,000
0519	임차료	16,000,000
0520	수선비	4,200,000
0521	보험료	5,750,000
0522	차량유지비	14,100,000
0530	소모품비	8,200,000

계정별합계	
1.원재료비	297,300,000
2.부재료비	
3.노무비	47,200,000
4.경비	61,250,000
5.당기총제조비용	405,750,000
6.기초재공품재고액	3,430,000
7.타계정에서대체액	
8.합 계	409,180,000
9.기말재공품재고액	8,200,000
10.타계정으로대체액	200,000
11.당기제품제조원가	400,780,000

• [전기분손익계산서]

- 당기제품제조원가 398,580,000원 → 400,780,000원으로 수정
- 매출원가 393,780,000원 확인

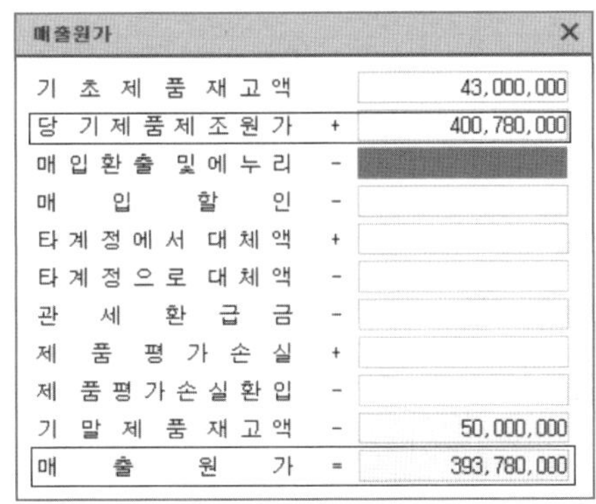

매출원가

기초제품재고액		43,000,000
당기제품제조원가	+	400,780,000
매입환출및에누리	-	
매입할인	-	
타계정에서대체액	+	
타계정으로대체액	-	
관세환급금	-	
제품평가손실	+	
제품평가손실환입	-	
기말제품재고액	-	50,000,000
매출원가	=	393,780,000

- 801.급여 86,500,000원 → 84,300,000원으로 수정
- 당기순이익 74,960,000원 확인

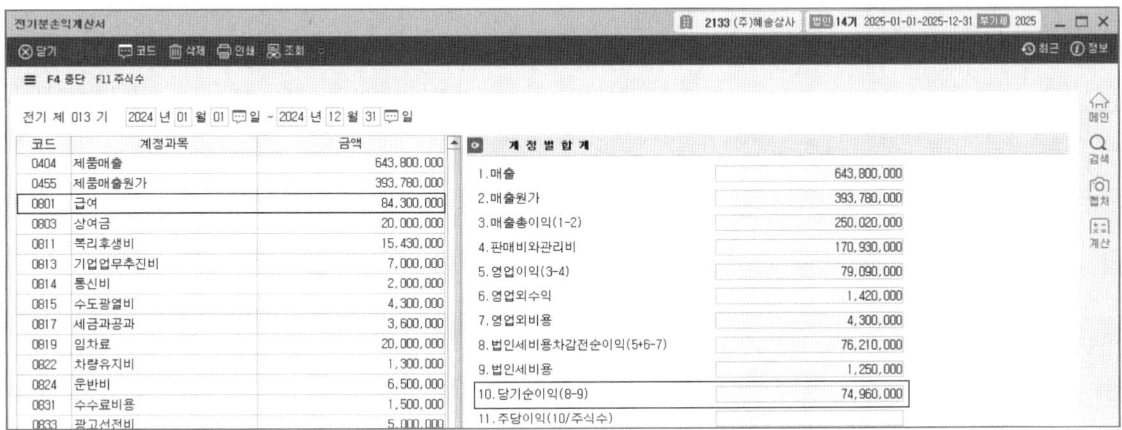

전기분손익계산서 — 2133 (주)혜송상사 법인 14기 2025-01-01~2025-12-31 부가세 2025

닫기 | 코드 | 삭제 | 인쇄 | 조회

F4 중단 F11 주식수

전기 제 013 기 2024 년 01 월 01 일 ~ 2024 년 12 월 31 일

코드	계정과목	금액
0404	제품매출	643,800,000
0455	제품매출원가	393,780,000
0801	급여	84,300,000
0803	상여금	20,000,000
0811	복리후생비	15,430,000
0813	기업업무추진비	7,000,000
0814	통신비	2,000,000
0815	수도광열비	4,300,000
0817	세금과공과	3,600,000
0819	임차료	20,000,000
0822	차량유지비	1,300,000
0824	운반비	6,500,000
0831	수수료비용	1,500,000
0833	광고선전비	5,000,000

계정별합계	
1.매출	643,800,000
2.매출원가	393,780,000
3.매출총이익(1-2)	250,020,000
4.판매비와관리비	170,930,000
5.영업이익(3-4)	79,090,000
6.영업외수익	1,420,000
7.영업외비용	4,300,000
8.법인세비용차감전순이익(5+6-7)	76,210,000
9.법인세비용	1,250,000
10.당기순이익(8-9)	74,960,000
11.주당이익(10/주식수)	

※ 전기분재무상태표 및 전기분잉여금처분계산서 변동 없음

문 2 일반전표입력

[1] [일반전표입력] 7월 15일

(차) 선급금[(주)상수] 3,000,000 (대) 당좌예금 3,000,000

2025 년 07 월 15 일 변경 현금잔액: 28,167,906 대차차액:

□	일	번호	구분	계정과목		거래처		적요		차변	대변
□	15	00001	차변	0131	선급금	00105	(주)상수			3,000,000	
□	15	00001	대변	0102	당좌예금						3,000,000

[2] [일반전표입력] 8월 5일

(차) 보통예금 864,000,000 (대) 단기차입금[우리은행] 900,000,000
선급비용 36,000,000

2025 년 08 월 5 일 변경 현금잔액: 42,448,996 대차차액:

□	일	번호	구분	계정과목		거래처		적요		차변	대변
□	5	00002	차변	0103	보통예금					864,000,000	
□	5	00002	차변	0133	선급비용					36,000,000	
□	5	00002	대변	0260	단기차입금	98004	우리은행				900,000,000

[3] [일반전표입력] 10월 1일

(차) 미지급금[(주)대운] 1,000,000 (대) 임차보증금[(주)대운] 10,000,000
보통예금 9,000,000

2025 년 09 월 10 일 변경 현금잔액: 42,516,256 대차차액:

□	일	번호	구분	계정과목		거래처		적요		차변	대변
□	10	00001	차변	0253	미지급금	00110	(주)대운			1,000,000	
□	10	00001	차변	0103	보통예금					9,000,000	
□	10	00001	대변	0232	임차보증금	00110	(주)대운				10,000,000

[4] [일반전표입력] 10월 20일

(차) 보통예금 1,300,000 (대) 외상매출금[(주)영광상사] 1,300,000

2025 년 10 월 20 일 변경 현금잔액: 59,521,456 대차차액:

□	일	번호	구분	계정과목		거래처		적요		차변	대변
□	20	00001	차변	0103	보통예금					1,300,000	
□	20	00001	대변	0108	외상매출금	00121	(주)영광상사				1,300,000

[5] [일반전표입력] 11월 29일

(차) 매도가능증권(178) 20,240,000 (대) 보통예금 20,240,000

2025 년 11 월 29 일 변경 현금잔액: 51,136,356 대차차액:

□	일	번호	구분	계정과목		거래처		적요		차변	대변
□	29	00001	차변	0178	매도가능증권					20,240,000	
□	29	00001	대변	0103	보통예금						20,240,000

[6] [일반전표입력] 12월 8일

(차) 상품 7,560,000 (대) 보통예금 7,560,000

2025 년 12 월 8 일 변경 현금잔액: 48,060,356 대차차액:

□	일	번호	구분	계정과목		거래처		적요		차변	대변
□	8	00001	차변	0146	상품					7,560,000	
□	8	00001	대변	0103	보통예금						7,560,000

문 3 매입매출전표입력

[1] [매입매출전표입력] 8월 10일

유형	공급가액	부가세	공급처명	전자	분개
51.과세	950,000	95,000	산양산업(주)	1.여	1.현금 또는 3.혼합
분개	(차) 부가세대급금 소모품	95,000 950,000	(대) 현금		1,045,000

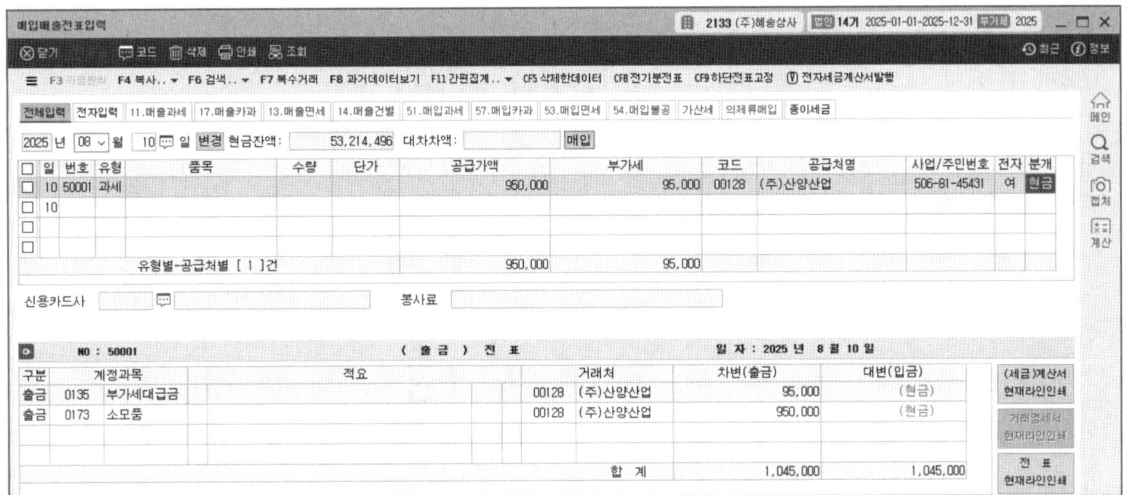

[2] [매입매출전표입력] 8월 22일

유형	공급가액	부가세	공급처명	전자	분개
52.영세	34,000,000		(주)로띠상사	1.여	3.혼합
분개	(차) 원재료	34,000,000	(대) 지급어음[(주)로띠상사]		34,000,000

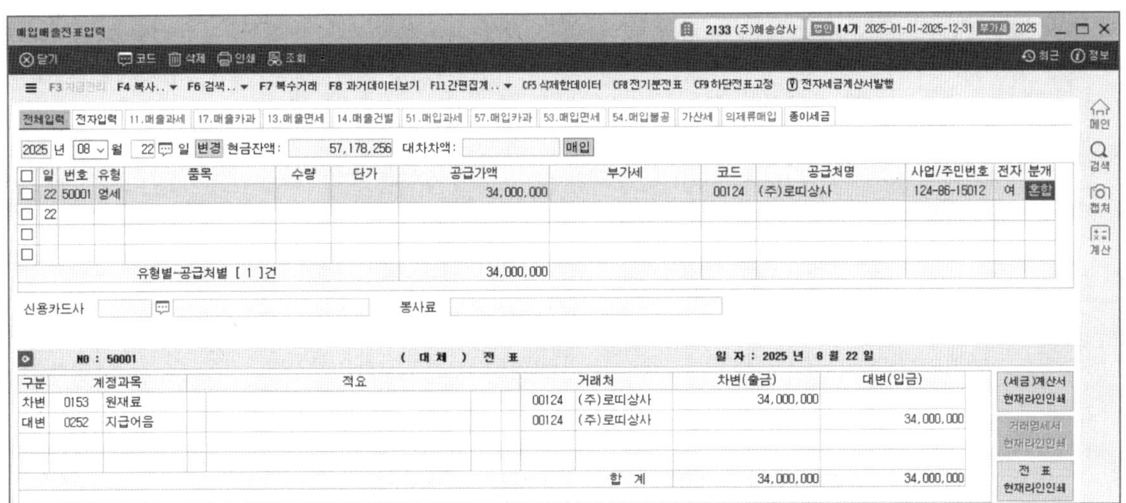

[3] [매입매출전표입력] 8월 25일

유형	공급가액	부가세	공급처명	전자	분개
53.면세	800,000		송강수산	1.여	3.혼합
분개	(차) 복리후생비(판) 기업업무추진비(판)	500,000 300,000	(대) 보통예금	800,000	

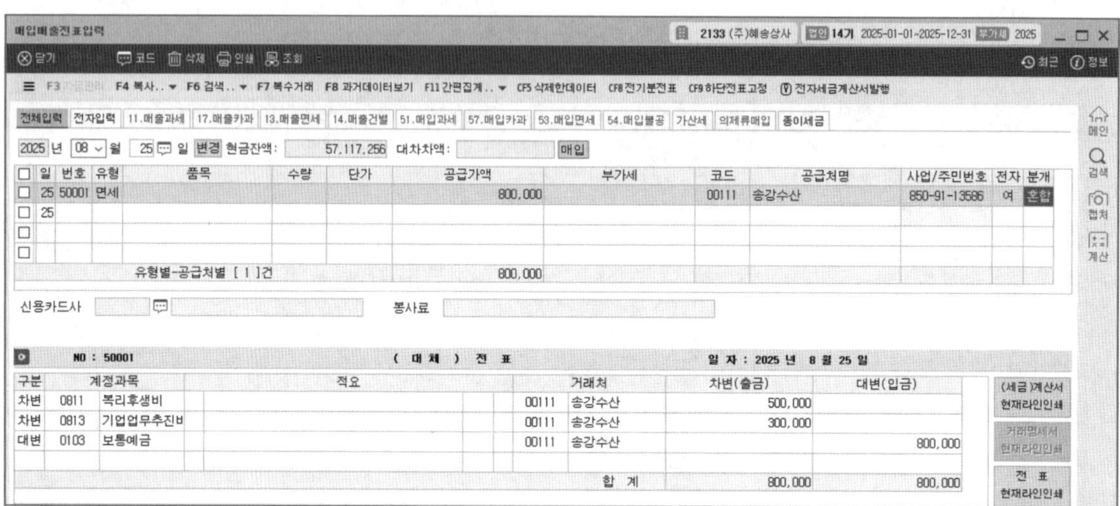

[4] [매입매출전표입력] 10월 16일

유형	공급가액	부가세	공급처명	전자	분개
54.불공	2,100,000	210,000	상해전자(주)	1.여	3.혼합
불공제사유	② 사업과 직접 관련 없는 지출				
분개	(차) 가지급금[황동규]	2,310,000	(대) 미지급금		2,310,000

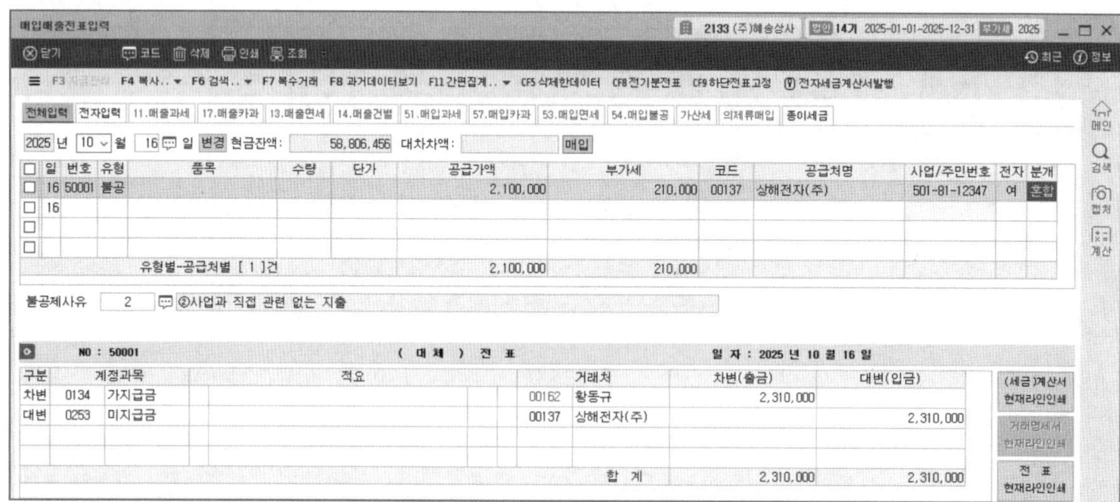

[5] [매입매출전표입력] 11월 4일

유형	공급가액	부가세	공급처명	전자	분개
17.카과	700,000	70,000	김은우		4.카드 또는 3.혼합
신용카드사	99601.신한카드				
분개	(차) 외상매출금[신한카드]	770,000	(대) 부가세예수금 제품매출		70,000 700,000

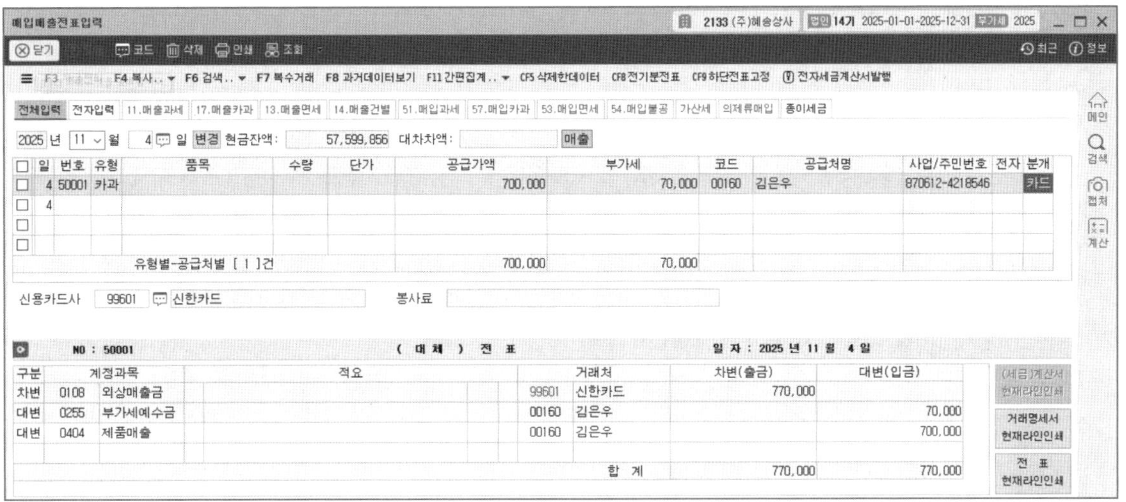

[6] [매입매출전표입력] 12월 4일

유형	공급가액	부가세	공급처명	전자	분개
57.카과	800,000	80,000	(주)뚝딱수선		4.카드 또는 3.혼합
신용카드사	99603.하나카드				
분개	(차) 부가세대급금 수선비(제)	80,000 800,000	(대) 미지급금[하나카드] (또는 미지급비용)		880,000

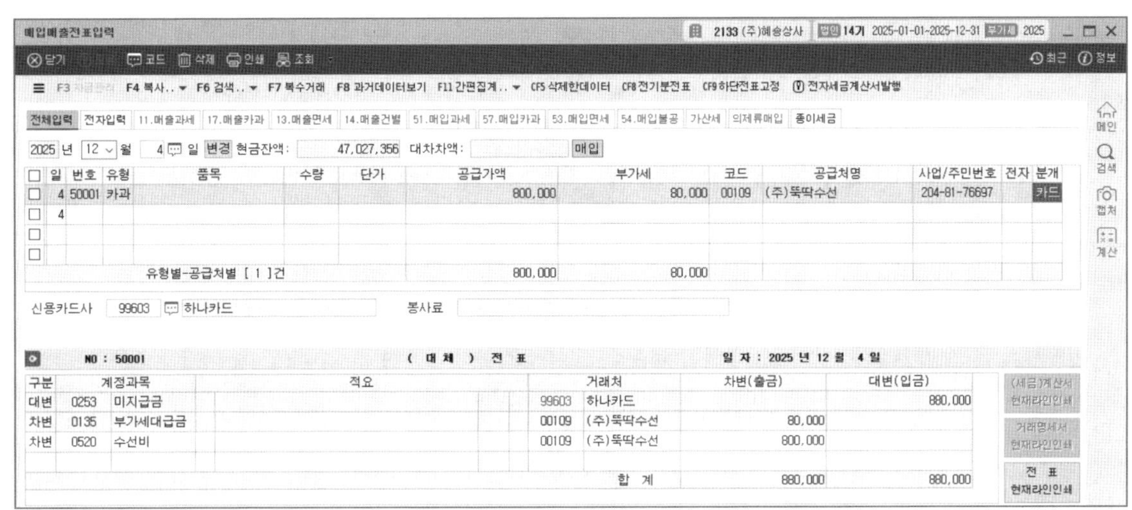

문 4 오류수정

[1] [일반전표입력] 9월 9일 수정

• 수정 전

(차) 보통예금	5,000,000	(대) 장기차입금[초록산업]	5,000,000

2025 년 09 월 9 일 변경 현금잔액: 41,571,256 대차차액:

□	일	번호	구분	계 정 과 목		거 래 처		적 요	차 변	대 변
□	9	00001	차변	0103	보통예금			(주)초록산업 차입금	5,000,000	
□	9	00001	대변	0293	장기차입금	00133	(주)초록산업	(주)초록산업 차입금		5,000,000

• 수정 후

(차) 보통예금	5,000,000	(대) 장기차입금[(주)초록산업]	3,000,000
		단기차입금[(주)초록산업]	2,000,000

2025 년 09 월 9 일 변경 현금잔액: 41,571,256 대차차액:

□	일	번호	구분	계 정 과 목		거 래 처		적 요	차 변	대 변
□	9	00001	차변	0103	보통예금			(주)초록산업 차입금	5,000,000	
□	9	00001	대변	0293	장기차입금	00133	(주)초록산업	(주)초록산업 차입금		3,000,000
□	9	00001	대변	0260	단기차입금	00133	(주)초록산업	(주)초록산업 차입금		2,000,000

[2] [일반전표입력] 10월 15일 삭제 후 [매입매출전표입력] 10월 15일 입력

• 수정 전

(차) 차량유지비(판)	275,000	(대) 현금	275,000

2025 년 10 월 15 일 변경 현금잔액: 58,806,456 대차차액:

□	일	번호	구분	계 정 과 목		거 래 처		적 요	차 변	대 변
□	15	00001	차변	0822	차량유지비			영업팀 영업용차량 수리	275,000	
□	15	00001	대변	0101	현금			영업팀 영업용차량 수리		275,000

• 수정 후

유형	공급가액	부가세	공급처명	전자	분개
51.과세	250,000	25,000	바로카센터	1.여	1.현금 또는 3.혼합
분개	(차) 부가세대급금 25,000 차량유지비(판) 250,000		(대) 현금 275,000		

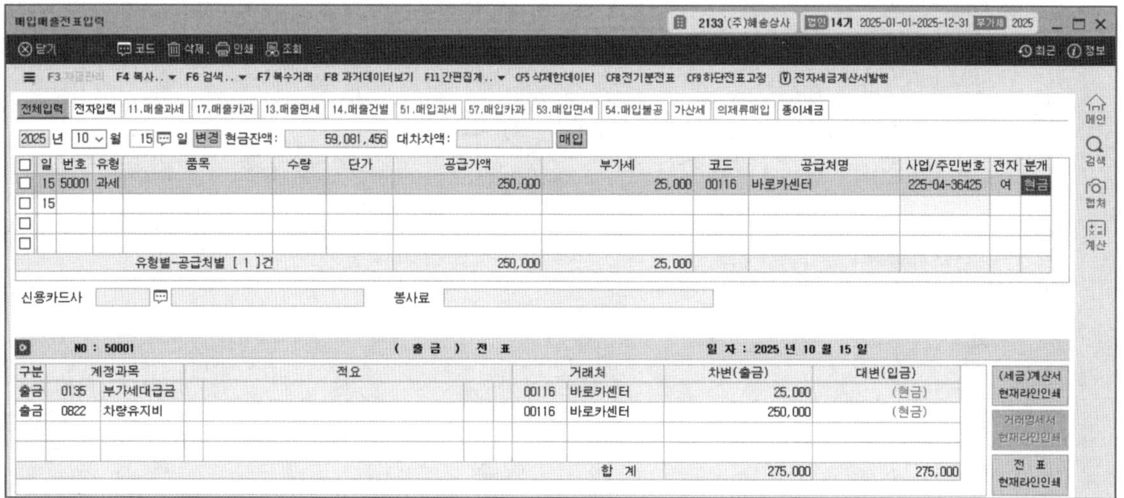

매입매출전표입력

2025 년 10 월 15 일 변경 현금잔액: 59,081,456 대차차액: 매입

일	번호	유형	품목	수량	단가	공급가액	부가세	코드	공급처명	사업/주민번호	전자	분개
15	50001	과세				250,000	25,000	00116	바로카센터	225-04-36425	여	현금
			유형별-공급처별 [1]건			250,000	25,000					

NO : 50001 (출 금) 전 표 일 자 : 2025 년 10 월 15 일

구분	계정과목		적요	거래처		차변(출금)	대변(입금)
출금	0135	부가세대급금		00116	바로카센터	25,000	(현금)
출금	0822	차량유지비		00116	바로카센터	250,000	(현금)
				합 계		275,000	275,000

문 5 결산자료입력

[1] [일반전표입력] 12월 31일

(차) 외화환산손실	200,000	(대) 외상매입금[NOVONO]	200,000

- 기말환산액: $2,000×결산 시 기준환율 1,200원/$=2,400,000원
- 장부금액: $2,000×매입 시 기준환율 1,100원/$=2,200,000원
- 외화환산손실: 기말환산액 2,400,000원－장부금액 2,200,000원=200,000원, 외화부채이므로 외화환산손실로 처리한다.

2025 년 12 월 31 일 변경 현금잔액: 512,136 대차차액:

일	번호	구분	계정과목	거래처	적요	차변	대변
31	00001	차변	0955 외화환산손실			200,000	
31	00001	대변	0251 외상매입금	00141 NOVONO			200,000

[2] [결산자료입력] 12월 31일

(차) 단기매매증권평가손실	2,000,000	(대) 단기매매증권	2,000,000

2025 년 12 월 31 일 변경 현금잔액: 512,136 대차차액:

일	번호	구분	계정과목	거래처	적요	차변	대변
31	00002	차변	0957 단기매매증권평가손실			2,000,000	
31	00002	대변	0107 단기매매증권				2,000,000

[3] [일반전표입력] 12월 31일

(차) 선급비용	1,200,000	(대) 보험료(제)	1,200,000

2025 년 12 월 31 일 변경 현금잔액: 512,136 대차차액:

일	번호	구분	계정과목	거래처	적요	차변	대변
31	00003	차변	0133 선급비용			1,200,000	
31	00003	대변	0521 보험료				1,200,000

문 6 장부조회

[1] [부가가치세신고서] 4월 1일～6월 30일 조회

부가가치세신고서 2133 (주)혜송상사 법인 14기 2025-01-01~2025-12-31 부가세 2025

닫기 인쇄 조회 최근 정보

CF2 F3 마감 SF3 CF3 F4 과표명세 F6 F7 저장 F8 사업장명세 F11 원시데이타켜기 CF11 작성방법켜기

일반과세 간이과세

조회기간 2025 년 4 월 1 일 ~ 2025 년 6 월 30 일 신고구분 1.정기신고 신고차수 부가율 9.13 확정

구분			번호	정기신고금액 금액	세율	세액
과세표준및매출세액	과세	세금계산서발급분	1	298,226,000	10/100	29,822,600
		매입자발행세금계산서	2		10/100	
		신용카드·현금영수증발행분	3	2,000,000	10/100	200,000
		기타(정규영수증외매출분)	4			
	영세	세금계산서발급분	5		0/100	
		기타	6		0/100	
	예정신고누락분		7	5,100,000		300,000
	대손세액가감		8			
	합계		9	305,326,000	㉮	30,322,600
매입세액	세금계산서 수취분	일반매입	10	277,439,000		27,743,900
		수출기업수입분납부유예	10-1			
		고정자산매입	11			
	예정신고누락분		12			
	매입자발행세금계산서		13			
	그 밖의 공제매입세액		14			
	합계(10)-(10-1)+(11)+(12)+(13)+(14)		15	277,439,000		27,743,900
	공제받지못할매입세액		16			
	차감계 (15-16)		17	277,439,000	㉯	27,743,900
납부(환급)세액(매출세액㉮-매입세액㉯)					㉰	2,578,700
경감	그 밖의 경감·공제세액		18			

구분			번호	금액	세율	세액
7.매출(예정신고누락분)						
예정누락분	과세	세금계산서	33	3,000,000	10/100	300,000
		기타	34		10/100	
	영세	세금계산서	35		0/100	
		기타	36	2,100,000	0/100	
	합계		37	5,100,000		300,000
12.매입(예정신고누락분)						
예정누락분	세금계산서		38			
	그 밖의 공제매입세액		39			
	합계		40			
	신용카드매출수령금액합계	일반매입				
		고정매입				
	의제매입세액					
	재활용폐자원등매입세액					
	과세사업전환매입세액					
	재고매입세액					
	변제대손세액					
	외국인관광객에대한환급세액					
	합계					
14.그 밖의 공제매입세액						

메인 검색 캡처 계산

답안 **공급가액 5,100,000원, 세액 300,000원**

[2] [총계정원장] – [월별] 탭, 4월 1일~5월 30일 조회, 511.복리후생비 조회

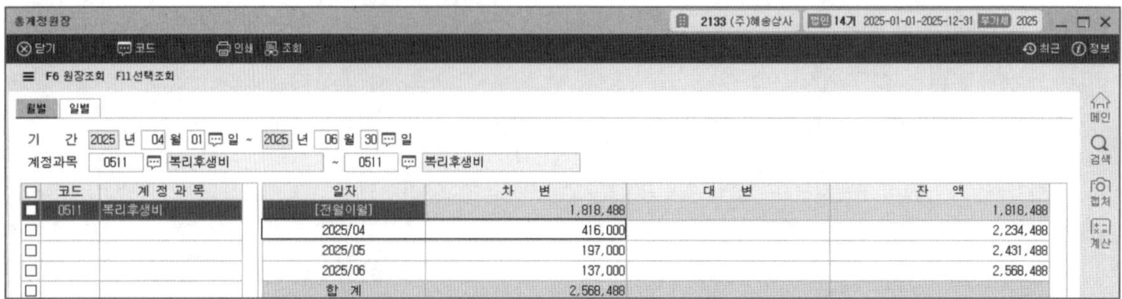

답안 4월, 416,000원

[3] [거래처원장] – [잔액] 탭, 1월 1일~4월 30일, 253.미지급금 조회

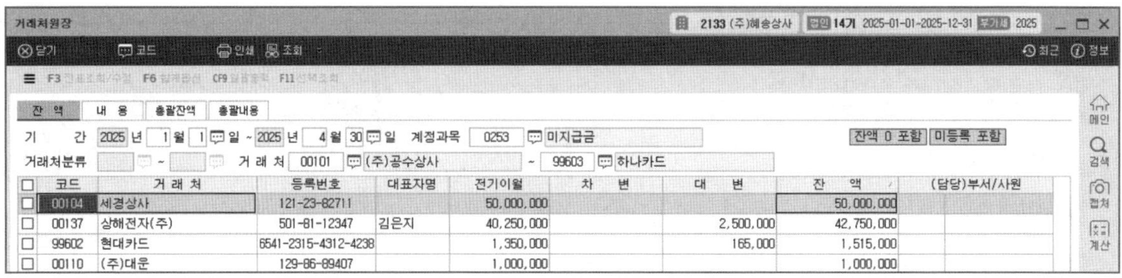

답안 세경상사, 50,000,000원

112회 기출문제 (주)유미기계(회사코드: 2123)

p.187

이론시험

01 ③

상중하 재무제표는 재무상태표, 손익계산서, 현금흐름표, 자본변동표로 구성되며, 주석을 포함한다.

02 ④

상중하 생산량은 생산량비례법을 계산할 때 필수요소이다.

03 ②

상중하 자기주식은 이익잉여금처분계산서에 나타나지 않는다.

04 ①

상중하 위탁매출은 수탁자가 해당 재화를 제3자에게 판매한 시점에 수익으로 인식한다.

05 ①

상중하 임차보증금은 기타비유동자산으로 분류하고, 나머지는 무형자산으로 분류한다.

06 ③

상중하 자기주식처분이익은 자본잉여금으로 분류되고, 자기주식, 주식할인발행차금, 감자차손은 자본조정으로 분류된다.

07 ④

상중하 기말재고자산을 실제보다 낮게 계상한 경우, 매출원가가 과대계상되므로 그 결과 당기순이익과 자본은 과소계상된다.

08 ④

상중하 회계처리:

(차) 투자부동산	5,200,000	(대) 미지급금	5,000,000
		현금	200,000

09 ①

상중하 총고정원가는 관련 범위 내에서 일정하지만 관련 범위 밖에서는 일정하다고 할 수 없다.

10 ④

상중하 매출원가는 손익계산서에서 제공되는 정보이다.

11 ②

상중하 공장 인사 관리 부문의 원가는 종업원의 수를 배부기준으로 하는 것이 적합하다.

12 ①

상중하
- 직접재료원가 완성품 환산량: 완성품 30,000개+기말재공품 10,000개−기초재공품 5,000개=35,000개
- 가공원가 완성품 환산량: 완성품 30,000개+기말재공품 10,000개×30%−기초재공품 5,000개×70%=29,500개

13 ②

상중하 우리나라 부가가치세법은 소비지국과세원칙을 채택하고 있다.

14 ③

상중하 폐업자의 경우 폐업일이 속하는 달의 다음 달 25일까지 확정신고를 하여야 한다.

15 ③

상중하 1,000cc가 넘으면 개별소비세법 제1조제2항제3호에 따른 자동차에 속하지 않으므로 매입세액공제 가능하다.
- 기업업무추진비는 매입세액불공제 대상이다.
- 개별소비세법 제1조제2항제3호에 따른 자동차의 구입, 유지, 임차를 위한 비용은 매입세액을 불공제한다.
- 세금계산서, 신용카드매출전표, 현금영수증에 기재된 매입세액은 공제 가능하다.

실무시험

문 1 기초정보관리 및 전기분 재무제표

[1] [거래처등록]

- 거래처코드: 05230
- 거래처명: (주)대영토이
- 유형: 3.동시
- 사업자등록번호: 108-86-13574
- 대표자: 박완구
- 업태: 제조
- 종목: 완구제조
- 사업장주소: 경기도 광주시 오포읍 왕림로 139

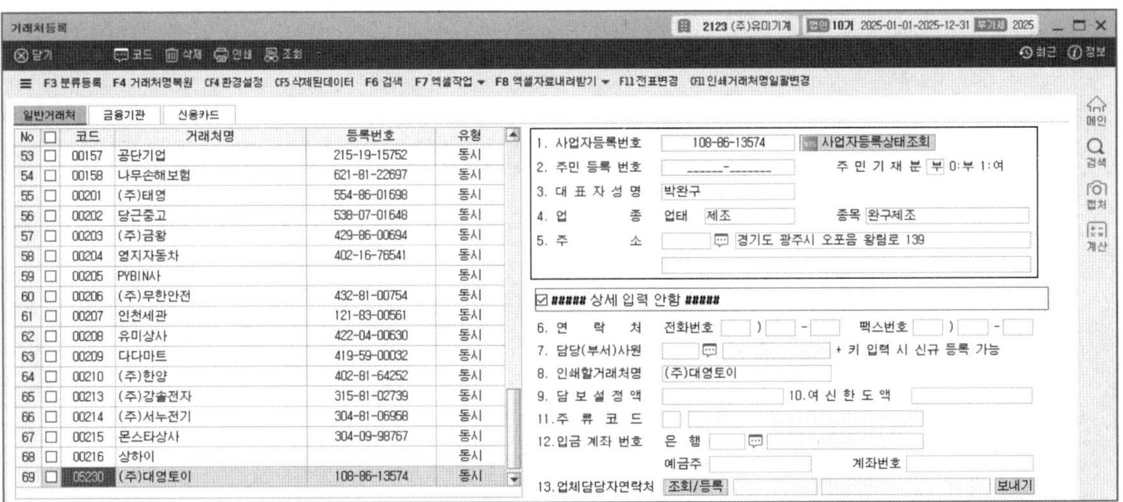

[2] [거래처별초기이월]

- 외상매출금
  - 튼튼사무기 8,300,000원 → 3,800,000원으로 수정

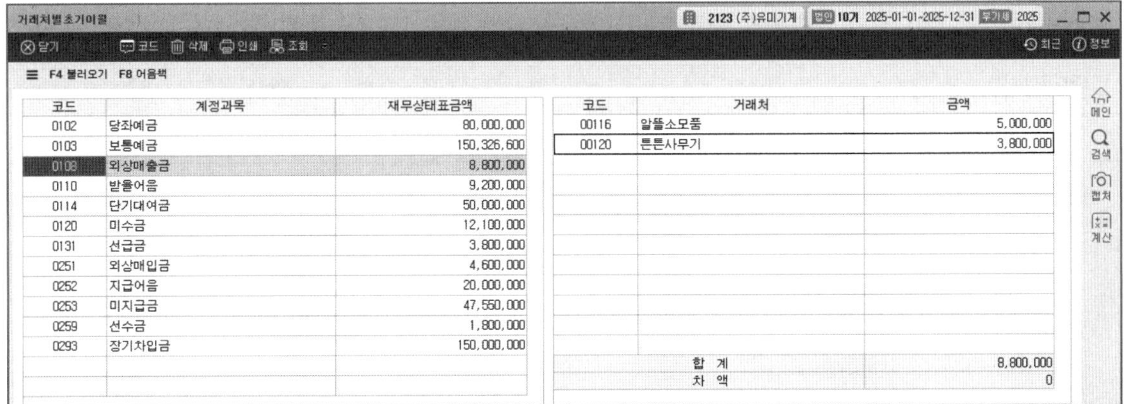

• 받을어음

– (주)강림상사 20,000,000원 → 2,000,000원으로 수정

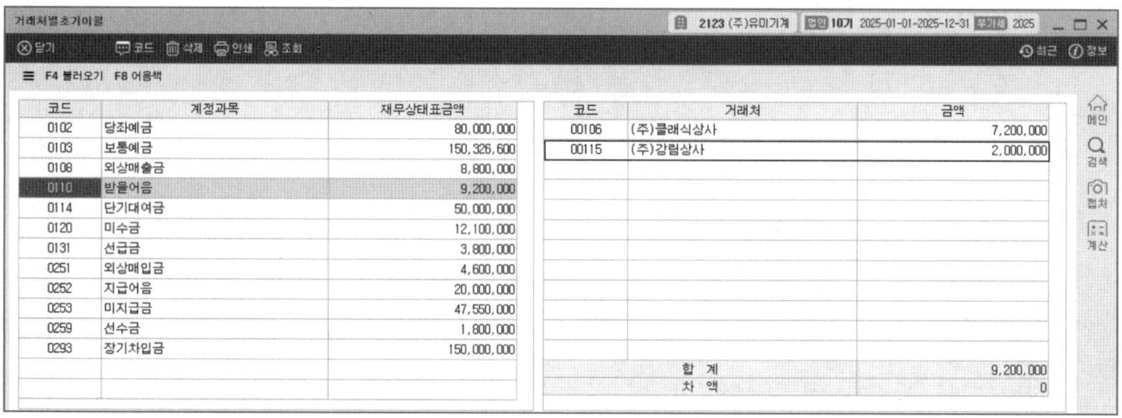

거래처별초기이월 | 2123 (주)유미기계 | 법인 10기 2025-01-01~2025-12-31 | 부가세 2025

닫기 | 코드 | 삭제 | 인쇄 | 조회 | 최근 | 정보

F4 불러오기 F8 어음책

코드	계정과목	재무상태표금액
0102	당좌예금	80,000,000
0103	보통예금	150,326,600
0108	외상매출금	8,800,000
0110	받을어음	9,200,000
0114	단기대여금	50,000,000
0120	미수금	12,100,000
0131	선급금	3,800,000
0251	외상매입금	4,600,000
0252	지급어음	20,000,000
0253	미지급금	47,550,000
0259	선수금	1,800,000
0293	장기차입금	150,000,000

코드	거래처	금액
00106	(주)클래식상사	7,200,000
00115	(주)강림상사	2,000,000
	합계	9,200,000
	차액	0

• 외상매입금

– (주)해원상사 4,600,000원 추가 입력

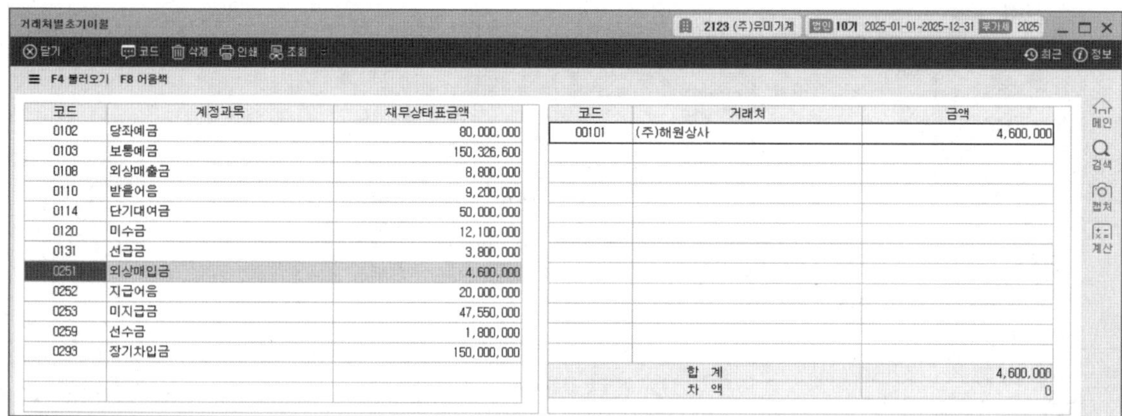

거래처별초기이월 | 2123 (주)유미기계 | 법인 10기 2025-01-01~2025-12-31 | 부가세 2025

닫기 | 코드 | 삭제 | 인쇄 | 조회 | 최근 | 정보

F4 불러오기 F8 어음책

코드	계정과목	재무상태표금액
0102	당좌예금	80,000,000
0103	보통예금	150,326,600
0108	외상매출금	8,800,000
0110	받을어음	9,200,000
0114	단기대여금	50,000,000
0120	미수금	12,100,000
0131	선급금	3,800,000
0251	외상매입금	4,600,000
0252	지급어음	20,000,000
0253	미지급금	47,550,000
0259	선수금	1,800,000
0293	장기차입금	150,000,000

코드	거래처	금액
00101	(주)해원상사	4,600,000
	합계	4,600,000
	차액	0

[3] • [전기분재무상태표]

– 원재료 73,600,000원 → 75,600,000원으로 수정

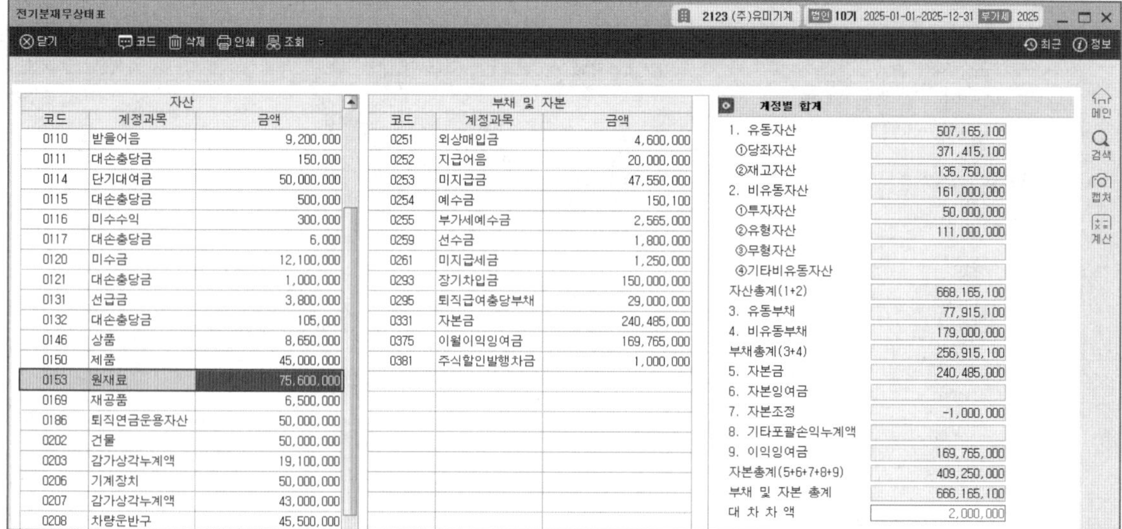

전기분재무상태표 | 2123 (주)유미기계 | 법인 10기 2025-01-01~2025-12-31 | 부가세 2025

닫기 | 코드 | 삭제 | 인쇄 | 조회 | 최근 | 정보

자산		
코드	계정과목	금액
0110	받을어음	9,200,000
0111	대손충당금	150,000
0114	단기대여금	50,000,000
0115	대손충당금	500,000
0116	미수수익	300,000
0117	대손충당금	6,000
0120	미수금	12,100,000
0121	대손충당금	1,000,000
0131	선급금	3,800,000
0132	대손충당금	105,000
0146	상품	8,650,000
0150	제품	45,000,000
0153	원재료	75,600,000
0169	재공품	6,500,000
0186	퇴직연금운용자산	50,000,000
0202	건물	50,000,000
0203	감가상각누계액	19,100,000
0206	기계장치	50,000,000
0207	감가상각누계액	43,000,000
0208	차량운반구	45,500,000

부채 및 자본		
코드	계정과목	금액
0251	외상매입금	4,600,000
0252	지급어음	20,000,000
0253	미지급금	47,550,000
0254	예수금	150,100
0255	부가세예수금	2,565,000
0259	선수금	1,800,000
0261	미지급세금	1,250,000
0293	장기차입금	150,000,000
0295	퇴직급여충당부채	29,000,000
0331	자본금	240,485,000
0375	이월이익잉여금	169,765,000
0381	주식할인발행차금	1,000,000

계정별 합계	
1. 유동자산	507,165,100
①당좌자산	371,415,100
②재고자산	135,750,000
2. 비유동자산	161,000,000
①투자자산	50,000,000
②유형자산	111,000,000
③무형자산	
④기타비유동자산	
자산총계(1+2)	668,165,100
3. 유동부채	77,915,100
4. 비유동부채	179,000,000
부채총계(3+4)	256,915,100
5. 자본금	240,485,000
6. 자본잉여금	
7. 자본조정	-1,000,000
8. 기타포괄손익누계액	
9. 이익잉여금	169,765,000
자본총계(5+6+7+8+9)	409,250,000
부채 및 자본 총계	666,165,100
대 차 차 액	2,000,000

- [전기분원가명세서]
  - 기말원재료재고액 75,600,000원 확인
  - 당기제품제조원가 503,835,000원 확인

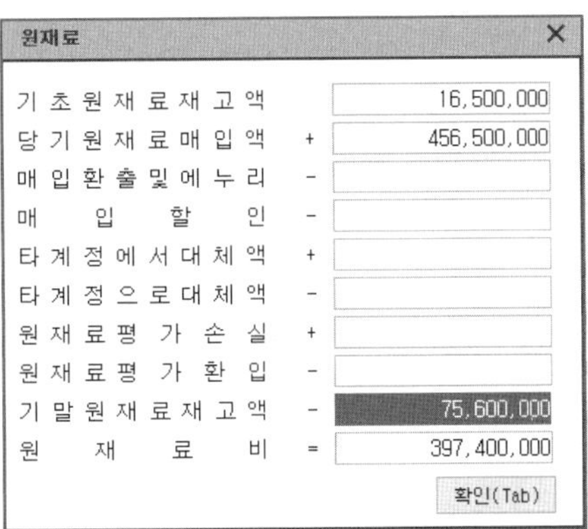

원재료

기초원재료재고액		16,500,000
당기원재료매입액	+	456,500,000
매입환출및에누리	-	
매입할인	-	
타계정에서대체액	+	
타계정으로대체액	-	
원재료평가손실	+	
원재료평가환입	-	
기말원재료재고액	-	75,600,000
원재료비	=	397,400,000

확인(Tab)

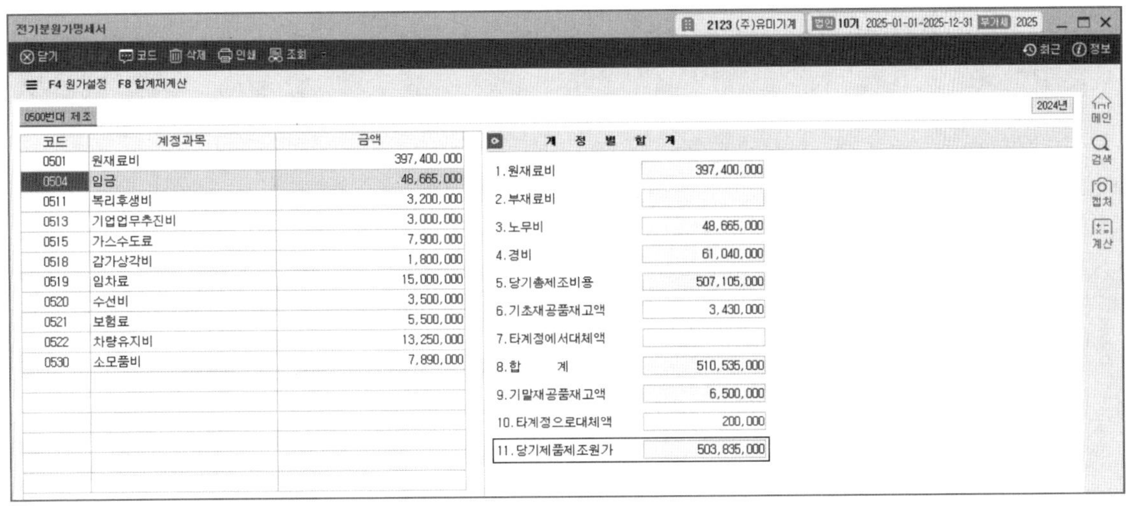

전기분원가명세서 2123 (주)유미기계 법인 10기 2025-01-01-2025-12-31 부가세 2025

닫기 코드 삭제 인쇄 조회 최근 정보

F4 원가설정 F8 합계재계산

0500번대 제조 2024년

코드	계정과목	금액
0501	원재료비	397,400,000
0504	임금	48,665,000
0511	복리후생비	3,200,000
0513	기업업무추진비	3,000,000
0515	가스수도료	7,900,000
0518	감가상각비	1,800,000
0519	임차료	15,000,000
0520	수선비	3,500,000
0521	보험료	5,500,000
0522	차량유지비	13,250,000
0530	소모품비	7,890,000

계정별합계

1.원재료비	397,400,000
2.부재료비	
3.노무비	48,665,000
4.경비	61,040,000
5.당기총제조비용	507,105,000
6.기초재공품재고액	3,430,000
7.타계정에서대체액	
8.합계	510,535,000
9.기말재공품재고액	6,500,000
10.타계정으로대체액	200,000
11.당기제품제조원가	503,835,000

메인 검색 캡처 계산

• [전기분손익계산서]

– 당기제품제조원가 505,835,000원 → 503,835,000원 수정
– 당기순이익 133,865,000원 확인

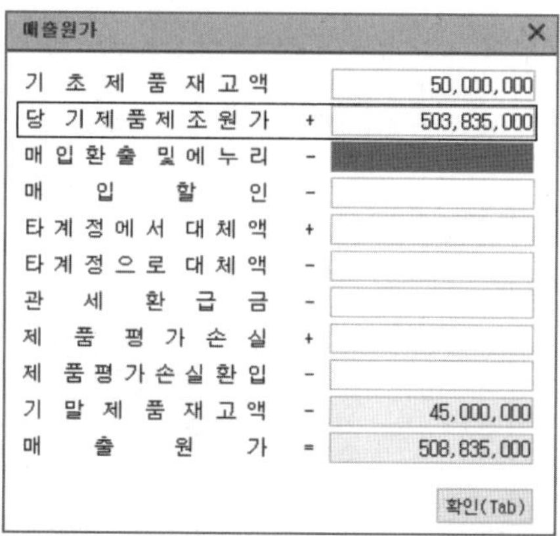

매출원가

기초제품재고액		50,000,000
당기제품제조원가	+	503,835,000
매입환출및에누리	-	
매입할인	-	
타계정에서대체액	+	
타계정으로대체액	-	
관세환급금	-	
제품평가손실	+	
제품평가손실환입	-	
기말제품재고액	-	45,000,000
매출원가	=	508,835,000

확인(Tab)

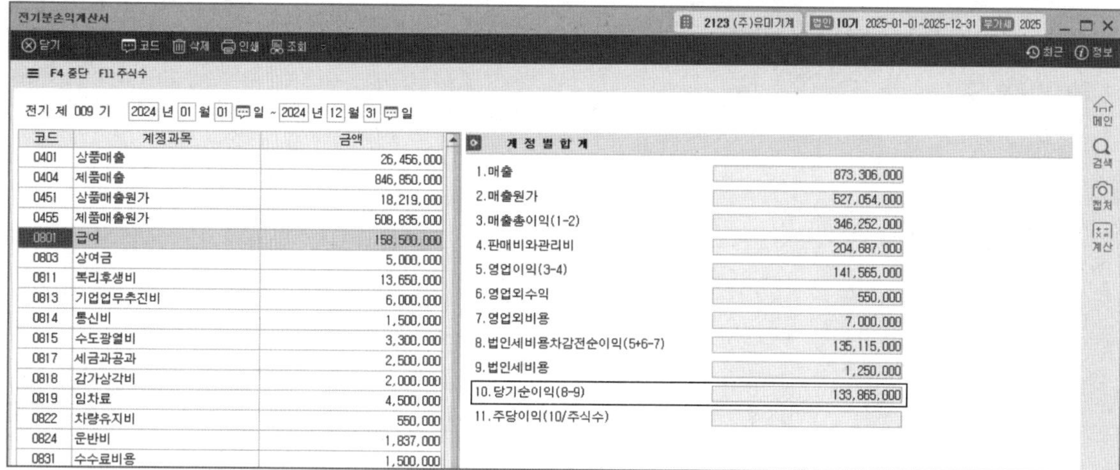

전기분손익계산서

2123 (주)유미기계 법인 10기 2025-01-01~2025-12-31 부가세 2025

닫기 코드 삭제 인쇄 조회 최근 정보

F4 중단 F11 주식수

전기 제 009 기 2024 년 01 월 01 일 ~ 2024 년 12 월 31 일

코드	계정과목	금액
0401	상품매출	26,456,000
0404	제품매출	846,850,000
0451	상품매출원가	18,219,000
0455	제품매출원가	508,835,000
0801	급여	158,500,000
0803	상여금	5,000,000
0811	복리후생비	13,650,000
0813	기업업무추진비	6,000,000
0814	통신비	1,500,000
0815	수도광열비	3,300,000
0817	세금과공과	2,500,000
0818	감가상각비	2,000,000
0819	임차료	4,500,000
0822	차량유지비	550,000
0824	운반비	1,837,000
0831	수수료비용	1,500,000

계정별합계	
1.매출	873,306,000
2.매출원가	527,054,000
3.매출총이익(1-2)	346,252,000
4.판매비와관리비	204,687,000
5.영업이익(3-4)	141,565,000
6.영업외수익	550,000
7.영업외비용	7,000,000
8.법인세비용차감전순이익(5+6-7)	135,115,000
9.법인세비용	1,250,000
10.당기순이익(8-9)	133,865,000
11.주당이익(10/주식수)	

• [전기분잉여금처분계산서]

– 당기순이익 131,865,000원 → 133,865,000원으로 수정
– 미처분이익잉여금 171,765,000원 확인

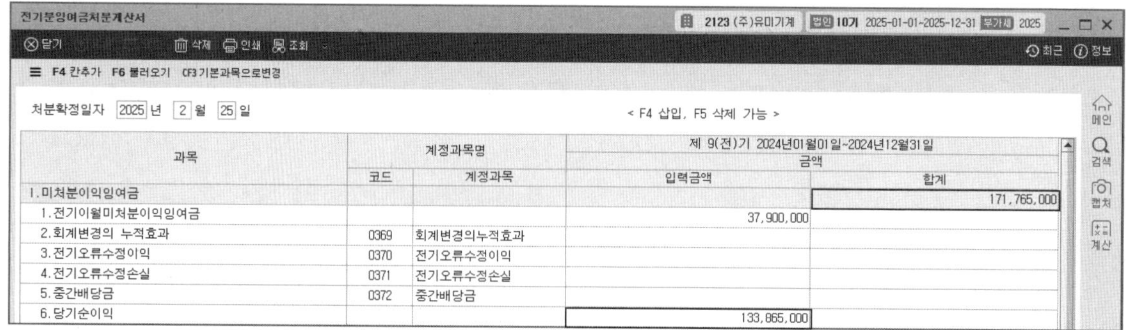

전기분잉여금처분계산서

2123 (주)유미기계 법인 10기 2025-01-01~2025-12-31 부가세 2025

닫기 삭제 인쇄 조회 최근 정보

F4 칸추가 F6 불러오기 CF3 기본과목으로변경

처분확정일자 2025 년 2 월 25 일 < F4 삽입, F5 삭제 가능 >

과목	코드	계정과목	제 9(전)기 2024년01월01일~2024년12월31일 입력금액	합계
Ⅰ.미처분이익잉여금				171,765,000
1.전기이월미처분이익잉여금			37,900,000	
2.회계변경의 누적효과	0369	회계변경의누적효과		
3.전기오류수정이익	0370	전기오류수정이익		
4.전기오류수정손실	0371	전기오류수정손실		
5.중간배당금	0372	중간배당금		
6.당기순이익			133,865,000	

• [전기분재무상태표]

– 이월이익잉여금 169,765,000원 → 171,765,000원으로 수정

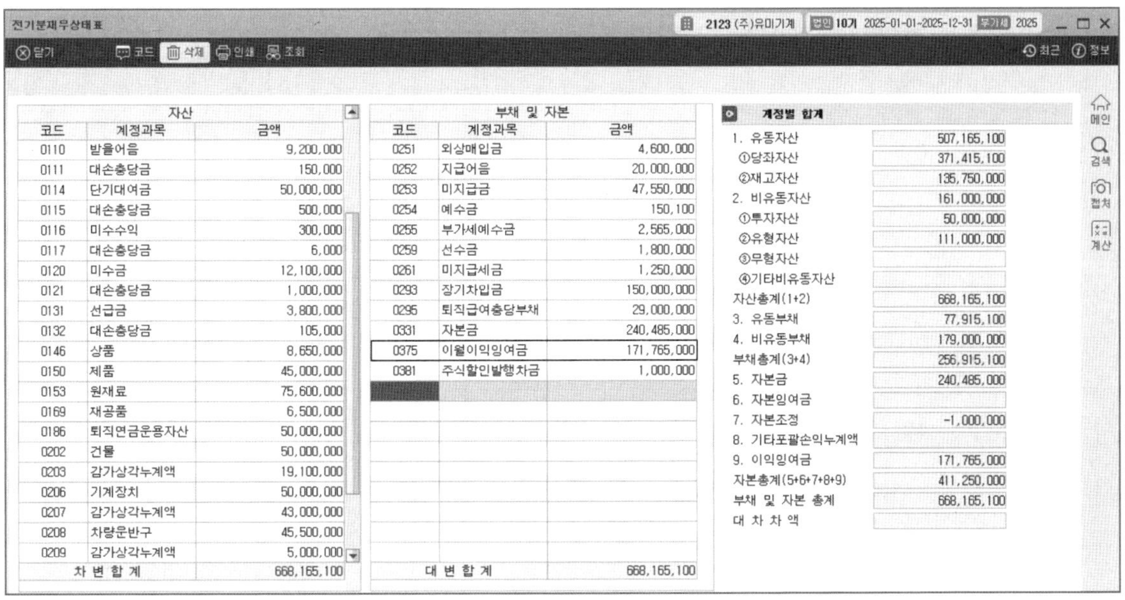

전기분재무상태표 2123 (주)유미기계 법인 10기 2025-01-01~2025-12-31 부가세 2025

닫기 코드 삭제 인쇄 조회 최근 정보

자산		
코드	계정과목	금액
0110	받을어음	9,200,000
0111	대손충당금	150,000
0114	단기대여금	50,000,000
0115	대손충당금	500,000
0116	미수수익	300,000
0117	대손충당금	6,000
0120	미수금	12,100,000
0121	대손충당금	1,000,000
0131	선급금	3,800,000
0132	대손충당금	105,000
0146	상품	8,650,000
0150	제품	45,000,000
0153	원재료	75,600,000
0169	재공품	6,500,000
0186	퇴직연금운용자산	50,000,000
0202	건물	50,000,000
0203	감가상각누계액	19,100,000
0206	기계장치	50,000,000
0207	감가상각누계액	43,000,000
0208	차량운반구	45,500,000
0209	감가상각누계액	5,000,000
차 변 합 계		668,165,100

부채 및 자본		
코드	계정과목	금액
0251	외상매입금	4,600,000
0252	지급어음	20,000,000
0253	미지급금	47,550,000
0254	예수금	150,100
0255	부가세예수금	2,565,000
0259	선수금	1,800,000
0261	미지급세금	1,250,000
0293	장기차입금	150,000,000
0295	퇴직급여충당부채	29,000,000
0331	자본금	240,485,000
0375	이월이익잉여금	171,765,000
0381	주식할인발행차금	1,000,000
대 변 합 계		668,165,100

계정별 합계	
1. 유동자산	507,165,100
①당좌자산	371,415,100
②재고자산	135,750,000
2. 비유동자산	161,000,000
①투자자산	50,000,000
②유형자산	111,000,000
③무형자산	
④기타비유동자산	
자산총계(1+2)	668,165,100
3. 유동부채	77,915,100
4. 비유동부채	179,000,000
부채총계(3+4)	256,915,100
5. 자본금	240,485,000
6. 자본잉여금	
7. 자본조정	-1,000,000
8. 기타포괄손익누계액	
9. 이익잉여금	171,765,000
자본총계(5+6+7+8+9)	411,250,000
부채 및 자본 총계	668,165,100
대 차 차 액	

문 2 일반전표입력

[1] [일반전표입력] 8월 10일

(차) 예수금	340,000	(대) 보통예금	680,000
복리후생비(제)	340,000		

2025 년 08 월 10 일 변경 현금잔액: 104,054,490 대차차액:

일	번호	구분	계 정 과 목	거 래 처	적 요	차 변	대 변
10	00001	차변	0254 예수금			340,000	
10	00001	차변	0511 복리후생비			340,000	
10	00001	대변	0103 보통예금				680,000

[2] [일반전표입력] 8월 23일

(차) 부도어음과수표[(주)애플전자]	3,500,000	(대) 받을어음[(주)애플전자]	3,500,000

2025 년 08 월 23 일 변경 현금잔액: 110,680,750 대차차액:

일	번호	구분	계 정 과 목	거 래 처	적 요	차 변	대 변
23	00001	차변	0246 부도어음과수표	00129 (주)애플전자		3,500,000	
23	00001	대변	0110 받을어음	00129 (주)애플전자			3,500,000

[3] [일반전표입력] 9월 14일

(차) 잡급(판)	420,000	(대) 현금	420,000

2025 년 09 월 14 일 변경 현금잔액: 34,246,050 대차차액:

일	번호	구분	계 정 과 목	거 래 처	적 요	차 변	대 변
14	00001	차변	0805 잡급			420,000	
14	00001	대변	0101 현금				420,000

[4] [일반전표입력] 9월 26일

(차) 퇴직급여충당부채	5,000,000	(대) 퇴직연금운용자산	5,000,000

2025 년 09 월 26 일 변경 현금잔액: 17,043,820 대차차액:

□	일	번호	구분	계정과목		거래처		적요		차변	대변
□	26	00001	차변	0295	퇴직급여충당부채					5,000,000	
□	26	00001	대변	0186	퇴직연금운용자산						5,000,000

[5] [일반전표입력] 10월 16일

(차) 보통예금	37,000,000	(대) 단기매매증권	35,000,000
		단기매매증권처분이익	2,000,000

2025 년 10 월 16 일 변경 현금잔액: 37,906,150 대차차액:

□	일	번호	구분	계정과목		거래처		적요		차변	대변
□	16	00001	차변	0103	보통예금					37,000,000	
□	16	00001	대변	0107	단기매매증권						35,000,000
□	16	00001	대변	0906	단기매매증권처분이익						2,000,000

[6] [일반전표입력] 11월 29일

(차) 보통예금	49,000,000	(대) 사채	50,000,000
사채할인발행차금	1,000,000		

2025 년 11 월 29 일 변경 현금잔액: 71,010,620 대차차액:

□	일	번호	구분	계정과목		거래처		적요		차변	대변
□	29	00001	차변	0103	보통예금					49,000,000	
□	29	00001	차변	0292	사채할인발행차금					1,000,000	
□	29	00001	대변	0291	사채						50,000,000

문 3 매입매출전표입력

[1] [매입매출전표입력] 9월 2일

유형	공급가액	부가세	공급처명	전자	분개
11.과세	10,000,000	1,000,000	(주)신도기전	1.여	3.혼합
분개	(차) 받을어음[(주)신도기전] 8,000,000 외상매출금 3,000,000		(대) 부가세예수금 1,000,000 제품매출 10,000,000		

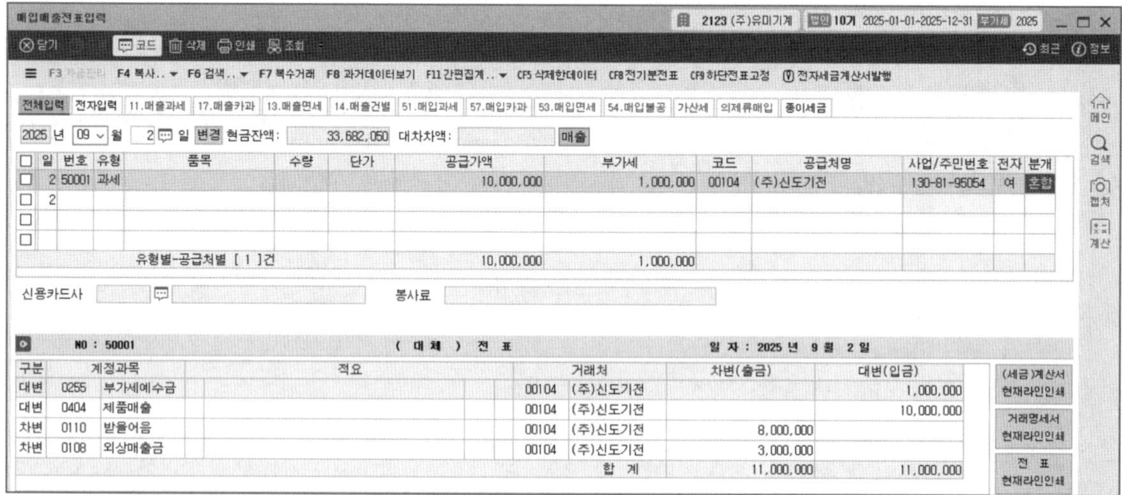

매입매출전표입력 2123 (주)유미기계 법인 10기 2025-01-01~2025-12-31 부가세 2025

2025 년 09 월 2 일 변경 현금잔액: 33,682,050 대차차액: 매출

□	일	번호	유형	품목	수량	단가	공급가액	부가세	코드	공급처명	사업/주민번호	전자	분개
□	2	50001	과세				10,000,000	1,000,000	00104	(주)신도기전	130-81-95054	여	혼합
□	2												
				유형별-공급처별 [1]건			10,000,000	1,000,000					

NO : 50001 (대체) 전표 일 자 : 2025 년 9 월 2 일

구분	계정과목		적요	거래처		차변(출금)	대변(입금)
대변	0255	부가세예수금		00104	(주)신도기전		1,000,000
대변	0404	제품매출		00104	(주)신도기전		10,000,000
차변	0110	받을어음		00104	(주)신도기전	8,000,000	
차변	0108	외상매출금		00104	(주)신도기전	3,000,000	
					합계	11,000,000	11,000,000

[2] [매입매출전표입력] 9월 12일

유형	공급가액	부가세	공급처명	전자	분개
57.카과	450,000	45,000	인천상회		4.카드 또는 3.혼합
신용카드사	99603.우리카드(법인)				
분개	(차) 부가세대급금 45,000 복리후생비(제) 450,000		(대) 미지급금[우리카드(법인)] 495,000 (또는 미지급비용)		

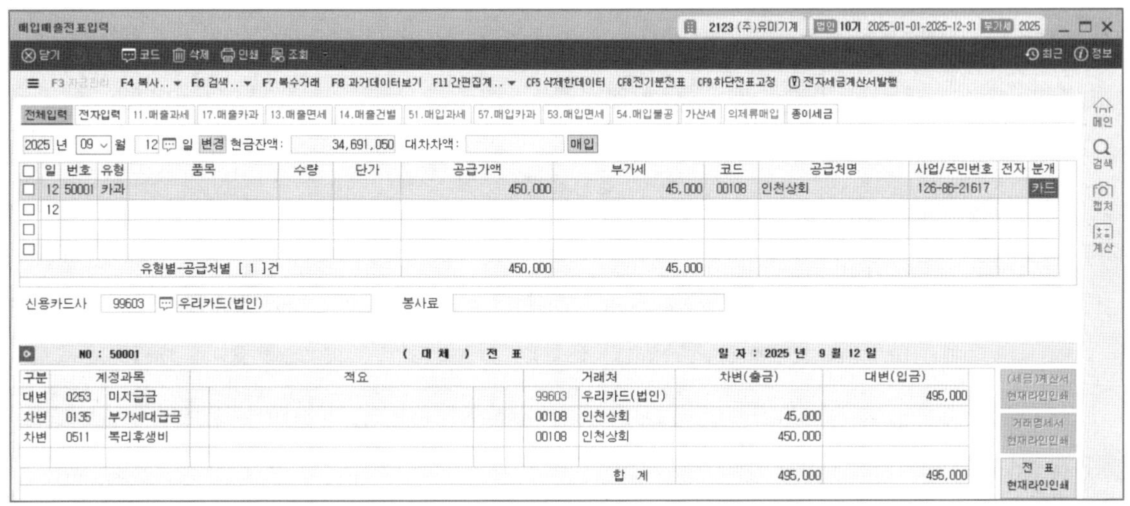

[3] [매입매출전표입력] 10월 5일

유형	공급가액	부가세	공급처명	전자	분개
16.수출	100,000,000		PYBIN사		3.혼합
영세율구분	① 직접수출(대행수출 포함)				
분개	(차) 보통예금 100,000,000		(대) 제품매출 100,000,000		

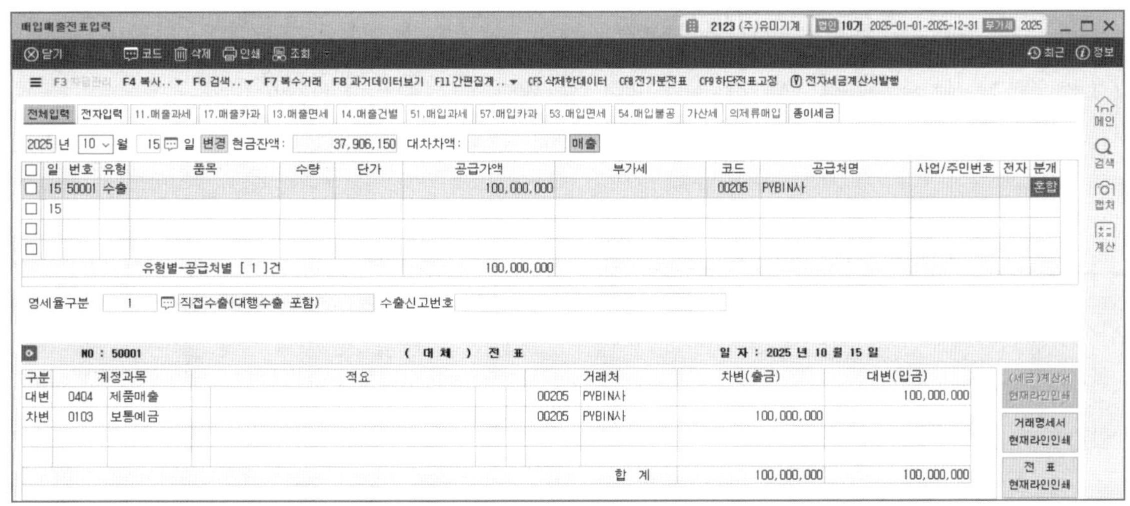

[4] [매입매출전표입력] 10월 22일

유형	공급가액	부가세	공급처명	전자	분개
53.면세	1,375,000		영건서점	1.여	1.현금 또는 3.혼합
분개	(차) 도서인쇄비(판)	1,375,000	(대) 현금		1,375,000

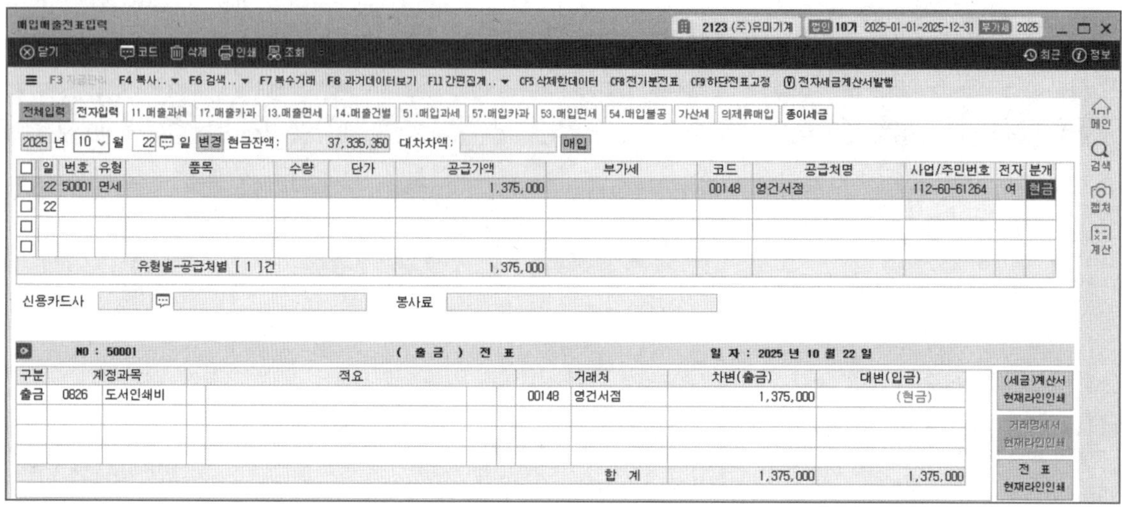

[5] [매입매출전표입력] 11월 2일

유형	공급가액	부가세	공급처명	전자	분개
22.현과	8,000,000		없음		3.혼합
분개	(차) 보통예금	8,800,000	(대) 부가세예수금 제품매출		800,000 8,000,000

※ 거래처는 입력하지 않아도 무방함

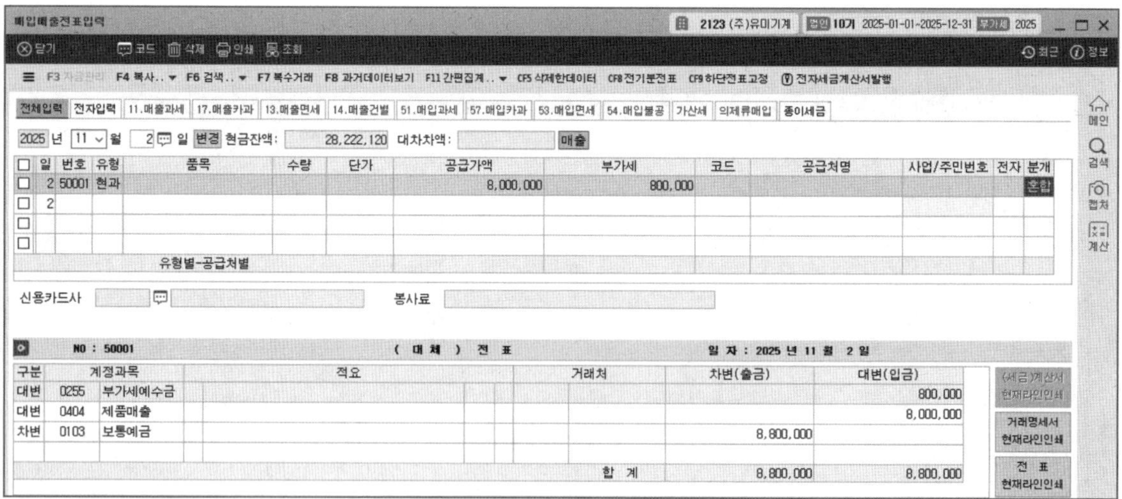

[6] [매입매출전표입력] 12월 19일

유형	공급가액	부가세	공급처명	전자	분개
54.불공	500,000	50,000	홍성백화점	1.여	4.카드 또는 3.혼합
불공제사유	④ 기업업무추진비 및 이와 유사한 비용 관련				
분개	(차) 기업업무추진비(판)	550,000	(대) 미지급금[국민카드] (또는 미지급비용)		550,000

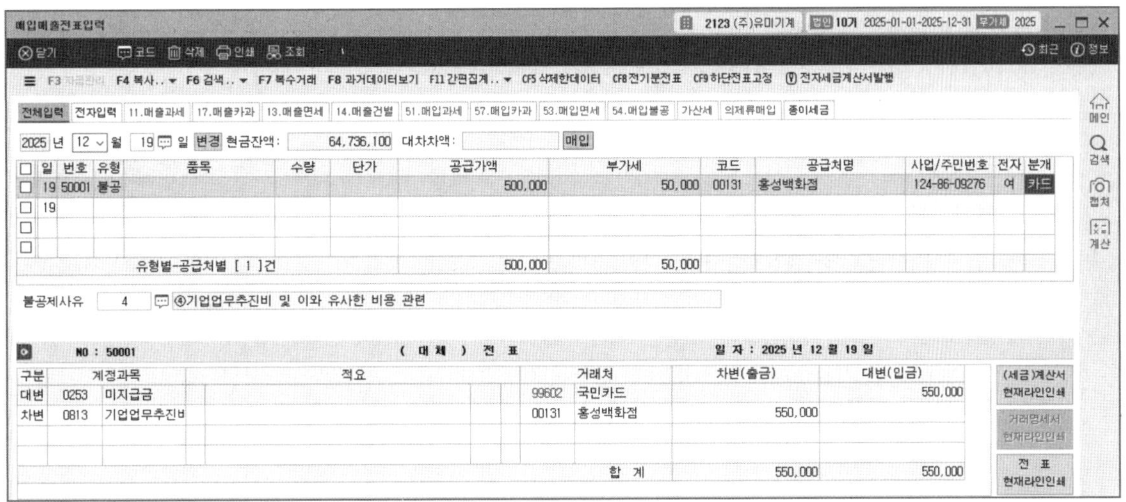

문 4 오류수정

[1] [일반전표입력] 7월 31일

• 수정 전

(차) 퇴직급여(판) 14,000,000 (대) 보통예금 14,000,000

2025 년 07 월 31 일 변경 현금잔액: 25,221,990 대차차액:

일	번호	구분	계 정 과 목	거 래 처	적 요	차 변	대 변
31	00001	차변	0806 퇴직급여		경영관리부서 퇴직연금	14,000,000	
31	00001	대변	0103 보통예금	98001 국민은행	경영관리부서 퇴직연금		14,000,000

• 수정 후

(차) 퇴직연금운용자산 14,000,000 (대) 보통예금 14,000,000

2025 년 07 월 31 일 변경 현금잔액: 25,221,990 대차차액:

일	번호	구분	계 정 과 목	거 래 처	적 요	차 변	대 변
31	00001	차변	0186 퇴직연금운용자산		경영관리부서 퇴직연금	14,000,000	
31	00001	대변	0103 보통예금	98001 국민은행	경영관리부서 퇴직연금		14,000,000

[2] [매입매출전표입력] 10월 28일 수정

• 수정 전

유형	공급가액	부가세	공급처명	전자	분개
51.과세	5,000,000	500,000	다다마트	1.여	1.현금
분개	(차) 부가세대급금 500,000 복리후생비(판) 5,000,000		(대) 현금 5,500,000		

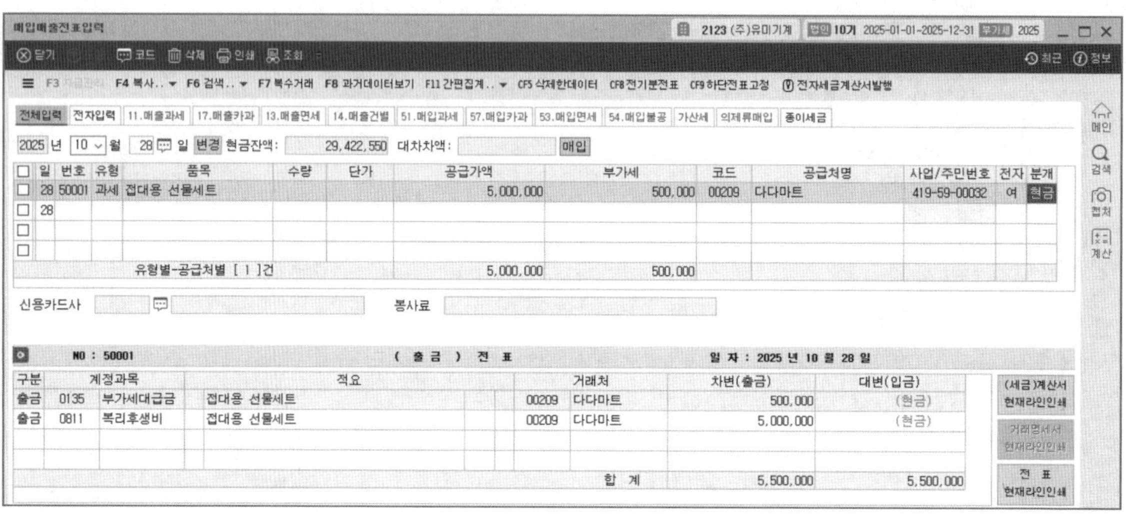

• 수정 후

유형	공급가액	부가세	공급처명	전자	분개
54.불공	5,000,000	500,000	다다마트	1.여	1.현금
불공제사유	④ 기업업무추진비 및 이와 유사한 비용 관련				
분개	(차) 기업업무추진비(판) 5,500,000		(대) 현금 5,500,000		

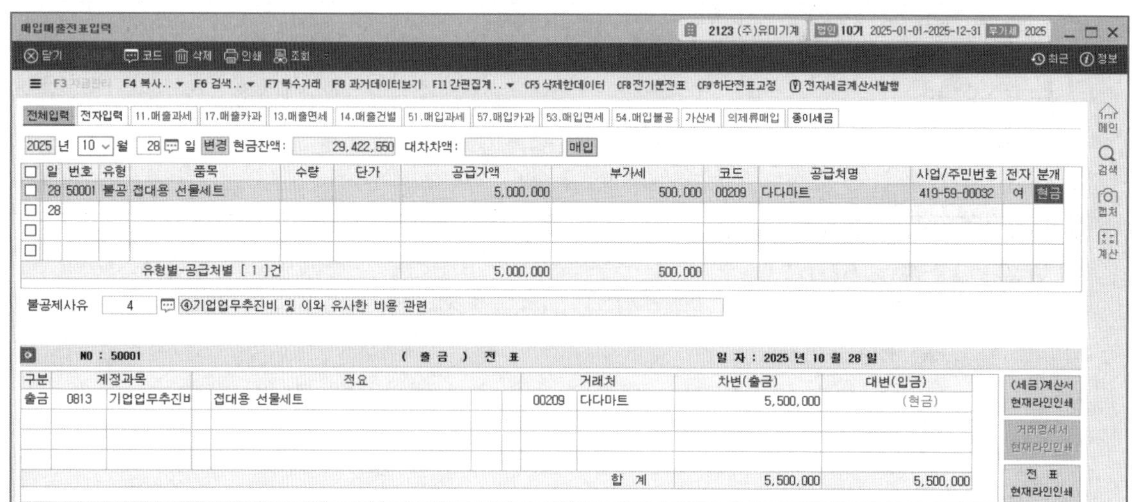

문 5 결산자료입력

[1] [일반전표입력] 12월 31일

(차) 미수수익 150,000 (대) 이자수익 150,000*

* 당기분 이자: 5,000,000원×6%×6/12=150,000원

2025 년 12 월 31 일 변경 현금잔액: 668,900 대차차액:

□	일	번호	구분	계 정 과 목	거 래 처	적 요	차 변	대 변
□	31	00001	차변	0116 미수수익			150,000	
□	31	00001	대변	0901 이자수익				150,000

[2] [일반전표입력] 12월 31일

(차) 외화환산손실 80,000 (대) 외상매입금[상하이] 80,000

• 외화환산손실: (결산일 기준환율 1,040원/$×$2,000)−장부금액 2,000,000원=80,000원

2025 년 12 월 31 일 변경 현금잔액: 668,900 대차차액:

□	일	번호	구분	계 정 과 목	거 래 처	적 요	차 변	대 변
□	31	00002	차변	0955 외화환산손실			80,000	
□	31	00002	대변	0251 외상매입금	00216 상하이			80,000

[3] [결산자료입력] 1월~12월

1. F8 대손상각 클릭 후 외상매출금과 받을어음 설정액 입력하고 F3 전표추가한다.

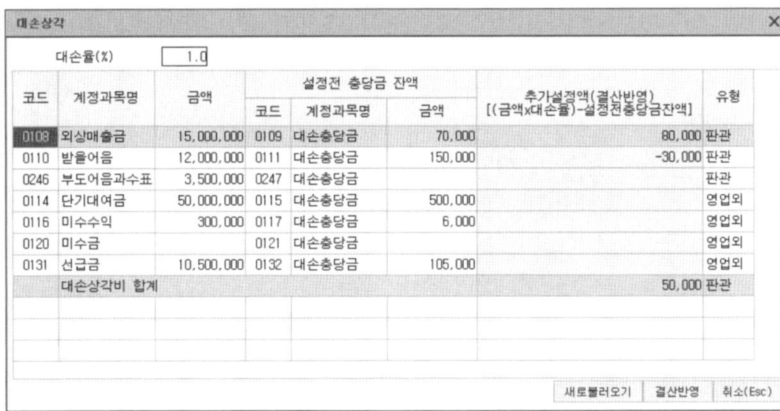

대손상각

대손율(%) 1.0

코드	계정과목명	금액	설정전 충당금 잔액 코드	계정과목명	금액	추가설정액(결산반영) [(금액x대손율)-설정전충당금잔액]	유형
0108	외상매출금	15,000,000	0109	대손충당금	70,000	80,000	판관
0110	받을어음	12,000,000	0111	대손충당금	150,000	-30,000	판관
0246	부도어음과수표	3,500,000	0247	대손충당금			판관
0114	단기대여금	50,000,000	0115	대손충당금	500,000		영업외
0116	미수수익	300,000	0117	대손충당금	6,000		영업외
0120	미수금		0121	대손충당금			영업외
0131	선급금	10,500,000	0132	대손충당금	105,000		영업외
	대손상각비 합계					50,000	판관

새로불러오기 결산반영 취소(Esc)

2. 또는 [결산자료입력] 1월~12월
조회 화면에서 직접 해당란에 외상매출금과 받을어음 금액 입력한 후에 F3 전표추가한다.

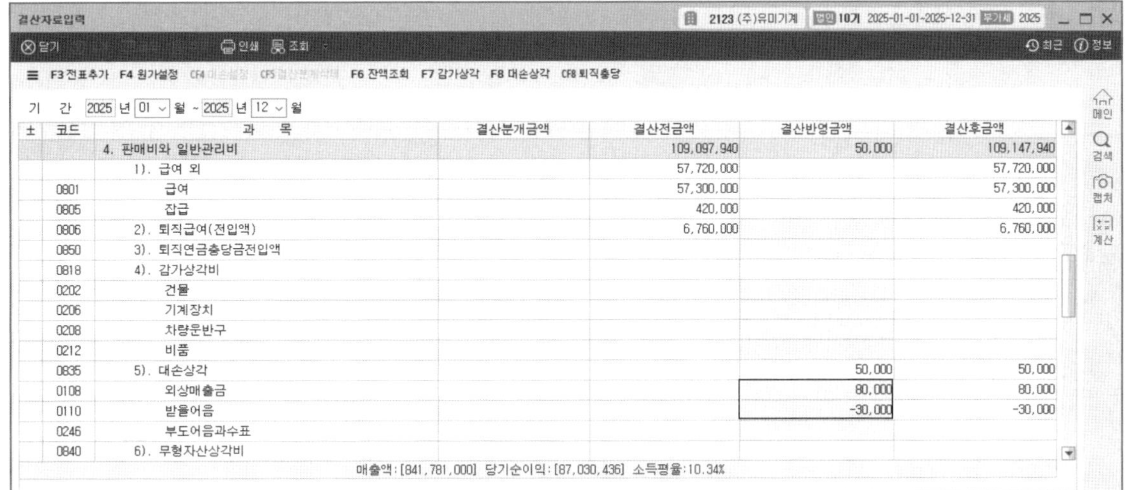

결산자료입력 2123 (주)유미기계 법인 10기 2025-01-01~2025-12-31 부가세 2025

닫기 인쇄 조회 최근 정보

F3 전표추가 F4 원가설정 CF4 대손설정 CF5 결산분개삭제 F6 잔액조회 F7 감가상각 F8 대손상각 CF8 퇴직충당

기 간 2025 년 01 월 ~ 2025 년 12 월

±	코드	과 목	결산분개금액	결산전금액	결산반영금액	결산후금액
		4. 판매비와 일반관리비		109,097,940	50,000	109,147,940
		1). 급여 외		57,720,000		57,720,000
	0801	급여		57,300,000		57,300,000
	0805	잡급		420,000		420,000
	0806	2). 퇴직급여(전입액)		6,760,000		6,760,000
	0850	3). 퇴직연금충당금전입액				
	0818	4). 감가상각비				
	0202	건물				
	0206	기계장치				
	0208	차량운반구				
	0212	비품				
	0835	5). 대손상각			50,000	50,000
	0108	외상매출금			80,000	80,000
	0110	받을어음			-30,000	-30,000
	0246	부도어음과수표				
	0840	6). 무형자산상각비				

매출액: [841,781,000] 당기순이익: [87,030,436] 소득평율: 10.34%

문 6 장부조회

[1] [매입매출장] 1월 1일~3월 31일 조회

– 2.매출, 22.현과 금액 확인

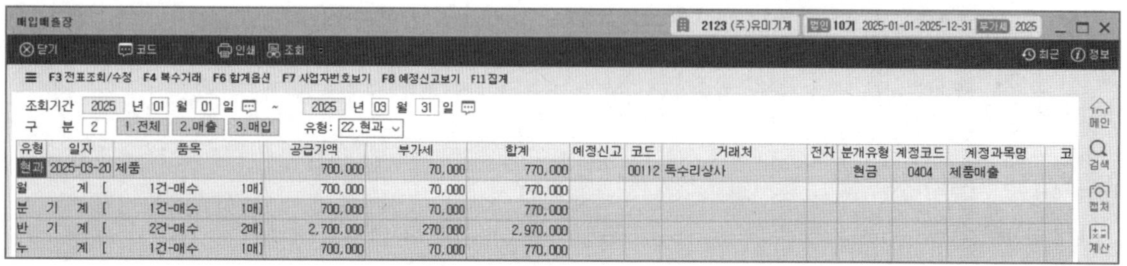

조회기간 2025 년 01 월 01 일 ~ 2025 년 03 월 31 일
구 분 2 1.전체 2.매출 3.매입 유형: 22.현과

유형	일자	품목	공급가액	부가세	합계	예정신고	코드	거래처	전자	분개유형	계정코드	계정과목명
현과	2025-03-20	제품	700,000	70,000	770,000		00112	독수리상사		현금	0404	제품매출
월 계 [		1건-매수 1매]	700,000	70,000	770,000							
분 기 계 [		1건-매수 1매]	700,000	70,000	770,000							
반 기 계 [		2건-매수 2매]	2,700,000	270,000	2,970,000							
누 계 [		1건-매수 1매]	700,000	70,000	770,000							

답안 700,000원

[2] [일계표(월계표)] – [월계표] 탭 6월~6월 조회

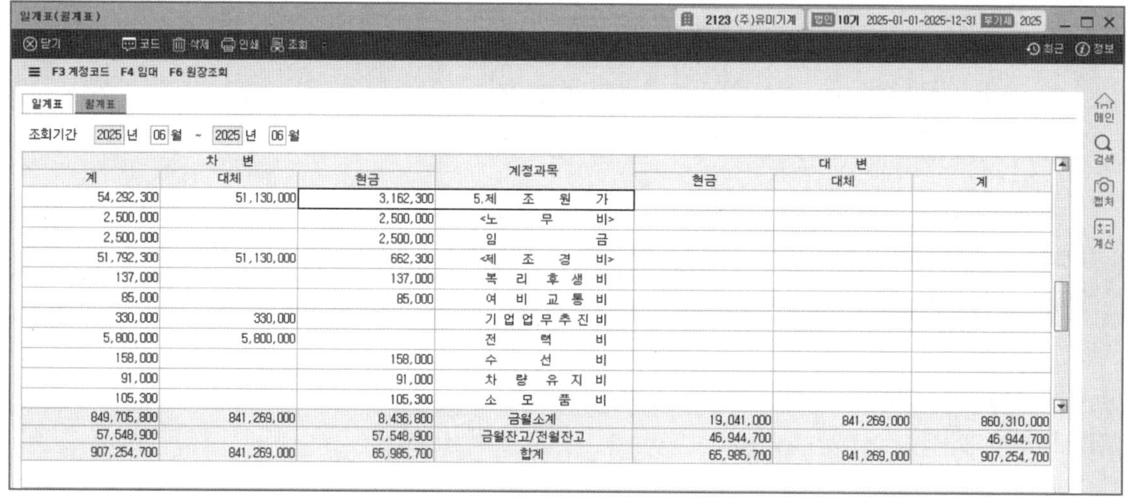

조회기간 2025 년 06 월 ~ 2025 년 06 월

차변 계	차변 대체	차변 현금	계정과목	대변 현금	대변 대체	대변 계
54,292,300	51,130,000	3,162,300	5.제조원가			
2,500,000		2,500,000	<노무비>			
2,500,000		2,500,000	임금			
51,792,300	51,130,000	662,300	<제조경비>			
137,000		137,000	복리후생비			
85,000		85,000	여비교통비			
330,000	330,000		기업업무추진비			
5,800,000	5,800,000		전력비			
158,000		158,000	수선비			
91,000		91,000	차량유지비			
105,300		105,300	소모품비			
849,705,800	841,269,000	8,436,800	금월소계	19,041,000	841,269,000	860,310,000
57,548,900		57,548,900	금월잔고/전월잔고	46,944,700		46,944,700
907,254,700	841,269,000	65,985,700	합계	65,985,700	841,269,000	907,254,700

답안 3,162,300원

[3] [거래처원장] – [잔액] 탭, 1월 1일~6월 30일 조회

– 251.외상매입금 조회

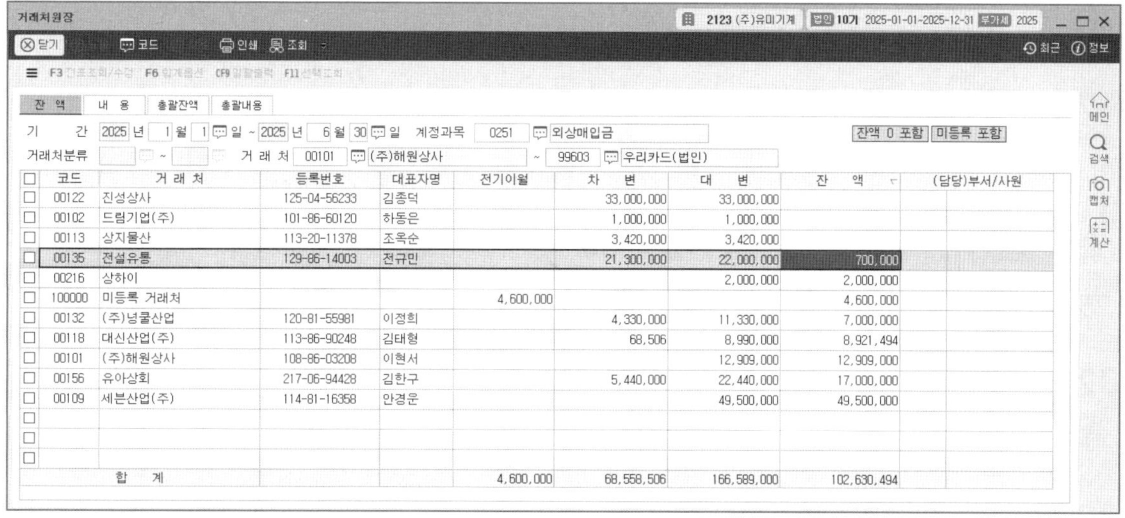

코드	거래처	등록번호	대표자명	전기이월	차변	대변	잔액	(담당)부서/사원
00122	진성상사	125-04-56233	김종덕		33,000,000	33,000,000		
00102	드림기업(주)	101-86-60120	하동은		1,000,000	1,000,000		
00113	상지물산	113-20-11378	조옥순		3,420,000	3,420,000		
00135	전설유통	129-86-14003	전규민		21,300,000	22,000,000	700,000	
00216	상하이					2,000,000	2,000,000	
100000	미등록 거래처			4,600,000			4,600,000	
00132	(주)넝쿨산업	120-81-55981	이정희		4,330,000	11,330,000	7,000,000	
00118	대신산업(주)	113-86-90248	김태형		68,506	8,990,000	8,921,494	
00101	(주)해원상사	108-86-03208	이현서			12,909,000	12,909,000	
00156	유아상회	217-06-94428	김한구		5,440,000	22,440,000	17,000,000	
00109	세븐산업(주)	114-81-16358	안경운			49,500,000	49,500,000	
	합 계			4,600,000	68,558,506	166,589,000	102,630,494	

답안 **전설유통, 700,000원**

111회 기출문제 예은상사(주)(회사코드: 2113)

p.195

이론시험

01 ④

상중하 회계정보의 질적 특성 중 목적적합성에 관련된 설명이며, 예측가치, 피드백가치, 적시성이 이에 해당한다. 중립성은 표현의 충실성, 검증가능성과 함께 신뢰성에 해당하는 질적 특성이다.

02 ①

상중하 당좌자산은 유동자산으로 구분된다.

03 ②

상중하 원가흐름 가정 중 선입선출법은 먼저 입고된 자산이 먼저 출고된 것으로 가정하여 입고 일자가 빠른 원가를 출고 수량에 먼저 적용한다. 선입선출법은 실제 물량 흐름에 대한 원가흐름의 가정이 유사하다는 장점이 있으나, 수익·비용 대응의 원칙에 부적합하고, 물가 상승 시 이익이 과대계상되는 단점이 있다.

04 ①

상중하
- 배당금지급통지서 500,000원+타인발행수표 500,000원=1,000,000원
- 현금성자산에 해당하는 것은 배당금지급통지서, 타인발행수표이다.

05 ④

상중하 주식배당과 무상증자는 순자산의 증가가 발생하지 않는다.

06 ②

상중하 대손상각비, 기부금, 퇴직급여, 이자수익 등 수익과 비용 계정이 손익계산서에 나타난다. 현금, 외상매출금은 재무상태표에 나타나는 자산 계정과목이다.

07 ②

상중하
- 2024년 12월 31일 감가상각비: 취득원가 10,000,000원×45%×6/12=2,250,000원
- 2025년 12월 31일 감가상각비: (취득원가 10,000,000원−감가상각누계액 2,250,000원)×45%=3,487,500원

08 ①

상중하 재고자산은 제조와 판매를 통해 매출원가로 대체된다. 그러나 재고자산이 제조와 판매 등 원래 목적 이외의 용도로 사용될 경우 '타계정 대체'라 하며 이때는 영업외비용으로 처리하여 매출원가가 증가하지 않는다.

09 ③

상 중 하 변동원가는 생산량이 증가할 경우 총원가는 증가하지만, 단위당 원가는 일정하다.

10 ③

상 중 하 정유업, 제분업, 식품가공업은 종합원가계산의 적용이 가능한 업종으로 개별원가계산은 적합하지 않다.

11 ①

상 중 하 생산과정에서 나오는 원재료의 찌꺼기는 작업폐물이다. 공손은 추가적인 작업을 수행하여도 정상품이 될 수 없는 불합격품이다.

12 ④

상 중 하
- 예정배부율: 제조간접원가 예상액 2,500,000원/예상직접노무시간 50,000시간=50원/시간
- 예정배부액: 6월 실제직접노무시간 5,000시간×예정배부율 50원/시간=250,000원
- 실제발생액 300,000원-예정배부액 250,000원=과소배부 50,000원

13 ③

상 중 하 면세제도는 역진성 완화장치이다.

14 ②

상 중 하 제품의 외상판매는 재화의 공급에 해당한다.
- 재화의 공급으로 보지 않는 특례
  - 사업의 양도(사업양수 시 양수자 대리납부의 경우 재화의 공급으로 인정)
  - 담보의 제공 · 조세의 물납 · 법률에 따른 공매 · 경매
  - 법률에 따른 수용 · 신탁재산의 이전

15 ③

상 중 하 매출할인액은 과세표준에서 제외한다.

문 1 기초정보관리 및 전기분재무제표

[1] [계정과목및적요등록]

831.수수료비용에 현금적요 8. 결제 대행 수수료 입력

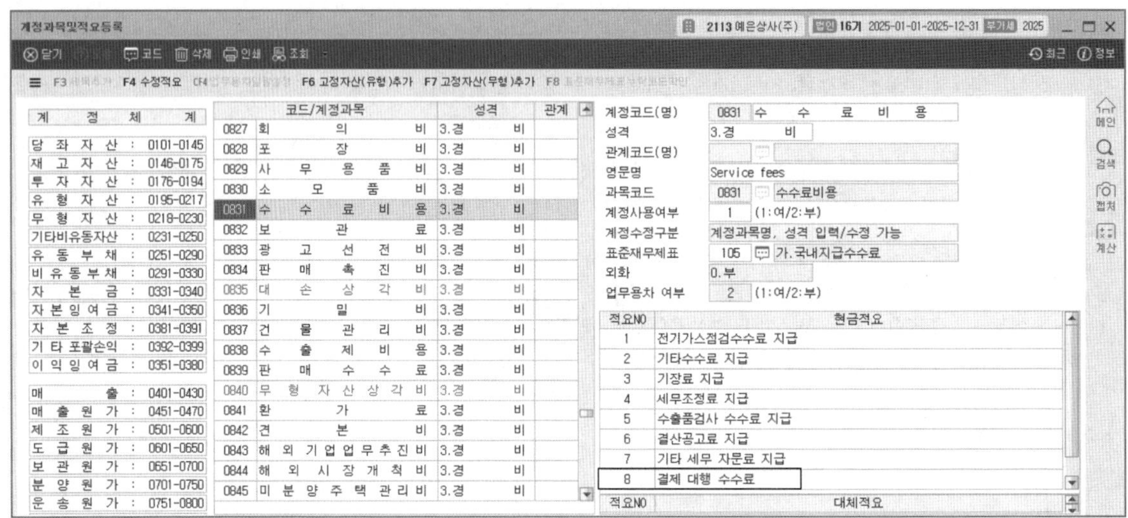

[2] [거래처등록] – [금융기관] 탭

- 거래처코드: 98005
- 거래처명: 수협은행
- 유형: 3.정기적금
- 계좌번호: 110–146–980558

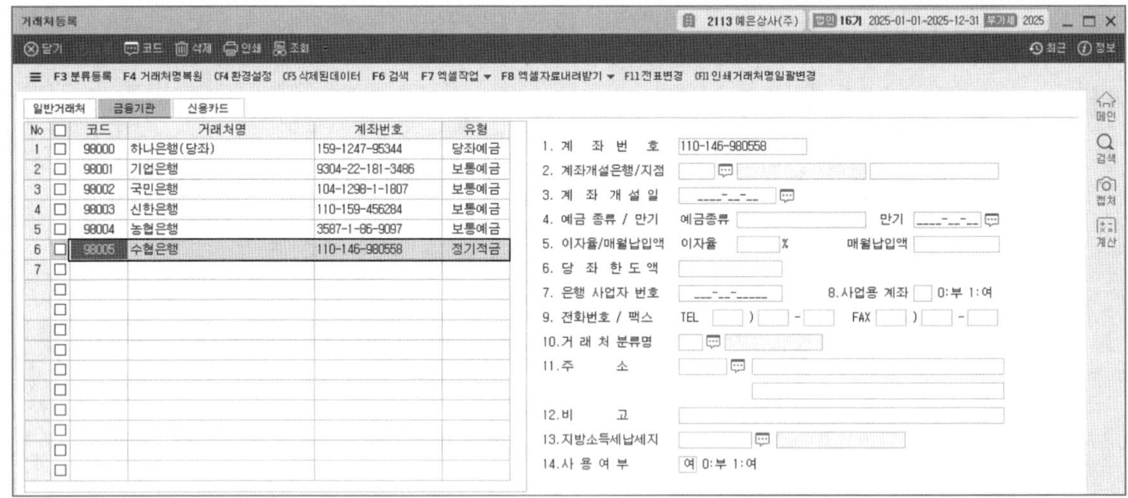

[3] [거래처별초기이월]

- 지급어음
  - 천일상사 9,300,000원 → 6,500,000원으로 수정
  - 모닝상사 5,900,000원 → 8,700,000원으로 수정

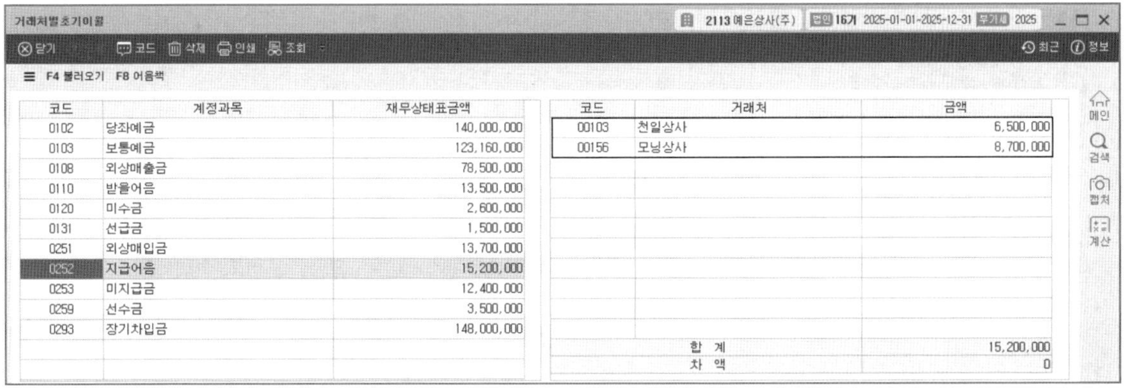

코드	계정과목	재무상태표금액
0102	당좌예금	140,000,000
0103	보통예금	123,160,000
0108	외상매출금	78,500,000
0110	받을어음	13,500,000
0120	미수금	2,600,000
0131	선급금	1,500,000
0251	외상매입금	13,700,000
0252	지급어음	15,200,000
0253	미지급금	12,400,000
0259	선수금	3,500,000
0293	장기차입금	148,000,000

코드	거래처	금액
00103	천일상사	6,500,000
00156	모닝상사	8,700,000
	합 계	15,200,000
	차 액	0

- 미지급금
  - 대명(주) 8,000,000원 → 4,500,000원으로 수정
  - (주)한울 4,400,000원 → 7,900,000원으로 수정

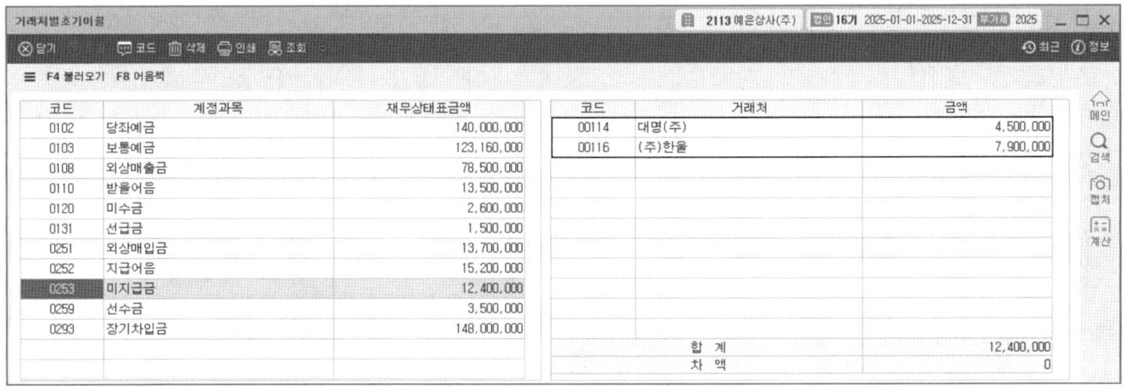

코드	계정과목	재무상태표금액
0102	당좌예금	140,000,000
0103	보통예금	123,160,000
0108	외상매출금	78,500,000
0110	받을어음	13,500,000
0120	미수금	2,600,000
0131	선급금	1,500,000
0251	외상매입금	13,700,000
0252	지급어음	15,200,000
0253	미지급금	12,400,000
0259	선수금	3,500,000
0293	장기차입금	148,000,000

코드	거래처	금액
00114	대명(주)	4,500,000
00116	(주)한울	7,900,000
	합 계	12,400,000
	차 액	0

문 2 일반전표입력

[1] [일반전표입력] 7월 10일

(차) 예수금 22,000 (대) 보통예금 22,000

2025 년 07 월 10 일 변경 현금잔액: 63,027,352 대차차액:

일	번호	구분	계정과목		거래처		적요		차변	대변
10	00001	차변	0254	예수금					22,000	
10	00001	대변	0103	보통예금						22,000

[2] [일반전표입력] 7월 16일

(차) 선급금[(주)홍명] 1,000,000 (대) 당좌예금 1,000,000

2025 년 07 월 16 일 변경 현금잔액: 59,618,352 대차차액:

일	번호	구분	계정과목		거래처		적요		차변	대변
16	00001	차변	0131	선급금	00106	(주)홍명			1,000,000	
16	00001	대변	0102	당좌예금						1,000,000

[3] [일반전표입력] 8월 10일

(차) 미지급금[비씨카드] 2,000,000 (대) 보통예금 2,000,000

2025 년 08 월 10 일 변경 현금잔액: 55,522,942 대차차액:

일	번호	구분	계정과목		거래처		적요		차변	대변
10	00001	차변	0253	미지급금	99602	비씨카드			2,000,000	
10	00001	대변	0103	보통예금						2,000,000

[4] [일반전표입력] 8월 20일

(차) 여비교통비(판) 380,000 (대) 전도금 600,000
현금 220,000

2025 년 08 월 20 일 변경 현금잔액: 52,404,202 대차차액:

일	번호	구분	계정과목		거래처		적요		차변	대변
20	00001	차변	0812	여비교통비					380,000	
20	00001	차변	0101	현금					220,000	
20	00001	대변	0138	전도금						600,000

[5] [일반전표입력] 9월 12일

(차) 현금 8,000,000 (대) 미수금[우리기계] 8,000,000

2025 년 09 월 12 일 변경 현금잔액: 53,256,202 대차차액:

일	번호	구분	계정과목		거래처		적요		차변	대변
12	00001	차변	0101	현금					8,000,000	
12	00001	대변	0120	미수금	00108	우리기계				8,000,000

[6] [일반전표입력] 10월 28일

(차) 보통예금 41,400,000 (대) 외상매출금[lailai co. ltd.] 39,000,000
외환차익 2,400,000

2025 년 10 월 28 일 변경 현금잔액: 32,027,932 대차차액:

일	번호	구분	계정과목		거래처		적요		차변	대변
28	00001	차변	0103	보통예금					41,400,000	
28	00001	대변	0108	외상매출금	00185	lailai co. ltd				39,000,000
28	00001	대변	0907	외환차익						2,400,000

문 3 매입매출전표입력

[1] [매입매출전표입력] 7월 6일

유형	공급가액	부가세	공급처명	전자	분개
11.과세	23,000,000	2,300,000	(주)아이닉스	1.여	2.외상 또는 3.혼합
분개	(차) 외상매출금	25,300,000	(대) 부가세예수금 제품매출		2,300,000 23,000,000

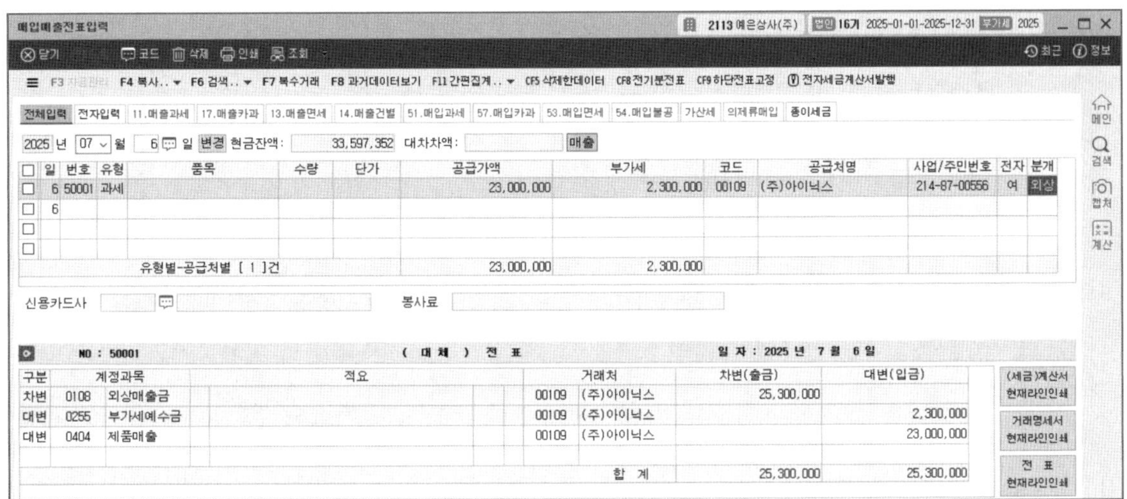

[2] [매입매출전표입력] 8월 10일

유형	공급가액	부가세	공급처명	전자	분개
14.건별	500,000	50,000	없음		3.혼합
분개	(차) 기업업무추진비(제)	350,000	(대) 부가세예수금 제품 (적요 8. 타계정으로 대체액)		50,000 300,000

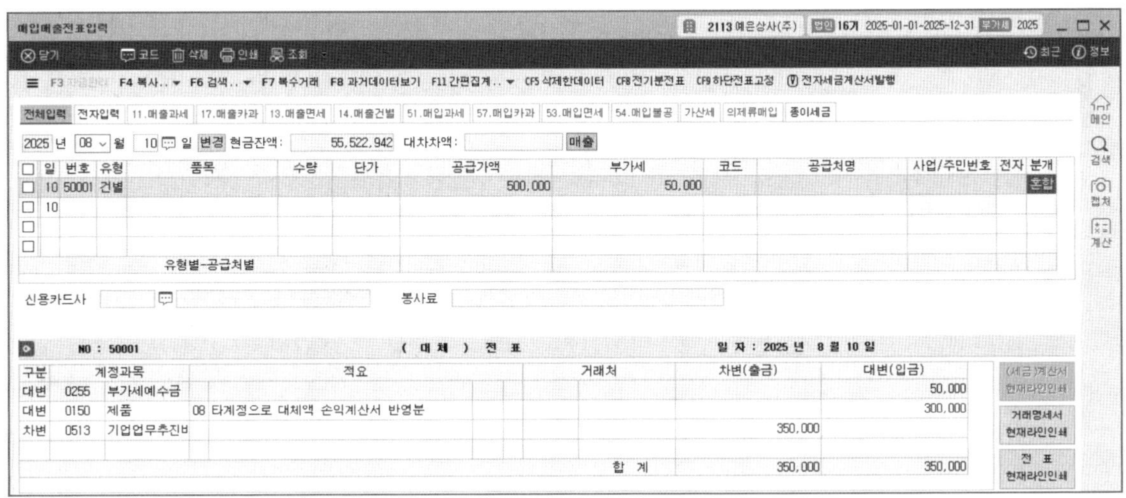

[3] [매입매출전표입력] 9월 16일

유형	공급가액	부가세	공급처명	전자	분개
11.과세	9,000,000	900,000	팔팔물산	1.여	1.현금 또는 3.혼합
분개	(차) 현금	9,900,000	(대) 부가세예수금 제품매출		900,000 9,000,000

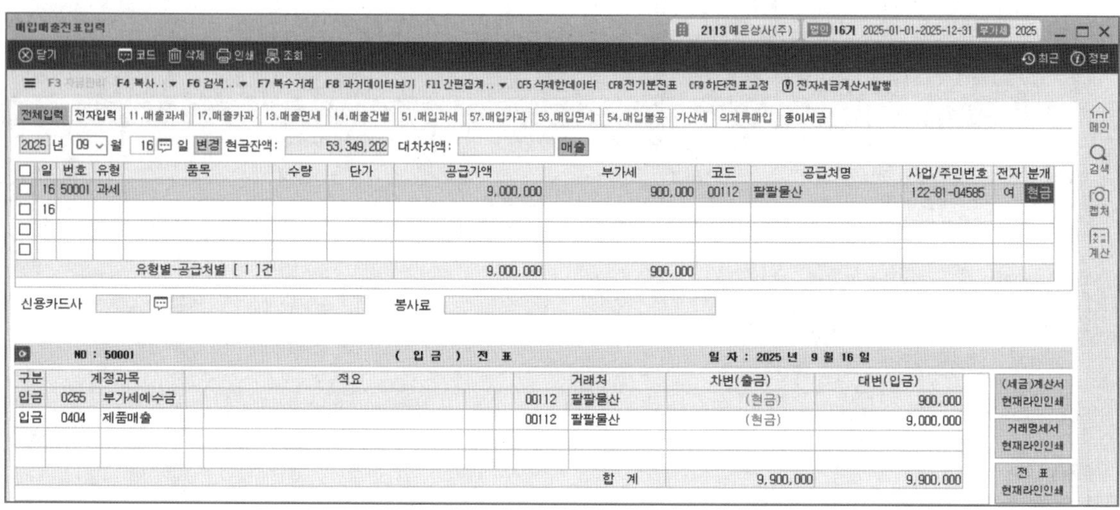

[4] [매입매출전표입력] 9월 26일

유형	공급가액	부가세	공급처명	전자	분개
51.과세	5,000,000	500,000	잘나가광고	1.여	3.혼합
분개	(차) 부가세대급금 비품	500,000 5,000,000	(대) 보통예금		5,500,000

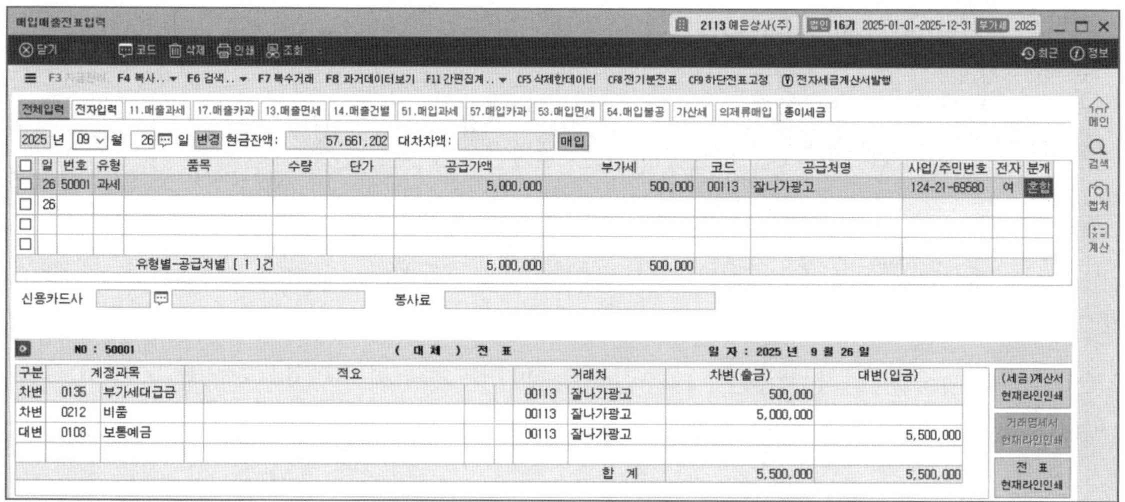

[5] [매입매출전표입력] 10월 15일

유형	공급가액	부가세	공급처명	전자	분개
51.과세	2,500,000	250,000	메타가구	1.여	3.혼합
분개	(차) 부가세대급금 원재료	250,000 2,500,000	(대) 받을어음[(주)은성가구] 외상매입금		1,000,000 1,750,000

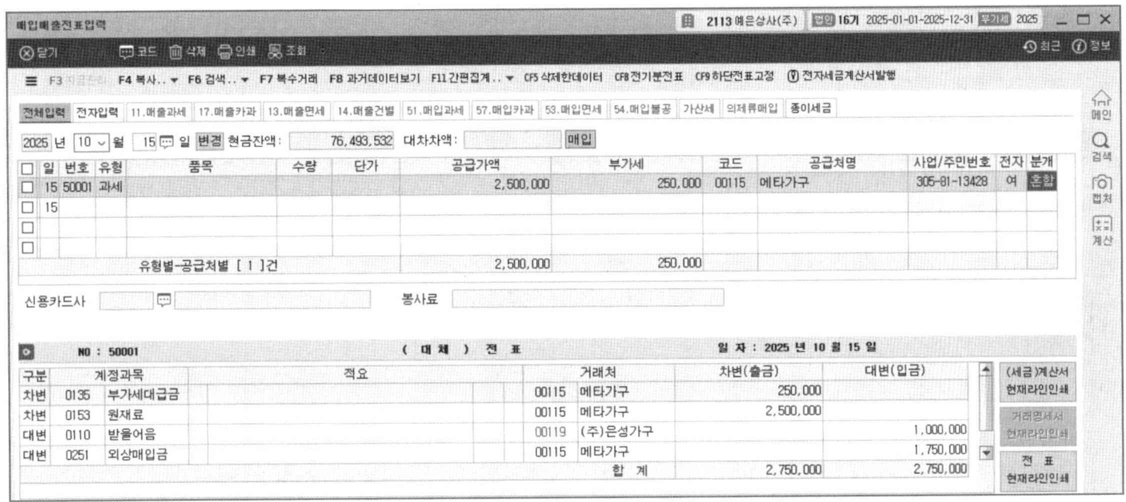

매입매출전표입력 — 2113 예은상사(주) 법인 16기 2025-01-01~2025-12-31 부가세 2025

2025 년 10 월 15 일 변경 현금잔액: 76,493,532 대차차액: 매입

일	번호	유형	품목	수량	단가	공급가액	부가세	코드	공급처명	사업/주민번호	전자	분개
15	50001	과세				2,500,000	250,000	00115	메타가구	305-81-13428	여	혼합
15												
			유형별-공급처별 [1]건			2,500,000	250,000					

NO : 50001 (대 체) 전 표 일 자 : 2025 년 10 월 15 일

구분	계정과목		적요	거래처		차변(출금)	대변(입금)
차변	0135	부가세대급금		00115	메타가구	250,000	
차변	0153	원재료		00115	메타가구	2,500,000	
대변	0110	받을어음		00119	(주)은성가구		1,000,000
대변	0251	외상매입금		00115	메타가구		1,750,000
					합 계	2,750,000	2,750,000

[6] [매입매출전표입력] 12월 20일

유형	공급가액	부가세	공급처명	전자	분개
54.불공	3,800,000	380,000	니캉전자	1.여	3.혼합
불공제사유	④ 사업과 직접 관련 없는 지출				
분개	(차) 가지급금[한태양]	4,180,000	(대) 보통예금		4,180,000

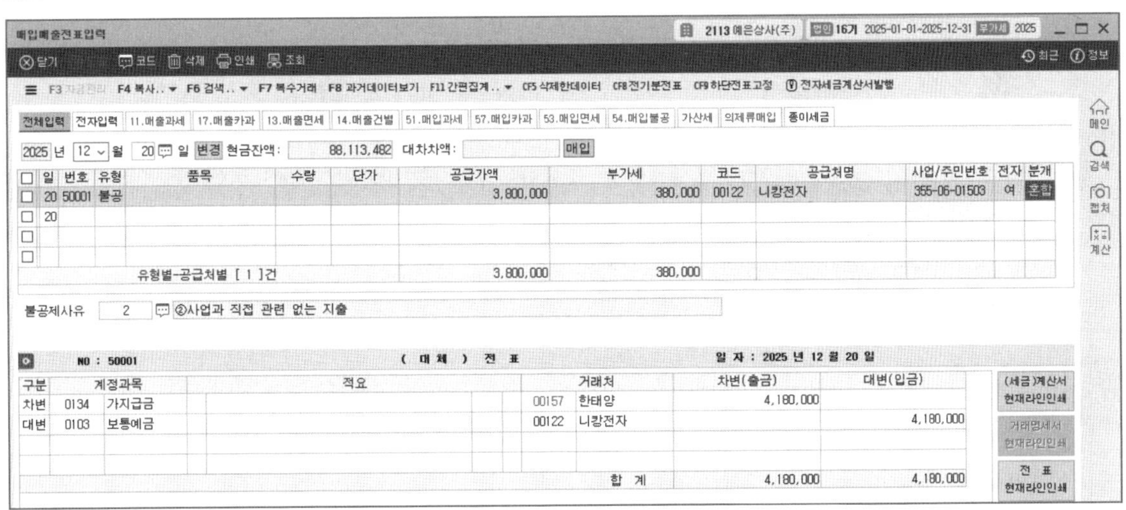

매입매출전표입력 — 2113 예은상사(주) 법인 16기 2025-01-01~2025-12-31 부가세 2025

2025 년 12 월 20 일 변경 현금잔액: 88,113,482 대차차액: 매입

일	번호	유형	품목	수량	단가	공급가액	부가세	코드	공급처명	사업/주민번호	전자	분개
20	50001	불공				3,800,000	380,000	00122	니캉전자	355-06-01503	여	혼합
20												
			유형별-공급처별 [1]건			3,800,000	380,000					

불공제사유 2 ④사업과 직접 관련 없는 지출

NO : 50001 (대 체) 전 표 일 자 : 2025 년 12 월 20 일

구분	계정과목		적요	거래처		차변(출금)	대변(입금)
차변	0134	가지급금		00157	한태양	4,180,000	
대변	0103	보통예금		00122	니캉전자		4,180,000
					합 계	4,180,000	4,180,000

문 4 오류수정

[1] [매입매출전표입력] 8월 17일 수정

• 수정 전

유형	공급가액	부가세	공급처명	전자	분개
58.카면	44,000		사거리주유소		4.카드 또는 3.혼합
신용카드사	99602.비씨카드				
분개	(차) 차량유지비(판)	44,000	(대) 미지급금[비씨카드]		44,000

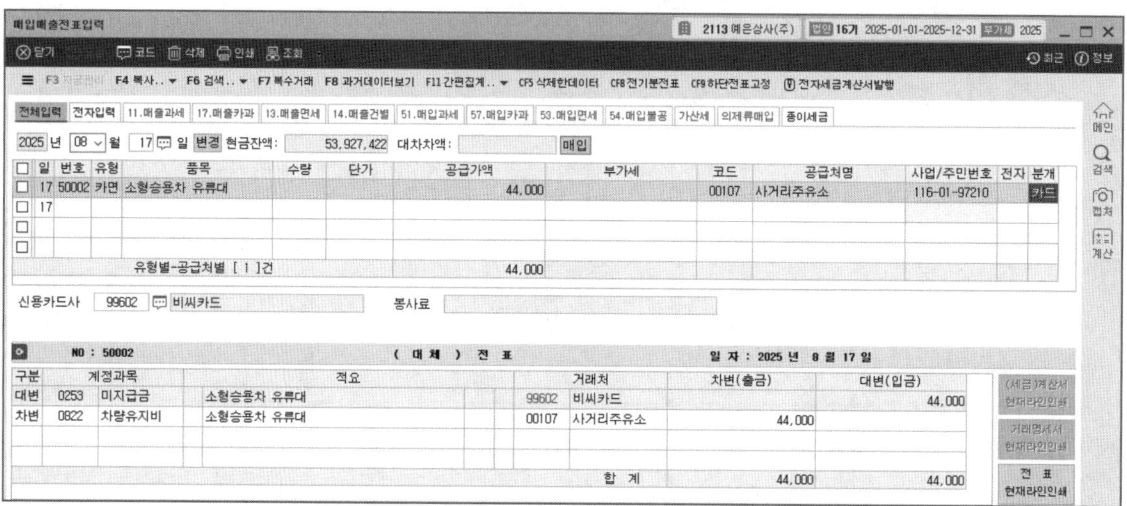

• 수정 후

유형	공급가액	부가세	공급처명	전자	분개
57.카과	40,000	4,000	사거리주유소		4.카드 또는 3.혼합
신용카드사	99602.비씨카드				
분개	(차) 차량유지비(판) 부가세대급금	40,000 4,000	(대) 미지급금[비씨카드] (또는 미지급비용)		44,000

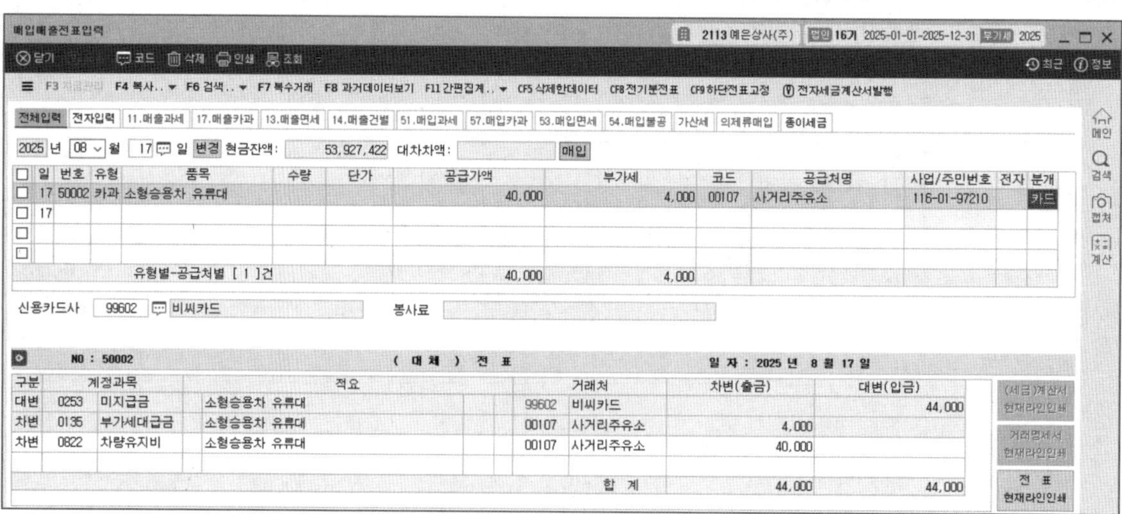

[2] [일반전표입력] 11월 12일 수정

• 수정 전

(차) 기업업무추진비(판) 500,000 (대) 현금 500,000

2025 년 11 월 12 일 변경 현금잔액: 40,087,002 대차차액:

일	번호	구분	계정과목		거래처		적요	차변	대변
12	00001	차변	0813	기업업무추진비			공장 직원 결혼축하금	500,000	
12	00001	대변	0101	현금			공장 직원 결혼축하금		500,000

• 수정 후

(차) 복리후생비(제) 500,000 (대) 현금 500,000

2025 년 11 월 12 일 변경 현금잔액: 40,087,002 대차차액:

일	번호	구분	계정과목		거래처		적요	차변	대변
12	00001	차변	0511	복리후생비			공장 직원 결혼축하금	500,000	
12	00001	대변	0101	현금			공장 직원 결혼축하금		500,000

문 5 결산자료입력

[1] [일반전표입력] 12월 31일

(차) 부가세예수금 49,387,500 (대) 부가세대급금 34,046,000

미지급세금 15,341,500

2025 년 12 월 31 일 변경 현금잔액: 18,043,782 대차차액:

일	번호	구분	계정과목		거래처		적요	차변	대변
31	00001	차변	0255	부가세예수금				49,387,500	
31	00001	대변	0135	부가세대급금					34,046,000
31	00001	대변	0261	미지급세금					15,341,500

[2] [일반전표입력] 12월 31일

(차) 선급비용 3,600,000 (대) 보험료(제) 3,600,000

2025 년 12 월 31 일 변경 현금잔액: 18,043,782 대차차액:

일	번호	구분	계정과목		거래처		적요	차변	대변
31	00002	차변	0133	선급비용				3,600,000	
31	00002	대변	0521	보험료					3,600,000

[3] [결산자료입력]

1. F7 감가상각을 눌러 뜨는 창에서 차량운반구(제조) 결산반영금액 입력하고 F3 전표추가

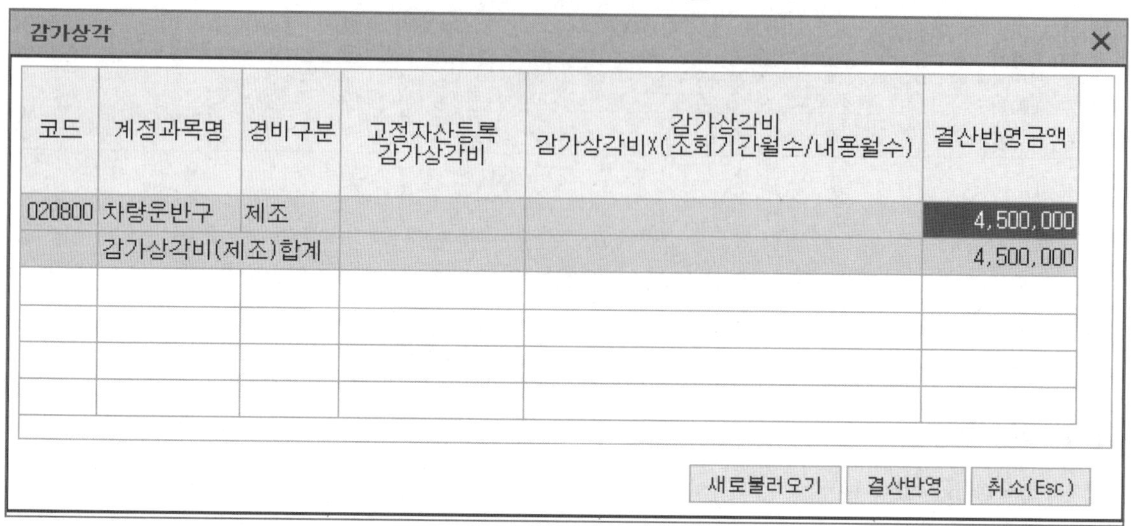

감가상각

코드	계정과목명	경비구분	고정자산등록 감가상각비	감가상각비 감가상각비X(조회기간월수/내용월수)	결산반영금액
020800	차량운반구	제조			4,500,000
	감가상각비(제조)합계				4,500,000

새로불러오기 결산반영 취소(Esc)

2. 또는 [결산자료입력]
   차량운반구 결산반영금액 입력 → F3 전표추가

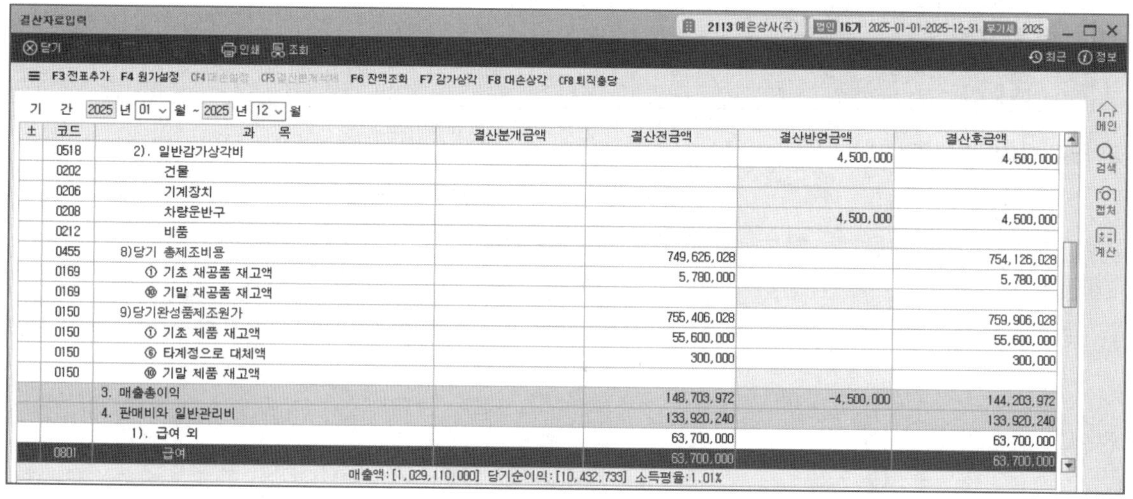

결산자료입력 2113 예은상사(주) 법인 16기 2025-01-01~2025-12-31 부가세 2025

F3 전표추가 F4 원가설정 CF4 대손설정 CF5 결산분개삭제 F6 잔액조회 F7 감가상각 F8 대손상각 CF8 퇴직충당

기간 2025 년 01 월 ~ 2025 년 12 월

코드	과목	결산분개금액	결산전금액	결산반영금액	결산후금액
0518	2). 일반감가상각비			4,500,000	4,500,000
0202	건물				
0206	기계장치				
0208	차량운반구			4,500,000	4,500,000
0212	비품				
0455	8)당기 총제조비용		749,626,028		754,126,028
0169	① 기초 재공품 재고액		5,780,000		5,780,000
0169	⑩ 기말 재공품 재고액				
0150	9)당기완성품제조원가		755,406,028		759,906,028
0150	① 기초 제품 재고액		55,600,000		55,600,000
0150	⑥ 타계정으로 대체액		300,000		300,000
0150	⑩ 기말 제품 재고액				
	3. 매출총이익		148,703,972	-4,500,000	144,203,972
	4. 판매비와 일반관리비		133,920,240		133,920,240
	1). 급여 외		63,700,000		63,700,000
0801	급여		63,700,000		63,700,000

매출액:[1,029,110,000] 당기순이익:[10,432,733] 소득평율:1.01%

3. 또는 일반전표입력
   (차) 감가상각비(제) 4,500,000 (대) 감가상각누계액(209) 4,500,000

문 6 장부조회

[1] [계정별원장] 4월 1일~4월 30일

– 108.외상매출금 조회

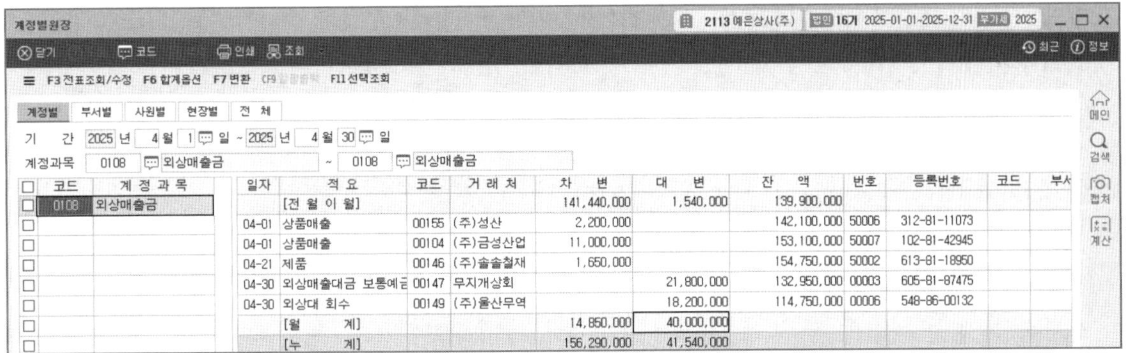

계정별원장

기 간 2025 년 4 월 1 일 ~ 2025 년 4 월 30 일
계정과목 0108 외상매출금 ~ 0108 외상매출금

코드	계 정 과 목
0108	외상매출금

일자	적 요	코드	거 래 처	차 변	대 변	잔 액	번호	등록번호	코드	부서
	[전 월 이 월]			141,440,000	1,540,000	139,900,000				
04-01	상품매출	00155	(주)성산	2,200,000		142,100,000	50006	312-81-11073		
04-01	상품매출	00104	(주)금성산업	11,000,000		153,100,000	50007	102-81-42945		
04-21	제품	00146	(주)솔솔철재	1,650,000		154,750,000	50002	613-81-18950		
04-30	외상매출대금 보통예금	00147	무지개상회		21,800,000	132,950,000	00003	605-81-87475		
04-30	외상대 회수	00149	(주)울산무역		18,200,000	114,750,000	00006	548-86-00132		
	[월 계]			14,850,000	40,000,000					
	[누 계]			156,290,000	41,540,000					

답안 40,000,000원

[2] [총계정원장] – [월별] 탭, 1월 1일~6월 30일

– 404.제품매출 조회

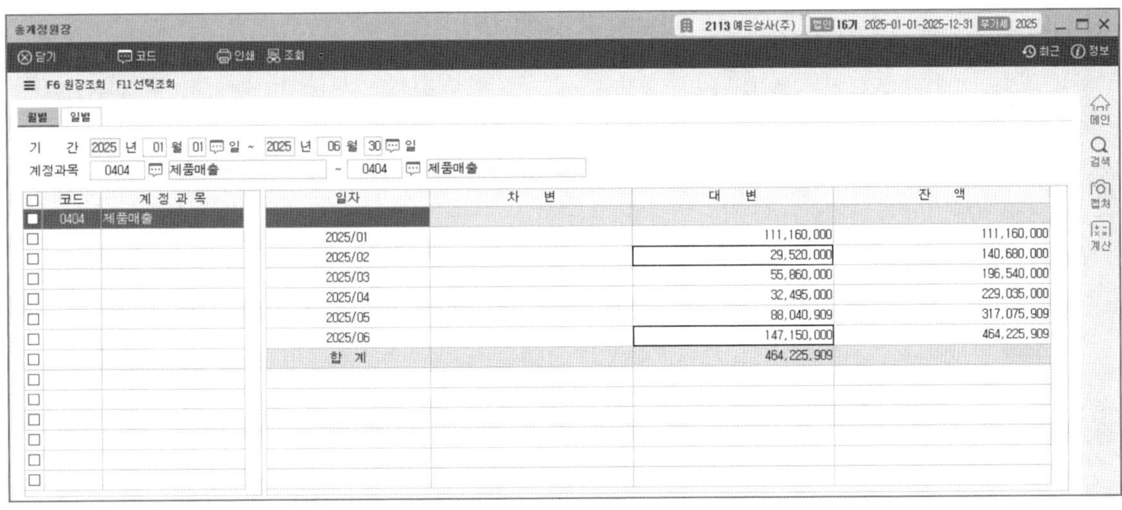

총계정원장

기 간 2025 년 01 월 01 일 ~ 2025 년 06 월 30 일
계정과목 0404 제품매출 ~ 0404 제품매출

코드	계 정 과 목
0404	제품매출

일자	차 변	대 변	잔 액
2025/01		111,160,000	111,160,000
2025/02		29,520,000	140,680,000
2025/03		55,860,000	196,540,000
2025/04		32,495,000	229,035,000
2025/05		88,040,909	317,075,909
2025/06		147,150,000	464,225,909
합 계		464,225,909	

답안 117,630,000원(=6월 매출액 147,150,000원 – 2월 매출액 29,520,000원)

[3] [부가가치세신고서] 4월 1일～6월 30일

– 11.고정자산매입(세금계산서수취분) 세액란 금액 확인

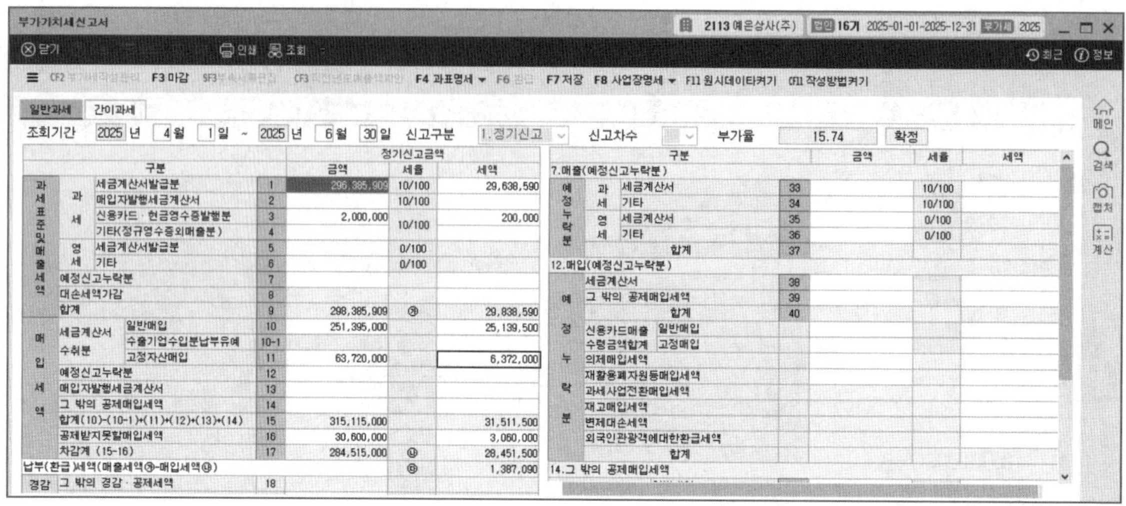
부가가치세신고서

2113 예은상사(주) 16기 2025-01-01~2025-12-31 2025

조회기간 2025 년 4 월 1 일 ~ 2025 년 6 월 30 일 신고구분 1.정기신고 신고차수 부가율 15.74 확정

구분			번호	정기신고금액 금액	세율	세액
과세표준및매출세액	과세	세금계산서발급분	1	296,385,909	10/100	29,638,590
		매입자발행세금계산서	2		10/100	
		신용카드 · 현금영수증발행분	3	2,000,000	10/100	200,000
		기타(정규영수증외매출분)	4			
	영세	세금계산서발급분	5		0/100	
		기타	6		0/100	
	예정신고누락분		7			
	대손세액가감		8			
	합계		9	298,385,909	㉮	29,838,590
매입세액	세금계산서수취분	일반매입	10	251,395,000		25,139,500
		수출기업수입분납부유예	10-1			
		고정자산매입	11	63,720,000		6,372,000
	예정신고누락분		12			
	매입자발행세금계산서		13			
	그 밖의 공제매입세액		14			
	합계(10)-(10-1)+(11)+(12)+(13)+(14)		15	315,115,000		31,511,500
	공제받지못할매입세액		16	30,600,000		3,060,000
	차감계 (15-16)		17	284,515,000	㉯	28,451,500
납부(환급)세액(매출세액㉮-매입세액㉯)					㉰	1,387,090
경감	그 밖의 경감 · 공제세액		18			

구분			번호	금액	세율	세액
7.매출(예정신고누락분)						
예정누락분	과세	세금계산서	33		10/100	
		기타	34		10/100	
	영세	세금계산서	35		0/100	
		기타	36		0/100	
	합계		37			
12.매입(예정신고누락분)						
예정누락분	세금계산서		38			
	그 밖의 공제매입세액		39			
	합계		40			
	신용카드매출수령금액합계	일반매입				
		고정매입				
	의제매입세액					
	재활용폐자원등매입세액					
	과세사업전환매입세액					
	재고매입세액					
	변제대손세액					
	외국인관광객에대한환급세액					
	합계					
14.그 밖의 공제매입세액						

답안 6,372,000원

실무편+최신기출

정답 및 해설

2025 최신판

에듀윌 전산회계 1급

최신기출 12회분+기출특강

고객의 꿈, 직원의 꿈, 지역사회의 꿈을 실현한다

에듀윌 도서몰
book.eduwill.net

- 부가학습자료 및 정오표: 에듀윌 도서몰 > 도서자료실
- 교재 문의: 에듀윌 도서몰 > 문의하기 > 교재(내용, 출간) / 주문 및 배송